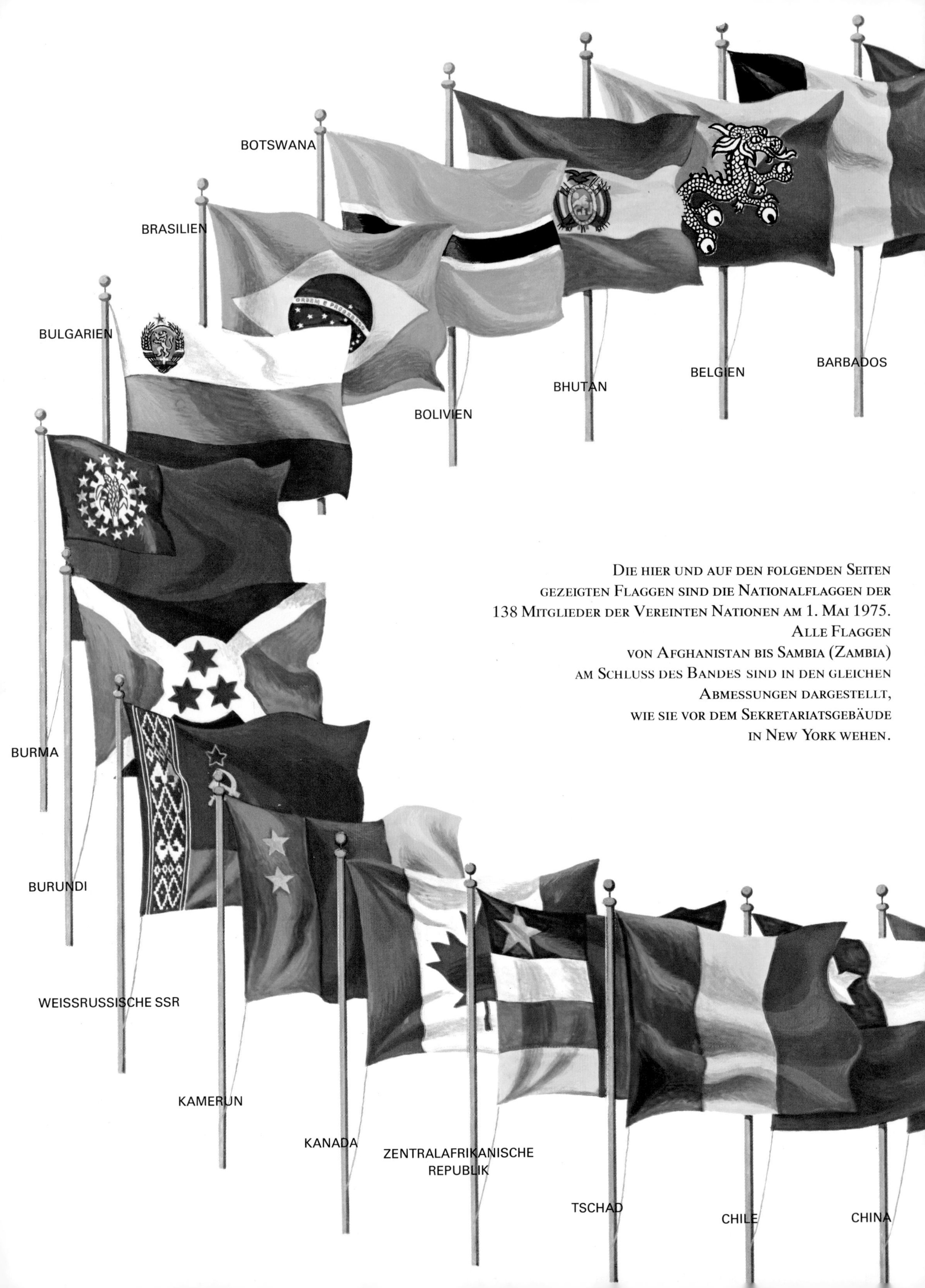


Die hier und auf den folgenden Seiten gezeigten Flaggen sind die Nationalflaggen der 138 Mitglieder der Vereinten Nationen am 1. Mai 1975. Alle Flaggen von Afghanistan bis Sambia (Zambia) am Schluss des Bandes sind in den gleichen Abmessungen dargestellt, wie sie vor dem Sekretariatsgebäude in New York wehen.

ANGLADESCH
BAHRAIN
BAHAMAS
ÖSTERREICH
AUSTRALIEN
ARGENTINIEN
AFGHANISTAN
ALBANIEN
ALGERIEN
KOLUMBIEN
KONGO
COSTA RICA
KUBA
ZYPERN
TSCHECHOSLOWAKEI
DAHOMEY

# WHITNEY SMITH

Deutsche Bearbeitung OTTFRIED NEUBECKER
Gestaltung EMIL BÜHRER

REICH VERLAG LUZERN

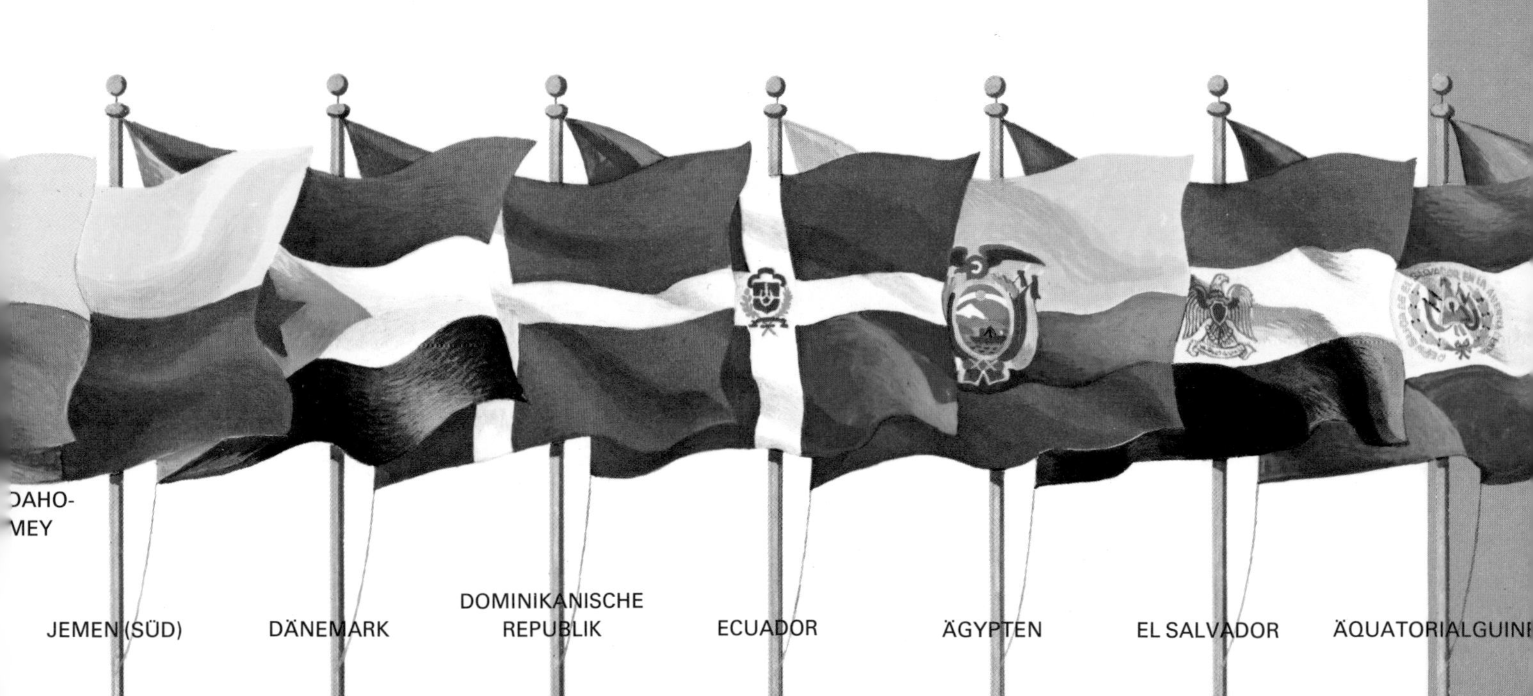

# DIE ZEICHEN DER MENSCHEN UND VÖLKER

## UNSERE WELT IN FAHNEN UND FLAGGEN

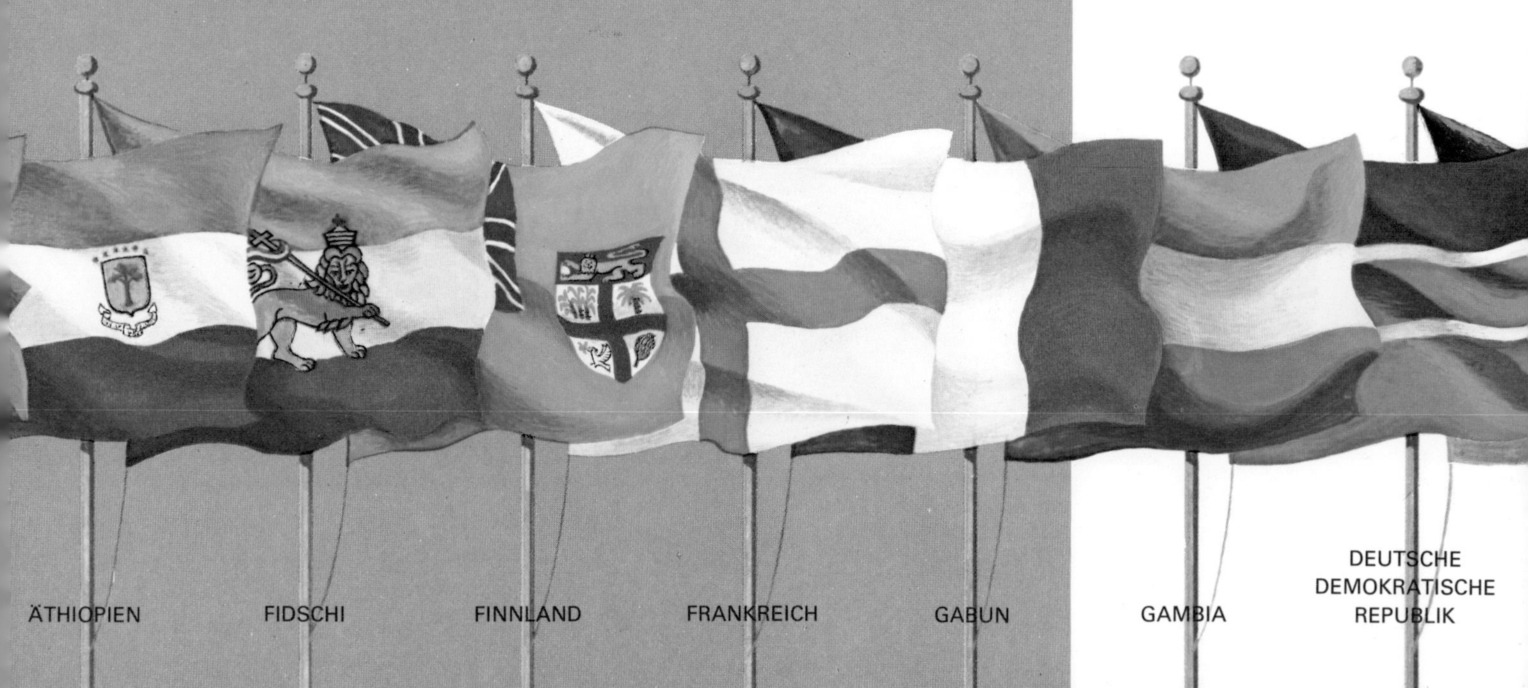

Titel der Originalausgabe:
FLAGS THROUGH THE AGES AND ACROSS THE WORLD



Die Konzeption des Buches wurde entwickelt von
Emil Bührer und
Hans-Heinrich Isenbart

Redaktion der deutschen Ausgabe:
Horst Braunschweiger

Bilddokumentation:
Francine Peeters

Layout:
Robert Tobler

Herstellung:
Franz Gisler

2257 Zeichnungen wurden eigens für
dieses Buch geschaffen von
FRANZ CORAY
ALFRED ZNAMIEROWSKI
WERNER LUZI

Eine McGraw-Hill-Koproduktion

Satz:
Hertig & Co. AG, Biel

Bildreproduktionen:
Arnoldo Mondadori, Verona, und
Kreienbühl AG, Luzern

Printed and bound in Italy 1975
by Arnoldo Mondadori

ISBN 3-7243-0115-4

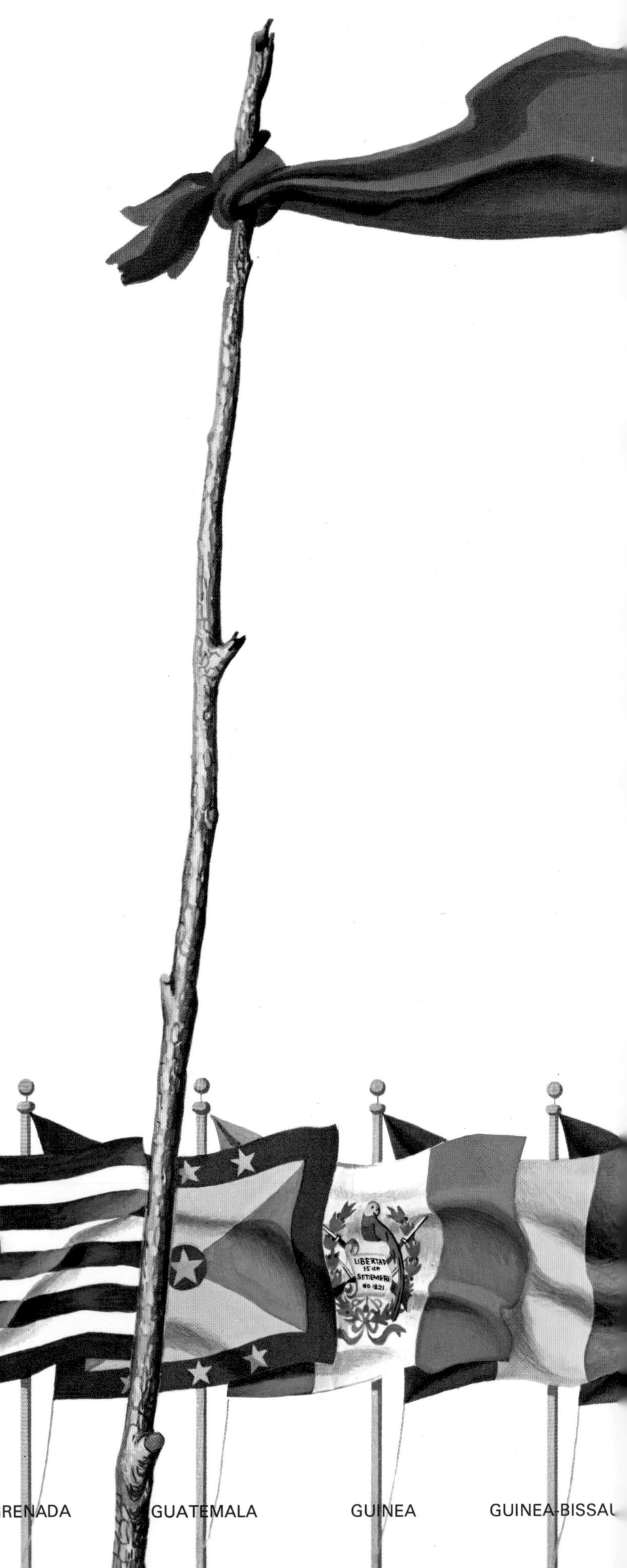

# INHALTSVERZEICHNIS



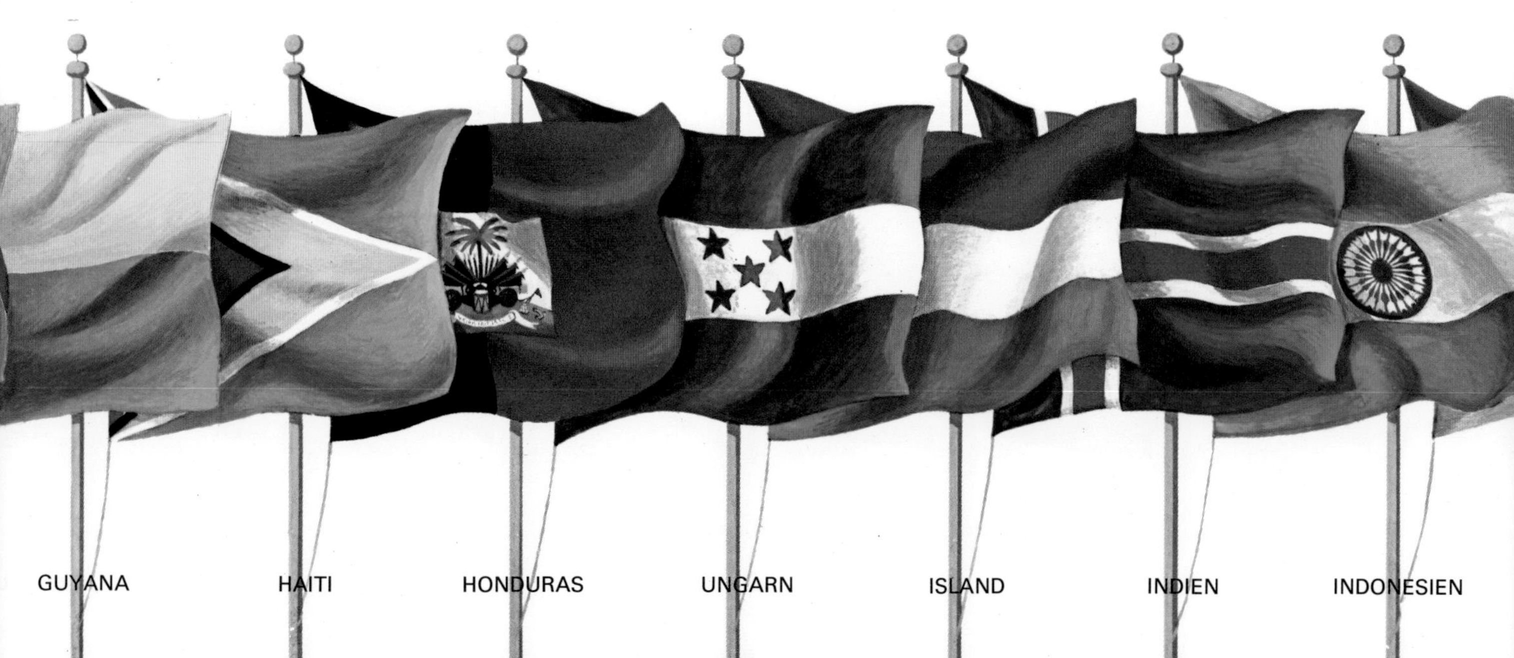

## EINLEITUNG

»In der Schlacht scheint alles Tumult und Verwirrung zu sein«, schrieb Sun Tsu vor 2600 Jahren in seiner *Kriegskunst,* »aber die Fahnen und Banner haben die Einteilung vorgezeichnet, und der Klang der Becken sorgte für Ausführung der Anordnungen.«

So ist es noch heute: Alle Fahnen und Banner in der Welt haben Anordnungen vorgezeichnet. Die große Menge der flatternden Fahnen in allen Formen, Maßen und Zeichnungen ist weit mehr sinnreich als nur dekorativ, denn jede Fahne ist eine Mitteilung von Menschen oder Volksgruppen, die Verständnis oder Reaktion erwarten.

Der urzeitliche, in das Blut eines Feindes getauchte und auf einem Stock in die Höhe gehaltene Lappen – dieser wortlose Sieges- und Herrschaftsschrei – ist ein millionenfach in der menschlichen Existenz wiederholtes Motiv. Fahnen verkörpern die Überwindung der Natur, von Mitmenschen oder seiner selbst – und eine Überwindung ebensooft durch Begreifen und Anpassung wie durch Eroberung und Vernichtung. Die Motive der versammelt vor dem Sitz der Vereinten Nationen aufgestellten Nationalflaggen (wie sie am Anfang und Ende dieses Buches gezeigt werden) sind die gleichen wie die in den Papierfähnchen, die ein Kind auf seine Sandburg steckt. Selbst das Bedürfnis, solche Flaggen an großen und kleinen Bauwerken anzubringen, scheint einem tiefen menschlichen Trieb zu entspringen. Es ist kaum möglich, sich eine Welt, eine menschliche Gesellschaft ohne Fahne vorzustellen.

Bei alledem bleibt die Tatsache festzuhalten, daß Fahnen in ihren Formen, ihren Funktionen, ihren Ursprüngen und ihren Aussagen nur wenig verstanden werden. Natürlich dienen manche Fahnen nur praktischen Zwecken; sie erwecken keine gefühlsmäßige Anteilnahme derer, die sie gebrauchen oder die sie in Gebrauch erblicken. Der Schmuckwimpel in einem Versammlungsraum oder die Warnflagge an der Straße haben offenbar einen praktischen Zweck und wären kaum besonderer Erwähnung wert. Aber es ist durchaus möglich, genau das gleiche Stoffstück zu nehmen und es durch die Umstände seiner Darbietung mit konzentrierter Macht auszustatten, die zur Bewegung der Herzen von Millionen und ihrer dauernden Gewinnung fähig ist. Die große Mehrheit von Fahnen ist nicht hinweisend, auch nicht nur dekorativ: sie ist vielmehr ermahnend, ihre Erscheinung soll den Betrachter dazu bringen, in berechneter Weise zu empfinden und zu handeln. Solche Fahnen repräsentieren oder identifizieren das Bestehen, die Anwesenheit, die Herkunft (den Ursprung), die Autorität, den Besitz, die Loyalität, den Ruhm, die Bekenntnisse, Bestrebungen oder die Stellung einer Person, einer Organisation oder einer politischen Einheit. Sie werden benützt zur Ehrung und Schändung, zum Warnen und zum Ermuntern, zum Drohen und zum Versprechen, zum Preisen und zum Verurteilen,

»DIE FAHNE IST DIE VERKÖRPERUNG NICHT DER GEFÜHLE, SONDERN DER GESCHICHTE.«

WOODROW WILSON, Präsident der Vereinigten Staaten von Amerika (1912–20)

zum Gedenken und zum Verweigern; sie ermahnen und ermuntern und erniedrigen das Kind in der Schule, den Soldaten, den Wähler, den Feind, den Verbündeten, den Fremden. Andere Fahnen vertreten Ansprüche, dramatisieren politische Forderungen, errichten einen gemeinsamen Rahmen, innerhalb dessen Interessengruppen zur Begegnung miteinander willens sind und gegenseitig annehmbare Lösungen ausarbeiten oder auch unversöhnliche, das Zustandekommen solcher Vereinbarungen verhindernde Differenzen voraussetzen und aufrechterhalten.

Natürlich gibt es noch andere Symbole; manche sind mit Fahnen verwandt und werden manchmal an ihrer Stelle gebraucht. Kokarden, Wappen, Armbinden, Uniformen, Anstecknadeln, Grußformen – dies alles sind Hilfsmittel, um die bei allen Gruppen nötigen gefühlsmäßigen Bande zu erhalten, und zwar unabhängig von der Größe der Gruppen von den Pfadfindern bis zu den größten internationalen Vereinigungen. Fahnen aber haben gewisse, ihnen eigentümliche Vorzüge, die sie zu den ältesten und zugleich modernsten Symbolen des Menschen gemacht haben.

Die Verformbarkeit einer Fahne gestattet ihr, Aufmerksamkeit auf eine besondere Aussage in einem Versammlungssaal, auf der Straße, bei einem Sportereignis, in Klassenzimmern, auf Schlachtfeldern, zur See, ja selbst im Weltraum zu erwecken, wachzuhalten und zu konzentrieren. Einzelpersonen und Gruppen jeglichen Bildungsniveaus und jedes politischen Standorts werden von der Bündigkeit von Fahnen, ihren leuchtenden Farben und Bildern, der Schlichtheit der Form und der gebändigten Beweglichkeit angesprochen. Fahnen sind ein Grundbestandteil zahlloser gesellschaftlicher Vorgänge. Manchmal fallen sie erst auf, wenn sie vermißt würden, zum Beispiel können sie bei einer Parade oder Ansammlung als wichtiger Faktor zur Verhaltensbildung aufmarschieren.

Bei vielen politischen Ereignissen spielen Fahnen eine direkte und einflußreiche Rolle. Aus dem vergangenen halben Jahrhundert kommen einem zahlreiche Beispiele in den Sinn, wo Fahnen von zentraler Bedeutung wurden, so die Erklärung der südafrikanischen Nationalität in den 20er Jahren, die Machtergreifung Hitlers und anderer Faschisten, der Sieg nationalistischer Bewegungen in der Dritten Welt, Erfolge und Mißerfolge nationaler Integration in Zypern und in der arabischen Welt, die Beseitigung von Ngo Dinh Diem in Vietnam, die Beziehungen Panamas zu den Vereinigten Staaten.

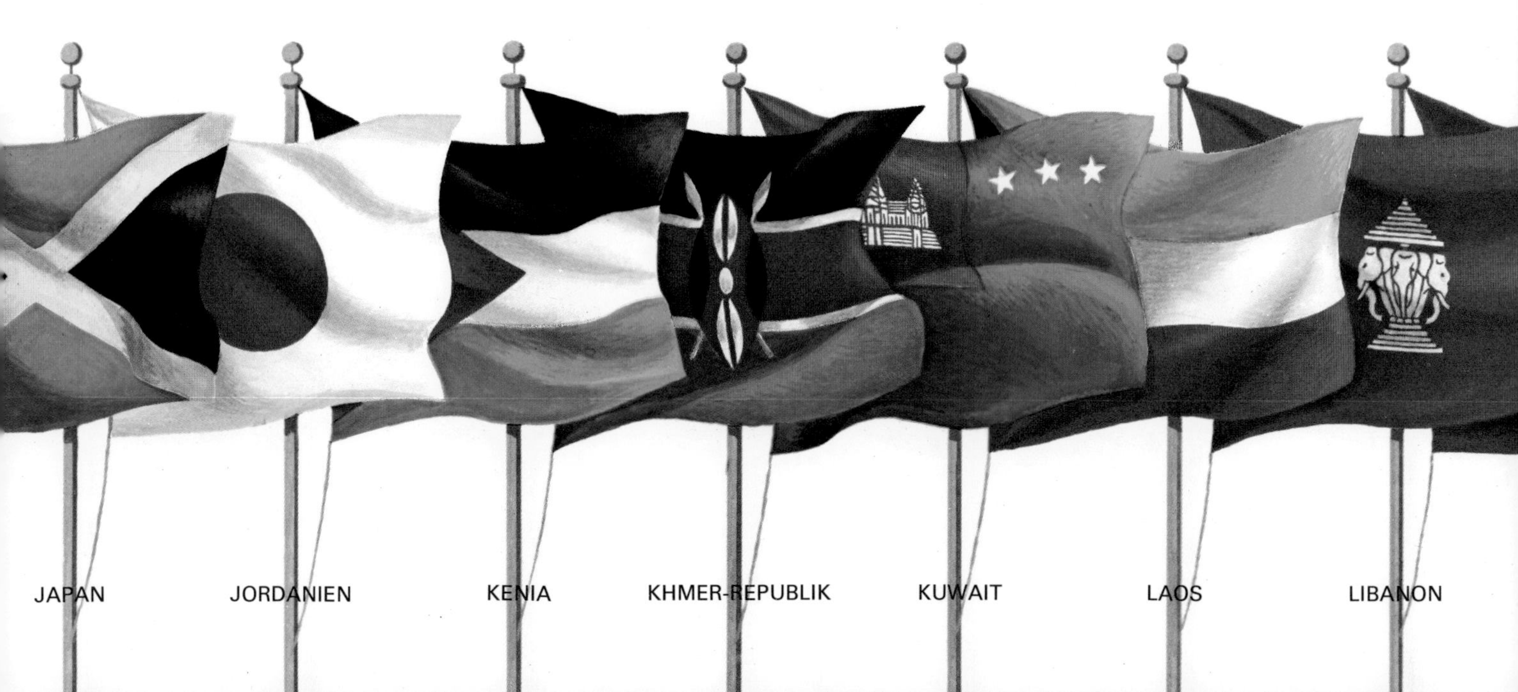

»WIR RÜHMEN, DASS DU UNS HILFST, UND IM NAMEN UNSERS GOTTES WERFEN WIR PANIER AUF.«

PSALM 20,6

Wir betonen diese Punkte, weil dieser ernsten Seite des Flaggengebrauchs so geringe Aufmerksamkeit entgegengebracht wird. Unnötig, über die optische und künstlerische Anziehungskraft von Fahnen viele Worte zu verlieren; Worte können kaum den Eindruck überbieten, den eine schöne, im Wind flatternde Fahne macht, selbst dann nicht, wenn sie von einem Künstler auf einer Druckseite dargestellt ist. Die Faszination, die kleine Kinder instinktiv für die unendliche Vielfalt von Fahnenmustern und -farben und -formen empfinden, ist Begründung genug für die Veröffentlichung eines Fahnenbuches. Es ist nicht verwunderlich, daß Stoffstücke, die Wesentliches von so vielfältigen menschlichen Bemühungen verkörpern, faszinierende Geschichten erzählen. Der Sprößling braucht sich nicht zu entschuldigen, wenn er dieses Buch an irgendeiner Seite aufschlägt und ihm so weit folgt, als er Lust verspürt.

Für den ernsteren Leser sind hingegen Erläuterungen nicht nur über die Natur von Fahnen, sondern zur Einrichtung des Buches selbst notwendig. Angesichts der graphischen Ausdruckskraft von Fahnen haben bemerkenswerterweise verhältnismäßig wenig Bücher bei der Darstellung des Gegenstandes von den illustrativen Möglichkeiten Gebrauch gemacht. Die Abbildungen sind oft klein, phantasielos und in Abmessungen, Farben und Zeichnung ungenau. Und zu oft ist der Text mit den Abbildungen nicht koordiniert. In diesem Band hat jede Abbildung eine eigene Absicht, sowohl unabhängig von der Legende als auch in Verbindung mit ihr und mit dem Haupttext des Kapitels. Neben der Absicht, das Auge zu erfreuen, sind diese Abbildungen mit dem Ziel ausgewählt worden, auch eine didaktische Funktion zu erfüllen. Daher sollten von Lesern, die vollständiges Verständnis des Gegenstandes suchen, Größe, Plazierung, Reihenfolge und Darbietungsweise der Abbildung in Betracht gezogen werden. Lichtbilder sind verwendet worden, um die Gewebestruktur und die ›Individualität‹ wirklicher Fahnen und den Gebrauch von Fahnen mitzuteilen, vor allem wenn diese einmalige Stücke sind. Hingegen wurden Künstler herangezogen, um Fahnen zu rekonstruieren und Flaggentypen zu bieten, die in allen Lebensbereichen massenhaft und in einem mehr oder weniger genormten Format reproduziert werden.

Kein Buch dieses Umfangs kann jede Einzelheit einer jeden Fahne vermitteln; was für den einen Leser von Interesse und Wert ist, kann außerdem einen anderen stören, wenn es überbetont ist. Um dieses Dilemma

LIBANON

LESOTHO

LIBERIA

LIBYEN

LUXEMBURG

MADAGASKAR

MALAWI

MALAYSIA

»MIT FREUD DARAN – MIT GLÜCK DARVAN.«

Häufiger Fahnenspruch, so der 8. Kompanie zu Straßburg (1669)

zu überwinden, haben der Verfasser und der Buchgestalter eine Reihe unaufdringlicher Symbole verwendet, die in knappster Manier mögliche Grundinformationen über eine einzelne Fahne vermitteln. Ist eine Zeichnung eine Rekonstruktion, vielleicht aufgrund einer kurzen schriftlichen Beschreibung? Ist die Rückseite der Fahne dieselbe wie ihre Vorderseite? Sind zwei Fahnen, welche die gleiche Größe zu haben scheinen, tatsächlich gleich? Solcherart sind viele Fragen, die von diesen Symbolen beantwortet werden.

Auch die fahnen- und flaggenkundlichen Ausdrücke, die in diesem Buch vorkommen, bedürfen einer Erläuterung. Im Abschnitt »Erklärungen zum Sprachgebrauch« findet der Leser wichtige vexillologische Begriffe zusammengestellt und in Wort und Bild erläutert.

Zu den Eigentümlichkeiten der Nationalflaggen, die ja in diesem Buch einen breiten Teil einnehmen, gehört es, daß sie sich ganz und gar oder auch geringfügig verändern, doch unangekündigt und mit einer Stetigkeit, die den aufmerksamsten Vexillologen verunsichern kann. Da zwischen der Niederschrift und der Veröffentlichung eines Buches wenigstens mehrere Monate liegen, heißt das, daß die Informationen nach bestem Wissen dem Stand vom 1. Mai 1975 entsprechen. In einigen besonders wichtigen Fällen sind während der Drucklegung eingetretene Änderungen allerdings noch berücksichtigt, so bei Griechenland, Kamerun, Mosambik. Wer im übrigen aktuelleres Material oder weitere Einzelheiten zu einem besonderen Punkt sucht, schreibe an den Verfasser unter der Adresse des Flag Research Center (Winchester, Mass., 01890 USA). Auch Kritik und Berichtigungen sind willkommen.

Bei der Auswahl und Anordnung des Materials ist jenen Aspekten des Fahnenwesens besondere Aufmerksamkeit zugewandt worden, die für den Durchschnittsleser ebenso wie den Spezialisten von Nutzen und Interesse sind. Natürlich kann kein Buch bei einem so ausgedehnten Gegenstand alle denkbaren Fragen beantworten. Immerhin sind die meisten Fahnenfragen in diesem Buch irgendwo behandelt; um nur einige wenige vorweg zu nennen: Unter welchen Bedingungen kann eine historische Flagge zusammen mit einer heutigen Nationalflagge wehen? Wie unterscheidet sich eine Standarte von einem Banner? Warum ist der Union Jack nicht symmetrisch? Hat ein bestimmtes Staatsoberhaupt eine persönliche Flagge?

In diesen und vielen anderen Aspekten des Fahnenwesens, die in ver-

MALEDIVEN MALI MALTA MAURETANIEN MAURITIUS MEXIKO MONGOLEI

schiedenen Kapiteln erörtert werden, wird die Bedeutung des Phänomens deutlich. Fahnen selbst mögen selten den Mittelpunkt menschlicher, politischer und gesellschaftlicher Aktivität darstellen, aber im ganzen Lauf der Geschichte haben Fahnen der einen oder anderen Art stets die tiefsten Gefühle derer ausgedrückt, die im Mittelpunkt standen, oder jener, die darin stehen wollten. Somit kann uns das Verständnis, warum und wie gewisse Modelle, Muster, Farben und Gewohnheiten in Fahnen vorgeherrscht haben, bemerkenswerte Einsichten in weitere Aspekte menschlichen Bemühens verschaffen. Wenn auch in der Geschichte alles »Tumult und Verwirrung« zu sein scheint, so haben »die Fahnen und Banner die Einteilung vorgezeichnet, und der Klang der Becken sorgte für Ausführung der Anordnungen«.

DER MOND, 20. JULI 1969

MONGOLEI

MAROKKO

NEPAL

NIEDERLANDE

NEUSEELAND

NICARAGUA

NIGER

EIN SCHLÜSSEL ZUM BESSEREN VERSTÄNDNIS VON FAHNEN UND FLAGGEN

Auf den folgenden Seiten werden wichtige Begriffe der Fahnen- und Flaggenkunde erläutert – Begriffe, deren Verständnis bei der Entdeckung der Welt der Vexillologie unentbehrlich ist.

Um 1634 legte Sir Nathaniel Boteler in seinen *Six Dialogues About Sea Services* einem Seemann folgende Worte in den Mund: »Fahnen und Flaggen sind für mich alle das gleiche, aber wo sind sie anzubringen, und wozu dienen sie?« Das sind die zwei wesentlichen, auf den folgenden Seiten behandelten Schlüsselfragen: Was für verschiedene Arten von Flaggen gibt es, und »wozu dienen sie«?

Obwohl das vexillologische Vokabular Flaggenzubehör, Flaggengebräuche und auch heraldische Ausdrücke umfaßt, ist es doch nicht umfangreich und gewiß auch für den Neuling nicht schwierig. Dennoch traf der Autor auf Schwierigkeiten, die der Leser auf jeder Seite bemerken dürfte. So geht die Verwendung von Fahnen zwar bis in die Zeit frühester Zivilisation zurück, aber das eigentliche Studium ihrer Verwendung ist so modern, daß der vom Verfasser dieses Buches geprägte Ausdruck ›Vexillologie‹ erstmals 1959 im Druck erschienen ist. Daraus ergibt sich ein Mangel an Einheitlichkeit in vexillologischen Ausdrücken und, noch schlimmer, ein Mangel an Quellenmaterial hinsichtlich eines tatsächlichen Gebrauchs, auf den eine Normierung gegründet werden könnte.

Ferner hat zwar die Internationale Vereinigung der Vexillologischen Gesellschaften damit begonnen, für die Zukunft vexillologische Begriffe und Wendungen genau zu definieren, aber das berührt natürlich nicht den Sprachgebrauch der Vergangenheit. Vor dreieinhalb Jahrhunderten gab Boteler ehrlich zu, »Fahnen und Flaggen sind für mich alle das gleiche«; doch in Wahrheit beschert uns die Zahl der Bedeutungswandlungen allein dieser zwei Wörter im Laufe der Zeit beträchtliche Verwirrung; dabei sind sie noch nicht einmal die schwierigsten Ausdrücke, die definiert werden müssen. ›Banner‹ und ›Standarte‹ haben seit ihrem Eingang in die englische und die deutsche Sprache so viele Bedeutungen, daß man empfehlen möchte, sie mögen in aller Zukunft nur noch in der Poesie gebraucht werden.

Bedeutungsveränderungen innerhalb einer Sprache – und glücklicherweise gibt es nur wenige erwähnenswerte Unterschiede zwischen dem britischen und dem amerikanischen Englisch – schrumpfen allerdings zur Unerheblichkeit zusammen angesichts der Probleme, denen man sich beim Vergleich englischer vexillologischer Fachausdrücke mit ihren Entsprechungen in anderen Sprachen gegenübergestellt sieht. Die Geschichte hat jedem Wort im Lauf der Zeit besondere Nebenbedeutungen beigelegt, die eine Bedeutungsgleichheit von offensichtlich ähnlichen, d.h. verwandten Ausdrücken unmöglich machen. Oft erweisen sich solche Ähnlichkeiten geradezu als irreführend; das englische Wort *banner* kann nicht mit dem ita-

# Erklärungen zum Sprachgebrauch

lienischen *bandiera,* dem französischen *bannière,* dem malaysischen *bendera* oder dem deutschen *Banner* gleichgesetzt werden, und das russiche *flag* oder das Pidgin *plak* ist dem englischen *flag* näher als das deutsche Wort *Flagge.*

Nicht jeder Ausdruck der Fahnen- und Flaggenkunde wird im folgenden Glossar zu finden sein; auch werden bei den erläuterten Ausdrücken nicht alle denkbaren Definitionen angeführt. Dennoch werden die zusammengestellten Begriffe das umfassendste vexillologische Glossar sein, das je ausgearbeitet wurde.

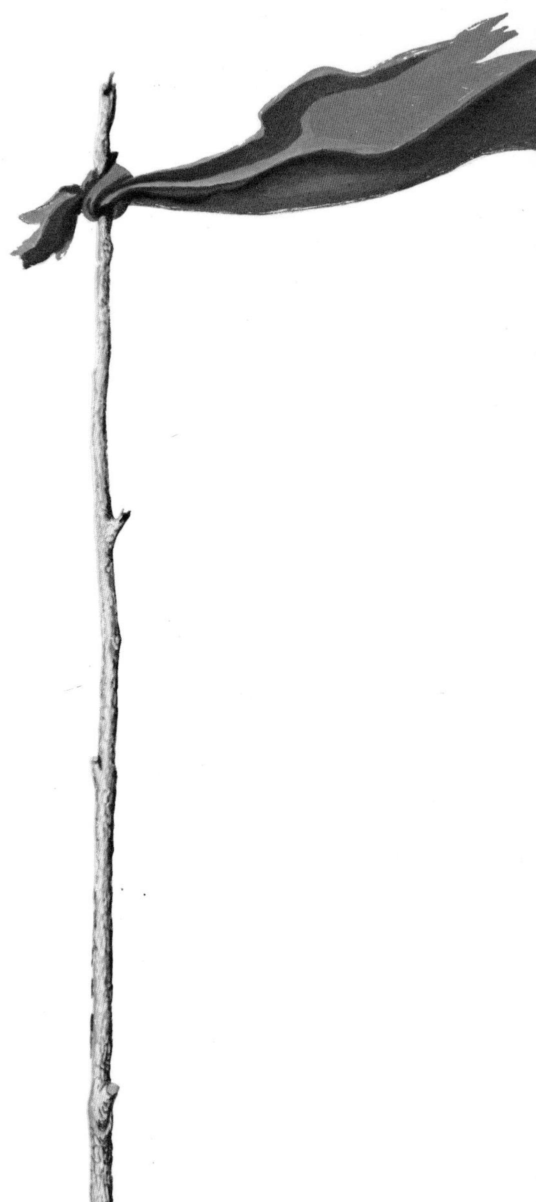

*Abmessungen:* Maßangaben von Flaggen in absoluten Zahlen, z. B. 1,5 × 2,5 m; ↑ Proportionen.

*Adler:* im alten Rom ein ↑ Vexilloid, benannt nach dem Adler, der auf den Stangen saß, in der Neuzeit durch König Friedrich II. den Großen von Preußen für die Standarte der Garde du Corps, dann von Kaiser Napoleon wieder aufgegriffen und im 20. Jahrhundert von den Faschisten in Italien und Deutschland nachgeahmt.

*Admiralitätsflagge:* Flagge der Admiralität als Marineverwaltung, auch von deren Mitgliedern zu benützen (Großbritannien), oder Dienstflagge der unterstellten Fahrzeuge (kaiserliches Rußland und Hamburg).

*Admiralsflagge* ↑ Flaggoffizier

*Andreaskreuz:* ein Schrägkreuz in Erinnerung an die Marter des hl. Andreas, auch Schragen oder Schrägkreuz genannt (Abb. Seiten 24/9 und 28).

*Ansteckflagge:* ein Fähnchen aus Metall oder Plastik, das in den Vereinigten Staaten und in den kommunistischen Ländern als patriotisches oder politisches Abzeichen an den Rockaufschlag gesteckt werden kann; auch ein Papierfähnchen als Quittung für eine Straßensammlung.

*Applikation:* eine Textiltechnik, bei der Stoffstücke auf eine textile Unterlage aufgenäht sind.

*Aufgetucht:* so nennt man zu einem Paket verschnürte Flaggen, die in diesem Zustand gehißt und nach Erreichung des Flaggenknopfs durch »Ausreißen« zur Entfaltung gebracht werden; eine in England und den Vereinigten Staaten übliche, in der deutschen Marine unzulässige Methode.

*Augenöse:* ein durch Umsäumung verstärktes Loch im Stoff (auch Flaggentuch), durch das eine Leine laufen oder ein ↑ Karabinerhaken greifen kann.

*Ausflaggen* ↑ Flaggengala

*Avancierfahne:* die erste Fahne von zweien, die ein ↑ Bataillon seit der zweiten Hälfte des 18. Jahrhunderts zu haben pflegte. Die A. des ersten von zwei Bataillonen war dann eine ↑ Leibfahne.

*Badge:* allgemein »Abzeichen«, besonders in der englischen Heraldik aus dem Mittelalter beibehaltenes wappenähnliches, aber nicht den strengen heraldischen Regeln unterworfenes Abzeichen (das z.B. nicht eines Wappenschildes bedarf); auch die meist kreisförmigen Abzeichen in den britischen Dienst- und Kolonialflaggen (Tudor Rose, Abb. Seite 31/1).

*Band:* Seit dem 18. Jahrhundert sind vielfach Fahnen mit Bändern verschiedenster Art ausgeschmückt worden; ↑ Banderole, ↑ Krawatte (Abb. Seite 30/2), ↑ Paradeband.

*Bandelier:* ein breiter Lederriemen, über die linke Schulter zu tragen. In die Tasche am unteren Ende kann die Fahnenstange eingesteckt werden, um so in Parade getragen zu werden. Bei Reitern haben die Bandeliere statt der Tasche einen ↑ Karabinerhaken zum Einhaken in den Laufring der Standartenstange. Seit dem 19. Jahrhundert wurden viele Bandeliere in manchen Staaten (z.B. Rußland und Preußen) durch aufgelegte Tressen prächtig ausgestattet.

*Banderole:* ursprünglich jedes lange, schmale Stoffstück, so auch der nunmehrige ↑ Kommandowimpel; in der Gegenwart an deutschen Fahnen ein schmales Band in ↑ Landesfarben, das um die Fahnenspitze geschlungen wird.

*Bandspange:* ein Metallplättchen auf einem Stoffstreifen (↑ Banderole und dgl.) mit Inschriften zur Erinnerung an bestimmte Ereignisse.

*Banner:* 1. poetischer Ausdruck für Fahnen im allgemeinen; 2. im engeren Sinn ein ↑ Wappenbanner; 3. ↑ hängende Flagge.

*Bannerherr:* ein Edelmann, dessen militärische Gefolgschaft quantitativ ausreichte, um ihn zur Führung eines ↑ Wappenbanners zu qualifizieren.

*Bataillon:* heute eine Truppeneinheit aus meist 3 bis 4 ↑ Kompanien. Im 18. Jahrhundert hatte ein Bataillon meist zwei Fahnen, im 19. und 20. Jahrhundert nur noch eine.

*Battle Honour* ↑ Schlachtennamen

*Beflaggungstage, Flaggentage:* amtlich vorgeschriebene Tage, an denen die Behörden ohne Einzelanordnung ihre Flaggen zu setzen haben, in der Bundesrepublik Deutschland z.B. der 1. Januar, der 1. Mai, der 23. Mai, der 17. Juni, der 20. Juli, Volkstrauertag (dann halbmast).

*Beizeichen:* kleine Figuren, mit denen ein Grundmuster abgewandelt werden kann.

*Bekrönung:* die plastische Figur, in die eine Fahnenstange auszulaufen pflegt, bei Fahnen meist aus Metall und lanzenförmig, bei Flaggen aus dem gleichen Material wie die Flaggenstange.

*Besät, bestreut:* so nennt man das ↑ Feld eines Wappenschildes, in welchem kleine Figuren in regelmäßigen oder unregelmäßigen Abständen vielfach wiederholt sind (Abb. Seite 25/2, erstes Feld).

*Bikolore:* in Anlehnung an ↑ Trikolore gebildete Bezeichnung für zweifarbige Flaggen.

*Billige Flaggen, flags of convenience:* Registrierung von Schiffen in Ländern, die gewisse Erleichterungen gewähren, besonders Liberia, Panama und Honduras.

*Blasonierung:* fachgerechte Wappenbeschreibung.

*Blutfahne:* eine rote Fahne, Zeichen der hohen Gerichtsbarkeit, wichtigstes Symbol der Belehnung mit einem Fahnenlehen.

*Breite:* die Entfernung zwischen Ober- und Unterkante einer Flagge, am ↑ Liek gemessen (Abb. Seite 24/1).

*Breitwimpel:* ein verhältnismäßig kurzer Wimpel, als ↑ Rangflagge üblich, bedeutete in der kaiserlich-deutschen Marine vor 1918: Kein Salut erwünscht.

*Bugsprietflagge* ↑ Gösch

*Bundeszeichen:* kleine zusätzliche Zeichen auf Fahnen, wie das Schweizerkreuz, oder Teile einer Flagge

Sieg über die Natur und Sieg über andere Menschen sind in der Geschichte immer wieder vorkommende Fahnenthemen. Diese prähistorischen Vexilloide sind nur eine frühe, weniger durchgebildete Abwandlung der modernen Fahnenstangen, auf denen oben ein goldener Adler oder Löwe oder sonst ein Tier sitzt, und dem Tuch darunter, das Embleme der Kriegführung und der Macht aufweist.

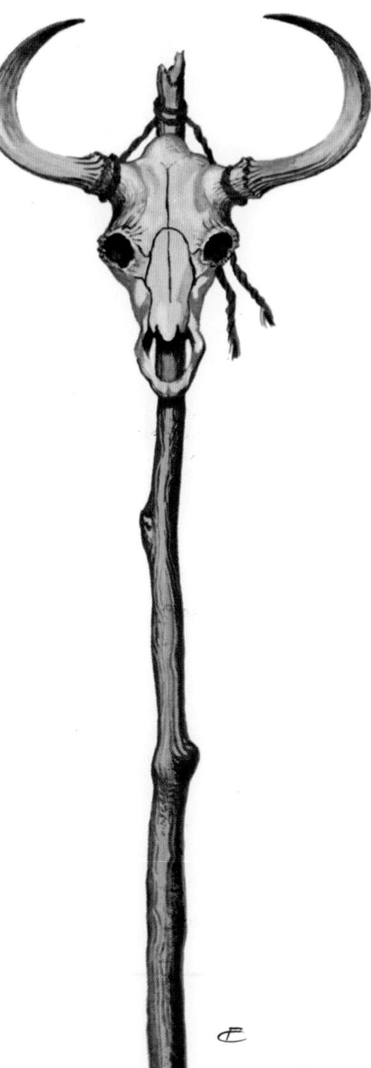

Die Wikinger machten von metallenen Windfahnen als Flagge ausgedehnten Gebrauch. Wahrscheinlich waren in die Löcher entlang der Kante Bänder eingeknüpft.

1

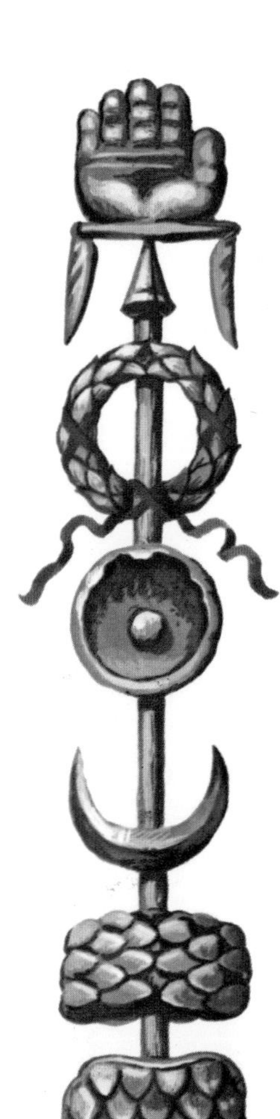

2

Die *Standarte* bedeutet immer eine Kundgebung, entweder von einer Einzelperson oder einer Gruppe: »Hier stehe ich, und das ist es, wofür ich stehe.« Dieses römische *signum* war die Standarte einer militärischen Einheit.

zur Kennzeichnung der Zugehörigkeit zu einer größeren Gemeinschaft, z.B. der Union Jack (S. 19/2).

*Bunting:* geraffte Dekoration aus speziell geeignetem Flaggentuch, das in manchen Ländern von der Nationalflagge abweichend gestaltet sein muß; in Deutschland ist derartige Dekoration mit allen Flaggen gestattet.

*Bürgerliche Flagge, Bürgerflagge:* diejenige ↑ Nationalflagge, die jedem Bürger zu benützen freisteht, meist identisch mit der ↑ Handelsflagge.

*Courtoisieflagge:* die von einem Schiff am Vormast zu setzende ↑ Handelsflagge des Ziellandes; hierfür gibt es keinerlei Vorschriften, aber eingewurzelte Gewohnheiten.

*Defensionerfahne:* Fahne einer Landmiliz, seit 1613 in Sachsen bekannt.

*Dienstaltersstander:* ein ↑ Stander, der zusätzlich zu einem ↑ Kommandozeichen gesetzt werden muß, um den dienstälteren von zwei gleichrangigen Kommandanten zu kennzeichnen.

*Dienstflagge:* die den Behörden eines Landes zustehende Sonderform der ↑ Nationalflagge, von dieser oft durch die Beifügung des Staatswappens unterschieden. In Ländern, wo die ↑ bürgerliche Flagge und die ↑ Handelsflagge nicht übereinstimmen, beruht die Dienstflagge zu Lande auf der Nationalflagge, z.B. im Deutschen Reich 1921 bis 1933; dann beruht die Dienstflagge zur See auf der Handelsflagge.

*Dippen der Flagge:* ↑ Niederholen der Flagge auf ↑ halbmast und wieder vorheißen, bedeutet Gruß mit der Flagge.

*Doppelstander:* ein ↑ schwalbenschwanzförmig ausgezackter ↑ Stander.

*Douceur:* eigentlich Trinkgeld, Prämie für Eroberung einer Fahne oder eines anderen Gegenstandes von Bedeutung, z. B. eines ↑ Paukenbehangs.

*Drapierung:* eine dekorative Stoffanordnung aus Flaggentuch, ↑ Bunting.

*Ehrenfahne:* eine nicht reglementarische, sondern aus einem besonderen Anlaß zusätzlich verliehene Fahne, z. B. Abb. Seite 20/2.

*Ehrenflaggen:* reglementarische Flaggen, die Schiffen für bestimmte Leistungen verliehen werden können, z. B. die neun verschiedenen Ehrenwimpel der Französischen Kriegsmarine, der Kriegsverdienstwimpel der Deutschen Kriegsmarine von 1941, die zwei österreichischen Ehrenflaggen von 1854 und die verschiedenen Sonderformen der sowjetischen Kriegsflagge.

*Ehrenwimpel:* eine ↑ Ehrenflagge in Wimpelform.

*Ehrenzeichen und Orden:* seit etwa 1800 an Fahnen als Auszeichnung der betreffenden Truppe vorkommend (Abb. Seiten 19/1 und 30/2).

*Entweihung einer Fahne oder Flagge:* in der Gegenwart ein häufiges Mittel zur Äußerung von Mißfallen gegen die betreffende Nation.

*Erbeutete Fahnen:* Fahnen, die nicht im Kampf erobert, sondern nachher vorgefunden wurden.

*Erkennungsflagge:* eine Flagge, die zwar den Eigner erkennen läßt, aber keinen Gruß erwarten kann, z.B. Flagge der Fahrzeuge der Verlierer des Zweiten Weltkrieges.

*Eroberte Fahnen:* Fahnen, die im Kampf gewonnen wurden und daher gewöhnlich als Trophäen sorgfältig verwahrt werden.

*Eskadron* ↑ Schwadron

*Exerzierfahne:* zur Schonung der ↑ Paradefahnen gefertigte einfachere Fahne.

*Fahne:* im weitesten Sinn jedes Stück Stoff, das an einer seiner Kanten dauerhaft oder beweglich befestigt ist und eine symbolische Bedeutung kundtut; im engeren Sinn nur diejenigen Stoffstücke, die einer bestimmten Gruppe unter bestimmten Voraussetzungen übergeben wurden und somit nicht ohne weiteres durch ein gleichartiges Stück Stoff ersetzt werden dürfen; technisch daher meist mit der Stange dauerhaft verbunden (↑ Flagge).

*Fahnenbuch:* meist gemaltes Verzeichnis eigener Fahnen oder auch gewonnener ↑ Trophäen (vgl. Seiten 54 und 307).

*Fahneneid:* der den Kriegsherren geleistete Treueschwur des Soldaten; wurde in Deutschland auf die gesenkte Fahne geleistet, so noch in der DDR; in der Bundesrepublik Deutschland ist an die Stelle des Fahneneides das »Feierliche Gelöbnis« getreten.

*Fahnennagel:* ein in die Stange von Fahnen bei feierlicher Gelegenheit eingeschlagener, besonders verzierter Nagel, ↑ Nagelung.

*Fahnenring:* um die Stange der Fahne unterhalb des Tuches gelegte Ringe mit Angabe über den Eigner oder mit Erinnerungsinschriften (Abb. Seite 19/1).

*Fahnenschuh:* das verstärkte untere Ende der Fahnenstange (Abb. Seite 14/2).

*Fahnenschwenken, -schwingen, -schlagen:* ein in Europa, besonders in der Schweiz, Italien und den Niederlanden beliebter Brauch, bei dem die Fahne kunstvoll geschwungen, emporgeworfen und wieder aufgefangen wird.

*Fahnenträger* ↑ Fähnrich (Abb. Seite 20/1).

*Fahnenüberzug:* eine Hülle zur Abdeckung einer eingerollten Fahne vor Witterungseinflüssen, oben meist verstärkt und unten mit Schnüren zugebunden.

*Fahnenwache:* eine mit der Bewachung und Führung einer Fahne beauftragte Personengruppe beim Militär oder bei paramilitärischen Verbänden.

1 Das Flaggenmotiv ist in Kunst und dekorativer Gestaltung überall anzutreffen: diese philatelistische Kuriosität heißt ›Flaggen-Stempel‹.

*Fahnenweihe:* die Feierlichkeit, mit der eine Fahne an ihren Eigner übergeben wird.

*Fähnlein:* Bezeichnung für eine Truppenfahne im 16. und 17. Jahrhundert, auch für die entsprechende Einheit, eine ↑ Kompanie.

*Fähnrich:* ursprünglich ein Soldat, der die Fahne trug, in den Armeen des 18. Jahrhunderts ein junger, auf Beförderung dienender Edelmann im Unteroffiziersrang; in den modernen Armeen meist ein Offiziersanwärter, während der Träger der Fahne ein Unteroffizier ist, Fahnenträger genannt; ↑ Kornett.

*Falsche Flagge:* eine eventuell als Kriegslist unrechtmäßig geführte Flagge, bildlich auch für »Täuschungsabsicht«.

*Fanion:* kleine, meist zur Gewinnung der Übersicht beim Exerzieren dienliche Fahne, daher ohne Trophäenwert (↑ Trophäen).

*Farbenalphabet:* Rangordnung der Farben, in denen die Grundfarben der Truppenfahnen gehalten sind. In der preußischen Armee seit 1890: Weiß, Rot, Gelb, Blau, Grün.

*Feld:* der Hintergrund einer Flagge, Fahne oder eines Wappenschildes.

*Feldbinde:* eine seit etwa 1520 vorkommende ↑ Schärpe als Parteikennzeichen, anfänglich meist einfarbig und »Feldzeichen« (↑) genannt; bei den uniformierten stehenden Heeren meist in den ↑ Landesfarben gehalten.

*Feldzeichen:* 1. anfänglich offizielle Bezeichnung der ↑ Feldbinden; 2. seit der Renaissance deutsche Übersetzung für »Signum« (↑); 3. seit Ende des 19. Jahrhunderts Sammelbegriff für Fahnen und Standarten.

*Flagge:* eine Fahne, die ohne weiteres durch ein gleichartiges Stück Stoff ersetzt werden darf und deswegen normalerweise mit dem Stock nur lose verbunden ist (↑ Fahne).

*Flaggenbuch:* ein amtliches illustriertes Verzeichnis gültiger National- und Erkennungsflaggen.

*Flaggengala:* die Ausschmückung (das Ausflaggen) eines Schiffes mit zahlreichen Flaggen (Abb. Seite 18), und zwar über die Toppen.

*Flaggengruß:* Grüßen mittels Flaggen, ↑ Salut.

*Flaggenknopf:* der Knauf der Flaggenstange, durch die die Leine geführt (geschoren) wird (Abb. Seite 25/2).

*Flaggenleine:* die Schnur, an der die Flagge hochgezogen wird (Abb. Seite 18).

*Flaggenlinie:* die zur Führung der ↑ Nationalflagge berechtigte Schiffahrts- oder Luftverkehrsgesellschaft.

*Flaggensatz:* die Gesamtheit der Flaggen, die zur gewöhnlichen Ausrüstung eines Schiffes gehören, z.B. ↑ Heckflagge, ↑ Kommandowimpel, ↑ Gösch (Abb. Seite 17/3).

*Flaggenstempel:* ein Poststempel in Flaggenform (Abb. Seite 15/1).

*Flaggezeigen:* im politischen Sprachgebrauch der Bundesrepublik Deutschland seit 1975 beliebt gewordene Redensart etwa im Sinne, es auf einen Wettbewerb oder Streit ankommen zu lassen.

*Flaggoffizier:* ein Marineoffizier, dem eine ↑ Rangflagge zusteht, d.h. mindestens Kommodore.

*Flammenzungen:* flammenförmige Stoffstücke, die an die Kanten des Fahnentuches angesetzt sein können (Abb. Seiten 23/13 und 26/1).

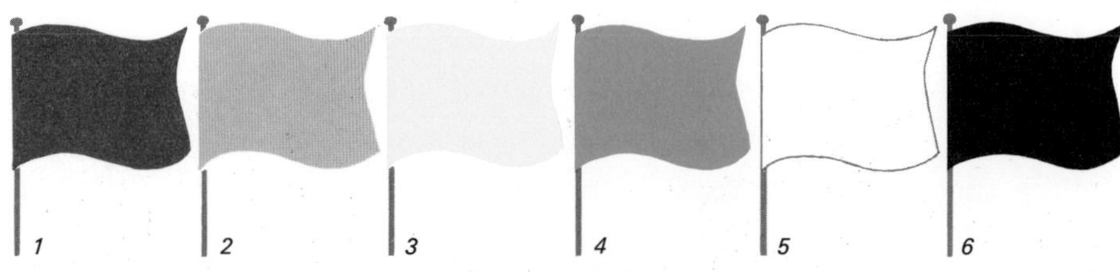


Zusätzlich zu politischen Bedeutungen, um die es sich hier nicht handelt, können moderne einfarbige Flaggen verschiedene Aussagen machen. Manche beruhen auf jahrtausendealten Überlieferungen.

2

*1* Gefahr, Warnung, Halt!; Krieg, Standrecht, Kein Pardon; Aufruhr, Protest.
*2* Buddhismus; Hinduismus; Notlage.
*3* Quarantäne, Krankheit; Vorsicht.
*4* Islam; Sicherheit; Fortgang, Gehen!
*5* Friede, Waffenstillstand, Unterhandlung; Unterwerfung.
*6* Tod, Trauer, Protest; Anarchie.

*Flasbo:* amtliche Abkürzung für »Flaggen-, Salut- und Besuchsordnung«, eine Dienstvorschrift der Kriegsmarinen.

*Fliegendes Ende:* die der Flaggenstange (↑ Liek) abgewandte Hälfte einer Flagge.

*Flügel:* eine Flagge in Form des ↑ Kommandowimpels, aber ohne seine Bedeutung als ↑ Kommandozeichen.

*Flüger:* ein kurzer ↑ Wimpel, im Topp gesetzt und zur Kontrolle der Windrichtung dienlich (Abb. Seite 22/11).

*Flugseite, Flugsaum:* die dem ↑ Liek entgegengesetzte Kante eines Flaggentuchs (Abb. Seite 24/1).

*Flugzeugkokarde:* Nationalitätszeichen auf den Tragflächen militärischer Flugzeuge, meist mit der ↑ Kokarde der betreffenden Nation übereinstimmend.

*Fransen:* ein bei Truppen- oder Paradefahnen beliebter Besatz, meist an den drei freien Seiten, auch am Ende der ↑ Krawatten und der Lätze der ↑ Gonfanons (Abb. Seite 19/1).

*Freies Geleit:* wird durch allseitig anerkannte Flaggen gesichert, z.B. durch die Flagge des Roten Kreuzes.

*Friedensfahnen, -flagge:* Fahnen zur Bezeigung des Friedenswillens, z.B. die ↑ Parlamentärflagge.

*Führen:* das öffentliche Benützen einer Flagge; auf Schiffen wird die Flagge »gesetzt«.

*Fürstenstandarte* ↑ Königsstandarte

*Gaffel:* eine Stange (Rundholz, Spiere), die mit ihrem vorderen Teil seitlich am Mast ansteht, was die Hissung einer Flagge erleichtert (Abb. Seite 18).

*Garnisonsflagge:* in den Vereinigten Staaten die in Armeelagern gesetzte größte ↑ Nationalflagge (6,1 × 10,9 m).

Offiziere der Königlich Belgischen Luftwaffe führen Rangflaggen, die wie überall den Dienstgrad durch Abwandlung eines Grundmusters ausdrücken.

3

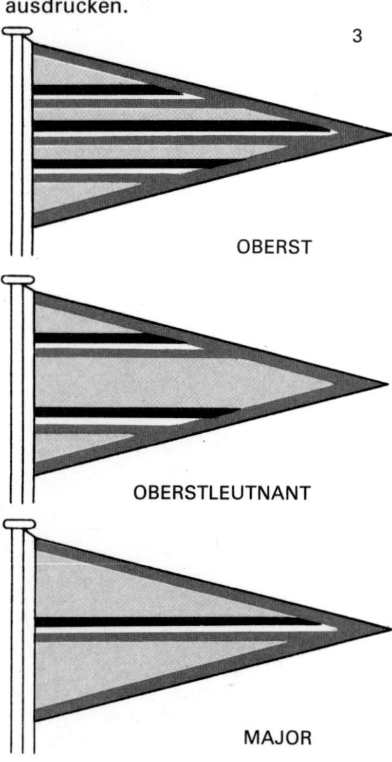

Der 26 Meter lange Streamer aus dem 16. Jahrhundert ist ein Vorläufer des noch viel längeren Heimatwimpels der Gegenwart.

1

*Gebetsfahne:* ein schmales, gewöhnlich hochrechteckiges, mit Gebetsinschriften bedecktes Tuch, das meist in Gruppen den Witterungseinflüssen ausgesetzt wird und die Gebete himmelwärts ausdrücken soll; bei den Buddhisten im Himalaya-Gebiet üblich.
d4,50
*Gefechtsname* ↑ Schlachtenname

*Gemeine Figur:* jede in einem Wappen vorkommende Figur im Gegensatz zu »Heroldsbildern« (↑); sie kann auch freistehend vorkommen, z. B. der deutsche Bundesadler.

*Georgskreuz:* das seit dem 14. Jahrhundert übliche

2 Der ›Pavese‹ genannte italienische Schild des Mittelalters, der oft in großer Anzahl zur Bildung eines Schutzwalls verwendet wurde, lieferte die Anregung zur dekorativen Pavesade von Schiffen.

Attribut des hl. Georg, durchgehendes rotes Kreuz auf silbernem Grund (Abb. Seite 25/2).

*Gerautet:* mit sich schräg kreuzenden, Rhomben oder Rauten einschließenden Linien in zwei Farben gemustert.

*Geschacht:* in Gestalt eines Schachfeldes zu mindestens zwölf Feldern zweifarbig gemustert (Abb. Seiten 27 und 29).

*Geständert:* geometrische Einteilung eines Wappen- oder Flaggenfeldes in Sektoren (Ständer), normalerweise zu acht Plätzen durch eine Senkrechte, eine Waagerechte und zwei Diagonalen (Abb. Seite 28).

*Geviert (quadriert):* durch zwei sich rechtwinklig in der Mitte eines Feldes kreuzende Linien in vier Quartiere geteilt, deren Beschreibung oben an der Stange beginnt, darauf folgt bei Fahnen – wie bei einem Wappen – die ↑ Flugseite oben, dann die Stangenseite unten, zuletzt die Flugseite unten (Abb. Seiten 24/3, 27 und 28).

*Gezähnt:* so nennt man eine Trennlinie, wenn diese zickzackförmig verläuft (Abb. Seite 24/11).

*Gonfalone:* in Italien beliebte Fahnenform besonders öffentlicher Körperschaften, zu Prozessionen geeignet, da am ↑ Kreuzstab befestigt; unten meist in Lätze mit Fransenbesatz oder ↑ Quasten endend (Abb. Seite 23/12).

*Gonfaloniere:* Träger eines ↑ Gonfalone oder einer Fahne überhaupt, in der katholischen Kirche z.T. erblicher Ehrentitel »Gonfaloniere della Chiesa«.

*Gonfanon:* wörtlich ›Kriegsfahne‹, eine mehrzipflige, fast immer bildlose längliche, an eine Lanze geknüpfte Fahne aus vorheraldischer Zeit, aber in die heraldische Zeit hereinreichend.

*Gösch:* eine ↑ Bugsprietflagge (Abb. Seite 18).

*Griechisches Kreuz:* ein geradarmiges heraldisches Kreuz, das die Schildränder nicht berührt; so benannt, weil das Wappen des früheren Königreichs Griechenland ein solches Kreuz enthielt (Abb. Seite 24/6).

*Größe:* die Größe der Flaggen wird in absoluten Zahlen angegeben; sie richtet sich nach den örtlichen oder meteorologischen Verhältnissen.

*Grund* ↑ Feld

*Guidon:* Fahne in Gestalt eines ↑ Doppelstanders.

*Halbmast, halbstocks:* wird eine Flagge zum Zeichen der Trauer (inbegriffen Protest) gesetzt; ehe eine Flagge halbmast gesetzt wird, muß sie »vorgeheißt« und dann erst »niedergeholt« werden; vgl. Seiten 90/91.

Das Wappensegel war zwar praktisch niemals ein Ersatz der Flagge, aber eine der ansehnlichsten heraldischen Schöpfungen, die je auf den Ozeanen der Welt auftauchte. 3

*Handelsflagge:* diejenige Flagge, die jedes im Schiffsregister eingetragene Handelsschiff am Heck oder an der ↑ Gaffel führen muß, wenn die Bekanntgabe der Nationalität erforderlich ist. In den meisten Ländern darf die Handelsflagge von jedermann als ↑ Nationalflagge geführt werden.

*Hängende Flagge:* eine um 90° gegenüber der Schemastellung gedrehte Flagge; zur Straßendekoration geeignet, meist heraldisch ausgestaltet und dann ↑ Banner genannt (Abb. Seite 31/2).

*Hausfarben* ↑ Livree

*Hausflagge:* Unterscheidungsflagge von Reedereien und Luftverkehrsgesellschaften.

*Hülse:* eine aus Metall oder Stoff gefertigte Röhre; auch eine solche, in der die Stange einer Fahne steckt und an die sie feierlich genagelt werden kann.

*Jachtflagge:* in manchen Ländern bestehende Sonderformen der ↑ Nationalflaggen für Jachtklubs oder anderen Wassersport, z.B. in den USA, auch in Deutschland von 1933 bis 1945.

*Jack* ↑ Gösch

*Jolly Rogers:* eine schwarze Flagge mit weißen Seeräuberemblemen, im weiteren Sinne auch zusätzliche Flagge, z.B. bei den englischen U-Booten im Zweiten Weltkrieg (Abb. Seite 17/1).

1

Entgegen weitverbreiteter Vorstellung ist es unwahrscheinlich, daß der echte *Jolly Roger* der Piraten einen Totenkopf und Gebeine als Symbol gezeigt habe. Das Stundenglas mahnte das Opfer des Seeräubers, daß seine Zeit um sei.

3

Gewöhnlich werden auf einem Schiff mehrere Flaggen gleichzeitig *(oben)* zur Angabe von Nationalität und Rang gesetzt. Der komplette Flaggensatz für ein Kriegsschiff umfaßt die Gösch (am Bug), den Kommandowimpel oder die Rangflagge (am Großmast) und die Hauptflagge am Heck. Ein Handelsschiff setzt die Hausflagge der Reederei, der es gehört, am Vormast.

*Heckflagge:* die Hauptflagge eines Schiffes, aus der seine Nationalität abgelesen werden kann.

*Heerfahne:* Hauptfahne einer ganzen Armee.

*Heimatwimpel:* ein Wimpel in den Maßen 1:120, der bis zur Wasseroberfläche herunterreicht und auf der Heimfahrt von einem etwa ein Jahr dauernden Auslandsaufenthalt gesetzt wird (Abb. Seite 16/1).

*Heißen:* hochdeutsche Form von »hissen«, fast nur als Imperativ »Heißt Flagge!« gebraucht.

*Helmdecken:* eine Stoffbahn, die bei ↑ Vollwappen auf dem Helmdach aufliegend dargestellt wird und reiche künstlerische Möglichkeiten bietet (Abb. Seite 27).

*Helmzier:* die auf den mittelalterlichen Helmen angebrachten plastischen Figuren, die in der mitteleuropäischen Heraldik auch nach dem Wegfall ihrer militärischen Funktion beliebt blieben (Abb. S. 27).

*Heroldsbilder, Heroldsstücke:* geometrische Einteilungen eines Wappenschildes; auch verselbständigt, z.B. Rauten (Abb. Seiten 28 und 29).

*Herzschild:* dasselbe wie ↑ Mittelschild oder ein weiteres Schildchen in einem Mittelschild (Abb. Seite 29).

*Hissen, heißen:* das Hochziehen einer Flagge bis zum ↑ Flaggenknopf.

*Höhe:* die ↑ Breite einer Flagge (Abb. Seite 24/1).

*Karabinerhaken:* ein mit einer Feder versehener Haken, die das Herausgleiten der Öse aus dem Haken verhindert.

*Kauffahrteiflagge:* veralteter Ausdruck für ↑ Handelsflagge.

*King's Colour:* in Ländern, wo Truppeneinheiten zwei Fahnen führen, heißt die Fahne, durch die das Treueverhältnis zum Staatsoberhaupt ausgedrückt wird, je nachdem »King's Colour«, »Queen's Colour« oder »Presidental Color« (Abb. S. 20/2).

*Kleid:* eine Stoffbahn, aus der die Flagge zusammengenäht ist, etwa 50 cm breit und früher manchmal als Berechnungsmaßstab angesetzt.

*Kokarde:* eine meist an der Kopfbedeckung anzusteckende Rosette in bestimmten Farben; im 18. und 19. Jahrhundert die Hauptmethode, die Nationalfarben auch durch Zivilpersonen zu zeigen (Abb. Seite 30/1); gegenwärtig zur Dienstmütze offizieller Amtsträger gehörig, ↑ Flugzeugkokarde.

*Kommandowimpel:* ein sehr langer Wimpel, der nur Offizieren der Kriegsmarine zusteht, die selbst keinen Anspruch auf eine ↑ Rangflagge haben; in manchen Ländern unterscheiden sich Kriegsschiffe von Handelsschiffen nur durch den Kommandowimpel, nicht aber durch die Flagge.

*Kommandozeichen:* die Rangflaggen von ↑ Flaggoffizieren.

Die französische Trikolore ist hier durch die Beifügung des kaiserlichen Wappens und goldener Bienen zur persönlichen Flagge Napoleons III. verändert. Der Großmast, an dem sie weht, trägt normalerweise den Dienstwimpel oder die Rangflagge des Kommandanten.

In Erwartung eines fürstlichen Besuches wurde der Befehl ›ausflaggen‹ erteilt. Zusätzlich zu den französischen Nationalflaggen sind dann auch Signalflaggen gesetzt. Die Sitte, die Rahen zu bemannen, ist mit dem Aufkommen der mastlosen Schiffe untergegangen.

Die größte aller Flaggen, die Kriegsflagge des Schiffes, ist an der Gaffel gesetzt, wo ihre Leinen nicht die Takelage des Schiffes stören.

In Frankreich ist, wie in vielen anderen Ländern, die Gösch eine kleine Ausgabe der Heckflagge.

Die »Bretagne« erwartet 1856 im Hafen von Cherbourg unter großer Flaggen-Gala den Besuch der Königin Victoria von Großbritannien.

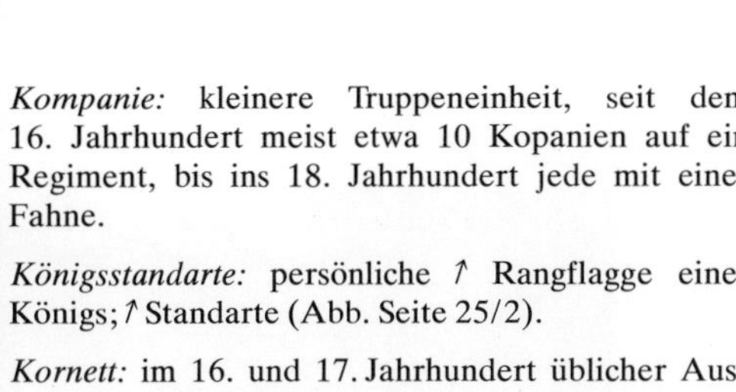

1

REITERFAHNE (Kavallerie-Standarte); BADEN, 1869

Die Spitze dieser Fahne umschließt das Spiegelmonogramm des Großherzogs von Baden, Friedrich, ein doppeltes F.
Schnüre und Quasten schmücken die Lanze. Bänder tragen Metallspangen mit Schlachtennamen.
Der Tuchumschlag ist für Fahnen typisch, die ständig an ihrer Stange befestigt bleiben, hier mittels dekorativer Nägel.
Schon im Alten Testament wird von einem Fransenrand gesprochen.

*Kompanie:* kleinere Truppeneinheit, seit dem 16. Jahrhundert meist etwa 10 Kopanien auf ein Regiment, bis ins 18. Jahrhundert jede mit einer Fahne.

*Königsstandarte:* persönliche ↑ Rangflagge eines Königs; ↑ Standarte (Abb. Seite 25/2).

*Kornett:* im 16. und 17. Jahrhundert üblicher Ausdruck für eine Reiterstandarte, daher auch für eine Reiterkompanie und für deren ↑ Standartenträger.

*Kraftwagenflagge:* ↑ Rangflagge an Kraftwagen, meist am vorderen Schutzblech angebracht.

*Krawatte:* ein breites, in Falten gelegtes Stoffstück in den Farben der ↑ Feldbinde, um die Spitze der französischen Fahnen geschlungen, zuerst in der Schlacht bei Fleurus (1690) nachgewiesen (Seite 30/2).

*Kreuz:* eines der häufigsten Wappenbilder; ohne zusätzliche Angabe: »durchlaufend«, d.h. die Ränder des Wappenschildes oder des Fahnentuches berührend (Abb. Seite 24/7).

2

Diese Fahnenträger führen kantonale schweizerische Wappenbanner. Ihre Einfachheit ermöglicht eine genaue heraldische Beschreibung, nach der ein mit der Heraldik vertrauter Künstler arbeiten kann.

Die normale Reihenfolge für eine geviert aufgeteilte Flagge ist: oben am Liek, obere Flugseite, untere Liekseite und untere Flugseite. Wenn aber das Feld geständert ist (mit oder ohne das für die Schweizer Militärfahnen typische Kreuz), dann beginnt man gewöhnlich oben am Liek und fährt dann im Uhrzeigersinn fort, um links unten an der Stange zu enden.

*Kreuzstab:* ein Stab, der rechtwinklig zum Mast fest oder durch Schnur verbunden ist und an dem ein Fahnentuch senkrecht herabhängen kann (Abb. Seite 23/12).

*Kriegsflagge:* die Heckflagge eines Kriegsschiffes, heute vielfach verhüllend als »Dienstflagge der Streitkräfte« bezeichnet; in einigen Ländern unterscheidet sich die Kriegsflagge zu Lande (Heeresflagge) von der Kriegsflagge zur See (Marinekriegsflagge).

*Krönlein:* ein bis ins 18. Jahrhundert üblicher Ausdruck für die Fahnenspitze.

*Labarum:* das ↑ Vexillum mit dem Christusmonogramm; siehe Seite 60.

*Länge:* die Entfernung zwischen ↑ Liek und ↑ Flugseite (Abb. Seite 24/1).

*Landesfarben:* die Farben der ↑ Nationalflagge unabhängig von deren Zeichnung; ↑ Kokarde, ↑ Bunting.

*Landesflagge:* die Flagge eines Gebietes, das, ohne ein Staat zu sein, gewisse Autonomie genießt.

*Lanzenflagge:* ein dreieckiges oder schwalbenschwanzförmiges Fähnchen an der Lanze berittener Truppen (Abb. Seite 27).

*Lappen:* halbkreisförmige Stoffstücke zur Verzierung der äußeren Kanten eines Fahnentuches (Abb. Seite 26/1).

*Leibfahne* (Drapeau Colonel): Fahne der ↑ Kompanie oder des ↑ Bataillons des Regimentsobersten, fast immer von weißer Grundfarbe; ↑ Ordinärfahne.

*Liek* (in Österreich *Leik*): der (weiße) Flaggensaum, in dem die Flaggenleine eingenäht ist; dem Flaggenstock zugekehrte Seite.

*Links:* das Gegenteil von ↑ rechts.

*Livreefarben:* die – meist zwei – Farben, in denen Gefolgsleute oder Dienerschaft gekleidet sein konnten; in England meist identisch mit den zwei in einer Wappenbeschreibung zuerst zu nennenden Farben.

*Lotsenflagge:* seit 1824 vorkommende Unterscheidungsflagge eines Schiffes, das einen Lotsen benötigt oder an Bord hat.

*Mahometsfahne* ↑ Schellenbaum

*Malteserkreuz:* ein achtspitziges Kreuz, dessen Arme gegen die Mitte zu schmäler werden und sich nach außen schwalbenschwanzförmig verbreitern.

*Marinereserveflagge:* ↑ Nationalflagge von Handelsschiffen, deren Kapitän Offizier der Kriegsmarine in Reserve ist.

1 Der Titel des Fahnenträgers ist je nach Epoche und Land verschieden: Fähnrich, Kornett, Vexillarius, Fahnenträger, Standartenträger, Bannermann, Venner – englisch *ensign*, französisch *enseigne;* aber seine Stellung war immer eine besonders ehrenvolle. Dieser Schweizer Fahnenträger aus dem 16. Jahrhundert trägt eine Fahne, die mit einem vom Papst verliehenen Zusatz ausgezeichnet wurde.

*Metall:* in der Heraldik die Farben Gold (=Gelb) und Silber (=Weiß); vgl. Seiten 28/29.

*Mittelschild:* in der Heraldik ein Schildchen in der Mitte eines größeren, des Rücken- oder Hauptschildes (Abb. Seiten 27 und 29).

*Musterflagge:* in der Neuzeit übliches Modell, nach dem sich die weitere Produktion zu richten hat.

*Nagelung:* die Feierlichkeit, bei der das Fahnentuch durch Einschlagen vorher nur lose eingesetzter Nägel an die Stange endgültig befestigt wird; auch die entstehende Nagelreihe selbst (Abb. Seite 19/1).

*Name der Einheit:* eine bei manchen Nationen auf das Fahnentuch gestickte oder gemalte Inschrift, bei manchen auch auf den Schmuckbändern, in Deutschland meist auf ↑ Fahnenringen (Abb. Seite 20/2).

*Nationalfahne:* eine Fahne in der Zeichnung der ↑ Nationalflagge.

*Nationalflagge:* ursprünglich diejenige Flagge, die ein Schiff zur Bekanntgabe seiner Nationalität zeigt; heute mehr diejenige Flagge, die jedem Bürger einer Nation zu führen freisteht, meist mit der ↑ Handelsflagge übereinstimmend; ↑ Bürgerflagge.

*Niederholen:* das Gegenteil von ↑ Hissen.

*Niederlegung:* Außer Gebrauch tretende Fahnen werden mit gewissem Zeremoniell in Kirchen oder Museen »niedergelegt«.

*Nummernflagge:* im frühen 19. Jahrhundert allgemein übliche Zusatzflagge, aus der die Versicherungsnummer des Schiffes abgelesen werden konnte.

*Obereck:* die nicht förmlich abgegrenzte Stelle im Fahnentuch, die dem ↑ Liek und der Spitze am nächsten steht (Abb. Seite 29).

2 Außer der üblichen Königsfahne (*rechts*, Fahne links) und der Regimentsfahne (Fahne rechts) hat das 74. Britische Regiment eine dritte Fahne, darauf ihr Abzeichen, ein Elefant. Das in Schottland aufgestellte Regiment der 78er leistete während des 19. Jahrhunderts ausgedehnten Dienst in Indien.

1 Eine Ansammlung von Fahnen ergibt sich, wenn Männer aus den verschiedenen Teilen der Schweiz unter ihren kantonalen Bannern zusammentreten, wie auf dieser Bilderchronik aus dem 16. Jahrhundert.

Die ältesten heraldischen (oder Wappen-) Banner waren einfach, von kräftiger Farbwirkung und leicht zu identifizieren. Das ganze Feld einer solchen Fahne entspricht genau dem Schild des Wappens, alle Nebenteile werden hierbei nicht berücksichtigt. Später werden solche Nebenteile oft auf Wappenfahnen mit untergebracht *(unten);* auch werden die Schilde selbst immer komplizierter.

Dieser Schellenbaum (der Badischen Leib-Grenadiere, 1874) wirkt auf Ohren wie auf Augen.

2

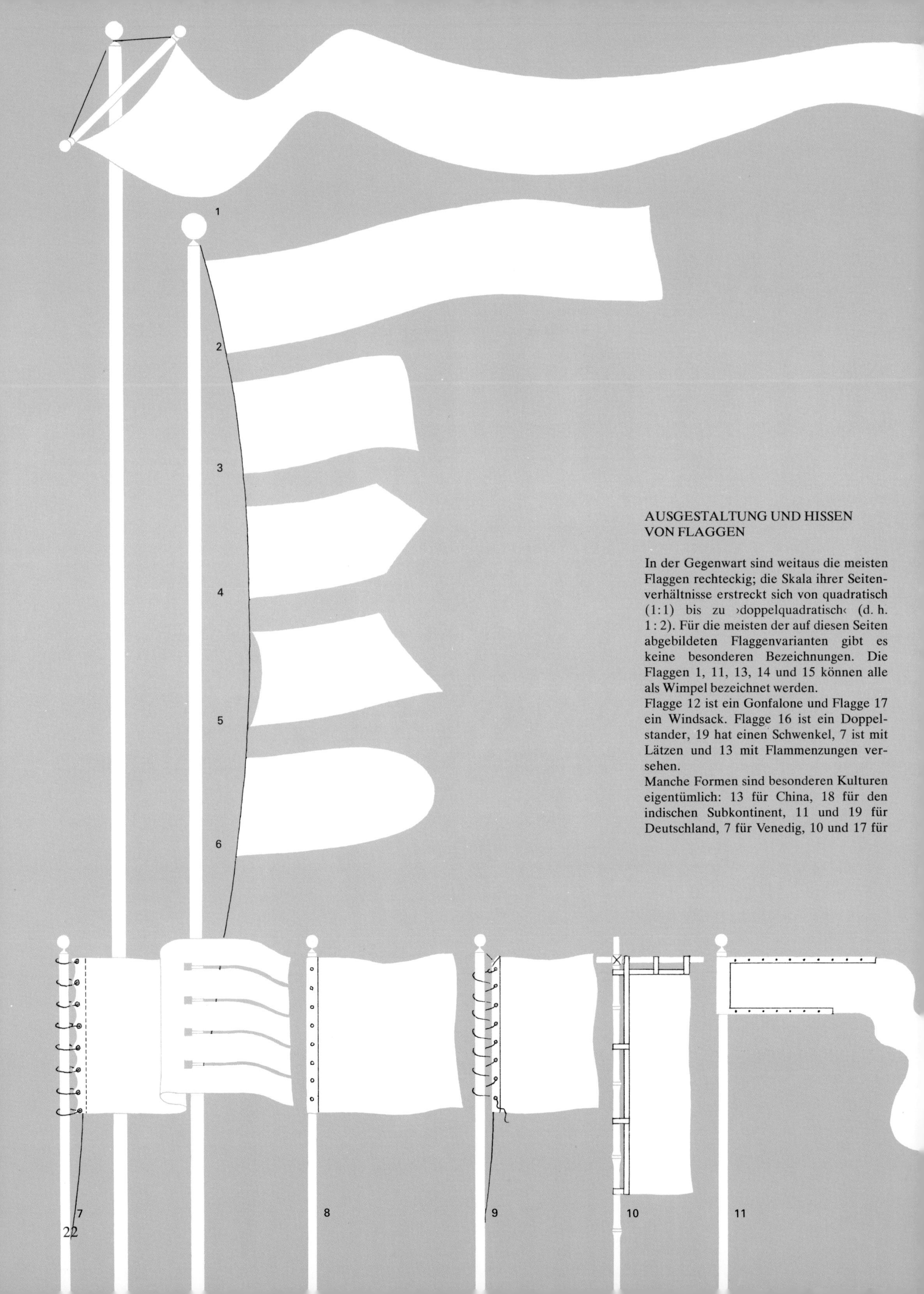


## AUSGESTALTUNG UND HISSEN VON FLAGGEN

In der Gegenwart sind weitaus die meisten Flaggen rechteckig; die Skala ihrer Seitenverhältnisse erstreckt sich von quadratisch (1:1) bis zu ›doppelquadratisch‹ (d. h. 1 : 2). Für die meisten der auf diesen Seiten abgebildeten Flaggenvarianten gibt es keine besonderen Bezeichnungen. Die Flaggen 1, 11, 13, 14 und 15 können alle als Wimpel bezeichnet werden.
Flagge 12 ist ein Gonfalone und Flagge 17 ein Windsack. Flagge 16 ist ein Doppelstander, 19 hat einen Schwenkel, 7 ist mit Lätzen und 13 mit Flammenzungen versehen.
Manche Formen sind besonderen Kulturen eigentümlich: 13 für China, 18 für den indischen Subkontinent, 11 und 19 für Deutschland, 7 für Venedig, 10 und 17 für

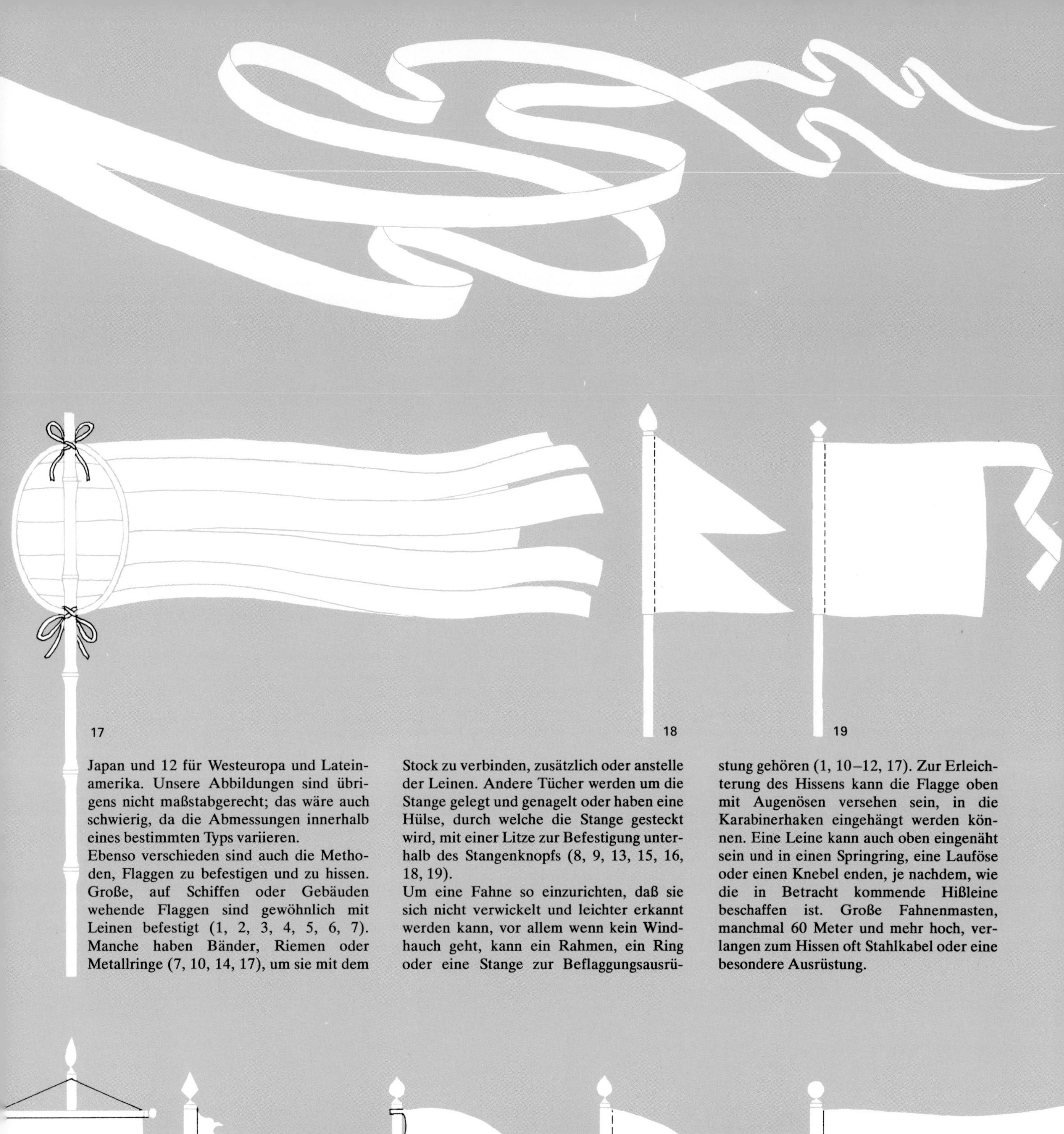

17 18 19

Japan und 12 für Westeuropa und Lateinamerika. Unsere Abbildungen sind übrigens nicht maßstabgerecht; das wäre auch schwierig, da die Abmessungen innerhalb eines bestimmten Typs variieren.

Ebenso verschieden sind auch die Methoden, Flaggen zu befestigen und zu hissen. Große, auf Schiffen oder Gebäuden wehende Flaggen sind gewöhnlich mit Leinen befestigt (1, 2, 3, 4, 5, 6, 7). Manche haben Bänder, Riemen oder Metallringe (7, 10, 14, 17), um sie mit dem Stock zu verbinden, zusätzlich oder anstelle der Leinen. Andere Tücher werden um die Stange gelegt und genagelt oder haben eine Hülse, durch welche die Stange gesteckt wird, mit einer Litze zur Befestigung unterhalb des Stangenknopfs (8, 9, 13, 15, 16, 18, 19).

Um eine Fahne so einzurichten, daß sie sich nicht verwickelt und leichter erkannt werden kann, vor allem wenn kein Windhauch geht, kann ein Rahmen, ein Ring oder eine Stange zur Beflaggungsausrüstung gehören (1, 10–12, 17). Zur Erleichterung des Hissens kann die Flagge oben mit Augenösen versehen sein, in die Karabinerhaken eingehängt werden können. Eine Leine kann auch oben eingenäht sein und in einen Springring, eine Lauföse oder einen Knebel enden, je nachdem, wie die in Betracht kommende Hißleine beschaffen ist. Große Fahnenmasten, manchmal 60 Meter und mehr hoch, verlangen zum Hissen oft Stahlkabel oder eine besondere Ausrüstung.

12 13 14 15 16

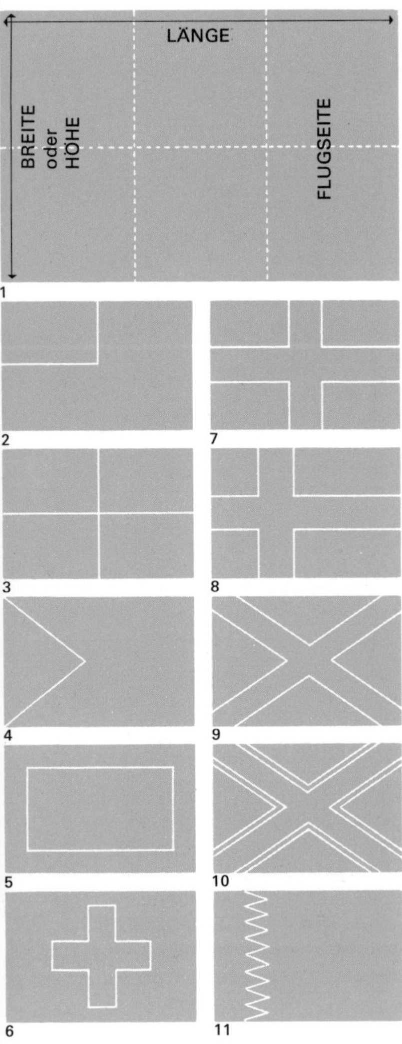


GRUNDELEMENTE

1 PROPORTIONEN 2:3
ABMESSUNGEN 3,6×5,4 cm

2 OBERECKE

3 GEVIERT

4 DREIECK

5 RAND

6 GRIECHISCHES KREUZ

7 DURCHGEHENDES KREUZ

8 SKANDINAVISCHES KREUZ

9 SCHRÄGKREUZ
(oder Andreaskreuz)

10 SAUM
(gesäumtes Schrägkreuz)

11 GEZÄHNT
(gezähnter Rand am Liek)

*Oberecke:* das im ↑ Obereck stehende Viertel einer Flagge (Abb. Seite 24/2).

*Ordinärfahne:* die zweite und evtl. alle weiteren Fahnen einer Truppeneinheit; ↑ Leibfahne.

*Oriflamme:* Name der französischen Hauptfahne; siehe Seiten 130/131.

*Panier:* poetische Form von »Banner« (↑).

*Paradeband:* prunkvoll ausgestattetes ↑ Band als Fahnenschmuck, in den Heeren Deutschlands, Rußlands und Österreichs als fürstliches Geschenk beliebt, seit dem 18. Jahrhundert vorkommend.

*Paradefahne:* eine für feierliche Anlässe besonders sorgfältig ausgeführte Fahne.

*Parlamentärflagge:* eine weiße Flagge zur Bezeichnung der Verhandlungsbereitschaft.

*Paukenbehang:* ein seit dem 17. Jahrhundert beliebter Stoffbehang um die militärischen Pauken, mit den zugehörigen Fahnen meist übereinstimmend gestaltet und als Trophäe ähnlich bewertet.

*Pavesade:* Ausschmückung eines Schiffes mit Setzschilden (Pavesen) längs der Bordwand (Abb. Seite 16/2).

*Postament:* in der Heraldik ein ornamentales oder der Natur nachgebildetes Gestell unter einem Wappenschild, auf dem die Schildhalter stehen können (Abb. Seite 27).

*Postflagge, Postwimpel:* Erkennungsflagge der postführenden Schiffe, bewirkt bevorzugte Abfertigung im Hafen; in manchen Ländern auch Flagge der Postämter.

*Präsidentenstandarte:* persönliche ↑ Rangflagge eines republikanischen Staatsoberhaupts; ↑ Standarte.

*Preisignal:* Flagge, mit der Zollboote zum Beidrehen auffordern.

*Presidental Color* ↑ King's Colour

*Proportionen:* Maßangaben von Flaggen in Verhältniszahlen, z.B. haben britische Flaggen meist die Proportionen 1:2, die deutschen früher 2:3, jetzt 3:5 (Abb. Seite 24/1).

*Prunkstücke:* jene Nebenteile eines Wappens, die den Rahmen eines ↑ Vollwappens überschreiten, also Rangkronen anstelle des Helmes, Orden, ↑ Wappenmäntel und ↑ -zelte und dgl. (Abb. S. 27).

*Quadriert:* dasselbe wie ↑ Geviert (Abb. Seite 28).

*Quarantäneflagge:* Flagge einer Quarantänestation oder Signalflagge für Krankheit an Bord (Abb. Seite 15/3).

*Quasten:* über einen Holz- oder Metallkern herabfallende, gedrehte Metallfäden am Ende einer Schmuckschnur an Paradefahnen (Abb. Seite 19/1).

*Queen's Colour* ↑ King's Colour

*Rahmen:* zur Versteifung eines Flaggentuches dienende Vorrichtung aus stabilem Material (Abb. Seite 22/11), besonders für ↑ Kraftwagenflaggen.

*Rahnock:* das äußerste Ende einer Rah. Eine Rah ist innerhalb der Takelage eine waagerechte Stange; zu ihr kann eine Flaggenleine laufen. Die Hissung von Flaggen auf diese Weise wird auch an Land nachgeahmt.

*Rand:* ein um das Grundmuster einer Flagge herumlaufendes Feld, z.B. bei den ↑ Lotsenflaggen (Abb. Seite 24/5).

*Rangflagge* ↑ Unterscheidungsflagge (Abb. Seite 15/3).

*Rangordnung:* Fahnen, die an einem öffentlichen Aufzug teilnehmen, ordnen sich nach dem Rang ihrer Eigner.

*Rechts:* in der Heraldik diejenige Seite, die für den Schildträger rechts wäre, also für den Beschauer links ist (Abb. Seiten 27 und 29).

*Regierungsflagge* ↑ Dienstflagge

*Regimentsfahne:* die das Regiment selbst repräsentierende Fahne, in Ländern mit ↑ King's Colours (o. ä.) diesen nachgeordnet (Abb. Seite 20/2).

*Regimentsflagge:* in Großbritannien übliche Spezialflagge der Regimenter, an den Quartieren gehißt.

*Reichssturmfahne:* angebliche Hauptfahne des Heiligen Römischen Reiches Deutscher Nation (siehe Seite 116).

*Rennfahne:* eine längliche Reiterfahne im Mittelalter und der frühen Neuzeit, auch Bezeichnung für die exponierteste Truppe.

*Rennflagge:* besondere Flagge von Jachten als Wettfahrtteilnehmer.

*Ring:* ein kreisförmiges Werkstück aus stabilem Material zur Aufspannung eines ↑ Windsacks und zu seiner Befestigung am Mast (Abb. Seite 23/17); in der Heraldik eine von zwei konzentrischen Kreisen gebildete Figur.

*Roßschweif:* ein aus der Mongolei stammendes Rangabzeichen aus echten oder imitierten Pferdehaaren; in Deutschland an ↑ Schellenbäumen angebracht (Abb. Seite 21/2).

*Rückseite:* in Flaggen stimmen die Rückseiten mit den ↑ Vorderseiten meist spiegelbildlich überein; bei ↑ Truppenfahnen kommen abweichende Rückseiten öfter vor.

*Säkularband:* in Rußland und nach dessen Vorbild auch in der deutschen Armee ein breites Fahnenband mit einer auf das ein- oder zweihundertjährige Bestehen bezüglichen Inschrift.

*Säkularschleife:* in Preußen zusätzliche Schleife für Wiederholung des Anlasses nach weiteren hundert Jahren.

*Salut:* Gruß gegenüber Flaggen, meist mittels abgezählter Kanonenschüsse.

*Saum:* schmale Ränderung einer Farbfläche in abweichender Farbe (Abb. Seite 24/10); zu unterscheiden von »Rand« (↑).

*Schärpe:* ein über die Schulter (manchmal auch quer über den Leib) zu tragender Stoffstreifen, gewöhnlich in den Nationalfarben und oft mit dem Staatswappen bestickt, vor allem in Lateinamerika

1

## ZUR ANALYSE VON FLAGGEN

In der Nationalflagge von Tibet 1912 bis 1959 *(links)* sind zwei Herstellungsarten kombiniert: der Hintergrund und der Rand sind zusammengestückt, die Löwen, das Yin-Yang und die flammenden Edelsteine sind aufgemalt. Bei der Analyse dieser Flagge ist der Vexillologe auch an den genauen Abmessungen interessiert, an den Proportionen (hier 2 : 3), den genauen Farbtönen, an der Zeichnung der Rückseite (hier das Spiegelbild der Vorderseite) und natürlich an den genauen Daten von Ingebrauchnahme, der Art und Weise der Hissung, der Symbolik der Zeichnung und deren geschichtlicher Entwicklung sowie auch an den Regeln für ihren richtigen Gebrauch.

FOR THE PROTESTANT RELIG: AND THE LIBERTY OF ENGLAND

JE MAINTIENDRAY

2

Flaggenknöpfe dieses Typs *(links)* sind nicht mehr üblich. An der Kreuzrahe hängt ein Unionswimpel mit den englischen und holländischen Symbolen, weil König Wilhelm III. (1689–1702) ursprünglich Statthalter der Niederlande war.
Auf dem Grundtuch stehen Wilhelms königliches Wappen und zwei Inschriften. Das Wappen besteht hier aus Schild, Krone und Schildhaltern.
Inschriften sind auf Flaggen verpönt, weil sie schwierig und kostspielig anzubringen und bei bewegter Flagge auf die Entfernung schwer zu lesen sind und auf der Rückseite spiegelverkehrt laufen.

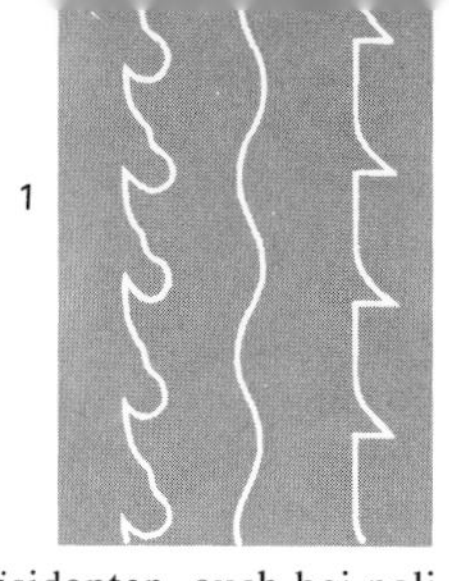

1

Die Kanten von Fahnentüchern können nicht nur in verschiedenförmige Verlängerungen auslaufen, sondern auch mit Flämmchen und Lappen verziert sein.

Würdezeichen der Staatspräsidenten, auch bei politischen Organisationen vorkommend.

*Scheibe:* eine kreisförmige Figur.

*Schellenbaum:* ein aus der türkischen Janitscharenmusik (Mahometsfahne) übernommenes Rasselinstrument mit ↑ Roßschweifen und seit dem 19. Jahrhundert auch mit fahnentuchartigem Behang ausgeschmückt (Abb. Seite 21/2).

*Schildhaupt:* das obere Drittel eines Wappenschildes, bevorzugter Platz für ehrende Zusätze ↑ Wappenbesserung (Abb. Seite 29).

*Schlachtennamen* (englisch *Battle honours*): eine aus England ausgehende, auch auf dem Kontinent nachgeahmte Sitte, auf Fahnentüchern die Namen der Schlachtorte einzutragen; sie können auch auf ↑ Bandspangen stehen (Abb. Seite 30/2).

Nicht alle heraldischen Fachausdrücke haben direkte Beziehung zum Flaggenwesen. Auf den folgenden drei Seiten sind die zum Verständnis von Fahnen und Flaggen wichtigsten Ausdrücke zusammengestellt. Die Abbildung zeigt ein Vollwappen, und zwar das des Fürstentums Schwarzburg-Sondershausen im 19. Jahrhundert. Es heißt das ›größere Wappen‹, nicht wegen seiner Abmessungen, sondern weil es komplizierter aufgebaut ist als das kleine, das hier nicht gezeigt wird – ein Unterschied, der heute noch in manchen Ländern beachtet wird. Seine Bestandteile sind:
der Wappenmantel, ein dekorativer Hintergrund;
eine Lanze mit Fähnchen, wie sie von den Rittern in Turnieren geführt wurden;
die Helmdecken, von der Oberseite der Helme herabhängende dekorative Stoffstücke;
die Helmzier oder das Zimier, die Figuren, die auf den Helmen sitzen;
die Schildhalter, ein Mann auf der heraldisch rechten und eine Frau auf der heraldisch linken Seite;
ein gevierter Schild, mit drei Mittelschilden und zwei geschachten Quartieren;
das ganze auf einem Postament ruhend.

2

Ein Wappenbuch versammelt Wappen, die Personen oder Gebiete zu führen berechtigt sind. Solche Wappenbücher *(oben)* wurden zur Verhütung von Doppelentwürfen und zur Zurückweisung betrügerischer Ansprüche von Herolden geführt. Während ihrer Blütezeit im mittelalterlichen Europa hatte die Heraldik mit den Flaggen jahrhundertelang enge Beziehung. Viele vexillologische Ausdrücke leiten sich aus heraldischer Erfahrung ab.

*Schnurbanderole:* eine um die Fahnenspitze geschlungene, aus Metallgespinst gefertigte, in ↑ Quasten endende Schmuckschnur (Abb. Seite 19/1).

*Schragen, Schrägkreuz* ↑ Andreaskreuz.

*Schuh* ↑ Fahnenschuh

*Schwalbenschwanzförmig:* Gestalt von Flaggen und ↑ Standern (↑ Doppelstander), die an der Flugseite dreieckig ausgeschnitten sind, wie die Kriegsflaggen der Ostsee-Anrainerstaaten; einige sind außerdem »gezungt«.

*Schwadron:* seit dem 18. Jahrhundert diejenige Unterabteilung eines Kavallerieregiments, die eine ↑ Standarte hatte, meist 2 Kompanien (↑).

*Schwenkel:* eine im Mittelalter sehr beliebte ↑ Verlängerung der oberen Partie eines Fahnentuchs (Abb. Seite 23/19).

*Siegelschnüre:* die Schnüre, die durch die an Urkunden hängenden Siegel gezogen sind, meist zweifarbig und manchmal mit den ↑ Landesfarben übereinstimmend.

*Siegesflagge:* Flagge, die der Gewinner einer Wettfahrt setzen darf.

*Signalflaggen:* vor allem auf See übliche Flaggen, die nach einem vereinbarten Code einzelne Buchstaben oder ganze Sätze bedeuten. Bei den Handelsmarinen ist seit dem 1. Januar 1934 das Internationale Signalbuch maßgebend (vgl. Seite 86); ↑ Winken.

*Signum:* lateinische Bezeichnung für die ↑ Vexilloide der römischen Heere (Abb. Seite 14/2).

*Skandinavisches Kreuz:* in Nachahmung des Danebrog (siehe Seite 64) in den Flaggen aller skandinavischen Staaten vorkommendes Kreuz, dessen Mittelpunkt etwas zur Stange gerückt ist, in einzelnen Fällen zweifarbig (Abb. Seite 24/8).

*Spitze:* in Mitteleuropa die normale ↑ Bekrönung einer Fahnenstange in Lanzenform (Abb. S. 19/1).

*Staatsflagge:* dasselbe wie ↑ Dienstflagge, in einigen Ländern die Dienstflagge der obersten Dienststellen, z.B. in Finnland. In kommunistisch orientierten Ländern identisch mit ↑ Nationalflagge.

*Stabsflagge:* Erkennungsflagge militärischer Kommandodienststellen.

*Standarte:* 1. eine Lanze mit einem plastischen Gegenstand an der Spitze (↑ Vexilloid); 2. im mittelalterlichen England formal übereinstimmend mit ↑ Rennfahne; 3. seit dem 19. Jahrhundert Rangflagge von Fürstlichkeiten (↑ Königsstandarte) und Staatsoberhäuptern (↑ Präsidentenstandarte); 4. Fahne einer berittenen Truppe (Abb. Seite 19/1); 5. poetische Bezeichnung ähnlich wie ↑ Panier.

Als wichtig ist der Unterschied zu beachten zwischen den Wappen politischer Einheiten (öffentliche Heraldik), wie sie in diesem Buch behandelt werden, und der persönlichen oder Familien-Heraldik.

1. l'Or ou le Jaune. — 2. L'Argent est tout Blanc. — 3. Le Gueules ou Rouge. — 4. l'Azur ou Bleu.

## GRUNDBESTANDTEILE DES SCHILDES

METALLE

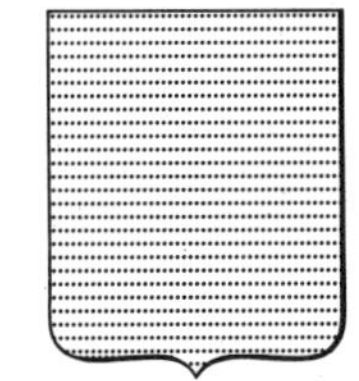
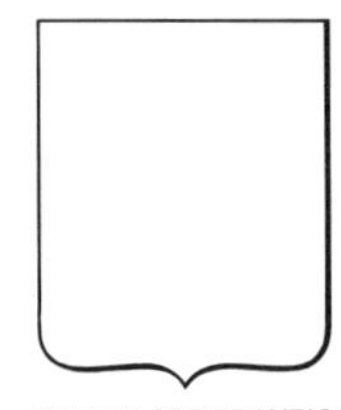

GOLD (ODER GELB)

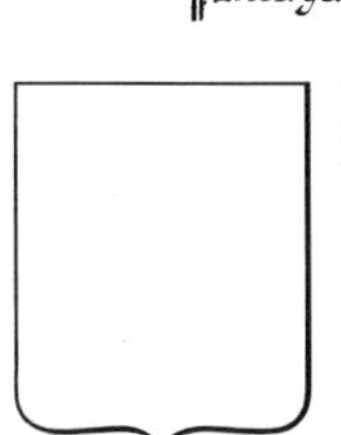

SILBER (ODER WEISS)

FARBEN

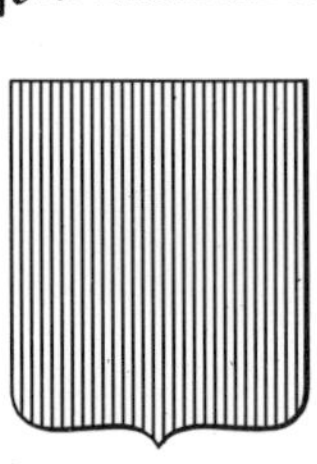

ROT

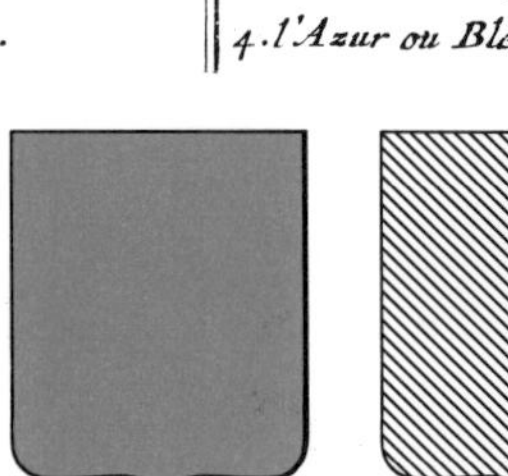

GRÜN

PELZWERK. Die hier gezeigte heraldische Stilisierung kommt auf Fahnen äußerst selten vor; das beste Beispiel ist die überlieferte Flagge der Bretagne, die ganz Hermelin ist.

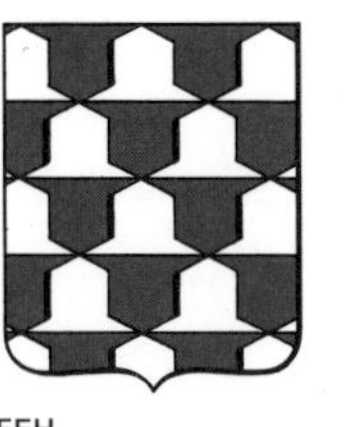

HERMELIN — GEGENHERMELIN — GEGENGOLD-HERMELIN — GOLDHERMELIN — FEH — GEGENFEH

SCHILDTEILUNGEN. Einige der in der Heraldik gebrauchten Bezeichnungen kommen auch für Flaggen vor, worauf durch ein Sternchen hingewiesen wird.

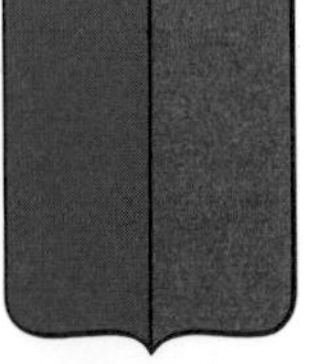
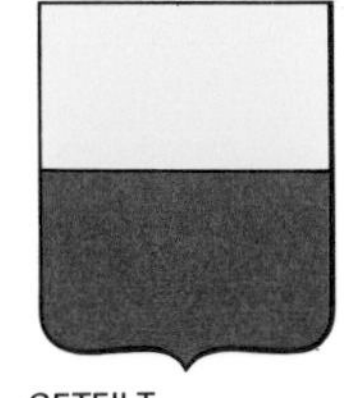

GESPALTEN — GETEILT — SCHRÄGGETEILT — SCHRÄGLINKS-GETEILT — GEVIERT* — SCHRÄGGEVIERT

HEROLDSTÜCKE. So werden geometrische Einteilungen des Schildes genannt, während andere Bilder, etwa der Löwe, als Figuren bezeichnet werden.

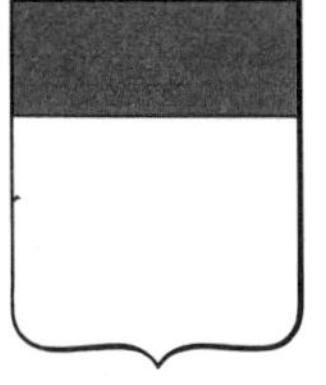

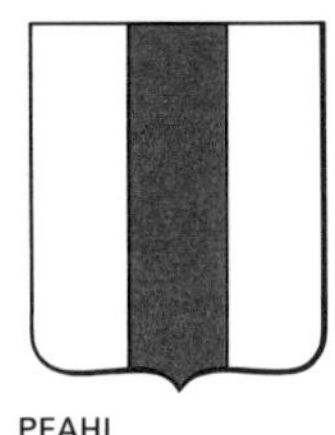
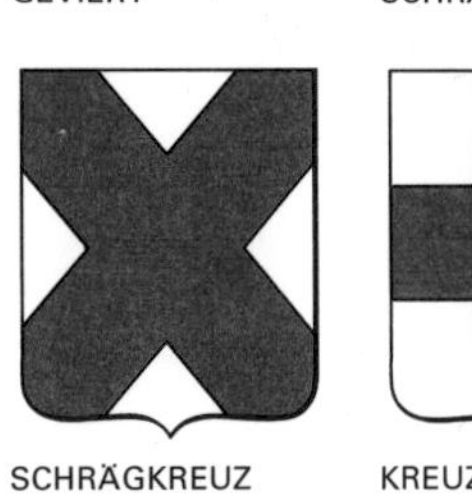

SCHILDHAUPT — SCHILDFUSS — PFAHL — BALKEN — SCHRÄGKREUZ — KREUZ

AMERIKANISCHE STAATSWAPPEN. Diese im 18. Jahrhundert entstandenen Wappen, viele davon noch in Gebrauch, sind teils aus Siegeln, teils aus heraldischen Quellen hervorgegangen.

NEW HAMPSHIRE — MASSACHUSETTS — RHODE ISLAND — CONNECTICUT — NEW YORK — NEW JERSEY

RUSSISCHE STADTWAPPEN. Diese und die Wappen *oben* und *unten* zeigen, daß ungeachtet der heraldischen Grundregel, wonach Wappen sich voneinander deutlich unterscheiden müssen, in einem Lande die Neigung zu großer Ähnlichkeit im Aussehen bestehen kann.

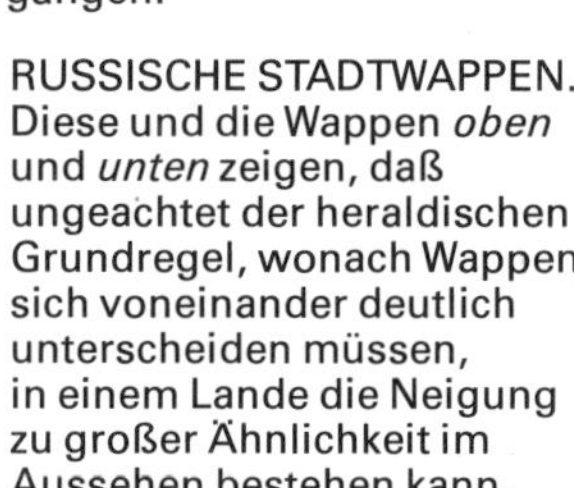

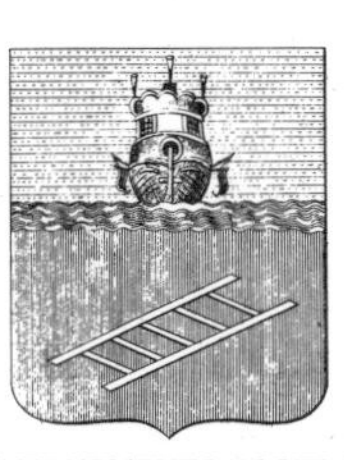
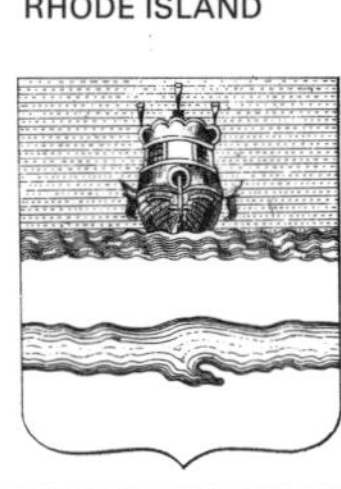
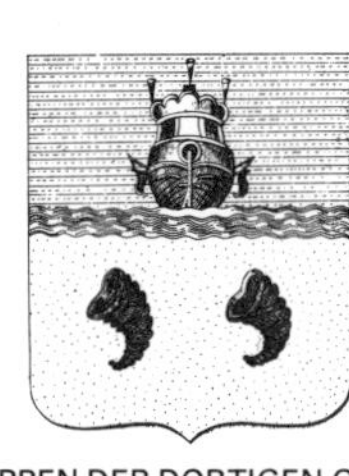
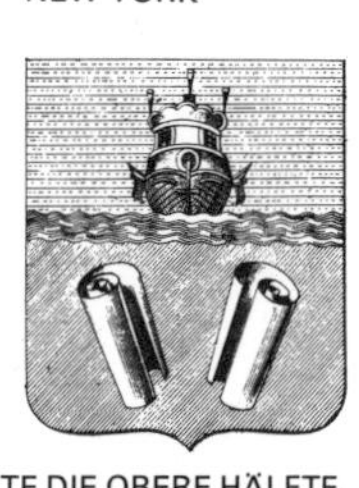
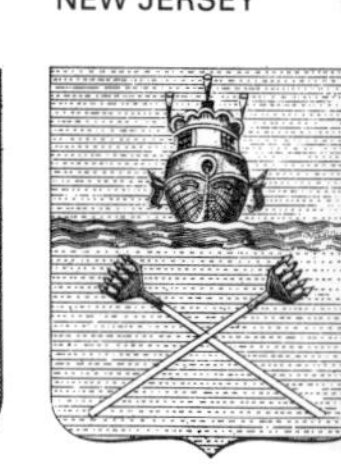

DAS WAPPEN DES GOUVERNEMENTS KOSTROMA BILDET IN DEN WAPPEN DER DORTIGEN ORTE DIE OBERE HÄLFTE.

JAPANISCHE ›MON‹. Die ansprechendsten modernen Entwürfe findet man in der städtischen Heraldik Japans und Skandinaviens und in der Werbegraphik der Vereinigten Staaten.

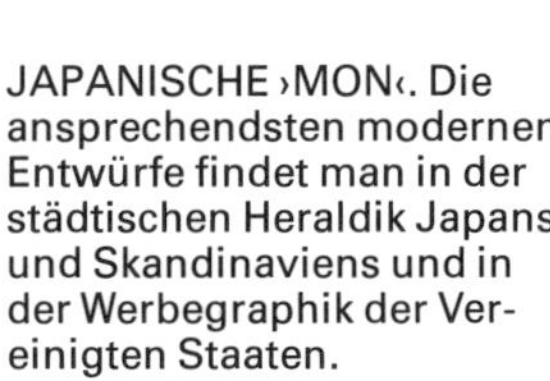

DIE OBEN GEZEIGTEN *MON* (JAPANISCHE FAMILIENZEICHEN) STELLEN NUR EINE KLEINE AUSWAHL DAR.

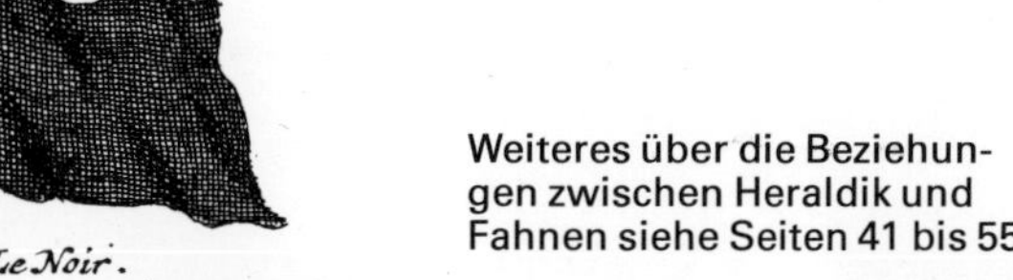


Weiteres über die Beziehungen zwischen Heraldik und Fahnen siehe Seiten 41 bis 55.

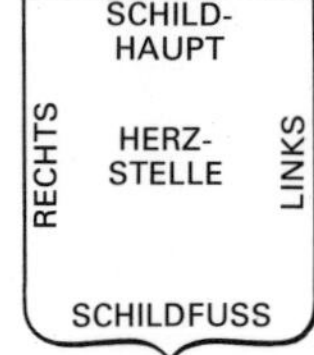


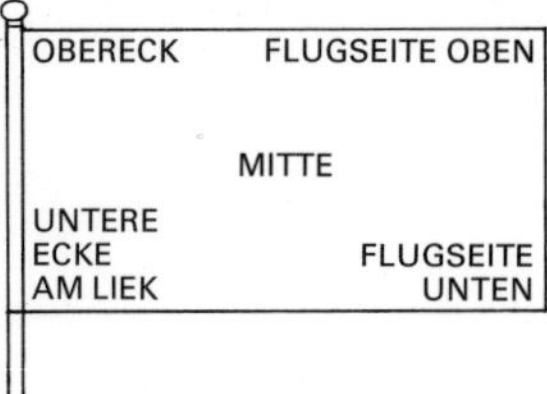

BLAU

SCHWARZ

PURPUR

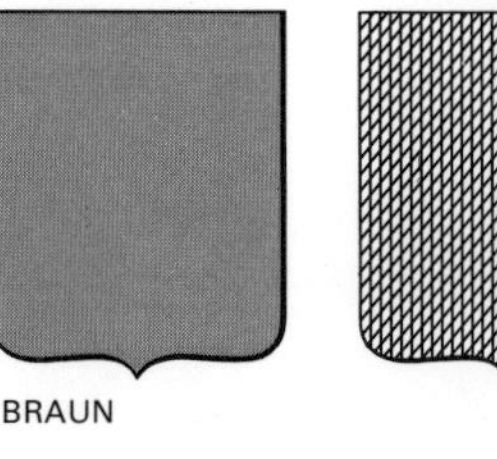
BRAUN

KRÜCKENFEH

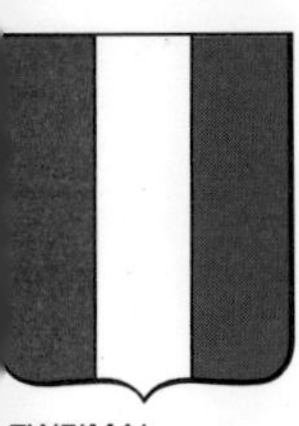
ZWEIMAL GESPALTEN

GESTÄNDERT*

ZWEIMAL GETEILT

GESCHACHT*

GETEILT UND DREIMAL GESPALTEN

GESPALTEN UND ZWEIMAL GETEILT

Die beiden letzten Schilde sind Beispiele für die zahlreichen Möglichkeiten der Unterteilung von Wappenschilden.

SCHRÄGLINKSBALKEN

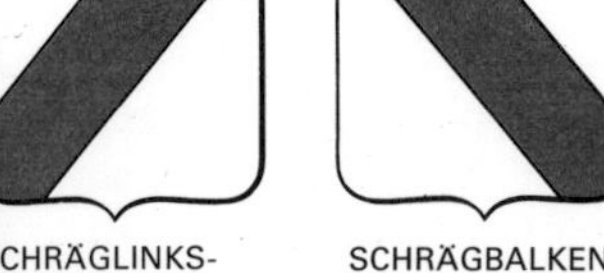
SCHRÄGBALKEN

SCHILDRAND

OBERECKE

DEICHSEL

SPARREN

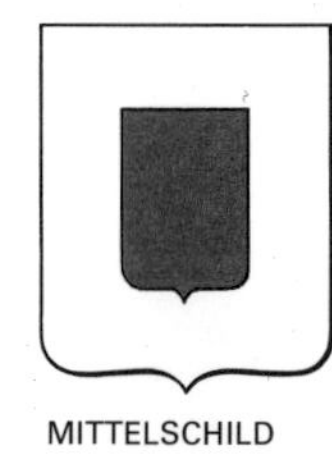
MITTELSCHILD

SCHILDRAND UND FELD AN DER HERZSTELLE

PENNSYLVANIA

DELAWARE

MARYLAND

VIRGINIA

NORTH CAROLINA

SOUTH CAROLINA

GEORGIA

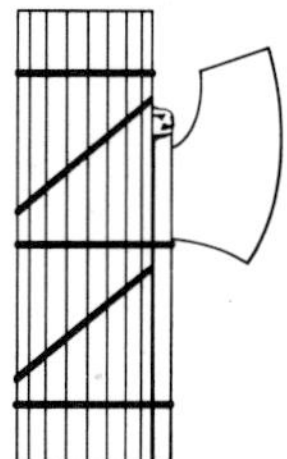

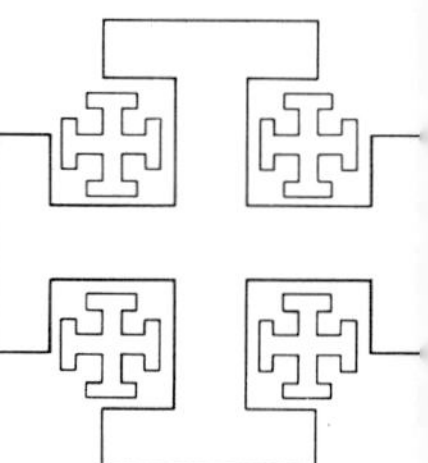

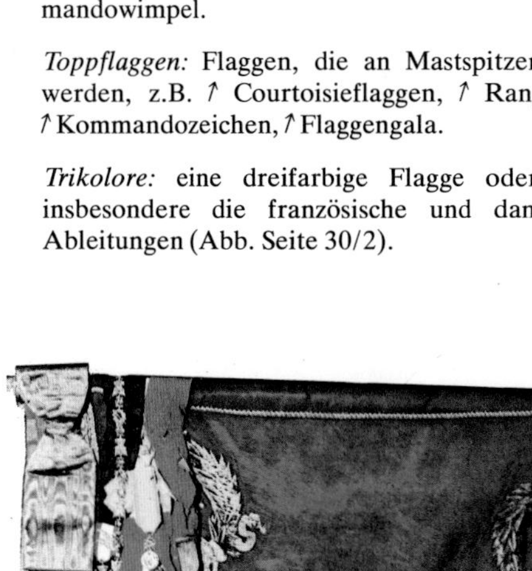

1

Kokarden (wie die von Argentinien, *oben*) waren im späten 18. und frühen 19. Jahrhundert als politische Abzeichen sehr verbreitet, so sehr, daß manche Länder offizielle Farben für ihre Kokarden annahmen, ohne eine nationale Flagge zu erwähnen. Indessen sind die zwei oder drei Farben einer solchen Kokarde im allgemeinen direkt in eine zwei- oder dreifarbige Flagge übergegangen.

Die Fahne des 3. Infanterie-Regiments der Fremdenlegion *(rechts)* ist die meistdekorierte Truppenfahne Frankreichs und liefert ein ungewöhnliches Beispiel von Zusätzen. Schlachtennamen sind auf den weißen Streifen gesetzt; eine Fransenkante läuft um das Tuch herum; die Lanze ist unterhalb der Fahnenspitze mit einer Krawatte geschmückt, auf welche Orden und Dekorationen geheftet sind, während darüber die Bänder anderer militärischer Orden und Fangschnüre befestigt sind. Obwohl sie sich heute in Hauptquartieren befinden sollen, erscheinen gelegentlich Truppenfahnen immer noch auf Schlachtfeldern.

*Standartenträger:* der Träger einer ↑ Standarte (↑ Fahnenträger); in Schottland ein erblicher Hoftitel; in England ist »The Honourable the Queen's Champion« der Staatsbannerträger.

*Stander:* dreieckige oder trapezförmige Flagge, auch eingeschnitten, ↑ Doppelstander, ↑ Guidon, unkorrekt auch statt ↑ Kraftwagenflagge verwendet.

*Stock; Stange:* Fahnen und Flaggen bedürfen eines Haltes, den ihnen ein Stock bietet, bei Flaggen meist in loser, bei Fahnen in fester Verbindung (Abb. Seite 22).

*Südliches Kreuz, Südkreuz, Kreuz des Südens:* ein in mehreren Flaggen der südlichen Hemisphäre vorkommendes Sternbild.

*Tischbanner, Tischflagge:* eine kleine, oft ↑ hängende Flagge, die vor allem bei internationalen Sitzungen auf den Plätzen der Beteiligten aufgestellt wird.

*Toppwimpel:* Wimpel an einer Mastspitze, ↑ Kommandowimpel.

*Toppflaggen:* Flaggen, die an Mastspitzen gesetzt werden, z.B. ↑ Courtoisieflaggen, ↑ Rangflaggen, ↑ Kommandozeichen, ↑ Flaggengala.

*Trikolore:* eine dreifarbige Flagge oder Fahne, insbesondere die französische und dann deren Ableitungen (Abb. Seite 30/2).

2

*Trommelbehang* ↑ Paukenbehang

*Trompetenfahne, Trompetenbehang:* ein am Rohr einer Trompete hängendes fahnenartiges, meist heraldisch ausgestaltetes Tuch.

*Trooping the Colour:* eine britische Feierlichkeit, bei welcher die Fahnen der aufgestellten Truppe (ursprünglich zur Kenntnisnahme) vorbeigeführt wird.

*Trophäen:* eroberte Fahnen und gleichwertige Gegenstände, z.B. ↑ Paukenbehänge, vgl. Fahnenbuch.

*Truppenfahne:* die Fahne einer militärischen Einheit (↑ Kompanie, ↑ Schwadron, ↑ Bataillon, Regiment, ganze Armee).

*Tugh:* die ↑ Vexilloide der Mongolen und Turkvölker, meist durch ihre Zahl einen Rang angebende ↑ Roßschweife.

*Tülle* ↑ Hülse

*Unterscheidungsflagge:* eine meist zusätzlich zur ↑ Nationalflagge geführte Flagge zur Kennzeichnung einer besonderen Funktion oder dgl. In den Niederlanden heißen die ↑ Standarten der Mitglieder des Königshauses Unterscheidungsflaggen, in Deutschland hießen die ↑ Rangflaggen von nichtbefehlshabenden hochrangigen Personen Unterscheidungsflaggen.

*Verlängerung:* von Kreuzarmen, Flaggenstreifen und Oberkanten (↑ Schwenkel); dienen bei mehreren gleichartigen Fahnen und Flaggen zu deren Unterscheidung (Abb. Seite 26/1).

*Verwechselte Farben:* in der Heraldik beliebter Farbenwechsel, wenn Figuren in zwei verschiedenfarbigen Feldern vorkommen oder in sie hineinreichen.

*Vexillarius:* Träger des ↑ Vexillums einer abgestellten Einheit, der »vexillatio«, in den altrömischen Heeren.

*Vexilloid:* ein Gegenstand, der ohne Flagge die Funktion einer Fahne erfüllt, meist eine Stange, an deren Spitze ein auffälliger Gegenstand befestigt ist (Abb. Seite 13/1).

*Vexillogie:* Fahnen- und Flaggenkunde, abgeleitet von lateinisch »vexillum« (vgl. Seite 36).

*Vexillologisch:* von ↑ Vexillologie gebildetes Eigenschaftswort.

*Vexillum:* ein von einem ↑ Kreuzstab herabhängendes Stoffstück, in den altrömischen Heeren das einzige textile »signum« (↑); vgl. Seite 36.

*Vollwappen:* eine Wappendarstellung, in der alle Hauptelemente – Schild, Helm und Helmzier – vorkommen, ↑ Prunkstücke (Abb. Seite 27).

*Vorderseite:* die Hauptseite einer Fahne oder Flagge, in deren Abbildung gewöhnlich diejenige Seite, bei der die Stange für den Beschauer links steht.

*Wappenbanner:* eine rechteckige Fahne, deren Fläche mit dem entsprechenden Wappenschild vollkommen übereinstimmt, ↑ Banner (Abb. Seite 21/1).

*Wappenbesserung:* fürstlicher Gnadenakt, durch den ein einfaches Wappen mit Zusätzen versehen wird, die entweder auf den Verleihungsanlaß direkt Bezug nehmen oder nur prunkvolleres Aussehen verschaffen sollen.

*Wappenmantel:* ein aus einer Rangkrone herabfallender Mantel in Gestalt eines aufgeschlagenen Zeltvorhangs, meist auf der Außenseite purpurn, auf

1

der Innenseite mit Hermelinschwänzen bedeckt und mit dem eigentlichen Wappen belegt (Abb. Seite 27).

*Wappensegel:* ein Schiffssegel, dessen Fläche wie bei einem ↗ Wappenbanner den Inhalt eines Wappenschildes wiedergibt (Abb. Seite 16/3).

*Wappenzelt:* ein ↗ Wappenmantel, der aus einer Kuppel herabfällt (Abb. Seite 328/13).

*Wimpel:* eine kleine Flagge, meist dreieckig; ↗ Breitwimpel, ↗ Kommandowimpel, ↗ Lanzenflagge, ↗ Stander (Abb. Seite 16/1; 22).

*Windfahne:* ein metallener, in einem Scharnier beweglicher flaggenförmiger Gegenstand, der heute auf Turmspitzen und dgl., früher auch auf Mastspitzen sitzend sich mit dem Winde dreht (Abb. Seite 14/1).

*Windsack:* eine ärmelförmige Flagge, die am einen Ende mit einem ↗ Ring am ↗ Stock befestigt und auf der anderen Seite offen ist (Abb. Seite 23/17).

*Winken, winkern:* Signalisieren mittels verabredeter Armhaltungen; ↗ Signalflagge.

*Wulst:* ein aus zwei verschiedenfarbigen Stoffstreifen gedrehter Ring, vor allem als Abdeckung der Befestigung einer ↗ Helmzier; in der britischen Heraldik auch notwendige Unterlage der dort vielfach getrennt geführten Helmzier (crest).

*Zeltflagge:* Im Mittelalter waren die Kuppeln der Zelte mit Wappenfähnchen besteckt; auch in modernen Manövern verwendet.

*Zollflagge:* Signal für erledigte Zollabfertigung; auch ↗ Dienstflagge der Zollfahrzeuge; ↗ Preisignal.

Die in gewissen Fahnen und Wappen vorkommenden und auch *links* gezeigten typischen Symbole wie die Tudor-Rose, die Sonne des Mai, das Liktorenbündel, das Kreuz von Jerusalem, der Doppeladler, Stern und Halbmond, die Lilie und der Kämpferische Hahn werden im Kapitel »Symbole« behandelt.

Fahnen werden oft in Verbindung mit anderen Symbolen gebraucht, wie in diesem Bild des Zöllners Henri Rousseau: *Die Jahrhundertfeier der Unabhängigkeit.* Die Freiheitsmütze und der Freiheitsbaum sind alte, in der Amerikanischen und Französischen Revolution des späten 18. Jahrhunderts wiederbelebte Symbole.

2

# FAHNEN IM LAUF DER ZEIT

Fahnen sind weltweit ein Kennzeichen der Zivilisation. Mit Ausnahme der primitivsten Gesellschaften und der nomadischen Völker hat jede Kultur Fahnen der einen oder anderen Art geschaffen, wobei in der ganzen Welt eine bemerkenswerte Ähnlichkeit in der Form zu beobachten ist. Die Funktionen der Fahnen sind auch in allen Gesellschaften annähernd identisch, und Parallelen im Gebrauch von Fahnen können in verschiedenen Regionen und Zeitabschnitten beobachtet werden.

Die Fahnenüberlieferung ist so stark, daß man zu der Vermutung verleitet wird, darin offenbare sich ein Gesetz der menschlichen Gesellschaft, das den Menschen zur Fertigung und Verwendung von Fahnen antreibt. Hierfür gibt es vielleicht keine überzeugendere Demonstration als die Tatsache, daß ungeachtet des Fehlens irgendeiner internationalen Regelung oder vertraglichen Abmachung über die Annahme einer Nationalflagge fast ausnahmslos jedes Land eine Nationalflagge angenommen hat. Die Nationen haben durch ihre Flaggenzeremonien, die sie entwickelten, verdeutlicht, daß Flaggen ein Gegenstand besonderer Verehrung und Hochachtung sind.

Trotz der Ähnlichkeit zwischen Fahnen zu verschiedenen Zeiten und an verschiedenen Stellen können wesentliche Verschiedenheiten, die dennoch bestehen, nicht übersehen werden. Der Knecht des Knappen *(rechts)* mit seinen Bannern ist weltweit entfernt von dem aztekischen Standartenträger, der zwar auch im 15. Jahrhundert lebte, aber in unsere Welt niemals ohne beträchtliche Anpassungsschwierigkeiten Eingang gefunden hätte. Auf den folgenden Seiten ist deshalb beabsichtigt, eine Einführung in die Entwicklung der Fahnen zu geben, damit die modernen, später behandelten Flaggengebräuche verständlicher werden.

Wir wissen nicht, wann und wo die erste Fahne der Menschheit erhoben worden ist, aber auf das hohe Alter von Fahnen weist die Tatsache hin, daß jedes von den Archäologen bisher entdeckte Beispiel – worunter einige 5000 Jahre alt sind – Zeugnis von einer im Laufe der Zeit bereits verfeinerten Vollendung abgelegt. In einem tieferen Sinn ist die Frage nach der ›ersten Fahne‹ allerdings unerheblich, denn Fahnen bedeuten nur eine Manifestationsform unter den weiterreichenden und älteren Formen menschlicher Aktivität, der Zeichengebung. Außerdem können materiell noch schwach entwickelte Gesellschaften dennoch eine ausdrucksstarke Symbolik geschaffen haben. Die graphische Einfachheit der Trikolore von Frankreich macht sie ja keineswegs weniger interessant als die komplizierten Königsstandarten des Ancien Régime; und so können auch ›einfache‹ Vexilloide primitiver Völker in ihrer sozialen Bedeutung mit komplizierteren Fahnen wetteifern.

Da Fahnen weder in Form noch Funktion ein isoliertes Phänomen sind, versteht man sie am besten, wenn man auch in andere Formen der Symbolik Einblick gewonnen hat. Allgemein kann man vier Symbolbereiche unterscheiden: Symbole nichtverbaler und verbaler Handlung, kurz, aktive und verbale Symbole, sowie gegenständliche und graphische Symbole.

Aktive Symbolik beruht auf ›Bewegung‹: die erhobene geballte Faust, die triumphale Parade, die Krönungszeremonie und alle Arten des Grußes vor einer Fahne. Verbale Symbole bringen ihren Sinn durch geschriebene oder gesprochene Worte zum Ausdruck: die Propaganda-

»HABE ICH ES NICHT SELBST ERLEBT, WIE FÜNFHUNDERT LEBENDIGE SOLDATEN SICH UM EINES GLÄNZENDEN STÜCKES TUCH WILLEN, DAS SIE IHRE FAHNE NANNTEN UND WOFÜR MAN AUF KEINEM TRÖDELMARKT MEHR ALS DREI GROSCHEN BEKOMMEN HÄTTE, IN STÜCKE HAUEN LIESSEN? [. . .] SYMBOLE SIND ES, IN WELCHEN UND DURCH WELCHE DER MENSCH, SEI ES NUN BEWUSST ODER UNBEWUSST, LEBT, WEBT UND IST.«

Thomas Carlyle, *Sartor Resartus*

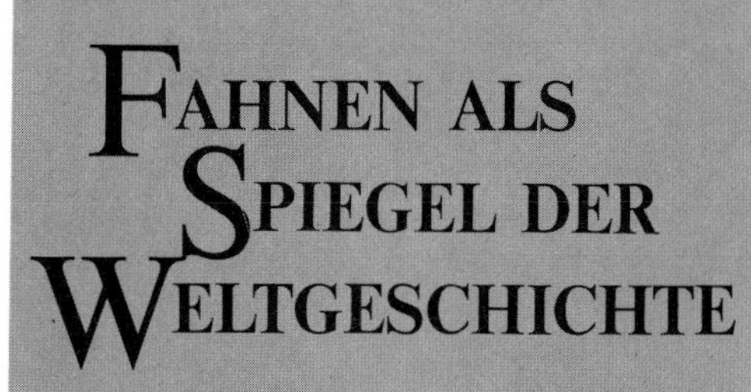

# Fahnen als Spiegel der Weltgeschichte

Die ältesten Fahnen der Menschheit waren im allgemeinen Vexilloide. Diese Standartenform ist in manchen Teilen der Welt noch üblich. Die hier gezeigten Vexilloide *(von links nach rechts)* stammen aus dem 4. Jahrhundert in Iran, aus dem 7. Jahrhundert in England, aus dem 13. Jahrhundert in der Mongolei, aus dem 14. Jahrhundert in Äthiopien und aus dem 16. Jahrhundert in Mexiko.

schrift, die Nationalhymne und Treueidleistungen gehören unter diese Kategorie.

Ein gegenständliches Symbol ist jedes Objekt, das neben seinem praktischen Zweck mit einem symbolischen Sinn erfüllt ist. Wenn protestierende Gruppen unter einem Baum zusammenkommen, der ein in ihren Augen geheiligtes Ereignis in Erinnerung ruft; wenn ein Gebäude oder Berg Ziel ehrfurchtsvoller Pilger ist; oder wenn ein anderer, gewöhnlicher Gegenstand in der Volksmeinung eine geheimnisvolle Kraft gewinnt, dann stellt er ein gegenständliches Symbol dar.

Graphische Symbole sind Formen aus Farben und Farbkombinationen oder -mustern, wobei der Hintergrund von zweitrangiger Bedeutung ist.

Die wirksamsten Symbole vereinigen Elemente aus allen vier Symbolbereichen. Dies ist in den Religionen seit langem erkannt worden, wo Andächtige in einem Tempel (gegenständliches Symbol) zusammenkommen, der mit Ikonen (graphische Symbole) dekoriert ist, wo sie rituelle Handlungen vornehmen (aktive Symbolik), während sie aus Heiligen Schriften lesen (verbale Symbolik). Vielen politischen Aktivitäten dient der Gottesdienst als Vorbild; so trifft man die gleichen Elemente der Symbolik in China wieder, wenn die Roten Garden am Tor des Himmlischen Friedens (gegenständliches Symbol) vorbeimarschieren (aktive Symbolik) und hierbei revolutionäre Sprüche (verbale Symbolik) auf riesigen Bannern (graphische Symbole) entfalten. Natürlich gibt es viele Situationen, in denen es schwer und auch uninteressant ist, zwischen den Formen der Symbolik Unterscheidungen zu suchen.

Es gibt zwei Hauptarten graphischer Symbole. Bei der einen Art drückt das Bild selbst den Sinn aus, wobei es gleichgültig ist, wie und wo es dargestellt ist, im Druck, auf Kleidung, an Wän-

Diese metallene Standarte aus Iran *(oben rechts)*, etwa 5000 Jahre alt, ist wohl die älteste erhaltene Flagge. Der Adler als Stangenbekrönung ähnelt den an modernen deutschen und amerikanischen Fahnen üblichen; das moderne Staatssymbol des Iran, der Löwe mit der Sonne, erscheint in der Darstellung auf dem Fahnenblatt.

Schiffe mit Vexilloiden *(unten)* sind auf vordynastischen ägyptischen Tonwaren dargestellt, die etwa 5500 Jahre alt sind.

Neben modernen Standarten wirken diese Vexilloide etwas nackt, aber vor Jahrtausenden symbolisierten sie treffend die verschiedenen Provinzen Ägyptens. Sie ähneln in der Gestaltung denen der Krieger im mittelalterlichen Japan (siehe Seiten 164/165 und 168/169).

den oder in Straßen, auf Münzen, Plakaten oder Fahnen oder sogar von Flugzeugen oder Sportlergruppen formiert. Zu den erfolgreichsten Symbolen dieser Art zählen das Kreuz, das Swastika und der Stern. Farbkombinationen sind seit dem Aufkommen des Nationalismus zunehmend wichtiger geworden: die roten Hemden von Garibaldis Männern und das Rot-Schwarz-Grün der amerikanischen Schwarzen sind Beispiele hierfür. Die andere Art graphischer Symbole kombiniert Zeichnung und/oder Farben mit besonderem Material, um eine oder mehrere der erwähnten symbolischen Formen zu erzeugen; hierzu gehören Siegel, Wappen, Medaillen, Ordenszeichen, Uniformen, Plakate, Kokarden, Armbänder, Fahnen und Flaggen. Wahrscheinlich hat die Verformbarkeit von Fahnen ihre Anwendung seit langem so verbreitet. Ein auf eine Urkunde gedrücktes Siegel mag eindrucksvoll sein, kann aber gleichzeitig nur von einer sehr beschränkten Anzahl von Personen gesehen werden. Eine Uniform identifiziert ihren Träger gegenüber anderen und verschafft ihm ein Zugehörigkeitsgefühl zu einer starken und zielbewußten Gruppe; aber es ist nicht einfach, mittels einer Uniform Bedeu-

König Narmer, der Einiger Ägyptens um 3200 v. Chr., geht auf dieser in Stein gehauenen Darstellung *(oben)* auf seine enthaupteten Feinde zu. Ihm voran schreiten die vexilloiden Standarten von drei Nomen (Provinzen): die Zwei-Falken-Provinz hatte das Vorrecht, durch zwei gleichgestaltete Vexilloide repräsentiert zu werden.

Frühe chinesische Vexilloide *(links)* bestanden aus dem Phönix, der im Orient das Symbol für Frieden, Wohlstand und Schönheit ist.

tungsnuancen auszudrücken oder seine symbolische Kommunikation zu ändern. Fahnen hingegen sind imstande, von einer großen Anzahl von Personen gleichzeitig verwendet und gesehen zu werden. Fahnen können bequem und schnell hergestellt, geändert, übergeben und ausgeteilt werden. Eine Fahne zu entfalten bedeutet stellvertretend Teil einer Gruppe zu sein oder an einer Weltanschauung teilzuhaben, die Zeit und Entfernung überwindet; sie dient zum Ausdruck der eigenen Anschauungen gegenüber anderen in einer bestimmten und außerdem bewegten Form. In einem Wort, die Fahne ist ein mächtiges Instrument für soziale Teilhabe und Kommunikation.

Auf all dies haben wir nicht zuletzt wegen der verbreiteten Mißverständnisse über Fahnen so ausdrücklich hingewiesen. Selbst in Büchern zu diesem Thema wird oft stillschweigend unterstellt, daß Fahnen mehr nur zum Schmuck dienen, als ein buntfarbiger, aber an sich sinnloser Ausdruck von Patriotismus. Viele dieser Bücher betrachten Fahnen offenbar mehr oder weniger als eine Form der Heraldik. Im Gegenteil, weit entfernt davon, nur buntfarbige Erscheinungen in der Welt der realen Ereignisse zu sein, stellen Fahnen Faktoren dar, die diese Welt direkt beeinflussen, indem sie Volksgruppen manipulieren oder von ihnen manipuliert werden. Beispiele hierfür findet man selbst in den ältesten Zivilisationen. Wie andere Symbole drücken Fahnen die Einheit und Identität einer Gruppe gegenüber allen anderen Gruppen aus; sie sind ein Mittel, die Bande zu festigen, durch die Menschen trotz unterschiedlichem materiellen Besitz, sozialen Status, politischen Einfluß oder Alter miteinander verbunden sind. Ebenso wichtig ist die Funktion der Fahne und ihrer Symbolik in der Ausdeutung unbekannter Kräfte im Weltall, indem sie den Menschen versichert, daß ihre Schwäche irgendwie durch ein ewiges, unsichtbares Reich ausgeglichen werde, aus dem sie Kraft beziehen

Gestalt und Gebrauch der »Signa« des Römischen Reiches *(rechts)* waren wohldurchdacht. Bis zum Jahre 104 v. Chr., als Konsul Marius anordnete, daß der Adler *(aquila)* die einzige Legionsstandarte sein solle, wurden auf den Standarten verschiedene Tierbilder benutzt. An manchen römischen Signa waren Namen und Ehrenkränze angebracht, in späteren Jahren verlangten die Kaiser die Anbringung ihrer Bildnisse an den Stangen. Vom Vexillum, der offenbar einzigen von den Römern geführten Stoff-Fahne, entlehnte das Studium der Fahnengeschichte und -symbolik, die Vexillologie, ihren Namen.

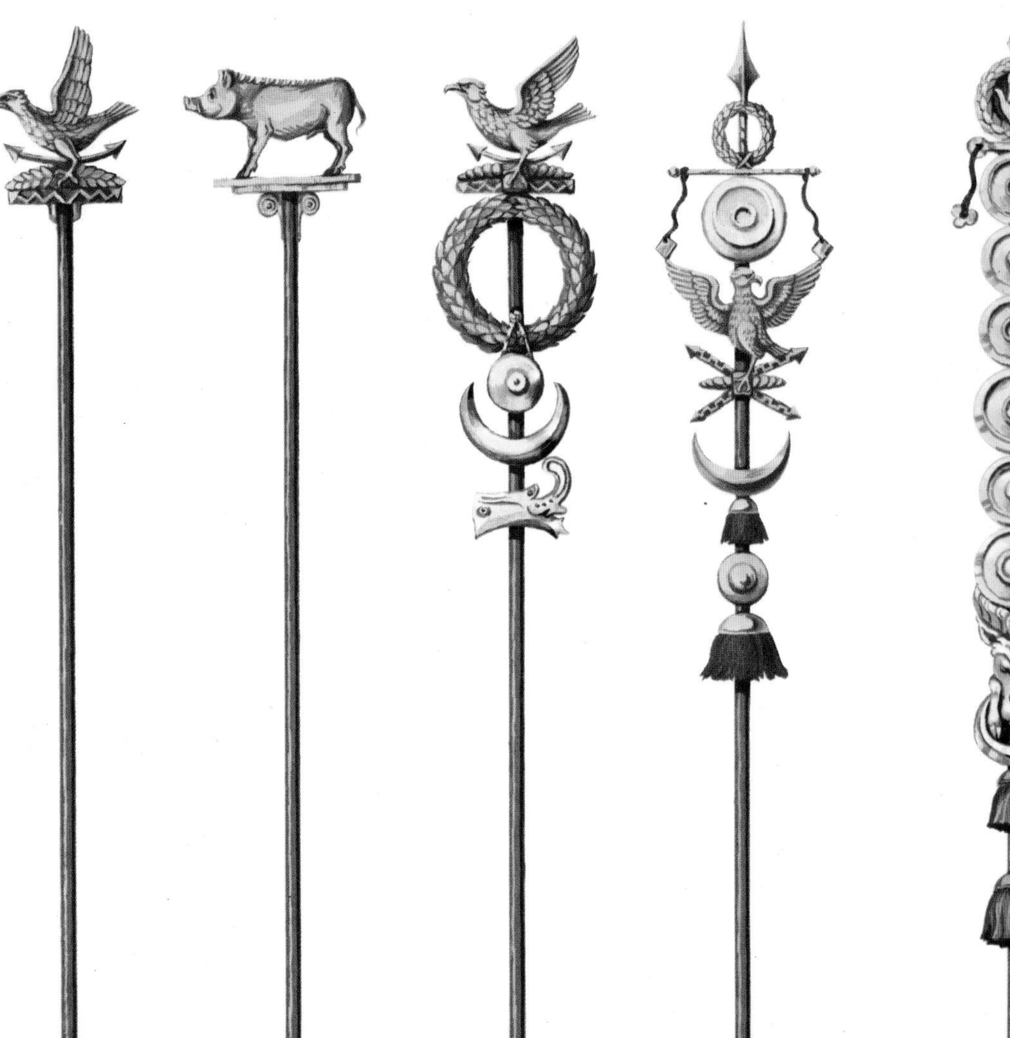

Die Schiffsflaggen des alten Rom *(unten)* waren den an Land gebrauchten Typen *(links)* ganz ähnlich.

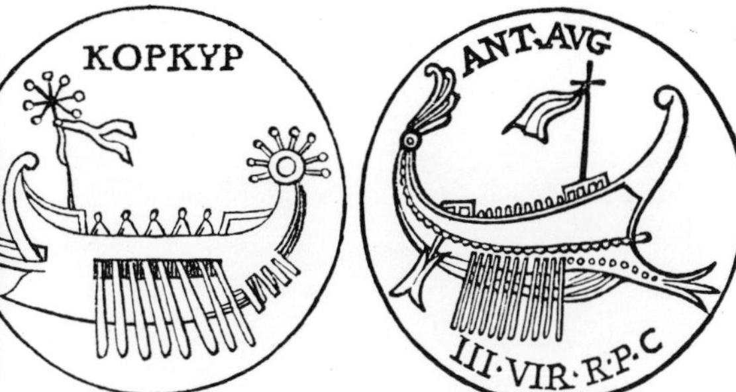


können. Die Fahne ist dann ein Ausdruck von Befürchtungen und Hoffnungen, der Mythen und der Magie derer, die sie führen.

Es darf nicht verwundern, daß bei den ältesten Fahnen, von denen wir wissen, großer Wert auf die Stange und ihre Bekrönung gelegt ist, manchmal sogar unter Vernachlässigung des daran befestigten Tuches. Die Stange ist ein Machtsymbol; sie entspricht Keulen, Schwertern und anderen Waffen ebenso wie dem erigierten männlichen Glied, das gleichzeitig die Fortpflanzung der Rasse wie die Herrschaft des männlichen über das weibliche Geschlecht verkörpert, den Prototyp weiterer Herr-Knecht-Beziehungen. Von der Praxis her betrachtet, ist die Fahnenstange ein Gegenstand, der ohne weiteres im Gefecht emporgehalten, neben einen Herrschersitz gepflanzt oder zum zentralen Element in einem Heiligtum gemacht werden kann. Sie ist eine tragbare Version der Bäume, unter denen viele Gesellschaften traditionsgemäß im Rat oder im Gottesdienst zusammengekommen sind. Seine Länge macht den Stab geeignet, auf Entfernung erkannt zu werden, um ihm zu folgen und um sich vor allem in militärischen Begegnungen um ihn zu sammeln. In seiner Gestalt drückt er die Sehnsucht des erdgebundenen Menschen nach dem Himmel aus, was zweifellos zu der weiten Verbreitung des Adlers als Stangenbekrönung beiträgt.

Da die ältesten Fahnen Vexilloide waren, weichen die Embleme an der Spitze der Stange voneinander ab. Sie können ein Tigerschwanz, ein metallener Flügel, ein Band, ein plastisches Tierbild, ein Windsack aus geflochtenen Halmen oder bloßem Stoff oder eine aus mehreren Materialien zusammengesetzte Konstruktion sein. Da wirkliche oder angebliche Blutsverwandtschaft die ursprüngliche Organisationsform primitiver Gesellschaften darstellt, finden wir sehr häufig das Tier, von dem der Clan abzustammen behauptet und nach dem er genannt ist, das heißt sein Totem, als das Hauptemblem des Vexilloids. Im Glauben, hieraus ihre Macht zu gewinnen, wurde das Totem von den Menschen, die es trugen, angebetet, und Vexilloide gewannen früh eine religiöse Bedeutung, die sie niemals wieder verloren haben.

Manchmal dehnte sich der Schutz des Vexilloids schrittweise von der Sippschaft auf alle aus, die in der gleichen Region lebten. Fiktive verwandtschaftliche Bande wurden erfunden und durch Abänderungen und Anpassungen des Totem-Emblems sanktioniert. Somit trugen Fahnen zur Schaffung einer neuen Einheit bei, die der von ihr als höchstrangig anerkannten Fahne entsprach und sich oft auch nach ihr benannte. Seit ältesten Zeiten bis zur Gegenwart finden wir politische Einheiten, die nach ihren Symbolen benannt sind, von den Schwarzen-Stier- und den Zwei-Schild-Provinzen des vordynastischen Ägypten bis zu den Bannern (politisch-militärischen Distrikten) des mittelalterlichen Frankreich und der Mongolei und der Bären-Flagge-Republik von 1846 in Kalifornien.

Die Abgrenzung zwischen einer als heiliger Gegenstand anzubetenden und einer nur einfach als Verständigungsmittel mit den Göttern zu gebrauchenden Fahne ist schwer zu treffen. Im Römischen Reich zum Beispiel wurden die Adler und andere »Signa« angebetet; für Soldaten, Tausende von Meilen von Rom entfernt, bildeten diese tragbaren Gottheiten ein Bindeglied zur Göttlichkeit des Kaisers und zu den in

Die griechische Vase *(oben)* ist typisch für die Art der Quellen, aus denen unsere Kenntnis antiker Fahnen rekonstruiert wird.

Wahrscheinlich muß den Chinesen die Erfindung seidener Fahnen zugeschrieben werden. Sie sind in China sowohl zur See wie an Land *(rechts)* viel früher als im Westen gebraucht worden.

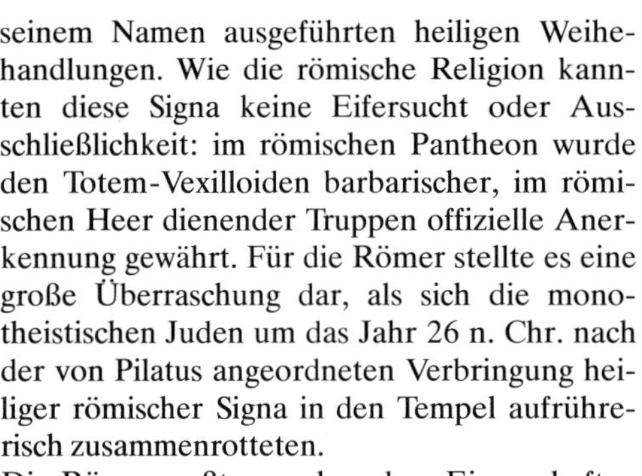

seinem Namen ausgeführten heiligen Weihehandlungen. Wie die römische Religion kannten diese Signa keine Eifersucht oder Ausschließlichkeit: im römischen Pantheon wurde den Totem-Vexilloiden barbarischer, im römischen Heer dienender Truppen offizielle Anerkennung gewährt. Für die Römer stellte es eine große Überraschung dar, als sich die monotheistischen Juden um das Jahr 26 n. Chr. nach der von Pilatus angeordneten Verbringung heiliger römischer Signa in den Tempel aufrührerisch zusammenrotteten.

Die Römer wußten auch andere Eigenschaften ihrer Symbole zu würdigen. Wie ihre Sprache, ihr Rechtssystem, ihr Münzwesen, ihre Gewichte und Maße, ihr Straßen- und Bewässerungssystem, so waren die Signa Roms Mittel zur Installierung einer politischen und kulturellen Einheit an der Stelle der militärischen Kraft, die ursprünglich das Reich geschaffen hatte. Wo immer sie erschienen, waren die Signa der Legionen ein sichtbares Zeichen der Macht und Hoheit des römischen Staates; sie zeigten an, daß der Schutz seiner Gesetze und Gerichte zugänglich war, daß Friede und Ordnung herrschen würde, solange sie dablieben. Die römische Methode, die Bürger durch eine Parade in vollem Kampfanzug mit zur Schau gestellten Emblemen einzuschüchtern, wurde seitdem von vielen Völkern als Ersatz für eine in Wirklichkeit geringe militärische Präsenz nachgeahmt. Ganz absichtlich wurden einige öffentlichen Schaustellungen so verschwenderisch geplant und ausgeführt wie der römische Triumph, und der Anblick der Legionsadler pflanzte gleichermaßen bei Sieger wie Besiegten unwiderruflich den Glauben ein, Rom habe eine göttliche Mission, sei unbesiegbar und werde ewig bestehen. Diese Eindrücke wurden verstärkt durch den Anblick bei anderen Völkern eroberter Embleme und Herrschaftszeichen, die stets bei den Paraden in Rom vorgeführt wurden.

Auf dem Schlachtfeld hatten die römischen Standarten verschiedene Funktionen zu erfüllen. Um seine Truppen anzuspornen, konnte ein Befehlshaber gelegentlich befehlen, ihre Adler in die Reihen des Feindes zu schleudern, um seine Männer zur Rückeroberung zu zwingen. Die Massierung der Truppen mit ihren schimmernden Standarten trug zur Schaffung eines Gefühls von Furcht und Zittern beim Feinde bei. Manche Fahne wie der Drache, der, wenn der Wind durch ihn blies, einen schrillen Pfeifton abgab, war in dieser Beziehung besonders wirksam. Zum Hinweis auf taktische Manöver, den Standort von Truppen und den allgemeinen Fortschritt einer Kampfhandlung wurden auch Signalflaggen benutzt.

Sowohl die vexilloide Gestalt wie die den römischen Signa eigentümlichen politischen, militärischen und religiösen Funktionen kehren in vielen anderen zeitgenössischen oder früheren Zivilisationen Asiens vom Ostrande des Mittelmeeres bis zum Stillen Ozean wieder. Standarten mit religiös bedeutsamen Stern-Symbolen treten in indischen und mesopotamischen Kulturen vor etwa viertausend Jahren auf. Eine Sonne-Mond-Standarte ist in Phönikien für das 5. Jahrhundert v. Chr. nachgewiesen; für die gleiche Zeit ist von griechischen Flotten bekannt, daß sie zur Kennzeichnung eines Admiralschiffs oder des Angriffsbefehls eine Signalflagge benützt haben. Aus dem 4. und 3. Jahrhundert v. Chr. stammende iranische Vexilloide bestehen aus einem Totem-Tier an der Spitze der Stange und einem von einem Kreuzstab herabhängenden Tuch, das ein besonderes Emblem trägt, unter denen offenbar Adler, Falken, Sonnen, Sterne und geometrische Muster die häufigsten waren.

Aus zeitgenössischen Berichten geht hervor, daß Tuch als Fahnenbestandteil nicht den Vorrang hatte, den es in den letzten tausend Jahren besaß. Leder, Holz, Metall und andere Werkstoffe wurden häufig verwendet und führten zu einer seitdem verlorengegangenen Vielfalt der Gestalt von Emblemen. Andererseits muß be-

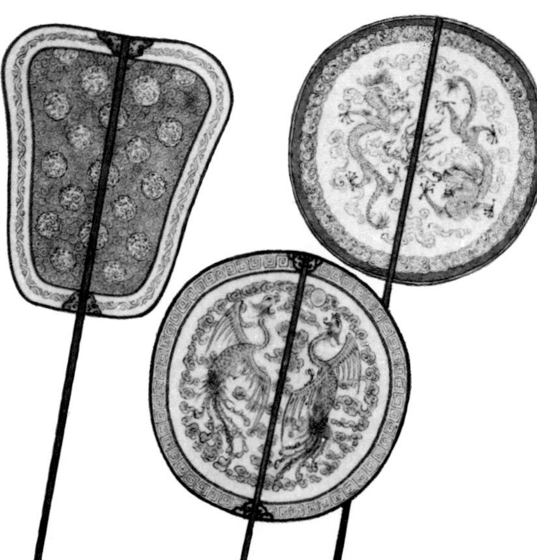

Die Vexilloide können in verschiedenen Kulturen verschiedene Formen aufweisen. In Südostasien *(oben)* ist der Sonnenschirm zugleich ein politisches Symbol von großer Bedeutung. In China spielten Fächer *(rechts)* ebenso eine Rolle als Vexilloide.

ويحك القنص والحبالة والقبس والذبالة انها لضغث على ابالة فانصاعت تنفض مذرويها

وتنشد مدرجها فلما دانيتُ قرنتُ بالرقعة درهما وقطعة وقلتُ لها ان رغبتِ في المشوف المعلم

واشرتُ الى الدرهم فبوحي بالسر المدهم وان ابيتِ ان تشرحي فخذي القطعة وابرحي

فمالت الى استخلاص البدر التم والابلج الهم وقالت دع جدالك وسل عما بدا لك فاستطلعتها

طلع الشيخ وبلدته والشعر وناسج بردته فقالت ان الشيخ من اهل سروج وهو الذي وشى

»ÖFFENTLICHE EHRUNG BEDEUTET SICHERHEIT: DIE FEDER, DIE DEN KÖNIGLICHEN VOGEL SCHMÜCKT, UNTERSTÜTZT SEINEN FLUG. BERAUBE IHN SEINES GEFIEDERS, UND DU NAGELST IHN AUF DIE ERDE.«

Junius, Pseudonym des englischen Verfassers der *Juniusbriefe* (London 1769–72)

dacht werden, daß unsere Kenntnis von diesen alten Zivilisationen nur bruchstückhaft ist. Nicht nur sind Verzerrungen in unserem Verständnis möglich, da wir so wenig haben, worauf wir uns stützen können, es ist auch oft schwierig, überhaupt zu bestimmen, wie ein Wort zutreffend zu übersetzen ist. Wenn die Bibel im vierten Buch Mose, 2. Kapitel, Vers 2 sagt: »Die Kinder Israels sollen vor der Hütte des Stifts umher sich lagern, ein jeglicher unter seinem Panier und Zeichen, nach ihrer Väter Haus«, wissen wir nicht genau, wie diese Embleme aussahen, wobei diese Frage für die Würdigung ihrer gesellschaftlichen Funktionen auch nicht sehr wichtig ist.

Es dürfte sich zeigen, daß wir den Chinesen zwei allgemein übliche Eigentümlichkeiten von Fahnen verdanken: deren seitliche Befestigung an der Stange und die größere Bedeutung des Tuches der Fahne gegenüber ihrer Stange und deren Bekrönung. Während in frühen chinesischen Handschriften Vexilloide von verschiedener und phantasiereicher Gestalt erscheinen, schuf die Bedeutung der Seidenzucht sehr früh (vielleicht 3000 v. Chr.) die Möglichkeit, eine Fahne herzustellen, die bei geringem Gewicht dennoch groß und kräftig genug war, um während einer angemessenen Zeit den Gebrauch an frischer Luft auszuhalten, und tauglich, um zur Erzielung symbolischer Varianten eingefärbt oder bemalt zu werden. Chinesische Fahnen sind zwar am besten wegen ihres militärischen Gebrauchs bekannt – zum Signalisieren, zur Rangandeutung und zur Einschüchterung des Feindes –, sie erscheinen aber auch in Tempeln und religiösen Prozessionen.

Ob nun, wie es wahrscheinlich ist, Seidenfahnen sich von China nach dem Nahen Osten ausgebreitet haben oder ob es nur die Seide war, die

Türkische und andere mohammedanische Fahnen des Mittelalters waren oft etwa 2,5 mal 4 m groß.

*Zum Bild Seite 40*
Da im Islam die Darstellung lebender Dinge streng verboten ist, sind Malereien wie die links gezeigten selten, in arabischer Tradition noch seltener als in persischer. Mohammedanische Fahnen beruhen fast ausschließlich auf graphischem und kalligraphischem Entwurf und nicht auf Tieren und Blüten, die hingegen in westeuropäischen und japanischen Zeichen vorherrschen.

Die Handschrift Alfons' X. des Weisen *(oben)*, König von León und Kastilien (1252–84), zeigt die von spanischen Rittern jener Zeit geführten Lanzenwimpel.

Auf dem Konzil zu Clermont rief Papst Urban II. 1095 zur Befreiung der christlichen Heiligtümer im Nahen Osten auf *(oben)*, wobei er zu verstehen gab, geistliche und materielle Belohnung würde denen zufließen, die sich dem Unternehmen anschlössen.

diese Reise gemacht hat, um dann von Leuten, die alle auf den gleichen Gedanken gekommen sind, zu einem an einer Stange befestigten Viereck verarbeitet zu werden, so viel scheint klar, daß mehrfarbige Fahnen in der westlichen Welt eine zur Zeit der Kreuzzüge eingeführte und von arabischen Gepflogenheiten ausgelöste Neuerung darstellen. Die Araber hatten Vexilloide, darunter die offenbar dem römischen Vorbild nachempfundene Adlerstandarte; aber schon vor der Entstehung des Islam im frühen 7. Jahrhundert führten sie weiße und schwarze Fahnen. Das islamische Verbot der Abbildung alles Lebendigen förderte die Entwicklung von Fahnen abstrakten Musters und kalligraphische Entwürfe in Flach- und Hochstickerei oder Malerei. Wenn die Chinesen dazu neigten, jede Farbe mit philosophischen und religiösen Begriffen zu verbinden, scheinen die Araber die Vorstellung entwickelt zu haben, einzelne Farben mit Dynastien oder Führerpersönlichkeiten zu verknüpfen. Und so wurde schrittweise der Grund gelegt für alle modernen Flaggenentwürfe.

Grün wegen der Überlieferung, daß der Prophet einen Mantel in dieser Farbe getragen habe. Rot war die Farbe der Charidschiten (›Sezessionisten‹) und später der osmanischen Türken. Wie begründet diese traditionellen Ableitungen sind, bleibt eine offene Frage; aber die symbolische Bedeutung der Farben, ob nun legendär oder nicht, ist klar.

Es gehört in der Tat zu den Grundregeln der Vexillologie, daß symbolische Echtheit allgemein Vorrang vor geschichtlicher Realität hat. Der Gelehrte mag daran interessiert sein, zu ergründen, welche Entwürfe und Sitten zu verschiedenen Zeiten, in einzelnen Schlachten oder als Embleme bestimmter Führer bestanden haben. Für das große Publikum liegt die Bedeutung einer Gestaltung mehr in der Aussage, die sie über die vorherrschende Einstellung, Anschauung oder Erwartung macht. Zusammenwirken in jeder Gesellschaft erfordert Verständigung; diese wiederum ist abhängig von einem gemeinsamen Verständigungsmedium. Symbole aller Art, darunter Fahnen, setzen Beziehungen zwischen den Personen innerhalb

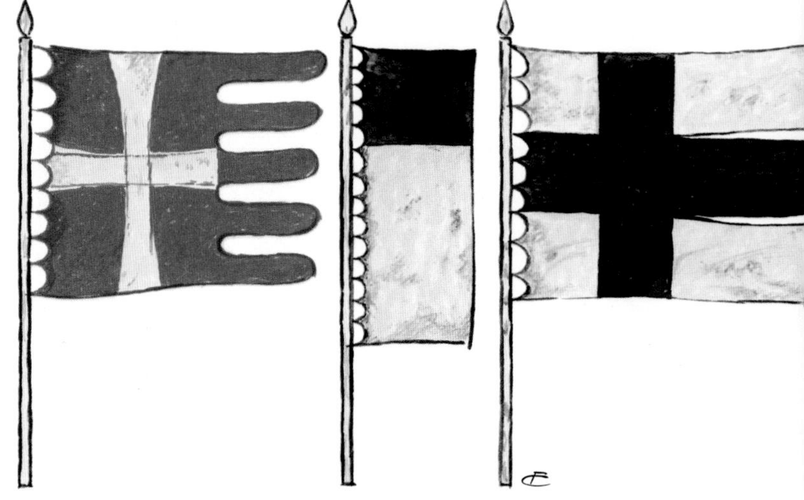

Der Templer *(oben)* war Mitglied eines der drei großen in Palästina gegründeten Orden, die während der folgenden Jahrhunderte einen bedeutenden Einfluß auf die europäischen Länder ausübten. Die abgebildeten Fahnen *(von links nach rechts)* sind in dieser Folge die Fahnen der Johanniterritter, der Tempelherren und der Deutschherren.

Mohammed benützte mindestens zwei Fahnen, eine weiße und eine blaue, während weiße Fahnen Abu Bekr und rote Omar, den beiden ersten Kalifen (›Nachfolgern‹), zugeschrieben werden. Zum Gedenken an Mohammed wie an Abu Bekr waren die Fahnen der ersten mohammedanischen Dynastie, der Omajjaden, von weißer Farbe. Die Abbasiden, welche die arabische Hauptstadt von Damaskus nach Bagdad verlegten, wählten die schwarze Farbe für ihre Fahne; sie betrachteten diese als die richtige Farbe der Fahne Mohammeds, und damit war ein scharfer Gegensatz zu den omajjadischen Bannern geschaffen. In der Folgezeit wählten die Fatimiden, die ihre Abstammung auf Mohammeds Tochter Fatima zurückführten,

einer Gesellschaft voraus oder zwischen ihnen und anderen Gesellschaften oder überhaupt zwischen Menschen und ihrer Lebenswelt. Es ist eine wesentliche Funktion der Symbolik, die ungeheure Zahl von Sinneseindrücken, die wir empfangen, durch Unterscheidung von Signifikantem und Insignifikantem auf verarbeitbare Wahrnehmungen zu beschränken. Der eigentliche Wortsinn von »insignifikant« bedeutet ›kein Zeichen machen‹. In diesem Sinne kann man die arabischen Fahnen, die sich voneinander in Farben und Inschriften unterscheiden, für wirksamer halten als die ziemlich unbeweglichen Vexilloide.

Wie können solche Fahnen zur Ordnung in einer Gesellschaft beitragen? Vom Volk getra-

gene Traditionen der Fahnensymbolik sind nicht zufällig; sie werden von Regierungen, deren Herrscher die eine oder andere Ausdeutung nützlicher finden, gefördert und bestärkt, wenn nicht überhaupt erfunden. Ohne Rücksicht auf ihren tatsächlichen Ursprung bedeuten die dynastischen Farben der arabischen Fahne Legitimitätsansprüche durch Verbindung mit dem Propheten. In der Gegenwart ist in den arabischen Völkern eine neue Deutung entstanden, die auf den Worten des Dichters Safi al-Din al-H'ily beruht: »Weiß sind unsere Taten, schwarz unsere Schlachtfelder; unsere Weiden sind grün, aber unsere Schwerter sind rot vom Blute des Feindes.« Somit haben die vier traditionellen Farben heute eine gleichwer-

Die Fahnen und Schilde in dieser Handschrift aus dem 14. Jahrhundert stellen die Ausschiffung der Ritter vom Heiligen Geist dar *(oben)* und spiegeln vermutlich mehr die dem Künstler vertrauten Gebräuche wider als die Gepflogenheiten der Kreuzfahrer des vorausgegangenen Jahrhunderts.

Aus den Siegen des ersten Kreuzzuges bei Nicaea und bei Askalon *(links)* ergaben sich schließlich tiefgreifende Veränderungen in der mittelalterlichen Gesellschaft.

Nach der Legende wurden die Christen in der Schlacht bei Antiochia 1098 von weißgekleideten und auf weißen Pferden reitenden Engelscharen unterstützt; ihre von den Kreuzfahrern nachgeahmten Banner seien weiß mit roten Kreuzen gewesen. Die Fahne *oben* ist ebenfalls eine typische Kreuzfahrerfahne.

Zur Zeit der Schlacht bei Dorylaion 1097 (des ersten größeren christlichen Sieges während des ersten Kreuzzuges) gab es Kriegsfahnen und Schilde verschiedensten Aussehens *(unten)*.

König Richard I. von England überwindet mühelos einen übelblickenden Saladin *(rechts)*, dem der Künstler einen Phantasieschild gegeben hat. Ein anderer Buchmaler zeichnet ein sympathischeres Bild Saladins *(rechts oben)*.

tige Anerkennung als ›authentische‹ Farben erlangt; Bindung an die Religion wird jetzt für weniger wichtig gehalten als die arabische Ehre und die Förderung gemeinsamer politischer Ziele.

Die Entwicklung der Heraldik in der westlichen Welt zeigt in etwas abweichender Weise die reichen Möglichkeiten für die Ausnützung der Symbolik in der Handhabung politischer Macht. In jeder Gesellschaft ist die Fähigkeit, die Ergebenheit einer großen Anzahl von Personen zu gewinnen, Voraussetzung für einen beherrschenden Einfluß in Wirtschaft und Politik. Dies zwingt die Herrschenden, einen Schein von Rechtmäßigkeit für sich selbst und eine auf traditionellen Privilegien begründete Rangordnung zu schaffen und aufrechtzuerhalten. Wenige haben das so treffend ausgedrückt wie Jean-Jacques Rousseau: »Die Mächtigsten sind niemals mächtig genug, um ihre dauernde Herrschaft zu sichern, wenn sie keine Mittel finden, Stärke in Recht und Gehorsam in Pflicht zu verwandeln.«

Es gibt drei Hauptquellen der Autorität: Tradition (es war immer so), religiöse Bindung (die Götter wollen es so) und Ideologie (die Wissenschaft beweist, daß es so am besten ist), wobei sich die Ideologie in ihrer Ausstrahlungskraft und Wirksamkeit als eine moderne Version religiöser Bindung erweist. Alle drei handhaben Symbole, um die Teilung der Gesellschaft in Gruppen zu rechtfertigen, deren Macht im Verhältnis zur Zahl der Einzelpersonen in der Gruppe abnimmt. Eine Rangordnung, die der kleinsten Gruppe im Lande, der herrschenden Elite, ein Machtmonopol in Händen zu halten gestattet, baut auf einen Mythos von Überlegenheit. Symbole aller Art deuten an, daß die Herrschenden keine gewöhnlichen Sterblichen seien. Seit frühester Zeit haben Herrscher deswegen Auszeichnungen geschaffen, Titel, Medaillen und Ehrenzeichen, außerordentliche Vorrechte, Uniformen usw.; sie werden den eigenen Familien und (gewöhnlich erfolgreichen) Anhängern verliehen, um sie mit einem Schein von Hoheit und Würde zu bekleiden. Genau dies war die Rolle, die die Heraldik im 12. bis zum 15. Jahrhundert in Europa spielte; Systeme, die der Heraldik mehr ähnlich als unähnlich sind, existierten in Japan und anderswo. Heraldik hatte ihren Ursprung in dem praktischen Nutzen, Krieger auf dem Schlachtfeld zu erkennen, als Folge der Entwicklung von Helmen, die das Gesicht bedeckten. Auf dem historischen Teppich von Bayeux, der die normannischen Invasoren auf ihrer Überfahrt nach England darstellt, wird Herzog Wilhelm gezeigt, wie er seinen Helm anhebt, um seinen Leuten während der Schlacht zu versichern, daß er noch lebe und kämpfe. Unter den auf diesem Teppich

FRANKREICH (1188) ENGLAND (1188)

dargestellten Fahnen identifiziert offensichtlich keine durch ihre Gestalt oder ihren Gebrauch einen einzelnen Führer. Der Drache ist die alte Kriegsfahne der englischen Streitkräfte, und die Normannen führen Fahnen mit Kreuzen, um die Billigung ihres Unternehmens durch den Papst anzuzeigen, aber die Fahnen und die Schilde beider Seiten erscheinen reichlich dekorativ. Sie scheinen, ohne Rücksicht auf Symbolik, Unterscheidbarkeit oder Dauerhaftigkeit, willkürlich gewählt zu sein.

Die Kreuzzüge und ihre Auswirkungen in Westeuropa veränderten all dies gründlich. Kennzeichen wurden zunächst auf Fahnen und dann

auf anderen Ausrüstungen des Kriegers angebracht, auf seinem Schild, seinem Helm, seinem Wams und noch später auf seinem persönlichen Eigentum, sogar auf der Kleidung seiner Diener. Da Fahnen bereits als sichtbare Zeichen der Übertragung von Rechten auf ein Land oder von anderen Privilegien galten, war es

FLANDERN (1188)

ENGLAND (1277)

FRANKREICH (1375)

logisch, daß sie zuerst die unterscheidenden Farben und Bilder aufnahmen, welche die Eigenart der Heraldik ausmachen sollten. Die auf dem Teppich von Bayeux erscheinenden kurzen Wimpel und langen, schmalen Gonfanons, Siegel und andere vorheraldische Beweisstücke wurden durch die geeigneteren Banner, die gewöhnlich quadratisch oder höher als lang sind, ersetzt. Andererseits wurde der Schild als das Symbol der erblichen Kriegerkaste zum bevorzugten Platz für die Wiedergabe des Wappens. Er bildet noch heute den Mittelpunkt in Wappen von Ländern, wo der Schild ohne eigentliche Funktion ist und nur noch künstlerische Konvention ausdrückt.
Heraldische Figuren müssen einfach im Umriß, unveränderlich über die Zeiten und von allen anderen Emblemen verschieden sein, mit denen sie verwechselt werden könnten: Diese Forderungen bilden noch heute den Kern des heraldischen Stils. Im Anschluß an die Kreuzzüge beharrte der Adel in der Gewißheit, daß er niemals in den Genuß der dem Klerus durch göttliche Sanktion erteilten Legitimität gelangen würde, nicht nur auf der Beibehaltung seiner Wappen, sondern verwandelte die Wappenführung in das formelle und artifizielle System, das wir Heraldik nennen. Dazu gehörte die Bestimmung der persönlichen und erblichen Natur der Wappen, die strenge Beschränkung des Personenkreises, der zu ihrer Annahme berechtigt war, und die Beauftragung von beruflichen Herolden mit der systematischen Behandlung der Wappen. Die Verfeinerung nahm zu, es kam zu bestimmten Fahnenmodellen als Entsprechung zu verschiedenen Rängen, zu geregelten Veränderungen an Wappen zur Bezeichnung verschiedener Familienmitglieder, zu ehrenvollen Ergänzungen zu dem im übrigen unveränderten Schild und zur Hinzufügung größerer Ausschmückungen (Helmzierden, Schildhalter, Postamente, Wahlsprüche usw.). In vieler Beziehung zeigten die europäischen Fahnen

SIEGEL BALDUINS III., KÖNIG VON JERUSALEM

SIEGEL VON PONCIUS, GRAF VON TRIPOLIS

SIEGEL BOHEMUNDS III., FÜRST VON ANTIOCHIA

SIEGEL WILHELMS, FÜRST VON GALILÄA

während der Blütezeit der Heraldik eine Neigung, dieser untergeordnet zu werden; ja, ihr Aussehen wurde durch Übereinkommen geregelt, die noch heute als die heraldischen Gesetze zitiert werden.
Nach dem Verlust der praktischen Bedeutung der Heraldik auf dem Schlachtfeld und dem Aufstieg neuer gesellschaftlicher Klassen, deren Macht von Wohlstand und herrscherlicher Gunst mehr als von militärischer Tüchtigkeit abhing, begannen die Wappen unter einer

Am 13. Januar 1188 wurde vereinbart, daß König Philipp II. Augustus von Frankreich, König Heinrich II. von England und Graf Philipp von Flandern für die auf ihren Fahnen gezeigten Kreuze bestimmte Farben haben sollten. Später hingegen wurden die roten und weißen Kreuze ausgetauscht, und in England setzte sich eine Tradition von roten Kreuzen auf Weiß und in Frankreich von weißen Kreuzen anfänglich auf rotem Grund, später auf Blau durch.

Das Symbol des Byzantinischen Reiches im 14. Jahrhundert war ein Kreuz zwischen vier Figuren, die entweder als Feuerstähle gedeutet werden oder als die griechischen Buchstaben B für den Titel »König der Könige,

herrschend über Könige« (Βασιλευς Βασιλεων Βασιλευων Βασιλευσιν). Daraus wurde das Wappen von Serbien, und nach Weglassung des christlichen Kreuzes werden die vier Figuren weiter als die kyrillischen Buchstaben für S (C) vom heutigen Serbien *(oben)* geführt und gedeutet als »Nur die Einheit rettet Serbien« (Само слога Србе спасара).

Die Truppen Kaiser Friedrichs II. führten 1228 die kaiserliche Adlerfahne *(oben)*.

Das Kreuz war bei weitem das verbreitetste kirchliche Symbol auf ritterlichen Rüstungen; manche führten aber auch die Jungfrau mit dem Kind *(unten)*.

künstlerischen Entartung zu leiden, die in Entwürfen des 16. und späterer Jahrhunderte zutage tritt. Sogar schon vorher wurde die Heraldik zum Spielzeug der herrschenden Klassen. Wenn man die Farbigkeit und das Geschehen eines Turniers schätzen mag, so hatte doch ihre prunkhafte Theatralik wenig Bedeutung für die praktischen Staatsangelegenheiten oder die Kriegführung. Noch bis heute beeinflussen die Begriffe, der Kunststil und die Auffassungen von Heraldik das Aussehen und den Gebrauch von Fahnen und Flaggen; und wenn deren Einfluß auch nicht so weitreichend und nicht so nützlich ist, wie viele Heraldiker glauben, so kann er doch nicht geleugnet werden. Am wichtigsten ist der Kern von Grundsätzen des gesunden Menschenverstandes, wie er in den allerältesten Wappen verwirklicht war: Fahnen sind im allgemeinen wirksamer, wenn sie einfach sind, deutliche Zeichnungen und Farben aufweisen, nicht mit anderen Fahnen verwechselt werden können und über längere Zeit verhältnismäßig dauerhaft bleiben.

Die Entwicklung von Symbolen zu Lande in Europa geht mit fundamentalen Veränderungen zur See einher. Bis etwa 1500 überwanden die meisten Schiffe keine großen Entfernungen. Folglich kamen Marineflaggen erst mit dem Zeitalter der windgetriebenen Schiffe, etwa vom 16. bis zum 19. Jahrhundert zur eigentlichen Wirkung (der Gebrauch von Flaggen hat in der Ära der maschinengetriebenen Schiffe nachgelassen, teils wegen der Geschwindigkeit, mit der sie sich fortbewegen, teils weil Rundfunk und andere Systeme die traditionelle visuelle Identifikation von Schiffen von Grund auf verändert haben). Außerdem operierten früher die Kriegsschiffe nicht in koordinierter Formation, sondern griffen den Feind in einem Schiff-gegen-Schiff-Gefecht an. Folglich waren die einzigen gezeigten Flaggen die des adligen Kommandanten; beim Sturm auf Konstantinopel 1203 zum Beispiel prunkte nur das

König Ludwig IX. der Heilige von Frankreich starb 1270 während des achten Kreuzzuges in Tunis *(oben)*. Auf der Abbildung *unten* ist er mit dem Kreuzfahrerkreuz aus seinem königlichen Wappenrock dargestellt.

»DIE HERZEN DER SOLDATEN WURDEN VON DER FURCHT ERFÜLLT, DASS IHR FÜHRER ÜBERWUNDEN WORDEN SEI, WENN SIE NICHT SEIN HOCHERHOBENES BANNER SEHEN WÜRDEN. [. . .] SOLANGE DIE STANDARTE AUFGERICHTET BLIEB, HATTEN DIE LEUTE EINEN SICHEREN ZUFLUCHTSORT.«

*Itinerar König Richards I. von England (1191)*

Schiff des Dogen von Venedig mit der wehenden Standarte von Venedig, keines der anderen Schiffe seiner Flotte hatte Flaggen.
Vom 9. bis zum 13. Jahrhundert pflegten die Schiffe in der Nordsee an der Mastspitze als Zeichen des Königsfriedens und seines Schutzes ein Kreuz entsprechend dem Friedenskreuz zu führen, das zu Lande den Markt und seine Güter beschützte. Die ältesten Flaggen waren Zusätze zum Kreuz, einfarbige Wimpel oder Flüger; wie die Banner, die bei militärischen Zusammenstößen an Land die Vexilloide verdrängten, ersetzten sie nur schrittweise das ursprüngliche Emblem. Es ist nicht ganz klar, warum das Kreuz der Flagge den Weg freigab; vielleicht waren die zunehmende Zahl von Schiffen oder die Länge ihrer Reisen oder die Wahrscheinlichkeit, fremde Schiffe zu treffen, oder vielleicht die Ausbreitung der Heraldik zu Lande von Einfluß. Jedenfalls begannen im späten 12. Jahrhundert im Mittelmeer und um die Mitte des 13. Jahrhunderts in

Es ist nicht immer leicht, direkte Verbindungen nachzuweisen, aber viele heute noch gebräuchlichen Symbole stammen einwandfrei aus der Zeit der Kämpfe zwischen Christen und Mohammedanern, wie *unten* gezeigt.

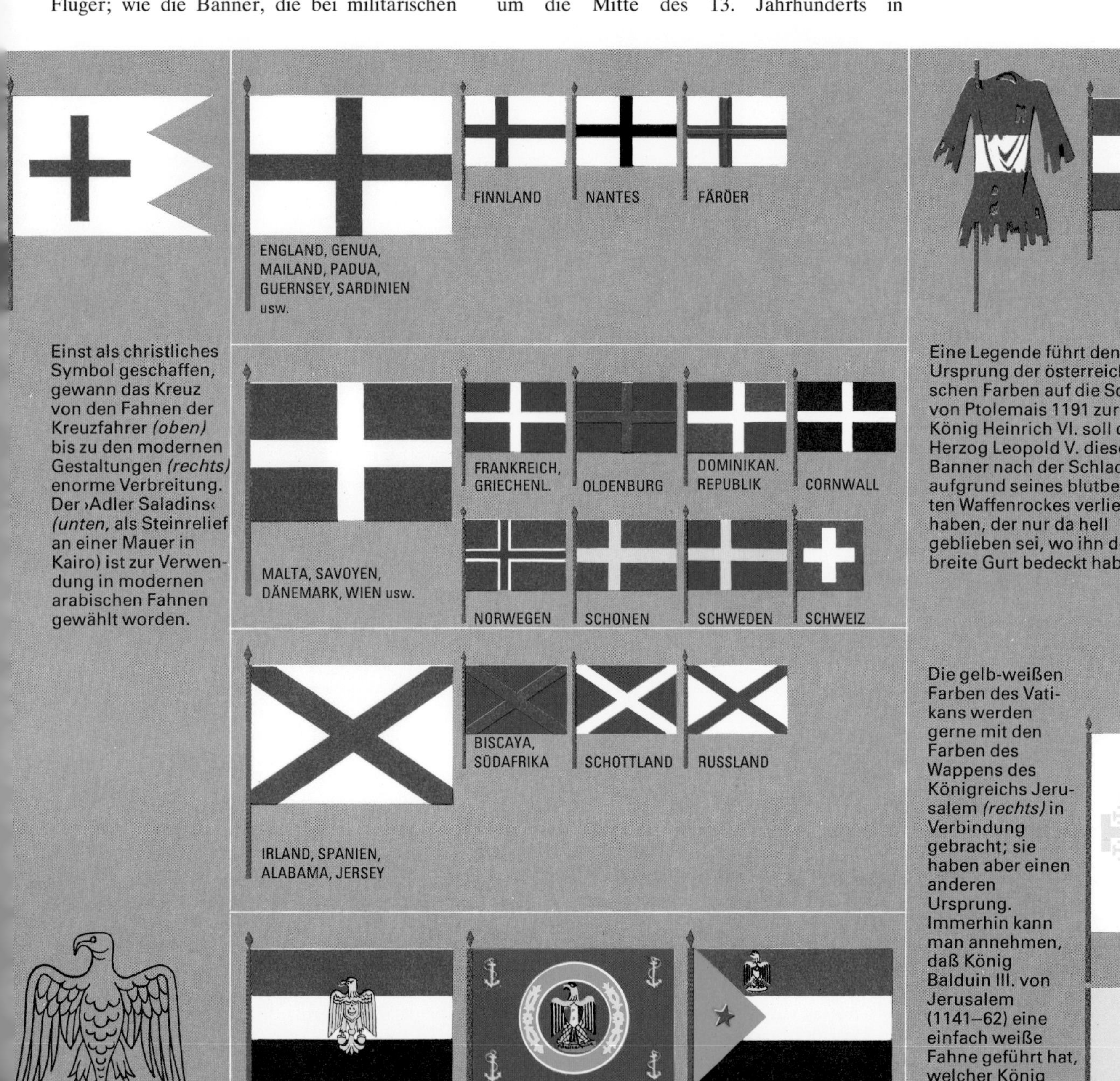


Einst als christliches Symbol geschaffen, gewann das Kreuz von den Fahnen der Kreuzfahrer *(oben)* bis zu den modernen Gestaltungen *(rechts)* enorme Verbreitung. Der ›Adler Saladins‹ *(unten,* als Steinrelief an einer Mauer in Kairo) ist zur Verwendung in modernen arabischen Fahnen gewählt worden.

Eine Legende führt den Ursprung der österreichischen Farben auf die Schlacht von Ptolemais 1191 zurück. König Heinrich VI. soll dem Herzog Leopold V. dieses Banner nach der Schlacht aufgrund seines blutbedeckten Waffenrockes verliehen haben, der nur da hell geblieben sei, wo ihn der breite Gurt bedeckt habe.

Die gelb-weißen Farben des Vatikans werden gerne mit den Farben des Wappens des Königreichs Jerusalem *(rechts)* in Verbindung gebracht; sie haben aber einen anderen Ursprung. Immerhin kann man annehmen, daß König Balduin III. von Jerusalem (1141–62) eine einfach weiße Fahne geführt hat, welcher König Amalrich I. (1162–73) das goldene Kreuz hinzufügte.

Plastische Helmzierden, phantasiereich in Entwurf und Gestaltung, erscheinen oft auf mittelalterlichen Helmen an Grabstätten *(rechts)*.

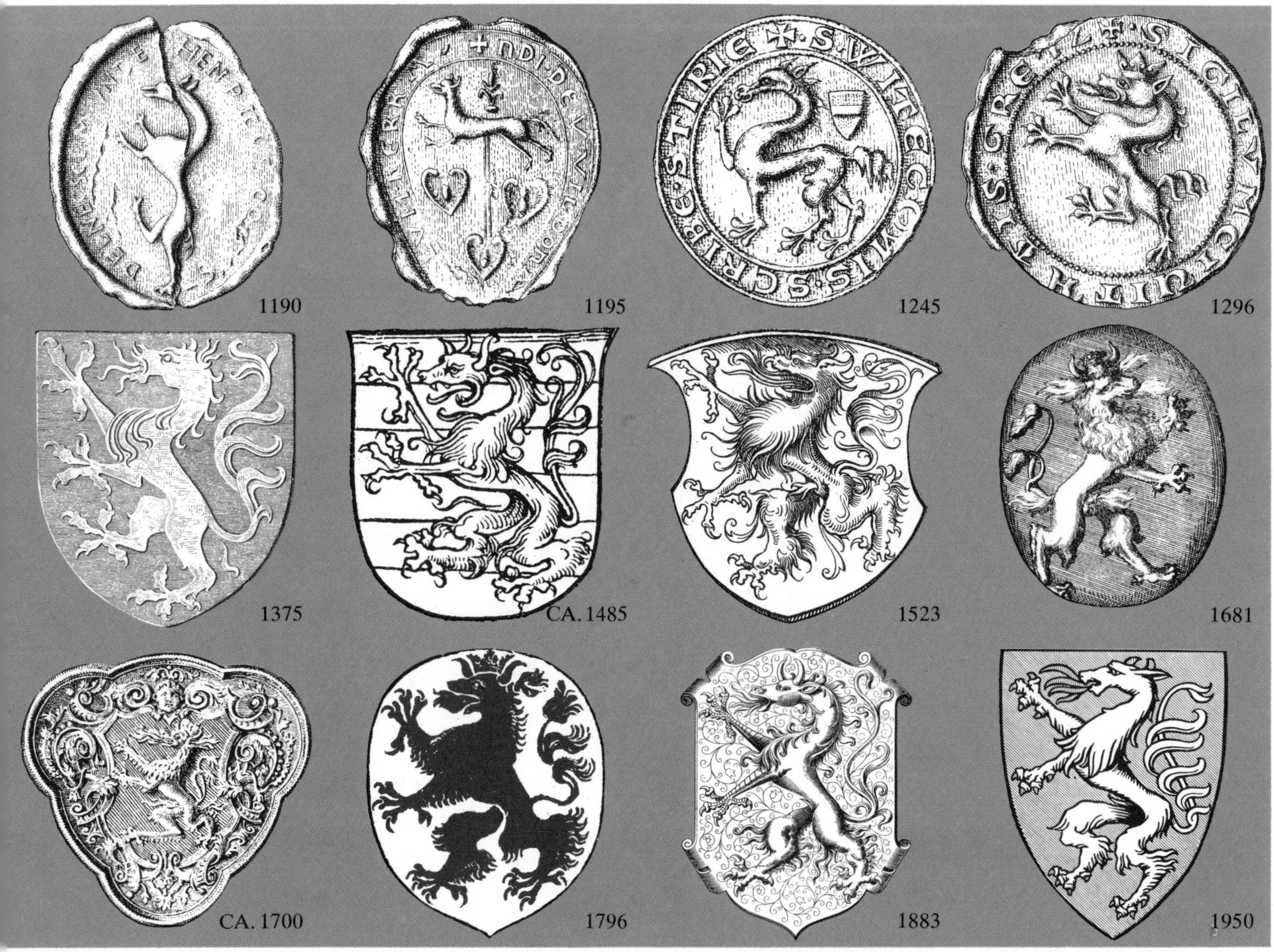

Das Wappen der Steiermark *(unten)*, heute ein Teil Österreichs, ist für fast 800 Jahre im wesentlichen unverändert geblieben. Der heraldische Panther, dessen Atem Feuer haucht, ist im Laufe der Jahrhunderte vielfach verschieden dargestellt worden, hat aber immer seine typischen Eigenschaften behalten.

Nordeuropa Flaggen auf Schiffen zu erscheinen, wo sie an die Stelle der Embleme auf Segeln und der längs des Oberdecks zur Kennzeichnung der Nationalität angebrachten Schilde traten. Eine Flagge war bequemer herzustellen und zu erkennen; sie war billig, und ihr Aussehen war leicht zu ändern; schließlich war sie ein sehr eindrucksvoller und ansehnlicher Gegenstand.

1190 1195 1245 1296

1375 CA. 1485 1523 1681

CA. 1700 1796 1883 1950

Ein Vertrag von 1270 zwischen dem König von England und dem Grafen von Flandern forderte Kennzeichnungsflaggen und eine Beurkundung zum Beweis der Rechtmäßigkeit der geführten Flagge; falsche Fahnen wurden verpönt. So bestanden schon zu diesem frühen Zeitpunkt drei der Grundregeln für Marineflaggen, die heute noch gelten. Die durch den englisch-flämischen Vertrag erforderten Flaggen waren die Wappenbanner der beiden Souveräne, aber andere Flaggentypen gab es auch. Mindestens vom späten 13. Jahrhundert an kennen wir im Mittelmeer den Gebrauch von Kreuzflaggen, unter denen das rote Kreuz auf Weiß von Genua das berühmteste ist. Vorher überwogen die Darstellungen von Heiligen, wie 1238, als Genua und

Trotz der Einschließung in seine Rüstung ist der König von Kastilien und León unmittelbar an seinem Wappen zu erkennen, das auf seinem Rock, seinem Geschirr und seinem Helm immer wieder erscheint. Die Abbildung *(links)* stammt aus einer Handschrift des 15. Jahrhunderts.

Die Einwohner mittelalterlicher Städte bildeten Zünfte nicht nur zur Regelung wirtschaftlicher Tätigkeiten, sondern ebenso politischer und militärischer Angelegenheiten. Überall gab es eigene Banner für diese Zünfte, wie hier die Banner der »zu Schmieden« *(unten)* und der

»Weinleute« *(oben)*, beide aus Basel. Zu den letzteren gehörten die Weinhändler und die Gastwirte. Mit der Fahne wird Papst Urban I. als ihr Schutzheiliger geehrt; da die Zunftleute keine Waffenträger waren, haben deren Banner im allgemeinen kein heraldisches Aussehen.

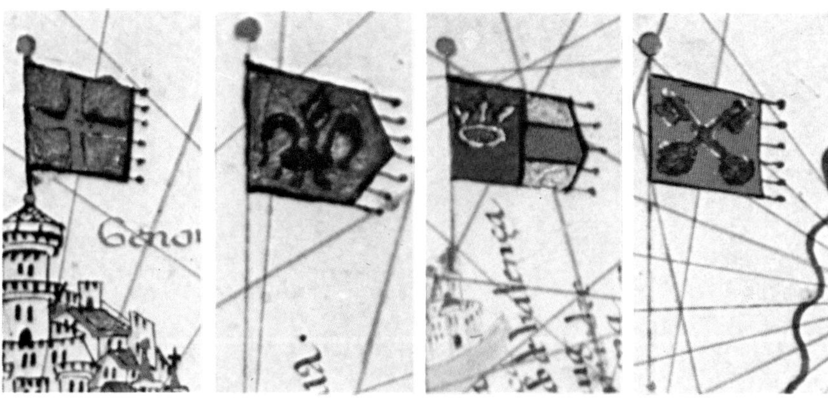

Viele der einfachen heraldischen Embleme, welche die Städte des Mittelalters führten, gelten noch bis heute. Die Flaggen *oben* aus einem Portolan von 1418 sind die von Genua, Livorno, Valencia und Avignon, der Residenz der Päpste im Jahrhundert davor. Die beiden ersteren sind verfärbt, ihre Grundfelder müßten weiß sein (das Silber hat sich in Blau verändert), und die Lilie auf dem zweiten müßte rot sein.

Venedig zu einer gemeinsamen Führung ihrer Flaggen auf Schiffen übereinkamen, um anzuzeigen, daß die beiden Staaten Verbündete seien. Venedig benützte in diesem Fall nicht seinen später berühmt gewordenen Markus-Löwen, sondern vielmehr eine Flagge mit dem Bild des Heiligen selbst, während Genua ein rotes Banner hatte mit St. Georg, den Drachen niedertretend.

Diese frühen Modelle waren keine Nationalflaggen im modernen Sinn: sie wurden in keiner Weise an Land gebraucht, und, noch wichtiger, sie symbolisierten mehr den Staat als seine Bürger. Da die mittelalterliche Gesellschaft ständisch gegliedert war, sah das gemeine Volk seine eigenen Symbole mehr in Kirchen- und Zunftfahnen. Solche Fahnen blieben meist Einzelstücke, und so konnten sehr durchdachte und kostbare Entwürfe ausgeführt werden. Zu den

Die Flaggen und Wappen in dieser spanischen Handschrift *(rechts)* von 1503 sind auch nicht genauer gezeichnet als der Elefant und das Kamel.

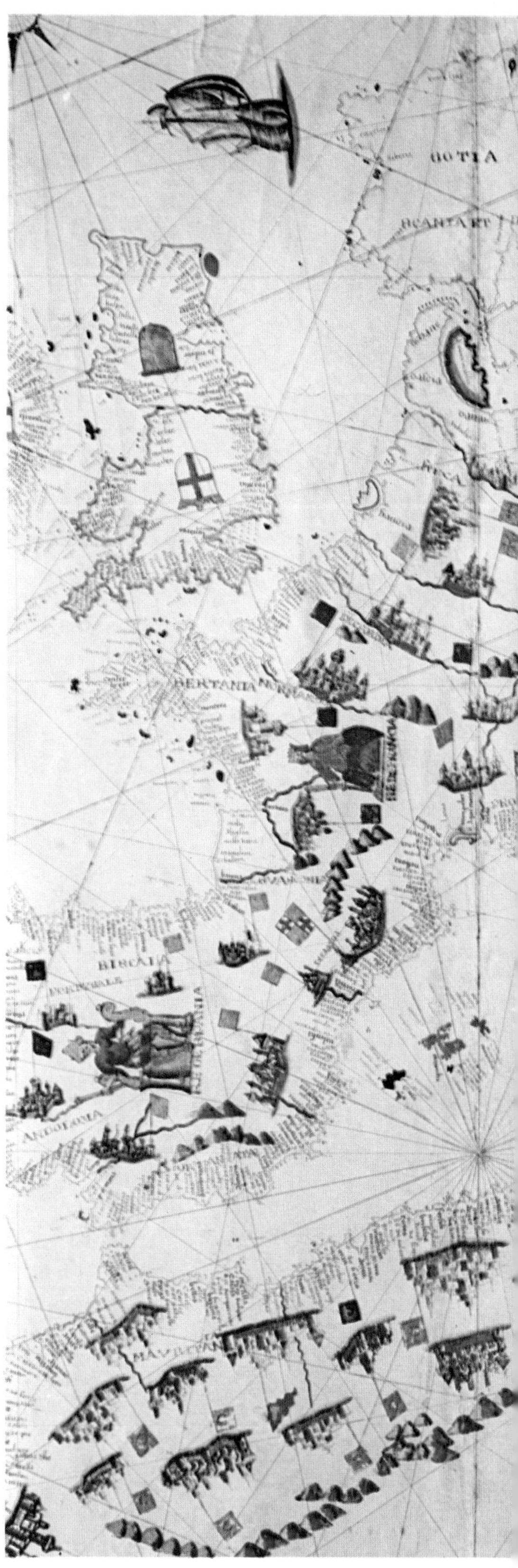

Der Künstler dieser Landkarte von 1559 *(unten)* hatte keine Bedenken, Mauretanien eine Flagge zuzuweisen; aber ob er Kenntnis von einer solchen Flagge aus erster Hand hatte, bleibt zweifelhaft.

für derartige Fahnen verwendeten Werkstoffen gehörte Leinen, Leder und Sendal, ein Stoff aus Leinen in der Kette und Seide im Schuß. Üblicherweise wurden die Embleme auf das Grundtuch appliziert oder aufgemalt; Stickerei entwickelte sich später. In anderen Teilen der Welt verwendete man andere Techniken; im Maya-Reich etwa waren Vexilloide, Schilde und eigentliche Fahnen oft aus den prächtigen Federn seltener Vögel hergestellt.

Bei der Erörterung der Entwicklung von Flaggen müssen unbedingt die Portolane des 14. und 15. Jahrhunderts erwähnt werden. Diese Seefahrtkarten sind mehr ihres künstlerischen

Die herrlichen Portolane des 14. und 15. Jahrhunderts waren für die Schiffahrt wohl von geringem praktischem Nutzen, verschaffen uns aber Kenntnis von den seinerzeitigen Flaggen und einen Einblick in die Weltkunde der Europäer, die gerade mit der Erforschung Afrikas und Asiens begannen.

»ZUERST MÜSSEN DIE BANNER ALLER FÜRSTEN DURCH EINEN IHRER RITTERLICHEN KÄMMERER GEBRACHT WERDEN UND DIE WIMPEL DER BESAGTEN FÜHRER DURCH IHRE HAUPTDIENER ODER STOLZEN STALLMEISTER UND DIE BANNER DER ANDEREN BANNERHERREN DURCH IHRE EDELLEUTE, WIE ES IHNEN GEFÄLLT.«

*Traktat über die Einrichtung eines Turniers* (bekannt als »Buch der Turniere des Königs René«, um 1460)

Nachdem Veränderungen in der Kriegführung die Wappen auf dem Schlachtfeld von geringerer Bedeutung erscheinen ließ, wurde das Turnier im 15. Jahrhundert zum Schauplatz für die Entfaltung von Wappen und Bannern. Hier gab es Gelegenheit, mit der Schönheit der Wappen zu prunken.

Stils als ihrer geographischen Genauigkeit wegen zu bewundern, aber sie sind für den Vexillologen von außerordentlichem Interesse, weil sie den Wappenbüchern der Heraldiker zu Lande entsprechen. Soweit die Kenntnis eines Portolan-Malers reichte, ist jede wichtige Stadt oder jedes selbständige Gebiet längs der Küste durch ein Zeichen repräsentiert. (Wir sagen hier absichtlich »Zeichen«, denn alle diese Zeichnungen sind nicht ausschließlich nur in Flaggenform ausgeführt.) Manche dieser Zeichnungen sind reine Spekulation, während andere offenbar auf Schilderungen erster Hand beruhen, die von den Zusammenstellern der Portolane unmittelbar selbst oder durch Reisende gesammelt worden sind.

Die Einfachheit der heraldischen Flaggen, wie sie in diesen Portolanen erscheinen, macht im 15. und 16. Jahrhundert anderen Kunststilarten Platz. Besonders in Militärfahnen beginnen sich zur Zeit der Reformation und Gegenreformation zwei Richtungen zu entwickeln, die für moderne Flaggen wichtig werden sollten. Scharfe ideologische Spaltungen spiegeln sich ganz natürlicherweise auf den Bannern wider, die von den Truppen der beiden Parteien geführt wurden. Embleme wie der Bundschuh der Bauern, das Burgunderkreuz, das Schrägkreuz von St. Andreas und der Arm Gottes wetteifern mit komplizierten allegorischen Szenen, die Sieg und Rettung denen versprechen, die den einen, wahren Pfad gewählt haben.

Die reich ausgestatteten Paradebanner moderner Arbeiterorganisationen und die einfachen Protestfahnen politischer Parteien und Bewegungen im 20. Jahrhundert finden ihre Wurzeln in diesen Fahnen. Gewisse Farben wurden einzelnen religiösen Sekten, dynastischen Belangen und sogar Nationalitäten zugeordnet, womit die Grundlage geschaffen wurde für die Entscheidungen der Revolutionäre einige Jahrhunderte später, als von ihnen Trikoloren und Bikoloren angenommen worden sind. Anfänglich waren Trikoloren und Bikoloren eigentlich heraldische Livreefarben, die einzelnen Monarchen und Adligen eigen waren; später nehmen sie einen fixierteren Charakter an und werden mit symbolischen Bedeutungen versehen, die im wesentlichen wirklich national sind. Zur See vergrößert die Zunahme des Schiffsbereiches sowohl in bezug auf Entfernung wie auf die Zeit zwischen dem Anlaufen von Häfen wesentlich die Bedeutung von Marineflaggen, ihre Abmessungen und die Buntheit ihres Aussehens. In weiterer Ausgestaltung der Wappenbanner der Frühzeit schufen die Europäer des

Zwar sind nur zwei Fahnen in den Abbildungen *(oben* und *rechts)*, die in der zitierten Handschrift erscheinen, echte Fahnen von existierenden Personen; aber der Künstler hat den Zeitgeist treffend erfaßt.
Der Tod König Heinrichs II. von Frankreich (1559) an den Folgen der Verletzungen, die er sich bei einem Turnier zugezogen hatte, versetzte der Beliebtheit dieses Sportes einen vernichtenden Schlag.

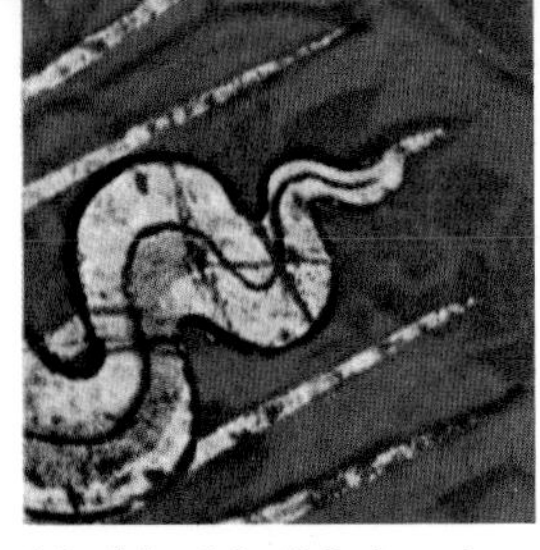

Dieses Detail einer Schweizer Fahne aus dem 16. Jahrhundert (siehe Seite 71) ist typisch für den hohen Stand des Kunstgewerbes, durch das sich gemalte wie gestickte Fahnen in vorindustrieller Zeit auszeichneten.

Die Standarte König Ludwigs XII. von Frankreich als Graf von Pavia *(unten)* enthält eine Ansicht der Stadt Pavia, deren Wappen und die des Königs und seiner Gemahlin Anna von Bretagne. Die Rückseite der Fahne sah ganz anders aus. Das Banner ist von den Schweizern 1512 erobert worden und in einem Trophäenbuch verzeichnet, aus dem die Abbildung entnommen ist.

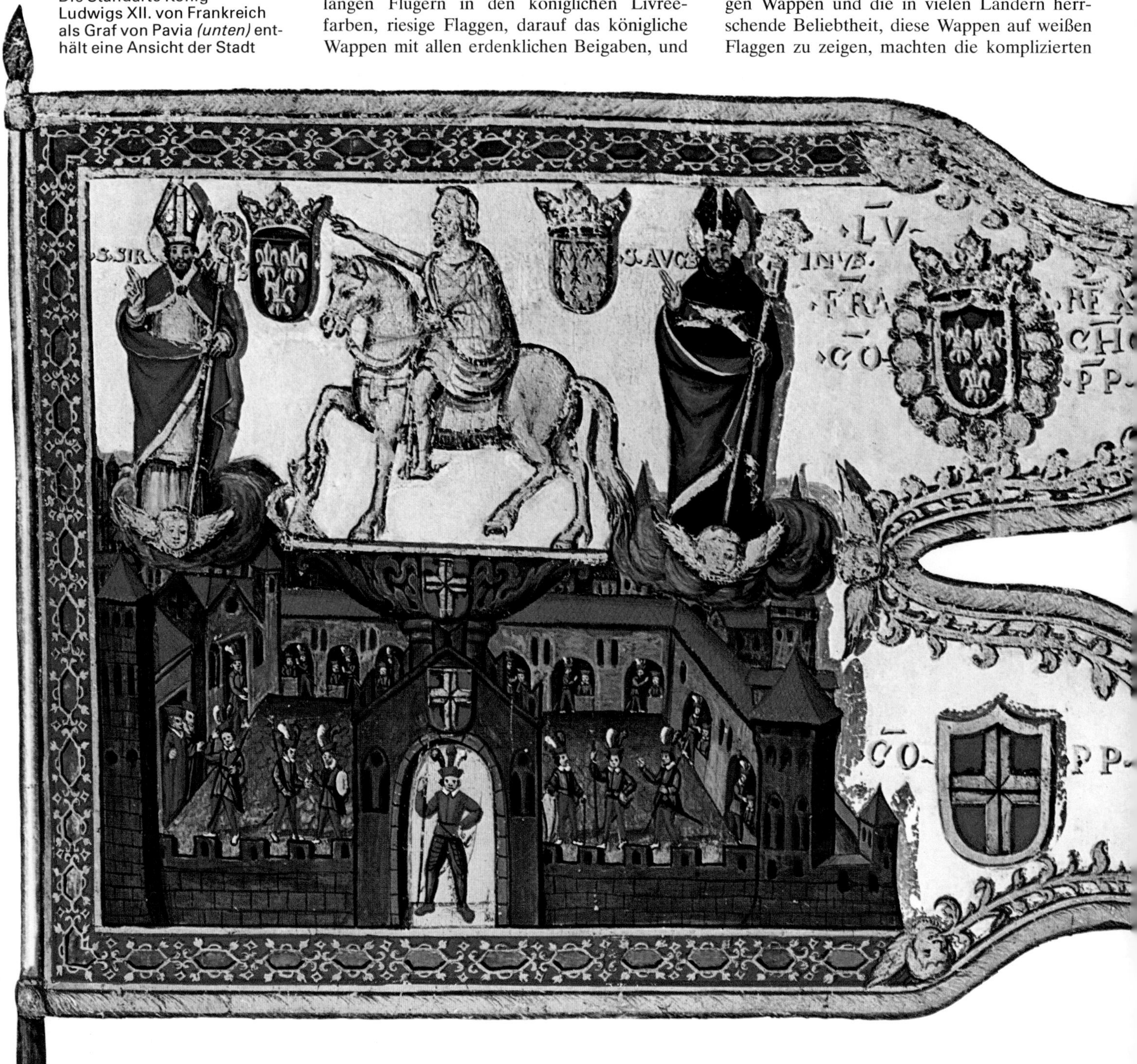

16. bis 18. Jahrhunderts eine Unmenge von langen Flügern in den königlichen Livreefarben, riesige Flaggen, darauf das königliche Wappen mit allen erdenklichen Beigaben, und besondere Befehls- und Rangflaggen. Die ersten Flaggenbücher und -karten fangen im späten 17. Jahrhundert an zu erscheinen, eine weitere Ehrung der absoluten Monarchen jener Zeit. Sie erfüllten aber auch eine praktische Aufgabe, indem sie Seefahrern bei der Erkennung fremder Fahrzeuge in Häfen oder auf hoher See dienlich waren. Daraus entwickelt sich eine scharfe Trennung zwischen zwei Flaggentypen: Die winzigen Details der vollständigen Wappen und die in vielen Ländern herrschende Beliebtheit, diese Wappen auf weißen Flaggen zu zeigen, machten die komplizierten Flaggen für Identifikationszwecke ziemlich ungeeignet; aus diesen Gründen entsteht daneben ein System von ganz einfachen Flaggen, das schließlich vorherrschend wird. An Land zeigen beide Flaggentypen ein Bestreben, innerhalb des gleichen Grundmusters zu figurieren.

Berittene Truppen sind immer noch das Reservat der Reichen; ihre Fahnen sind kostbar und von kompliziertem Aussehen, oft unter Vergötzung des Schutzpatrons des Regiments. Aber das Anwachsen der stehenden Heere und die Notwendigkeit, die Infanterie in Kompanien und Bataillone einzuteilen, führte zu einer gewissen Normierung: In Frankreich erscheint das durch die Mitte der meisten Infanteriefahnen laufende weiße Kreuz, während es in England eine Oberecke mit Georgskreuz ist, das die Nationalität ausdrückt.

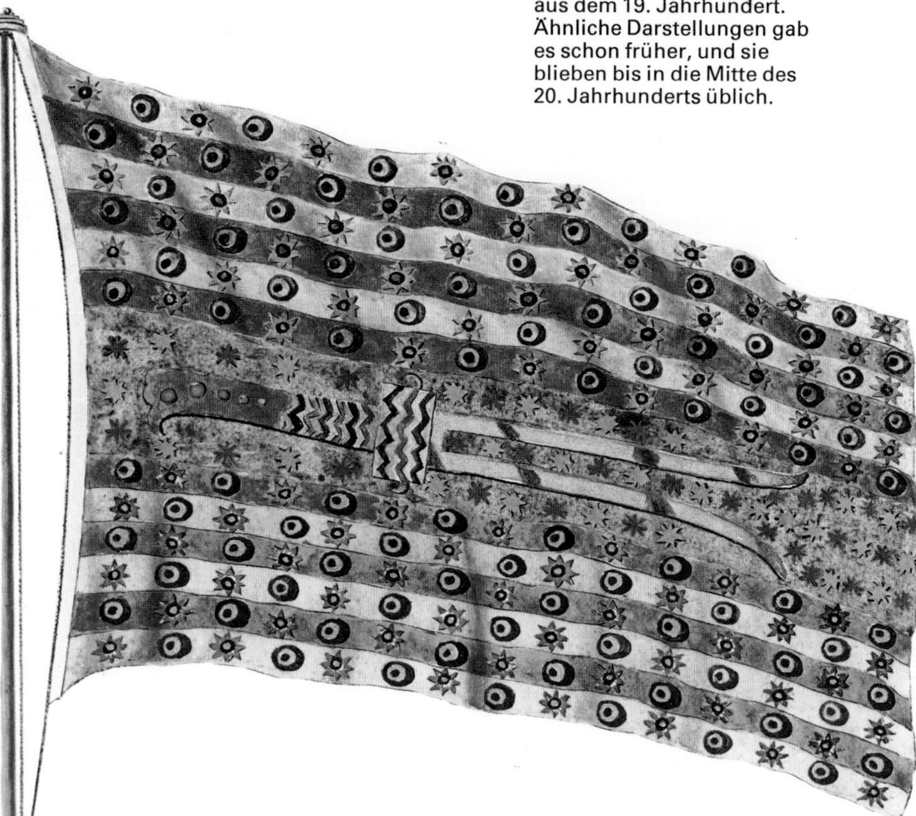

Die Europäer waren nicht die einzigen mit prachtvollen Bannern; diese Standarte des Bei von Tunis, in dem neben Alis Schwert Sterne und Monde vorkommen, stammt aus dem 19. Jahrhundert. Ähnliche Darstellungen gab es schon früher, und sie blieben bis in die Mitte des 20. Jahrhunderts üblich.

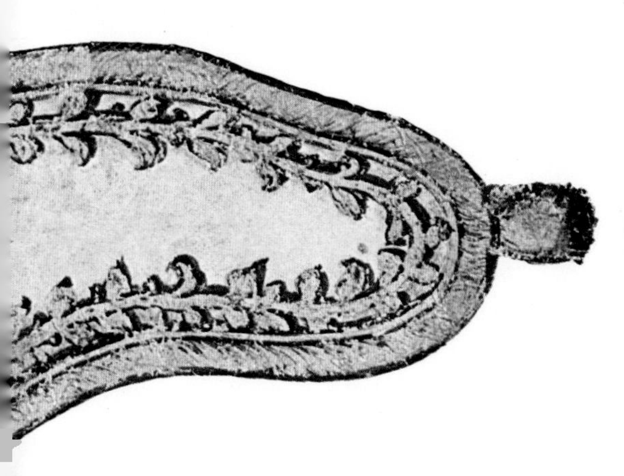

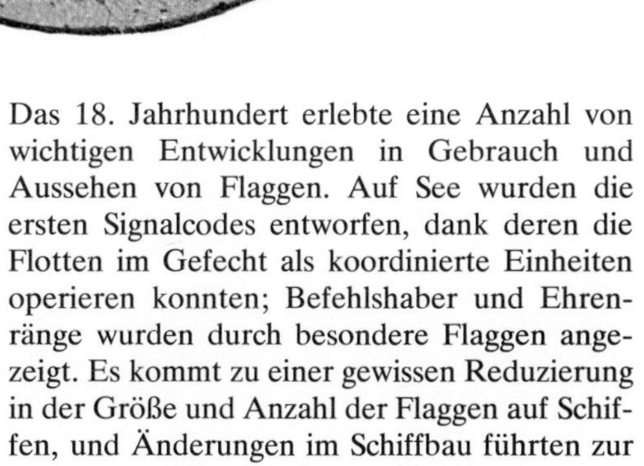

Das 18. Jahrhundert erlebte eine Anzahl von wichtigen Entwicklungen in Gebrauch und Aussehen von Flaggen. Auf See wurden die ersten Signalcodes entworfen, dank deren die Flotten im Gefecht als koordinierte Einheiten operieren konnten; Befehlshaber und Ehrenränge wurden durch besondere Flaggen angezeigt. Es kommt zu einer gewissen Reduzierung in der Größe und Anzahl der Flaggen auf Schiffen, und Änderungen im Schiffbau führten zur Normierung von Gösch und Heckflagge als den Hauptflaggen der Nationalität. Nach der Einführung des modernen Systems des Hissens mit Leinen wurden die Flaggen seltener an Maste genagelt oder gebunden oder mit Hilfe von Ringen befestigt. Wie zu erwarten, wurden in zunehmendem Maße Flaggenvorschriften erforderlich, obwohl die Monarchen im allgemeinen erfolglos bei ihren Bemühungen blieben, den Gebrauch von Kriegsflaggen einzuschränken, an dem private Kaufleute wegen des größeren Ansehens und des von ihnen gebotenen Schutzes festhielten.

Die Beispiele *oben* und *links* zeigen, wie reich gestaltet manche Zeremonialfahnen waren, während die auf See geführten *(unten)* allmählich einfacher im Entwurf und kräftiger in der Farbe wurden, um leichter erkannt zu werden. Die Adlerflagge von Brandenburg *(unten links)* ist ein weiteres Beispiel dieser Entwicklung, die zu den Nationalflaggen der Gegenwart führte.

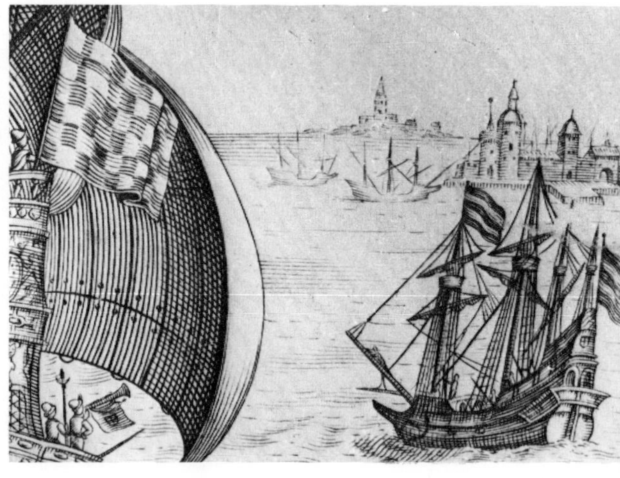

Die Amerikanische Revolution von 1775 und die Französische Revolution von 1789 verursachten radikale Veränderungen in den Flaggen selbst wie auch in überkommenen Denk- und Verhaltensmodellen. Flaggen waren nicht mehr länger einerseits ein Vorrecht der herrschenden Klassen und andererseits zweckbestimmte Signale für die Schifffahrt. Privatpersonen und deren politische Organisationen entwarfen nunmehr frei ihre Ziele ausdrückende Fahnen und flaggten damit. Die moderne Auffassung von dem Aussehen, dem Gebrauch und dem Sinn einer Nationalflagge faßte Wurzel und breitete sich mit dem Nationalgefühl auf Lateinamerika, Asien, Afrika und den pazifischen Raum aus. Heute, zwei Jahrhunderte später, ist die Nationalflagge jedermann vertraut und hat über alle anderen Formen politischer Symbolik die Oberhand gewonnen.

Bei weitem die bedeutendste Neuerung des 18. Jahrhunderts ist die Nationalflagge. Dieser Begriff ist nur schwer zu definieren, und in den meisten Ländern vollzieht sich die Annahme einer Nationalflagge nur schrittweise, wobei die offizielle Anerkennung durch die Regierungen im allgemeinen viel später nachkommt, nachdem die Flagge den Menschen bereits geläufig war. Außerdem haben viele Länder mehrere Nationalflaggen entwickelt, wobei indessen gewöhnlich das gleiche Muster den Formen zugrunde liegt, die im einzelnen auf Kriegsschiffen, unbewaffneten Regierungsfahrzeugen, Schiffen in Privatbesitz, Festungen und Militärlagern, Staatsgebäuden und von privaten Geschäftsunternehmen und Einzelpersonen zu führen sind.

Die Ausbreitung egalitärer und demokratischer Ideen und die im späten 18. Jahrhundert beginnende politische Mobilisierung der Massen wurden zu Vorbedingungen der Entwicklung von Nationalflaggen. Ohne Zweifel waren bei diesem Prozeß der Kampf um die niederländische Unabhängigkeit von 1568 bis 1648 (siehe Seiten 156 bis 163) und die Bürgerkriege

Oft weichen die allerersten Formen der Nationalflagge eines bestimmten Landes von den schließlich gesetzlich festgesetzten Modellen ab. Zum Beispiel hatte die in den Straßen Mailands 1848 wehende italienische Flagge (in der Abbildung *oben*) Längsstreifen, während die später im gleichen Jahr erstmals offiziell festgesetzte Trikolore von Italien – wie noch heute – senkrechte Streifen hat.

in England um die Mitte des 17. Jahrhunderts von Einfluß – und obwohl John Locke, Jean-Jacques Rousseau und Thomas Paine Flaggen nicht besonders erwähnen, können sie in gewissem Sinne als die Väter der Nationalflagge angesehen werden.

Das derzeitige Stadium in Ausdehnung und Ausbreitung der Nationalflaggen ist in diesem Buch an mehreren Stellen behandelt. Wohl kaum eines Beweises bedarf die Bemerkung, eine Nationalflagge könne nur da bestehen, wo

19 MONATE VOLLER FLAGGENWECHSEL

Revolution und Reaktion im Italien des 19. Jahrhunderts

| EREIGNISSE | SARDINIEN |
|---|---|
| 29. JANUAR 1848<br>Am Vorabend der Revolution | |
| 22. MÄRZ 1848<br>Ausbruch des italienischen Unabhängigkeitskrieges | |
| 30. JUNI 1848<br>Erste italienische Siege | |
| 27. AUGUST 1848<br>Der österreichische Gegenangriff | |
| 15. MÄRZ 1849<br>Die Revolution greift auf Rom und Parma über | |
| 12. APRIL 1849<br>Die Niederlage bei Novara und deren Folgen | |
| 27. AUGUST 1849<br>Restauration und Status quo ante | |

Die »Märztage« von 1848 in Berlin sahen Straßenkämpfe zwischen preußischen Truppen und liberalen Revolutionären *(links)*. Eine Woche lang wurde das revolutionäre Schwarz-Rot-Gold von König Friedrich Wilhelm durch die gleichen Straßen zur Schau getragen; es dauerte aber noch 71 Jahre, bis diese Trikolore als Nationalflagge für ganz Deutschland festgestellt wurde.

es eine Nation gibt, aber in unserer Welt von Nationalstaaten wird leicht vergessen, daß nicht jeder Staat auch eine Nation ist. Manche Nationalitäten wie die Somalis leben in mehreren Staaten. Manche übernationalen Staaten wie Indien und die Sowjetunion schließen zahlreiche Nationalitäten ein. Die Schweizer und Südafrikaner haben gezeigt, daß eine einzige Sprache kein notwendiges Kriterium ist; die Amerikaner und Australier haben klargemacht, daß keine gemeinsame Religion existieren muß; und die Juden haben lebhaft demonstriert, daß gemeinsame geschichtliche Erfahrung innerhalb eines bestimmten Territoriums kein unbedingtes Erfordernis für ein Nationalgefühl ist. So wichtig alle diese Faktoren sein mögen, so beruht Nationalgefühl faktisch am gewichtigsten auf der Bereitschaft der Menschen, sich als eine besondere Gruppe zu erkennen, aktiv die Bildung eines Staates, in dem sie diesen Willen

Häufigkeit und Umfang der Abänderungen der italienischen Nationalflagge während der 19 Monate vom Januar 1848 bis zum August 1849 haben ihresgleichen nicht *(unten)*. Doch kann ein ähnliches Wechselspiel zwischen den Flaggen der Revolution und der Reaktion überall in der Welt verfolgt werden.

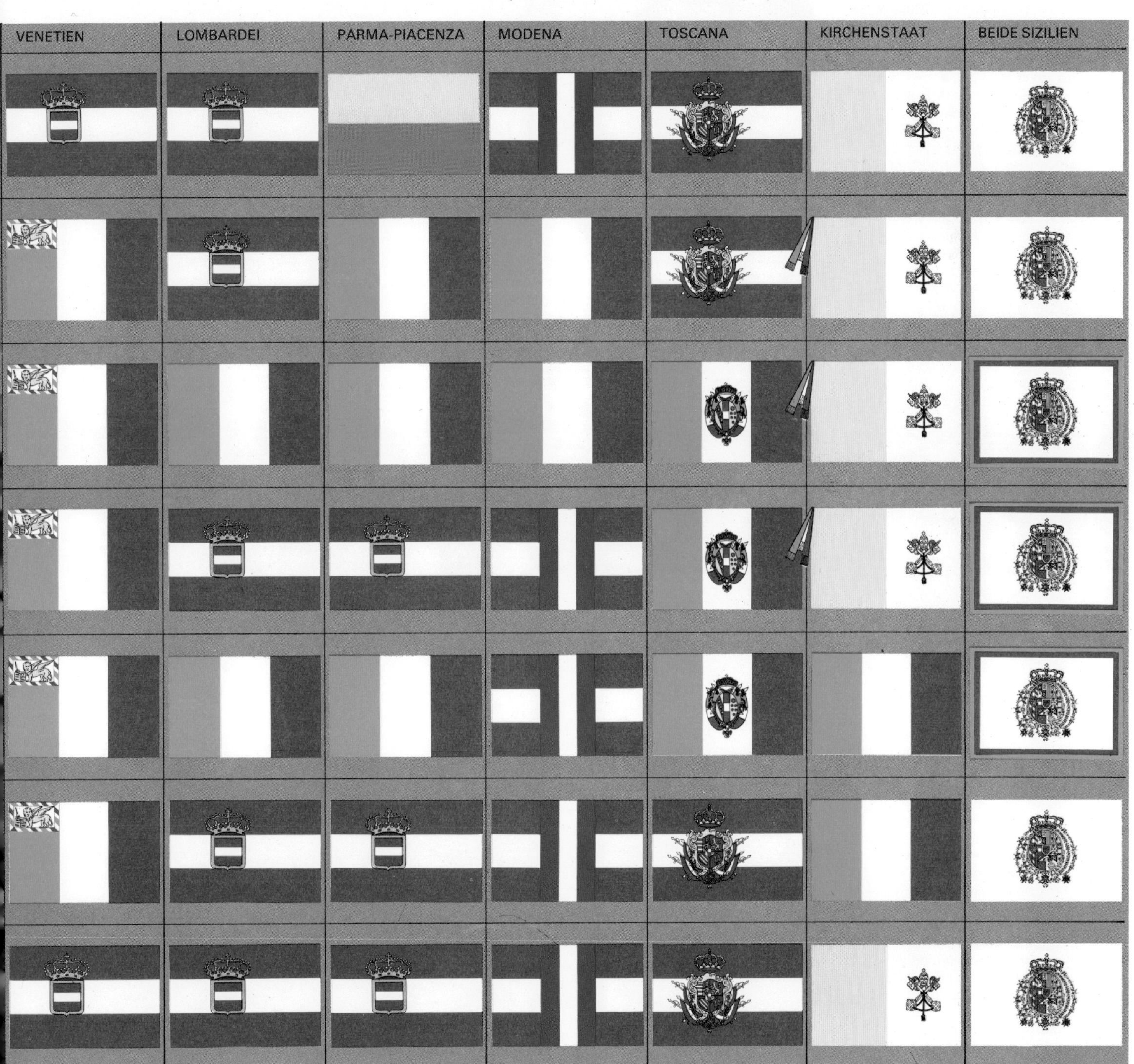

Das 20. Jahrhundert erlebte eine größere Anzahl und größere Vielfalt von Flaggentypen und -gebräuchen als jede andere Periode in der Geschichte. Von der in Japan fabrizierten kanadischen Andenkenflagge bis zu der Flagge in Kleidung und Hausratverzierung haben die Normalbürger ihr Recht auf Gestaltung und Führung von Flaggen durchgesetzt, ein Privileg, das ihnen in früheren Zeiten gewöhnlich vorenthalten war.
Die Massen sind im 20. Jahrhundert mittels Fahnen auch manipuliert worden; unzählige Propagandaartikel, wie Flaggenhalstücher im Ersten Weltkrieg *(unten)*, haben die Opferung von Freiheit, Eigentum und selbst des Lebens im Interesse der angeblich in der Nationalflagge verkörperten Grundsätze gefordert. Vielleicht kann keine bewußtere Ausbeutung von Fahnen zu Propagandazwecken – und

kundtun können, anzustreben und sowohl ein gemeinsames Programm für die Zukunft als auch eine Deutung der Vergangenheit zu verwirklichen. Die Einigkeit unter den Franzosen am Vorabend der Revolution beruhte auf gemeinsamen Erfahrungen unter gemeinsamen Herrschern; die südamerikanischen Nationen schufen ihre Grenzen entsprechend wirtschaftlichen Faktoren und Bevölkerungsdichten. Religion war ein einigender Faktor für das Nationalbewußtsein von Griechenland und Pakistan, Sprache für die Mongolei und Italien, politische Einrichtungen aus der Kolonialzeit für Nigeria und Malaysia. Irland und Bangladesch haben gezeigt, daß Nationalgefühl noch heute eine gewaltige Kraft ist.

noch grausamerer Desillusionierung – gefunden werden als in den Annalen des Faschismus in den 30er und 40er Jahren, wie sie in den Nürnberger Parteitagen *(ganz rechts)* zutage trat.
Das 20. Jahrhundert hat auch die Kommerzialisierung von Flaggen erlebt und eine zunehmende Pedanterie in den Einzelheiten der Zeichnung, wie im amtlichen Modell *(rechts)* für das Emblem in der Flagge der Luftwaffe der Republik China. In der Tat sind Flaggen selbst in jeden Winkel des Lebens zu Lande, auf der See und selbst in der Luft eingedrungen, wie bei der Totenfeier des französischen Marschalls Juin *(Seite 59)*, wo aus Rauchfahnen von Düsenfliegern die französische Trikolore gebildet wird.

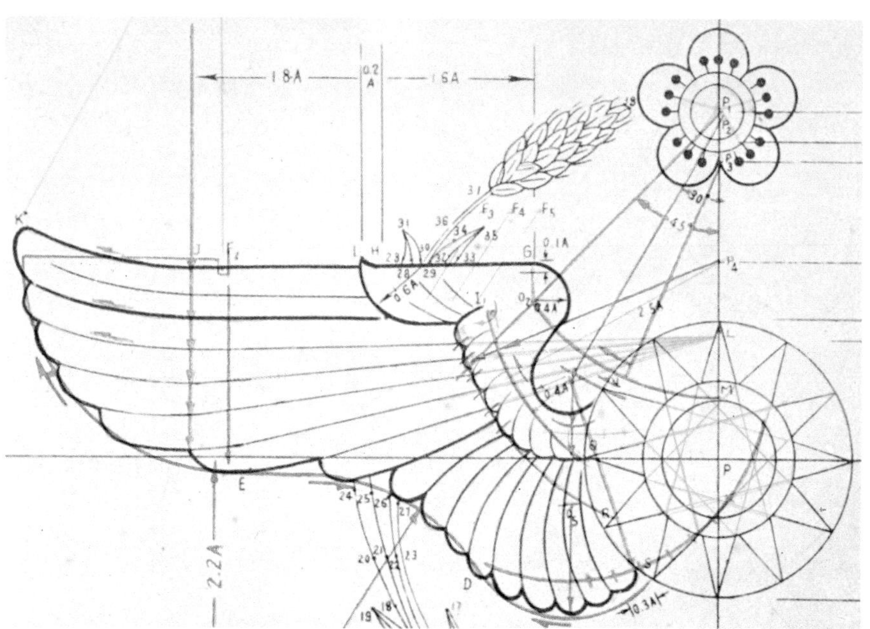

DIE FOLGENDEN SEITEN STELLEN EINE AUF WENIGE FAHNEN BESCHRÄNKTE AUSWAHL AUS VIELEN HUNDERTEN DAR, DIE MIT DEM GLEICHEN RECHT »FAHNEN, DIE GESCHICHTE MACHTEN«, GENANNT WERDEN KÖNNTEN.

## Das Labarum

Das Labarum begann wie viele berühmte Fahnen im Lauf der Geschichte als eine einzelne, einmalige Standarte, ein geheiligter und kostbarer Gegenstand. Das Original wurde schließlich in einer Schlacht erobert, durch Feuer oder Verrottung zerstört oder ist vielleicht einfach mit anderen alten Reliquien verlorengegangen. Da die Erinnerung daran lebendig blieb, wurden später Nachbildungen gefertigt, und so wurde es zu einem Fahnentypus umgestaltet, der seinen Einfluß auf das menschliche Leben weiterhin ausübte.

Auf diesem Bild der Schlacht an der Milvischen Brücke (312 n. Chr.) aus dem 16. Jahrhundert ist Konstantin mit bereits das Kreuz zeigenden Standarten zu sehen, obwohl die Geschichte berichtet, daß es gerade sein Erfolg in dieser Schlacht war, der ihn zu der späteren Verwendung dieses Symbols veranlaßt hat.

Im Grunde war das Labarum nur eine Adaption des Vexillums, das seit langem als eine römische Kampfstandarte gedient hatte. Es kommt erstmals im Jahre 312 n. Chr. vor, als Kaiser Konstantin seinen Rivalen Maxentius bei Saxa Rubra nahe Rom besiegte. Der Geschichtsschreiber Eusebius berichtet, Konstantin habe beim Einmarsch nach Italien am Himmel ein flammendes Kreuz und den Spruch »In diesem Zeichen wirst du siegen« gesehen. In der Nacht vor der Schlacht sei dem Konstantin die christliche Gottheit erschienen und habe ihm Sieg und die Herrschaft über das Römische Reich verheißen.

Unter dem Eindruck der zunehmenden Macht der Christen in seinem Reich und seinem Heer befahl Konstantin im nächsten Jahr zu Mailand, die Verfolgung der Christen, zumindest jener Sekten zu beenden, die seine Auffassung von der neuen Staatsreligion unterstützten.

Das hier abgebildete Labarum *(rechts)* ist wie bestimmte andere Fahnen in diesem Abschnitt eine moderne Rekonstruktion, die auf den besten historischen Quellen, die wir besitzen – darunter Münzen, Monumente, Darstellungen in Handschriften, Beschreibungen –, beruht. Das Bündnis von Kirche und Staat, das in der westlichen Welt über ein Jahrtausend nicht ernstlich in Frage gestellt worden ist, wurde durch das ›Monogramm Christi‹ (aus den griechischen Buchstaben X und P für Ch und R) und die Darstellungen Konstantins und seiner Kinder, die zusammen auf dem Labarum erscheinen, gut versinnbildlicht.

IN HOC SIGNO VINCES. (In diesem Zeichen wirst du siegen)

»Y DDRAIG GOCH DDYRY CYCHWYN.«

(Der Rote Drache gibt Schwung; der Wahlspruch von Wales)

## Die Drachenfahne

Vielleicht ist keine einzige Fahne der Alten Welt so ausgedehnt gebraucht worden wie die Drachenfahne. In Gestalt und Gebrauch nur leicht verändert, erschien die Drachenfahne in Ländern von Persien bis Britannien und wurde ein Jahrtausend hindurch in Schlachten geführt. Wie ein Windsack konstruiert, wehte der leichte Stoff des Drachens hinter seinem aufgesperrten Rachen und schnappte und wand sich beim geringsten Windhauch. Oft mit einer Apparatur zur Erzielung eines schrillen Pfeiftones ausgerüstet, war der Drache hoch über den Häuptern

angreifender Reiterei darauf berechnet, Schrecken in den Reihen der Gegner zu verbreiten und die Männer, die hinter ihm folgten, anzufeuern.

Die hier gezeigten Darstellungen deuten nur einige der zahllosen Beispiele seines Gebrauches an. Der legendäre König Artus *(oben)* benützte die Drachenfahne zu Ehren seines Vaters, des Uther Pendragon. Der *Codex Aureus* aus dem 9. Jahrhundert weist ein Beispiel aus Mitteleuropa *(rechts)* nach. Ein moderner heraldischer Drache erscheint in einer walisischen Militärfahne *(unten)*.

»WIE ES NUR EINE SONNE AM HIMMEL GIBT, SO SEI AUCH NUR EIN GROSS-KHAN AUF DER ERDE.«

## Die Fahne Dschingis-Khans

In jahrelangen Kämpfen suchte der Stammesführer Temudschin die Stämme der östlichen Mongolei unter seiner Herrschaft zu vereinigen. Schließlich kam der Tag, da er Herr aller Mongolen war und ihnen seine Welteroberungsmission unter einem neuen Namen und Banner verkündete. Die *Geheime Geschichte der Mongolen* berichtet das folgendermaßen: »Und so gaben sie [...] im Jahre des Tigers [1206], nachdem sie sich an der Quelle des Onan-Flusses versammelt und eine große weiße Standarte, daran neun Füße, aufgepflanzt hatten, dem Dschingis Qahan den Titel Khan.«

Die »Füße« waren in Wirklichkeit Flämmchen entlang den Kanten des dreieckigen Banners, das einer jahrhundertealten chinesischen Tradition nachgebildet war. Zudem konnte es in bezug auf diese Fahne als das Banner des großen Oberhauptes der Mongolen keinen Irrtum geben. Sein Schutzgeist, der Gerfalke, war in der Mitte dargestellt. Jedes der Flämmchen war mit einem Yak-Schwanz verziert, womit gleichzeitig die Bedeutung dieses Haustieres für die Völker Mittelasiens und die neun Stämme ausgedrückt wurde, deren Führer im Rate des Groß-Khans mitwirkten.

Am oberen Ende der Fahnenstange befand sich eine goldene Bekrönung in Form eines flammenden Dreizacks. Darunter waren vier weiße Pferdeschwänze befestigt, um die Macht des Khans über die vier Ecken der Erde zu symbolisieren. Es wird berichtet, die Pferdeschwänze seien gewählt worden, weil die Mongolen glaubten, die Welt könne nur auf dem Pferderücken erobert werden.

Im Mongolischen Reich gab es zahllose andere Rangflaggen. So war die Verwaltung des Reiches direkt mit der Verleihung von Fahnen an die Bezirksoberhäupter verknüpft, die Bannerleute hießen. Ein solcher Führer blieb nur so lange an der Macht, als er das Banner, wie sein Gebiet dann auch hieß, erfolgreich verteidigte und Krieger für die Heere stellte, die der Groß-Khan in seinen weiteren Eroberungszügen anführte.

Selbst nach dem Tode des Dschingis (1227) wurde die Tradition seiner Fahne bewahrt – durch das Volk der Kalmücken bis ins 20. Jahrhundert.

Das Geschick Dschingis-Khans in der militärischen Organisation ließ einen chinesischen Chronisten kommentieren: »Er führte seine Heere wie ein Gott.«

Während sie sich durch Asien und Europa ausbreiteten, bis sie ihre Bedrohung Wiens 1241 erst auf die Nachricht von dem Tode des Groß-Khans aufgaben, erinnerten die Mongolen an ein besonderes Gebet, das in der Mongolei sogar heute noch wiederholt wird: »Du wirst eine lange und erfolgreiche Reise

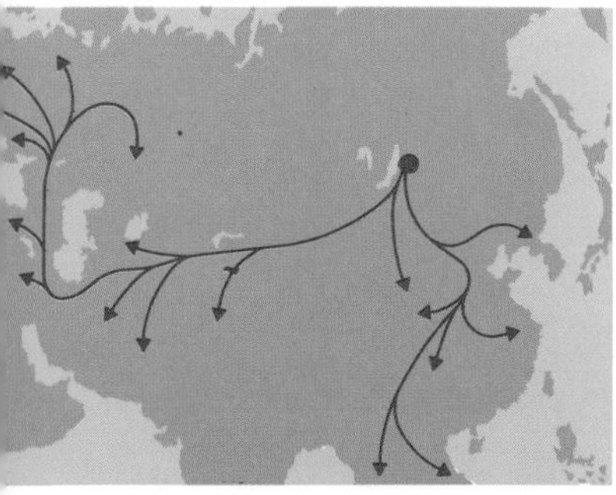

vollenden; günstiger Wind blähe deine Fahne.«

## Die Fahne Karls des Grossen

Als Fahne Karls des Großen galt die Oriflamme, die ihren Namen vermutlich wegen ihrer rot-goldenen Farbe bekam. Was ihre Gestalt betrifft, so dürfte sie dem im frühmittelalterlichen Europa üblichen Typ des Gonfanons entsprochen haben, also eine langgestreckte Flagge mit mehreren Zipfeln gewesen sein.

Das Originalmosaik vom Triclinium St. Johannis vom Lateran in Rom, auf dem Karl der Große beim Empfang des Banners zu sehen war, ist verloren. Manche Autoren behaupten, es seien zwei Mosaiken gewesen, auf dem einen eine grüne Standarte als Zeichen der Macht über Rom, die Karl dem Großen überreicht wird, und ein zweites, auf dem er die rote Reichsfahne entgegennimmt.

Wichtig hierbei ist die historische Überlieferung von einer roten Oriflamme, die Karl der Große als Symbol des Reiches geführt habe. Dies war möglicherweise oder auch nicht die in der Abtei von St-Denis niedergelegte und mit dem Schlachtruf »Montjoie!« verknüpfte Fahne; aber spätere französische Dynastien hielten die Überlieferung hoch, daß der Papst »ihrem« Vorgänger, Karl dem Großen, eine rote Standarte gegeben habe, welche sie selbst – wenn auch vielleicht nur in Nachbildungen – noch auf dem Schlachtfeld führten.

Über die Darstellungen auf der Fahne kann nichts mit Sicherheit gesagt werden. Es scheint, daß dort sechs goldene Kreise (Rosen?) standen, jeder dunkelblau und rot gesäumt. Die Farben Rot, Weiß, Blau in einer Quaste unter der Lanzenspitze verführten spätere Generationen zu der Annahme eines engen Zusammenhanges mit der tausend Jahre später aufgekommenen Trikolore.

Dem von Karl dem Großen am Weihnachtstage des Jahres 800 erneuerten römischen Kaisertum machte Napoleon 1006 Jahre später schließlich ein Ende.

Die Zusammenfassung dessen, was heute Frankreich, Deutschland und Italien ausmacht, durch Karl den Großen war zwar von kurzer Dauer, aber das karolingische Imperium ist immer noch das Vorbild für eine europäische Einheit.

Eine moderne Rekonstruktion eines Mosaiks aus dem 9. Jahrhundert *(links)* zeigt den hl. Petrus bei der Verleihung von Symbolen religiöser und weltlicher Autorität an Papst Leo III. (auf der linken Seite) und an Karl den Großen.

Das spätestens von 1414 stammende Siegel *(rechts)* der nordfriesischen Harde Everchip ist einer der ältesten Belege für die Führung des Danebrogs zur See. Im Königssiegel Erichs von Pommern *(ganz rechts)* von 1398, seit 1397 König von Dänemark, Norwegen und Schweden, teilt das dänische Kreuz den Schild mit dem Wappen seiner Reiche in genau der gleichen Art, wie dies im gegenwärtigen königlichen Wappen von Dänemark der Fall ist. Das Wappen im Wappenbuch des Herolds Gelre aus dem späten 14. Jahrhundert *(unten)* zeigt die älteste bekannte Abbildung des Danebrogs, der heute überall im Lande weht *(unten rechts)*.

## Der Danebrog

Der Danebrog (wörtlich ›Dänentuch‹) ist, wenigstens in seiner modernen Gestalt, eine äußerst einfache Flagge, ein gegen die Stange gerücktes weißes Kreuz in einem roten Felde, aber seine Geschichte macht ihn zu einer der bemerkenswertesten Nationalflaggen, die es heute gibt.

Es ist immer wieder behauptet worden, der Danebrog sei die älteste ununterbrochen gebrauchte Nationalflagge der Welt; aber diese Feststellung ist äußerst problematisch. Wir können seine Grundzeichnung 600 Jahre, vielleicht sogar 750 Jahre und mehr zurückverfolgen. Andererseits gibt es Nationalflaggen im modernen Sinn nicht vor der Amerikanischen und der Französischen Revolution des späten 18. Jahrhunderts. Wenn also auch in Dänemark das Bild des Danebrogs für diesen Zweck gewählt worden ist, so beginnt sein offizieller Gebrauch als Nationalflagge zu Lande doch erst 1854. Darüber hinaus gab es im Lauf der Jahrhunderte Abwandlungen in der genauen Gestalt der für Marine- und Heereszwecke gebrauchten Fahne, und zwar in einer Vielfalt, die durch die Beispiele, die auf diesen Seiten gezeigt werden, nur angedeutet wird.

Es muß aber festgehalten werden, daß das weiße Kreuz auf rotem Grund seit mindestens 600 Jahren durchweg als das dänische Hauptsymbol gebraucht worden ist. Auf eine Münze gründet sich die Vermutung, daß es aus der zweiten Hälfte des 12. Jahrhunderts stamme, während eine andere Quelle den Ursprung in eine Schlacht des Jahres 1208 verlegt. Der Danebrog könnte mit roten Flaggen verwandt sein, die in der Ostsee schon im 9. Jahrhundert gebraucht worden sind.

Die jedem Kind in Dänemark bekannte berühmte Geschichte berichtet, der Danebrog sei am 15. Juni 1219 während einer Schlacht, in der König Waldemar II. gegen die heidnischen Esten siegreich blieb, vom Himmel gefallen. Die Lage schien hoffnungslos an jenem Tage, bis die das Heer begleitenden dänischen Bischöfe Gott um Hilfe anflehten. Zum Zeichen, daß er ihre Sache begünstige, sandte Gott den Dänen den Danebrog, der seitdem von ihnen verehrt wird.

Neuere Feststellungen meinen, der mögliche Ursprung der Zeichnung läge in der Kriegsfahne des Heiligen Römischen Reiches, das Dänemark als einen Vasallenstaat betrachtete. Eine rote Kriegsfahne mit dem weißen Kreuz des Christentums kann nicht nur in den dänischen Marken (d. h. Dänemark), sondern auch in den Ostmarken (d. h. Österreich, wo es noch im Wappen der Stadt Wien steht) und ebenso in Savoyen, Utrecht, Danzig, Pisa, Barcelona und zahlreichen anderen Gebieten Europas belegt werden. Es kommt sogar noch in zwei anderen zeitgenössischen Nationalflaggen vor, der von Malta und der Schweiz.

Im 17. Jahrhundert konnte sich ein dänisches Schiff, das einsam vor der westafrikanischen Goldküste segelte, am Anblick seiner Nationalflagge über dem Fort Christiansborg erfreuen.

Erich von Pommern, hier auf seinem Großsiegel (1398). Seine Flagge *(links)*, der älteste bekannte Danebrog, war ein kunstvolles Exemplar, das vor seiner Vernichtung während des Zweiten Weltkrieges in der Marienkirche zu Lübeck hing.

Um seine Gebietsansprüche zu zeigen, setzte König Erich in die Winkel des Kreuzes die Wappen von Dänemark, Norwegen, Schweden und Pommern *(von oben nach unten)*.

Eine andere Möglichkeit wäre, daß der erste Danebrog das Geschenk eines Papstes an einen Fürsten gewesen war, der im Namen des Christentums einen kriegerischen Feldzug unternahm.

Kurzum, wir stehen, wie es in der Vexillologie oft der Fall ist, vor widersprüchlichen Vermutungen. Vielleicht werden eines Tages neue Belege ausgegraben, die uns ein für allemal Aufschluß geben, wann und aus welchen Gründen der Danebrog entstand.

Im Fall der dänischen Flagge sind historische Fragen von besonderem Interesse, weil sie nicht bloß eine vexillologische Kuriosität ist, sondern noch in täglichem Gebrauch steht. Der Danebrog besteht in zwei Formen: die offiziell der Marine und königlichen Einrichtungen seit 1625 vorbehaltene Splittflagge und die rechteckige Fassung für die Führung durch zivile Institutionen zu Lande und zur See. Von 1690 an sind besondere Abzeichen zur Kennzeichnung bestimmter Regierungsämter oder ziviler Institutionen wie etwa der großen Handelsgesellschaften beigegeben worden. Der Danebrog war auch die Grundlage für Regimentsfahnen, und zwar seit 1842 unter Ausschluß abweichender Bilder.

Die Breitenwirkung des Danebrog dauert ähnlich wie bei anderen »Fahnen, die Geschichte machten«, bis heute fort: Er wird in der Poesie gefeiert und weht von Weihnachtsbäumen und Flaggenmasten in privaten Gärten.

»BESSER, VIERZIGMAL BESSER MEIN BANNER ALS MEIN SCHWERT.«

(Jeanne d'Arc bei ihrem Prozeß)

Als Ketzerin von den Engländern verbrannt, an die sie durch ihren eigenen König verraten worden war, wurde Jeanne d'Arc später eine Nationalheldin. 1920 wurde sie von der katholischen Kirche heiliggesprochen, mehr als 400 Jahre, nachdem der Bannfluch gegen sie geschleudert worden war. Das Wappen von Frankreich und »Hoch lebe König Ludwig« erscheinen über der Tür ihres heimatlichen Hauses *(oben)*.

La Pucelle, die Jungfrau, war ein im 15. Jahrhundert üblicher Name für Jeanne d'Arc *(rechts* und *rechts außen)*, zu einer Zeit, als zwei Handschriften ihre Erscheinung und ihre Fahne festhielten.

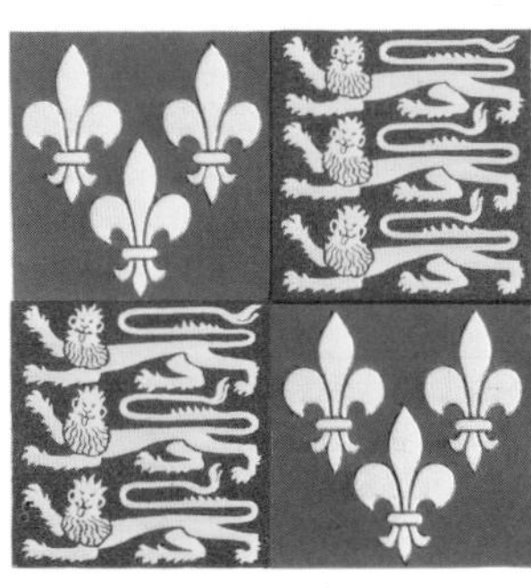

Die im Königsbanner der Könige von England *(oben)* auffällig gezeigten französischen Lilien verkündeten deren Anspruch auf den Thron Frankreichs, den Johanna auf dem Schlachtfeld erfolgreich bestritt.

## Die Fahne der Jeanne d'Arc

Die Fahne der Jeanne d'Arc ist vielleicht mit ihren eigenen Worten am besten beschrieben, die am 28. Februar 1431, als sie wegen Ketzerei und Zauberei vor Gericht stand, aufgezeichnet worden sind: »Ich hatte eine Standarte, deren Feld mit Lilien bestreut war. Die Welt war darauf dargestellt und zwei Engel, einer auf jeder Seite. Sie war von weißer Farbe, von weißem Stoff, den man Boucassin nennt. Darauf war geschrieben ›Jhesus Maria‹, wie mir scheint; sie war mit einer Seidenfranse umzogen.« Nach späteren Beschreibungen enthielt

sie eine Darstellung Gottes, der einer Lilie seinen Segen erteilte, sowie zweier Engel; und auf der Rückseite stand das Wappen von Frankreich.

Johannas Richter waren an allen Einzelheiten des Aussehens der Fahne interessiert, denn sie hofften, dadurch den Beweis für ihre Behauptung zu finden, daß Johanna der Fahne magische Kräfte beigemessen habe. Sie fragten auch, wer für die Herstellung der Fahne verantwortlich gewesen sei; Johanna antwortete einfach, die hl. Katharina und die hl. Margarete seien ihr in einer Vision erschienen und hätten ihr aufgetragen, sie solle »die Standarte im Namen des Himmelskönigs aufnehmen«.

Die Rolle ihrer Fahne auf dem Schlachtfeld, wo sie für das französische Heer, nachdem die englische Belagerung von Orléans gebrochen war, ewige Ehre gewonnen hat, indem sie die Besetzung des unbesetzten Teiles von Frankreich verhinderte, wurde ebenfalls eingehend erfragt. Wie sie zugab, vertraute sie auf das Glück derer, die hinter ihrer Standarte marschierten, und verwies darauf, daß sie ihre Fahne »vierzigmal mehr« liebte als ihr Schwert.

Bei der Krönung Karls VII. wurde ihre Standarte in die Kathedrale von Reims geführt,

et dit a paris publiquement que dimenche derr passe les
ment entretenuz par force darmes estoient trencz ded
es darmes anglois de par le roy avec la tour de
ment gens darmes tenans le siege et les bastides pa
et avoient leur leur siege pour als conforter
et en leur compaignie une pucelle seule ayant banere

König Karl VII. von Frankreich *(links)* wurde im Juli 1429 zu Reims gekrönt nach der Befreiung der Stadt durch die von Johanna befehligten Streitkräfte. Seine persönliche Fahne *(unten)* war rot, später aber bevorzugten die französischen Königsfahnen Weiß.

Das Wappen von Burgund *(unten)* wurde von den burgundischen Herzögen Johann dem Unerschrockenen und Philipp dem Guten geführt, die sich mit den Engländern im Widerstand gegen die Thronbesteigung durch Karl VII. aus dem Hause Orléans verbündet hatten.

denn »sie war in den Gefahren anwesend; das war Grund genug, sie zu ehren«. Aber während aller Befragungen beharrte Johanna standfest auf ihrer Unschuld gegenüber den Anklagen wegen Treulosigkeit gegen ihr Land, ihren König und ihre Religion.

Jeanne d'Arc gelangte unter späteren Generationen zu Ehren: Auf sie geht die weiße Farbe als die französische Hauptnationalfarbe zurück.

Christoph Kolumbus, Hernan Cortés, Francisco Pizarro, die drei bedeutendsten frühen spanischen Reichsgründer in der Neuen Welt.

Die Expeditionsflagge von Kolumbus *(rechts)* ist uns wie viele andere historische Banner nur durch schriftliche Schilderung bekannt. Die Rekonstruktion kommt nach unserer Kenntnis dem wirklichen Aussehen der Flagge so nahe wie möglich.

Auf seinem Weg zur Eroberung der Stadt Mexiko notiert der Chronist von Cortés unter dem 5. September 1519: »Wir verließen das Lager mit fliegender Fahne *[oben]* und mit vieren von unserer Kompanie zur Beschützung ihres Trägers [...]«

## Des Kolumbus Flagge

Des Kolumbus Expeditionsflagge, vielleicht die erste wirkliche Flagge, die in der Neuen Welt gezeigt wurde, ist in einem zeitgenössischen Bericht beschrieben als »Flagge mit einem F und einem Y; über jedem Buchstaben eine Krone und einer auf der einen Seite des + und der andere auf der anderen«. Die ursprüngliche Flagge ist seinerzeit nicht für wichtig gehalten worden und ist seit langem verloren.

Wenig blieb von Pizarros Banner *(rechts)* übrig, das in der Mitte das spanische Königswappen aufwies.

Obwohl teilweise seine Gedanken die deutschen Bauern zum Aufstand veranlaßt haben, hielt es Martin Luther *(links)* mit den Fürsten gegen sie: Seinen »lieben Freunden« schrieb er, die Christen seien nicht so zahlreich, daß sie sich zusammenrotten könnten.

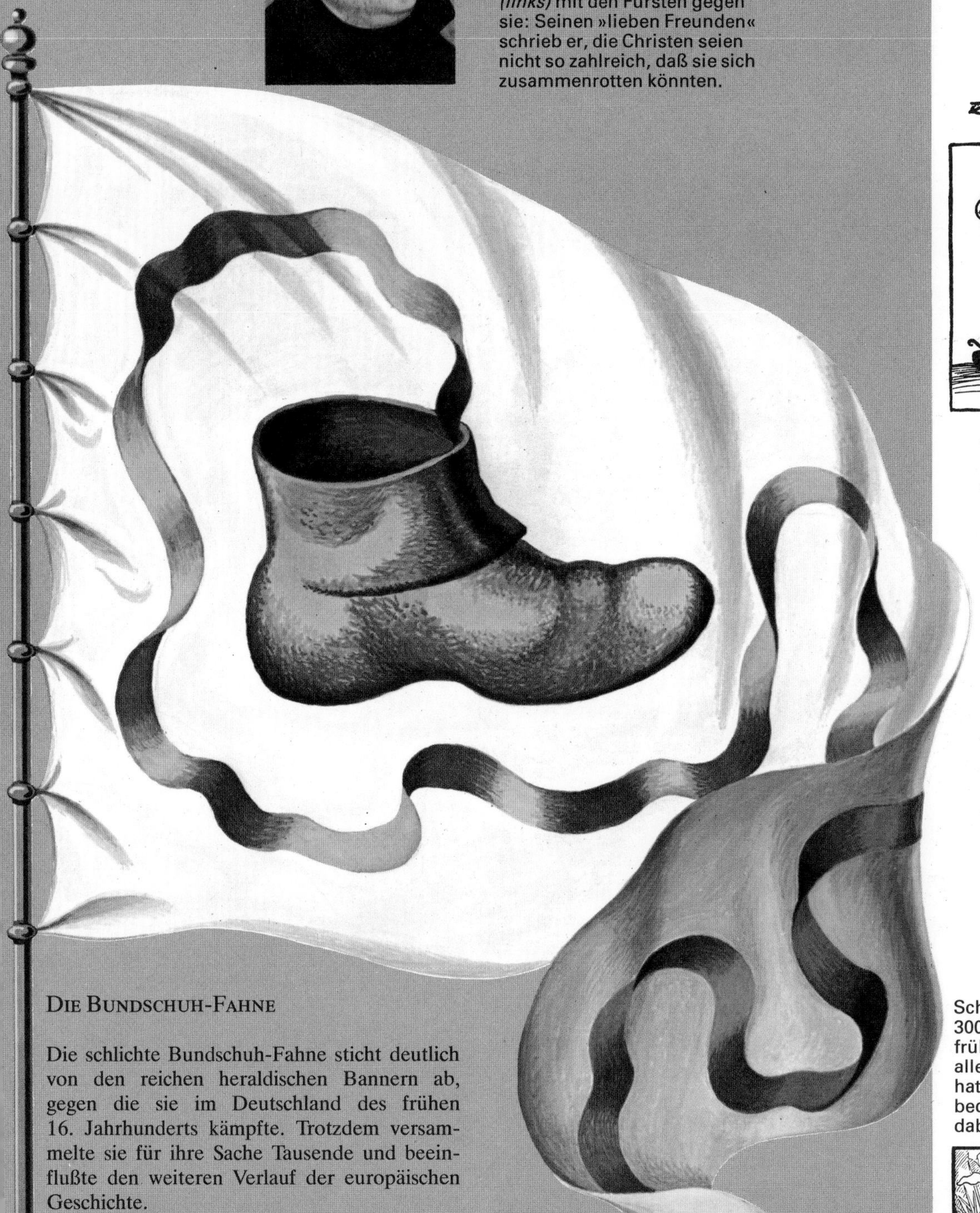

## Die Bundschuh-Fahne

Die schlichte Bundschuh-Fahne sticht deutlich von den reichen heraldischen Bannern ab, gegen die sie im Deutschland des frühen 16. Jahrhunderts kämpfte. Trotzdem versammelte sie für ihre Sache Tausende und beeinflußte den weiteren Verlauf der europäischen Geschichte.

Die Bundschuh-Bewegung hatte starken Zulauf in den Jahren 1502 bis 1517. Kleine Gruppen deutscher Landbewohner begannen mit der Forderung, die Leibeigenschaft aufzuheben, die drückenden Steuern zu senken und die durch Klerus und Adel auferlegten Beschränkungen zu lockern. Unterdrückt, lebte die Bewegung 1524 sogar noch heftiger wieder auf, ermutigt vom Sturm der Veränderung, den das Anwachsen des Luthertums entfesselt hatte. Die führerlose Bauernrevolte und ihre Bundschuh-Fahne sind schließlich in der Schlacht bei Frankenhausen am 15. Mai 1525 niedergetreten worden. Die Breitseite, die Luther mit seiner Schrift *Wider die räuberischen und mörderischen Rotten der Bauern* abgefeuert hatte und in der er die Vorrechte der Obrigkeit unterstützte, war dafür in hohem Maße verantwortlich.

Titelseite eines Geschichtsbüchleins über die Bundschuh-Bewegung *(unten)*.

Der Bundtschu
Disz biechlein sagt von dem bösen fürnemen der Bundtschuher/wye es sich angefengt geendet und aus kumen ist.

Pamphilus Gengenbach R · S ·
Nyt me yetzundt ist mein beger
Ob yenen ainer vom bundtschu wer
Dem da für kem dieß schlecht gedicht
Bit ich er wels verachten nicht
So kumpt er nit yn solche not
Als mancher yetz ist bliben todt
Ungehorsam gott ungestrofft nit lat

Schätzungsweise 100 000 der 300 000 Bauern, die sich im frühen 16. Jahrhundert, vor allem 1524/25 erhoben hatten, um bessere Lebensbedingungen zu fordern, sind dabei in einer Schlacht oder durch Bestrafung für Angriffe gegen kaiserliche Knechte *(oben)* umgekommen.

»VERTEIDIGER DER FREIHEIT DER KIRCHE.«

(ein von Papst Julius II. der Schweizerischen Eidgenossenschaft verliehener Titel)

Das Banner von Uri *(rechts)* weist oft in den Julius-Bannern vorkommende Elemente auf: das kantonale Emblem, eine besondere Oberecke als eine ehrenvolle Vermehrung und die gekreuzten Schlüssel des Papsttums.

Diese Szene der Verkündigung Mariä, die die Oberecke des Julius-Banners von Basel bildet, verdeutlicht die unübertroffene Kunstfertigkeit, die im späten 15. und frühen 16. Jahrhundert bei der Anfertigung von Fahnen zur Wirkung kommt.

## Die Julius-Banner

Für Matthäus Kardinal Schiner war es ein stolzer Augenblick, als er am 24. Juli 1512 über 30 Julius-Banner an die zu Alexandria versammelten Schweizer Truppen übergab. In der feierlichen Zeremonie kam eine Ehre für die Schweizer, ein Sieg für Papst Julius und eine Huldigung für Schiner selbst zum Ausdruck. Schon damals und dann noch mehr als 200 Jahre führten Schweizer Soldaten ihre stolzen, wenn auch einfachen Banner triumphierend in die Schlacht, manchmal zur Selbstverteidigung und manchmal im Dienste Fremder. In den Burgunderkriegen des späten 15. Jahrhunderts hatten die Schweizer sich als so stark erwiesen, daß jede europäische Macht sie auf ihrer Seite zu haben wünschte. Mit ihrer Hilfe eroberte Ludwig XII. von Frankreich das Herzogtum Mailand und drohte, seine Macht weiter auszudehnen; da ernannte Papst Julius den Bischof von Sitten, Schiner, 1511 zum Kardinal. Des letzteren gewandte Verhandlungen brachten die Schweizer auf die Seite des Papsttums, und 1512 war nicht nur Mailand, sondern die ganze Lombardei der französischen Herrschaft entrissen.

Um diesen bemerkenswerten Sieg zu ehren und die künftige Loyalität seiner neuen Verbündeten zu sichern, verlieh Papst Julius der Eidgenossenschaft den Titel »Verteidiger der Freiheit der Kirche« und übergab ihr durch Kardinal Schiner zwei besondere Banner. Die Schweizer aber wahrten eifersüchtig die Rechte ihrer einzelnen Kantone, und so ergab sich die Notwendigkeit, jedem der kantonalen Banner eine eigene ehrenvolle Vermehrung zu schenken. Nicht immer war das in der oberen Ecke der Fahne eingesetzte Zeichen das einzige Mittel zu ihrer Veredelung. In den Julius-Bannern von Basel und Mülhausen sollten die roten Figuren, der Baselstab und das Mühlrad, künftig golden sein.

In späteren Jahren, besonders während der Reformation, wurden viele dieser Fahnen verstümmelt, zerstört, oder sie gingen verloren. Immerhin bezeugen die erhalten gebliebenen nicht nur die politischen Ränke jener Zeit, sondern auch die liebevolle Sorgfalt, mit der damals Maler, Sticker und andere Kunsthandwerker Fahnen fertigten. Einige der ursprünglichen Julius-Banner können heute in Archiven und Rathäusern der ganzen Schweiz bewundert werden. Andere sind nur in Dokumenten, Malereien und bunten Glasfenstern erhalten.

Dem karminroten Damast des Banners von Schwyz ist eine Darstellung der Madonna, ein Spruch und ein das ›Wappen Christi‹ enthaltendes Obereck hinzugefügt worden.

Iwan IV. (1530–84), gewöhnlich unter dem Beinamen »der Schreckliche« bekannt.

## Die Fahne Iwans IV.

Diese Fahne Iwans des Schrecklichen ist typisch für die phantasievollen religiösen Motive, die sich auf mehreren während seiner Regierungszeit geführten Bannern befinden. Die Riesenfahne von 2,2 mal 6,3 Meter wird noch im Kreml verwahrt. Christus ist als Erlöser über dem himmlischen Heer reitender Engel dargestellt, bereit, Iwan in der Schlacht zu Hilfe zu eilen. Seine Eroberungen in Asien, besonders in den Jahren 1552 bis 1557, waren in der Tat eindrucksvoll. Zwar war Iwan bei der Schaffung eines russischen Zugangs zur Ostsee nicht nach Wunsch erfolgreich, doch schuf er die Voraussetzung für künftige Ausdehnung. Außerdem entsprachen seinen auswärtigen Siegen nach der Annahme des Zarentitels 1547 grundlegende innere Veränderungen.

Gegen den Glanz der vielen seinen Namen tragenden Banner muß Iwans Liste an Grausamkeit und Selbstherrlichkeit gestellt werden. Die Ermordung Tausender seiner russischen Mitmenschen, einschließlich seines eigenen Sohnes, ist ein unauslöschlicher Fleck auf Iwans Standarte.

Der als der Fahnenträger des Himmels betrachtete Erzengel Michael ist in dem dreieckigen Abschnitt der Fahne Iwans des Schrecklichen von 1560 dargestellt *(oben)*. Anstelle einer Fahne trägt Michael ein orthodoxes russisches Kreuz als Zeichen des Sieges der Kirche, deren Schutzherr Iwan war. Das gleiche Kreuz erscheint auf einer Fahne in einer Schlacht des 15. Jahrhunderts *(rechts)*.

BY THE RUDE BRIDGE THAT ARCHED THE FLOOD,
THEIR FLAG TO APRIL'S BREEZE UNFURLED,
HERE ONCE THE ENBATTLED FARMERS STOOD,
AND FIRED THE SHOT HEARD ROUND THE WORLD.

(An der rohen Brücke, die die Flut überspannt,
Entfaltete sich ihre Fahne in der Brise des April,
Einst standen hier ungeschlagen die Bauern,
Und gaben ab den Schuß, den die Welt vernahm.)

Ralph Waldo Emerson, *Hymne,* gesungen bei der Vollendung des Denkmals für die Schlacht von Concord, Massachusetts, am 19. April 1836

## Die Bedford-Fahne

Nach der Überlieferung war die Bedford-Fahne das einzige amerikanische Banner, das am Tage des Ausbruchs der Amerikanischen Revolution entfaltet wurde. Kornett (Fahnenträger) Nathaniel Page von den Bedford-Minute-Men (einer Miliz-Kompanie) nahm es aus einem Schrank in seinem Hause, als er früh am Morgen des 19. April 1775 nach dem benachbarten Concord aufbrach. Als er am gleichen Tag später bei der Versorgung der Toten und Verwundeten half, fand er eine Gruppe von Kindern mit der Fahne spielend. Nach der Rückkehr in ihren heimatlichen Schrank wurde die historische Fahne von der Öffentlichkeit erst bei der Einhundertjahrfeier der Schlacht von Concord wiedererblickt.

Nachdem sie 1885 der Stadt Bedford geschenkt worden ist, kann sie jetzt in der öffentlichen Bibliothek dieser kleinen Stadt in Neuengland betrachtet werden. Ihre lateinische Inschrift, auf deutsch »Siege oder stirb!«, ist in den 200 Jahren kaum verblaßt. Diese Fahne, wahrscheinlich die älteste, die in den Vereinigten Staaten existiert, war im Augenblick ihres Ruhmes in der Schlacht von Concord bereits etwa ein Jahrhundert alt. Ursprünglich in England um die Mitte des 17. Jahrhunderts gemalt, war sie die Kavalleriestandarte der in Ostmassachusetts 1659 zur Verteidigung der Siedler gegen die Indianer organisierten »Three County Troop«.

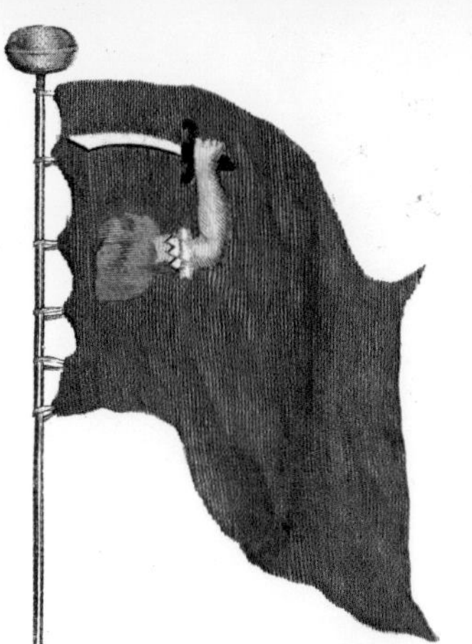

Die Bedford-Fahne *(oben)* hat Ähnlichkeit mit einer polnischen Marineflagge aus dem 17. Jahrhundert *(links)*. Ähnliche, den ›Arm Gottes‹ aufweisende Fahnen wurden in England, Ungarn, Algerien, Bosnien, Schweden und in den Niederlanden gebraucht.

Die regulären britischen Truppen zählten in den Schlachten von Lexington und Concord 273 Verluste, während ihre amerikanischen Gegner (Farmer und Händler) 95 zählten.

Die spanischen Eroberer setzten im frühen 16. Jahrhundert die Verehrung der Jungfrau von Guadalupe *(rechts)* an die Stelle der aztekischen Göttin Tonantzin. In der Folgezeit wurde sie auf verschiedenen mexikanischen Revolutionsfahnen dargestellt *(oben)*. Bei politischen und religiösen Prozessionen des 19. und 20. Jahrhunderts ist sie immer wieder in Fahnengestalt dargestellt worden *(rechts)*.

»LANG LEBE DIE JUNGFRAU VON GUADALUPE!
LANG LEBE AMERIKA!
TOD DER SCHLECHTEN REGIERUNG!«

(El-Grito de Dolores)

## Die Fahne der Jungfrau von Guadalupe

Die Fahne der Jungfrau von Guadalupe wurde von Pater Miguel Hidalgo y Costilla am 16. September 1810 im Grito (›Schrei‹) von Dolores aufgeworfen *(oben)*, womit in Mexiko der Anfang der revolutionären Bewegung gegen die spanische Kolonialherrschaft markiert war. Obwohl das Land erst elf Jahre danach seine Unabhängigkeit erlangte, sind Pater Hidalgo und seine Fahne in Mexiko niemals in Vergessenheit geraten. Beide sind zu beständigen Teilen der politischen Ikonographie der mexikanischen Nation geworden (siehe auch Seiten 148 bis 151).

Wie Papst Benedikt XIV. zur Erscheinung der Jungfrau von Guadalupe selbst sagte, hat Gott »in dieser Weise für keine andere Nation gehandelt«. Die Jungfrau (Nahuatl sprechend) soll dem indianischen Bauern Juan Diego 1531 auf den Tepeyacac-Hügeln nördlich der Stadt Mexiko erschienen sein. Anschließend wurde ihr Bild in wunderbarer Weise seinem Mantel aufgeprägt, der noch in der Basilika zu Dolores Hidalgo verwahrt wird. Die Flügel des Engels zu Füßen der Jungfrau weisen die Farben Grün, Weiß und Rot auf, die später die Farben der mexikanischen Nationalflagge wurden.

## »HEINRICH V. KANN DIE WEISSE FAHNE HEINRICHS IV. NICHT PREISGEBEN.«

Die in seinem späteren Leben von dem Prätendenten auf den Königsthron von Frankreich zugunsten der weißen Fahne *(oben)* verworfene Trikolore *(links)* wurde anscheinend von dem jüngeren Grafen von Chambord hingenommen, nur leicht, vielleicht sogar eigenhändig verändert. Diese Abbildung, zehnfach vergrößert, ist einem Buch aus dem Besitz des Grafen entnommen.

### Die Flagge des Grafen von Chambord

Der Deutsch-Französische Krieg von 1870/71 hatte das Second Empire Napoleons III. auf dem Schlachtfeld niedergeworfen. Die im Februar 1871 gewählte französische Nationalversammlung war in ihrer überwältigenden Mehrheit für die Wiederherstellung der Monarchie; die Abgeordneten aber waren etwa gleichmäßig in zwei Parteien gespalten, in die Befürworter der Orleanisten und die des legitimen Prätendenten, des Grafen von Chambord. Der Graf, der König Heinrich V. geworden wäre, hatte seit 1830 in Österreich gelebt, wohin er im Alter von zehn Jahren ins Exil gegangen war.

Nach der Niederlage der Pariser Kommune kehrte der Graf im Sommer 1871 nach Paris zurück, und seine Proklamation als König schien trotz der Orleanisten nahe bevorzustehen. Es war aber zu erwarten, daß er als Enkel Karls X. auf der Wiederherstellung der weißen Bourbonenfahne bestehen würde. Im Bewußtsein, daß das Volk damals unbeirrt an der Trikolore festhielt, selbst wenn es die Wiederherstellung der Monarchie als ein Mittel zur Einigung der Nation hinnahm, näherten sich Mitglieder des Adels dem Grafen mit Zittern. Ihre schlimmsten Befürchtungen wurden bestätigt in seinen Äußerungen, die er am 7. Juli in *L'Union* veröffentlichen ließ: »La France wird mich rufen, und ich werde mit meiner Hingabe, meinen Grundsätzen und meiner Fahne zu ihr kommen [...] Ich werde nicht gestatten, daß die Standarte Heinrichs IV., Franz' I. und der Jeanne d'Arc meinen Händen entwunden wird. Ich habe sie als ein heiliges Vermächtnis von dem alten König, meinem im Exil gestorbenen Ahnherrn [Karl X.], erhalten; sie war für mich stets untrennbar von der Erinnerung an mein fernes Vaterland; sie wehte über meiner Wiege, und ich will, daß sie mein Grab beschatte. Heinrich V. kann die weiße Fahne Heinrichs IV. nicht preisgeben.«

Es entbehrt nicht der Ironie, daß der Graf 15 Jahre zuvor anscheinend bereit war, die Trikolore hinzunehmen. Diese Fahne erscheint zweimal in einem Buch, das ihm gehört hatte und das sich jetzt in der Bibliothek des Flag Research Center in Winchester, Massachusetts, befindet. Obwohl dort bequem weiße Fahnen hätten eingetragen werden können, sind nur diese Trikoloren – vielleicht von des Grafen eigener Hand – insoweit verändert, als das Königswappen von Frankreich in den mittleren weißen Streifen eingesetzt ist. Als der Graf im Exil starb, blieb die Fahne, die ihm ein Königreich hätte gewinnen können, auf seinen Bücherbrettern versteckt.

Erinnerungen an frühere Revolutionen, so wie sie von Delacroix in seinem Bild *Die Freiheit führt das Volk* (28. Juli 1830) verherrlicht wird, machte die Trikolore für manche französische Monarchisten zu einem ganz widerwärtigen Symbol.

»ICH VERNICHTE DIESE WELT, UND ICH ERBAUE DIE KÜNFTIGE WELT.«

(Der Mahdi zu Beginn des Dschihad)

Da der Mahdi ein strenger Moslem war und niemals ein Bildnis von ihm zu fertigen gestattete, gibt es kein authentisches Porträt von ihm.

Der Mahdi hat für seine Hauptstellvertreter fünf Fahnen fertigen lassen: je eine schwarze, weiße, rote, grüne und gelbe. Abgesehen von dem letzten Satz, lauten die Inschriften auf diesen Fahnen übereinstimmend: »O Gott, o Gnadenvoller, o Mitleidvoller, o Lebender, o Beständiger, o Herr voll Hoheit und Ehre. Es ist kein Gott außer Gott, Muhammad ist der Gesandte Gottes. Muhammad al-Mahdi ist der Nachfolger des Gesandten Gottes, Achmad al-Rifa'i ist der Heilige Gottes.«

Die Fahne links in der Abbildung *oben* wurde von den Briten 1884 den Mahdi-Truppen abgenommen, die andere den Ägyptern 1882.

## Fahnen des Mahdi und von Cecil Rhodes

Die Fahne des Mahdi erweckte bei Millionen die höchste Verehrung und Gefolgschaft, während sie bei Millionen anderer tiefste Abneigung und Feindschaft erregte. Für die europäische Gesellschaft der spätviktorianischen Ära im allgemeinen und in England im besonderen bedeutete die Errichtung kolonialer Herrschaft in Afrika, Asien und im Pazifischen Ozean eine heilige Sendung von Christentum und Zivilisation. Der einsame Tod des heldenhaften Generals Charles Gordon in Khartum,

»SO WENIG GETAN, SO VIEL ZU TUN!« (Cecil Rhodes' letzte Worte)

1919 schlossen die Briten das letzte Glied der Gebiete unter ihrer Herrschaft von Kairo bis zum Kap. Aber die Flagge von Cecil Rhodes wurde niemals offiziell gebraucht und die Eisenbahn seiner Träume niemals erbaut.

Zur Verbindung des heraldischen Sinnbilds der Kap-Provinz (Südafrika) und der ägyptischen Flagge zur Symbolisierung der Endpunkte der Eisenbahn, die Rhodes zu konstruieren willens war, diente der britische Union Jack. Wer diese Flagge nicht respektieren wollte, wurde beiseite gefegt oder zermalmt, ein Schicksal, das nach-

der Hauptstadt des Sudan, stellte für sie eine unvergleichliche Tragödie dar. Der Führer der »barbarischen Horden«, Muhammad Achmad, der sich selbst als Mahdi ausgab, sah hingegen seine Eroberung von Khartum im Januar 1885 als die Rechtfertigung des Dschihad (Heiligen Krieges) an, den er vier Jahre zuvor begonnen hatte, nachdem Allah, wie er sagte, ihn zur Vertreibung der Ungläubigen und zur Reinigung des Islam aufgerufen hatte.

Der Mahdi starb noch 1885, und sein Staat überlebte ihn nur 13 Jahre. In dieser Zeit ist durch die Briten von Südafrika aus Schritt für Schritt nach Norden hin ein Kolonialreich errichtet worden: Die Kap-bis-Kairo-Flagge erschien als eine Kundgebung des Traumes des Architekten dieses Reiches, Cecil Rhodes.

einander den burischen Farmern von Südafrika, den Bantu-Völkern in Zentralafrika und den arabischen und europäischen Imperialisten widerfuhr, die mit Britannien wetteiferten. 70 Jahre später war aber die ganze Ostküste Afrikas wieder in der Hand der eingeborenen Bevölkerungen. Die Fahne von Rhodes wird heute in Groote Schuur in Südafrika verwahrt.

Teile aus dem Wappen der Familie von Cecil Rhodes tauchen im Schild Rhodesiens auf *(rechts)*.

»OH! BLUE'S THE SKY THAT IS FAIR FOR ALL, / WHOEVER, WHEREVER HE BE, AND SILVER'S THE LIGHT THAT SHINES ON ALL / FOR HOPE AND LIBERTY.«

(Oh, blau ist der Himmel, schön ist er für alle, / wer und wo es sei auch immer, und silbern das Licht, für alle / ein Freiheits- und Hoffnungsschimmer.)

Die Eureka-Stockade-Flagge *(rechts oben)* von 1854 hat viele australische Flaggen beeinflußt, dabei auch die vom Aufruhr zu Lambing Flat 1860 *(oben).*

## Die Eureka-Stockade-Flagge

Die blau-weiße Eureka-Stockade-Flagge – jetzt in der Ballarat Art Gallery in Ballarat, Victoria – wehte ursprünglich über dem Lager der Goldgräber, in dem sie sich Ende 1854 gegen eine korrupte Polizeimacht verschanzten. Mit der Forderung auf Freilassung gefangengesetzter Landsleute, Abschaffung eines restriktiven Lizenzierungssystems, Einführung des allgemeinen Wahlrechts und geheimer Abstimmung sowie nach vielen anderen Reformen versammelten sich die Bergleute unter der Führung von Peter Lalor. Ihre Flagge wehte nur kurz vom 29. November bis zum 3. Dezember, dem Tag der Überwältigung des Lagers (= Stockade) durch Polizisten.

Ohne ihre Loyalität gegenüber der britischen Krone abzuleugnen, suchten die Australier ihre eigene Nationalität durch die Schaffung einer eigenen Flagge zu betonen. Ein Wettbewerb ergab 1901 eine dunkelblaue Flagge mit dem Union Jack, einem großen weißen ›Commonwealth-Stern‹ und der Darstellung des Südlichen Kreuzes, in ähnlicher Weise wie auf der ursprünglichen Eureka-Stockade-Flagge aus fünf Sternen zusammengestellt. Das gültige Modell der australischen Flagge wurde 1909 bestätigt.

Commonwealth of Australia.
Inaugural Celebrations
at Sydney
Commencing on the 1st January 1901
The Government of New South Wales
requests the honour of
presence at the Ceremonies to take place

Das Commonwealth of Australia (der Australische Bund) hatte bei seinem Inkrafttreten am 1. Januar 1901 keine offizielle Flagge; nur inoffiziell wurden der britische Union Jack und die Eureka-Stockade-Flagge kombiniert *(oben).* Ein anderer Entwurf wurde neun Monate später in einem Wettbewerb als Nationalflagge gewählt. Die jetzige Flagge *(rechts)* weicht davon nur wenig ab.

Der Sieg der Reaktion währte nur kurz; Demokratie und soziale Gerechtigkeit breiteten sich in den folgenden Jahrzehnten schrittweise über den ganzen Kontinent und unter anderen besternten Bannern aus.

In den 90er Jahren des vorigen Jahrhunderts gehörte eine weiße Flagge mit weißen Sternen auf einem blauen Kreuz zur Föderationsbewegung, welche die Schlacht für ein vereinigtes Australien um die Jahrhundertwende gewann. Ihr Schlachtruf war »Ein Volk, ein Schicksal, eine Fahne«.

## Die Charkha-Flagge Gandhis

Die Charkha-Flagge Ghandis ist eines der ersten unter den zahlreichen, von politischen Bewegungen geführten Banner, die im Laufe des 20. Jahrhunderts zu Nationalflaggen geworden sind. Seit den Jahren des Kampfes, den sie symbolisieren, dem Volke liebgeworden, sind diese Flaggen zum Zeitpunkt der Unabhängigkeit, manchmal mit geringen Abänderungen, als ein Ausdruck der Hoffnungen auf die Zukunft offiziell angenommen worden.

Die 1931 auf Wunsch von Mahatma Ghandi angenommene Flagge des Allindischen Kongreß-Kommitees enthielt die Darstellung eines Spinnrades, des Charkha. An dessen Stelle setzte die Nationalflagge von 1947 ein etwas abweichendes Rad. Letzteres dürfte einer unabhängigen Nation würdiger scheinen, das Spinnrad aber erinnerte die Anhänger Ghandis daran, daß sie Selbstvertrauen gewinnen müßten, indem sie ihre Kleidung und ähnliche Güter selbst herstellten, ihre Ernährung selbst erzeugten und sich auch sonst von den durch die Briten eingeführten industriellen Produkten befreiten.

Anders als die heraldischen Symbole auf den kolonialen Flaggen wurde das Charkha auf der Fahne der indischen Befreiungsbewegung augenblicklich auch von den Bürgern niedrigsten Standes anerkannt.

Das Chakra- oder Rad-Emblem *(unten links)* ist ein Motiv der indischen Kunst und Architektur, das mindestens 2000 Jahre zurückverfolgt werden kann und das auch in der modernen Nationalflagge erscheint.

Die Kreisform sowohl des Charkha wie des Chakra ist eine Eigenschaft vieler anderer nationalen Symbole und hat wahrscheinlich für den Menschen eine archetypische Anziehungskraft. Beide sind mehr oder weniger direkt mit Symbolen der Sonne, des Mondes, des Yin und Yang oder T'aeguk, dem Chrysanthemum-Emblem der japanischen Kaiser und dem Pfau der Burmesen verwandt.

Obwohl die Farbe Orange oder Safran offiziell für Mut und Opferbereitschaft und das Grün für Treue und Ritterlichkeit steht, gehen die Flaggenfarben Indiens ursprünglich auf die zwei religiösen Hauptgruppen Indiens, die Hindus und die Mohammedaner, zurück. Weiß, das angeblich für Wahrheit und Frieden steht, zeigt den Wunsch nach Harmonie zwischen ihnen an.

»IN ALLEN WEISEN REGIERUNGEN HAT ES DIESE AUSZEICHNUNGEN GEGEBEN, OHNE DIE [...] KEIN STAAT ODER GEMEINWESEN BESTEHEN KANN.«

John Prestwich, *Respublica* (1787)

# SITTEN UND GEBRÄUCHE

So untrennbar, wie seine Waffen vom Soldaten sind, so eng ist die Fahne mit der Kriegführung in den ältesten Schlachten, über die wir unterrichtet sind, verbunden (*rechts* wird ein Soldat der Helvetischen Republik um 1798 gezeigt).

Die Flagge hat den Menschen auf See begleitet, seit Schiffe für größere Menschenmengen gebaut wurden. Zwar gibt es keine Königsgaleere mehr (wie die von Frankreich, *unten*), doch führen andere Schiffe die Flaggentraditionen auf See fort.

Im November 1776, während des Amerikanischen Unabhängigkeitskrieges gegen Großbritannien, fuhren zur Flotte der jungen Vereinigten Staaten gehörige Schiffe in den Hafen von Oranjestad auf St. Eustatius (Niederländische Antillen) ein. Die »Andrea Doria« hatte die damals von keinem Land anerkannte Flagge der Vereinigten Staaten *(Continental Colors)* gesetzt. Als der von der »Andrea Doria« der Festung geleistete Salut erwidert wurde, ist die britische Behörde in Westindien über diese Handlung unterrichtet worden, woraufhin London einen förmlichen Protest bei der niederländischen Regierung einlegte. Die Weigerung der Holländer, ihren Salut gegenüber der Flagge zurückzuziehen, was einer tatsächlichen Anerkennung der amerikanischen Unabhängigkeit gleichkam, veranlaßte die Briten zum Angriff auf Oranjestad, das seine führende Rolle als Handelshafen in der Neuen Welt nun endgültig verlor und der den Briten eine Beute im Wert von über 200 Millionen Dollar einbrachte. Es gelang ihnen, eine große Zahl von Schiffen zu erbeuten, indem sie im bereits eingenommenen Hafen holländische Flaggen wehen ließen und so weitere Schiffe in ihre Gefangenschaft lockten.

Die wichtigsten Fragen der korrekten Flaggenführung in moderner Zeit ergeben sich bei privatem Gebrauch auf Geschäftsgebäuden und Wasserfahrzeugen: Hier ist sie so ausgedehnt und so kompliziert wie einst auf einem Schlachtfeld des Mittelalters – daran muß man beim Anblick der Boote *(Seite 81)* im holländischen Hafen von Den Oever denken.

Bis heute bilden die folgenden Elemente die Grundlage vieler Zeremonien: Eine Person (oder Institution) von Bedeutung und Macht

Ehe die Flagge als Hauptsymbol eines Schiffes verbreitet war, stellten Skulpturen am Bug, Kreuze und andere Figuren an der Mastspitze sowie auf die Segel gemalte Embleme die üblichen Mittel der Signalisierung und Identifikation dar. Große Teile unserer frühen Dokumentation über ihren Gebrauch und ihr Aussehen kann man aus den von den Seestädten geführten Siegeln, wie solche *oben rechts* gezeigt werden, ersehen.

drückt ihren Status durch die Führung von Symbolen nach feststehenden Regeln und in Situationen aus, in denen sie einen Hauch von Hoheit schaffen oder zur Geltung bringen will. Ein Grundanliegen ist der Wunsch, einer Idee, Person oder Institution durch die Führung des höchsten politischen Symbols, der Flagge, Ehrenbezeigungen zu erweisen.

Jede Nation hat ihre eigenen Flaggensitten und -gebräuche, von denen manche auf alten Überlieferungen beruhen, wie der vom Kongreß 1942 festgestellte amerikanische Flaggencode. Andere sind ganz neu; der Flaggencode Afghanistans von 1974 trifft zum Beispiel Vorkehrungen für den Gebrauch der nationalen Symbole auf Raumfahrzeugen, die Afghanistan in der Zukunft steigen lassen könnte. Manche Regeln sind nur gefällige Verhaltensweisen, aber niemals kodifizierte Verhaltensvorschriften. Hinter manchen Regeln steht ein Gesetz oder eine internationale Abmachung; manche beruhen einfach auf gesundem Menschenverstand. Dieses Kapitel behandelt Flaggentraditionen gemäß den heute geläufigen Kategorien.

Die Waffenträger waren stets stolz auf ihr Recht an heraldischen Emblemen: Auf Schiffen wie dem französischen Fahrzeug *(oben)*, das Kreuzfahrer in das Heilige Land bringt, war der auffälligste Platz für deren Anbringung längs dem Oberdeck. Dieses System der Ausschmückung eines Kriegsschiffes lebte, wie andere Abbildungen zeigen, noch lange nach dem Ende ihres praktischen Nutzens weiter. Eine solche Anbringung heißt Pavesade nach dem »Pavese« genannten besonderen Schild.

Nach der Lektüre des Kapitels wird der Leser begreifen, warum es unmöglich ist, jeden Umstand vorauszusehen, in welchem Flaggenprotokoll erforderlich sein könnte. Immerhin hat die zunehmende Normung von Gewohnheiten in der ganzen Welt und das steigende Bedürfnis nach Kodifikation überall anwendbarer Grundregeln die Formulierung der folgenden Richtlinien ergeben:

1. Es sei der Zweck einer Regel für den Flaggengebrauch, durch die Flaggenführung Ehrerbietung zu erweisen gegenüber dem Land, der Person, der politischen Ideologie, der Religion, der Institution, dem Ereignis usf., nicht aber, aus der Flagge einen Fetisch zu machen.
2. In einem freien Land seien Einschränkungen der Führung der Nationalflagge (Unterscheidungsflaggen von besonderen Regierungsbeamten oder Behörden ausgenommen) nur begrenzt auf die Verhinderung offenen Betruges, der Aufreizung zu Gewalttaten oder anderen, ihrem Wesen nach kriminellen Akten, bei denen die Flagge selbst nicht unmittelbar beteiligt zu sein braucht. Angemessenheit oder Nichtangemessenheit und Fragen des Geschmacks werden nicht eigentlich durch Gesetz, sondern durch die öffentliche Meinung und das gute Beispiel geregelt wie korrigiert.
3. Starre Regeln für den Flaggengebrauch sind unklug; wirtschaftliche, technologische und politische Veränderungen verlangen immer wieder auch Änderungen der Regeln.

4. Komplizierte und nur für Eingeweihte verständliche Regeln sind zu vermeiden, da das Ziel von Flaggenführungsregeln die Erleichterung korrekter Führung und nicht die Einschränkung von Flaggengebrauch ist. Einfachheit und gesunder Menschenverstand sind Vor-

aussetzung für jeden anwendbaren Flaggenführungscode.

5. Obwohl korrekte Flaggenführung aus Gründen der Höflichkeit erwünscht ist, walte dennoch Nachsicht gegenüber ehrlichem Versehen und Meinungsverschiedenheiten über Geschmack und Angemessenheit.

6. In der heutigen Welt hat grundsätzlich die Flagge des Nationalstaates Vorrang vor allen anderen Flaggen; Ausnahmen gelten für einige königliche oder kaiserliche Standarten oder, unter gewissen Umständen, für Flaggen internationaler Organisationen.

7. Flaggen von gleichem Rang verlangen gleiche Ehrungen; im allgemeinen bedeutet dies gleiche Größe, gleiche Höhe und richtige Ausführung und Abmessung.

8. Eine Flagge oder ein anderes Symbol können keinen Respekt erwarten, wenn sie zur unrechten Zeit oder am unrechten Platz gezeigt werden; Nichtachtung kann ebenso ein Fehler der Erwartungen dessen sein, der die Flagge erhebt, wie dessen, der die erwarteten Ehrungen zu erweisen unterläßt.

9. Da Fahnen nur Symbole für Ideen und Institutionen sind, gibt es eine natürliche Grenze vor dem Respekt, den sie erwarten dürfen, wenn das von ihnen Symbolisierte solchen Respektes unwürdig ist.

## FLAGGENTRADITIONEN BEI DER SCHIFFFAHRT

Einmal außerhalb seiner heimatlichen Gewässer, wird jedes Schiff zum Vertreter des Landes, in dem es registriert ist, und aus diesem Grunde sind Schiffsflaggen und -signale seit frühester Zeit von Bedeutung. Hinter den Regeln für Flaggensitten bei der Marine haben stets grundsätzliche Erwägungen gestanden: Das Schiff muß eindeutig identifizierbar sein, es muß erfolgreich zum Informationsaustausch mit anderen Schiffen imstande sein, und es muß die Würde und Rechte des von ihm vertretenen Landes wahren.

Die Reihe von Umständen, in denen eine Flagge zur See geführt werden kann, wird nur durch die Zahl der möglichen Stellen für eine solche Führung übertroffen. Flaggensitten beziehen sich auf Situationen innerhalb und außerhalb des Hafens, sie gelten festlichen und täglichen Anlässen, Rennen und Regatten, der Begegnung mit anderen Schiffen oder dem Signalisieren unter anderen Umständen. Privater Wassersport kann ausgeübt werden mit einem mastlosen Motorboot, einem Kreuzer mit zeitweilig errichtetem Stock auf dem Vorderdeck, einem Kreuzer mit Stöcken an Bug und Heck und mit Signalmast und Rahnock, einem Kreuzer mit Signalmast sowie Gaffel und Rahnock, ein- und zweimastigen Segelschiffen, zweimastigen Motorbooten, Jollen und Küstenfahrern, um nur ein paar Varianten zu erwähnen.

Auf See ist die Zahl der Flaggentypen größer, als sie normalerweise in einer gleichzeitigen Zusammenstellung an Land vorkommen können. Auf einer Privatjacht können die Nationalflagge, eine besondere Unterscheidungsflagge, ein Jachtklubstander, persönliche Wimpel, Amtsträgerflaggen, Signalflaggen, Rennwimpel sowie Sonderflaggen und -wimpel wehen. Natürlich gibt es Varianten von einem Land zum anderen und auch von Zeit zu Zeit, so besonders infolge von Veränderungen im Schiffbau, woran gedacht werden muß, ob man nun tatsächlich zur See fährt oder nur ein Modell baut oder ein Schiff malt. Es darf nicht verwundern, daß selbst Bücher, die 100 oder mehr Seiten der Erörterung von Flaggensitten zur See widmen, das Thema nicht erschöpfen.

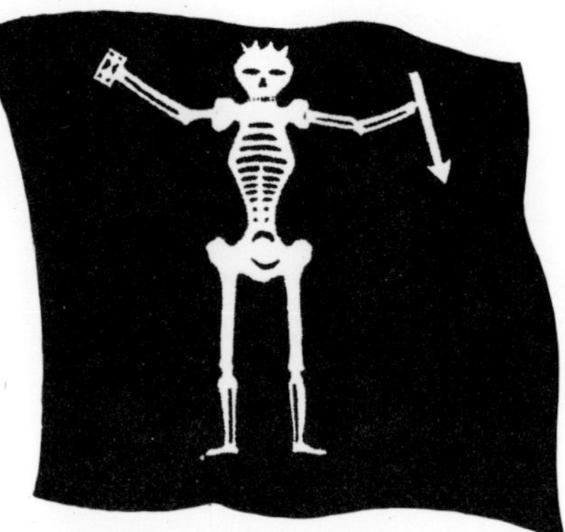

Die im 17. und 18. Jahrhundert auftretenden schwarzen Todesflaggen der Seeräuberei waren nicht die einzigen Flaggen, die den Seeleuten Furcht einflößten. Eine grüne Flagge deutete ein Wrack an; eine gelbe Flagge warnte vor einer hochansteckenden Krankheit an Bord; eine einfach rote Flagge war das Zeichen, daß im Gefecht kein Pardon gegeben wurde. Die gelbe Quarantäne-Flagge ist heute die einzige Flagge mit der gleichen Bedeutung wie einst.

Größe und Anbringungsstelle der Flaggen auf Schiffen haben sich im Laufe der Jahre geändert, aber unverändert werden sie dort geführt, wo sie am besten zu sehen sind.

Signalflaggen übermitteln nicht immer eine besondere Botschaft, wie auf dem Schiff *rechts.* Wurde früher der Befehl »ausflaggen« erteilt, so wurde erwartet, daß jedes Stück Flaggenstoff im Vorrat des Schiffes an jedem zugänglichen Mast und Tau angebracht würde, um als Gruß für eine Fürstlichkeit, einen Festtag oder zur Feier eines Sieges zu dienen.

Zur Ausschmückung dieses amerikanischen Schiffes *(rechts)* sind Nationalflaggen aus dem späten 18. Jahrhundert verwendet worden, aber die eigene Heckflagge und der Kommandowimpel und die seinerzeitigen amerikanischen Rangflaggen sind deutlich am Flaggenstock und an den drei Hauptmasten zu erkennen.

Durch die Beseitigung der traditionellen Takelage auf modernen Schiffen sind die Flaggen nicht völlig verdrängt worden. Ausflaggen ist jetzt sogar eine geregelte Angelegenheit; die genaue Reihenfolge der Signalflaggen *(oben)* ist jetzt Gegenstand verbindlicher Regeln, die durch die Marineverwaltung erlassen werden. Privatfahrzeuge sind natürlich frei in der Wahl der Flaggen, die sie bei solchen Gelegenheiten vorziehen.

Das hier vorgeführte Material kann daher nur eine Übersicht bieten und kein umfassender Führer für praktische Anwendung sein.

### AUSLAUFEN AUS DEM HAFEN

Eine blaue Flagge mit einem weißen Viereck in der Mitte, früher der Blaue Peter geheißen und jetzt das Signal P im internationalen Signalbuch darstellend, wird gesetzt, um anzuzeigen, daß das Schiff zum Ablegen bereit ist.

### INDIENSTSTELLUNG EINES SCHIFFES

Eine vom Hauptmast wehende lange, schmale Flagge zeigt an, daß sich ein Kriegsschiff im aktiven Dienst befindet, aber daß sein befehlshabender Offizier keinen höheren Rang bekleidet, denn sonst würde statt dessen seine Kommandoflagge wehen.

### HÖFLICHKEITSBEZEIGUNGEN MIT DER FLAGGE IM AUSLAND

Die zu Ehren eines fremden Landes gesetzte Nationalflagge dieses Landes heißt Kompliments- oder Courtoisieflagge. Im allgemeinen ist hierfür die Handelsflagge zur See, die mit der bürgerlichen Flagge übereinstimmen oder von ihr abweichen kann, zuständig; sie ist am Vor-

»LASSET EINE STANDARTE IN EUREM SCHIFF SEIN [...] UND GEBRAUCHET EINE SOLCHE, KUNDZUTUN, WAS ZU TUN SEI.«

Kaiser Leo VI. von Byzanz (886–912 n. Chr.), *Basilika*

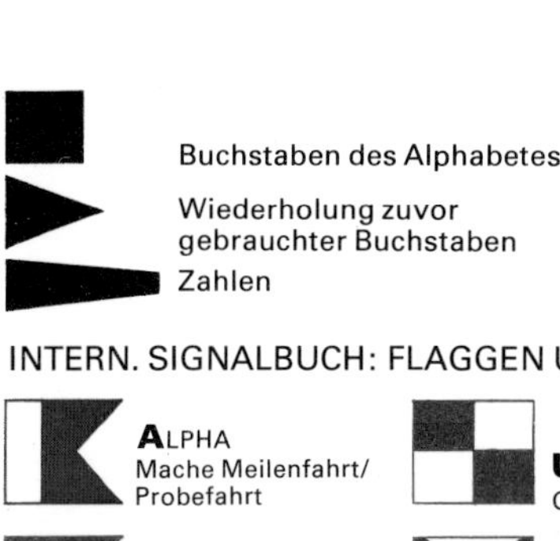


Da die privaten Signale eines Kauffahrteifahrers – wie die »Themistokles« *(Seite 87)* – besondere Signalbücher für Signalgeber und -empfänger erforderlich machten, beschleunigte das Bedürfnis nach weltweiter Verständigung früh die Entwicklung genormter Signalflaggenmodelle und -gebräuche *(rechts).*

»England erwartet, daß jedermann seine Pflicht tue.« Diese Kampfbotschaft, durch Admiral Lord Nelson zu Beginn der Schlacht von Trafalgar am 21. Oktober 1805 gehißt, mag leicht den Scharfsinn verdecken, den Nelson durch den Gebrauch anderer Signalflaggen bewiesen hatte; mit ihnen manövrierte er seine Flotte in eine gewinnbringende Position. Sein Flaggschiff »HMS Victory« liegt heute im Trockendock, aber seine Signalflaggen zeigen noch immer die berühmte Botschaft.

WINKEN

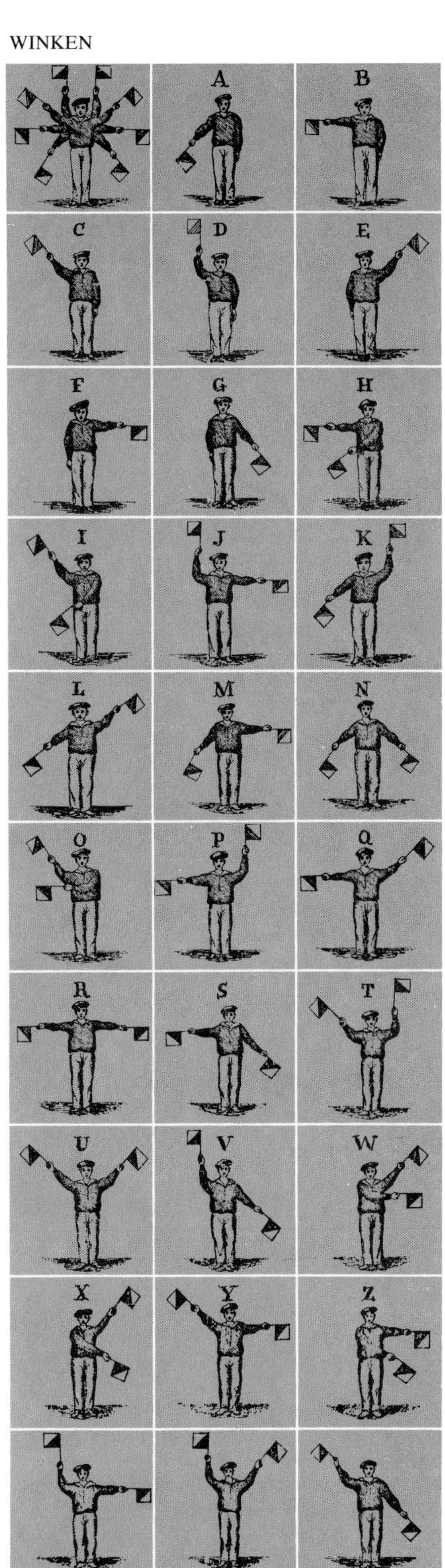


INTERN. SIGNALBUCH: FLAGGEN UND WIMPEL

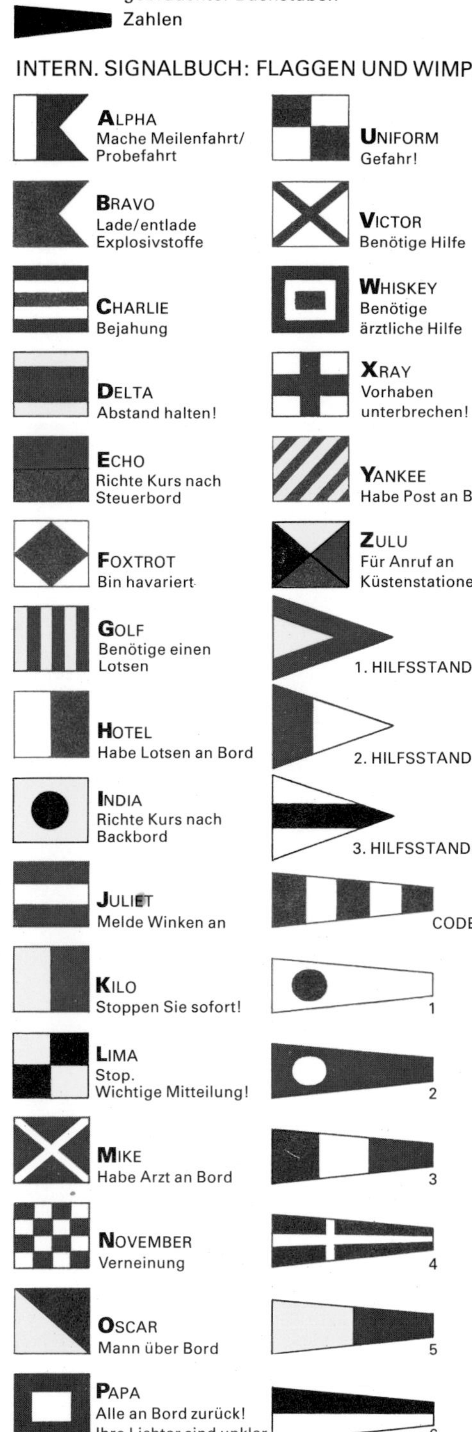

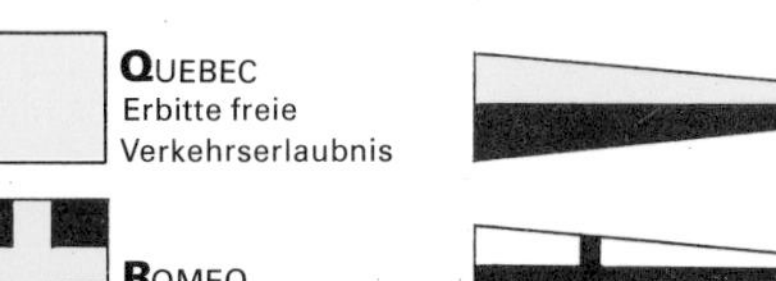


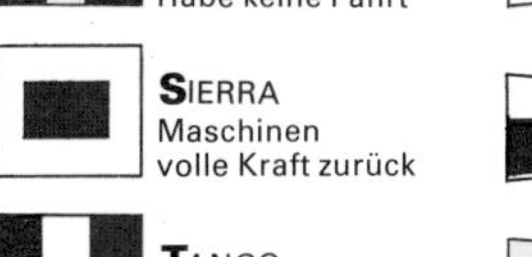

1
Α
Β.
Γ
Δ
Ε
Ζ.
Η
Θ
Θεμιστοκλῆς
Α ἀριστείδης.
Β ἐπαμινώνδα
Γ θεμιστοκλῆς
Δ ἀλέξανδρος
Ε σωκράτης
Ζ. ξενοφῶν
Η λεωνίδας
Θ ἀθηνᾶ.

Seit unvordenklichen Zeiten haben festliche Anlässe die Führung besonderer Flaggen veranlaßt.

König Heinrich VIII. von England verläßt Dover für sein Zusammentreffen mit König Franz I. von Frankreich im Feldlager der Goldstoffe (Camp du Drap d'Or) 1520 *(rechts)*. Die goldenen Segel und Wimpel stimmen mit dem auffälligen Luxus des Ereignisses überein; kein normales Schiff würde halb so viele Symbole führen.

Das Georgskreuz kennzeichnet das Schiff als Fahrzeug englischer Nationalität.

Die Anbringungsstelle von Flaggen wird durch die Schiffbauweise der Zeit bestimmt; hier gibt es weder Heckflagge noch Gösch.
In der Gestaltung macht jeder Wimpel, jeder Schild und jede Flagge eine genau berechnete Aussage über die Abstammung, die Macht oder die Hoheit des Königs.

Das Königsbanner proklamiert die Souveränität über Frankreich und England.

Schmuckschilde zeigen die Abzeichen Eduards III., das von York und Lancaster sowie das Fallgatter-Abzeichen von Beaufort.

Heinrich VIII. *(oben)* wies auf seine Abstammung aus Wales durch den Gebrauch von Weiß und Grün als Livreefarben hin: Das Georgskreuz ist grün gerändert, und weiß-grüne Wimpel dienen als Hintergrund für andere Symbole. Sein Schiff ist vermutlich die 1500 Tonnen große »Henri Grace à Dieu«.

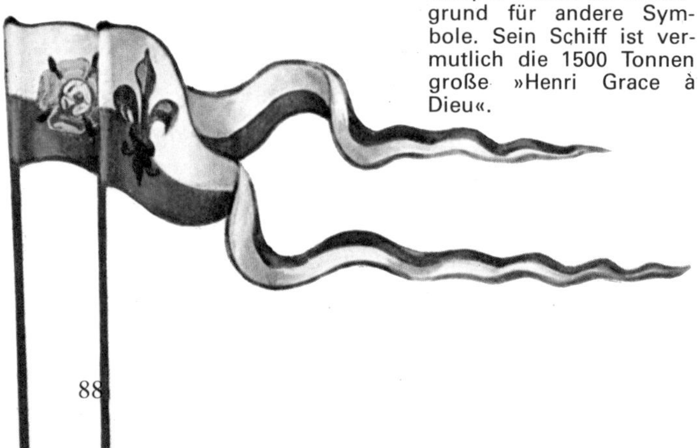

Damit der Flaggenmast nicht gänzlich leer ist, wenn keine Flagge an ihm weht, herrscht in manchen Ländern die Sitte, einen Wimpel in den Nationalfarben zu hissen; *links* die holländischen.

mast oder einer anderen gut sichtbaren Stelle zu setzen und steht in Rang und Größe nur der Heckflagge des Schiffes selbst und der Rangflagge seines Befehlshabers nach. Courtoisieflaggen werden beim Einlaufen in einen fremden Hafen und gegebenenfalls in einem Heimathafen zur Angabe des Zieles gesetzt.

AUSFLAGGEN

Der Brauch, ein Schiff bei besonderen Anlässen auszuschmücken, ist alten Ursprungs. Die gültige Praxis besteht in der alleinigen Verwendung von Flaggen des internationalen Signalbuchs, woneben aber an Heck und Mast die Heck- oder Unterscheidungsflaggen der Eigentümer und der Jachtklubs zu wehen haben. Die Praxis des Ausflaggens ist auf Schiffe im Hafen und auf vorbereitete Anlässe beschränkt.

ersetzen können und die in geringerer Größe und in untergeordneter Stellung, gewöhnlich am Vormast, zu setzen sind. In den Vereinigten Staaten zählen hierzu das »United States Power Squadron ensign«, das »yacht ensign« und das »United States Coast Guard Auxiliary ensign«.

SALUTIEREN

Zur Erweisung von Ehrenbezeigungen zwischen Schiffen oder zwischen einem Schiff und einer Marineeinrichtung an Land gehört oft als Respektszeichen ein Flaggengruß. Keine andere mit Flaggen verknüpfte Marinesitte ist mit so viel politischer Unruhe verknüpft worden. Die Auffassung vom Gruß aus Höflichkeit ist modern; ursprünglich hatte der Gruß stets die Bedeutung der Unterstellung unter eine höhere Gewalt. Salutschüsse kommen wahr-

Manche Traditionen der Flaggensitte wie der auf See entstandene Gebrauch von Signalflaggen *(oben)* sind auf das Land übertragen worden, zuerst bei den Küstenbewohnern und später weiter im Binnenland. Auch die Herstellung zweiteiliger Flaggenmasten wurde von seemännischem Gebrauch übernommen.

**FLAGGENFÜHRUNG**

Ein ⚑ bedeutet, Führung ist allgemein ohne offizielle Genehmigung zugelassen; ein leeres Feld ohne ⚑ kann eine Fahnengattung bedeuten, die nicht gerade verboten, aber doch unpassend ist.

| GATTUNG / GEBRAUCH | AN PRIVATHÄUSERN | AUF GESCHÄFTSGEBÄUDEN |
|---|---|---|
| BÜRGERLICHE FLAGGE (für jedermann)* | ⚑ | ⚑ |
| STAATS- ODER DIENSTFLAGGE* | | |
| RANGFLAGGE IM PRIVATEN BEREICH | ⚑ | |
| KOMMUNALE FLAGGE | ⚑ | ⚑ |
| FLAGGE EINES HANDELSHAUSES | | ⚑ |
| HISTORISCHE FLAGGEN | ⚑ | ⚑ |
| AUSLÄNDISCHE FLAGGEN | ⚑ | ⚑ |
| FLAGGEN VON ORGANISATIONEN EINSCHL. POLITISCHER PARTEIEN | ⚑ | |
| DEKORATION MIT GERAFFTEM FLAGGENTUCH | ⚑ | ⚑ |

* Wo ein Unterschied zwischen der bürgerlichen Flagge für jedermann und der Staatsflagge besteht.

ANGABE DER NATIONALITÄT

Die wichtigste auf einem Schiff wehende Flagge zur Kennzeichnung seiner Nationalität ist die Heckflagge. Hierfür kann ein besonderes Modell bestehen, vor allem in Ländern des British Commonwealth. Die Heckflagge muß größer als jede andere Flagge auf dem Schiff und am auffälligsten gesetzt sein, üblicherweise am Heck. Regulär wird sie während der Tagesstunden gesetzt, solange das Schiff sich im Hafen oder unterwegs befindet oder wenn es auf hoher See einem anderen Schiff begegnet. Das englische Wort »Ensign« (Heckflagge) wird vielfach, aber unkorrekt auch zur Bezeichnung gewisser Unterscheidungsflaggen benützt, die in Wirklichkeit niemals die Handelsflagge

scheinlich daher, daß sie die Waffen zeitweilig kampfunfähig machten und somit jemandes friedliche Absichten anzeigten. Nach und nach wurden Kanonenschüsse durch Dippen der Flagge und Niederholen der Segel ersetzt. In weiten Bereichen vor seinen Küsten verlangte aber Großbritannien jahrhundertelang, daß ausländische Schiffe ihre Heckflaggen gänzlich ein- und ihre Topsegel niederholten und dies ausführten, ehe der Gruß seitens des britischen Schiffs erwidert würde, dies alles zum Zeichen, daß die britische Seeherrschaft anerkannt würde. Ein alter Schriftsteller stellt fest: »Der Gruß mit der Kanone ist hoheitsvoll, der mit der niedergeholten Flagge ist ergeben, und wenn die Flagge gänzlich eingeholt ist, so ist

Die Rahnock und der mit einer Gaffel ausgerüstete Flaggenmast gestatten die gleichzeitige Setzung einer größeren Anzahl von Flaggen.

dies von größter Demütigung, geradezu entwürdigend.« Die gegenwärtige Praxis besteht für Kriegsschiffe im Dippen auf gleichberechtigter Grundlage, aber gegenüber einem privaten oder Handelsschiff im Gruß durch Dippen der Heckflagge nur dann, wenn letzteres vorangegangen ist.

### FLAGGENSETZEN AN DER GAFFEL

Ein Stock mit einer nahe der Spitze im Winkel nach oben herausragenden kurzen Spiere wird Gaffel genannt; gewöhnlich ist auch eine Rahnock (rechtwinklig abgehende Spiere) mit dem gleichen Stock verbunden. Ursprünglich war diese Hißeinrichtung für Schiffe charakteristisch; die Nationalflagge wehte von der Gaffel, da sie sowohl der sichtbarste Punkt als auch das Holz war, an dem die Flagge am bequemsten

| BEI RENNEN<br>ODER PARADEN | AUF DIENST-<br>GEBÄUDEN | AUF VERTRETUNGEN<br>IM AUSLAND | HALBSTOCKS | AUCH AN<br>NICHTFEIERTAGEN | FÜHRUNGS-<br>BESCHRÄNKUNGEN<br>MÖGLICH |
|---|---|---|---|---|---|
| ⚑ | | | ⚑ | ⚑ | |
| ⚑ | ⚑ | ⚑ | ⚑ | ⚑ | ⚑ |
| ⚑ | ⚑ | | ⚑ | ⚑ | ⚑ |
| ⚑ | ⚑ | | ⚑ | ⚑ | ⚑ |
| ⚑ | | | ⚑ | ⚑ | |
| ⚑ | ⚑ | | | ⚑ | ⚑ |
| ⚑ | | | | ⚑ | ⚑ |
| ⚑ | | | ⚑ | ⚑ | ⚑ |
| ⚑ | ⚑ | ⚑ | | | |

gesetzt werden konnte, ohne mit anderem Tauwerk zu kollidieren. Der gegaffelte Mast kam an Land zunehmend in Gebrauch, wo aber Bedingungen und Sitten völlig verschieden sind; obwohl die Nationalflagge stets vor anderen Flaggen Vorrang haben sollte, was zu Lande bedeutet, daß sie an höchster Stelle wehen sollte, wird sie häufig an der Gaffel oder mit einer anderen Nationalflagge an der Rahnock statt direkt unter dem Mastknopf gesetzt.

### GEBRAUCH VON SONDERFLAGGEN

Die normalerweise am Vormast gesetzte Unterscheidungsflagge eines Handelsunternehmens heißt Hausflagge. In Großbritannien bezieht sich dieser Ausdruck auch auf die private

Die erste Flagge der Menschheit an Land dürfte ein mit dem Blut eines Feindes oder eines erschlagenen Tieres getränktes Stück Stoff gewesen sein.

Unterscheidungsflagge eines Jachtbesitzers. Die Gösch ist eine kleine Nationalitätsflagge, die am Bug eines Kriegsschiffes im Hafen gesetzt wird. Rangflaggen geben die Anwesenheit einer Person (nicht unbedingt des Befehlshabers) an Bord eines Schiffes an, die zur Führung einer persönlichen Unterscheidungsflagge berechtigt ist. Höhere Regierungsbeamte und Offiziere haben Anspruch auf besondere Flaggen; manche Handelsunternehmen und Jachtklubs haben für sich ähnliche Flaggen eingeführt.

Graben auf dem Schlachtfeld, Festungen, Pavillons und Zelte, Türme und Gebäude, wo immer eine Flagge am sichtbarsten die Anwesenheit der Verteidiger kundtun kann, da können wir eine solche Flagge heute wie ehedem zu finden erwarten.

GEBRAUCH FALSCHER FLAGGEN

Der Gebrauch einer fremden Nationalflagge in Kriegszeiten zur Täuschung des Feindes ist eine Kriegslist; bei Gefechtsbeginn müssen aber die richtigen Flaggen aufgezogen werden.

## FLAGGENSITTEN UND -GEBRÄUCHE AN LAND

Ein gewisses Fahnenzeremoniell dürfte so alt sein wie die ältesten Fahnen, aber das Thema ist immer noch so aktuell wie jeder andere Aspekt der Vexillologie. Die politische Bedeutung des Stoffes, den wir eine Fahne nennen und der den Rang von Einzelpersonen, die Ehrungen eines Regimentes, die Hoheitsrechte des Staates und ähnliche Auszeichnungen ausdrückt, ist ganz einfach immer eine Funktion seiner Plazierung wie auch seines Aussehens.

Die Untersuchung alter Skulpturen und Malereien von Fahnen in Anwendung wird ohne weiteres die Tatsache bestätigen: Selten ist eine Fahne nur ein dekoratives Element, das ebenso leicht wegbleiben wie vorkommen kann. Auch hat ihr Gebrauch auf Schiffen den im Heer und an fürstlichen Höfen und bei anderen offiziellen Anlässen und Gelegenheiten zu Land nicht in den Schatten gestellt. Jedenfalls scheinen auf Fahnen bezügliche Gewohnheiten – obwohl die Priorität schwer zu entscheiden ist – ihren Ursprung an Land genommen und sich von dort aus über die Ozeane der Welt (und neuerdings in den Weltraum) ausgebreitet zu haben.

Früher konnte das Leben einer Person selbst von korrekter Führung oder Erkennung einer Fahne abhängig gewesen sein; im Grunde handelte es sich immer um einen Kampf auf Leben oder Tod um die Obergewalt, die im eigentlichen Zweck der meisten Fahnen beschlossen ist.

Heute ist die Beobachtung von Protokoll gewöhnlich eine Frage des Prestiges. Sportler wetteifern um die Ehrung durch den Siegerwimpel, Betprozessionen führen geweihte Fahnen, zu Unrecht erwiesene militärische Salute werden zur Grundlage für diplomatische Zwischenfälle, politische Banner werden im Einklang mit nationalen Grundsätzen von ›angemessener Führung‹ geschwungen oder geächtet.

Solche Ereignisse und Vorfälle sind heute verbreiteter, verschiedenartiger, häufiger und werden bestimmt auch besser unter das Volk gebracht als irgendein Ereignis oder Vorfall früherer Jahrhunderte. Die Hissung einer Flagge ist heute für die meisten zu einem freudigen Ereignis geworden, einer Feierlichkeit, bei der alle Verhaltensweisen (ob sie nun durch formelle Flaggensitten und -regeln kodifiziert sind oder nicht) kaum mehr als einen Ausdruck der Höflichkeit gegenüber anderen oder des gesunden Menschenverstandes und des schon vor Zeiten als gut empfundenen Geschmackes darstellen.

Militärische Vorschriften und solche, die sich auf Regierungsgebäude (einschließlich diplomatischer Missionen) beziehen, sind im allgemeinen lang und detailliert; sie würden bei vollständigem Abdruck ein ganzes Buch füllen. Glücklicherweise bestehen große Ähnlichkeiten in den Flaggencodes auf der Welt, die uns gestatten, das Wesentliche an ihnen auch dem Nichtfachmann darzulegen – besonders für den privaten Bürger, der sich für die Beflaggung des Hauses oder Geschäftsgebäudes interessiert.

Strenggenommen regelt nur ein dekorativer Sinn die Anzahl von gleichzeitig wehenden Flaggen. Internationale Gewohnheit schließt jetzt den Gebrauch von Nationalflaggen zu reiner Dekoration aus, besonders wenn (wie in dem hier gezeigten Museum des 19. Jahrhunderts, *links*) einige der Flaggen kleiner sind oder an niedrigerer Stelle als die anderen wehen.

Gerade hier besteht das größte Bedürfnis nach einem Leitfaden, da Fahnencodes für Zivilangelegenheiten gewöhnlich unbrauchbar sind.
So ist es zum Beispiel bei dem vom Kongreß der Vereinigten Staaten 1942 angenommenen Code. Ursprünglich 1923 entworfen, enthält er Anachronismen, wie etwa die Anweisung, daß eine Kraftwagenflagge an der Kühlerverkleidung befestigt sein müsse – und Unvereinbarkeiten, besonders zur Ehrenbezeigung gegenüber der Flagge der Vereinigten Staaten gleichzeitig mit den Flaggen anderer Nationen. Wichtigere Erwägungen – so die Führung historischer Fahnen oder der Nationalflagge bei Nacht, die periodische Fortschreibung des Codes selbst und der Gebrauch der Fahne bei politischen Demonstrationen – fehlen vollkommen. Und dennoch ist dieser Code mangels eines besseren von vielen anderen Ländern und von vielen amerikanischen Staaten in leicht abgewandelter Form übernommen worden.
Die hier getroffene Auswahl an Gebräuchen erschöpft den Gegenstand keineswegs, sondern bietet eine Analyse aller bei normalen Flaggenführungsanlässen auftauchenden wichtigeren Fragen. Wo es tunlich war, ist ein Hinweis auf nationale Eigentümlichkeiten und auf überholte

Die heute zur Kennzeichnung gebrauchten Kraftwagenflaggen entsprechen den Wappen am Wagenschlag früherer Jahrhunderte.

Formen gegeben. Besondere Abschnitte sind jenen Bereichen des Protokolls (zum Beispiel Flaggen in Notlage und bei Trauer) gewidmet, wo sich Traditionen zu Land und zur See überlagern.

## FLAGGENSITTEN BEI ZIVIL UND MILITÄR

### FÜHRUNG VON KRAFTWAGENFLAGGEN

An Kraftwagen zu führende Flaggen sind in manchen Ländern gesetzlich auf Regierungsbeamte beschränkt und geben dann durch ihr Format die Rangordnung an; anderswo sind sie nur durch Takt und dekorativen Sinn geregelt. Außer den an Antennen und Schutzblechen wehenden Flaggen können Flaggenbilder an allen Teilen des Fahrzeuges erscheinen.

Das Recht, in der Vorhut des Heeres zu stehen und in der Schlacht den ersten Streich zu führen, war während des Mittelalters ein hohes Privileg. In der ganzen Welt war das Amt des Standartenträgers ein ehrenvoller Dienst, und man kannte in der Schlacht keine größere Schande als den Verlust von Truppenfahnen.

### DEKORATION MIT GERAFFTEM FLAGGENTUCH

Für patriotische Ausschmückungen wird auf englisch »bunting« genanntes Material, das sich zum Raffen eignet, besonders hergestellt. In manchen Ländern werden besondere Farben in besonderer Anordnung verlangt. Die Flagge selbst kann an einer Mauer oder einem Podium entweder waagerecht oder senkrecht mit dem Liek zuoberst aufgehängt werden. Manche Länder untersagen ausdrücklich die Drapierung der Flagge oder ihren Gebrauch als Bedeckung etwa einer Denkmalsplakette.

### FLAGGENVERBRENNUNG

Die würdigste Art, über eine nicht mehr länger diensttaugliche Flagge zu verfügen, ist, sie zu verbrennen, sofern nicht historischer Wert unabhängig von ihrem Zustand die Erhaltung nahelegt. Flaggenverbrennung ist auch ein Mittel politischen Protestes und der Bewahrung vor der Eroberung militärischer Fahnen durch feindliche Kräfte. Mit der Verbrennung einer Flagge ist keine besondere Zeremonie verbunden.

### EHRUNG EINER FAHNE

Oft wird ein auszeichnender Zusatz einer militärischen Fahne oder ihrer Stange zuerkannt, um eine besondere Leistung auszudrücken. Meist übergibt ein Staatsoberhaupt oder sein Vertreter eine solche Gefechtsehrung auf dem Paradefeld, wobei der Fahnenträger während der Anbringung des Zeichens an der Fahne angesichts der zu ehrenden Einheit niederkniet.

Als eine Treueversicherung gegenüber den Dingen, die eine Fahne symbolisiert, wird ein ritueller Fahnenschwur nicht nur beim Militär,

Kaum etwas bietet einen lebhafteren Anblick als ein Fahnenträger zu Pferde, selbst wenn seine Fahne nur ein kleiner Wimpel sein sollte.

Die niemals im voraus an Truppen ausgegebene weiße Fahne gilt weltweit als Zeichen der Unterwerfung oder des Waffenstillstandes. Die Friedenssymbolik der weißen Farbe ist auch in der Rotkreuzflagge *(ganz unten)* international wirksam.

Der dramatische Sturm mit der Fahne in der Hand gegen den Feind bedeutet einen Appell, niemals die Entehrung der Fahne zu dulden.

sondern auch in republikanischen Ländern geleistet, wo das höchste nationale Symbol nicht der Souverän, sondern die Fahne ist. In den Vereinigten Staaten wird der Treueschwur von Schulkindern und bei politischen und gesellschaftlichen Zusammentreffen vom Publikum aufgesagt. Der Schwur wird stets stehend in Gegenwart der Fahne, das Gesicht ihr zugekehrt und barhaupt (ausgenommen Frauen und diensttuende Militärpersonen) und mit Grußerweisung geleistet.

### FAHNEN IN PARADEN

Drei oder mehrere Personen in einer militärischen oder paramilitärischen Formation, die zum Fahnentragen, gewöhnlich an der Spitze der Parade, eingeteilt sind, werden die Fahnenwache genannt. Bis zu fünf Fahnen können in einer Linie paradieren, an deren Enden mindestens je eine Person ohne Fahne mitgeht. In den Vereinigten Staaten führen zivile Fahnenwacheinheiten Übungen im Präzisionsdrill durch. Früher gehörte die Verteidigung der Fahne zur höchsten Pflicht eines Soldaten; wenn ein Mitglied der Fahnenwache fiel, trat ein anderer Soldat unmittelbar an seinen Platz. Fast jede Fahne kann in einer Prozession geführt werden. Gewöhnlich geschieht dies mit

Wie viele andere schwören die Schweizergarden im Vatikan *(rechts)* bei der Einstellung auf eine Regimentsfahne. Selbst in den modernsten und technisiertesten Heeren befindet sich der Soldat immer in der Nähe irgendeiner Fahne. Zeremonien spielen sich auch ab bei der Übergabe von Fahnen an eine Einheit, bei der Ehrenbezeigung gegenüber einem Herrscher mittels der Fahne, der Verleihung von Auszeichnungen an die Fahne einer Einheit, die außerordentliche Dienste geleistet hat, und bei der Ablegung von Fahnen, die nicht mehr länger diensttauglich sind. Das Aussehen der Fahnen und die Uniformen der Männer, die sie tragen *(rechts)*, mag verschieden sein, aber die Geisteshaltung hinter militärischen Sitten und Gebräuchen ist in bezug auf die Fahne überall die gleiche.

der Spitze nach oben, aber manchmal in einer Schräghaltung von 45 Grad vor den Marschierern oder über deren Schulter. Auf einem Übungsmarsch oder während ungünstigen Wetters werden Fahnen verhüllt getragen; sehr große Fahnen werden manchmal flach getragen von einer Anzahl Personen, die die Kanten halten. Die Anhäufung von Fahnen verringert die Ehrerbietung, die einer einzelnen Fahne gegenüber erwiesen werden kann, und wird im allgemeinen nur besonderen Feierlichkeiten vorbehalten.

#### BEWAHRUNG VON FAHNEN

Die Behandlung einer Fahne, ob sie nun historischen Wert hat oder nicht, soll in einer Weise geschehen, die ihr Erscheinungsbild und ihre Gebrauchsfähigkeit für möglichst lange Zeit bewahrt. Moderne, synthetische Stoffe können im allgemeinen gereinigt werden. Ausgenommen bei schlechtestem Wetter, können moderne Flaggen ungestraft im Freien wehen. Direkte Sonneneinstrahlung, übermäßige Hitze, Schmutz, Insekten, unsachgemäße Handhabung, Lagerung in säurehaltigem Papier oder wenn sie feucht geworden sowie langdauernde Schaustellung unter Überbeanspruchung des Materials, etwa wenn die Fahne an eine Wand

Zu manchen Fahnenzerem nien gehört die tatsächlich Berührung der Fahne, ein Relikt des Glaubens aus de Frühzeit der Menschheit, d magische Kräfte aus dem direkten Kontakt mit heilig Gegenständen übergehen können. Selbst der heutige Sowjetsoldat *(oben rechts)* kniet zum Fahnenkuß niede wenn er sein Regiment verläßt.

genagelt ist, dies alles ist schädlich. Ausbesserung oder Reparierung von Fahnen ohne historischen Wert ist meist unproblematisch, aber für die Wiederherstellung historischer Fahnen empfiehlt sich, die Arbeiten von einer speziellen Werkstatt in Verbindung mit einem nationalen historischen oder Kunstmuseum ausführen zu lassen.

#### FALTEN EINER FAHNE

Es besteht eine inoffizielle amerikanische Gewohnheit, eine Nationalflagge zunächst zweimal der Länge nach, dann in dreieckige Portionen zu falten, bis ein kleines, zur Lagerung geeignetes Bündel entsteht. Die Lebensdauer einer Fahne wird ebenso wie ihre Würde gewahrt, wenn sie durch Faltung bei Nichtgebrauch geschont wird.

#### FÜHRUNG VON FLAGGEN AN FESTTAGEN

In manchen Ländern ist die Führung der Nationalflagge auf offizielle Feiertage beschränkt; andere ermuntern die Führung an Feiertagen, ohne die Führung bei anderen Gelegenheiten zu verbieten. In manchen Ländern werden historische Flaggen an besonderen Tagen zur Erinnerung an frühere Ereignisse gesetzt. Diese Tage heißen Beflaggungstage.

#### FÜHRUNG HISTORISCHER FAHNEN

Die Führung von Fahnen, die außer Geltung sind, ist stets ein politischer Akt, aber nicht immer aus Protest und nicht notwendigerweise verboten. Wo sie nicht eingeschränkt wird, dürfen private Bürger historische Flaggen nach Gefallen an Land führen, auch anstelle der gültigen Nationalflagge, um an ein besonderes Gebäude, Ereignis oder Vorkommnis zu erinnern. Ein solcher Flaggengebrauch ist besonders in den Vereinigten Staaten verbreitet und gesetzlich zugelassen. Aber auch in Europa mit seiner ereignisreichen Geschichte gibt es viele Anlässe dazu.

#### FÜHRUNG AUSLÄNDISCHER FAHNEN

Der Gebrauch einer anderen Nationalflagge neben der eigenen Nationalflagge oder auch ohne sie ist in manchen Ländern erlaubt und in anderen verboten oder auch unter bestimmten Bedingungen auf diplomatische Vertreter beschränkt.

#### HISSUNG DER FLAGGE

Während eine Flagge an ihrer Stange hochgeholt wird, erweist eine Person ihre Ehrerbietung in Achtungshaltung, der Flagge zugewandt, wenn in Uniform grüßend, und schweigend, bis die Flagge vollständig gehißt ist.

Zu den detailliertesten Vorschriften über Fahnengebräuche gehören die des Russischen Reiches aus dem 19. Jahrhundert. Die Instruktionen *oben* geben an, wie man korrekt gleichzeitig reitet, eine Fahne führt und eine Pistole abfeuert.

*Unten* sind Salutierungen mit der Fahne dargestellt.

#### VORRANGREGELUNG

Die Führung von Fahnen gemäß ihres Ranges ist vielleicht der wichtigste Aspekt von Flaggensitten, der heute auf geregelter Basis beachtet wird. Die Grundregel ist einfach: Flaggen gleichen Ranges sind gleiche Ehren zu erweisen, Flaggen ungleichen Ranges sind entsprechend ihrem Ansehen zu ordnen. Gegenwärtig wird allgemein die alphabetische Ordnung für Flaggen Gleichgestellter befolgt.

#### BEGRÜSSEN MIT DER FAHNE

Eine Fahne kann zur Ehrenbezeigung gegenüber einer Person oder einer Institution dienen. Die Fahnenträger senken ihre Fahne bisweilen bis zum Boden vor dem Besichtigungsstand, auf dem die militärischen und/oder zivilen Behörden in Habachthaltung stehen, bis ihm durch die besichtigende Autorität der Befehl zur Wiederaufrichtung der Fahne erteilt wird.

#### SCHAFFUNG EINER FREISTATT UNTER EINER FAHNE

Unter besonderen Umständen kann eine Fahne anerkannt werden als ein schutzbietendes Zeichen für Reisende, Sanitätspersonal, kulturelle Einrichtungen usw. gemäß einem von einem Staatsoberhaupt oder durch einen internationalen Vertrag erteilten besonderen Privileg. Die Fahne muß auffällig zur Schau gestellt werden, um den betreffenden Personen oder Einrich-

Die medaillengeschmückte Uniform eines alten Veteranen und sein Panier sind Überbleibsel eines längst beendeten Krieges.

Fahnenschwenken ist ein in verschiedenen Teilen Europas gepflegter folkloristischer Brauch. Die Enden der Fahnenstangen sind zwar beschwert, der Fahnenschwinger muß aber dennoch sehr gewandt sein, um die zugehörigen schwierigen Figuren auszuführen.

Wo immer Volksmassen zusammenkommen, bei sportlichen Ereignissen, politischen Treffen oder religiösen Prozessionen, ist die Mitwirkung von Fahnen zu erwarten. Die Zuschauer *(unten)* bilden die Kaiserkrone des Iran, während die Sportverbände vor der Veranstaltung mit ihren Fahnen auf dem Feld zusammentreten.

tungen Schutz zu bieten; Verletzung einer Zufluchtsfahne wird als Verbrechen betrachtet. Zu den anerkannten Zufluchtsfahnen gehören die Fahnen der Genfer Konvention, die Fahne der Vereinten Nationen und eine ganz weiße Fahne. In Kriegszeiten oder während öffentlicher Unruhen erlangen ausländische Staatsangehörige in einem Land gewöhnlich Schutz durch Beflaggung oder durch Bemalung ihrer Gebäude oder Fahrzeuge mit ihrer eigenen Nationalflagge.

Die Flagge der Olympischen Spiele *(rechts)* war ursprünglich als Ersatz für die Embleme der wetteifernden Nationen gedacht. Aber von Anfang an haben die Flaggen der teilnehmenden Länder neben ihr eine beherrschende Rolle bei diesen alle vier Jahre stattfindenden sportlichen Ereignissen gespielt.

SCHLEPPEN

Mit einer auf dem Boden schleifenden Fahne zu marschieren oder in solcher Position zu verharren, bedeutet ein Zeichen der Ehrfurcht bei Totenfeiern oder ist eine Demonstration des Sieges bei einer Parade, während der erbeutete feindliche Fahnen vorgeführt werden.

TROOPING THE COLOUR

Eine britische Sitte besteht in der feierlichen Vorstellung vor Truppen, welche sie grüßen, wenn sie vorbeigeführt wird. Die Sitte bildet einen Teil der Zeremonie der Wachablösung, die in Großbritannien regelmäßig am Geburtstag des Souveräns stattfindet.

## DIE FAHNE IM SPORT

Beim Zusammentreffen von Sportmannschaften im Wettkampf ist es üblich, die Baulichkeiten innen und außen mit Nationalflaggen und/oder den Klubflaggen zu schmücken.

Der italienische Ritter des 14. Jahrhunderts und der Präsident von Somalia im 20. Jahrhundert *(rechts* und *oben)* sind beide in Stahl gehüllt: und so erkennt man sie nur an der Fahne.

Künstler der Renaissance stellten Christus als einen König dar, der als Zeichen seiner Herrschaft eine Fahne führt, wie in diesem Bild von Piero della Francesca. Vielleicht hängt es mit den jeweiligen Herrschaftszeichen zusammen, daß diese Fahne auf englischen und italienischen Bildern weiß mit rotem Kreuz und auf deutschen rot mit weißem Kreuz ist.

## KIRCHLICHE FLAGGENSITTEN

In verschiedenen Ländern und zu verschiedenen Zeiten kann man damit rechnen, Fahnen bei Pilgerzügen mitgeführt, an Kirchtürmen ausgesteckt, im Schiff einer Kathedrale aufgehängt, an Stäben oder Schnüren hängend als Schmuck von Heiligtümern im Freien oder zur Mahnung an religiöse Pflichten auch in Privathäusern anzutreffen.

Beinahe jede Fahne – ausgenommen eine Fahne, die nur als Hinweissignal dient – enthält ein religiöses Element; aber eine große Zahl von Fahnen ist speziell zur Steigerung kirchlicher Zeremonien, zum Ausdruck kirchlicher Grundsätze oder umgekehrt dazu bestimmt, um von der Berührung mit der Religion einen Wert abzuleiten, den sie zuvor nicht besaß. Dies gilt besonders, aber nicht ausschließlich für solche Staaten, in denen keine Trennung von Kirche und Staat, sondern sogar eine offizielle Staatsreligion besteht. Das deutlichste Beispiel hierfür ist Spanien, wo die Rekruten bei der Vereidigung die Fahne küssen.

Fahnen sind mit der Religionsausübung aufs engste verknüpft: Die vom Papst gebrauchten, aus Straußenfedern gefertigten Vexilloide *(oben)* heißen Flabella. Eine Fahne erscheint bei der Krönung des Schahs des Iran, spanische Beutefahnen hängten die Niederländer zur Ehre Gottes auf, der ihnen den Sieg geschenkt hatte, und französische Pilger marschierten unter einem Banner mit Kreuz.

BETHELFLAGGE

Im 19. Jahrhundert setzten Handelsschiffe eines der verschiedenen, gewöhnlich Bethelflaggen genannten Modelle, um anzuzeigen, daß an Bord Gottesdienst gehalten wird.

CHRISTLICHE FLAGGE

Eines aus der Reihe von Modellen zur Symbolisierung des (protestantischen) Christentums. Im allgemeinen bezieht sich dieser Ausdruck auf die weiße Flagge mit rotem Kreuz in dunkelblauer Oberecke, die Charles Overton 1897 für diesen Zweck entworfen hat und die in den Vereinigten Staaten gegenwärtig ausgiebig gebraucht wird.

KIRCHENWIMPEL

Eine zur See während des Gottesdienstes gesetzte Unterscheidungsflagge. In den Vereinigten Staaten weht der Kirchenwimpel trotz der verfassungsmäßigen Trennung von Kirche und Staat und abweichend von anderen Flaggentraditionen über der Nationalflagge. Der amerikanische Kirchenwimpel ist weiß mit einem blauen Kreuz; die britische Fassung hat rot-weiß-blaue Längsstreifen mit dem Union Jack am Liek. Vermutlich geht das auf die englisch-niederländischen Kriege im 17. Jahrhundert zurück; die Zusammenstellung der britischen und holländischen Flaggen zeigte an, daß sich die beiden Mächte während des Gottesdienstes im Frieden befanden.

WEIHE

Truppenfahnen werden oft von kirchlichen Behörden geweiht. Zeremonien der Fahnenweihe waren ursprünglich auf den Wunsch kirchlicher Führer gegründet, ihren Einfluß auf weltliche Herrscher durch die Drohung aufrechtzuerhalten, daß sie ihre Segnung von Gefechtsfahnen zurückhalten könnten. Obwohl der Brauch der Weihe mindestens bis ins 11. Jahrhundert zurückreicht, hat die Form der Zeremonie in der christlichen Tradition im Laufe der Zeiten geschwankt: Manchmal findet sie in einer Kirche, manchmal auf dem Felde, manchmal bei der Verleihung von Fahnen, manchmal erst unmittelbar vor der Schlacht statt. In einigen Ländern wird die Fahnenweihe anläßlich nichtmilitärischer Ereignisse vorgenommen: Die bahamische Flagge wurde vor der ersten Hissung eingesegnet.

NIEDERLEGUNG

In den Ländern des Britischen Commonwealth besteht die feste Überlieferung, aus dem Gebrauch gezogene militärische Fahnen feierlich in einer Kirche oder einem anderen öffentlichen Gebäude unterzubringen. Oberhalb der Altarschranke wird die Epistelseite einer Kathedrale für ehrenvoller gehalten als die Evangelienseite, unterhalb ist die Situation umgekehrt. In manchen Ländern, so in den Vereinigten Staaten, ist es üblich, in einer Kirche zwei Fahnen zu zeigen, die Nationalflagge und die der Sekte, aber diese sind nicht wie Trophäen oder außer Dienst gestellte Fahnen aufzuhängen.

Der Gonfanon ist eine vor allem in Europa volkstümliche Form religiöser Fahnen *(oben* und *links)*. Die oft mit Verlängerungen versehenen kirchlichen Fahnen können auch mit direkt auf ihr Tuch genähten Heiligenreliquien versehen sein. In manchen Ländern führen Demonstranten solche Fahnen mit sich, deren offenkundige oppositionelle Symbolik ihre Festnahme geradezu provoziert.

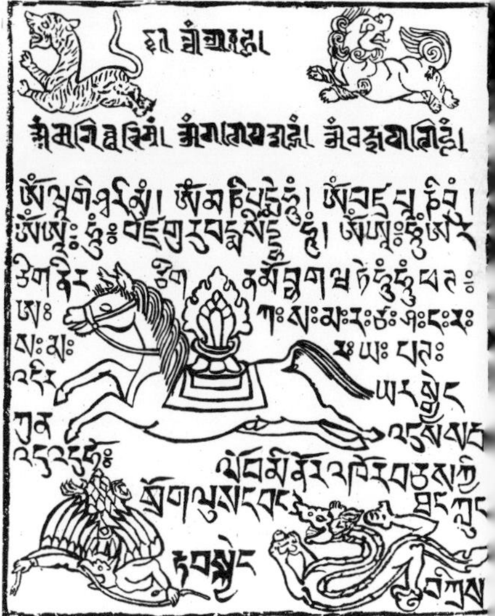

Die tibetanische Gebetsfahne *(oben)* verbindet traditionelle Tiere – Tiger, Löwe, Schildkröte und Drache – mit religiösen Inschriften. Das Pferd in der Mitte trägt den Zauberstein, ein buddhistisches Symbol, das auch in der Flagge von Tibet (siehe Seite 25) erscheint. Der Gebrauch von Gebetsfahnen ist im Himalaya-Gebiet verbreitet; viele sind lang, schmal und einfarbig. Im allgemeinen läßt man sie bis zur Zerstörung durch Wind und Wetter wehen.

BEUTEFAHNEN

Eine andere alte Tradition besteht darin, in der Schlacht eroberte Fahnen zur Erinnerung an einen Sieg zur Schau zu stellen. Im Mittelalter entstand in Europa die Sitte, solche Trophäen in Kirchen niederzulegen und damit den Dank für die göttliche Gnade auszudrücken, die deren Erbeutung gestattet hat. Da solche Fahnen zu zerfallen pflegen, verdanken wir manche wertvolle historische Information den als Bücher oder Malereien angelegten Trophäenverzeichnissen. Das älteste Fahnenbuch bildet die polnische Beute von 1410 ab. An solchen Fahnenbüchern ist die Schweiz am reichsten. Heute werden Beutefahnen gewöhnlich in Museen untergebracht.

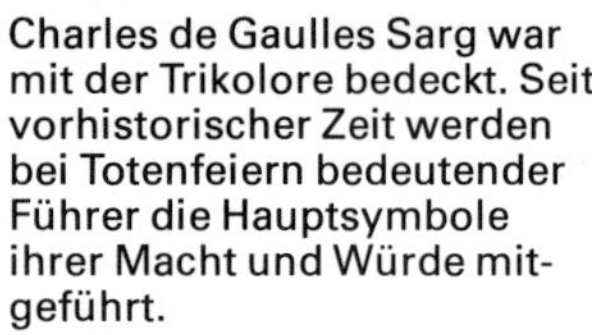

Charles de Gaulles Sarg war mit der Trikolore bedeckt. Seit vorhistorischer Zeit werden bei Totenfeiern bedeutender Führer die Hauptsymbole ihrer Macht und Würde mitgeführt.

Der Raum oberhalb einer halbstocks wehenden Flagge (wie *rechts*) ist angeblich dem unsichtbaren Banner des Todes vorbehalten. Das früheste Vorkommen dieser Sitte geht mindestens bis Anfang des 17. Jahrhunderts zurück.

## TRAUER, NOTLAGEN, GEFAHR

Die Verbindung zwischen Fahnen und Totenfeiern begann wahrscheinlich in sehr alten Zeiten, indem Särge von Fürsten mit den Symbolen der Hoheit geschmückt wurden, die sie zu Lebzeiten innehatten. Heute, in einer Zeit der Nationalstaaten, werden solche Gebräuche sogar noch erweitert, sie werden besonders einer Person zuerkannt, die beträchtliche Zeit im Staats- oder Militärdienst verbracht hat.
Der Gebrauch von Rot als Zeichen für Gefahr ist ebenfalls sehr alt und zweifellos auf dem Zusammenhang dieser Farbe mit Blut und Feuer begründet. Doch gilt das nicht überall: Die Chinesen betrachten Weiß als Trauerfarbe und Rot als Farbe der Freude.

SCHWARZE FAHNE

In gewissen Ländern wird eine schwarze Fahne gezeigt, um Trauer oder politischen Protest auszudrücken, obwohl sie noch mehr als Symbol der Anarchie gilt. Zu den erwähnten Trauersymbolen gehört auch ein an die Nationalflaggen oder an eine geraffte Fahne (siehe Seite 103) geheftetes schwarzes Band.

Nach amerikanischer Sitte wird den Angehörigen bei einem militärischen oder Staatsbegräbnis die Flagge vom Sarg überreicht, hier an Jacqueline Kennedy als Witwe des Präsidenten John F. Kennedy *(ganz links).*

Der deutsche Soldat *(links)* birgt auf dem Rückzug während des Zusammenbruchs der deutschen Front in Rußland noch brav die Flagge.

FRIEDHOFSFLAGGE

Oft wird eine Flagge von besonderem Aussehen auf die Gräber von Polizeioffizieren und Vereinsmitgliedern gesetzt; oder eine Fassung der Nationalflagge in Kleinformat kann ständig auf ein Grab, vor allem das eines Veteranen, gepflanzt sein.

GEFAHRENFLAGGE

Gewöhnlich wird eine einfach rote Fahne gezeigt, um das Vorhandensein von Sprengstoff, ein langsam fahrendes Fahrzeug, einen kreuzenden Fußgänger oder eine ähnliche Gefahrensituation zu Land oder zu Wasser anzuzeigen. Eine solche rote Flagge, aber mit einem weißen Schrägkreuz oder Schrägstreifen, wird bei Tauchoperationen gesetzt; es gibt allerdings noch andere Sonderformen (z.B. als Wettersignale).

Verschiedene Länder bezeigen ihren Toten auf verschiedene Weise die Trauer mit Fahnenzeremonien. Der Schweizer Soldat *(links)* trägt auf dem Wege zur Grabstätte eine eingerollte und geraffte Fahne. Die Fahne wird über dem Grab enthüllt und geschwenkt, ehe sie wiederum in der normalen Weise als ein Zeichen dafür geführt wird, daß das dienstliche Leben weitergeht.

NOTFLAGGE

Wenn jemand zur See Hilfe benötigt, so besteht ein internationales Übereinkommen, die Notflagge zu setzen, welche orangefarben ist mit einem schwarzen Viereck oder Kreis oder beiden in der Mitte oder ohne diese. Diesem Zweck dienten früher eine rote Flagge, eine umgekehrt gehißte Flagge oder eine Rauchwolke.

TRAUERSCHLEIFE

Als Trauerzeichen wird häufig eine Schleife aus schwarzem Stoff (gewöhnlich Krepp) an die Stange geknüpft. Diese Sitte wird nach dem Tode eines Staatsoberhauptes üblicherweise auf Paradefahnen militärischer Einheiten erstreckt.

FAHNEN BEI LEICHENBEGÄNGNISSEN

Eine Reihe von Fahnen besonderen Aussehens werden bei Totenfeiern gebraucht, darunter Wappenbanner, eine gebündelte Fahne oder ein schmaler Wimpel, oft ein dunkelblauer mit einem weißen Kreuz oder dem Davidsschild auf einem Leichenwagen.

FLAGGE HALBSTOCKS

Zur Symbolisierung von Trauer, gewöhnlich wegen des Todes einer prominenten Person, aber gelegentlich auch als politischer Protest, wird eine Flagge niedriger als in der normalen Höhe gesetzt. Manche Regierungen schreiben die Länge der Zeit vor, in welcher die Flagge nach dem Tode von Personen eines gewissen Ranges halbstocks zu wehen habe; sie erteilen auch besondere Anordnungen für die Halbstocks-Beflaggung anläßlich des Ablebens einer führenden politischen Persönlichkeit des Auslandes. In manchen Ländern sind bestimmte Tage für regelmäßige Halbstocks-Beflaggung vorgesehen, zum Beispiel zur Erinnerung an Veteranen früherer Kriege. Es gehört sich, daß sämtliche gleichzeitig wehenden Fahnen halbstocks gesetzt werden, wenn es mit einer geschieht; dies gilt vor allem für Flaggen von geringerer Bedeutung als der der Haupttrauerflagge. Vom Rang einer Einzelperson hängt es ab, welche Flagge halbstocks zu setzen ist, das heißt, eine Stadtflagge ist halbstocks zu setzen

Kränze und kleine Flaggen werden in einer jährlichen Gedächtnisfeier zu Pearl Harbour auf die Gräber amerikanischer Matrosen gesetzt *(unten).*

Nicht alle Flaggensitten herrschen gleichmäßig überall: Die ägyptische Fahne wird zum Gruß bis an den Boden gesenkt *(rechts)*, während dies anderswo verpönt ist.

beim Tode eines Bürgermeisters, eine Landesflagge beim Tode etwa eines Regierungschefs eines Bundeslandes. In solcher Lage sind Flaggen von höherem Rang nicht zu setzen, ehe nicht die Flagge von niedrigerem Rang jeweils voll vorgeheißt ist. In manchen monarchischen Ländern besteht die Tradition, die landesfürstliche Flagge niemals halbstocks zu setzen, da die Thronfolge unmittelbar durch den Kronprinzen eintritt. Überhaupt nur mit Leinen zu hissende Flaggen können halbstocks stehen. Halbstocks bedeutet nicht unbedingt, daß eine Flagge genau an der Mitte des Mastes weht, sondern nur in einer gewissen Entfernung unterhalb der normalen Stellung oben an der Stange.

#### UMGEWENDETE FLAGGE

Als Symbol der Trauer oder als Protest gegen ein politisches Ereignis oder eine politische Lage wie eine militärische Niederlage oder den Staatsbesuch durch einen unbeliebten ausländischen Politiker wird manchmal eine Flagge kopfstehend gehißt. Ganz selten wird eine kopfstehende Flagge als Notsymbol (etwa für ein Wrack oder Feuer) benützt: Die Sitte war niemals weit verbreitet, weil viele Nationalflaggen kopfstehend gehißt ebenso aussehen wie in der normalen Stellung.

#### FLAGGE ALS BAHRTUCH

Die Nationalflagge wird fast überall bei militärischen und Staatsbegräbnissen als Bahrtuchfahne zur Bedeckung eines Sarges gebraucht. Sie wird gewöhnlich entfernt, ehe der Sarg in das Grab niedergelassen oder in die See versenkt wird. Die Flagge muß so auf dem Sarg liegen, daß das Liek an das Kopfende kommt und die Vorderseite Schauseite ist. Sie wird auch gebraucht, wenn der Sarg aufgebahrt liegt oder in einer Leichenprozession geführt wird. In manchen Gesellschaften besteht die Sitte, den Körper selbst in die Flagge zu wickeln oder eine Abbildung der Flagge auf den Sarg zu malen.

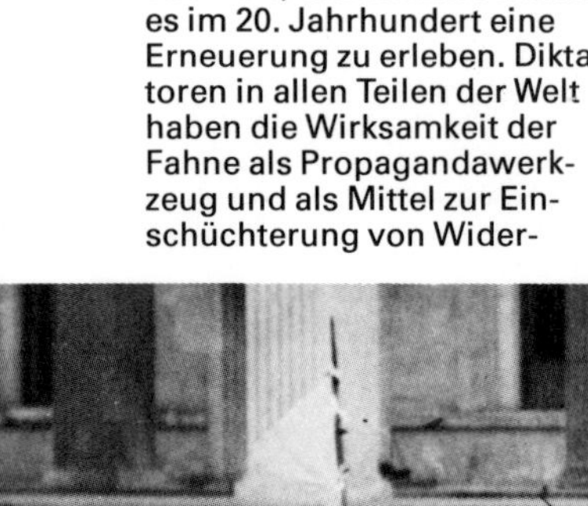

Das Vexillum ist keineswegs überholt; tatsächlich scheint es im 20. Jahrhundert eine Erneuerung zu erleben. Diktatoren in allen Teilen der Welt haben die Wirksamkeit der Fahne als Propagandawerkzeug und als Mittel zur Einschüchterung von Widersachern erkannt. Die hier in Parade aufmarschierten Nazistandarten demonstrieren Schlüsselwerte des Symbols als politischer Waffe: die Massierung von Menschen und Fahnen, die Verwendung eines eindrucksvollen Motivs, die Wiederholung eines einfachen, aber kraftvollen Themas, die Betonung der Uniformität von Aufbau und Darbietung sowie die Einbeziehung des Publikums in das Geschehen.

## DIE FLAGGE IN DER POLITIK

Es versteht sich von selbst, daß Fahnen, die eine Veränderung des politischen Gleichgewichts durch Agitation und Propaganda oder auch nur durch Erregung der Aufmerksamkeit herbeizuführen suchen, nicht Gegenstand von Höflichkeitsregeln sind. Die Schlüsselfrage ist in jedem Lande, ob solche Fahnen überhaupt erlaubt sind. Die autoritären Staaten fürchten die Freiheit der einzelnen Bürger, Fahnen nach ihrer eigenen Façon oder ihrer eigenen Idee zu entfalten; streng schreiben sie zulässige Flaggentypen und Führungsarten vor, um ihre eigene Würde durch Schutz ihrer Symbole zu bewahren.

Interesse an dieser Frage ist seit dem Ersten Weltkrieg überall erwacht. Faschismus, Kommunismus, Antiimperialismus und andere Massenbewegungen haben die Wirksamkeit von Fahnen und anderen Symbolen bei der Schaffung eines Anscheins von Unbesiegbarkeit mit Hilfe der Einschüchterung von Widersachern und bei der Glorifizierung des Willens der herrschenden Elite deutlich gemacht.

1963 weigerte sich der Präsident der Republik Vietnam, Ngo Dinh Diem, den Buddhisten seines Landes die Führung ihrer eigenen Flagge zu gestatten; in dem darauf ausgebrochenen Aufruhr kam er selbst ums Leben. Heftige öffentliche und parlamentarische Auseinandersetzungen tobten 1964 über die Frage der Annahme einer Nationalflagge in Kanada. 1958 riß ein japanischer Student die Flagge der Chinesischen Volksrepublik herunter und verursachte so für mehrere Jahre den Abbruch der Beziehungen zwischen beiden Ländern. Als Herausforderung sind verbotene Flaggen in Spanien, der Sowjetunion und anderswo entfaltet worden. Internationale Zwischenfälle wegen Auftretens oder Weglassens bestimmter Flaggen kommen oft vor.

Die sogenannte Vietkongfahne wurde in den 60er Jahren überall ein Symbol des Protestes.

Seit dem Zweiten Weltkrieg ist Fahnenverbrennung als eine Form politischen Protestes üblich geworden.

Die symbolische Aussage einer Gruppe, wie die der Palästinenser *(oben)*, wird oft durch eine andere Gruppe – hier durch Israelis – durch den Gebrauch entgegengesetzter Symbole beantwortet.

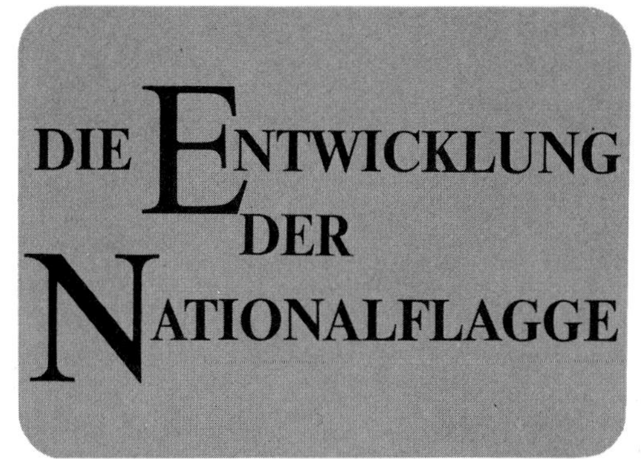

# Die Entwicklung der Nationalflagge

Eine Nationalflagge verkündet Autorität, Sieg, Bedrohung, Solidarität, Gedenken. Woher aber kommt diese Wirkung? Warum sollen bestimmte Farben oder Bilder oder überlieferte Darbietungsformen gerade mit dieser und jener und nicht mit anderen Nationen verbunden sein? Solche Eigenschaften von Fahnen sind selten zufällig, und falls wir Beweggründe der Vergangenheit nicht verstehen, kann das Verständnis für die Geschichte von Nationalflaggen zum

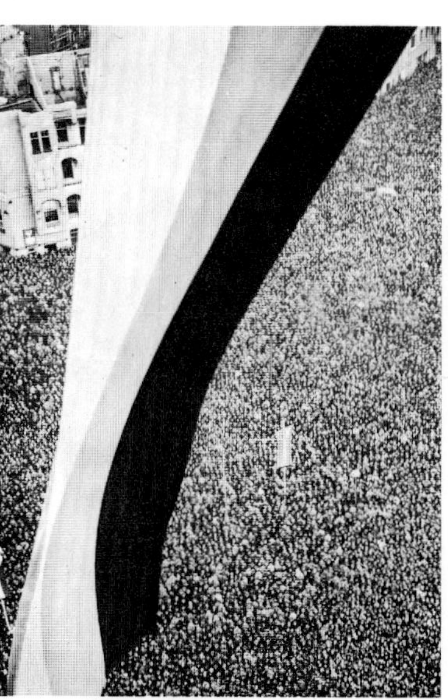

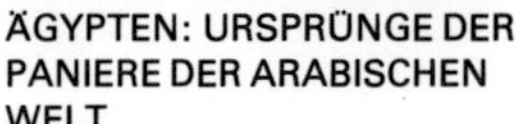

ÄGYPTEN: URSPRÜNGE DER PANIERE DER ARABISCHEN WELT

NIEDERLANDE: »ORANJE BOVEN« (ORANIEN OBEN)

JAPAN: LAND DER AUFGEHENDEN SONNE

SOWJETUNION: »PROLETARIER ALLER LÄNDER, VEREINIGT EUCH«

VEREINIGTES KÖNIGREICH: DIE EDLE AHNENREIHE DES UNION JACK

VEREINIGTE STAATEN: EINE FAHNE, IN DER REVOLUTION GEBOREN

ZAIRE: DIE SUCHE NACH NATIONALER IDENTITÄT

Schlüssel für ein besseres Verständnis der Nationen selbst werden.

So wie es keinen allgemein gültigen Begriff der Nation gibt, so gibt es auch keine allgemein gültige Geschichte der Nationalflagge. Der genaue Sinn des Wortes ›Nationalflagge‹ wechselt von Land zu Land und im Lauf der Zeit auch innerhalb eines Landes. Dennoch gibt es einen Wesenszug, der als universal gelten darf: Eine Nationalflagge verkörpert immer einen wesentlichen Teil des Charakters eines Landes und seines Volkes. Wer die Symbolik einer Flagge zu lesen versteht, dem ist die Flagge tatsächlich ein Ausdruck aller Siege und Tragödien eines nationalen Lebens – besonders des Kampfes für Einheit, Unabhängigkeit und die Vorherrschaft einer Staatsauffassung, durch die in jedem Land

Tausende von Seiten benötigen; aber die hier getroffene Auswahl war keineswegs willkürlich: Sowohl die ausgewählten Länder als die behandelten Flaggen sollen dem Leser ein sachlich begründetes Verständnis liefern für die Übereinstimmung oder die Verschiedenheit von Überlieferungen innerhalb einer einzelnen Nation, für die Vielfalt der Entwicklung des Fahnenwesens in der ganzen Welt, für die zeitbestimmten Wandlungen im Verhalten gegen-

CHINA: NEUER SINN IN ALTEN SYMBOLEN

DEUTSCHLAND: VOM KAISERADLER ZU SCHWARZ-ROT-GOLD

SPANIEN: MITTELALTERLICHE HERALDIK IN MODERNER GESTALT

FRANKREICH: VON DER ORIFLAMME ZUR TRIKOLORE

ITALIEN: EINHEIT AUS DER VIELFALT

MEXIKO: »DORT, WO IHR EINEN KAKTUS AUF DEM FELSEN WACHSEN SEHT«

nicht nur die Verfassung und das Recht, sondern auch das tägliche Leben der Bürger gestaltet wird.
Aus diesem Grunde wäre es höchst wünschenswert, eine vollständige Geschichte der Nationalflaggen eines jeden Landes vorzustellen. Um dies ausführlich zu tun, würde man buchstäblich

über Fahnen und folglich in der Fahnenführung und vor allem für die grundsätzliche Bedeutung von Fahnen für die unter ihnen lebende Bevölkerung.
Leser, die weitere Information wünschen, werden auf die Literaturhinweise auf den Seiten 350 und 351 verwiesen.

# CHINA

## NEUER SINN IN ALTEN SYMBOLEN

Tausend Jahre Geschichte überbrückend, spiegelt sich die Symbolik der Fünf im Fünfsternebanner der Volksrepublik China und in den fünf militärischen Fahnen des chinesischen Altertums.

Wenn man von anderen Ländern isoliert lebt oder, wie die Chinesen es sehen, wenn man im Land der Mitte lebt, dann liegt die Vermutung nahe, nur die anderen Völker an den entferntesten Ecken der Welt müßten ihre Identität kundtun. So war die Drachenfahne des kaiserlichen China, trotz des Alters dieses Symbols, niemals zu einem Zeichen des ganzen chinesischen Volkes oder zu seiner wirklichen Repräsentierung bestimmt. Als Nationalflagge wurde sie widerstrebend zur Beschwichtigung Außenstehender angenommen – jener Barbaren, die, im Besitz eigener Fahnen, darauf bestanden, die Chinesen müßten auch welche haben. In chinesischer Sicht bestand ebensowenig ein Bedürfnis nach einer eigenen Nationalflagge, wie vom

CHINESISCHE KRIEGSFLAGGE, 1863 BIS ETWA 1872

CHINESISCHE STAATS- UND KRIEGSFLAGGE, 1872 BIS ETWA 1890

britischen Gesichtspunkt aus keine Notwendigkeit besteht, »United Kingdom« auf Briefmarken, Münzen und Autonummernschilder zu setzen (eine Auffassung, die bei den Briten heute noch herrscht). Um gegenüber den Chinesen und den Briten gerecht zu sein, muß hervorgehoben werden, daß ethnozentrische Einstellung eine universale Disposition ist. Die Ureinwohner Australiens, von englischen Forschern, die ihnen im 18. Jahrhundert begegneten, befragt, wer sie wären, sollen geantwortet haben: »Wir sind Die Menschen. Und wer seid ihr?«

Vor den europäischen Eingriffen in Chinas Angelegenheiten um die Mitte des 19. Jahrhunderts wurden chinesische Flaggen hauptsächlich auf Fischerbooten und vom Heer gebraucht; sie zeichneten sich hier wie dort durch Vielfältigkeit in Form, Farbe und Zeichnung aus. Chinesische Heere waren von altersher in Einheiten mit Fahnen in den fünf Farben Rot, Gelb, Blau, Weiß und Schwarz eingeteilt. Mit jeder dieser Farben war eine überlieferte, alte philosophische Vorstellung verbunden. Gelb war der Erde zugedacht (vielleicht, weil Gelb die Farbe des Lößbodens ist, der den Hauptanteil an dem reichen landwirtschaftlichen Boden Nordchinas ausmacht); Rot stand für die Sonne, Blau für den Himmel und Weiß für den Mond. Der Blaue Drache des Ostens entsprach dem Früh-

Ikonen des modernen China – ein Portrait von Mao Tse-tung auf einem roten Banner – werden in Millionen von Ansteckabzeichen wie diese hergestellt.

Unteren Beamten war der Gebrauch des kaiserlichen Drachens mit fünf Klauen bei Strafe untersagt.

ling und dem Morgen; der Rote Phönix des Südens stand für Sommer und Mittag; der Weiße Tiger des Westens versinnbildlicht den Herbst und den Abend, während die Schildkröte, als der Schwarze Krieger aus dem Norden bekannt, Winter und Nacht bedeutet. Folgerichtig war der Gelbe Drache, das kaiserliche Emblem schlechthin, das Symbol der Mitte. Aus diesen Vorstellungen sprudelten die symbolischen Quellen für verschiedene chinesische Fahnen, vornehmlich die religiösen Charakters.
Eine eigentliche Geschichte nationaler Flaggen beginnt in China erst 1863 während eines der zahlreichen Einfälle europäischer Soldaten, durch die weitere Konzessionen von China erzwungen werden sollten. Eine »chinesische« Marine, von Europäern kommandiert und zum Schutz europäischer Händler und Missionare eingerichtet, wurde unter Druck von dem sieben Jahre alten Kaiser T'ung Tsch'i ins Leben gerufen. Zum Ausdruck der kaiserlichen Autorität war die Gösch dieser Flotte gelb mit einem blauen Drachen. Der wahre Stand der Dinge war aber in der neuen Kriegsflagge ausgedrückt, wo der kaiserliche Drache und sein gelber Hintergrund auf ein sehr kleines Mittelemblem verringert worden war. Die Grundzeichnung der Flagge war das schottische Andreaskreuz in den grün-gelben Farben des Tartans der Familie, aus der der Befehlshaber der neuen Flotte, Charles Gordon, stammte. Kurz, die neue Flagge war den Chinesen nicht nur aufgezwungen worden, sondern sie bezog nicht einmal ihre eigenen, reichen vexillologischen Überlieferungen mit ein.
Am 10. November 1872 wurde die erwähnte Gösch zur offiziellen Staats- und Kriegsflagge von China; achtzehn Jahre später wurde sie mit europäischen Flaggentypen durch ein nunmehr rechteckiges Tuch in Übereinstimmung gebracht. Die 1863 geschaffene Flagge wurde durch Rückführung auf ihr Grundmuster, das gelbe Schrägkreuz auf Grün, zur Flagge des Kaiserlichen Seezolls. Diese mächtige Institution trieb das Geld auf, das die Einträglichkeit

In den letzten Tagen des Kaisertums erlebte China seine erste Nationalflagge – und fremde militärische Besetzung.

CHINESISCHE STAATS- UND KRIEGSFLAGGE, ETWA 1890 BIS 1912

KUOMINTANG-PARTEIFLAGGE, SEIT 1895

REPUBLIK CHINA, NATIONALFLAGGE SEIT 1928; KRIEGSFLAGGE SEIT 1914

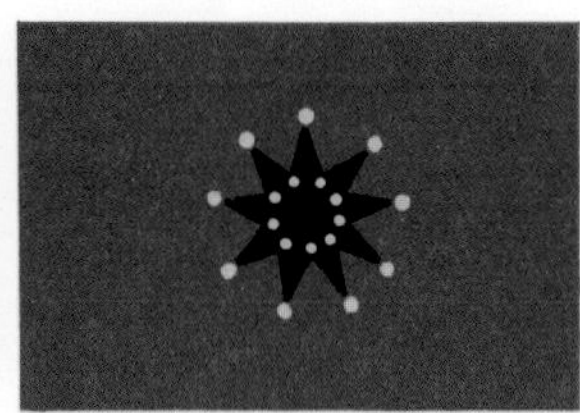

CHINESISCHE HEERESFLAGGE, 1911 BIS 1928

REPUBLIK CHINA, NATIONALFLAGGE 1912 BIS 1928

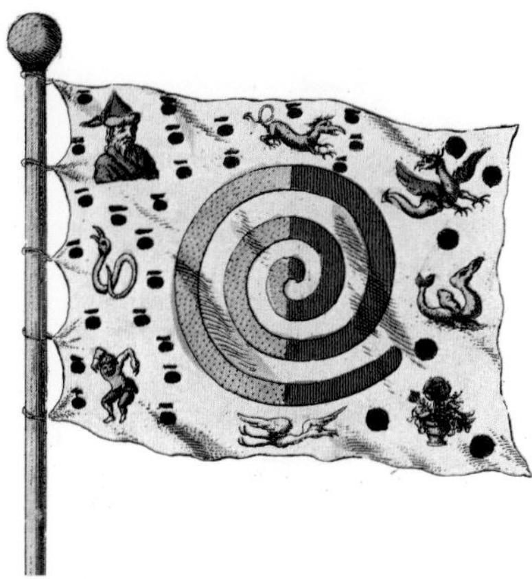

Diese phantasievolle europäische Vorstellung von einer chinesischen Flagge aus dem 17. Jahrhundert, der sogar die einfache Darstellung des Yin Yang mißlang, steht hier als Warnung an den Vexillologen, der sich zu seiner Unterrichtung auf bloße Beschreibungen stützt.

Das Gewand auf dem Kaiserbild links ist gelb, denn Gelb war die Farbe der Mandschu-Dynastie (Ts'ing-Dynastie), die China von 1644 bis 1912 beherrschte.

Dieses Plakat von 1933 verdeutlicht das Schicksal von Chinesen, die die Anerkennung der Flagge des Mandschu-Staats ablehnten, und die Kraft, die ihn errichtete und aufrechterhielt – das japanische Militär.

an der Revolution, aus der schließlich die Republik China hervorging.

Am 10. Oktober 1911 ergriffen Revolutionäre innerhalb des Heeres die Herrschaft über Wuhan, wo sie ein neues Banner aufwarfen. Dessen rotes Feld trug in der Mitte einen schwarzen Stern mit achtzehn goldenen Knöpfen, einer für jede Provinz des Landes. Rot entsprach symbolisch dem Süden, wo die Revolution ausgebrochen war, aber es wurde auch als die nationale Farbe der Han, des chinesischen Volkes, angesehen, das sich nach über zweieinhalb Jahrhunderte langer Unterwerfung gegen die gelbe Mandschu-Dynastie erhoben hatte.

Nach der Rückkehr in seine Heimat wurde Sun, nachdem er in Denver (Colorado) von der

MANDSCHUKUO, NATIONALFLAGGE 1932 BIS 1945

MENG-TSCHIANG, STAATSFLAGGE UM 1938 BIS ETWA 1942

MONGOLISCHE FÖDERATION, STAATSFLAGGE ETWA 1942 BIS 1945

KUOMINTANG-REPUBLIK CHINA, STAATSFLAGGE 1940 BIS 1943

CHINESISCHE SOWJETREPUBLIK, STAATSFLAGGE 1932 BIS 1935

Haartracht und Fahnen unterlagen mit der Errichtung der Republik in China (1912) radikalen Veränderungen.

Chinas für die europäischen Imperialisten gewährleistete.

Die Erniedrigung Chinas in jener Zeit veranlaßte viele seiner Bürger, Wege zur Wiederherstellung der früheren chinesischen Größe zu suchen. Unter den Verfechtern einer Politik der Bewahrung der chinesischen Unabhängigkeit durch Verwestlichung des Landes ragte Sun Yat-sen hervor. 1894 gründete er in Honolulu (Hawaii) die Gesellschaft für die Wiedergeburt Chinas. Die folgenden siebzehn Jahre verbrachte er mit der Organisierung von Parteiversammlungen, dem Schreiben revolutionärer Traktate und der Predigt von der Notwendigkeit, die chinesische Kultur zu verändern.

Am 16. März 1895 wurde von der Gesellschaft eine Fahne angenommen, deren Entwurf von Lu Hao-tung stammte und die als »Weiße Sonne im Blauen Himmel« bekannt geworden ist; in ihr kam das Wesen der Organisation durch Verbindung der herkömmlichen chinesischen Farben und Symbolik mit westlichen Auffassungen, wie eine Fahne gestaltet sein solle, zum Ausdruck. Die Sonne darin war das Hauptelement des Yang, des männlichen Prinzips, das die Chinesen als die positive Kraft in der Existenz des Weltalls ansprechen.

Merkwürdigerweise hatten Sun und seine Weiße Sonne im Blauen Himmel keinen Anteil

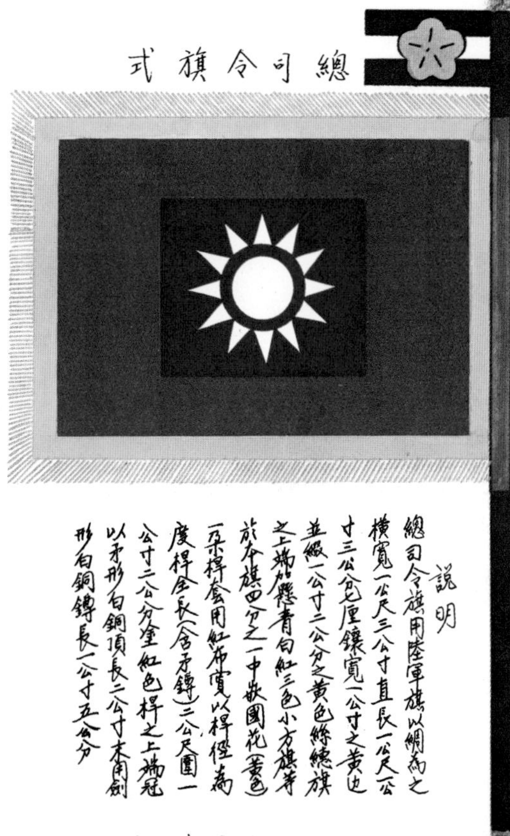


Die meisten Militärfahnen der Republik China *(rechts)* sind Ableitungen der Staatsflagge.

Während des Zweiten Welt-kriegs nähten Flieger Flaggen auf ihre Jacken zur Identifika-tion im Falle eines Abschus-ses.

CHINESISCHE SOWJETREPUBLIK, KRIEGSFAHNE 1932 BIS 1934

CHINESISCHE KOMMUNISTI-SCHE KRIEGSFAHNE 1935 BIS ETWA 1937

VOLKSREPUBLIK CHINA, STAATS- UND KRIEGSFLAGGE, NATIONALFLAGGE SEIT 1949

chinesischen Revolution in der Zeitung gelesen hatte, am 29. Dezember 1911 zum Provinzialpräsidenten gewählt. Die Drachenfahne verschwand nach der Abdankung des letzten Kaisers im März 1912 endgültig; um einen Konflikt mit dem General Yüan Schi-k'ai zu vermeiden, der die tatsächliche Gewalt im Norden des Landes in Händen hielt, dankte Sun als Präsident zu dessen Gunsten ab und nahm die Fünffarbenflagge als Sinnbild der jungen Republik an. Die Fünffarbenflagge war in Streifen aus den traditionellen Farben Rot, Gelb, Blau, Weiß und Schwarz gehalten. Durch die Japaner, Russen und Briten ermutigt, haben viele der grenznahen Gebiete sich als autonome Regionen mit eigenen Nationalflaggen eingerichtet. Sun und seine Anhänger, die weiterhin über den Süden des Landes herrschten, organisierten am 25. August 1912 die Kuomintang (KMT), um die Drei Prinzipien des Volkes zu verbreiten. In die jene Prinzipien symbolisierende Flagge wurde die Weiße Sonne im Blauen Himmel – sie dient heute noch als Parteiflagge der KMT – neben ein rotes Feld für China eingebaut, so daß jedem der Drei Prinzipien eine Farbe zugeordnet war. Am 1. September 1914 wurde die neue Flagge, die Weiße Sonne im Blauen Himmel über Rotem Land, zur chinesischen Kriegsflagge erklärt; die rote Fahne mit dem schwarzen Stern wurde die Kriegsfahne. Die fünfstreifige Nationalflagge wurde mit einer grünen Oberecke, darin ein gelbes Schrägkreuz, versehen und diente künftig als Unterscheidungsflagge des Zolldienstes, der weiterhin die Gebühren zugunsten der Imperialisten eintrieb. Schwach und geteilt, sah China in den folgenden Jahrzehnten viele lokale Kriegsherren vielerlei eigene Fahnen aufwerfen. Nach dem Tod von Sun am 12. März 1925 errichtete die KMT unter der Führung des Generals Tschiang Kai-schek eine Nationalregierung in Kanton und plante eine Nordexpedition zur Vereinigung des Landes. Um den Erfolg dieses Feldzuges zur Vereinigung des größten Teils von China zu demonstrieren, schaffte die KMT am 8. Oktober 1928 die Fünffarbenflagge ab zugunsten ihrer eigenen Fahne. Diese KMT-Flagge dient weiter als Staats- und Nationalflagge

Mit der Proklamation der Volksrepublik China (1949) begann in der Geschichte der Nation eine neue Ära.

Das Portrait des Vorsitzenden Mao, oft von Nationalflaggen flankiert *(links)*, ist in ganz China ein gewohnter Anblick.

».Auf! Auf! Auf! Millionen, aber eines Herzens, marschieren voran, des Feindes Feuer trotzend!« (Aus *Der Marsch der Freiwilligen*, die Nationalhymne der Volksrepublik China.)

Mitglieder des Jugendkorps, einer Schulorganisation in der Republik China, paradieren mit ihrer Korps-Flagge, die u.a. die Weiße Sonne im Blauen Himmel, das Symbol der Kuomintang, enthält.

der heute auf Taiwan beschränkten Republik China.

1931 fiel Japan in Nordostchina ein; dort proklamierte es am 18. Februar 1932 den unabhängigen Mandschu-Staat (Mandschukuo). Die alte gelbe Fahne mit ihrem blauen Drachen erschien wieder, und der letzte Mandschu-Kaiser von China, P'u-yi, der sechsjährig 1912 abgedankt hatte, wurde als Präsident einer Marionettenregierung eingesetzt. Die mandschurische Nationalflagge zeigte die kaiserliche, goldgelbe Farbe seiner Dynastie, ihre Oberecke war aus den anderen vier Farben der ersten republikanischen Flagge Chinas zusammengesetzt. Offiziell am 9. März 1932 gehißt, blieb diese Flagge unverändert, als der Staat 1934 den Namen Mandschurisches Kaiserreich (Mandschutikuo) erhielt mit P'u-yi als Kaiser K'ang Te. An die Stelle von P'u-yis Drachenfahne trat eine neue Kaiserstandarte mit einer stilisierten goldenen Orchidee in der Mitte des gelben Grundes.

Das Kapitolsgebäude in Taipeh auf der Insel Taiwan zeigt eine Anzahl von Symbolen zu Ehren der Gründung der Republik China. Das einem zweiarmigen Kreuz ähnelnde Emblem ist die verdoppelte Zahl Zehn, weil ›Doppelte Zehn‹ (10. Oktober) das Datum des Ausbruchs der Revolution ist, die dem chinesischen Kaiserreich ein Ende bereitet hat. Die in den Dekorationen erscheinende fünfblättrige Pflaumenblüte ist die Nationalblume Chinas.

Weite Gebiete längs der Küste gerieten unter japanische Besetzung, und Tschiang Kai-schek zog sich in das Innere des Landes zurück. Die Zusammenfassung der japanischen Eroberungen führte am 14. Dezember 1937 zur Bildung einer Provisorischen Regierung der Republik China in Peiping (Peking), sodann der Reformierten Regierung der Republik China, die in Nanking am 28. März 1938 eingesetzt wurde. Beide nahmen offiziell die vor etwa einem Jahrzehnt verschwundene Fünffarbenflagge wieder an. Die Japaner unterstützten auch lokale Regime, darunter die in der besetzten Inneren Mongolei lebenden Mongolen. Am 22. November 1937 wurde die Vereinigte Meng-Tschiang-(Mongolische Grenzgebiet-) Kommission organisiert; deren hellblaue Fahne für die Mongolen enthielt rote, gelbe und weiße Streifen zur Repräsentierung der anderen Bevölkerungsgruppen. Die gleichen vier Farben erschienen in der Flagge der am 1. September 1939 gebildeten Mongolischen Autonomen Bundesregierung.

Am 1. April 1940 vereinigten die von den Japanern gestützten Regierungen zu Peiping und Nanking ihre Gebiete und hißten die Flagge ihrer neuen Nationalistischen Regierung der Republik China. Ihre herrschende Partei nahm den Namen, die Symbole und viel aus dem Programm der ursprünglichen KMT an, deren eigene Regierung in Tschungking weiterbestand. Sogar die Staatsflagge unterschied sich von der ihrer Rivalen nur durch einen darübergesetzten gelben Wimpel mit der Inschrift »Frieden, Antikommunismus, Aufbau«. Nach dem Februar 1943 verschwand dieser Wimpel, und zwei Jahre lang wurden die chinesischen Massen mit den Gegenansprüchen zweier Regierungen konfrontiert, die Namen und Flagge teilten und darauf beharrten, die alleinige Stimme Chinas zu sein. Als Hauptnutznießer dieser Verwirrung erwies sich die Kommunistische Partei Chinas (KPC).

1921 gegründet und ursprünglich ein Verbündeter von Tschiang Kai-schek, hatte die KPC in den 30er Jahren gewisse Erfolge bei der Bildung lokaler Regierungen. Am 3. Januar 1932 wurde z.B. in Kiangsi eine Chinesische Sowjetrepublik ausgerufen. Tschiang Kai-schek gelang es erst am 10. November 1934, diesen Staat zu überwinden. Ende 1937 fand sich die KPC bereit, mit der KMT gemeinsam gegen die Japaner zu operieren. Die Kommunisten gaben zugunsten der Weißen Sonne im Blauen Himmel und deren Abwandlungen ihre eigenen Symbole auf und erkannten die Nationalregierung unter Tschiang Kai-schek als führende Kraft der Republik China an. Dennoch zog die KPC aus dem Krieg und seinen Folgen den Vorteil, militärisch und politisch die Basis für die eigene Beherrschung des gesamten chinesischen Festlandes schaffen zu können, was mit dem Fall Tibets im Jahre 1951 abgerundet worden ist. 1941 bestanden auf chinesischem Gebiet de facto sechs unabhängige Staaten (Republik China, KMT Republik China [KMT-Regierung Tschiang Kai-scheks], Mandschutikuo, Meng-Tschiang, Sinkiang und Tibet), jeder mit einer eigenen Flagge. Kaum acht Jahre später lernte die Nation, als am 21. September 1949 die Volksrepublik China proklamiert worden ist, eine in ihrer Größe seit einem Jahrhundert unbekannt gebliebene Einheit und Unabhängigkeit von fremder Herrschaft kennen.

# DEUTSCHLAND

## VOM KAISERADLER ZU SCHWARZ-ROT-GOLD

Schwarz-Rot-Gold und der mittelalterliche Reichsapfel aus den Reichskleinodien sind zwei der zahllosen, die Wechselfälle der deutschen Geschichte widerspiegelnden politischen Symbole.

Zwei Hauptthemen stehen in der deutschen Fahnengeschichte im Vordergrund: die Bilder Kreuz und Adler und die Farben Schwarz, Rot, Gold und Weiß. Schon Karl der Große führte ein rotes Fahnentuch und einen goldenen Adler, und beide haben in der deutschen Symbolik eine dauernde Rolle gespielt, indem sie die Hoheit über friedliche und kriegerische Dinge, über Leben und Tod und die Majestät eines von Gott eingesetzten Herrschers ausdrücken. Einerseits wurden rote Fahnen von militärischen Einheiten geführt oder von Karl dem Großen an Unterstellte zum Zeugnis der ihnen übertragenen Autorität erteilt. Andererseits war der auf seiner Pfalz zu Aachen errichtete Adler mehr ein persönliches Emblem, das den Anspruch Karls des Großen und der späteren Kaiser auf die Weltherrschaft als Nachfolger des Römischen Reiches symbolisierte. Das neue Heilige Römische Reich Deutscher Nation, wie es vom 15. Jahrhundert an genannt wurde, war nicht der einzige Staat, der die Erbschaft der Cäsaren beanspruchte oder den Adler als eine sichtbare äußere Bekundung solcher Ansprüche führte; aber bis zu seiner Auflösung durch Napoleon (1806) war es der Hauptbewerber um diesen Titel.

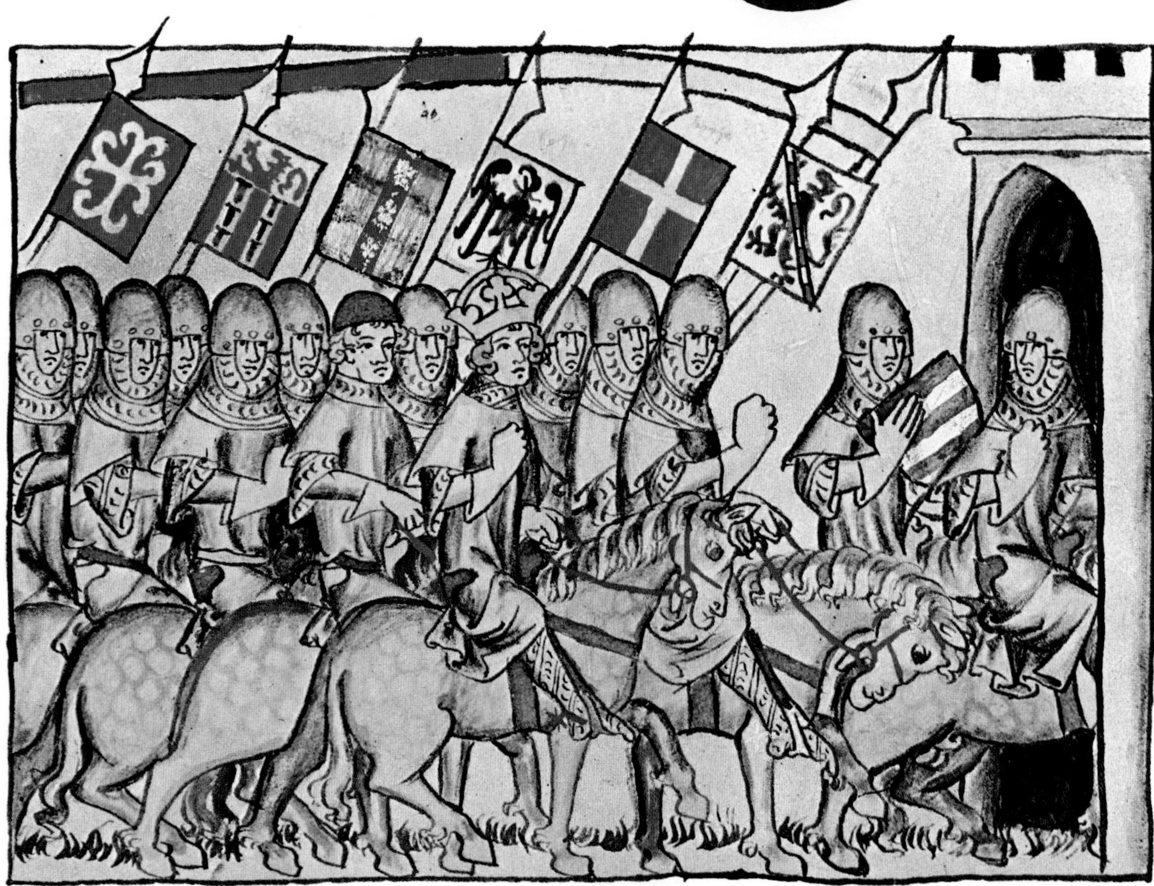

Obwohl seine Herrschaftszeit lange vor der Entwicklung der Heraldik liegt, hat Karl der Große einen bedeutenden Einfluß auf die Symbole der deutschen Kaiser ausgeübt. Das Kreuz, der Adler und der rote Gonfanon, die Kriegsfahne *(unten)*, gehören zu den Sinnbildern, deren Gebrauch in Erinnerung an die Einheit und die karolingische Kultur Mitteleuropas fortdauerte.

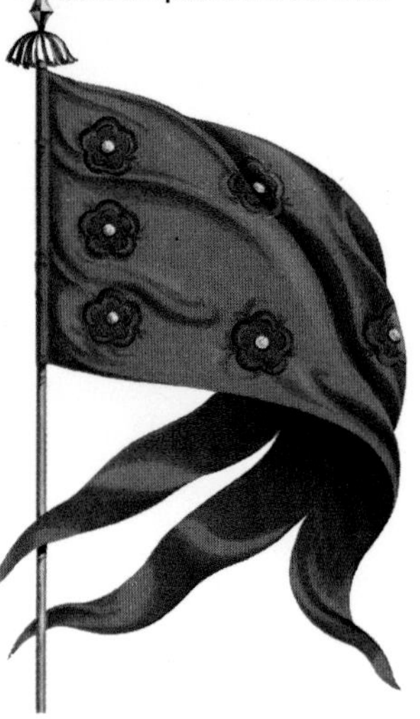

Die kaiserliche Adlerfahne *(oben)* kennzeichnet König Heinrich VII. beim Einzug in Rom in dieser Abbildung aus dem 14. Jahrhundert. Andere deutsche Fürsten sind an ihren eigenen Bannern kenntlich. Der kaiserliche deutsche Doppeladler *(rechts)* trägt einen von Ungarn und Böhmen gevierten Brustschild.

An drei der größten Herrscherhäuser der deutschen Geschichte erinnern diese Bildnisse des Karolingers Karls des Großen (768–814), des Hohenstaufen Friedrichs I. Barbarossa (1152–90) und des Habsburgers Rudolfs I. (1273–91).

Das dritte wichtige Symbol von Karls des Großen Reich war das Kreuz: es bezeichnete das christliche Wesen des Staates und die Auffassung, daß die letzte Quelle für des Kaisers Autorität weder sein Heer noch der Papst, sondern Christus selbst sei. Während die rote Fahne die kaiserliche Hoheit über Leben und Tod symbolisierte, zeigte das Kreuz auf einem Marktplatz oder auf einem Handelsschiff den Königsfrieden an.

Indessen war die Führung des Kreuzes nicht hierauf beschränkt. Ein auf Gottes Fügung gegründeter Staat darf bei jeder im Namen des Kreuzes unternommenen Sache sein Eingreifen erwarten. Nicht nur die Banner der Kreuzfahrer und der Ritterorden, wie zum Beispiel der Deutsche Orden, kommen hier in Betracht, sondern auch eine kaiserliche Kriegsfahne, die rot mit einem weißen Kreuz war.

Der Deutsche Orden übte durch seine Bevorzugung von Weiß und Schwarz einen dauernden Einfluß auf deutsche Fahnen aus. Rot und Weiß war in den Hansestädten an der Nordsee üblicher. Riga an der östlichen Ostsee verzeichnet von 1295 an einen schwarzen Flüger mit einem weißen Kreuz, aber schon ein Vierteljahrhundert zuvor hat Hamburg offiziell mit der Führung eines roten Flügers begonnen, auf den der weiß über rot gestreifte Flüger von Lübeck und ähnliche Flaggen Elbings und Stettins, die rote Flagge mit zwei weißen Kreuzen von Danzig und die weißen Pfeilspitzen auf Rot von Stralsund folgten. Rot und Weiß waren nicht nur eine Eigenheit der Hanse, sondern kennzeichneten im Gefecht Truppen Dutzender von Städten und Staaten, wie dies die von den Polen in der Schlacht von Tannenberg am 15. Juli 1410 eroberten Banner dramatisch veranschaulichen. Ein handgemaltes Verzeichnis der Beute weist ein überwältigendes Übergewicht von Weiß und Rot nach, gefolgt von Schwarz als der nächstbeliebten Fahnenfarbe. Trotzdem darf man noch nicht von deutschen Nationalfarben sprechen, da es ein deutsches Nationalgefühl noch nicht gab. Während des späteren Mittelalters bestimmte die Heraldik das deutsche Fahnenwesen. Was ihre vorheraldischen Quellen auch immer gewesen sein mögen, zu staatlichen Emblemen sind der Adler von Preußen, das Sachsenroß, die Löwen von Schwaben und viele andere Wappenzeichen in Gestalt und Gebrauch normiert worden. Als die Einzelstaaten schließlich in ein vereinigtes Deutschland zusammengeschlossen worden sind, konnte sich nur noch der Adler als national bedeutend erweisen; aber solange die von den anderen Bildern repräsentierten Staaten unabhängig waren, erkannte ganz Europa den Schlüssel von Bremen, den Stierkopf von Mecklenburg, den Adler von Lübeck oder die Rauten von Bayern als Hoheitszeichen an. Die Rechte dieser Flaggen wurden sogar auch nach der deutschen Vereinigung im Jahre 1871 – besonders in den seefahrenden Staaten – eifersüchtig gewahrt. Diese Staaten blieben berechtigt, in den Küstengewässern eigene Flaggen zu führen.

Indessen dienten die angeführten Symbole und Farben nicht als Landesflaggen der deutschen Staaten, von denen viele klein und ohne Seehäfen waren und deren Herrschaftsverhältnisse oft wechselten. Soweit es ein Nationalgefühl gab, war dies mehr ein allgemein-deutsches Bewußtsein von Kultur, Sprache und Geschichte und kein politisches. Unter dem Einfluß der Französischen Revolution und der nationalen Aufstände von 1848 änderte sich diese Lage, es entstand die deutsche Einheitsbewegung. Ungeachtet der zahlreichen politischen Veränderungen, die Deutschland seit 1848 erlebt hat, darunter das Verbot der Landesflaggen 1936 und die radikale Neuziehung seiner Grenzen nach dem Zweiten Weltkrieg, blieben die Landesflaggen ziemlich volkstümlich.

FAHNE DES HL. REICHES

DEUTSCHER ORDEN

HOCHMEISTER DES DEUTSCHEN ORDENS

STRALSUND

DANZIG

Die Flaggenbilder unten zeigen allgemeine Eigentümlichkeiten des frühen deutschen Fahnenwesens. Oft schmükken Schwänze oder Schwenkel das fliegende Ende, besonders bei Kriegsfahnen. Das Kreuz – in verschiedenen künstlerischen Ausgestaltungen, jede mit einem eigenen heraldischen Namen – war keineswegs nur auf religiöse Fahnen beschränkt, sondern zeigte in bürgerlichen und kriegerischen Bannern gleichermaßen den göttlichen Segen an. Auf den ältesten heraldischen Flaggen spielten die Sinnbilder oft auf den Namen der Stadt oder der lokalen Autorität an, die die Flagge führte. So führte Stralsund zwei Pfeilspitzen (im Mittelalter auch *Strahl* genannt). Rot und Weiß waren, wie in der Flagge von Danzig, die üblichen Farben der Hafenstädte der Hanse.

Die Stadtfahne von Trier *(rechts)* ist durch eine Handschrift aus dem 15. Jahrhundert nachgewiesen. Sie zeigt den Schutzheiligen der Stadt, St. Peter.

Die Reichsstädte, die eine beträchtliche Autonomie genossen, waren auf ihre heraldischen Banner besonders stolz. Die Holzschnitte *(unten)* sind aus dem Wappenbuch von Jacob Köbel (1545)

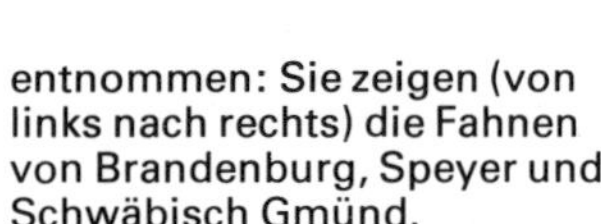

entnommen: Sie zeigen (von links nach rechts) die Fahnen von Brandenburg, Speyer und Schwäbisch Gmünd.

Seit dem 13. Jahrhundert war der aus dem alten Rom abgeleitete Adler ›heraldisiert‹ und auch auf Fahnentüchern üblich. Das kaiserliche Banner zeigte den schwarzen Adler auf goldgelbem Tuch. Seit 1332 beanspruchte der Herr über die Stadt und Burg von Markgröningen das Vorrecht und die Verantwortung für die Verwahrung der sogenannten Reichssturmfahne und ihre Führung in Kriegszeit. Das Recht des Bannerträgers war ein Punkt in einem längeren Rechtsstreit, der 1699 mit der Anerkennung durch Kaiser Leopold I. endete, der Titel gehöre dem Hause Württemberg; und bis heute führt der Prätendent auf diesen Thron die Reichsfahne in seinem Wappen. Der zweiköpfige Adler war durch Kaiser Sigismund 1401, in seiner Zeit als Reichsverweser, für die Dauer festgestellt worden. Nach dem Untergang des Heiligen Römischen Reiches 1806 blieb der Adler zeitweilig inoffiziell, seit 1871 ununterbrochen das Wappenbild Deutschlands unabhängig von seiner Staatsform.

Auch vor der Annahme von Schwarz-Rot-Gold als deutsche Nationalfahne gab es Fahnen in diesen Farben, zum Beispiel während der belgischen Revolution von 1830 als Farben von Brabant. Württemberg führte die gleichen Farben seit Ende des 16. bis zum Beginn des 19. Jahrhunderts. Die Staaten Reuß und Waldeck hatten schwarz-rot-goldene Kokarden. Aber der Ursprung des gesamtdeutschen Schwarz-Rot-Gold stammt von den in diesen Farben gehaltenen Uniformen des Lützower Freikorps von 1813. Drei Jahre später schenkten die Damen von Jena der dortigen studentischen Verbindung (Burschenschaft) eine Fahne mit karmesin-schwarz-karmesin-farbigen waagerechten Streifen, darauf ein goldener Eichenzweig in der Mitte und mit goldenen Fransen an den Kanten. Anläßlich des Wartburgfestes am 18. Oktober 1817, als etwa 500 Burschenschaftler aus ganz Deutschland versammelt waren, wurden die Farben Schwarz-Rot-Gold in dem Glauben angenommen, dies seien die alten deutschen Farben. Von hier aus wurden die drei Farben in der zweiten und dritten Dekade des 19. Jahrhunderts zu den Farben der deutschen Einheitsbewegung.

Mit der restaurativen Politik der Regierungen Unzufriedene versammelten sich am 27. Mai 1832 auf dem Hambacher Schloß, wo Schwarz-Rot-Gold in seine eigentliche Rolle als Symbol ihrer nationalen und demokratischen Sache hineinwuchs. Angefeuert von der Julirevolution 1830 in Paris, in der die französische Trikolore wiederhergestellt worden war, forderten Tausende auf dem Hambacher Fest die Abschaffung der Staatsgrenzen und die Demokratisierung Deutschlands; sie begegneten verschärften Unterdrückungsmaßnahmen. Dennoch setzte

Diese Schlacht, einer der zahlreichen Kämpfe, die während des 16. Jahrhunderts in Europa infolge der Reformation und der religiösen und politischen Spaltung zwischen Katholiken und Protestanten ausgefochten wurden, stellte 1532 Schweizer Knechte deutschen Landsknechten unter Fahnen von ähnlichem Aussehen gegenüber.

Hinter der Zersplitterung deutscher Staatlichkeit vor dem 19. Jahrhundert bestanden kulturelle und historische Bindungen sowie die politische Realität des Heiligen Römischen Reiches, dessen goldenes Banner einen Adler *(unten)* mit einem aus den Wappen von Österreich und Burgund zusammengefügten Schild auf der Brust trug.

sich die in Volksliedern besungene neue Flagge als Sammelzeichen für die deutsche Einheit durch.

Der Ausbruch der Revolution in Paris 1848 führte zu einer neuen Welle revolutionärer Aktionen in Deutschland. In kürzester Zeit erließen erschreckte Fürsten der Mittel- und Kleinstaaten ziemlich liberale Verfassungen. Am 9. März erklärte die in Frankfurt am Main tagende Bundesversammlung als einen Schritt zur Vereinigung Deutschlands die Annahme des »alten deutschen Reichsadlers und der Farben des ehemaligen deutschen Reichspaniers, Schwarz-Rot-Gold«. Als König Friedrich Wilhelm IV. von Preußen sich selbst, von einer solchen Fahne begleitet, am 21. März in den Straßen von Berlin zeigte, schien es vielen, daß der Tag der deutschen Einheit angebrochen sei. Die am 18. Mai in der Paulskirche zu Frankfurt zusammengetretene Nationalversammlung

Zu rituellem Gebrauch wie bei Staatsbegräbnissen waren die Banner von Zünften und ähnlichen Organisationen ständig mit komplizierten heraldi-

schen Darstellungen versehen, reich gemalt oder gestickt, um das Ansehen und die Würde der von ihnen repräsentierten Person oder Institution zu heben *(oben)*. Hingegen entwickelten die Flaggen zur Kennzeichnung auf See eine Tendenz zu einfachem Aussehen, so daß sie

auf große Entfernung leicht zu unterscheiden waren. Eine der bekanntesten deutschen Flaggen dieser Art ist die hamburgische *(oben)*, deren weiße Burg meist auf einem roten Feld erschien. Anscheinend unter dem Einfluß des britischen Flaggensystems wurde im 19. Jahrhundert auch eine blaue Flagge mit der gleichen Burg gebraucht.

Die Eiche als Sinnbild der Stärke erscheint sowohl in dem Zweig, der auf diese Fahne der Burschenschaft des 19. Jahrhunderts aufgestickt ist, als auch in den eichelförmigen Quasten, in die seine Schmuckschnüre enden *(oben)*.

In der Schlacht bei Zorndorf am 25. August 1758 ergriff König Friedrich der Große von Preußen eine Regimentsfahne und führte unter eigener Lebensgefahr seine Truppen ins Gefecht *(oben)*.

*Unten:* Eine typische Fahnenspitze und eine Fahne von Preußen sowie eine Frankfurter Fahne, alle aus dem frühen 18. und 19. Jahrhundert.

bereitete sich, wie sich zeigte, vergeblich auf eine Tätigkeit als verfassunggebende Versammlung für ganz Deutschland vor. Als solche beschloß sie am 31. Juli 1848 ein erst am 12. November 1848 verkündetes Gesetz über eine deutsche Kriegs- und eine Handelsflagge, wobei die Handelsflagge der schwarz-rot-goldenen Nationalfahne entsprach, die Kriegsflagge zusätzlich den Bundesadler auf gelber Oberecke aufwies.
Zur Frage des künftigen Wappens und der Flagge entstand eine umfangreiche Literatur. Einige meinten, Schwarz, Rot und Gold seien nicht die wahren deutschen Farben, während andere einwandten, daß die Anordnung mit den heraldischen Regeln nicht übereinstimme. Wichtiger war, daß nur die Vereinigten Staaten, Belgien, die Niederlande und Neapel die Flagge anerkannten, vor allem weil die eigentlichen Herrscher ihre Nerven wieder gewannen und ihre Autorität wieder festigten. Ohne genügende Geldmittel und ohne eigene Armee, sah sich die Nationalversammlung außerstande, der von ihr im März 1849 verkündeten Verfassung Geltung zu verschaffen. Dem König von Preußen, Friedrich Wilhelm IV., wurde die Deutsche Krone angeboten, aber er lehnte sie mit der Begründung ab, daß das Recht der Könige aus der Hand Gottes und nicht aus der des Volkes abzuleiten sei. Der Einfluß der Versammlung verblich, ihre Fahne verschwand, und die führende Rolle in den deutschen Einheitsbestrebungen wurde von Preußen übernommen.
Ein wichtiger Schritt in Richtung auf eine deutsche Einheit war die Gründung des Norddeutschen Bundes (1867), der die Führungsmacht Preußen und siebzehn norddeutsche Kleinstaaten zu einem Bundesstaat vereinigte. Der damalige preußische Ministerpräsident Otto von Bismarck, der Architekt dieses Bundes, wandte sich gegen Schwarz-Rot-Gold und veranlaßte persönlich durch die Verfassung vom 1. Juli 1867 die Annahme jener Flagge, die im Staatsverständnis der Deutschen ein mächtiger Rivale wurde: Schwarz-Weiß-Rot.
Der ursprüngliche Gedanke an diese drei Farben erschien in den Flaggenvorschlägen des Prinzen Adalbert, des preußischen Marineministers in den Jahren 1848 bis 1851; der Öffentlichkeit wurde erklärt, Rot und Weiß bedeuteten die Hansestädte und Schwarz-Weiß Preußen. Dies stimmte bequem mit den Farben des Königs von Preußen überein, dem man mit der Begründung schmeichelte, Schwarz-Weiß seien die Farben seines Staates und Rot-Weiß die der Mark Brandenburg. In der neuen norddeutschen Kriegsflagge diente Schwarz-Weiß-Rot als eine Oberecke, während das weiße Feld ein schwarzes, weiß-schwarz gerändertes Kreuz und in der Mitte eine den preußischen Adler auf weißem Grund zeigende Kreisscheibe aufwies. Diese Flagge verband das alte deutsche Kreuz auf Weiß des Deutschen Ordens und das Eiserne Kreuz, seit 1813 die hauptsächlichste deutsche Kriegsauszeichnung. Die drei Farben der

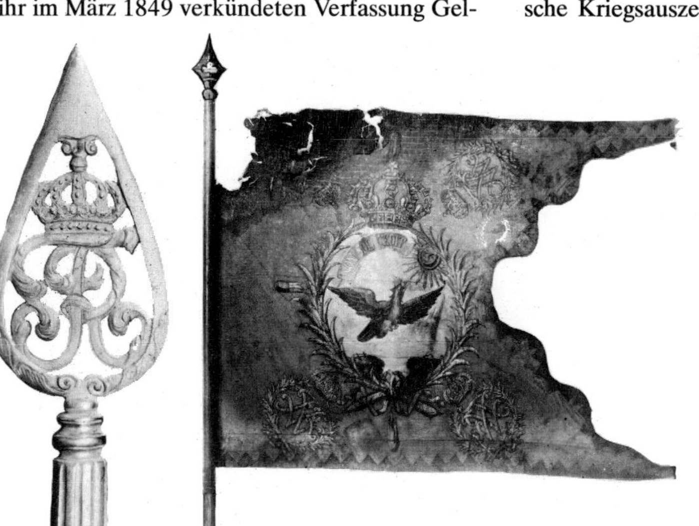

nunmehrigen Zusammenstellung entsprachen graphisch der ›Blut-und-Eisen-Politik‹ Bismarcks.
Zwischen ihrer Nationalflagge und ihrer Kriegsflagge schufen die Deutschen einen Unterschied ähnlich dem Beispiel Großbritanniens und anderer Seemächte. Das Wichtigste war, daß die neuen Flaggen den Deutschen endlich etwas verschafften: eine Flagge, die ein einheitliches Deutschland repräsentierte.
Die Schaffung eines vereinigten Deutschlands unter Ausschluß Österreichs wurde durch die Gründung des Zweiten Reiches am 18. Januar 1871 vervollständigt. In den folgenden vierzig Jahren sind die Grundformen von Schwarz-Weiß-Rot weiter ausgebaut worden. Marineflaggen, Kolonialflaggen, Dienstflaggen, könig-

Otto von Bismarck *(rechts)* sah seinen Traum der deutschen Einigung 1871 unter der schwarz-weiß-roten Flagge verwirklicht.

liche und kaiserliche Standarten wurden ohne die geringste Berücksichtigung der den Herzen so mancher Deutschen noch kurz zuvor so teuren schwarz-rot-goldenen Farben angenommen. Die persönliche Standarte der kaiserlichen Familie mit ihrem goldgelben Feld, schwarzen Kreuz und dem auf dem mittelalterlichen beruhenden kaiserlichen Schild enthielt zwar die drei alten Farben, aber die roten Anteile waren so klein, daß sie optisch keinen Eindruck von Schwarz, Rot und Gold vermittelten.

Die militärische Niederlage Deutschlands im Ersten Weltkrieg und die nachfolgende Novemberrevolution 1918, die den Kaiser und die Landesfürsten zur Abdankung zwang, stürzten die Nation politisch wie wirtschaftlich in eine äußerst kritische Situation. Schwarz-Weiß-Rot konnte nicht unverändert geführt werden; mit ihm war das monarchische, autoritäre Regime verknüpft, das nun beseitigt war. Schwarz-Rot-Gold wurde als nationale Fahne wiederbelebt, doch war es für viele das Sinnbild mehrfacher Demütigungen. Aber die gleiche Art von Intellektuellen, Staatsbeamten und Kleinbürgern, die 1848 unrealistisch und unentschlossen die Gelegenheit für die Vereinigung Deutschlands versäumt hatten, sollten nach Meinung mancher Kreise an der militärischen Niederlage und der politischen Umwälzung 1918/19 schuld sein. Die roten Fahnen der sowjetischen Aufstände, die im Januar 1919 in Berlin und etwas später für fast einen Monat in Bayern aufgepflanzt worden sind, bildeten ein böses Vorzeichen.

Auf der Suche nach einer Lösung angesichts der tief gespaltenen öffentlichen Meinung wurde in der Flaggenfrage ein Kompromiß erarbeitet, um unversöhnlichen politischen Differenzen durch gemeinsame Symbole gerecht zu werden. Die Nationalflagge wurde schwarz-rot-gold; die Dienstflagge die gleiche mit dem neuen Wappen in der Mitte. Dieses Wappen bestand aus

Diese Regimentsstandarte der Garde du Corps von 1890 zeigt den königlichen Namenszug in jeder Ecke und den preußischen Adler mit dem Spruch »Für Ruhm und Vaterland«. Ähnlich gestaltete Standarten sind später von der NSDAP und ihren Gliederungen während des Dritten Reiches geführt worden.

Die 1848 in der Frankfurter Paulskirche zusammengetretene Nationalversammlung erweckte Hoffnungen auf eine deutsche Einheit. Einen graphischen Ausdruck fanden die Hoffnungen in einem Wappen, das den kaiserlichen Schild mit der deutschen Trikolore und einem Stern kombinierte *(oben).*

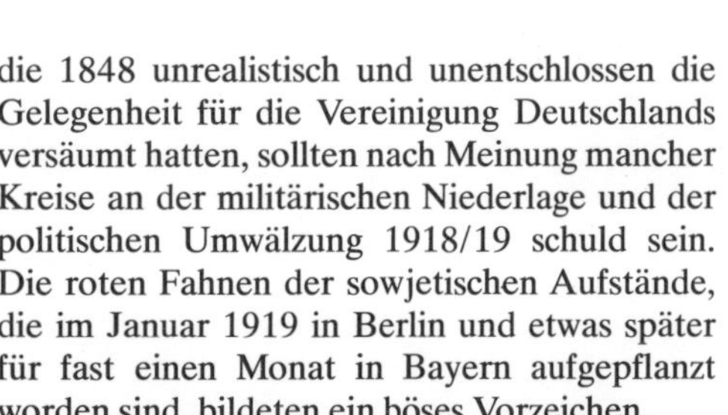

»Deutschlands Wiedergeburt« ist die Verheißung des Banners, das 1832 beim Hambacher Fest geführt wurde *(oben links).* Mit einer Oberecke, darin der kaiserliche Doppeladler *(oben)*, wurde die gleiche Trikolore als offizielle Kriegsflagge des Deutschen Bundes 1848 angenommen und bis 1852 geführt.

Beim Einzug des Reichsverwesers Johann in Frankfurt am 11. Juli 1848 waren die Straßen mit einer vielfältigen Fahnendekoration gesäumt, wie sie seinerzeit üblich war.

Einst Helden des Ersten Weltkrieges, nahm Erich von Ludendorff *(rechts)* 1923 am Münchener Putsch Hitlers teil, und Paul von Hindenburg *(rechts außen)* ernannte Hitler zehn Jahre danach zum Kanzler.

Um den Bau der von Berlin ausgehenden Bagdadbahn zu fördern, besuchte Kaiser Wilhelm II. *(oben)* 1898 das Osmanische Reich. Hier wird er gezeigt beim Einzug in Damaskus, gefolgt von seinen beiden persönlichen Standarten.

dem modern gestalteten schwarzen Adler mit roter Bewehrung auf goldenem Schild. Die Dienstflagge zur See setzte diesen Schild auf Schwarz-Weiß-Rot, fügte aber 1926 die Nationalflagge klein in die Oberecke ein. Die Zusammenstellung von Schwarz-Weiß-Rot mit einer schwarz-rot-goldenen Oberecke war schon 1919 als Handelsflagge angenommen

Das Eiserne Kreuz, die traditionelle deutsche Kriegsauszeichnung, lieferte das Grundmuster einer Anzahl von Militärfahnen des 19. Jahrhunderts, dabei die *oben* abgebildeten von Preußen *(links* und *Mitte)* und Baden; *oben rechts:* Fahnen von Sachsen und Bayern.

worden, und später führte die Regierung die gleiche Flagge mit dem Eisernen Kreuz in der Mitte als Kriegsflagge zu Lande und zur See ein. Das komplizierte Ergebnis gefiel niemandem. Jedes Lager betrachtete die – wenn auch veränderte – Beibehaltung der anderen Flagge als einen Verrat am wahren Deutschtum.

Bald traten auf der politischen Linken und Rechten rote Fahnen hinzu. Dem einfachen Rot der Sozialisten und Kommunisten trat in den späten 20er Jahren ein neues Banner entgegen, die Hakenkreuz- oder Swastika-Flagge der Nationalsozialistischen Deutschen Arbeiterpartei. Hitler selbst hat viele Symbole der Nationalsozialisten entworfen, so auch die Hakenkreuzflagge, obwohl er in *Mein Kampf* zugibt, daß ein Starnberger Zahnarzt einen ganz ähnlichen Entwurf geschaffen hatte. Das Rot stand für Hitlers Neigung zum Sozialismus, das Weiß für Nationalismus, und das schwarze Hakenkreuz zeigte »die Sendung für den Kampf um den Sieg des arischen Menschen« an. Das Swastika ist tatsächlich von den alten Ariern gebraucht worden, aber auch von fast jeder anderen größeren ethnischen Gruppe auf der ganzen Welt. Nicht einmal als Flaggensymbol war es einmalig, in den 30er Jahren konnte man es in Flaggen von Estland, Finnland, Lettland und Indien finden. Indessen hat der Mangel an Originalität die Wirkung des Swastika-Bildes nicht beeinträchtigt; die von den Nationalsozialisten organisierten Massenaktionen haben dies gezeigt.

Während der späten 20er und frühen 30er Jahre erfaßte die deutsche Flaggenfrage über die parlamentarische Diskussion hinaus auch die Tagespresse. Zwischen den Anhängern der verschiedenen Flaggen wurden sogar Straßenschlachten ausgefochten, da jedes Lager hoffte, ihre in ihren Symbolen ausgedrückte Auffassung von Deutschland auch der gesamten Nation aufzwingen zu können. Als Hitler 1933 zum Kanzler ernannt wurde, war eine seiner ersten Handlungen die Wiederherstellung von Schwarz-Weiß-Rot und dessen Gleichstellung mit der in den gleichen drei Farben gehaltenen Swastika-Flagge. Somit hatte Deutschland zwei Nationalflaggen gleichzeitig. Schwarz-Rot-Gold war abgeschafft, die einzige Erinnerung daran bot die Präsidentenflagge, die innerhalb eines schwarz-weiß-roten Randes den überlieferten schwarzen Adler auf goldgelbem Grunde zeigte. 1934, nach dem Tode von Reichspräsident von Hindenburg, als Hitler die Ämter des Staatsoberhaupts und des Oberbefehlshabers der Wehrmacht an sich zog, wurde sie abgeschafft.

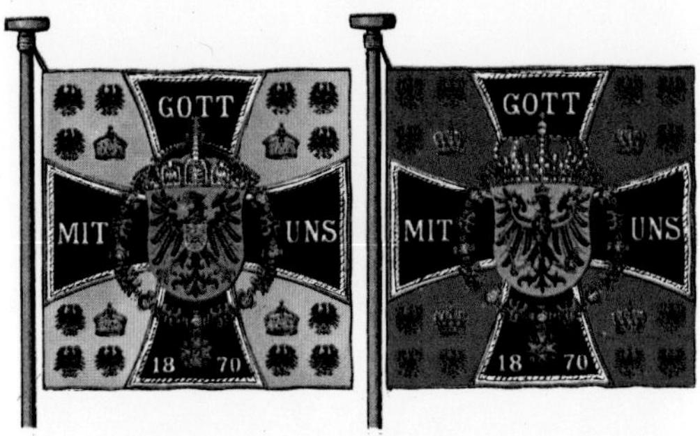

In der Grundzeichnung ähnlich, enthielten die Kaiserstandarte des Deutschen Reiches (1871–1933) und die Königsstandarte von Preußen neben anderen Symbolen den Wahlspruch »Gott mit uns«.

Das Bild *unten links* zeigt die theatralische Verwendung eindrucksvoller Symbole durch Hitlers NSDAP.

Am 15. September 1935 ist auf dem Reichstag in Nürnberg die Hakenkreuzflagge zur künftigen alleinigen deutschen Reichs- und Nationalflagge erklärt worden. Juden wurde die Reichsbürgerschaft entzogen und verboten, die Flagge zu zeigen; Hermann Göring erklärte, dies sei der erste Schritt zur Errichtung des tausendjährigen Dritten Reiches.

Die Festigung der nationalsozialistischen Herrschaft steigerte den Gebrauch von Fahnen und hiermit verbundener Symbolik im politischen Leben. Fahnen aller Art und Fahnenzeremonien, auch die Verwendung von Fahnen bei allen Lebensäußerungen, in Kunst, Sport und Architektur usw., nahm gewaltig zu. In der ganzen Weltgeschichte ist niemals wieder eine so durchschlagende Verwendung von Fahnen

bei der politischen Lenkung zu beobachten gewesen.

Der totale Zusammenbruch Deutschlands im Zweiten Weltkrieg löste im deutschen Volk eine starke Reaktion gegen Fahnen im allgemeinen und im besonderen aus. Zunächst wurden natürlich eigene deutsche Fahnen durch die alliierten Besatzungsmächte verboten. Die anstelle der Handelsflagge auf deutschen Schiffen angeordnete Flagge war nur die C-Flagge des internationalen Signalbuches mit einem dreieckigen Ausschnitt an der Flugseite. Die ersten deutschen Nachkriegssymbole waren die Flaggen, die in den Besatzungszonen der Sowjets und der Westmächte von den neu gebildeten deutschen Ländern angenommen worden sind. Sie knüpften im Entwurf teilweise an historische Vorbilder an; aber auch neue Bestandteile wurden aufgenommen. Dies war besonders in der Sowjetzone der Fall, wo aber solche Flaggen bald nach der politischen Reorganisation wieder verschwanden. Nachdem sowohl in der Bundesrepublik Deutschland als auch in der Deutschen Demokratischen Republik staatliche Institutionen geschaffen worden waren, ergab sich die Notwendigkeit, offizielle Nationalflaggen anzunehmen. Zusammen mit der Hakenkreuzflagge war Schwarz-Weiß-Rot ganz und gar verrufen; beide Staaten wählten Schwarz-Rot-Gold – nur wenige dachten an die Schaffung einer anderen Fahne. An die Stelle der ›Fahnenvergiftung‹ der vergangenen zwölf Jahre, die den ›Flaggenstreit‹ der 20er Jahre abgelöst hatte, trat eine ›Flaggenneurose‹. Nur allmählich trat die heutige Situation ein, daß Flaggen auf öffentlichen und privaten Gebäuden wie in anderen europäischen Ländern wehen.

Die Teilung Deutschlands in zwei Staaten nach dem Kriege wurde lange als ein Provisorium angesehen, das, wenn es schon nicht beseitigt werden konnte, wenigstens offiziell zu ignorieren war. Dessenungeachtet kämpfte die Deut-

National- und Handelsflagge, 1867 bis 1919, 1933 bis 1935

Kriegsflagge, Modell 1903, 1867 bis 1921

Reichsdienstflagge (Auswärtiges Amt), 1892 bis 1918

Nationalflagge, 1919 bis 1933

Reichsdienstflagge zur See, 1926 bis 1933

Reichsdienstflagge zur See, 1921 bis 1926

Handelsflagge, 1919 (1921) bis 1933

Reichskriegsflagge, 1922 bis 1933

Im Volksaufstand von 1953 gegen das Regime der DDR marschierte die Menge mit der deutschen Trikolore vor das Brandenburger Tor *(rechts)* und vernichtete rote Fahnen und andere kommunistische Symbole.

Handelsflagge, 1935 bis 1945

Reichskriegsflagge, 1935 bis 1945

Reichsdienstflagge, 1935 bis 1945

Erkennungsflagge, 1945 bis 1952

National- und Handelsflagge, seit 1949

sche Demokratische Republik energisch um die nationale Anerkennung auch in bezug auf ihren offiziellen Staatsnamen. Somit wurde dem kommunistischen Regime die Ähnlichkeit der beiden deutschen Nationalflaggen hinderlich, so daß 1959 ein neuer Entwurf angenommen wurde. Unter Beibehaltung des überlieferten Schwarz-Rot-Gold wurde der Flagge das Staatswappen in der Mitte hinzugefügt. Gegen diese Flagge wurden durch den Bundeskanzler Konrad Adenauer scharfe, aber erfolglose Proteste erhoben. Für die Teilnahme einer gemeinsamen deutschen Mannschaft bei den Olympischen Spielen von 1960 wurde schließlich ein Kompromiß geschlossen. Das Olympische Komitee der Deutschen Demokratischen Republik weigerte sich, das einfache Schwarz-Rot-Gold anzunehmen, und bis zum letzten Augenblick bestand das Olympische Komitee der Bundesrepublik Deutschland darauf, daß die überlieferte Flagge auf keine Weise verändert werden dürfe. Schließlich wurde entschieden, daß für diesen einen, besonderen Anlaß das Fünf-Ringe-Symbol der Olympischen Spiele weiß auf den roten Streifen von Schwarz-Rot-Gold aufgesetzt werde.

tung von Schwarz-Rot-Gold. Trotz häufiger Rückschläge und auch Niederlagen gegenüber den Anhängern anderer Symbole stellen diese Farben für mehr als anderthalb Jahrhunderte den Hauptstrom der deutschen Fahnengeschichte dar. Hinsichtlich der engen Verbindung zwischen Gestalt und Führung seiner Hoheitszeichen einerseits und der politischen Entwicklung seines staatlichen Lebens andererseits bietet Deutschland ein gutes Beispiel dafür, wie Fahnen und ähnliche Embleme im menschlichen Leben als gestaltende Kräfte über das Dekorative hinaus wirken können.

Frieden und Kommunismus symbolisierende Fahnen erscheinen auf diesem Ostberliner Treffen 1953. Die Tafel links zeigt ein Porträt von Ernst Thälmann, dem Führer der KPD; er erscheint auch auf der roten »Ehrenfahne« der SED, die durch das Zentralkommitee der SED 1973 der FDJ überreicht worden ist.

Der für die Geschichte der deutschen Flaggen und Fahnen verfügbare Raum würde kaum genügen, nur eine Liste der Bücher und Artikel zu bieten, die über die deutschen Fahnen- und Flaggenfragen in den Jahren 1848 bis 1850 erschienen sind. Dennoch scheinen die großen Entwicklungslinien klar, besonders die Bedeu-

Am 31. Oktober 1949 kamen 200 000 Personen in Berlin *(Seite 123)* zusammen, als der Präsident der Bundesrepublik Deutschland, Theodor Heuss, Berlin besuchte.

# SPANIEN

## MITTELALTERLICHE HERALDIK IN MODERNER GESTALT

Die Kriegsflagge und viele Truppenfahnen Spaniens weisen das Staatswappen sowie Inschriften und andere Embleme auf. Hingegen bleibt die Nationalflagge schlicht rot-gelb-rot in den heraldischen Farben, deren Tradition in Spanien bis ins 12. Jahrhundert zurückreicht.

Die gültige Staats- und Kriegsflagge stellt durch das Wappen in der Mitte eine detaillierte Aussage zur spanischen Geschichte und über die politischen Werte der Gegenwart dar.
Die zugrunde liegende rot-gelb-rote spanische Flagge geht zurück auf eine königliche Verordnung vom 28. Mai 1785. König Karl III. prüfte eine Anzahl ihm vorgelegter Entwürfe zur Ersetzung der früher auf spanischen Schiffen gesetzten weißen Flaggen. Seine Wahl ist als eine Wiederherstellung der echten Nationalfarben von Spanien anzusehen, nachdem Weiß in

Das Wappen *(oben)* der Katholischen Könige Ferdinand und Isabella, mit dem diese Handschrift verziert ist, steht in einem Streifen, auf dem ihre persönlichen Bilddevisen, ein Joch und ein Pfeilbündel, vereinigt sind. Der Satz »Tanto Monta« ist Teil einer längeren, die Gleichstellung von Isabella und Ferdinand ausdrükkenden Formel. Diese beiden Wörter erscheinen so oft auf Wandbehängen, daß diese manchmal als Tanto Montas bezeichnet werden.

Marineflaggen und Militärfahnen seit dem Tod der Königin Isabella I. der Katholischen (1504) überwogen hatte. Obwohl die Überlieferung von Rot und Gold in Spanien weiter zurückverfolgt werden kann als Weiß allein oder Weiß und Rot – weshalb die letztere Zusammenstellung von vielen als ausländische Symbole angesehen wird –, kann keine spanische Flaggengeschichte ohne eine Untersuchung der Farben Weiß und Rot vollständig sein.
Unter dem Einfluß des Hauses Österreich sind nämlich neue Symbole eingeführt worden. Dies begann damit, daß der Habsburger Philipp, ein Sohn Kaiser Maximilians I., sich mit Johanna der Wahnsinnigen, einer Tochter der Katholischen Könige Isabella I. und Ferdinand II., vermählte. Philipp war Herzog von Burgund, sein Sohn ist als Karl I. von Spanien gekrönt, aber auch als Karl V. zum römisch-deutschen Kaiser gewählt worden. Er bevorzugte selbst in seinen spanischen Besitzungen die burgundischen Symbole seines Vaters Philipp vor den rein spanischen Symbolen. Das burgundische Hauptemblem war das als Andreaskreuz bekannte rote Schrägkreuz; dies wurde gewöhnlich in einer in der Heraldik als ›geastet‹ genannten Gestalt dargestellt, d.h. so, als ob zwei Baumstümpfe mit abgehackten Zweigen in der Form eines Schrägkreuzes übereinandergelegt wären. Noch lange nach dem Verlust des burgundischen Erbes wehte eine weiße Flagge mit rotem Schrägkreuz, oft mit dem kaiserlichen Wappen in der Mitte, über Spanien und seinen Besitzungen, besonders im heutigen Belgien und in Lateinamerika. Manchmal erschien das Wappen auch ohne das Kreuz in einer glatt weißen Flagge, also in der Farbe des Hauses Bourbon (das nach dem letzten spanischen Habsburger, Karl II., von 1701 bis 1931 Spanien seine Monarchen gestellt hat). Weiß wurde 1843 aus den spanischen Truppenfahnen entfernt, wodurch das Rot-Gelb-Rot als spanisches Nationalsymbol gestärkt wurde. Mit Verordnung vom 29. August 1936 hat sie Francisco Franco wieder aufgenommen. Seit der erwähnten Verordnung von 1785 hatte einzig die spanische Republik von 1931 bis 1939 eine dem Rot-Gelb entgegengesetzte Flaggenform geschaffen, indem sie den frühe-

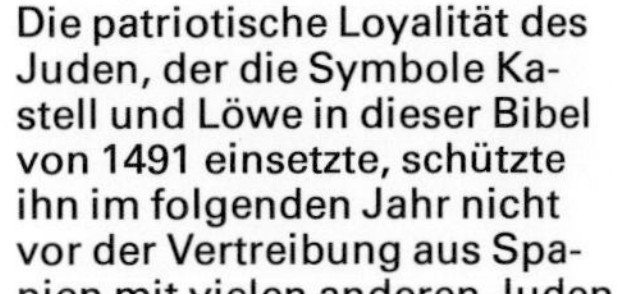

Die patriotische Loyalität des Juden, der die Symbole Kastell und Löwe in dieser Bibel von 1491 einsetzte, schützte ihn im folgenden Jahr nicht vor der Vertreibung aus Spanien mit vielen anderen Juden.

ren Farben Purpur beigab. Diese Flagge war eine typisch republikanische Trikolore. Die Streifen waren gleich breit, und die neue Farbe war an die Stelle des unteren roten Streifens getreten. Über die genaue Tönung von Farben in alten Flaggen pflegt beträchtliche Unklarheit zu herrschen; Morado (Purpur) oder Carmesí (Karmin) haben immerhin echte spanische Wurzeln. Die eine oder die andere Farbe erschien stets in den königlichen Bannern, selbst unter den Bourbonen. Purpurn war im Mittelalter die Farbe des Löwen im Wappen von León, Purpur erschien höchstwahrscheinlich in den Fahnen der Comuneros, die 1520/21 einen Aufruhr gegen Karl I. geschürt hatten; außerdem haben Liberale während der Unruhen im 19. Jahrhundert Fahnen geführt, in denen Purpur vorkommt. So war die Wahl von Purpur als Symbol des Kampfes für eine republikanische Bewegung gegen ausländische Monarchen, feudale Gesellschaftsformen und kirchliche Privilegien nur konsequent. Es erschien auf inoffiziellen Fahnen seit der Revolution von 1868 bis zum Ende der Ersten Republik (1873/74), obwohl letztere offiziell niemals über Änderungen im Staatswappen hinausgegangen ist.

Purpur war zwar auch die Grundfarbe der Königsstandarte bis 1931 gewesen, aber bei der Errichtung der Zweiten Republik 1931 wurde sogleich die erwähnte rot-gelb-purpurne Trikolore Spaniens zu jener Nationalflagge, die im März 1939 nach dem Sieg der von Franco geführten Faschisten wieder verschwand. Am 11. Februar 1938 verordnete Franco, daß das Wappen von Spanien auf der Heraldik der Katholischen Könige gründe. Unter deren Herrschaft war Spanien vereinigt, waren die Mohammedaner (Mauren) und Juden vertrieben und ein Reich in der Neuen Welt durch die Leistungen spanischer Forscher und Kolonisatoren errichtet und der Staat fest in die monarchische und kirchliche Autorität eingefügt worden. Nach dem Verlust des Reiches, nach verheerenden Bürger- und auswärtigen Kriegen und einer Reihe unpopulärer Herrscher sollte das neue Wappen zu einer Wiederherstellung von Spaniens Größe aufrufen.

Jeder Bestandteil enthält eine wichtige historische oder ideologische Botschaft. Der Brustschild weist unmittelbar auf den Ursprung der rot-goldenen spanischen Nationalfarben hin. Unter Weglassung des Wappens von Sizilien

Die Reconquista gilt als das wichtigste Kapitel aus der Frühzeit der spanischen Nation. In der Buchmalerei *unten* werden Mauren gezeigt, wie sie unter einem ihrer Banner mit einer religiösen

Inschrift eine spanische Stadt angreifen. Der Maurenherrschaft in Spanien wurde erst 1492 ein Ende bereitet, sieben Jahrhunderte nach ihrem ersten Eindringen aus Afrika.

Vom frühen 13. bis zum frühen 16. Jahrhundert war die wichtigste spanische Flagge ein Banner *(links)*, in dem die Wappen von Kastilien und León vereinigt waren. Sie werden als ›redende Wappen‹ bezeichnet, weil ihre Figuren, das Kastell und der Löwe, die Namen der von ihnen repräsentierten Staaten ausdrücken.

Die Habsburger führten während des 16. Jahrhunderts in Spanien neue Symbole ein, unter denen das wichtigste das geastete Schrägkreuz von St. Andreas und der Feuerstein mit den Flammen des Ordens vom Goldenen Vlies waren, so wie sie von Philipp von Burgund geführt wurden *(unten)*.

Die Matrosen der Heiligen Liga wurden durch einen besonderen Wimpel mit der Darstellung der Kreuzigung *(oben)* angefeuert, der sie in die Schlacht gegen die Türken begleitet hat; aber jahrhundertelang beendeten gefangene Spanier und andere Christen ihre Tage als Sklaven der Osmanen.

Am 7. Oktober 1571 gewann die von Papst Pius V. organisierte Heilige Liga in der Schlacht bei Lepanto einen überwältigenden Sieg über die türkische Flotte. Fast 500 Galeeren nahmen teil, es war die größte Seeschlacht, die in Europa in fünfzehn Jahrhunderten erlebt hat. Man weiß nicht, wie genau die türkischen Flaggen von dem christlichen Künstler, dessen Werk *unten* abgebildet ist, wiedergegeben worden sind, aber die Vielfalt der spanischen und venezianischen Flaggen springt unmittelbar

Die Hausfarbe der bourbonischen Herrscher war Weiß, und das burgundische Kreuz bildet in Flaggen ein häufiges Bild auf einem Hintergrund von dieser Farbe. Diese Flagge, während dreier Jahrhunderte den Lateinamerikanern unter spanischer Herrschaft vertraut gewesen, wird heute in Spanien von der Bewegung der Requetés geführt.

und anderer nichtspanischer Herrschaftsgebiete, die seit 1516 im königlichen Wappenschild gestanden hatten, bildet dieses Emblem nunmehr eine Verbindung von fünf Wappenschilden: der Königreiche Kastilien, León, Aragonien, Navarra und Granada. Es sei darauf hingewiesen, daß die Bedeutung eines Emblems heraldisch mehr durch seine Plazierung als durch seine Ausmaße ausgedrückt wird. Der Schild ist wichtiger als das Beiwerk; innerhalb ins Auge. Auffällig sind das Kreuz, andere religiöse Symbole und dynastische Farben, aber sonst besteht nur wenig Gleichartigkeit. Die Unübersichtlichkeit unter den Flaggen geht durchaus mit der Marinetaktik der Epoche einher: die einzelnen Schiffe kämpften gegeneinander ohne rechte Koordination zwischen den Schiffen der gleichen Flotte. Obwohl bei Lepanto 80 türkische Galeeren versenkt und 130 erobert wurden, waren die Spanier nicht imstande, ihren Sieg auszunützen.

des Schildes ist die heraldisch rechte Seite wichtiger als die linke und das Schildhaupt wichtiger als der Schildfuß. Folglich erhielten Kastilien und León als die ältesten Teile Spaniens den Vorrang vor Aragonien, Navarra und Granada. Wappen wie die von León und Kastilien heißen in der Heraldik ›redend‹, weil ihre Figuren dem Namen der dieses Wappen führenden Person – oder hier des Staates – entsprechen. Der erste Hinweis auf den Löwen als Symbol Leóns

Die Hoheit der spanischen Reichsgewalt geht klar aus dieser Kriegsflagge des 18. Jahrhunderts hervor *(unten)*. Während die Quartiere des Wappens nur die europäischen Besitzungen ausdrückten, waren es in Wirklichkeit das Gold und andere Reichtümer der gewaltigen Gebiete in der Neuen Welt, die Spanien wohlhabend und mächtig machten.

dürfte in den unter Alfons VII. (1126–57) ausgegebenen Münzen zu sehen sein. Bald danach setzte Alfons VIII. (1158–1214) das Kastell von Kastilien auf seine Münzen. Die beiden Wappen wurden unter Ferdinand III. dem Heiligen (1217–52) in der im modernen Staatswappen von Spanien doppelt vorkommenden gevierten Fassung vereinigt. Ein Wappenbanner, also geviert von Kastilien und León, diente Spanien als Hoheitszeichen vom 13. bis zum beginnenden 16. Jahrhundert.

Über den Wappenschild von Aragonien gibt es eine Legende, die schon deswegen unzutreffend ist, weil das Ereignis, das sie schildert, 300 Jahre vor dem Auftreten der ersten Wappen stattgefunden hätte. Eine Handschrift aus dem 15. Jahrhundert berichtet, daß der erste unabhängige Graf von Aragonien, Wilfried I. der Behaarte, Karl dem Kahlen, König von Frankreich und Enkel Karls des Großen, zu Hilfe geeilt sei. Karl soll bei der Betrachtung seiner Wunden nach der Schlacht vier Finger in Wilfrieds Blut getaucht und sie dann über seinen glatt goldenen Schild gezogen haben. In Wirklichkeit können die vier roten Pfähle in Gold bis zu König Raimund Berengar IV. (1131/37 bis 1162) zurückverfolgt werden. Ebenfalls unter Berengar IV. wurde die Grafschaft Barcelona, d.h. Katalonien, zu einem Teil Aragoniens (1137); daher führt es das gleiche Wappen. Als in den dreißiger Jahren unseres Jahrhunderts durch die regionale Autonomie die Führung lokaler Flaggen in Galicien, den baskischen Provinzen und in anderen Teilen Spaniens ermutigt worden war, erhoben die Katalanen ihr altes gelbes Banner mit den vier roten Streifen.

Das goldene Kettennetz auf dem roten Schild von Navarra ist ebenfalls Gegenstand einer berühmten Legende. Sancho VII. der Starke (1194–1234) hatte an der Schlacht bei Las Navas de Tolosa am 16. Juli 1212 teilgenommen, die den christlichen Fürsten in ihrem Kampf gegen die maurischen Herrscher einen großen Sieg brachte. König Sancho soll das Generalhauptquartier von Mohammed ben Yusuf eingenommen und die Ketten weggeführt haben, die dieses Lager umgeben hatten, um sie sodann in verschiedenen Kirchen niederzulegen und Darstellungen der Ketten seinem eigenen Wappen hinzuzufügen (der Smaragd in der Mitte soll den Turban von ben Yusuf geschmückt haben). Siegelkundlicher Augenschein aber weist nach, daß die Könige von Navarra, einschließlich Sancho, als ihr heraldisches Emblem einen Adler führten und daß die Schilde jener Zeit, die scheinbar Ketten aufweisen, in Wirklichkeit nur Wiedergaben jener metallischen Verstärkungen der damaligen Kampfschilde aufweisen. Die stilisierten Ketten scheinen erst im 14. Jahrhundert zum heraldischen Emblem von Navarra geworden zu sein. Das Wappen von Granada, ein Granatapfel (auf spanisch *granada*) in einem silbernen Feld, ist ebenfalls ein ›redendes‹ Wappen. Diese Frucht war schon von König Heinrich IV. (1454–74) als persönliches Emblem vor der Reconquista geführt worden, in deren Verlauf die Mauren schließlich aus Granada am südlichsten Ende Spaniens vertrieben worden sind. Der Granat-

In Anbetracht der ausgedehnten politischen Veränderungen, die Spanien seit 1785 erlebt hat, ist bemerkenswert, daß diese Zeitspanne sich mit nur drei Flaggen deckt, welche zudem sich im Aussehen ziemlich gleichen. Die rotgelb-rote Kriegsflagge von 1785 bis 1931 ist 1936 wieder eingeführt worden, allerdings ohne das ursprüngliche Wappen. In der Zwischenzeit führte die Republik eine ziemlich ähnliche Flagge, bevorzugte aber eine Trikolore aus gleichen Streifen, um sich der republikanischen Tradition anderer europäischer und amerikanischer Nationen anzuschließen.

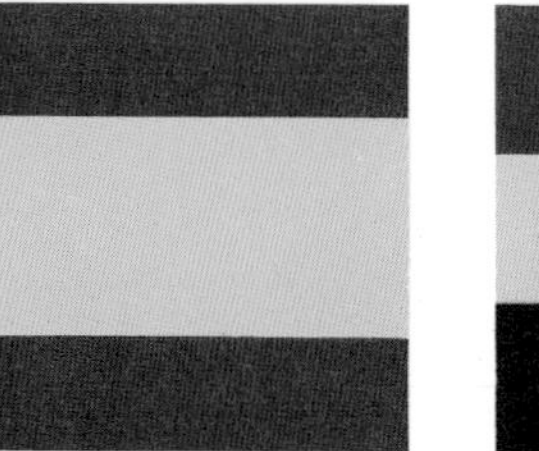

1793 bis 1931

1931 bis 1936

Seit 1936

Als Generalissimo Francisco Franco nach dem spanischen Bürgerkrieg seine Macht gefestigt hatte, ließ er 1940 eine alte spanische Kavalleriefahne *(rechts)* wiederaufleben, um sich ihrer als persönlicher Standarte zu bedienen. Die Drachenwölfe sind spanische Hoheitssymbole, während die Säulen des Herkules an die Verbreitung der spanischen Kultur in der ganzen Welt erinnern. Kolumbus und andere hatten ja deutlich gemacht, daß die geographischen ›Pfeiler‹ tatsächlich nicht das Ende der Welt darstellten.

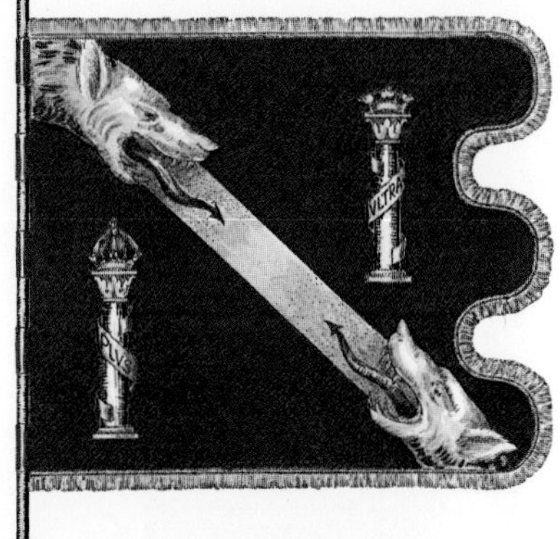

apfel erscheint heute auch noch im Wappen von Kolumbien, das früher Neugranada hieß.
Die überseeische Ausdehnung Spaniens und der Einfluß seiner Zivilisation auf einen großen Teil der Welt werden durch die Säulen des Herkules ausgedrückt. Nach der griechischen Sage waren zwei Säulen, eine in Afrika und eine in Europa am westlichen Ausgang des Mittelmeeres, also am Ende der einst bekannten Welt, mit der warnenden Inschrift aufgestellt: »[Hier geht es] Nicht weiter.« Kaiser Karl V. (als König von Spanien Karl I.) nahm stilisierte Pfeiler an, um die weltweite Ausdehnung seines Imperiums anzudeuten; und zur Ehrung der spanischen Entdecker wurde das Motto auf den um die Säulen geschlungenen Spruchbändern so geändert, daß es lautet: »[Hier geht es] Noch weiter.«
Zwischen den Säulen steht der Adler des Evangelisten Johannes. Dieser Schildhalter erscheint erstmals in Darstellungen des königlichen Wappens in der von Königin Isabella 1476 gestifteten Johanniskirche der Könige in Toledo. Aus dem Wappen von Spanien verschwindet der Johannisadler zwischen 1516 und seiner modernen Wiederbelebung. 1938 wurde hinter dem Haupt des Adlers ein Band in den schwarzroten Farben der faschistischen Einheitspartei »Falange Española Tradicionalista« hinzugefügt; seine Inschrift bedeutet »Einig, Groß, Frei«.
Die zur Bildung des Parteisymbols der Falange verbundenen Bestandteile, das Joch und das Pfeilbündel, stehen deutlich, aber getrennt auch im Staatswappen. Ursprünglich waren das Joch und die Pfeile die persönlichen Abzeichen der Katholischen Könige. Die Anfangsbuchstaben ihrer Namen entsprechen denen ihrer Symbole, das Joch *(yugo)* entspricht Isabella *(Ysabel)* und die Pfeile *(flechas)* dem Namen Ferdinands. Sie wurden seinerzeit jeweils vom anderen Ehepartner, dessen Initialen sie nicht entsprechen, geführt. Die Krone ruft in Erinnerung, daß Spanien offiziell wieder ein Königreich ist, obwohl der letzte regierende Monarch, Alfons XIII., 1931 das Land verließ.

In für Spanien typischer Weise sind die Nationalflaggen entlang der Balkonbrüstungen drapiert *(Fotografie unten)*, wie es oft auch an Privatwohnungen geschieht. Die Länge der Flagge ist hier ohne Bedeutung, als wichtig werden nur ihre Farben und die Breite der Streifen angesehen. In manchen anderen Ländern werden bei ähnlichen Anlässen die Fahnen gerafft montiert (engl. *bunting*), wobei ihre Nationalfarben manchmal in Längsstreifen angeordnet sind.

# FRANKREICH

## VON DER ORIFLAMME ZUR TRIKOLORE

Als Frankreich einst ein Teil des Römischen Reiches war, hieß es Gallien, und das von den gallischen Truppen geführte Vexilloid war ein Hahn (lat. *gallus*). In den letzten zwei Jahrhunderten war die Trikolore Frankreichs eines der bekanntesten Nationalsymbole in der ganzen Welt. Zwischen dem Hahn und der Trikolore ist die franzö-

sische Geschichte voll von farbenprächtigen Symbolen, die an Schlachten, Herrscher und andere bedeutende Augenblicke in der Geschichte des Landes erinnern. Mit Lilien sind die Tore des Schlosses von Versailles *(oben)* verziert.

Seit 1870 hat Frankreich kein offizielles Wappen mehr, aber dieses halbamtliche Emblem *(rechts)* war während der Dritten Republik (1929–40) vor allem im Ausland üblich und ist es wieder seit der Vierten Republik, genauer seit 1946. Umzogen von der Kette des Ordens der Ehrenlegion, zeigt es das Liktorenbündel und den nationalen Wahlspruch.

Wer sich in der Geschichte der französischen Nationalflaggen nicht auskennt, mag sich beim Anblick der wichtigsten Banner, die von den Franzosen im Laufe ihrer Geschichte geführt wurden, einbilden, daß die berühmte Trikolore einfach eine Kombination älterer Muster sei. Das Blau des Mantels des hl. Martin von Tours und des Banners von Frankreich; das Weiß der Jeanne d'Arc und der Bourbonen und schließlich das Rot Karls des Großen und des hl. Dionysius scheinen alle in den Streifen der Trikolore direkt vertreten. Zweifellos haben historische Vorstufen der drei Hauptfarben in der modernen französischen Nationalflagge zu deren Volkstümlichkeit beigetragen. Sie können teilweise die Stärke erklären, mit der die Trikolore nach dreimaliger offizieller Abschaffung und häufiger Gefährdung immer wiedergekehrt ist. So wichtig die erwähnten Fahnen für die Franzosen gewesen sein mögen, die Trikolore leitet sich wesentlich von anderen Quellen ab.

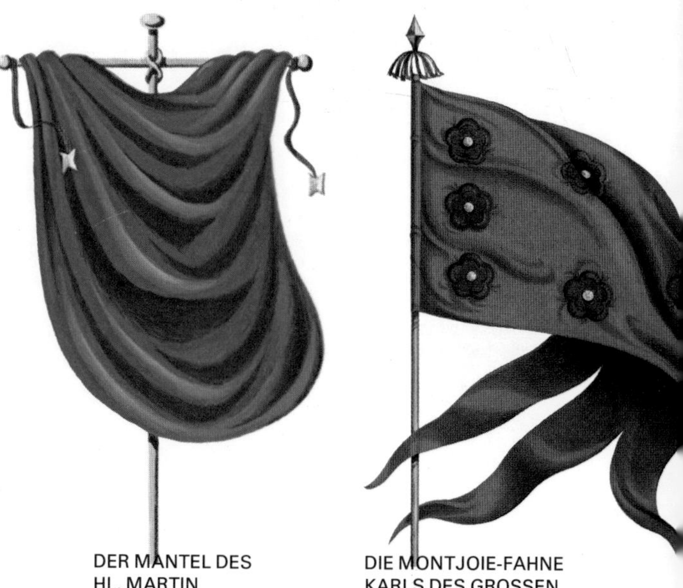

DER MANTEL DES HL. MARTIN

DIE MONTJOIE-FAHNE KARLS DES GROSSEN

Wenn man die wilde Eber und Hähne tragenden Vexilloide, die die gallischen Krieger in den römischen Armeen führten, beiseite läßt, dürfte die älteste Standarte der Franzosen der Mantel des hl. Martin von Tours (316/17–397) gewesen sein. Martin, der Missionar Galliens und spätere Schutzpatron des Frankenreichs unter den Merowingern, ist von König Chlodwig (482–511) auf der Suche nach Reliquien exhumiert worden. Eine dieser Reliquien war sein nach der Legende einst mit einem Bettler geteilte Mantel. Dieser Mantel wurde, in einem tragbaren Oratorium verwahrt, in die Schlacht mitgeführt, wenn seit Chlodwig ein französischer König daran teilnahm. Seinen Ruhm als eine Hilfe für militärischen Erfolg erwarb er

Zu den frühen Symbolen Frankreichs gehört der Mantel des hl. Martin *(ganz links)*, den er mit einem Bettler geteilt hat, und die Lilie *(links)*, hier in der Hand König Heinrichs I.

erstmals durch seine Führung in der Schlacht von Vouillé im Jahre 507. Der Mantel des hl. Martin wurde so wichtig, daß man das Oratorium, in dem er mitgeführt wurde, eine Kapelle nannte, vom lateinischen Wort für Mantel (*cappa* oder *capella*); der diensttuende Priester hieß daher ein Kaplan.

Das gleiche Sinnbild wurde gegen die Araber von Karl Martell (714–41) und in den Schlachten der Jahre 838, 1043, 1066 und 1195 geführt. Man hat vermutet, daß das französische Wort für eine Schiffsflagge, *pavillon,* sich von der Tatsache ableitet, daß der Mantel bei der Mitführung im Krieg durch ein Zelt (französisch *pavillon*) geschützt wurde. Vermutlich wurde der Mantel von Zeit zu Zeit durch Kopien ersetzt. Es besteht weiter eine Verwechslungsmöglichkeit zwischen diesem Mantel und einer Fahne des hl. Martin, welche die Grafen von Anjou in der Schlacht zu führen berechtigt waren. Die Tradition von Martins Mantel als ein Siegeszeichen endete, als er 1356 während der Schlacht von Maupertuis unweit von Poitiers, in der ein französisches Ritterheer von Engländern vernichtend geschlagen wurde, mitgeführt worden war.

Daneben gab es bei den Franken seit der Zeit Karls des Großen eine rote Kaiserfahne (siehe Seite 63). Wegen ihrer rot-goldenen Farbe und vielleicht wegen der flammenförmigen Zipfel an ihrer Flugseite hieß diese Fahne in Frankreich die Oriflamme. Sie galt auch als Römische Standarte, weil sie die weltliche Autorität und die Stellung Karls des Großen als des ersten Heiligen Römischen Kaisers symbolisierte, der sie vom Papst in Rom empfangen hatte. Schließlich hieß sie auch Montjoie nach dem Mons Gaudii (›Berg der Freude‹) in Rom, dem Platz ihrer Übergabe durch den Papst an Karl den Großen. Dieser Name wurde zum ursprünglichen Schlachtruf der Franzosen, später »Montjoie St-Denis!«.

St-Denis, der hl. Dionysius, war im 3. Jahrhundert der erste Bischof von Paris, und die ihm zugeschriebene Oriflamme, die vermutlich formal der Oriflamme Karls des Großen ähnlich war, ist erstmals von König Ludwig VI. dem Dicken 1124 als Kriegsfahne gewählt worden. Es war ein Vorrecht der Grafen von Vexin, diese Oriflamme zu führen; durch Erbschaft fiel dieser Titel an König Philipp I. (1060–1108), was wahrscheinlich ihre spätere Annahme als französische Kriegsfahne erklärt. Während vier Kreuzzügen und siebzehn anderen Kriegen geführt, könnte sich aus der Farbe der Oriflamme möglicherweise das von den frühen französischen Kreuzfahrern benützte rote Kreuz erklären. Ihre Tradition endete aber wie die des Mantels des hl. Martin in einer anderen französischen Niederlage gegen die Engländer, nämlich der Schlacht von Azincourt im Jahre 1415.

Hinzu kam das Banner von Frankreich: goldene heraldische Lilien auf einem quadratischen blauen Feld; es dürfte erstmals von König Ludwig VI. (1108–37) geführt worden sein. Anfänglich waren die Lilien auf das Feld gestreut, dann wurde ihre Zahl allmählich auf drei verringert und spätestens seit Karl V. (1364–80) in dieser Anzahl offiziell auf die Heilige Dreieinigkeit bezogen.

Über den Ursprung der heraldischen Lilie besteht keine Gewißheit. Manche sehen in ihr ursprünglich eine Blüte, andere wieder eine Waffe, und noch andere hielten sie für eine Kröte, wie sie in der Fahne auf einem Teppich in der Kathedrale von Reims *(ganz oben)* erscheint. Das ursprüngliche Banner Frankreichs war mit Lilien bestreut *(darunter)*, ehe ihre Zahl im frühen 14. Jahrhundert auf drei reduziert worden ist.

DIE ORIFLAMME VON ST-DENIS — ORIFLAMME (VARIANTE) — DAS BANNER FRANKREICHS — STANDARTE DER JEANNE D'ARC

Die Miniatur *unten* stellt die Niederlage dar, die Karl Martell in der Schlacht zwischen Tours und Poitiers (732) den aus Spanien eingedrungenen Arabern beigebracht hat. Der heraldische Schild und die Ausrüstung lassen indessen deutlich erkennen, daß die Malerei mehrere Jahrhunderte nach der Schlacht angefertigt worden ist; im Jahre 732 können weder die Moslems noch die Christen irgendeine Art von Heraldik gehabt haben.

Als König Karl VI. 1422 zur letzten Ruhe gebettet wurde, erschien das Wappen von Frankreich auf seinem Helm, auf dem Staatsschwert, auf dem Pferdegeschirr, auf Schilden und auf dem Gewand der auf dem Sarge liegenden Wachsfigur des Königs.

Weiß tritt erstmals als eine nationale französische Farbe während des 15. Jahrhunderts auf, hauptsächlich unter dem Einfluß der Jeanne d'Arc (siehe Seite 66) und des Hauses Orléans. In der Schlacht von Ivry (1590) gewann sie zusätzlichen Ruhm, als Heinrich IV. seine weiße Schärpe als Fahne und als Symbol des nationalen französischen Kampfes gegen die Heilige Liga benutzte.

Weiße Kreuze wurden auf den Wämsern der Krieger geführt, und Weiß kam immer in den persönlichen Livreen der Könige von Frankreich vor, welche im Laufe der Jahre im Gegensatz zu dem unveränderlichen Banner von Frankreich verschiedene Gestalt annahmen. König Franz I. (1515–47) machte aus einem weißen Kornett die Kommandoflagge des Generalobersten der Infanterie. Alle Regimenter betrachteten dies als eine nationale Farbe, und ein weißes Kreuz wurde in die Fahnen gesetzt, die im übrigen die verschiedensten

Diese Stickerei aus der von den Schweizern eroberten Burgunderbeute zeigt eine stilisierte Abwandlung des Emblems des Ordens vom Goldenen Vlies, einen funkenschlagenden Feuerstahl.

FAHNE DES KÖNIGS FRANZ I.

KORNETT DER LEIBGARDE KÖNIG LUDWIGS XIV.

FRANZÖSISCHE STAATSFLAGGE, UM 1643 BIS 1790

Farben und Zeichnungen aufwiesen. Zur Zeit der Französischen Revolution hatten alle Regimenter zwei Fahnen. Die Oberstenfahne war weiß mit einem weißen Kreuz; die andere war weiß mit den Regimentsfarben in den vier Eckfeldern des Tuches.

Weiß hatte auch in die französischen Marineflaggen Eingang gefunden. Wir besitzen Beispiele von vielen verschiedenen Formen, aber ohne genaue Angaben über den Zeitpunkt des Gebrauchs. Eine einfach weiße Flagge; eine weiße Flagge, mit goldenen Lilien besät; eine ähnliche Flagge mit dem Wappen von Frankreich in der Mitte; eine weiße (oder blaue) Flagge mit drei goldenen Lilien; eine blaue Flagge mit weißem Kreuz; die gleiche mit dem Wappen des Königs in der Mitte; einfache,

Der Gebrauch von Weiß als französische Nationalfarbe setzte im 16. Jahrhundert ein und breitete sich, von einigen königlichen Fahnen ausgehend, aus, bis diese Farbe bei den französischen Streitkräften zu Lande und zu Wasser in Gestalt eines Kreuzes oder des Grundtuches von Fahnen zur Hauptfahnenfarbe wird. Diese vorrangige Stellung hielt bis 1794 an und ist zwischen 1815 und 1830 noch einmal wiederbelebt worden.

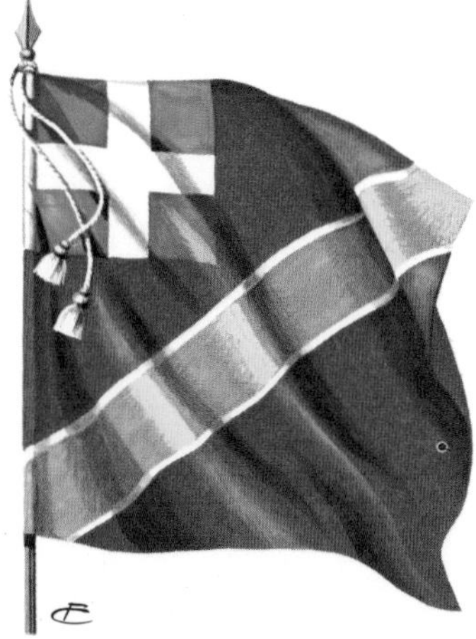

Frankreichs Nationalfeiertag, der 14. Juli, erinnert an den Sturm auf die Bastille am 14. Juli 1798. Die unglücklichen Verteidiger dieser Bastion des Ancien Régime führten eine besondere Fahne *(oben)*.

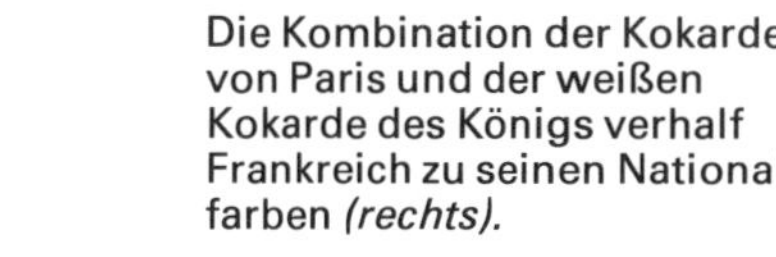

Die Kombination der Kokarde von Paris und der weißen Kokarde des Königs verhalf Frankreich zu seinen Nationalfarben *(rechts)*.

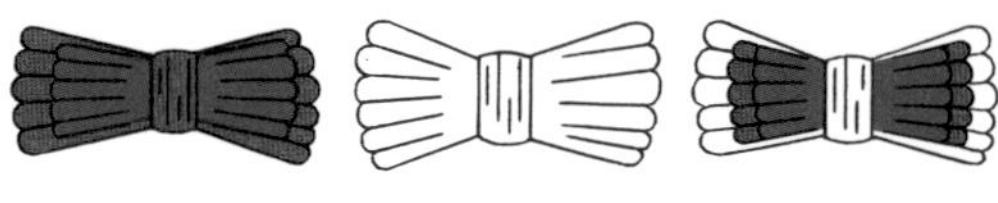

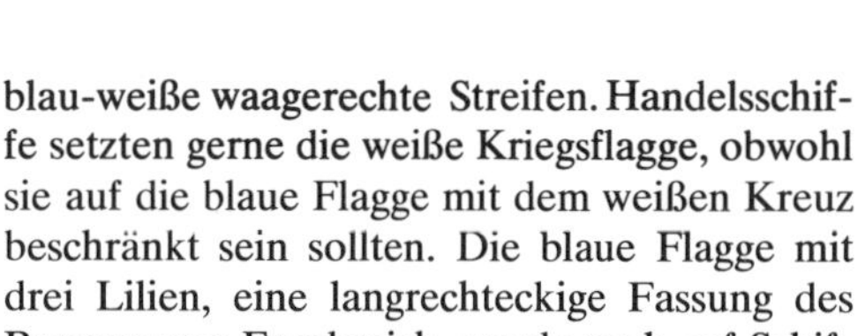

blau-weiße waagerechte Streifen. Handelsschiffe setzten gerne die weiße Kriegsflagge, obwohl sie auf die blaue Flagge mit dem weißen Kreuz beschränkt sein sollten. Die blaue Flagge mit drei Lilien, eine langrechteckige Fassung des Banners von Frankreich, wurde auch auf Schiffen und Festungen geführt, da diese der Autorität des Königs unterstanden.

Die Schwierigkeit, genau zu bestimmen, was als Nationalflagge während der Zeit galt, ehe der Nationalismus normierte Muster eingeführt hat, deutet ein Druckbild des Kriegsschiffes »La Couronne« von 1636 an. Am Bugspriet weht eine quadratische blaue Flagge, mit goldenen Lilien besät, am Heck eine ähnliche Flagge, aber rot statt blau. Am Fockmast weht eine rot-weiß längsgestreifte Flagge über einem blau-weiß gestreiften langen Wimpel. Der Großmast hat eine weiße, kunstvoll mit Lilien, königlichen Namenszügen und dem Wappen von Frankreich bestickte Flagge. Am Besanmast finden wir eine grüne Flagge mit goldenen Lilien und einem gekrönten L als Symbol für König Ludwig XIII. Vor der Revolution hatte es in Frankreich, wie

Die Herrschaft Ludwigs XVI. endete mit dem Sturm auf die Tuilerien *(rechts)* am 10. August 1792. Obwohl die Monarchie erst im nächsten Monat formal abgeschafft wurde, ist Frankreich schon vorher von der Pariser Kommune und den Jakobiner-Clubs beherrscht worden.

Jedes Bataillon der Nationalgarde der verschiedenen Pariser Distrikte hatte sein eigenes Banner, wie das von St-Victor *(oben)*. Viele dieser Fahnen zeigten allegorische Szenen aus der republikanischen Gedankenwelt, waren in den Stadtfarben von Paris (Rot und Blau) geviert und wiesen das weiße französische Nationalkreuz auf.

dargelegt, bereits rote, weiße und blaue Fahnen gegeben. Die Geschichte der ersten Trikolore beginnt aber mit dem Wappen der Stadt Paris. Als die Pariser Miliz (die spätere Nationalgarde) am 13. Juli 1789 organisiert wurde, hatte sie Kokarden in den blau-roten Stadtfarben zu führen. Vier Tage später wurde das gleiche revolutionäre Symbol dem König durch den Marquis de Lafayette überreicht, der sie bei der Begrüßung der Menge vor dem Rathaus trug. Es ist nicht klar, ob es König Ludwig selbst oder Lafayette war, der die weiße königliche Kokarde zur rot-blauen hinzugefügt hat; aber als Lafayette vor der Revolutionsregierung die Verbindung dieser drei Farben empfahl, soll er versichert haben: »Ich bringe Ihnen eine Kokarde, die um die Welt gehen wird, eine sowohl zivile wie militärische Institution, die über die alten Taktiken Europas triumphieren und die Willkürregierungen vor die Wahl stellen wird, geschlagen zu werden, wenn sie sie nicht nachbilden, und gestürzt zu werden, wenn sie sie nachzubilden wagen.«

Rot, Blau und Weiß wurden am 4. Oktober 1789 als Kokarde in der damals so wichtigen Gestalt politischer Symbolik offiziell angenommen. Die Fahnen der Nationalgarde waren blau-rot geviert mit einem durchlaufenden weißen Kreuz. Die Farben waren passend gewählt, da Rot mit Blau mindestens seit dem Pariser Bürgeraufstand von 1358 gegen die königliche Autorität gebraucht worden war. Trotzdem beteiligten sich einfach weiße Fahnen im folgenden Jahr am großen Fest der Fédération, dem ersten Jahrestag des Sturms auf die Bastille. Der Anstoß zur Ersetzung des bis dahin als Nationalfarbe geltenden Weiß durch Rot-Weiß-Blau kam von rebellierenden Seeleuten. Sie protestierten dagegen, unter der alten weißen Flagge fahren und kämpfen zu müssen, und verlangten, daß die Nationalversammlung offiziell eine Art Marineflagge in den echten Nationalfarben festsetze.

Ihr Wunsch ist in einem am 24. Oktober 1790 angenommenen Gesetz verwirklicht worden. Obwohl drei Viertel der neuen Flagge immer noch weiß waren, zeigte ihre Oberecke – die

Nationalflagge, um 1792 bis etwa 1794

Nationalflagge, um 1792 bis etwa 1794

Kriegsflagge, 1790 bis 1794

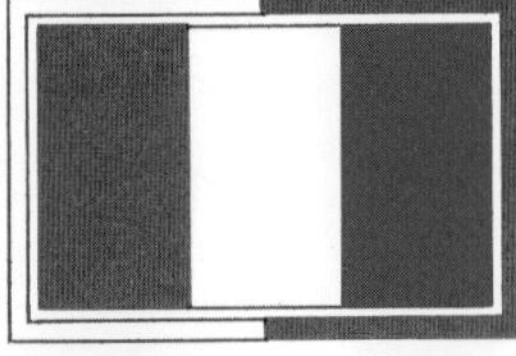

Gösch, 1790 bis 1794

Nationalflagge, 1794 bis 1814, 1815

Nationalflagge, 1848

Nationalflagge, 1830 bis 1848, 1848 bis heute

Die Reorganisation des Heeres wie auch ideologische Veränderungen im nachrevolutionären Frankreich erforderten neue Militärfahnen. Die napoleonischen Modelle *(oben)* sind nur einige von Hunderten, die zwischen 1799 und 1815 entwickelt wurden. Die Trikolore selbst *(links)* machte viele Abwandlungen durch, ehe das heute vertraute Modell feststand.

Als Napoleon 1815 von Elba zurückkehrte, war eine der mächtigsten Waffen für die Wiederherstellung seiner Autorität der Appell an die französischen Soldaten, die Trikolore gegen die weißen Banner der Reaktion zu erheben. Diese Aufforderung ist

in dem Gemälde *(oben)* »Rückkehr von der Insel Elba im Februar 1815« von Karl Steuben eindrucksvoll dargestellt.

Wenn auch eine unmittelbare Einwirkung nicht immer nachgewiesen werden kann, so ist doch klar, daß die Trikolore eine große Zahl ausländischer Flaggen, darunter die *unten* aufgeführten, beeinflußt hat.

HAITI, Mai 1803 bis 1805

HAITI, 1805 bis 1820, seit 1964

HAITI, 1860 bis 1964

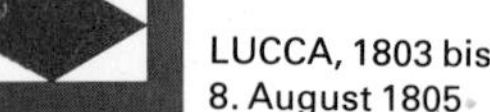

LUCCA, 1803 bis 8. August 1805

LUCCA, 8. August 1805 bis 1808

MEXIKO, ungefähr 1821

MEXIKO, 1815 bis ?

NORWEGEN, 1821 bis 1844, seit 10. Dezember 1898

URUGUAY, 25. August 1825 bis 16. Dezember 1828

DOMINIKANISCHE REPUBLIK, seit 27. Februar 1844

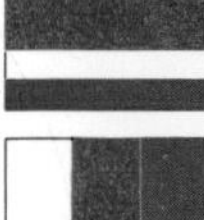

COSTA RICA, seit 29. September 1848

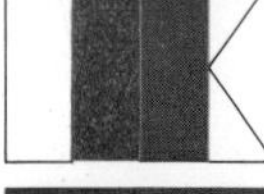

BUGANDA, 1860 bis ?

MADAGASKAR, 1885 bis 1896

SAARLAND, 1948 bis 1956

LOUISIANA, 1861

ASSOCIATION FRANÇAISE DES ÉTUDES INTERNATIONALES DE VEXILLOLOGIE, seit 1969

Die Fahnen der in der Verteidigung von Verdun siegreichen Regimenter werden im April 1916 von General Pétain, Ministerpräsident Poincaré und König Viktor Emanuel III. von Italien besichtigt.

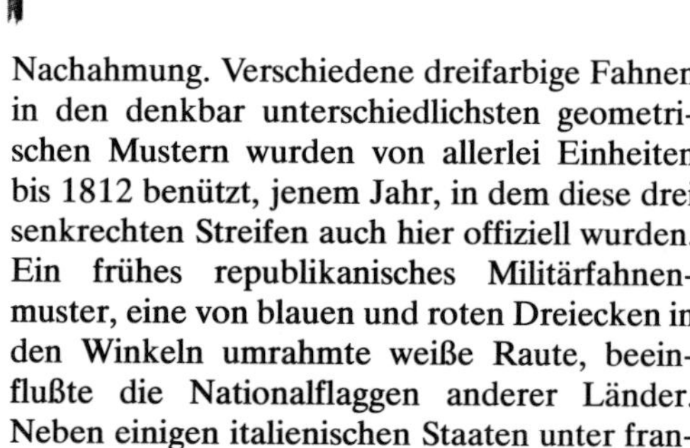

getrennt auch als französische Gösch diente – die Nationalfarben doppelt: senkrechte rot-weiß-blaue Streifen, umgekehrt wie heute, wurden in den gleichen Farben gesäumt. Zwei Jahre später verpflichtete ein Dekret jede in Frankreich lebende oder durch Frankreich reisende Person, die dreifarbige Kokarde anzustecken. Am 17. September 1792 wurde auf den Verkauf von anderen als rot-weiß-blauen Kokarden die Todesstrafe gesetzt; vier Tage später wurde die Erste Republik proklamiert und von Fahnen in diesen Farben, aber von großer Verschiedenheit in Gestalt und Zeichnung, begrüßt.

Nochmals waren es Angehörige der französischen Marine, deren Proteste 1794 zur Änderung der Flagge führten. Auf ihr Betreiben empfahl ein Komitee der Nationalversammlung »eine gänzlich aus den drei Nationalfarben gebildete Flagge, einfach, wie es den republikanischen Sitten, Gedanken und Grundsätzen entspricht«. Das weiße Grundfeld und die Ränder um die nunmehr umgestellten senkrechten Streifen waren entfernt, so daß sich die heutige Gestalt der Trikolore ergab, nach dem damaligen Revolutionskalender am 29. Pluviose des Jahres II (7. Februar 1794). Die Vorherrschaft, die die Trikolore zur See erlangt hatte, fand an Land, wenigstens beim Heer, nicht unmittelbar Nachahmung. Verschiedene dreifarbige Fahnen in den denkbar unterschiedlichsten geometrischen Mustern wurden von allerlei Einheiten bis 1812 benützt, jenem Jahr, in dem diese drei senkrechten Streifen auch hier offiziell wurden. Ein frühes republikanisches Militärfahnenmuster, eine von blauen und roten Dreiecken in den Winkeln umrahmte weiße Raute, beeinflußte die Nationalflaggen anderer Länder. Neben einigen italienischen Staaten unter französischem Einfluß (siehe Seiten 143 und 144) dürfte auch Brasilien dies zum Vorbild genommen haben. Von der Trikolore selbst sind die Fahnen revolutionärer Gruppen in der ganzen Welt sogar noch stärker beeinflußt worden. Direkt geht dies aus den Farben vieler Nationalflaggen hervor und indirekt aus den gleich breiten senkrechten (oder waagerechten) Strei-

Der überwältigenden Popularität der Trikolore haben die im Laufe der Jahre geschaffenen Abwandlungen keinen Abbruch getan. Die persönlichen Standarten Kaiser Napoleons III. (1852–71), des Staatschefs Philippe Pétain (1940–44) und des Präsidenten Charles de Gaulle (1959 bis 1968) zeigen nacheinander den kaiserlichen Adler und die schon von Napoleon I. benützten Bienen, die Sterne und den Marschallstab, letzterer in Gestalt einer Franziska (einer mittelalterlichen Waffe), und das Doppelkreuz von Lothringen. Während der Dritten und der Vierten Republik wurde es üblich, die Initialen des jeweiligen Präsidenten golden in die Mitte des weißen Streifens der Trikolore zu setzen. So hatte auch jeder Präsident der Fünften Republik eine eigene Unterscheidungsflagge.

Präsident Giscard d'Estaing setzte an die Stelle der Initialen das republikanische Liktorenbündel.

fen bei einer noch größeren Zahl. Nicht nur frühere französische Kolonien in Afrika, sondern so verschiedene Länder wie Mexiko, Rumänien und Äthiopien sind von der erstmals durch die Franzosen aufgebrachten Tendenz erfaßt worden.

Die Schlacht war für die Trikolore mit ihrer Annahme 1812 als Normmuster für die militärischen Fahnen jedoch noch nicht gewonnen. Im Zuge der Restauration der französischen

Monarchie erging das Dekret vom 13. April 1814, wo es heißt: »Die weiße Kokarde ist die französische Kokarde; sie wird von der ganzen Armee aufgenommen.« Selbst der Zar von Rußland hatte gemeint, man könne die Beibehaltung der Trikolore hinnehmen, aber Ludwig XVIII. beharrte auf der weißen Fahne. Während der Herrschaft der Hundert Tage stellte Napoleon natürlich Blau-Weiß-Rot wieder her. Seine Proklamation vom 1. März 1815, auf die acht Tage später ein förmliches Dekret folgte, mahnte: »Zeigt die dreifarbige Kokarde; ihr habt sie getragen in unseren großen Tagen! [. . .] Soldaten, reiht euch ein unter die Fahnen eures Oberhauptes [. . .] Der Adler mit den nationalen Farben wird fliegen von Kirchturm zu Kirchturm bis zu den Türmen von Notre Dame.« Die Männer sammelten sich, und Napoleon erreichte tatsächlich Notre Dame; aber nach seiner Niederlage bei Waterloo wurden die weißen Kokarden und Fahnen wiederhergestellt. Der König verweigerte übrigens in einem neuen Dekret in Ergänzung zu dem vom April 1814 die Anerkennung der Legitimität der Hundert Tage.

Die Julirevolution von 1830, durch welche die französische Monarchie in eine konstitutionelle umgewandelt wurde, brachte am 2. August die Veröffentlichung eines von König Louis Philippe unterzeichneten Dekrets: »Die französische Nation nimmt ihre Farben wieder auf. Keine andere Kokarde als die dreifarbige Kokarde darf hinfort getragen werden.« Der augenscheinliche Erfolg der Trikolore erwies sich später, als die Revolution von 1848 ausbrach, als ihre eigene Gefährdung. Nachdem die französischen Revolutionäre jenes Jahres die Monarchie beseitigt hatten, sollte die Trikolore ebendieser Monarchie durch die einfache rote Fahne der Revolution ersetzt werden. Gerettet hat die Trikolore der Dichter Alphonse de Lamartine. Als eine Menschenmenge, rote Fahnen schwingend, in die Halle der Nationalversammlung eindrang und ihn allein mit einem anderen Delegierten antraf, warnte er sie: »Wenn ihr mir [als Minister des Auswärtigen] die dreifarbige Fahne entreißt [. . .], dann entzieht ihr mir die Hälfte der Kraft Frankreichs im Ausland! [. . .] Ich werde dieser Blutfahne bis zum Tode Widerstand leisten, und ihr solltet sie noch mehr als ich verabscheuen! Denn die rote Fahne, die ihr uns bringt, gab es nur auf dem Champ-de-Mars in den Jahren 91 und 93, durch das Blut des Volkes geschleift, während die Trikolore mit dem Namen, dem Ruhm und der Freiheit des Vaterlandes um die Welt gegangen ist!«

Bei der Überreichung einer Fahne an die Studenten der Militärakademie von Saint-Cyr 1956 sagte General de Gaulle: »Sie fordert von Euch Verzicht auf Freiheit und Geld, aber sie wird Euch statt dessen den Traum bieten, der schließlich der schönste ist: der Traum vom Ruhm zu Füßen einer Standarte.«

Dem seinerzeit (1940) in einer fast hoffnungslosen Lage ergangenen Aufruf General de Gaulles an die Franzosen, gegen die nationalsozialistische Gewalt Widerstand zu leisten, folgte dieser einsame bretonische Fischer nach England. Stolz ließ er seiner Nation Banner an seinem kleinen Boot wehen, wie dies gleichzeitig Tausende anderer Männer und Frauen taten, die den Kanal überquert haben.

Als Kompromiß wurde am 26. Februar 1848 die Anbringung einer roten Rosette an die Spitze der die Nationalflagge tragenden Stangen verfügt. Sinnigerweise ordnete die Regierung bei der »Bewahrung« der ursprünglichen Fahnenfarben an, sie sollten Blau-Rot-Weiß aufeinanderfolgen. Im Vorwort zu dem Dekret war gesagt, dies sei gerechtfertigt, weil »die Gestalt der Nationalfahne in unveränderlicher Weise festgestellt werden müsse«, aber kaum zwei Wochen später wurde die ursprüngliche blau-weiß-rote Gestalt wiederhergestellt und die rote Rosette entfernt. Ein offizielles Dekret vom 5. März bestimmt: »Der gallische Hahn und die drei Farben waren unsere verehrten Zeichen, als wir die Republik und Frankreich gründeten. Sie wurden bei den ruhmreichen Julitagen angenommen. Denkt nicht daran, Bürger, sie zu unterdrücken oder sie zu ändern. Ihr würdet die schönsten Seiten eurer Geschichte verwerfen, euren unsterblichen Ruhm, euren Mut, den man an allen Punkten des Erdballs kennengelernt hat. Bewahret also den gallischen Hahn, die drei Farben; die Regierung fordert es von eurem Patriotismus.«
Nur während der Kommune 1871 hat die rote Fahne noch einmal nach der französischen Hoheit gegriffen, aber ihr Einfluß reichte nicht über Paris hinaus, und sie verschwand mit dem Untergang der Kommune. Eine Zeitlang schien es zwar, als ob die einfache weiße Fahne wiederhergestellt werden sollte (siehe Seite 75); die Trikolore hat jedoch unter der Dritten, Vierten und Fünften Republik weiterbestanden, so auch als Marschall Henri Philippe Pétain als Staatschef 1940 in Vichy eine Regierung des »Französischen Staates« gebildet hatte. In Gegensatz zu dessen Symbol, der Franziska (einer mittelalterlichen Waffe), stellte General Charles de Gaulle als Führer des »Französischen Komitees der Nationalen Befreiung« (1943) das zweiarmige Lothringer Kreuz. Dieses fand in verschiedene Fahnen Eingang, darunter in eine Fahne mit einer an die Militärfahnen des frühen 19. Jahrhunderts erinnernden Raute. Die Nationalflagge selbst ist offiziell nicht geändert worden.

Die Franzosen haben und hatten noch andere Symbole, darunter das Lothringer Kreuz und den Triumphbogen, wie sich in der Demonstration von 1968 zeigt *(rechts)*. All deren Bedeutung wird aber durch die Trikolore in den Schatten gestellt.

TRAVAIL

# ITALIEN

## EINHEIT AUS DER VIELFALT

Die heutige italienische Trikolore stammt aus dem Jahre 1946, aber ihre Wurzeln können bis 1796 zurückverfolgt werden.

Die Abbildung aus einer Handschrift des 14. Jahrhunderts *(unten rechts)* zeigt Kreuzfahrer bei der Einschiffung in Neapel. Unter den zahlreichen dargestellten Nationalitäten befinden sich italienische Ritter vom Heiligen Geist. Ihre Fahne enthält das herkömmliche Symbol des Heiligen Geistes, eine Taube mit den Feuerzungen, von denen die Apostelgeschichte 2, 2–4 berichtet.

Die nationale Trikolore bietet ein klares Bild, indem sie aus grün-weiß-roten, gleichmäßigen vertikalen Streifen besteht. In den Marineflaggen Italiens kommen Embleme hinzu; die von den unabhängigen Staaten, die sich zur Bildung Italiens verbündet haben, einst geführten Flaggen enthalten noch vielfältigere Muster; und schließlich weisen die Truppenfahnen aus der Vergangenheit die mit seiner politischen Geschichte übereinstimmende Kompliziertheit auf. Bei den in Toskana, Sizilien, dem Kirchenstaat und Venedig bestehenden Königshäusern und Stadtrepubliken – von Parma, Piombino, Massa-Carrara, Mentone und Rocquebrun und

vielen anderen ganz zu schweigen – bedeuten Flaggen eine Bestätigung der Souveränität, eine Verteidigung überlieferter Rechte. Dies galt besonders für Königs- und für Marineflaggen, aber selbst die Fahnen der Bürger enthielten gewöhnlich Symbole und Farben von größerer Vielfalt als die moderne Trikolore. Wappen wurden geändert, um die durch Heirat oder Eroberung oder auf andere Weise gelungene Erwerbung neuer Gebiete kundzutun; zur Steigerung der Staatshoheit konnten das Oberwappen oder die Schildhalter geändert werden, oft in Übereinstimmung mit einem Wechsel im Titel des dortigen Herrschers. Vor dem späten 18. Jahrhundert wurde kein Versuch unternommen, den Patriotismus oder die Loyalität der Bürgerschaft aufzurufen, obwohl derartige Themen gelegentlich in Truppenfahnen erscheinen. Es dauerte volle dreiviertel Jahrhunderte seit der Schaffung der Trikolore bis zu dem Augenblick, von dem an Grün-Weiß-Rot über ganz Italien wehte.

Manche alten Symbole haben ihren Einfluß auch heute noch nicht ganz verloren. Die heraldischen Bestandteile des in der Handels- und der Kriegsflagge der Italienischen Republik erscheinenden Schildes liefern hervorragende Beispiele, obwohl manche anderen berühmten Embleme die gleiche Aufmerksamkeit verdienen, etwa die Lanzenspitze von Triest, die Lilie von Florenz, die Trinakria von Sizilien oder auch die sich in den Schwanz beißende Schlange, das Emblem von Fiume unter d'Annunzio noch in unserem Jahrhundert.

Alle vier Embleme im Marinewappen – der goldene geflügelte Löwe in Rot von Venedig, das rote Kreuz auf Weiß von Genua, das weiße Malteserkreuz auf Blau von Amalfi und das weiße Kreuz auf Rot von Pisa – sind religiöse Embleme. Nicht nur ist Italien jahrhundertelang das eigentliche Herz des katholischen Europa gewesen, sondern viele seiner Flaggen und anderer Symbole gehen auf das frühe Mittelalter zurück, als fast jede Fahne ein öffentliches Gebet für den Erfolg der Unternehmungen ihrer Träger war.

Alle Apostel und viele Heiligen besaßen eigene Attribute, die von den des Lesens unkundigen Massen leicht identifiziert werden konnten, wenn sie auf Fahnen standen. Die Donner-

Obwohl die im Römischen Reich üblichen Fahnen keinen dauernden Einfluß auf spätere italienische Fahnen hatten, leitet sich das italienische Wort *vessillo* (Fahne) doch vom lateinischen *vexillum (oben)* ab.

Das Bildnis St. Georgs, den Drachen niedertretend, auf diesem Gonfanon *(links)* erweist diesen als die Standarte von Genua, obwohl diese Stadt nicht die einzige war, die in St. Georg ihren Schutzpatron sah. Die Abbildung ist aus einer handschriftlichen Chronik des 13. Jahrhunderts entnommen, aber der Schnitt des Tuches weicht von späteren venetianischen Bannern *(unten,* siehe auch Seite 147) kaum ab.

stimme von St. Markus soll für die Wahl eines Löwen zu seinem Emblem geführt haben. Man bemerke (siehe Seite 244), daß in der italienischen Kriegsflagge dem Löwen ein Schwert beigegeben ist, während der Löwe in der Handelsflagge mit derselben Pranke ein Buch hält. Überall in der Stadt Venedig selbst und in den früher unter seiner Herrschaft stehenden Gebieten begegnet man diesem Löwen; auf dem Buch steht der Satz: »Friede sei mit Dir, Markus, mein Evangelist.« Die Geschichte dieses Spruches führt direkt auf die politische Geschichte von Venedig und seine Wahl von St. Markus als Schutzheiligen zurück. Im späten 13. Jahrhundert schrieb Jakob Varazze ein Buch, das großen Einfluß auf die Verdrängung von St. Theodor, dem ursprünglichen Schutzheiligen Venedigs, und auf das Vordringen des neuen Schutzpatrons ausgeübt hat. Ein Engel soll St. Markus mit dem lateinischen Spruch, der jetzt auf dem Buch des Löwen steht, angeredet haben, als dieser nach seiner Ernennung

des Heiligen selbst enthielt, während das Löwenbild etwa seit 1300 auftritt. Die noch heute auf dem Markusplatz gezeigte Flagge läuft in vier rechteckige Lätze aus. Der hohe Mast, an dem sie weht, gab das Urbild für die venezianischen verdickten Spitzen ab, welche moderne Flaggenstangen nachahmen, um Schönheit mit großer Höhe zu vereinen.

zum Bischof von Aquileja auf der Fahrt von Alexandria zur neuen Wirkungsstätte in Venedig Aufenthalt machte. Der Engel sagte die Verehrung der Gebeine von St. Markus in Venedig voraus, und tatsächlich entdeckten zwei venezianische Kaufleute im Jahre 828 in Alexandria die sterblichen Überreste des Heiligen, die sie in ihre Heimatstadt zurückbrachten. So bot, laut Varazze, die Rialto-Insel dem Heiligen Obdach nicht nur zu Lebzeiten auf seinen Reisen, sondern beschützte ihn auch nach dem Tode.

Aus Siegeln des 12. und 13. Jahrhunderts kann man entnehmen, daß die Fahne eine Abbildung

Das Kreuz von Genua ist wenigstens ebenso alt. Vom Dezember 1138 an, als die Stadt das Münzrecht erlangte, steht fest, daß das Kreuz dort als Symbol diente. St. Georg trat damals wahrscheinlich unter dem Einfluß der Kreuzzüge an die Stelle von St. Laurentius. Eine rote Flagge mit dem Bild St. Georgs, den Drachen niedertretend, bezeichnete 1198 den Admiral der Hauptgaleere der genuesischen Flotte; ein ähnliches Banner erscheint zu Lande in einer Abbildung von 1227. Hinweise aus dem 13. Jahrhundert belegen die gemeinsame Verwendung des Georgskreuzes (Rot auf weißem Schild, also wie damals von den Engländern

Das Grundmuster der Fahnen von Venedig ist zwar seit etwa 1300 das gleiche geblieben, aber es ist sehr oft abgewandelt worden. Auf der *oben* gezeigten Fassung aus dem späten 17. Jahrhundert steht der Löwe teils auf dem Land und teils auf dem Wasser, um die venezianische Herrschaft über das Hinterland und die Adria anzudeuten.

Aus Prestigegründen versahen viele italienische Stadtstaaten, unter anderem auch Genua, dessen Wappen *rechts* abgebildet ist, ihre Wappen mit Kronen, obwohl sie eine republikanische Regierungsform hatten.

angenommen) mit dem Markus-Löwen, um den zwischen den beiden Seemächten bestehenden Frieden anzuzeigen. In den nächsten sechs Jahrhunderten wechselvoller Schicksale verehrten die Genuesen beharrlich St. Georg und sein Kreuz; der lateinische Staatswahlspruch lautete aber: »Goldene Freiheit ist die Genuesische Flagge.«

Wir kennen Beispiele der Flagge von Genua, in der die Worte »Iusticia« oder »Ianua« oben quer herüber geschrieben sind. Beide Wörter sind Lateinisch, das erste bedeutet ›Gerechtigkeit‹, und das zweite ist der vom Gott Janus abgeleitete Name Genuas. Im 18. Jahrhundert entwickelte der neue heraldische Zeitstil eine weiße Flagge mit dem vollständigen Wappen von Genua in der Mitte. Selbst als Napoleon 1797 Genua in die Ligurische Republik umwandelte und später, 1814, die provisorische Regierung der Durchlauchtigsten Republik Genua unter britischem Protektorat verkündet wurde, blieb es bei dieser Kreuzflagge.

Die Unabhängigkeit verlor Genua 1814 auf immer durch die Einverleibung in das Königreich Sardinien. Die damalige sardinische Flagge enthielt ebenfalls ein uraltes Emblem, ein weißes Kreuz auf Rot, umgekehrt wie das von Genua. Das von Sardinien geführte Kreuz soll bis 1147 zurückgehen; doch sichere Belege beginnen erst 1263. Es ist in der Zeichnung einer Anzahl anderer europäischer Flaggen – besonders von Dänemark, Malta und der Schweiz – ähnlich; sie alle könnten irgendwie mit der Fahne des Heiligen Römischen Reiches (siehe Seite 115) zusammenhängen. Ursprünglich repräsentierte die Fahne den Grafen von Savoyen und seine Herrschaftsgebiete im Piemont; Sardinien wurde erst 1718 erworben. Um die savoyische Flagge von ähnlichen, vor allem von der auf dem Mittelmeer häufig zu

Diese Ansicht von Neapel aus der Mitte des 15. Jahrhunderts *(oben)* zeigt deutlich, daß Flaggen auf Gebäuden im Mittelalter nicht so ausgedehnt verwendet wurden wie heute. Man bemerke auch, daß Schiffsflaggen damals oft an abnehmbaren Stangen befestigt waren, statt wie auf modernen Schiffen mit Leinen an feststehenden Masten gehißt zu werden.

Napoleon I., nicht nur Kaiser der Franzosen, sondern auch König von Italien, wählte persönlich die grüne Farbe für italienische Truppenfahnen, wie in dem *links außen* gezeigten Beispiel. Er zeigte auch eine Vorliebe für den einen Donnerkeil haltenden kaiserlichen Adler, der dem Römischen Reich als Symbol gedient hatte. Ein anderes von ihm bevorzugtes Emblem war die goldene Biene, von der viele Franzosen im 18. Jahrhundert glaubten, sie sei das königliche Sinnbild des Frankenkönigs Chlodwig gewesen. Solche Bienen erscheinen in der Flagge der Insel Elba, über die Napoleon nach seinem ersten Sturz vom französischen Thron 1814 herrschte. Diese von Napoleon selbst entworfene Flagge blieb in Elba *(oben links)* weiter in Gebrauch, und zwar als eine Oberecke in der Nationalflagge der Toscana, als die Insel ein Teil dieses Staates wurde.

sehenden Malteser Flagge zu unterscheiden, wurden die weißen Buchstaben FERT in die vier roten Eckfelder eingesetzt. Sie werden verschieden gedeutet, z.B. als »Fortitudo Eius Rhodum Tenuit« (Seine Tapferkeit hielt Rhodos), bezogen auf die Haltung von Amadeus V. im Jahre 1310, oder als »Foedere Et Religione Tenemur« (Wir sind durch Vertrag und Religion gebunden), ein auf alten Münzen vorkommender Spruch. Das rote Feld mit dem weißen Kreuz blieb die Hauptsache, als in der Flagge die blaue Farbe, vermutlich zu Ehren der Jungfrau Maria, hinzukam. In der Mitte des 18. Jahrhunderts finden wir z. B. das Kreuzbild, schmal rot gesäumt, in der Mitte einer blauen Flagge, oder als rote Flagge mit einem durchgehenden weißen Kreuz, das Ganze schmal blau gerändert, oder in einer blauen Flagge mit rotem Obereck, darin das weiße Kreuz. Die letztgenannte Gestaltung wurde ein Jahrhundert später in Form eines Wappenschildes in die italienische Nationalflagge eingesetzt, wo sie als ein Hinweis auf das Haus Savoyen bis zur Absetzung König Viktor Emanuels III. im Jahre 1946 verblieb.

Die dritte Flagge: Am 30. Dezember 1814 proklamierte König Viktor Emanuel I. einen die Kreuze seiner verschiedenen Reiche enthaltenden Entwurf als Kriegs- und Diplomatenflagge des Königreichs Sardinien. Diese Flagge wurde 1848 nur ein paar Monate vor ihrem endgültigen Verschwinden zur Kriegs- und Dienstflagge zu Lande erklärt; dann war der Weg frei für die Trikolore. Das Grundtuch der Flagge war blau, die rote Oberecke enthielt das weiße Kreuz von Savoyen. Auf dieses Kreuz war das rote Kreuz der herkömmlichen sardinischen Flagge aufgelegt, das 1297 von König Jakob II. von Aragon nach der Belehnung mit der Insel durch Papst Bonifatius VIII. eingeführt worden war. (Eine weiße sardinische Flagge mit rotem Kreuz wäre genau die gleiche wie die von Genua und England gewesen, von diesen unterschied sie sich aber durch die in den vier Ecken stehenden ›Mohrenköpfe‹ zur Symbolisierung des Kampfes gegen die aus dem Süden herandrängenden islamischen Kräfte.) Ein Wappenschild mit den Figuren der sardinischen Flagge stand auch inmitten der zahlreichen, in dem großen Wappen der savoyischen Könige von Sardinien im 18. Jahrhundert vereinigten Wappenfelder. In der Flagge von 1814 fand sich allerdings kein Platz für die Mohrenköpfe. Das rote Kreuz von Sardinien war mit dem roten, der Erkennbarkeit wegen weiß abgesetzten Kreuz von Genua belegt.

Obwohl diese Flagge die Vereinigung mehrerer italienischer Gebiete zum Ausdruck brachte, war doch der Geist, wie dies geschah, deutlich der einer vergangenen Epoche. Jahrhundertelang hatten Monarchen die echten oder erfundenen Wappen ihrer derzeitigen oder ehemaligen Herrschaftsgebiete zusammengefügt – oder auch von solchen, auf die sie einen Herrschaftsanspruch nur behaupteten. Auch genealogische Abstammung kann in solchen Wappen ausgedrückt sein, welche zwar die Legitimation und Hoheit des Herrschers unterstreichen, jedoch wenig oder nichts über das Volk selbst aussagen. Das gilt erst recht für königliche Flaggen. Der König von Sardinien breitete auf einem blau umrahmten Feld sein vollständiges Königswappen aus, in dem die Wappen von Sardinien, Jerusalem, Lusignan, Mont-

SARDINIEN, 1814 bis 1848

Weiß überwog in den Flaggen des Kirchenstaates, des von den Päpsten in Italien bis 1870 beherrschten weltlichen Gebietes. Verschiedene Modelle *(unten)* bestanden (von links) für Kriegsschiffe, Handelsschiffe und als Zeichen der Anwesenheit des Papstes auf Kriegsschiffen und auf Festungen.

Im frühen 19. Jahrhundert zeigte die persönliche Standarte des Königs von Sardinien *(rechts)* das Wappen von Savoyen mit den Zeichen all der Gebiete, die er tatsächlich beherrschte oder deren Titel er im Erbwege erlangt hatte. Neben den Buchstaben »FERT« (siehe Text) zeigt der Rand das Abzeichen der savoyischen Dynastie, die ›Liebesknoten‹.

ferrat, Zypern, Genua, Piemont und zwei Schilde für Savoyen (›Alt-Savoyen‹ mit dem schwarzen Adler in Gold im Gegensatz zu dem als ›Neu-Savoyen‹ figurierenden Kreuz) zusammengestellt sind, aber nichts vorkommt, was Italien als solches repräsentiert.

Ausrufung der Parthenopäischen Republik 1798 gehißte Flagge war aus schwarzen, roten und blauen Streifen zusammengesetzt. Sie symbolisierte die Holzkohle, deren Flammenschein und den von ihr erzeugten Rauch, aber auch Glaube, Liebe und Hoffnung.

Dreifarbige Flaggen wurden unter dem Einfluß der Französischen Revolution in Italien volkstümlich. Manche waren einfache Trikoloren, wie die längsgestreifte rot-blau-orangefarbige der Patrioten von Piemont zwischen 1796 und 1801; manche ahmten das Rautenmuster der französischen Truppenfahnen nach, wie die Flagge der Republik Lucca zwischen 1803 und 1805 (siehe Seite 136). Vielleicht die eindrucksvollste war die Flagge des Herzogtums Parma von 1851 bis 1859, innerhalb eines roten Randes war sie aus blauen und gelben Stücken geständert. Aber keine dieser Trikoloren ist von so hohem historischen Interesse wie das Grün-Weiß-Rot, dessen Ursprung wahrscheinlich in den Uniformen der Städtischen Miliz von Mailand zu suchen ist. Da diese weiß und grün waren, wurden die Truppen im Volksmund die »Rübchen« genannt. Nach Napoleons Einfall in die Lombardei 1796 und der Errichtung einer Transpadanischen Republik wurde aus dieser Miliz die neue republikanische Nationalgarde. In ihrer Uniform kamen karminrote Teile hinzu, und am 9. Oktober 1796 erhielt jede Kohorte eine Standarte, deren Feld aus senkrechten grünen, weißen und roten Streifen bestand.

KÖNIGREICH ITALIEN, 1848 bis 1946

ITALIEN. SOZIALREPUBLIK, 1944/1945

ITALIENISCHE REPUBLIK, seit 1946

Das Gemälde von Quinto Cenni *(oben)* zeigt nicht einen bestimmten historischen Augenblick, sondern illustriert mehr die Veränderungen in den Uniformen und Fahnen, die im 19. Jahrhundert von der unter dem Namen »Königliches Piemont-Regiment« bekannten Kavallerietruppe geführt wurden.

Der Geist der Zukunft wurde vielleicht besser durch die während zahlreicher liberaler Aufstände im frühen 19. Jahrhundert geführte Flagge der Carbonari ausgedrückt. Begeistert von den Grundsätzen der Französischen Revolution, hatten diese ›Köhler‹ eine geheime Gesellschaft gegründet, die die Überwindung der bestehenden Monarchien, die Vertreibung fremder Mächte aus Italien und die Einführung liberaler und demokratischer Grundsätze in der Verfassung eines vereinigten Italiens anstrebte. Ihre zuerst in Neapel bei der

Das Verdienst, diese Farben zur Flagge der Bevölkerung gemacht zu haben, kommt indes einem Nachbarstaat zu. Eine in der Stadt Modena vom 16. bis 18. Oktober 1796 abgehaltene Versammlung schuf die Zispadanische Föderation. Obwohl französische Truppen die Bedingungen schufen, unter denen der neue, im Dezember in Zispadanische Republik umbenannte Staat sich entwickeln sollte, wurde eine örtliche Miliz unter dem Namen Italienische Legion gebildet. Deren Uniform bestand aus einem grünen Rock mit roten Aufschlägen, weißer Weste und weißer Hose; am Hut wurden weiße, grüne und rote Federn getragen. Am 7. Januar 1797 wurden die gleichen drei Farben für die zispadanische Kokarde und für die

Als italienischer Regierungschef führte Mussolini eine persönliche Flagge *(rechts)*. Obwohl die Fasces (Liktorenbündel), die seiner faschistischen Partei ihren Namen gaben, die Hauptfigur in der Mitte bilden, kommt doch die Parteifarbe (Schwarz) hier nicht vor.

längsgestreifte Trikolore der Republik angenommen. Diese Trikolore muß als die erste echte italienische Nationalflagge betrachtet werden, obwohl sie nur vom 7. Januar bis 19. Mai 1797 gegolten hat. In der Mitte des Tuches trug sie das von Napoleon selbst vorgeschlagene Staatsemblem: das Hauptbild war ein Köcher mit Pfeilen, durch die die Städte Bologna, Ferrara, Modena und Reggio angedeutet wurden. Bald danach befahl Napoleon die Vereinigung der Zispadanischen mit der Transpadanischen Republik zur Bildung eines neuen Staates: der Zisalpinischen Republik.

Diese Republik erklärte am 11. Mai 1798 die grün-weiß-rote Trikolore offiziell zu ihrer Flagge. Daß die zisalpinische Flagge sich von der damaligen französischen Flagge nur durch die Farbe des Streifens am Liek unterschied, dürfte einer der Umstände sein, die zur Veränderung der Zeichnung führten. Vom 20. August 1802 an hatten die Kriegsflagge zu Lande und die

Das Gemälde *unten* zeigt Florenz im Jahre 1865 in ein Fahnenmeer getaucht. Anlaß war die Einweihung einer Dante-Statue zu seinem 600. Geburtstag.

Diese 1944 von der Italienischen Sozialrepublik herausgegebene Propaganda-Postkarte ermahnt die Soldaten, im Geiste des Dichters Goffredo Mameli zu kämpfen, der an den Folgen der Verletzungen, die er sich am 3. Juni 1849 bei der Verteidigung der Römischen Republik gegen die Franzosen zugezogen hatte, gestorben ist.

Kriegsflagge zur See das gleiche, nur in den Proportionen verschiedene Aussehen, nämlich: auf rotem Grund eine weiße Raute, darin ein grünes Rechteck. Nach seiner Erhebung zum Kaiser der Franzosen (1804) befahl Napoleon in seinen italienischen Besitzungen ebenfalls Änderungen. Die schon 1802 in Italienische Republik umbenannte Zisalpinische Republik wurde nun, 1805, zum Königreich Italien, und bis 1814 wurde das königliche Staatswappen in die Flagge eingesetzt.

Nach dem endgültigen Sturz Napoleons (1815) entstand in der Entwicklung der italienischen Einheit eine Unterbrechung; die Trikolore gewann zwar in den Volksmassen zunehmend an Popularität, verschwand aber offiziell. Die stürmischen Ereignisse von 1848 belebten sie nicht nur wieder, sondern machten sie bleibend zu der einen Flagge, der sich alle die Befreiung und Vereinigung ihres Landes anstrebenden Italiener zuwenden konnten. Am 23. März befahl König Karl Albert von Sardinien seinen gegen die Österreicher angetretenen Truppen, die italienische Trikolore zu führen. In der Praxis tauchten viele Varianten auf, aber offiziell hatte der weiße Streifen in der Mitte den blau-gerandeten roten Schild mit dem weißen Kreuz des Hauses Savoyen zu tragen. Am 15. April 1848 trat dieses Muster auch an die Stelle der bisherigen sardinischen Handelsflagge und wurde mit einer Krone über dem Schild die Kriegsflagge zur See.

Die Bedeutung der Trikolore jener Zeit muß an dem Ansporn gemessen werden, den sie der italienischen Einigungsbewegung verlieh. Die am Anfang 1848 erweckten Hoffnungen wurden durch die Ereignisse der folgenden Jahre grausam enttäuscht, wie es in den Veränderungen von Flaggen auf den Seiten 56/57 bildlich zum Ausdruck kommt. Wenn diese grün-weiß-rote Flut sich angesichts der überlegenen militärischen Stärke der Österreicher zum Rückgang gezwungen sah, so war doch der nächste Ansturm entscheidend. Im Jahre 1859 überschwemmte die Trikolore des Königreichs Sardinien große Teile Norditaliens; zwei Jahre später brachte Giuseppe Garibaldi den Rest des Landes, ausgenommen Rom und Venetien, unter dieses Banner und die Herrschaft König Viktor Emanuels II. Am 17. März 1861 proklamierte dieser Monarch das moderne Königreich Italien, und weniger als ein Jahrzehnt danach wurde seinem Reich der Kirchenstaat einverleibt, womit der Papst seine Stellung als weltlicher Herrscher verlor. 1929 wurde ein sehr kleiner Teil der päpstlichen Gebiete wieder zurückgegeben, aber abgesehen von den Flaggen des Vatikans und von San Marino, lebt die ganze Halbinsel seit 1870 unter der Trikolore.

Im 20. Jahrhundert führte Mussolinis faschistisches Regime auf allen Gebieten des italienischen Lebens manche neuen Symbole ein. Liktorenbündel wurden dem Wappen des Königreiches beigegeben, aber die Kriegs- und Dienstflagge und die Handelsflagge blieben unberührt. In den letzten Tagen des Zweiten Weltkriegs floh Mussolini vor den vorrückenden alliierten Truppen und fand in dem von den Deutschen besetzten Teil Norditaliens Schutz. Hier rief er die Italienische Sozialrepublik aus, deren Wappen einfach ein in den Nationalfar-

Wenige Fahnenschauspiele in der Welt können es an Farbe und Geist mit dem Palio von Siena aufnehmen. Jedes Jahr ringen die 17 Distrikte der Stadt, von denen jeder eine besondere eigene Fahne hat, um die Ehre, den Palio – eine alte Fahne mit dem Bildnis der Jungfrau Maria – zu gewinnen, der sodann im folgenden Jahr in ihrer Kirche aufgehängt wird. Neben ihrer Führung während des kurzen, diese Frage entscheidenden Pferderennens werden die Fahnen der 17 Contrade ausgiebig von den Bürgern, die sie unterstützen, gezeigt, wobei Fahnenschwinger *(oben)* kunstvolle Bewegungen mit den Fahnen an beschwerten Stangen ausführen.

ben in umgekehrter Reihenfolge senkrecht gestreifter Schild war, der ein goldenes Liktorenbündel im weißen Streifen aufwies; ein Adler bildete das Oberwappen. Ein ähnlicher Adler, auf einem Liktorenbündel sitzend, breitete in der Kriegsflagge zu Lande und zu Wasser der jungen Republik seine Schwingen über die drei Streifen der Trikolore. Ihr Fahnenstock war oben mit einer eigenen Bekrönung in Form eines Liktorenbündels besetzt. Die Anregung zur Verwendung des Adlers und des Liktorenbündels könnte von einer durch die Römische Republik 1799 ausgegebenen Münze herrühren und geht letztlich auf ein klassisches, auf dem Trajansforum vorkommendes Vorbild aus dem Kaiserlichen Rom zurück. Die Nationalflagge zu Lande war grün-weiß-rot ohne jedes Abzeichen.

Mit dem Sturz der Sozialrepublik im Mai 1945 verschwand offiziell die glatte Trikolore, aber im nächsten Jahr erstand sie wieder und bildete nach der Verkündung der Italienischen Republik die Staats- und Nationalflagge zu Lande. Somit waren Name und Flagge der Italienischen Republik von 1798 bis 1802, die Italien auf dem Weg zur Einheit, Demokratie und Freiheit von ausländischer Besetzung verholfen hatte, wieder offizielle Symbole.

Wie viele andere Hauptplätze in Städten der ganzen Welt erteilt die Piazza San Marco der Nationalflagge den Vorrang – als Hinweis an jedermann, daß die durch diese Flagge vertretene Nation die Existenz von Stadt und Bürgern garantiert. Abgesehen davon, daß die Flagge von Venedig an der Stelle der Trikolore weht, wirkt die Szenerie auf diesem Bild von 1850 ganz modern.

# MEXIKO

## »DORT, WO IHR EINEN KAKTUS AUF DEM FELSEN WACHSEN SEHT«

Das mexikanische Motiv vom Adler mit der Schlange und dem Kaktus ist ein sechshundertjähriges Symbol, das fortdauernd neue Generationen inspiriert.

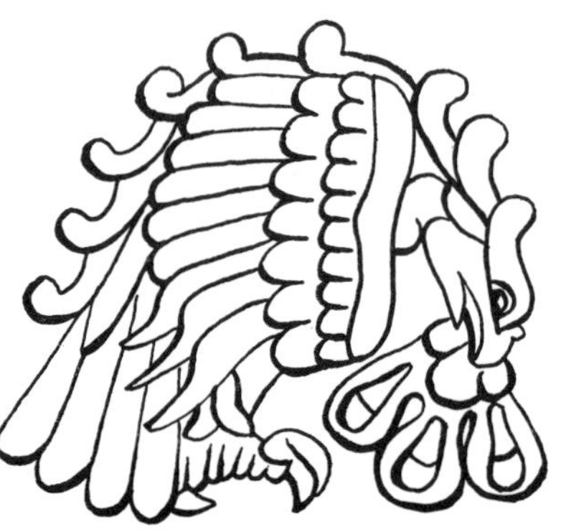

Nach langer Wanderung fanden die ursprünglichen Azteken die von ihren Göttern unter dem Vorzeichen des Adlers und des Kaktus verheißene Heimstatt inmitten eines großen Sees. Das traditionelle Thema ist in den Stilmitteln des 16. und des 20. Jahrhunderts gedeutet *(oben* und *links).*

Mexiko bietet ein Beispiel dafür, wie ein einziges Thema symbolisch immer wieder variiert wird. Der Adler mit dem Kaktus von Mexiko kommt in jedem Jahrhundert und in fast jedem Bereich künstlerischen Ausdrucks vor.

Er ist nämlich eine graphische Darstellung der Gründung der Stadt Mexiko und im weiteren Sinne der Nation. Nach der Legende ist den Azteken durch ihren Gott Huitzilopochtli befohlen worden, sich da niederzulassen, wo sie einen auf einem Felsen wachsenden Kaktus erblicken würden, welchen sie dann auch um 1325 auf einer Insel in einem See fanden. Sie nannten ihre Siedlung Tenochtitlán (›der Ort mit dem Kaktus auf dem Felsen‹). Darstellungen der Gründungen von Tenochtitlán (Mexiko-Stadt) zeigen stets diesen Adler, der indessen manchmal anstelle der Schlange einen kleinen Vogel oder ein menschliches Herz zerreißt. Die Menge der einstigen zahlreichen Darstellungen dieser ikonographischen Szene bleibt uns wegen der Zerstörungen durch die Spanier unbekannt. Auf deren Eroberung von Mexiko 1519 bis 1521 folgt der Versuch, alle Spuren der aztekischen Kultur zu tilgen. Wir finden beispielsweise 1642 den Vizekönig Juan de Palafox y Mendoza sich schriftlich bei der Stadtverwaltung von Mexiko über die Häufigkeit des Adlers mit der Schlange in Kunst und Architektur beschweren. Er wünschte deren Ersetzung durch christliche Embleme. Aufgrund der Mitwirkung des Stadtrates wurden viele alte Denkmäler durch Entfernung des anstößigen Bildes beschädigt. Die älteste bekannte Darstellung einer Fahne mit diesem Bilde führten mexikanische Truppen, die 1550 in Florida einfielen. Das der Stadt Mexiko 1523 durch Kaiser Karl V. verliehene Wappen wurde immer wieder mit dem Adler als einem inoffiziellen Oberwappen dargestellt. Selbst Kirchen sind mit diesem Emblem ausgeschmückt worden.

So galt der Adler mit dem Kaktus bei Beginn des Revolutionskrieges gegen Spanien als das Hauptsymbol Mexikos. Mit einer die Jungfrau von Guadalupe darstellenden Fahne (siehe Seite 74) gab Pater Miguel Hidalgo y Costilla im Grito (›Schrei‹) von Dolores am 16. September 1810 das Zeichen zum Aufstand. Nach seiner Hinrichtung 1811 führte ein anderer Priester, José María Morelos y Pavón, den Aufstand an. Die von ihm gewählten Farben, Hellblau und Weiß, sollen mit dem Königshaus der letzten aztekischen Dynastie, Moctezuma (Motecuhzoma), verbunden sein. Eine bis heute erhaltene Kriegsfahne von Morelos zeigt einen blau-weiß geschachten Rand um ein weißes Feld mit Adler und Kaktus.

Als erste offizielle mexikanische Nationalflagge muß wohl ein am 14. Juli 1815 angenommenes Emblem unterstellt werden, von dem es zwei

Fassungen geben dürfte. Diese Fahne enthielt ein Adler- und Kaktusbild neben den Farben Weiß, Blau und Rot. Die Verwendung dieser drei Farben dürfte dem Einfluß der Vereinigten Staaten, von Haiti und Frankreich zu verdanken sein, jenen drei Ländern, deren Freiheits-, Gleichheits- und Unabhängigkeitsbewegungen die Lateinamerikaner jener Zeit bei der Suche nach ihrer eigenen Freiheit inspirierten. Die von Mexiko 1821 angenommene, senkrecht gestreifte Trikolore muß unmittelbar von dem französischen Vorbild, dem sie sehr ähnelt, angeregt worden sein.

der Mehrheitsherrschaft, durch die das Herrschaftssystem der vorangegangenen drei Jahrhunderte spanischer Kolonialzeit beseitigt worden wäre.

Die für die Truppen Itúrbides bestimmte Fahne der Drei Garantien zeigte auf weiß-grün-roten Schrägstreifen Sterne (in gleicher Reihenfolge: ein grüner, ein roter und ein weißer) und ein Mittelemblem. Grün soll die Unabhängigkeit bedeuten, Weiß die Reinheit der Religion und Rot (die spanische Nationalfarbe) die Einheit. Diese drei Farben lieferten die Grundlage für die seitherigen mexikanischen Flaggen.

Seit 1821 ist die mexikanische Flagge grundsätzlich die gleiche geblieben. Der Kommandowimpel *(oben)* ist dem französischen Flaggenbuch von 1836 entnommen.

Der unmittelbare Vorläufer dieser Flagge war eine offenbar zwischen dem 30. April und 3. Mai 1821 auf Anordnung von Agustín de Itúrbide geschaffene Truppenfahne. Als militärischer Führer der kreolischen Oberschicht des Landes sollte Itúrbide auf Befehl des Vizekönigs den zehn Jahre alten Aufstand gegen die spanische Herrschaft niederwerfen, denn die Kreolen und der höhere Klerus fürchteten, die liberale Revolution von 1820 in Spanien könnte sich auf ihr eigenes Land ausbreiten. Anstatt die Revolutionäre zu unterdrücken, verbündete sich Itúrbide mit ihnen, und gemeinsam gelang es ihnen, die volle Unabhängigkeit für Mexiko zu gewinnen. Der Erfolg war großenteils ihrem Programm zu verdanken, das nach der Stadt, wo es verkündet worden war, »Plan von Iguala« heißt. Dieser Plan verhieß »Drei Garantien«: Religion, Unabhängigkeit, Einheit. Die Schlagworte bedeuteten, daß wenn die obersten Klassen schon bereit waren, die Unabhängigkeit hinzunehmen, dies nicht auf Kosten der Kirche geschehen dürfe, die ihre gesellschaftlichen, politischen und wirtschaftlichen Vorrechte gewährleistete. Darüber hinaus sollte es eine Gleichheit aller Mexikaner vor dem Gesetz, seien sie spanischen, indianischen oder gemischten Blutes, geben und nicht eine Politik

Am 21. September 1821 wurde die Unabhängigkeit Mexikos ausgerufen, fast genau dreihundert Jahre nach dem Fall des aztekischen Reiches durch die Eroberung von Cortez und seinen Konquistadoren. Am 2. November jenes

Die mexikanischen Wappendarstellungen *(oben)* stammen aus dem 16., 18., 19. und 20. Jahrhundert.

Jahres verfügte die Provisorische Regierung der Obersten Junta, daß die Flagge »Dreifarbig unter Annahme auf ewige Zeiten der Farben Grün, Weiß und Rot in senkrechten Streifen mit der Darstellung eines gekrönten Adlers in der Mitte« sein solle. Das Staatswappen sollte aus einem Kaktus mit einem Adler bestehen, der

Zu den berühmtesten Fahnen der mexikanischen Geschichte gehören die des Itúrbide und des Kaisers Maximilian *(oben)*.

Benito Juárez García war wegen seines Hauptanteils an der Verfassung von 1857 berühmt geworden, durch die die Macht des Militärs und der Klerikalen, die weitgehend das Leben in Mexiko bestimmten, eingeschränkt wurde. So übernahm er im Kampf gegen die klerikalen Generale 1858 bis 1860 die Führung der Liberalen. 1861, 1867 und 1871 wurde er zum Präsidenten von Mexiko gewählt. Wegen seines Widerstandes gegen die französische Intervention von 1863 und gegen das von den Franzosen etablierte Kaisertum Maximilians wird er weiterhin in Mexiko in Ehren gehalten.

auf dem Haupt prophetischerweise eine Krone trug: Am 19. Mai 1822 proklamierte sich Itúrbide selbst als Kaiser.
Bereits am 20. März 1823 wurde Itúrbide zur Abdankung gezwungen. Kurz danach, am 9. April, wurde das Wappen abgeändert. Die Krone wurde entfernt, die Schlange, die im kaiserlichen Emblem weggelassen worden war, wiederhergestellt, und Lorbeer und Eichenzweige wurden unten um das Wappen herumgelegt. Wegen ihrer Finanznot verfügt die Regierung im Juli 1861 eine zweijährige Einstellung der Zinszahlungen für die mexikanischen Auslandsschulden. Darauf entsenden die betroffenen Mächte Spanien, Großbritannien und Frankreich unter Ausnutzung des amerikanischen Bürgerkrieges ein Expeditionskorps nach Mexiko. Während sich Spanien und England schließlich zurückziehen (1862), marschieren die Truppen Napoleons III. am 7. Juni 1863 in die Hauptstadt ein. Die von den Franzosen einberufene Notabelnversammlung proklamiert das mexikanische Kaiserreich und wenig später den österreichischen Erzherzog Maximilian zum Kaiser. Im gleichen Jahr wurde für Mexiko ein kaiserliches Wappen geschaffen, in dessen blauem Schild der Adler verständlicherweise wie der im kaiserlichen Wappen von Frankreich aussah. Dieses Wappen wurde 1864 revidiert, und am 1. November 1865 wurden drei neue Flaggen offiziell: die Kaiserstandarte, die Kriegsflagge und die Handelsflagge. Die Handelsflagge enthielt nur die bekannten senkrechten grün-weiß-roten Streifen. Die Kriegsflagge und die Kaiserstandarte zeigten den gekrönten Adler mit dem Kaktus des neuen Wappens in der Mitte, die Standarte mit weiterer Wiederholung des Adler-Kaktus-Motivs.
Während das Kaisertum über den größten Teil des Landes herrschte, bestand eine legitime republikanische Regierung weiter. Nach Beendigung ihres Bürgerkrieges drängten die Vereinigten Staaten Frankreich zum Abzug seiner Truppen. Kaum hatten sich die Franzosen zurückgezogen, brach das Reich Maximilians unter dem Druck der Republikaner zusammen; Maximilian selbst wurde auf Befehl des Präsidenten Benito Juárez García, eines zapotekischen Indianers, am 19. Juni 1867 standrechtlich erschossen.
Die Republik war zwar gerettet, aber 1880 wurde durch Präsident Porfirio Díaz, der bis 1911 regierte, ein Adler in neukaiserlichem Stil geschaffen. Nach der Revolution von 1910, die Díaz schließlich zum Rücktritt zwang, forderte Venustiano Carranza in der Absicht, Spuren früherer Regime zu entfernen, am 16. September 1916 offiziell die Rückkehr zum »Aztekischen Adler«, d.h. einem im Profil mit gesenktem Kopf gezeigten Adler.
Auf das Dekret von 1916 folgten 1934 und anläßlich der in Mexico City ausgetragenen Olympischen Spiele 1968 neue Anordnungen. 1968 setzte man mit der Führung der Flagge zusammenhängende protokollarische Einzelheiten fest und schaffte offiziell die bildlose grün-weiß-rote Handelsflagge ab, die mit der gültigen italienischen Nationalflagge übereingestimmt hatte.
Die Geschichte der mexikanischen Symbolik verdeutlicht, welche Tiefenwirkung ein besonderes Nationalemblem in einem Lande haben kann. Das Grundbild ist deswegen von Dauer, weil die Mehrheit des Volkes darin die Repräsentierung ihrer Nationalität empfindet.

Das gültige offizielle Wappen *(rechts)* ist das achte seit 1821.

Zwar hatten schon Engel dem Präsidenten Madero für seine Leistungen in der Verfassungskrise von 1913 einen Kranz verliehen, doch war der Künstler der Fahne *(ganz rechts)* entschlossen, daß künftige Generationen das Heldentum Maderos nicht vergessen durften. Quer über den weißen Streifen ist die Inschrift aufgetragen: »Am 9. Februar 1913 marschierte der Herr Präsident Francisco Madero in Begleitung seiner Kadetten mit dieser Fahne zur Verteidigung unserer Legalität aus Chapultepec aus.«

Die mexikanische Nationalflagge, hier die offizielle Fassung zwischen 1934 und 1968, wird unter Trommelschall folgendermaßen begrüßt *(Seite 151)*: »Bürger [oder eine andere Anrede], ich komme im Namen Mexikos, eurer Vaterlandsliebe diese Fahne anzuvertrauen, die dieses Landes Unabhängigkeit, seine Ehre, seine Einrichtungen und die Unverletzlichkeit seines Territoriums symbolisiert. Versprecht ihr, sie zu ehren und sie treu und beharrlich zu verteidigen?« Worauf die Teilnehmer der entsprechenden Gruppe antworten: »Ja, ich verspreche.«

# ÄGYPTEN

## URSPRÜNGE DER PANIERE DER ARABISCHEN WELT

Obwohl ihre politische Vereinigung nicht vollzogen worden ist, führen Ägypten, Syrien und Libyen seit 1972 die gleiche Flagge *(oben)*.

Die von den Briten auf dem Schlachtfeld eroberte ägyptische Fahne des 19. Jahrhunderts *(rechts)* trägt eine religiöse Inschrift.

Gegenwärtig bildet die Flagge Ägyptens, im eigentlichen wie im übertragenen Sinne, ein Vorbild für weitere Nationen vom Indischen bis zum Atlantischen Ozean. Bis zum Beginn des 20. Jahrhunderts schien es vielen, als ob Ägypten in jeder Beziehung zur Nachahmung anderer Länder verdammt sei. Sein Prestige litt besonders wegen des unvermeidlichen Gegen-

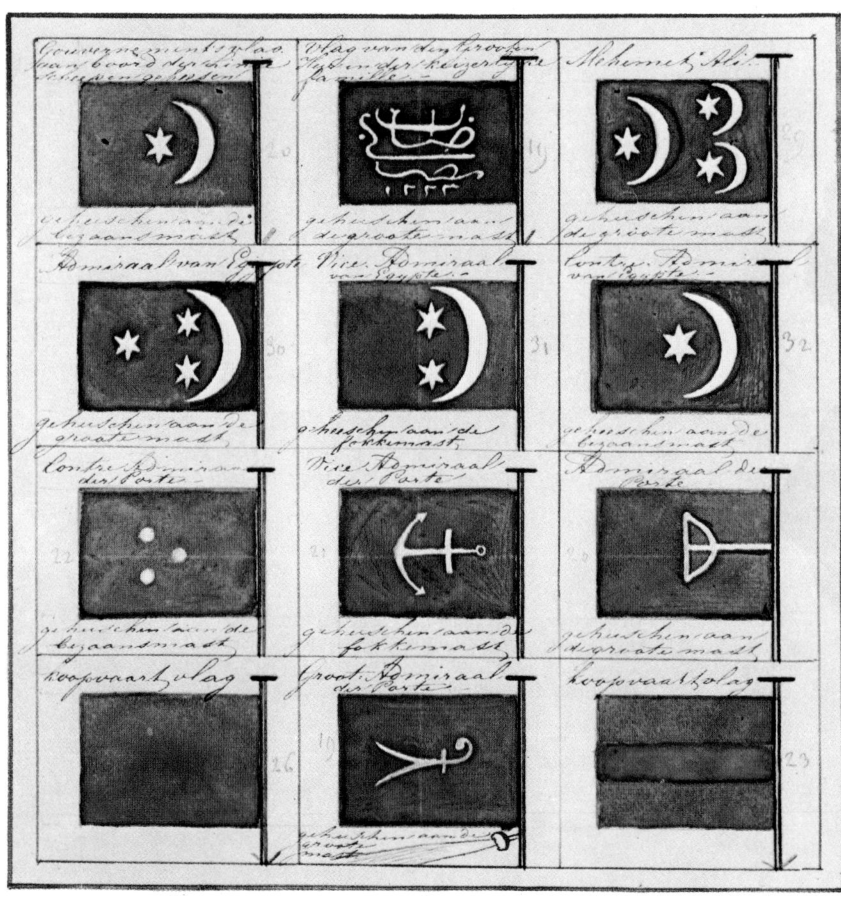


Während des 19. Jahrhunderts waren die ägyptischen Flaggen *(oben)* im wesentlichen die gleichen wie die des Osmanischen Reiches. Während die Mohammedaner einen grünen Streifen in ihrer roten Handelsflagge führten (im Bild unten rechts) setzten die griechischen Christen dort einen blauen und die albanischen einen schwarzen ein.

satzes zur Geschichte der altägyptischen Zivilisation. Die dunklen Tage des vergangenen Jahrtausends und die Umgestaltung, die zum modernen Ägypten geführt hat, kommen in den Fahnen dieses Landes zum Ausdruck. Die während Jahrhunderten – mit einigen wichtigen Ausnahmen – geführten Fahnen kennzeichnen die Dynastien, deren Fremdherrschaft Ägypten unterworfen war. Deren Fahnen sind bereits auf Seite 42 beschrieben worden. Selbst als die Macht des türkischen Sultans durch die französische Invasion von 1798 gebrochen worden war und ein freies Ägypten möglich schien, riß wieder ein Fremder die Herrschaft an sich: Ali Mechmed (Muhammad), ein albanischer Offizier im türkischen Heer, das die Franzosen bekämpft hatte. Durch die ägyptische Expedition Napoleons auf den Plan gerufen, bereiteten die Briten den französischen Verbänden eine vernichtende Niederlage. Bald nach Abzug der Franzosen und Briten gewann Muhammad Ali die Kontrolle über das Land; seit 1806 regierte er in Ägypten als Statthalter (Pascha) des Osmanischen Reiches.

Die türkische Flagge zeigte im 19. Jahrhundert normalerweise einen weißen Stern neben dem

Halbmond auf rotem Grund, türkische und ägyptische Schiffe führten aber recht häufig die alte, einfach rote Flagge. Muhammad Ali schuf eine neue Flagge, die schließlich zur ersten wirklichen ägyptischen Nationalflagge wurde. Vielleicht zur Symbolisierung des Sieges seiner Armeen in drei Kontinenten (Europa, Asien und Afrika) oder seiner fast unbeschränkten Herrschaft über Ägypten, Nubien und den Sudan setzte Ali drei weiße Halbmonde mit Sternen in ein rotes Feld. Genaugenommen war dies zwar nur die persönliche Standarte Muhammad Alis und seiner Nachfolger als erbliche Herrscher über Ägypten – seit 1867 mit dem Titel Khedive –, doch bildete die Flagge wenigstens ein Zeichen der Unterscheidung Ägyptens gegenüber der Türkei. Während die Förderung von Gewerbe, Landwirtschaft, Erziehung und Handel sowie der Aufbau einer geordneten Verwaltung, eines eigenen Heeres und einer Flotte dem Land während der Regierung Muhammad Alis eine gewisse Stabilität brachten, führte die strategische Lage Ägyptens und die wachsende Staatsverschuldung besonders seit dem Bau des Suezkanals (1859–69) zum Übergang der tatsächlichen Macht von der Türkei auf Großbritannien. Als 1881/82 ägyp-

Kaiser Franz Joseph von Österreich-Ungarn fuhr auf dem Dampfer »Greif« durch den Suezkanal anläßlich der Eröffnung dieser wirtschaftlich wie strategisch für Ägypten so lebenswichtigen Wasserstraße im Jahre 1869 *(unten)*.

tische Nationalisten den Khedive abzusetzen und die Führung im eigenen Land zu übernehmen trachteten, lieferten sie den Briten den gesuchten Vorwand zur Besetzung des Landes. Zwar wurde versprochen, Ihrer Majestät Truppen würden abziehen, »sobald der Zustand des Landes und die Organisation geeignete Mittel zur Aufrechterhaltung der khedivischen Autorität es gestatten würden«, aber in Wirklichkeit verließ der letzte britische Soldat ägyptischen Boden erst im Dezember 1956.

Theoretisch weiter unter türkischer Souveränität, wurde das Land zunächst ein britisch-ägyptisches Kondominium unter führendem Einfluß Großbritanniens. Als die Türkei im Ersten Weltkrieg an Deutschlands Seite in den Krieg eintrat, wurde Ägypten am 18. Dezember 1914 zu einem britischen Protektorat erklärt, gefolgt von der Absetzung des regierenden Khedive und der Umwandlung von dessen eigener Flagge in eine ägyptische Nationalflagge. Sogleich entstand eine Unabhängigkeitsbewegung, die ihren Höhepunkt in der Revolution von 1919 erlebte. Während die rote Flagge mit ihren weißen Halbmonden und Sternen von denen geführt wurde, die gegen die britische Herrschaft protestierten, tauchte daneben ein grünes Banner auf, darin Kreuz und Halbmond, um anzuzeigen, daß Mohammedaner wie koptische Christen die Unabhängigkeitsbewegung unterstützten.

Die Revolution konnte zwar unterdrückt werden, doch die fortgesetzte Agitation führte 1922 zur Beendigung des britischen Protektorats. Fu'ad I. wurde König einer konstitutionellen Monarchie, und die nationalistische Wafd-Partei wählte nach ihrem Sieg bei den Wahlen vom September 1923 eine neue Nationalflagge, der Aufstandsflagge ähnlich. Diese am 10. Dezember 1923 offiziell gewordene Flagge zeigte anstelle des Kreuzes drei mit einem einzigen Halbmond zusammengestellte Sterne, für die Mohammedaner, Christen und Juden. Grün, die Farbe der nationalen Bewegung und der Hadschi (jener, die die islamische Verpflichtung zur Pilgerfahrt nach Mekka erfüllt haben), spielte auch auf die Fruchtbarkeit des Niltals an. Die Flagge von 1923 ist erst einige Jahre nach der Revolution von 1952, in der die Monarchie beseitigt wurde, durch eine moderne Trikolore ersetzt worden. Jedoch wehte die rot-weiß-schwarze Befreiungsflagge der Revolution neben der Nationalflagge, oft unter Hinzufügung des Staatswappens. Letzteres bestand in einem goldenen Adler Saladins. Dieser große Führer des 12. Jahrhunderts stellte gegenüber ausländischen Bedrohungen der Unabhängigkeit die arabische Einheit dar: Ägyptische

Die Revolutionsfahne von 1919 *(oben)* beeinflußte die ägyptische Nationalflagge von 1923 bis 1958.

Der Halbmond und die drei Sterne aus der damaligen Nationalflagge waren auf dem Schild des Saladinadlers in der arabischen Befreiungsflagge *(oben)* dargestellt, die beim Sturz der ägyptischen Monarchie 1952 aufgerichtet worden ist. Im übrigen verdrängte das Modell der arabischen Befreiuungsfahne bald die älteren Symbole.

Von 1899 bis 1956 wurde der Sudan von Großbritannien und Ägypten gemeinsam regiert. Deswegen wurden die Flaggen der beiden Länder nebeneinander *(links)* gesetzt, wobei der Union Jack stets Vorrang hatte, ausgenommen in der Stadt Suakin, wo nur die ägyptische Flagge wehte.

Tausende von Ägyptern betrauerten Nasser 1970, als sein mit der Fahne bedeckter Sarg im Leichenzug durch die Straßen geführt wurde.

Präsident Gamal Abd el-Nasser erhob 1956 die ägyptische Kriegsflagge, als die Briten die Suezkanalzone 1956 endgültig verließen. Diese Flagge gleicht der Staatsflagge mit dem Unterschied, daß sie gekreuzte weiße Anker oben neben dem Liek enthält wie in dem Schmuckwimpel über Nassers Haupt.

Grün ist in Ägypten noch immer die mohammedanische Hauptfarbe, und Fahnen mit religiösen Inschriften *(oben)* werden bei Paraden und öffentlichen Zeremonien gebraucht.

Soldaten kämpften 1956 unter seinem Adler gegen die israelischen und britisch-französischen Einfälle. Die Farben bedeuteten, daß die Jahre der einstigen Unterdrückung (Schwarz) durch eine strahlende Zukunft (Weiß) mittels des Blutes (Rot) ersetzt würden, das die Ägypter zur Erreichung ihrer Ziele zu opfern bereit waren. Als vierte pan-arabische Farbe trat Grün am 8. April 1958 hinzu, dem Tag, an dem sich Ägypten und Syrien zur Vereinigten Arabischen Republik (VAR) zusammengeschlossen hatten: die eingefügten zwei grünen Sterne vertraten Ägypten und Syrien, die, wie Präsident Gamal Abd el-Nasser hoffte, den Kern für die schließlich alle arabischen Länder umfassende Einheit bilden würden.

Im nunmehrigen Staatswappen bekam der Saladinadler eine etwas abgewandelte Gestalt. Die Probleme bei der Integration zweier nicht benachbarter, kulturell und historisch sehr verschiedener Staatsgebiete hatten 1961 die Auflösung der VAR zur Folge. Präsident Nasser und sein Nachfolger, Präsident Anwar as-Sadat, kämpften dennoch weiter für eine arabische Einheit. Name und Flagge der VAR wurden von Ägypten allein bis zum 1. Januar 1972 geführt. An diesem Tag wurde die offizielle Flagge der von Ägypten, Syrien und Libyen gebildeten Föderation Arabischer Republiken erstmals in Kairo, dem Sitz des Bundes, formell entfaltet. Viele weitere Versuche wurden unternommen, um eine gemeinsame Politik für eine arabische Einheit über symbolische Hoheitszeichen hinaus zu ermöglichen. Manche der staatlichen Verbindungen, wie die zwischen der VAR und Jemen als Vereinigte Arabische Staaten (1958–61), waren so locker, daß nicht einmal eine gemeinsame Flagge geschaffen

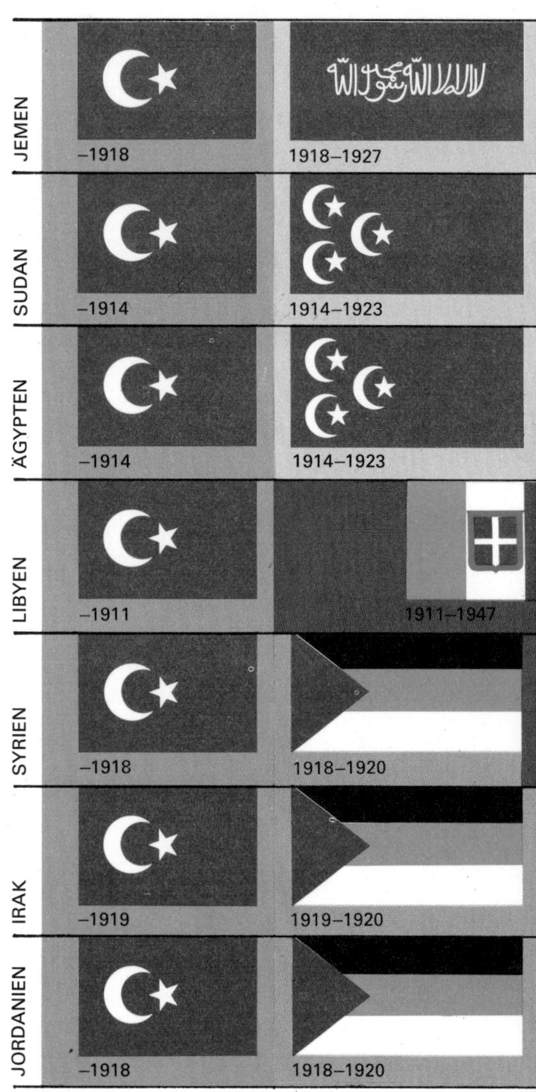

Die Ägypter begrüßten 1974 den amerikanischen Präsidenten in ihrer Hauptstadt mit ihren eigenen Nationalflaggen und den Flaggen der Vereinigten Staaten *(links)*.

worden ist. Andere, wie die 1963 vorgeschlagene Union zwischen Ägypten, Syrien und Irak, führten zu dauernder Veränderung in der staatlichen Symbolik in zwei der betroffenen Länder. Gewiß haben Nationalisten die Bedeutung der ihnen gemeinsamen mohammedanischen Religion und arabischen Sprache überbetont und mehr in der Unterzeichnung von Deklarationen und der Einführung von Einheitsflaggen erreicht als in der Verwirklichung dauerhafter Vereinigungen ihrer Länder. Dennoch ist die arabische Welt neben Westeuropa die einzige Region der Erde, wo nach dem Zweiten Weltkrieg ernstliche Anstrengungen zur Überwindung nationaler Souveränitäten zugunsten einer politischen, wirtschaftlichen und kulturellen Union unternommen worden sind.

DIE ENTWICKLUNG DER ARABISCHEN NATIONALFLAGGEN, 1900 bis 1975

Um die Jahrhundertwende standen die meisten arabischen Länder nominell unter der Stern-und-Halbmond-Flagge des Osmanischen Reiches. Bei der Erlangung der Unabhängigkeit nahmen einige Staaten Flaggen an, die der osmanischen Flagge durch einfache Grundfarbe und Halbmond ähnelten; andere benützten die arabische Revolutionsfahne oder deren vier Farben in einer Abwandlung davon. Seit 1958 bildete die arabische Befreiungsflagge die Grundlage für eine Anzahl von rot-weiß-schwarzen Flaggen, die durch Sterne, Dreiecke am Liek oder Falken variiert worden sind.

- Osmanisches Reich
- ›Neu-Osmanische‹ Flaggen
- Flaggen nach Modell der arab. Revolutionsfahne
- Nichtarabische Flaggen der Kolonialzeit
- Flaggen nach Modell der arab. Befreiungsfahne

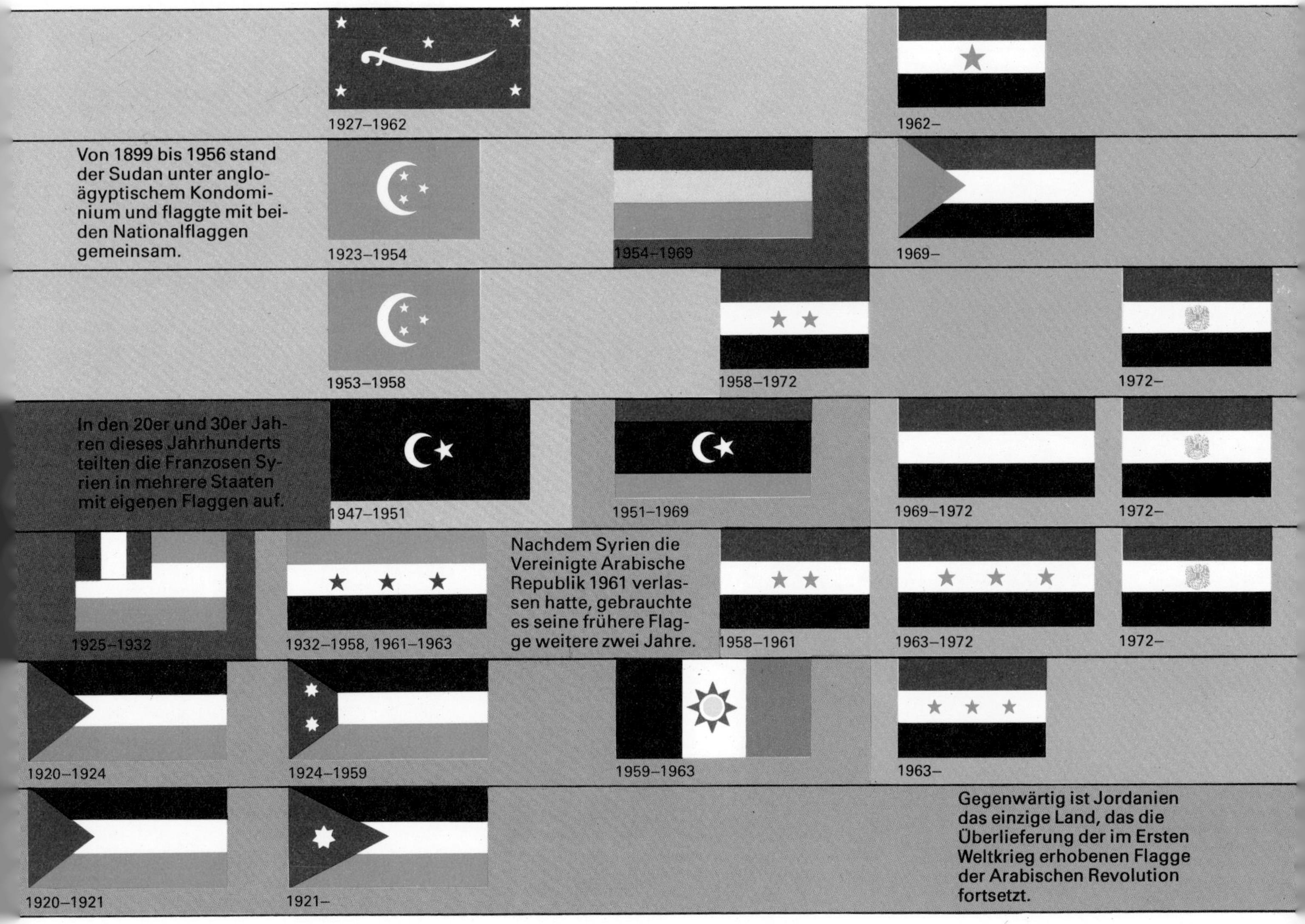

1927–1962 · 1962–

Von 1899 bis 1956 stand der Sudan unter anglo-ägyptischem Kondominium und flaggte mit beiden Nationalflaggen gemeinsam.

1923–1954 · 1954–1969 · 1969–

1953–1958 · 1958–1972 · 1972–

In den 20er und 30er Jahren dieses Jahrhunderts teilten die Franzosen Syrien in mehrere Staaten mit eigenen Flaggen auf.

1947–1951 · 1951–1969 · 1969–1972 · 1972–

1925–1932 · 1932–1958, 1961–1963

Nachdem Syrien die Vereinigte Arabische Republik 1961 verlassen hatte, gebrauchte es seine frühere Flagge weitere zwei Jahre.

1958–1961 · 1963–1972 · 1972–

1920–1924 · 1924–1959 · 1959–1963 · 1963–

1920–1921 · 1921–

Gegenwärtig ist Jordanien das einzige Land, das die Überlieferung der im Ersten Weltkrieg erhobenen Flagge der Arabischen Revolution fortsetzt.

# NIEDERLANDE

## »ORANJE BOVEN« (ORANIEN OBEN)

Rot, Weiß und Blau nennt man die ›Freiheitsfarben‹ wegen ihres Vorkommens in den Nationalflaggen der Niederlande, von Frankreich, der Vereinigten Staaten, Großbritanniens und weiterer anderer Länder. Die holländische Trikolore hat wohl keinen unmittelbaren Einfluß auf die Wahl dieser Farben durch andere Nationen gehabt, sie ist aber unter ihnen die älteste, die noch unverändert in Gebrauch ist.

Gleich breite rot-weiß-blaue Streifen: Was könnte einfacher sein? Diese Flagge ist aber trotz ihrer Einfachheit ein Hauptgegenstand vexillologischen Interesses.

Seit dem 14. und 15. Jahrhundert standen viele kleine Territorien längs der Nordsee unter der Herrschaft der Herzöge von Burgund; das auch in Spanien wehende burgundische rote Astschrägkreuz auf weißer Flagge war daher in den Niederlanden allgemein verbreitet. Wir haben sogar Berichte über holländische Schiffe, die diese Flagge im Gefecht gegen die Spanier

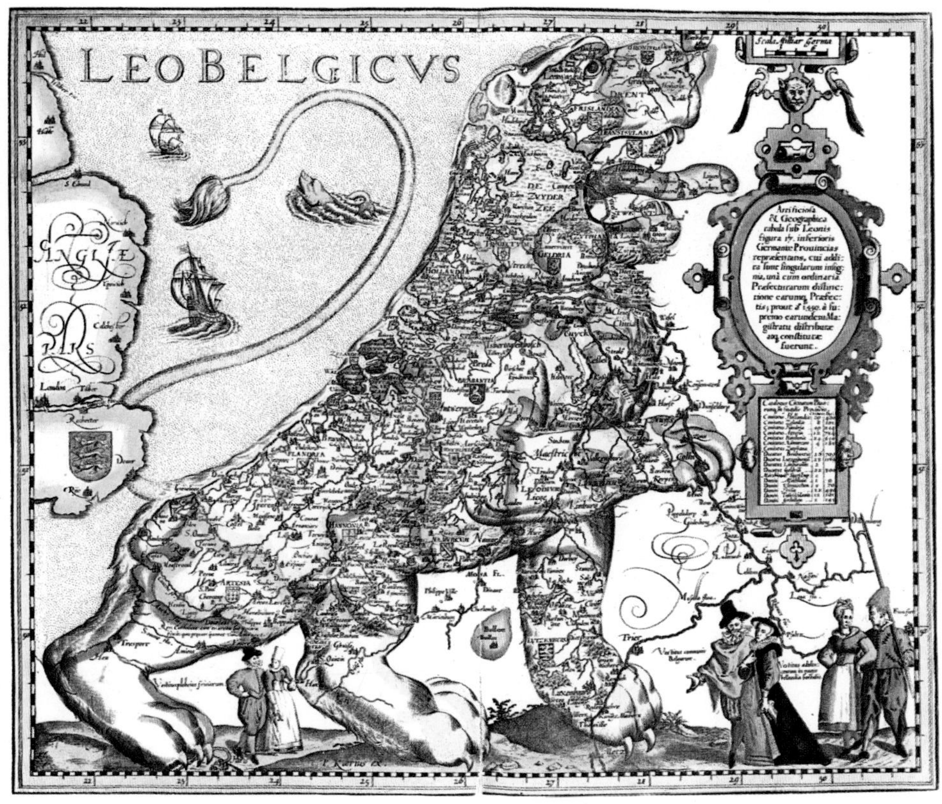


Der ›Belgische Löwe‹ war nicht nur formal zur geographischen Darstellung der Niederlande bei der Anfertigung der Landkarte aus dem 17. Jahrhundert *(oben)* geeignet, der Löwe war auch lange Zeit das politische Symbol der Siebzehn Provinzen.

gesetzt haben, aber die Vermutung, daß sie das Grundmodell für die niederländische Flagge abgegeben habe, findet in der Ähnlichkeit des burgundischen Schrägkreuzes mit der geständerten Gestalt der frühen holländischen Göschen nur geringe materielle Stütze. Diese Art einer Gösch ist in den Niederlanden 1931 wiederbelebt worden; auf der Grundlage des Kreuzes von Burgund gebildete Flaggen gibt es hingegen in Belgien, Südafrika, Burundi und in den baskischen Provinzen Spaniens.

In den siebzehn Staaten, die seinerzeit die Niederlande bildeten, war der Löwe volkstümlichstes Symbol. Um die Mitte des 12. Jahrhunderts hatte Heinrich der Löwe einen Löwen als Emblem gewählt, und Graf Wilhelm II. von Holland tat desgleichen ein Jahrhundert später. Heute kommen Löwen als Wappenbilder oder Schildhalter in den Wappen aller holländischen Provinzen vor.

Eines dieser Provinzialwappen, das von Seeland, ist als möglicher Ursprung der holländischen Nationalflagge angenommen worden, und sicherlich könnte kaum ein geeigneteres Emblem für die Niederlande gefunden werden. Der rote Löwe in Gold steht oben im Schild (oder in dem entsprechenden Banner); die untere Hälfte ist von blauen und weißen Wellenstreifen als Sinnbild des Meeres durchzogen. Der Wahlspruch »Luctor et Emergo« (Ich kämpfe und tauche auf) bringt die jahrhundertelange Anstrengung der Niederländer zum Ausdruck, das Festland gegen die Verwüstungen der Nordsee zu sichern und zu vergrößern. Indessen beweist das kaum die Umwandlung in eine orange-weiß-blaue Trikolore. Wenn Orange, Weiß und Blau auch aus einer anderen Quelle herrühren, so gestattete ihre Ähnlichkeit mit beliebten älteren Symbolen doch die Deutung, die neuen Farben seien aus bestehenden Symbolen hervorgegangen. In zahllosen Ländern auf der Welt wurden solche Angleichungen vorgenommen: Vexillologen finden häufig, daß die Farben einer modernen Flagge schon früher in einem Banner, einer Handschrift oder einem Wandgemälde vorkommen (siehe als Beispiel Seite 74). Solche Farbparallelen tragen, selbst wenn sie zufällig sind, zum Bewußtsein der Echtheit neuer Symbole bei.

Im 16. Jahrhundert übten die Habsburger zunehmenden Druck aus. 1567 besetzten sie mit einem aus anderen Teilen des Reichs rekrutierten Heer unter Führung von Herzog Alba das Land und richteten ein Blutbad unter den Gegnern des Katholizismus Philipps II. an. Prinz Wilhelm I. von Oranien, der sich als königlicher Statthalter von Holland, Seeland und Utrecht lange abwartend verhielt und auch bei der Ankunft Albas noch zu vermitteln suchte, wurde zum schärfsten Widersacher Albas und der spanischen Herrschaft. 1572 trat Wilhelm an die Spitze des nunmehr offenen Aufruhrs der »Geusen« gegen den blutigen Terror Herzog Albas. Die Aufständischen nannten sich »Geusen« (Bettler) in Erinnerung

Die Handschrift von de Gortter in der Königlichen Bibliothek in Brüssel, aus dem das Bild *links* entnommen ist, liefert uns die beste Dokumentation über die Fahnen, die von den holländischen und spanischen Truppen während des Kampfes der Niederlande um ihre Unabhängigkeit im späten 16. und frühen 17. Jahrhundert geführt wurden.

Die beharrliche Weigerung, seinen nominellen spanischen Herren seine wahre Treue gegenüber den Niederlanden zu enthüllen, obwohl er die spanischen Pläne zur Abschlachtung holländischer Protestanten kannte, brachte Prinz Wilhelm seinen Beinamen »der Schweiger« ein.

daran, daß holländische Edelleute 1566 bei der Übergabe einer Petition gegen die spanischen Unterdrückungsmaßnahmen von Graf Barlaymont gegenüber der Generalstatthalterin Margarete als ein »Haufen von Bettlern« bezeichnet wurden; diese abfällige Bemerkung griffen die Freiheitskämpfer als ein Zeichen der Ehre auf. Zum Verhängnis wurde den Spaniern vor allem der Widerstand der »Wassergeusen«. Von See her und – nachdem die Dämme durchstochen waren – auf dem meerüberfluteten Land zermürbten sie die Kampfkraft der spanischen Truppen. Alba wurde 1573 abberufen, und sein Nachfolger mußte die »Genter Pazifikation« von 1576 anerkennen, zu der sich dreizehn Provinzen verbündeten, um die alten Freiheiten des Landes wiederherzustellen und die Truppen Philipps II. zum Abzug zu bewegen. Als sich jedoch die katholischen Südprovinzen von dem Bündnis mit den kalvinistischen Provinzen des Nordens lossagten, proklamierten die sieben nördlichen Provinzen Holland, Seeland, Utrecht, Geldern, Overijssel, Friesland und Groningen 1579 die Union von Utrecht. Zwei Jahre später erklärten sie als Republik der Vereinigten Niederlande unter Führung Wilhelm von Oraniens die Unabhängigkeit von Spanien.

Die Flagge der Wassergeusen wurde zu Ehren Wilhelms die »Prinzenflagge« genannt, und wahrscheinlich sind ihre orange-weiß-blauen waagerechten Streifen seiner Livree entnommen. Wilhelm war 1577 in Gent von in diesen Farben gekleideten Gestalten empfangen worden, und drei Jahre zuvor waren von Soldaten bei der Belagerung Leidens orange-weiß-blaue Armbinden getragen worden. Die Admiralität von Seeland bestellte im November 1587 Flaggen in diesen Farben für die Städte Vlissingen und Veer; sie sind bekannt für die 1596 nach Cadiz fahrende Flotte, und eine Handschrift aus etwa dieser Zeit (um 1590–1620) bestätigt durch Abbildung von Soldaten den gleichen Gebrauch zu Lande. Der Schlachtruf der Holländer, »Oranien oben«, bezog sich hierbei zugleich auf den Streifen in ihrer Flagge und auf das Fürstenhaus der Statthalter.

Als Spanien im Westfälischen Frieden 1648 die Unabhängigkeit der Vereinigten Provinzen der Nördlichen Niederlande anerkannte, befand sich deren Flagge bereits im Umbruch. Die erste Erwähnung eines roten Streifens anstelle von Orange datiert von 1596; um 1630 war die Ersetzung allgemein geworden, und um 1660 war die Umwandlung überall vollzogen. Die Unbeständigkeit erhältlicher Orange-Farbtöne könnte die Ersetzung durch das dauerhaftere und leuchtendere Rot gefördert haben,

König Karl I. von Spanien, als römisch-deutscher Kaiser Karl V., gliederte seine holländischen Provinzen 1548 in seine burgundischen Besitzungen ein. Den Aufstand gegen die spanische Herrschaft, der teilweise von dem Aufkommen des durch ihn jahrzehntelang bekämpften Protestantismus entzündet wurde, erlebte er nicht mehr. In seiner persönlichen Standarte *(unten)* werden die Niederlande nur durch ein winziges Quartier in dem Brustschild des Adlers repräsentiert.

Fahnen spanischen Typs erscheinen auf diesem Ausschnitt *(links)* aus einem Gemälde, das den Aufmarsch einheimischer Schützenkompanien in Brüssel darstellt, das damals (1615) zu den Spanischen Niederlanden gehörte.

aber wahrscheinlich waren politische Erwägungen für die Änderung verantwortlich. Die Flagge der Generalstaaten – im 17. Jahrhundert der offizielle Name der Republik – war rot mit einem goldenen Löwen, farblich die Umkehrung der herkömmlichen Flagge Hollands. Der Gegensatz zwischen den Generalstaaten, die sich aus den Abgeordneten der sieben Provinzialstände zusammensetzten, und den Oraniern, in deren Händen als Statthalter des Landes die ausführende Gewalt lag, hatte sich seit Beginn dieses Jahrhunderts verschärft. Der Tod des Statthalters Wilhelms II. 1650 nach seinem Angriff auf die Hauptstadt Amsterdam selbst verschaffte den Generalstaaten schließlich für ein Vierteljahrhundert die tatsächliche Herrschaft über das Land. Dieser Machtwechsel mag die Einsetzung von Rot anstelle von Orange mit beeinflußt haben.

Auf See hielt sich Orange länger, weil sich die Seeleute an die ruhmreichen Tage der Wassergeusen unter Orange-Weiß-Blau erinnerten. Diese Flagge ist von den Holländern bis ans Ende der Welt getragen worden, wo sie noch während des Kampfes um die Anerkennung ihrer Unabhängigkeit ein Kolonialreich errichtet haben. In Ost- und in Westindien, in Ceylon und Australien, in Südafrika und Brasilien, in Neu-Amsterdam (dem späteren New York) und Malakka verschaffte Orange-Weiß-Blau über die Ozeane hinweg der kleinen nordeuropäischen Republik einen kurzen, aber glorreichen Augenblick. Der Einfluß ist selbst heute noch nicht ganz verschwunden; viele Flaggen in New York und Südafrika weisen darauf hin.

Die Grundform der Prinzenflagge wurde oft mit schmückenden und symbolischen Zusätzen ver-

Die Fahne *oben* aus Niederländisch-Ostindien (heute Indonesien) zeigt die Ankunft holländischer Handelsschiffe; eines der Schiffe wird von Land aus beschossen.

Auf diesem Druck aus dem frühen 17. Jahrhundert marschieren Truppen aus Amsterdam unter dem Wahlspruch, der später der Nationalwahlspruch von Belgien geworden ist: »Einigkeit macht stark.«

Die Niederlande haben wahrscheinlich mehr Städte und Kommunen mit eigenen Flaggen als jede andere größere Nation. Die hier gezeigten städtischen Flaggen *(unten)* sind ältere Darstellungen.

Im Kampf um die niederländische Unabhängigkeit 1568 bis 1648 waren zahlreiche Varianten der drei Grundtypen der Fahnen in Gebrauch.

sehen, unter denen ein Löwe, Orangenbaumzweige oder die Abkürzung »PPP« (Pugno Pro Patria, ›Ich kämpfe für das Vaterland‹) besonders volkstümlich waren. Auf Bildern von alten holländischen Schiffen kommt eine vollständig orangefarbene oder vollständig rote Flagge als Symbol für Krieg oder gnadenlose Schlacht vor. Ebenso häufig ist eine ähnliche Flagge mit einem schwerthaltenden, geharnischten Arm, der aus den Wolken hervorkommt; für die holländischen Kalvinisten war das der rächende Arm Gottes, bereit, die Feinde der Niederlande niederzuwerfen (siehe aber auch Seite 73). Außerdem gab es im späten 16. und frühen 17. Jahrhundert weitere Flaggen zur Vertretung von Städten, Provinzen und Handelsgesellschaften wie der Vereinigten Ostindischen Kompanie und der Regulierten Westindischen Kompanie.

Vieles aus der früheren Symbolik wurde später bekräftigt oder wiedereingeführt. Die Parteigänger einer in den Niederlanden nach französischem Vorbild zu errichtenden Republik nannten sich »Patrioten«. Sie kamen 1794/95 an die Macht, als französische Truppen die Niederlande überrannten. Eine auf dem französischen Vorbild beruhende und unter französischem Einfluß stehende Batavische Republik wurde ausgerufen und nahm am 14. Februar 1796 in dem ersten offiziellen niederländischen Flaggengesetz die rot-weiß-blaue Trikolore an. Während die Handelsflagge eine einfache Trikolore war, enthielt die Kriegsflagge auf einem weißen Viereck neben dem

Das Symbol der Generalstaaten war der Löwe, ein Schwert und ein die Vereinigten Provinzen repräsentierendes Pfeilbündel haltend.

Die waagerecht gestreifte Flagge des Prinzen war wahrscheinlich aus der orange-weiß-blauen Livree Wilhelms des Schweigers abgeleitet.

Eine Variante der Prinzenflagge zeigte das Rot, Weiß und Blau in einer von mehreren geständerten Ausführungen.

Die Initialen »PPP« stehen für den lateinischen Satz *Pugno Pro Patria* (Ich kämpfe für das Vaterland).

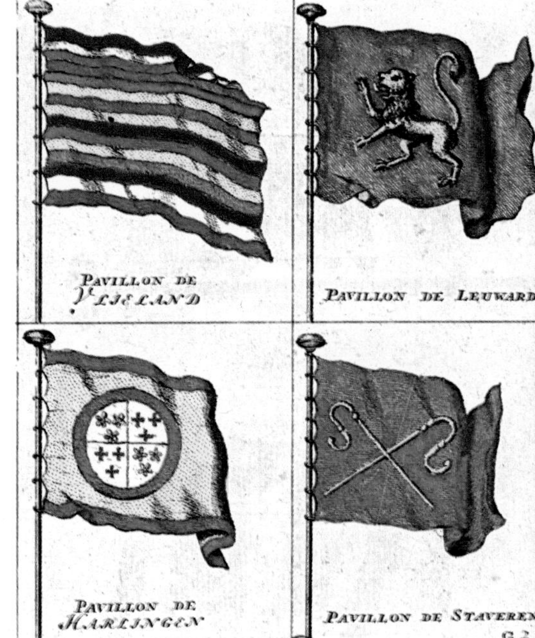


Liek die allegorische Gestalt der Freiheit, einen Stab mit der Freiheitsmütze haltend und von dem traditionellen holländischen Löwen begleitet. Von 1802 bis 1806 bestand das offizielle Wappen aus einem gelben Löwen mit Schwert und Pfeilen auf einem roten Schild. Am 5. Juni 1806 wurde dieses Emblem infolge der Umwandlung der Batavischen Republik in das

Der holländische Statthalter Wilhelm III., der Maria, die Tochter König Jakobs II. von England, geheiratet hatte, wurde nach der Ruhmreichen Revolution von 1689 Mitregent seiner Gattin in Großbritannien. Die zwei Grundsätze dieser Revolution, Freiheit und Protestantismus, sind in der Flagge *(links)* ausgesprochen, die Wilhelm bei der Überfahrt aus den Niederlanden auf seinem Schiff gesetzt hatte.

Im späten 17. Jahrhundert begannen die Niederlande mit der Herausgabe einer großen Anzahl von Büchern und Karten mit Abbildungen von Flaggen aus der ganzen Welt. Wie in dem Beispiel *oben* waren diese mehr dekorativ, aber sie schufen die Grundlage für moderne vexillologische Studien.

Königreich Holland unter Napoleons Bruder Ludwig mit dem Adler und anderen kaiserlichen Symbolen verschmolzen. Dieses neue Wappen verursachte dem König beträchtlichen Ärger. Am 4. Juli 1806 wurde bekanntgemacht, daß das Wappen in die Trikolore eingefügt würde. In Texel weigerten sich Seeleute, König Ludwig Treue zu schwören, sie hißten die alte Flagge – schließlich hatten die Patrioten den Statthalter Wilhelm V. wegen ihrer geringen Zuneigung zur Monarchie 1786 abgesetzt. Zehn Tage später machte der König offiziell bekannt, die alte Flagge würde beibehalten. Die ursprünglich von Ludwig vorgesehene Flagge mit seinem königlichen Wappen wurde nun auf den Gebrauch als Gösch beschränkt. Das einfache Rot-Weiß-Blau allein galt als Hollands Nationalflagge zu Land und zur See vom 1. Dezember 1807 bis zum 17. Juli 1810.

Eine ironische Schicksalswende brachte die Niederlande 1810, als Napoleon das Gebiet seinem Reich einverleibte, unter die französische Trikolore. Die holländischen Farben waren von französischen Revolutionären in den 90er Jah-

Standaar
Wimpel
Geus
Vlag
Rotterdam 1796

Orangenbaumzweige mit Früchten kommen häufig zu Ehren des Fürstenhauses Oranien auf alten holländischen Fahnen vor.

ziell beendete jedoch die Königin die Diskussion durch ein königliches Dekret vom 19. Februar 1937, in dem festgestellt wurde, die Farben des Königreiches seien Rot-Weiß-Blau. Orange wird daneben als ein Symbol der Loyalität gegenüber dem Hause Nassau geführt, und zwar in Form eines über die Nationalflagge gesetzten Wimpels. Als die Niederlande 1940 durch das nationalsozialistische Deutschland besetzt wurden, war es untersagt, Orange als Zeichen der Loyalität gegenüber der Königin im Exil zu zeigen. Anfänglich steckten die Holländer Streichhölzer so in ihre Rocktaschen, daß die Phosphorkappen an die Königin erinnerten. Andere benützten orangefarbige Tulpen oder sogar Möhren, um ebenfalls ihre Treue gegenüber der niederländischen Unabhängigkeit zu zeigen.

Das Wappen der jungen Batavischen Republik erscheint in allen auf diesem amtlichen Regierungsdruck von 1796 abgebildeten Flaggen *(Seite 162)*. Der überlieferte holländische Löwe hockt neben der Figur der Freiheit, in deren Schild das republikanische Symbol, das Liktorenbündel, steht. Auf der von ihr gehaltenen Stange steckt eine besondere holländische Abwandlung der Freiheitsmütze.

NATALIA, 1839 bis 1843

NIEDERLÄNDISCHE ANTILLEN, seit 1959

REP. LYDENBURG, 1857 bis 1860

NEW YORK CITY, 1915 bis 1975

ORANJE-FREISTAAT, seit 1857

SÜDAFRIKA, seit 1928

TRANSVAAL, 1857 bis 1874, 1875 bis 1877, seit 1880

ren als die »Farben der Freiheit« angesehen worden, und in der Tat war eine der ältesten republikanischen Fahnen in Frankreich einfach eine schwalbenschwanzförmige Fassung der holländischen Trikolore. Aus ähnlichen Gründen hatten die Patrioten die Frage einer neuen Flagge für die Niederländer nicht aufgeworfen, als sie selbst die vorherrschende politische Kraft geworden waren. Dennoch wurde das Rot-Weiß-Blau der Niederlande 1810 in Übereinstimmung mit Napoleons imperialen Plänen abgeschafft. Als am 24. November 1813 die niederländische Unabhängigkeit wiederhergestellt wurde, hat man Orange-Weiß-Blau mancherorts wieder aufgerichtet.

Nach der endgültigen Überwindung Napoleons 1815 war es das Rot-Weiß-Blau, das den Beifall König Wilhelms I. fand. Von den Großmächten wurde er auf dem Wiener Kongreß als Oberhaupt eines neuen Staates, des Königreichs der Niederlande, anerkannt, in denen Holland und die früheren Südprovinzen der Spanischen, seit 1714 Österreichischen Niederlande vereinigt waren. Ein königliches Dekret vom 16. März 1816 bestätigte die rot-weiß-blaue, noch heute gültige Trikolore.

Um 1930 gewann eine Bewegung zur Wiederherstellung des Orange-Weiß-Blau Wilhelm von Oraniens an Boden. Die Hauptbefürworter waren die Mitglieder der faschistischen National-Sozialistischen Bewegung. Zumindest offi-

Flaggen aus Afrika, Nord- und Südamerika *(oben)* zeigen den fortdauernden Einfluß holländischer Flaggen auf die Symbole anderer Länder, mit denen die Niederlande politisch und kulturell verbunden waren.

Der Kommissar der Königin in Friesland führt auf seinem Boot sechs Flaggenarten *(links)*. Am Heck weht die niederländische Nationalflagge, am Bug die Provinzialflagge von Friesland. Ein Wimpel in den holländischen Nationalfarben steht oberhalb des Segels, am Topp des Mastes sind Schmuckbänder gesetzt. Darunter erscheint der Wimpel des königlichen Yacht Clubs Oostergo und weiter unten die persönliche Rangflagge des Kommissars der Königin.

# JAPAN

## LAND DER AUFGEHENDEN SONNE

ROTER KREIS INS WEISSE FELD, / MORGENSONNE IST GESTELLT, / WIE BIST DU SCHÖN, FLAGGE VON JAPAN! / HIMMELAUFWÄRTS STREBET SIE, / KRAFTVOLL UNS BELEBET SIE, / WIE BIST DU SCHÖN, FLAGGE VON JAPAN!

Japanisches Kinderlied

Der Sinn der unter dem Namen ›Sonnenball‹ bekannten japanischen Nationalflagge ist klar und einfach wie ihr Bild. Der Name von Japan selbst, der östlichsten aller größeren Nationen, bedeutet ›Ursprung der Sonne‹ und legte Jahrhunderte vor der Entwicklung und offiziellen Bestätigung einer Nationalflagge ein entsprechendes Symbol nahe. Die um die Mitte des 19. Jahrhunderts zur Repräsentierung der japanischen Nationalität gewählte Flagge ist in ihrer Symbolik und Zeichnung so klar, daß niemals eine Änderung in Betracht kam.

Das bedeutet keineswegs, daß die Geschichte der japanischen Flagge uninteressant sei. Leider ist darüber nur wenig bekannt. Vielleicht ist die Gestalt und Symbolik früher japanischer Flaggen – ebensogut wie ihr tatsächlicher Gebrauch – auf ursprünglich in China entwickelte Traditionen zurückzuführen und den Japanern zusammen mit der Einführung des Buddhismus um die Mitte des 6. Jahrhunderts n. Chr. oder während der Regierung von Prinz Schotoku (593–622), der den Einfluß chinesischer Lebensart in Japan förderte, übermittelt worden. Zwei alte Chroniken, das *Jingo Kogo Ki* und das *Kinmei Tenno Ki*, sprechen von weißen Fahnen, die im 4. Jahrhundert bei einer Unterwerfung auf dem Schlachtfeld gebraucht worden seien, und das steht dieser Vermutung nicht im Wege, zumal unsere Kenntnis von Beziehungen zwischen den beiden Nationen mindestens bis zum 1. Jahrhundert zurückreicht. Jedenfalls geht aus der Beschreibung der Flaggen, die auf dem kaiserlichen Palast am Neujahrstage 603

Spielarten der Sonnenballflagge kommen auf dem Kriegsschiff des Schogun *(oben)* im 17. Jahrhundert und in der Schlacht von Sekigahara 1600 *(oben rechts)* vor.

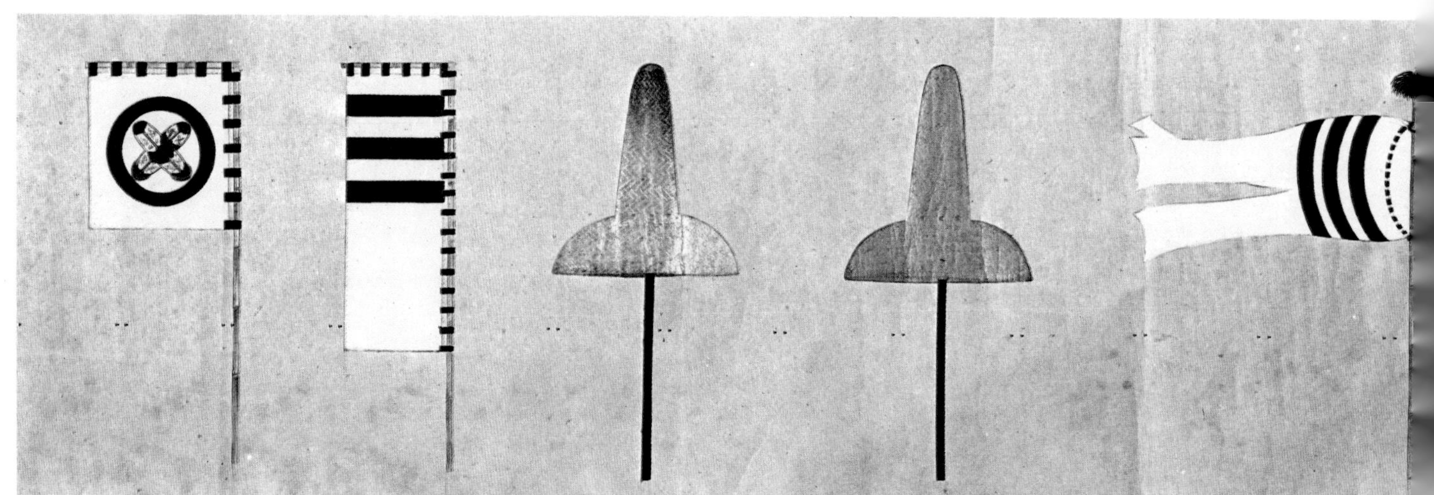

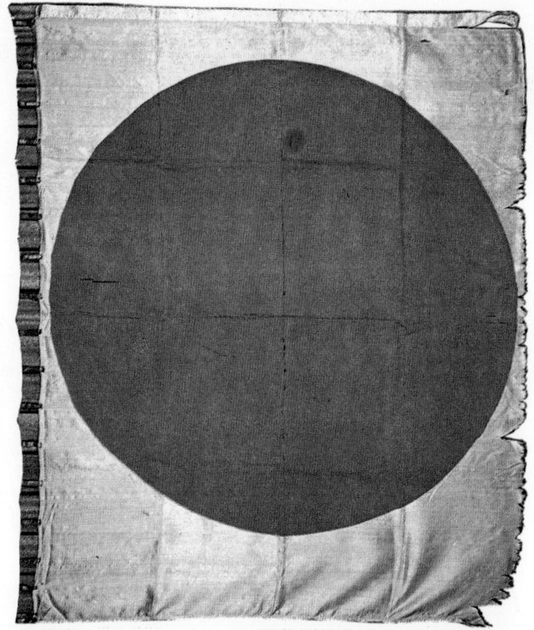

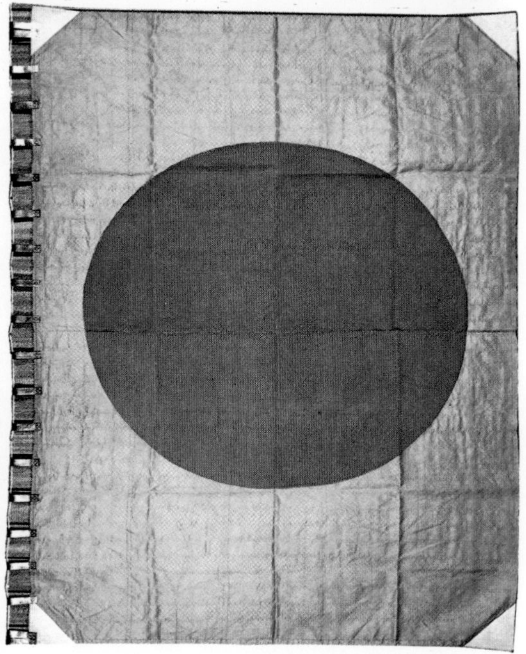

Die zwei vom Date-Clan verwahrten Flaggen *(links)* heißen Große Pferdestandarten. Diese Kriegsfahnen wurden immer in der Nähe des Pferdes eines Gefechtskommandanten geführt.

durch den Kaiser Suiko gesetzt wurden, hervor, daß die Japaner die Vorstellung von der Verbindung bestimmter Farben und Tiere mit den Kardinalpunkten der Windrose von den Chinesen übernommen haben. Unter den von Suiko gezeigten Bannern stellte eines die Sonne dar. Ähnliches wird in einer der ältesten schriftlichen Quellen über Japan, der um 720 niedergeschriebenen Chronik *Nihongi,* berichtet. Am ersten Tage des ersten Monats des ersten Jahres der Taiho-Zeit (entsprechend 697 n. Chr.) empfing der Kaiser Mommu seine Gehilfen und Untertanen in der Taikyoku-Halle. Vor dem höfischen Gebäude waren Fahnen mit Darstellungen einer Krähe, eines Drachens, eines roten Vogels, einer Schildkröte, eines Tigers sowie der Sonne und des Mondes entfaltet.

Die Symbolik ist klar: So wie diese Himmelskörper ihr Licht bei Tag und Nacht über die ganze Welt verbreiten, so erleuchtet der Kaiser allezeit seine Nation. Ferner ist der Staat durch die Weitergabe der kaiserlichen Autorität von Generation zu Generation der in Sonne und Mond charakterisierten Unsterblichkeit versichert.

In der östlichen Philosophie gibt es eine weitere Deutung des gemeinsamen Gebrauchs dieser Symbole, indem sie den positiven und negativen Kräften des Universums entsprechen, wie sie im bekannten Yin-Yang-Emblem ausgedrückt sind. Die kreisförmige Gestalt beider hat einen doppelten Sinn: es ist all-umschließend und zugleich Zeichen immerwährender Bewegung. In diesem Sinn dehnt der in seinem Souverän symbolisch konzentrierte Staat seinen Einfluß auf jeden Aspekt des Lebens aus, ist aber dabei eine fortwährend sich verändernde Institution.

Ähnliche Auffassungen treten in den Flaggen weiterer asiatischer Nationen zutage, in Nepal, China, der Mongolei, in Tibet, Burma, Korea, auch in den Flaggen des ehemaligen Königreichs Liuchiu, der von den Japanern gestützten Regierung in Schanghai (1937) und schließlich

*Seiten 166/167*
Im 17. Jahrhundert breitete sich der Gebrauch persönlicher Banner mit den Unterscheidungs-Mons (heraldischen Abzeichen) der Familien auch auf militärischem Gebiet aus. Ursprünglich hatten diese Banner aber eine religiöse Bedeutung. Man nimmt an, daß die ersten Fahnen in Japan aus einem Schinto-Ritual herrühren, das Soldaten vor dem Gang in die Schlacht vollzogen. Eine Hellebarde oder eine andere spitze Waffe wurde in den Boden gerammt, auf welche die angerufene Gottheit herabsteigen möge. An der Spitze war ein Stück Stoff angebunden oder auch ein anderer den Namen der Gottheit tragender Gegenstand.

Das Sonnenemblem *(unten)* aus einer vermutlich aus dem frühen 14. Jahrhundert stammenden Fahne stellt den legendären *ho-oh* dar, den in der Sonne lebenden Phönix.

Wie die Wappenrolle in der westlichen Überlieferung wurden Fahnenrollen *(ganz unten* und *Seiten 164, 168* und *169)* zusammengestellt, um zu zeigen, welche Samurai an einem Ereignis teilgenommen haben.

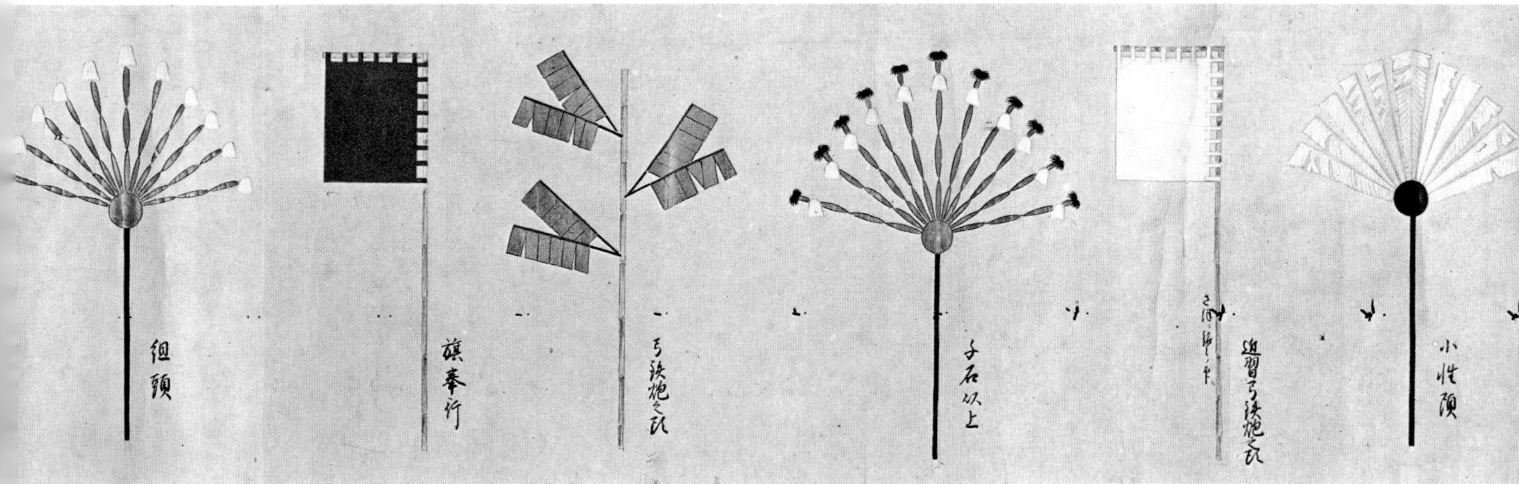

瓢軍談五十四場
三十三
久吉道秀
天王山をあらそふ
真柴勢
折尾守助
道秀勢
一魁芳年

瓢軍談五十四場
四十五
賤ケ嶽七本
鎗之内和毛坂
新内高名
市川藤助
和毛坂新内
和志見堅治

»Wind, Wald, Feuer, Berg« (d.h. Geschwindigkeit, Stille, Ungestüm, Standhaftigkeit) ist der militärische Grundsatz des Sun Tsu, der auf dieser Großen Pferdestandarte *(rechts)* eingetragen ist.

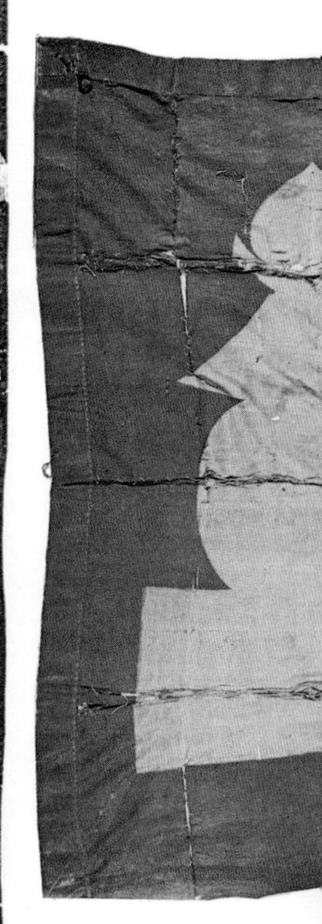

bei den einstigen Fürsten auf dem indischen Subkontinent.

Die Tradition eines Banners mit Sonne und/oder Mond war in Japan wegen der Legende von der Abstammung des Kaisers besonders stark. Angeblich wurde die Dynastie durch die Nachkommenschaft von Amaterasu-Omikami, der ›Großen Gottheit der Himmelsstrahlen‹, gestiftet. Seit sie 660 v.Chr. Japan gründete, sollen bis heute 124 Kaiser, in direkter Linie von Jimmu abstammend, aufeinandergefolgt sein. Obwohl die Schinto-Religion 1945 offiziell abgeschafft wurde, ist das Hauptheiligtum für Amaterasu-Omikami zu Ise immer noch sehr populär. Der Kaiser wird nicht nur Sohn des Himmels, sondern auch Sonnengott und Erhabenstes Tor der Sonne genannt; die Sonne gilt als sein Bruder, der Mond als seine Schwester.

Auf die ständige Verstärkung der dem Monarchen beigemessenen göttlichen Aura gibt es vexillologische Hinweise: So berichten Handschriften, daß unter Kaiser Godaigo (1319–39) in seiner Gegenwart ein besonderes Banner aus Brokat gehalten wurde, auf das eine goldene Sonne und ein silberner Mond teils auf die Vorder-, teils auf die Rückseite gemalt waren. Nach einer weiteren Überlieferung begann Takauji aus der Aschikaga-Familie das Sonne-und-Mond-Banner zu entfernen, nachdem er sich gegen Godaigo erhoben hatte, was zu einer nahezu 250 Jahre dauernden Aschikaga-Herrschaft führte.

Die Verwendung von Brokat für die kaiserliche Fahne allein ist eine dem Kaiser Toba II. zugeschriebene Neuerung, die in seinem Aufstand von 1221 gegen die Hojo-Herrscher eingeführt worden ist. Toba spielt eine weitere wichtige Rolle, indem er das Chrysanthemum-Bild als sein persönliches Symbol wählte. Das *Mon,* das heraldische Emblem in Japan,

Einer der 29 Festwagen, die während des Gion-Festes durch die Straßen von Kioto geführt wurden, erscheint gemalt auf einem Klappaltar *(oben).* Die Flagge an der Spitze bedeutet ein Gebet an eine Schinto-Gottheit, sie möge herabsteigen und den Trägern zu Hilfe kommen.

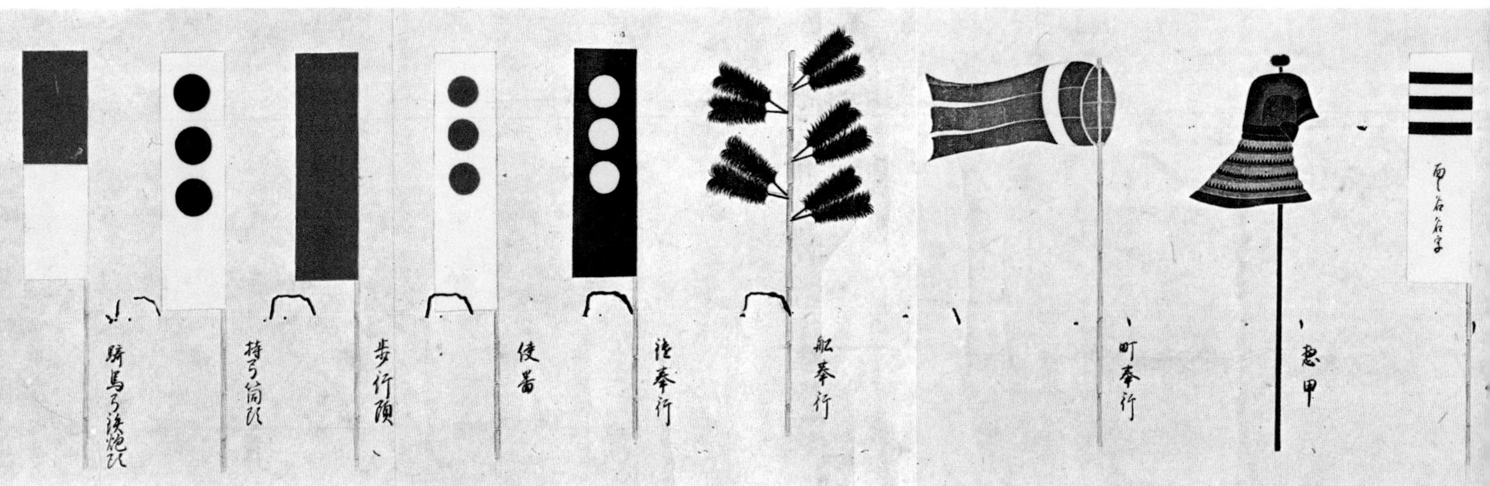

gehört mehr zu einer Familie als zu einer Person, aber eine einzige Familie kann mehrere Mon führen. Während der Muromachi-Zeit (1339–1574) war das heutige ›kleinere‹ Mon des kaiserlichen Haushalts, die Paulowniablüte, der Aschikaga-Familie zu eigen, welche die tatsächliche Regierungsgewalt in Japan als Erben des Schogunats in Händen hielt. Daher war das Chrysanthemum bis zum Ende des Schogunats 1868 verdrängt. Als aber der Kaiser in der ›Erneuerung‹ der Meiji-Zeit (1869 bis 1913) die einstige Macht wiedergewann, geriet die Paulownia in Verruf, und die rote Brokatflagge mit der goldenen Sonne und dem silbernen Mond auf der Gegenseite stand wieder in Gunst.

Zwischen 1870 und 1873 diente dieses Modell dem Kaiser als Unterscheidungsflagge zur See, aber schon 1871 wurde es an Land durch eine einfachere rote Flagge, darauf das goldene Chrysanthemum in der Mitte beider Seiten, ersetzt. Zur See wurde diese Flagge erst 1889 offiziell, als die neue Verfassung niedergeschrieben wurde; von 1873 bis 1889 war zur See eine andere Chrysanthemum-Flagge in Gebrauch, die sich von der Landflagge dadurch unterschied, daß die Figur weiß auf Purpurgrund stand. Das alte Sonne-und-Mond-Banner

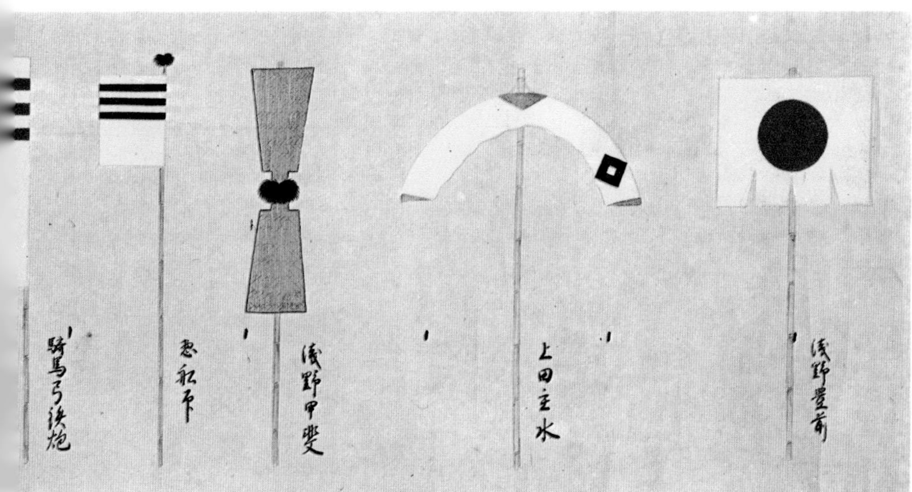

Eine Grabdekoration auf der im Zenpukuji-Tempel *(unten links)* verwahrten Fahne zeigt die Bereitschaft des Standartenträgers an, für seine Sache zu sterben. Hingegen erweist die Fahne des Saheiji Ochiai *(oben Mitte)* Ehrerbietung gegenüber einem Feind, der sich lieber kreuzigen ließ, als einen Freund zu verraten. Die Christen von Kiuschiu erhoben sich 1673 gegen das Schogunat in einem Aufstand unter der Fahne *(oben)*, auf der Engel und Symbole der Eucharistie dargestellt sind. Portugiesische Jesuiten hatten im 17. Jahrhundert kühn versucht, die Japaner zu ihren eigenen Auffassungen zu bekehren. Die regierenden Tokugawas versuchten die überlieferten japanischen Lebensformen durch Verfolgung der Christen zu bewahren. Am Tage des ›Großen Martyriums‹, dem 10. September 1622, waren 60 000 Personen in Nagasaki Zeugen der Hinrichtung von 31 japanischen Christen und der Verbrennung bei lebendigem Leibe von 34 weiteren, woraufhin die Anhänger der westlichen Religion in den Untergrund gingen.

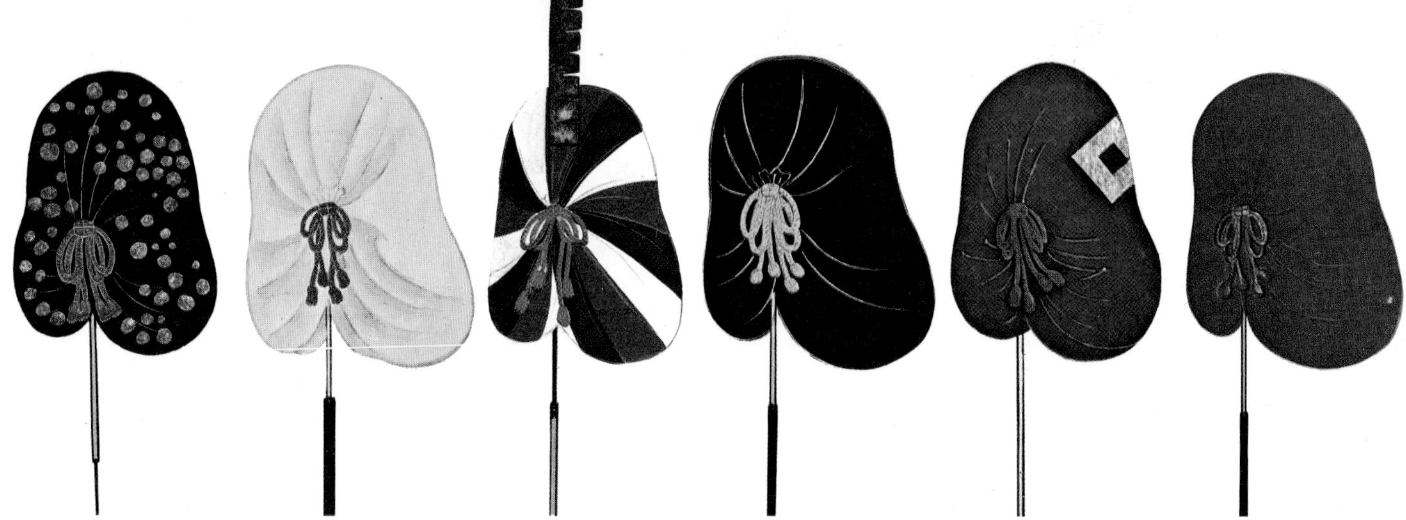

Zum Schutz vor feindlichen Pfeilen entwickelten japanische Krieger Kappen zur Bedeckung von Kopf und Nakken. Diese waren mit Stoff in leuchtenden Farben bedeckt, der manchmal das Mon der Familie aufwies. Solche Kappen *(oben)* wurden wie andere Ausrüstungsstücke des Kriegers zu Vexilloiden umstilisiert, die eine rein symbolische Funktion beibehielten, nachdem ihre praktische Bedeutung auf dem Schlachtfeld entfallen war.

wurde vom Kaiser trotz seines mehr als tausendjährigen Gebrauchs aufgegeben, weil es seit der Mitte des 19. Jahrhunderts für eine neue Funktion benötigt wurde. Der Kaiser personifizierte weiterhin die japanische Nation, aber künftig sollte ein abgeändertes Sonnenbanner das Land symbolisieren.

Die Sonnenfahne war einst nicht allein auf den Kaiser beschränkt. Der bekannteste und vielleicht bestbegründete Anspruch ist der des Taira- oder Heike-Clans, der in den Fehden mit dem Minamoto- oder Genji-Clan um die Vormacht im Staate einen oder mehrere Fächer mit

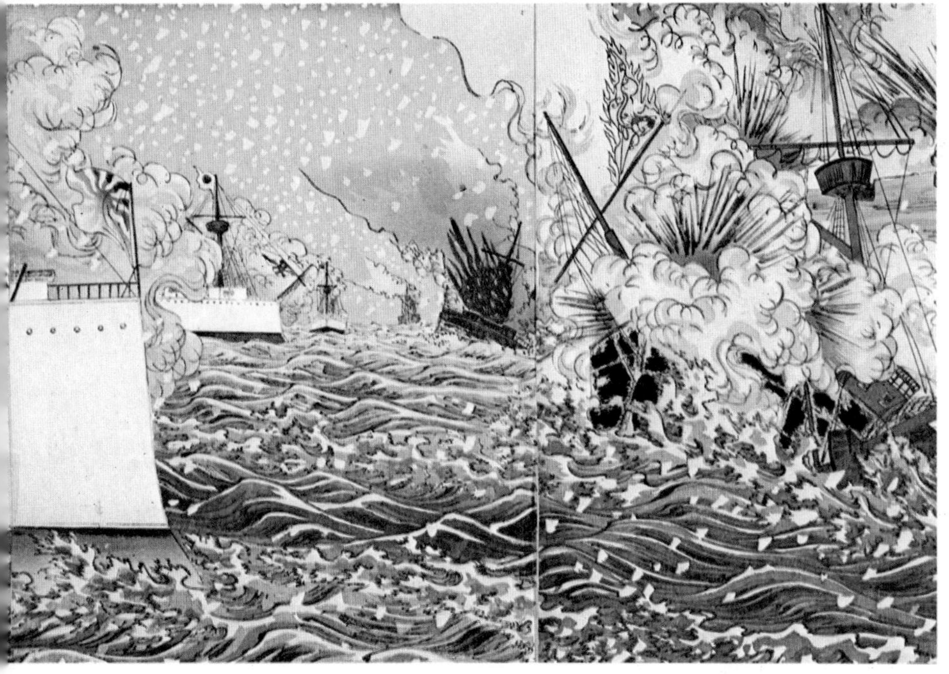

Im späten 19. und frühen 20. Jahrhundert wurde Japan eine anerkannte internationale Macht. Seine Schiffe sind *oben* dargestellt, wie sie in einem Seegefecht 1894 chinesische Schiffe besiegen. Nach dem Sieg im chinesisch-japanischen Krieg schritt Japan unter der militärischen Version seiner Sonnenballflagge zur Eroberung von Korea und anderer Teile des Kontinents.

roten Sonnen führte. Zwei berühmte Gefechte, die Schlachten von Yaschima (1184) und von Dan No Ura (1185), sahen das Schicksal der japanischen Nation durch die Niederlage des Sonnenballfächers besiegelt: Um die Genji herauszufordern, segelte in einer Kampfpause ein einzelnes Heikeschiff weg, an seinem Bug ein Vexilloid mit dem Sonnenballfächer. Eine junge Heike-Frau verhöhnte die Genji durch Hinweis auf das Emblem. Auf Nasu No Yoiti fiel die Aufgabe, die Ehre der Genji zu retten. Als er den schwierigen Auftrag erfüllt hatte, auf große Entfernung das kleine Ziel mit einem einzigen Pfeil abzuschießen, ehrte ihn seine Familie durch Annahme des Heike-Mon als ihr eigenes Mon. Für die gleiche Zeit haben wir einen Hinweis auf nationale Farben; während der Bürgerkriege im 12. Jahrhundert gehörte Weiß zu den Genji und Rot zu den Heike.

Die Verbindung von Farben und Bildern in einer dem modernen Sonnenball ähnlichen Fahne wird in einer Tradition aus dem 14. Jahrhundert unter Mitgliedern der Hori-Familie behauptet: Bis zum 19. Jahrhundert verwahrten sie eine weiße Flagge mit einem roten Kreis in der Mitte genau wie die moderne Nationalflagge, aber angeblich aus der Godaigo-Zeit stammend. Wie das Sonnenballfächer-Vexilloid hatte diese Standarte mehr die typische Gestalt jener Zeit als der unsrigen.

Die ›normale‹, lang-rechteckige Flagge, in Japan ursprünglich von einem Kreuzstab abwehend, aber jetzt mit Leinen oder sonstwie an einem senkrechten Stab gehißt, heißt in Japan *Hata* oder *Ki*. Der erste Name bedeutet ›langer Arm‹, wegen der Ähnlichkeit mit einer hochgehaltenen Fahne. Das Wort *Ki* ist eine verderbte Form des chinesischen Wortes für ›Flagge‹ (das chinesische Schriftzeichen wird aber ebenso auf japanisch gebraucht). Es gibt viele andere nichtrechteckige Flaggentypen in Japan, von denen die meisten sogar heute noch tatsächlich mehr gebraucht werden als ihre westlichen Entsprechungen aus dem Mittelalter. Die Sonnenballflagge der Hori, länger am Liek als in der horizontalen Ausdehnung und an Ober- und Längskante mit um den Mast laufenden Schnüren befestigt, wird als *Nobori* bezeichnet. Das Nobori ist eine hervorragend als *Hatajiruschi* (Wappenbanner) geeignete Standartenform, und auch heute wird das altjapanische Familien-Mon bei Zeremonien und Festlichkeiten gerne auf einem Nobori geführt. Dem entspricht bei der Schiffahrt das wappengeschmückte Segel, das *Hojiruschi*.

Die als *Matoi* oder *Umajiruschi* bezeichneten Vexilloide erschienen während kriegerischer Auseinandersetzungen im mittelalterlichen Japan zu Land und zur See. Solche Vexilloide zeigten phantasievollste Formen und Zusammenstellungen – Helme, Fächer, Zweige, Büschel aus Federn oder Tierschwänzen, sozusagen alles, was man an einem senkrechten

Schinto-Gebete sind auf eine Fahne *(rechts)* geschrieben, die einst ein japanischer Krieger getragen hat. Solche Inschriften wurden niemals auf dem Sonnensymbol selbst untergebracht, sondern sie breiteten sich strahlenförmig in alle Richtungen um das Symbol herum aus. Derartige Fahnen wurden bei den alliierten Soldaten auf dem Südsee-Kriegsschauplatz des Zweiten Weltkrieges beliebte Trophäen.

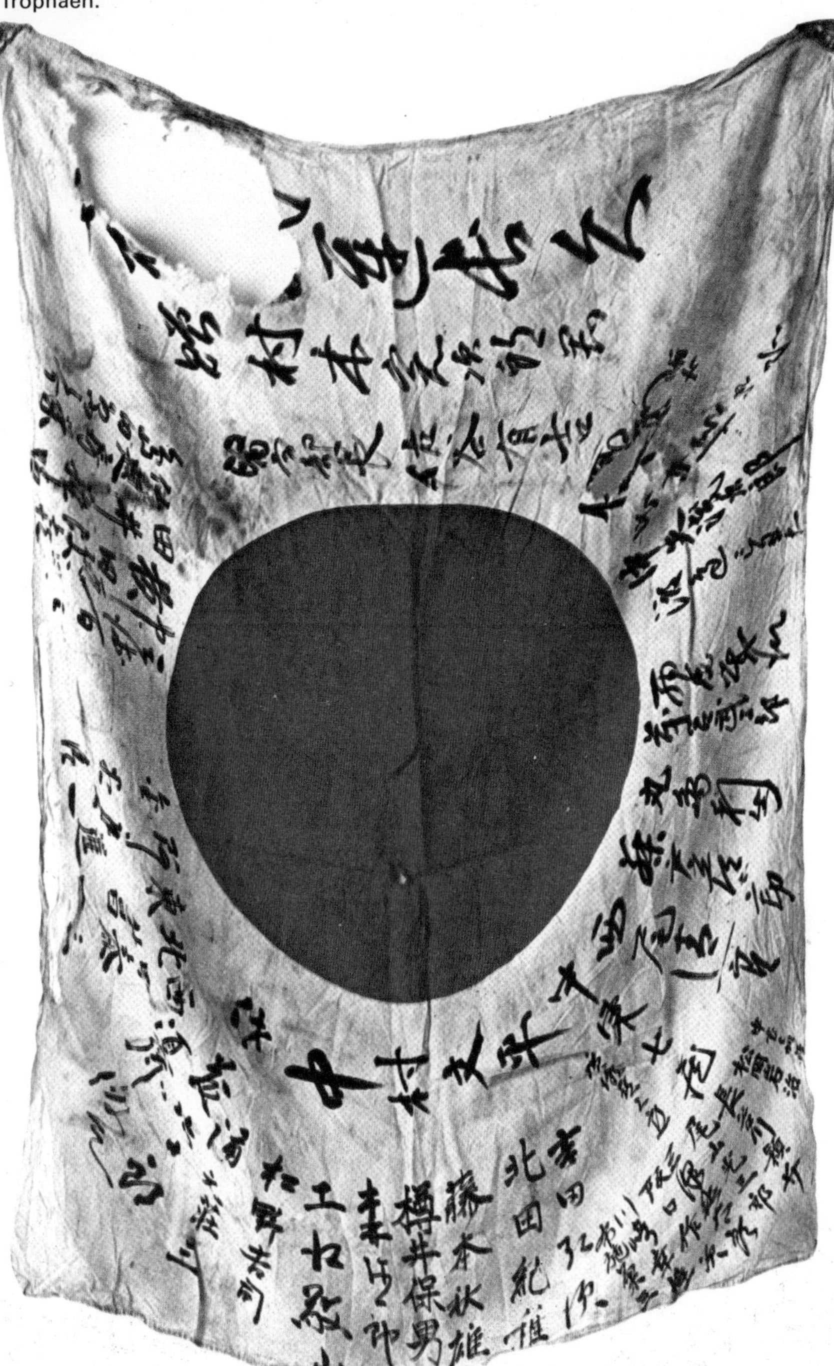

Mast befestigen und zeigen kann, um Verwunderung und Furcht in die Herzen eines Feindes zu senken.

Kleine Flaggen, deren Stangen zur Schlacht auf dem Rücken von Reitern befestigt wurden, hießen *Saschimono* und sollen von Menjo Tensho (1573–92) eingeführt worden sein. Die Fahne im Windsacktyp, der im Westen heute hauptsächlich weltlichen, praktischen Zwecken dient, ist von den Japanern zu einem wahren Kunstgegenstand erhoben worden; solche Fahnen heißen *Fukinuki.* Die westliche Auffassung von einer Flagge zur Identifizierung der Nationalität eines Schiffes stellt in Japan eine höchst moderne Neuerung dar. Eine derartige Flagge wird *Funajiruschi* (Schiffsemblem) genannt. Hiermit kann die Liste von Flaggentypen keineswegs erschöpft sein; sie diene als Hinweis darauf, daß die moderne Sonnenballflagge aus vorgeprägten Formen hervorgegangen ist.

Die früheste Verwendung der Sonnenballflagge in ihrer gültigen Form ist schwierig genau zu bestimmen. Die 1592 gegen Korea segelnde Flotte führte eine Sonnenflagge, und 1673 verfügte der Schogun Empo, königliche Truppentransporte hätten eine Sonnenflagge zu führen. Die 1810 in Japan empfangene diplomatische Mission Koreas hat ebenfalls eine solche Flagge wehen sehen. Die Frage ist weniger, ob die Sonnenflagge in Japan als Symbol bekannt war, sondern wann sie zur Nationalflagge im modernen Sinne wurde.

Die Ankunft des amerikanischen Kommodore Matthew C. Perry in der Edo Bay (Tokio-Bucht) mit einem Geschwader von vier Schiffen am 8. Juli 1853 beschleunigte diese Entwicklung. Bei seiner Rückkehr im folgenden Februar wurde ein Freundschafts- und Handelsvertrag unterzeichnet, der zur Öffnung Japans für die Amerikaner führte; ähnliche Verträge folgten mit europäischen Nationen. Es folgte die Aufhebung des alten Verbots des Verkehrs zwischen Japanern und auswärtigen Nationen. Sogar vor Perrys zweiter Reise diskutierte der Hyojoscho (Großrat) ziemlich lange die Frage der japanischen Flaggen, die von Schiffen außerhalb der japanischen Territorialgewässer benötigt würden.

Unter dem damals herrschenden Schogunat galt eines der Mon der Minamoto-Familie mit Namen *Nakaguro* (›Schwarze Mitte‹) als gewöhnliches Hoheitszeichen. Teils als kreis-

An Masten, mit den japanischen Nationalfarben bemalt, wehen die Flaggen von Japan und seinen Verbündeten (Italien und Deutschland) entlang der Ginza-Straße in Tokio. Diese drei Länder unterschrieben zunächst 1937 einen Pakt gegen den Kommunismus, auf den 1940 ein volles Militärbündnis folgte, obwohl kaum zwei Jahrzehnte zuvor Japan einer der Alliierten im Kriege gegen Deutschland gewesen war.

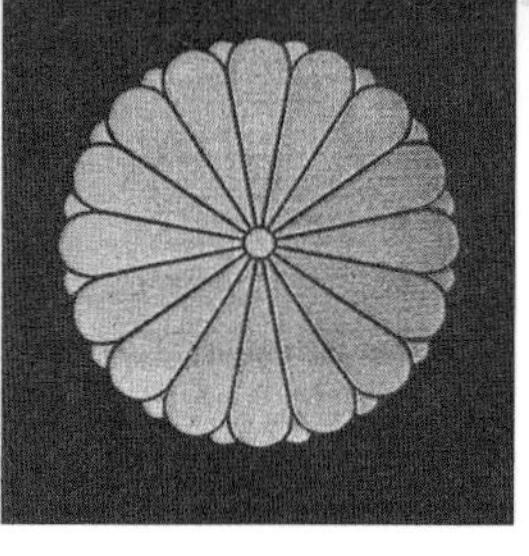

Das Chrysanthemum-Emblem des Kaiserhauses wurde in verschiedener Form ausgestaltet, ehe des heutige Flaggenbild *(oben rechts)* gewählt worden ist. Während des 19. Jahrhunderts waren solche Fahnen *(oben)* oft aus Goldbrokat gefertigt und trugen manchmal den Namen der Sonnengöttin Amaterasu-Omikami, der die Gründung des Landes und der kaiserlichen Dynastie zugeschrieben wird.

Zusammen mit der Sonnenballfahne muß der Fudschijama (*Seite 173,* im Hintergrund der Fotografie) als eines der Hauptsymbole des japanischen Nationalgefühls betrachtet werden. Eine eigene Wallfahrt, die jährlich von Tausenden angetreten wird, besteht in seiner Besteigung, und er gehört zu den meistfotografierten und -gemalten Gegenständen der Nation. In stilisierter Fassung erscheint er in der Flagge der Präfektur Yamanashi (Seite 268).

Das Soma-Fest *(unten)* ist eines der zahlreichen Ereignisse, bei denen die Japaner durch Entfaltung traditioneller Fahnen, Anlegung traditioneller Gewänder und den Vollzug traditioneller Zeremonien und Handlungen die Tage der Vergangenheit in Erinnerung rufen. Die Verwendung von Bambus und Seide ermöglicht Reitern, ohne Unbequemlichkeit oder Behinderung bei der Bewegung zu Pferde große Fahnen auf ihren Rücken zu führen.

förmiges Emblem, teils als Flagge galt dessen waagerechtes Weiß-Schwarz-Weiß als wichtiges Zeichen, bei vielen sogar als nationales Emblem. Andere, besonders diejenigen, die unter Führung von Nariakira, Herrn von Satsuma, den Kaiser unterstützten, vertraten die Sonnenballflagge. Der in dem Dekret vom 5. August 1854 zum Ausdruck kommende Kompromiß sah vor, daß große Schiffe japanischer Nationalität den Sonnenball als Funajiruschi, daneben aber die Schwarze Mitte als Hojiruschi führen sollten; ein Fukinuki aus Blau und Weiß vervollständigte die Reihe der Symbole.
Der Sonnenball gewann schnell die Oberhand. 1855 wurde er auf der in Satsuma gebauten japanischen Flotte gesetzt. 1860 wurde er am Bug des US-amerikanischen Schiffs »Powhatan« gehißt, das japanische Diplomaten nach Washington brachte und gleichzeitig der übrigen Welt die neue Flagge vorführte. Die Ersetzung des Nakaguro als Segelemblem 1863 deutete die künftige Überwindung des Schogunats und die Wiederübernahme der Regierung durch den Kaiser am 3. Januar 1868 an. Nach der Restauration der kaiserlichen Macht und im Zusammenhang weitgreifender Reformen wurde eine vollständige Revision aller Gesetze zur Führung von Regierungs-, Zivil- und Militärflaggen vorgenommen.
Der Sonnenball ist am 27. Februar 1870 bestätigt und zur Grundlage der von der reorganisierten Armee zu führenden Regimentsfahnen gemacht worden. Flaggenführung an Land kam nur langsam in Gang, teilweise weil viele Japaner die imperialistischen Aktivitäten auswärtiger Mächte, die so viele radikale Umwälzungen im japanischen Leben bewirkten, gründlich verabscheuten. Die Führung des Sonnenballs als Staatsflagge ist erst am 5. Mai 1872 formell bestätigt worden, und der Gebrauch dieser Flagge durch private Bürger soll anläßlich der Eröffnung der ersten japanischen Eisenbahn in Yokohama am 17. September dieses Jahres eingesetzt haben.
Die Kriegsflagge, in der die Sonne mit Strahlen dargestellt ist, wurde am 3. November 1889 angenommen. Diese Flagge wurde während der Periode des japanischen Militarismus, der das Land in den Zweiten Weltkrieg verwickelt hat, weithin bekannt.
Nach der Kapitulation und Unterwerfung unter die Vereinigten Staaten 1945 fand Japan seine Kriegsflagge geächtet und seine Nationalflagge in ihrem Gebrauch stark eingeschränkt. Zusätzlich zum Sonnenball wurden außerhalb der Küstengewässer fahrende japanische Schiffe durch die amerikanische Militärregierung zur Führung einer der verschiedenen Erkennungsflaggen gezwungen, aus denen der Registrierungstyp hervorging. Die ganze Präfektur Okinawa wurde einem Hochkommissar der Vereinigten Staaten unterstellt, der den Gebrauch der japanischen Nationalflagge durch einheimische Schiffe sogar bis 1967 untersagte.
Der Sonnenball bringt den Namen des Landes mit graphischen Mitteln zum Ausdruck; die Flagge ist so, wie sie immer war, ein Geschenk der Natur an das Land des Sonnenaufgangs. Ihre große Anziehungskraft beruht heute wahrscheinlich auf ihrer Symbolik und künstlerischen Schönheit – Eigenschaften, die die Japaner so hochschätzen.
Weiß wird als Ausdruck von Reinheit und Rechtschaffenheit angesehen, während Rot Leidenschaft, Aufrichtigkeit und Begeisterung andeutet. Die Vorstellung von *Ikioi* – Kraft, Energie, optimistischer Vitalität – ist in der japanischen Kultur von Bedeutung, und diesen Geist scheint die Flagge zu verkörpern. Deutlich ist der Gegensatz zwischen Kreis und Rechteck, aber der Kreis steht ebenso leuchtend gegen den neutralen Hintergrund wie ›Heiß‹ gegen sein ›Kalt‹. Die dynamische Asymmetrie, die in dem Schriftzeichen für *Ikioi* verkörpert ist, wohnt auch der Flagge inne (mindestens einer Flagge, die in Übereinstimmung mit der Verordnung vom 27. Januar 1870 gefertigt ist, wo die Kreisscheibe etwas aus der Mitte heraus gegen das Liek gerückt ist). Dies steht im Gegensatz zur Symmetrie des Chrysanthemums in der Kaiserstandarte, womit die wichtige Ambivalenz von Fortschritt und Stabilität zum Ausdruck kommt. Selbst der Stock, an dem die japanische Flagge normalerweise befestigt wird, hat seine eigene Symbolik. Solche Masten werden aus einem alle paar Zoll schwarz bemalten Bambus gefertigt; im Gegensatz zu dem glatten, glänzenden und kugelförmigen goldenen Endknopf sind die Masten rauh, glanzlos und zylindrisch.

# SOWJETUNION

## »PROLETARIER ALLER LÄNDER, VEREINIGT EUCH«

Die beiden Hauptelemente der russischen Vexillologie vor Peter dem Großen (1682–1725) sind heraldisch: das Bild von St. Georg dem Siegreichen und der Doppeladler. St. Georg als Drachentöter zu Pferde ist mit dem Großfürsten von Moskau gleichgesetzt worden und wurde schließlich das offizielle Wappen der Stadt Moskau. Die älteste Darstellung eines Reiters mit einer Lanze erscheint 1390 im Siegel des Fürsten von Moskau, Wassilij Dimitrijewitsch. Schlange oder Drachen wurden erst unter Iwan III. (1462 bis 1505) hinzugefügt.

Seit 1819 wurde russischen Militäreinheiten und anderen Institutionen für außerordentlich geleistete Dienste zu ihren Fahnen als ehrenvolle Auszeichnung ein Wappenschild mit Georg dem Siegreichen verliehen. Dieses Verfahren ist 1942 von den Sowjets für ihre eigene Kriegsflagge erneuert worden. Das sowjetische Marineehrenzeichen, das »Gardeband« (das auch das Band des Ruhmesordens ist), hat genau die gleichen orange-schwarzen Streifen wie das Band des erloschenen Ordens von St. Georg dem Märtyrer.

Der russische doppelköpfige Adler war ursprünglich ein ausländisches Symbol, das seit Iwan III. 1497 zur Bekundung der kaiserlichen Ansprüche der russischen Zaren geführt wor-

Das rote Banner der Revolution bildet die Grundlage für die sowjetische Staatsflagge.

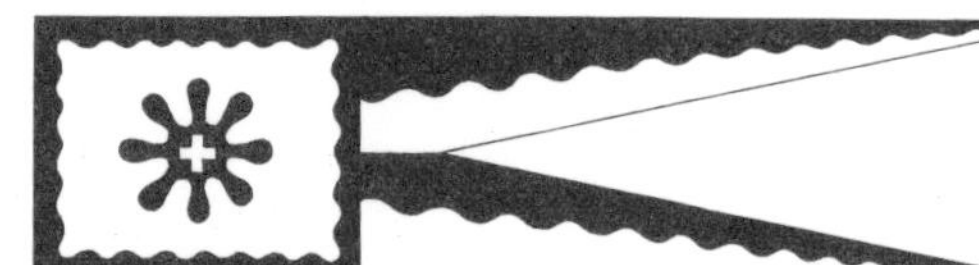

Mittelalterliche russische Banner *(rechts* und *unten)* sind meist militärischer oder religiöser Natur. Für sie sind ungewöhnliche und charakteristische Farbtöne, Heiligenanrufungen in langen Schriftzeilen, vielzackige Sterne und verschlungene Muster auf den Rändern typisch.

Die Engelscharen und dreieckigen Fahnen auf dem Gemälde aus dem 15. Jahrhundert *(oben)* erinnern an die Standarte Iwans des Schrecklichen (siehe Seite 72).

den ist. Iwan ersetzte den Titel ›Großfürst‹ durch ›Zar‹, was auf russisch dem ›Cäsar‹ oder ›Kaiser‹ entspricht; sein Palast begann die Gestalt des modernen Kreml anzunehmen, und westliche Anschauungen von Autokratie und Hofritual wurden eingeführt. Das Wichtigste war, daß Iwan sich mit Zoë (Sophie) Paleolog, der Nichte des letzten byzantinischen Kaisers, Konstantins XII., vermählt hat. In den Augen der östlichen Christenheit fiel der weltliche Bereich des römischen Kaisertums mit seinem christlich-universalen Herrschaftsanspruch nach dem Zusammenbruch des Westreiches 476 als legitime Erbschaft den byzantinischen Kaisern zu Konstantinopel zu. Jetzt, ein Jahrtausend später, war Konstantinopel selbst gefallen, 1453 von den Türken erobert. Die Verantwortung und das Vorrecht, den heiligen Glauben zu verteidigen und die menschliche Gesellschaft zu ordnen, konnte nach seiner eigenen Meinung rechtens nur Iwan als dem Verteidiger der

Der von Zar Peter I. 1699 zu Ehren des Patrons von Rußland gestiftete St.-Andreas-Orden erschien in vielen, offenbar vom Zaren selbst entworfenen Flaggen. Die beiden unteren Flaggen in dem Druckblatt *(links)* datieren aus diesem Jahr. Das blaue Schrägkreuz in Weiß bei beiden ist die Umkehrung der schottischen Form des Andreaskreuzes. Die russische Gösch zeigt dieses Schrägkreuz in einem roten Grund, ein weißes Kreuz überdeckend. Die Ähnlichkeit mit dem britischen Union Jack dürfte beabsichtigt sein.

orthodoxen Christenheit und als Gatten der Zoë zukommen.

Peter I. schuf zwar neue Flaggen, gab aber den kaiserlichen Adler nicht auf. Er gab ihm sogar weitere Attribute, indem er je eine Seekarte in die Schnäbel und Fänge des Adlers hinzufügte. Dadurch wurde des Zaren Absicht ausgedrückt,

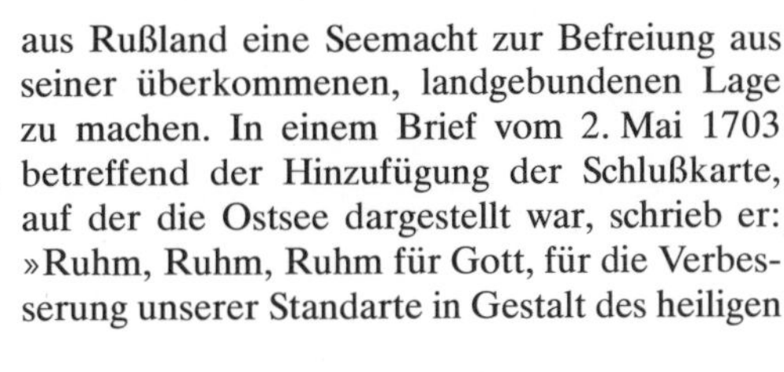

aus Rußland eine Seemacht zur Befreiung aus seiner überkommenen, landgebundenen Lage zu machen. In einem Brief vom 2. Mai 1703 betreffend der Hinzufügung der Schlußkarte, auf der die Ostsee dargestellt war, schrieb er: »Ruhm, Ruhm, Ruhm für Gott, für die Verbesserung unserer Standarte in Gestalt des heiligen

Die weiß-blau-rote Trikolore ist 1799 als Handelsflagge und 1883 als zusätzliche bürgerliche Flagge angenommen und vom kaiserlichen Rußland bis 1917 geführt worden. Die Russische Republik jenes Jahres gebrauchte sie inoffiziell als ihre Nationalflagge zu Wasser und zu Lande.

KAISERFLAGGE
(Modell 1842–58)

Der Umstand, daß das Heilige Römische Reich Deutscher Nation durch die Führung eines goldenen Banners mit einem schwarzen Adler (siehe Seiten 114 bis 123) seit langem die legitime Nachfolge des römischen Kaisertums beanspruchte, schreckte Iwan den Großen nicht davon ab, seine aus der Eheschließung mit der Nichte des letzten byzantinischen Kaisers abgeleiteten Rechte geltend zu machen. »Zwei Rom sind gefallen; Moskau ist das dritte, und es wird kein viertes geben.«

Zaristische Soldaten gingen in die Schlacht unter einer Fahne mit dem Antlitz Christi und dem Spruch »Gott mit uns« *(rechts)*. Moderne Russen werden durch ein das Antlitz Lenins tragendes Banner *(ganz rechts)* ermahnt, »Vorwärts zum Siege des Kommunismus« zu schreiten. Ähnliche Parallelen der zaristischen und sowjetischen Ikonographie finden sich in ihren Wappen *(Seite 176 unten rechts, Seite 177 unten links)*.

Diese von dem Krim-Kaukasus-Bergsteiger-Club von 1905 bis 1917 geführte Flagge ist typisch für die Flaggen, die auf den Gebrauch in einem bestimmten Gebiet beschränkt waren und durch kaiserliche Erlasse, mit aufwendig gedruckten Farbtafeln illustriert, verliehen wurden.

Die Wappen des Russischen Reiches und der Sowjetunion *(rechts und ganz rechts)* gleichen sich in ihrer Symbolik bemerkenswert. Zuoberst steht ein Emblem der obersten Regierungsgewalt (die Krone des Zaren, der Stern der Kommunistischen Partei) über einem Symbol der Weltherrschaft (der Doppeladler, die Weltkugel), welches ein russisches Symbol trägt (St. Georg, Hammer und Sichel), während Symbole der nichtrussischen Territorien (Wappenschilde, Inschriften in den einheimischen Sprachen) um das Emblem außen herum angeordnet sind. In beiden kommt eine aufgehende Sonne vor. Im kaiserlichen Wappen steht der umrundende Kranz aus Eiche und Lorbeer für Stärke und Ehre, während die Sowjets Weizen als Symbol der Landwirtschaft bevorzugen. Im Reichswappen überwiegt ferner das kaiserliche Gold im Gegensatz zum sozialistischen Rot im Sowjetwappen.

Andreas.« Hiermit meinte er, daß das Schrägkreuz von Andreas nunmehr als gutes Omen zwischen den vier Landkarten im Wappen gezogen werden könne.

Der von Peter 1699 zu Ehren des Patrons von Rußland gestiftete St.-Andreas-Orden erschien in vielen, offenbar vom Zaren selbst entworfenen Flaggen. Alte Drucke und Bücher enthüllen zwei aus dem Jahr der Stiftung des Ordens datierende interessante Flaggen. In beiden steht das Schrägkreuz blau auf weißem Grund, die Umkehrung des in Schottland gebrauchten Andreaskreuzes.

Eine dieser beiden Flaggen, eine Gösch, zeigt das St.-Andreas-Kreuz über ein rotes, von einem gewöhnlichen weißen Kreuz durchzogenen Feld gebreitet, vielleicht zu der Roten Flotte gehörig, die Peter selbst im Krieg gegen Schweden kommandiert hatte. Wie in dem britischen Flottensystem waren die verschiedenen russischen Flotten seinerzeit in eine Rote, eine Blaue und eine Weiße mit entsprechenden Flaggen und Wimpeln eingeteilt.

Die andere Flagge, eine Kriegsflagge, erhielt ihre endgültige Form 1709 als ein einfaches blaues Schrägkreuz in weißem Grund. Zehn Jahre lang experimentierte Peter mit verschiedenen Flaggen. Aus mehr als dreißig entwickelten Varianten wählte der Zar die schlichteste. Die Quelle seiner Schöpfung ist nicht vollkommen klar, aber von einigen Autoren ist die begründete Vermutung vorgebracht worden, daß diese Kriegsflagge und die mit ihr gleichzeitige, weiß-blau-rot gestreifte Handelsflagge von einer gemeinsamen Quelle abstammen könnten. Diese ältere Flagge war ein weiß-rotes, durch ein regelmäßiges, durchgehendes blaues Kreuz geteiltes Geviert. Eine solche Flagge könnte von dem ersten Kriegsschiff der russischen Marine, dem 1667 gebauten »Orel« (Adler), geführt worden sein. Unabhängig von der Einwirkung dieser Flagge kann der Einfluß der Holländer auf Peter den Großen in bezug auf Flaggen ebensowenig außer acht gelassen werden wie in bezug auf Marinetaktik und -politik. Die Reise des Zaren nach Westeuropa prägte ihm die Notwendigkeit ein, seine Nation zu modernisieren, und es kann kaum ein Zufall gewesen sein, daß er genau nach seiner Rückkehr aus den Niederlanden eine Flagge eingeführt hat, die sich von der holländischen Trikolore nur durch die andere Anordnung der Streifen unterscheidet. Hinzu kommt, daß das russische Weiß-Blau-Rot manchmal wie in Holland in einem insgesamt sechs bis neun Streifen zeigenden Muster wiederholt wurde.

Natürlich wurden der russischen Fassung der Trikolore neue, mit der russischen Geschichte verknüpfte Deutungen gegeben. Außerdem sind Weiß, Blau und Rot so vollständig Bestandteile der russischen Symbolik geworden, daß diese drei Farben während des 19. Jahrhunderts in verschiedenen Zusammenstellungen in ganz Osteuropa als ein pan-slawisches Emblem gegolten haben.

Obwohl keine spätere Flagge jemals die von

RUSSISCHE BÜRGERLICHE FLAGGE, 1858 BIS 1914

RUSSISCHE BÜRGERLICHE FLAGGE, 1914 BIS 1917

SOWJETRUSSISCHE HANDELS-FLAGGE, 1920 BIS 1924

Die sowjetische Vorliebe für Wörter und Inschriften auf Fahnen wie in der Handelsflagge *(links)*, wo sie RSFSR lautet, tritt in den Revolutionsfahnen *(unten)* zutage, die »Land und Freiheit«, »Wir lehnen die alte Welt ab« und »Nieder mit der Monarchie« verkünden.

Peter I. entwickelte bürgerliche Flagge oder Handelsflagge in Frage gestellt hat, ehe von den Sowjets das vollständig neue Staatswesen in Rußland errichtet wurde, muß der offiziell am 11. Juni 1858 als bürgerliche Flagge angenommenen ›heraldischen‹ Flagge eine gewisse Aufmerksamkeit gewidmet werden. Unter dem Einfluß deutscher Berater wählte die Regierung als Grundfarben dieser Flagge die Livreefarben des kaiserlichen Wappens, Schwarz und Gold-Gelb, das letztere gewohnheitsgemäß als Orange dargestellt. Unten wurde ein weißer Streifen hinzugefügt, damit die Flagge nicht genau die gleiche wie die damalige Flagge Österreichs würde, dessen Wappen ebenfalls einen schwarzen Adler auf Goldgrund enthielt. Weiß, lange das Symbol der legitimistischen Monarchien, wurde hier mit den Kokarden Peters I. und Katharinas II. begründet.

Die schwarz-orange-weiße Flagge war derart unpopulär, daß die Regierung sich genötigt sah, das Weiß-Blau-Rot am 7. Mai 1883 zum offiziellen Gebrauch an Land bei Feierlichkeiten anzuerkennen. So kam es, daß die für unbeschränkten Gebrauch gedachte Flagge im vorrevolutionären Rußland selten zu sehen war, während die auf besondere Gelegenheiten beschränkte Flagge in Wirklichkeit die am liebsten gehißte war, wenn private Bürger ihre Nationalität durch die Entfaltung einer Flagge an Land auszudrücken wünschten. 1896 und 1910 untersuchten von der Regierung eingesetzte Kommissionen die Angelegenheit der doppelten bürgerlichen Flaggen. Während von den Kommissionsberichten keine Wirkung ausging, war der Erste Weltkrieg Zeuge der Geburt eines vollkommen neuen, die fünf Farben verbindenden Entwurfs. Zur Symbolisierung der engen Verbindungen, die nach des Zaren Glauben zwischen ihm und dem russischen Volke bestünden, genehmigte Nikolaus II., der letzte seiner Dynastie, am 19. November 1914, daß eine der kaiserlichen Standarte ähnelnde Oberecke dem Weiß-Blau-Rot als neue bürgerliche Nationalflagge hinzugefügt würde; diese Flagge bürgerte sich nicht mehr ein. Die Provisorische Regierung unter Kerenski hatte während des halben Jahres, in dem sie vor der Machtergreifung durch Lenin und seine Bolschewisten eine Lösung der Krise suchte, kaum Zeit, sich um Flaggen zu kümmern. In der Praxis wurden im

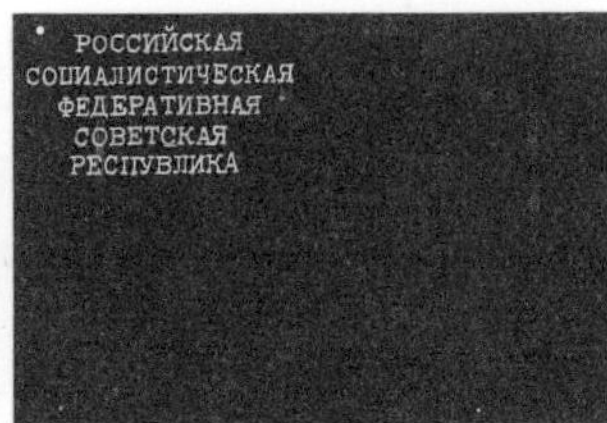


SOWJETRUSSISCHE NATIONALFLAGGE ZU WASSER UND ZU LANDE, 1918

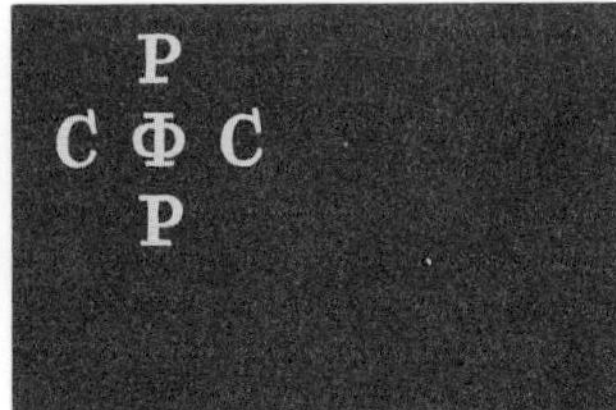


SOWJETRUSSISCHE NATIONAL-FLAGGE ZU WASSER UND ZU LANDE, 1918 BIS 1920

SOWJETRUSSISCHE STAATSFLAGGE UND KRIEGSFLAGGE ZU LANDE, 1920 BIS 1954

STAATSFLAGGE DER SOWJETUNION ZU WASSER UND ZU LANDE UND HANDELS-FLAGGE (MODELL 1955)

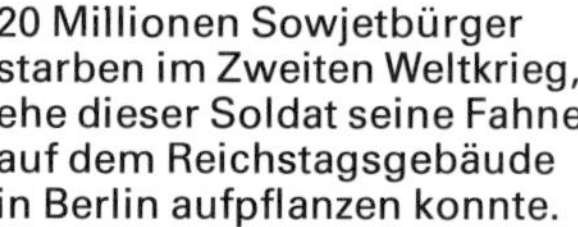

20 Millionen Sowjetbürger starben im Zweiten Weltkrieg, ehe dieser Soldat seine Fahne auf dem Reichstagsgebäude in Berlin aufpflanzen konnte.

Auf russisch als Wimpel bezeichnete metallene Fähnchen verschiedener Gestalt sind von der Sowjetunion auf den Mond, die Venus, den Mars und in das Weltall geschickt worden.

ganzen Land mit mehr oder minder offizieller Bedeutung drei Flaggentypen geführt. Die Provisorische Regierung selbst benützte die weiß-blau-rote Trikolore, während viele andere, darunter natürlich die Kommunisten, einfach rote Fahnen zeigten. Allenthalben in dem riesigen Reich versuchten nationale Gruppen, autonome oder sogar unabhängige Staaten

Kommunistische Führer sind ein beliebtes Thema sowjetischer Fahnenentwürfe *(oben)*.

Die von der Armenischen SSR 1952 angenommene Flagge *(oben)* ähnelt der Flagge der unabhängigen Republik Armenien (1918 bis 1920) *(darüber)*.

mit eigenen Flaggen zu schaffen. Einige kamen kaum über die Stufe einer Skizzierung hinaus, andere wehten einige Jahre bis zu ihrer Überwindung durch die Rote Armee; die Flaggen von Lettland, Litauen und Estland wehten bis 1940, und die von Finnland und Polen sind noch voll gültig.

Die von der Sowjetmacht nach der Oktoberrevolution eingeführten zahlreichen Flaggen sind glatt rot mit meist goldenen Abzeichen. Sobald es den bolschewistischen Führern klargeworden war, daß nicht die ganze Welt zur Vereinigung in einen einzigen kommunistischen Staat bereit stand, ergab sich die Notwendigkeit, zwischen den verschiedenen Sowjetregimes in Rußland, Ungarn, Armenien, Chorasm (Chiwa), dem Fernen Osten und anderswo zu unterscheiden. In den meisten Fällen bestand die Unterscheidung in verschiedenen Inschriften in der Oberecke. Dieses Modell wurde von den Republiken, aus denen die Union der Sozialistischen Sowjetrepubliken (UdSSR) gebildet worden ist, von der Zeit ihrer Gründung 1922 bis nach dem Zweiten Weltkrieg befolgt. Immerhin waren einige frühe Sowjetflaggenzeichnungen recht eindrucksvoll entworfen, indem sie Stickmuster aus Volkstrachten, Halbmonde, Weizenähren oder ganze Wappen enthielten. Darüber hinaus nahm die Zentralregierung der Sowjetunion in Übereinstimmung mit der kaiserlich-russischen Tradition zahlreiche Rangflaggen für Funktionäre und Unterscheidungsflaggen von staatlichen Institutionen an.

Genauso wie die weiß-blau-rote Trikolore und die Andreasflagge unter den verschiedenen russischen Marineflaggen in der Zeit von 1699 bis 1917 herausragen, so haben auch in der sowjetischen Flaggengeschichte gewisse Modelle vorgeherrscht. Militärfahnen sind unveränderlich rot mit je einem goldenen oder goldgeränderten Stern und einer Inschrift. Vielfach führen sie auch das Hammer-und-Sichel-Emblem, das 1918 als ein Emblem des Proletariats und der Bauernschaft entwickelt worden ist. Die erste sowjetische Kriegsflagge war rot und schwalbenschwanzförmig und führte in der Nähe des Lieks einen mit einem Stern belegten blauen Anker. Als die Russische Sozialistische Föderative Sowjetrepublik (RSFSR) sich 1922 mit der Ukrainischen SSR, der Weißrussischen SSR und der Transkaukasischen SFSR vereinigte, wurde als gemeinsame Kriegsflagge eine rote Flagge eingeführt. Sie zeigte den mit Hammer und Sichel belegten roten Stern in der Mitte einer weißen Sonnenscheibe. In der Gösch kam – als Anlehnung an die ehemalige Gösch – ein blaues Andreaskreuz hinzu. In der seit 1935 gültigen Kriegsflagge steht ein roter Stern neben Hammer und Sichel in weißem Feld über einem blauen Randstreifen.

Die Staatsflagge der Sowjetunion ist seit 1923 grundsätzlich die gleiche geblieben. Die Flagge der größten und bedeutendsten Teilrepublik der UdSSR, der RSFSR, ist stärker verändert worden. Noch vor der Entsendung diplomatischer Missionen ins Ausland beschloß das Allrussische Zentralexekutiv-Komitee am 8. April 1918, daß die Staatsflagge rot mit dem Landesnamen sein solle. Am 10. Juli des gleichen Jahres wurde aus den Initialen RSFSR anstelle des vollen Namens eine interessante Gestaltung geschaffen. S. W. Tschechonin gestaltete die von da an 36 Jahre lang gültige stilisierte Fassung. 1954 entfernte die RSFSR als letzte der damals sechzehn Unionsrepubliken die Inschriften aus dem roten Banner unter gleichzeitiger Beifügung eines Streifens in einer symbolischen, unterscheidenden Farbe. Als einzige der Unionsrepubliken hat die RSFSR keine waagerechten Streifen in oder neben dem roten Feld, sondern erzielt ihre Unterscheidung von der Bundesflagge der UdSSR durch einen schmalen blauen Streifen längs zum Liek.

# VEREINIGTES KÖNIGREICH

## DIE EDLE AHNENREIHE DES UNION JACK

Begreiflicherweise werden britische Flaggen in der Volksmeinung mit dem Meer in Verbindung gebracht. Doch die Insellage Großbritanniens liefert allein weder einen guten Ausgangspunkt für das Verständnis der britischen Flaggen, noch stellt sie alle Hauptfaktoren in Rechnung, die dieser Nation in der Flaggengeschichte der modernen Welt einen hervorragenden Platz verschafft haben. So scheint es wichtiger, die politische Geschichte vor seiner Marineentwicklung in Betracht zu ziehen, obwohl diese beiden Linien natürlich eng miteinander verknüpft sind. Es ist nicht überraschend, daß die Flexibilität und der Pragmatismus – Eigenschaften, die für fast ein Jahrtausend so erfolgreich die britische Unabhängigkeit bestimmt und eine der stabilsten verfassungspolitischen Strukturen, nämlich eine gut funktionierende Monarchie in einem Zeitalter von Demokratie und Diktatur, geschaffen haben –, daß sie die Verschmelzung von wenigstens vier verschiedenen Flaggentraditionen ermöglicht zu haben scheinen.

Die ältesten Fahnen in Britannien waren die militärischen Standarten der römischen Invasoren vor bald 2000 Jahren. Im 12. Jahrhundert entwickelte sich in der feudalen Gesellschaftsordnung der normannischen Dynastie als ein Ergebnis der Kreuzzüge die reiche heraldische Überlieferung. Marineflaggen gab es zwar schon vor der Tudorzeit, es ist aber deutlich das späte 16. Jahrhundert, das eine Hochblüte der vexillologischen Geschichte Großbritanniens erlebte. Schließlich übte der Aufstieg zur Weltmacht im 19. und 20. Jahrhundert

In diesem Ausschnitt aus einem Wandteppich führt König Artus *(oben)* die legendären drei Kronen. *Links:* das Wappen König Wilhelms III.

Eduard der Bekenner, König von England 1042 bis 1066 *(unten)*, hält die typische Kriegsfahne jener Zeit, einen Gonfanon.

einen entscheidenden Einfluß auf die britischen Flaggen aus. Im wesentlichen hat Großbritannien eine solche Entwicklung mit allen anderen westeuropäischen Ländern gemein. Dennoch ist es dem britischen Genius zuzuschreiben, daß er große Teile dieser wirklich ganz verschiedenen

Entwicklungslinien so verarbeiten konnte, daß seine Flaggen wie seine parlamentarische Regierungsform heute zugleich ein Resultat von Vermehrung und Zusammenfassung darstellen. Neben den von den Römern hergebrachten Standarten findet man mindestens drei wichtige Quellen für Vexilloide im vorheraldischen Britannien. Die Angeln und die Sachsen gebrauchten Tiertotems; sie wurden nicht nur auf Stangen getragen, sondern dienten auch in anderen Formen als Symbole. Die aufregendsten Beispiele sind die in Kalkstein gravierten weißen Pferde, die in der englischen Landschaft weite Flächen bedecken. Ein dem König Redwald von Ostanglien zugeschriebenes Vexilloid deutet die allgemeine Form der Vexilloide jener Zeiten an (siehe Seite 34).

Mit den Einfällen der Normannen vom 8. bis 12. Jahrhundert treten Windfähnchen auf Schiffen und militärische Fahnen auf. Unter ihnen sticht der Rabe, der Schrecken des Landes, hervor, ein Vexilloid, das aus einem an der einen Kante krummen und mit Fransen besetzten Dreieck besteht. Es zeigte die Darstellung eines Vogels, von dem es seinen Namen erhielt. In Assers *Leben des Königs Alfred* wird uns versichert, daß die ihn führenden Streitkräfte siegreich sein würden, wenn der Rabe mit seinen Schwingen flattere. Reglos würde er herabhängen, wenn den Dänen eine Niederlage bevorstünde. Das einzige, höchst wichtige britische Vexilloid, die Drachenfahne (siehe Seite 61), scheint aus römischer Zeit zu stammen. Von der Einsetzung des Prince of Wales 1969 zurück über die Standarten und Banner Heinrichs VII. und Heinrichs VIII. aus dem Hause Tudor und des in der Schlacht von Hastings 1066 besiegten Harald und weiter zu den verschwommenen Berichten über lokale Führer wie den Herrn von Wessex, dessen Standarte in der Schlacht von Burford 752 ein Drache war, reicht die Geschichte des Drachen.

Die Bedeutung der Fahnen der normannischen Eroberer von 1066, wie sie auf dem Teppich von Bayeux dargestellt sind (siehe Seite 44), steht außer Zweifel, wenn sie auch vielleicht im Vergleich zu anderen zeitgenössischen Fahnen übertrieben wird, für die uns solche Zeugnisse fehlen. Im frühen Mittelalter entstand bei den Kriegern die Gewohnheit, gemalte Heiligenbilder in der Hoffnung auf göttlichen Eingriff in die Schlacht zu führen.

Derartige Darstellungen waren oft an großen, auf Karren gesetzte und mit Bandstreifen ausgeschmückten Masten angebracht; ein solches Vexilloid gab der Standartenschlacht von 1138 ihren Namen. Die ursprünglich an diese Standarten gehefteten Fahnen können noch nicht als Nationalflaggen betrachtet werden.

Erstaunlich ist die Vielzahl solcher Fahnen. St. Edmund, St. Eduard der Bekenner und später St. Georg waren die volkstümlichsten Heiligen in England, aber mindestens ein halbes Dutzend anderer Schutzpatrone war auf dem Schlachtfeld ebenso häufig. Krieger, die nicht zum Tragen der Livreefarben oder des Abzei-

Trotz seiner Verkleidung als Förster wurde der König von England, Richard I. Löwenherz, auf der Rückkehr aus dem Heiligen Lande entdeckt und gefangengenommen. Aus seiner Gefangenschaft losgekauft, erreichte er schließlich sein Heimatland.

Das älteste bekannte Siegel Richards I. zeigt ein oder zwei Löwen, aber von 1195 an bestand sein Wappenbild (vgl. sein Banner *oben*) aus drei Löwen, wie durch sein zweites Großsiegel nachgewiesen. Die Löwen (oder Leoparden, wie sie heraldisch auch genannt werden) sind bis auf den heutigen Tag das Wappenbild Englands geblieben.

Aus der Darstellung der Schlacht von Hastings 1066 auf dem Teppich von Bayeux *(links)* haben wir die erste sichere Kunde von britischer Vexillologie. Die Gestalten sind ein normannischer Krieger mit einem Gonfanon, darauf ein Kreuz, und ein angelsächsischer Fahnenträger mit dem Drachen, der Kriegsstandarte König Haralds II.

Eduard III. (1327–77) erhob als Enkel König Philipps IV. von Frankreich Ansprüche auf den Thron dieses Landes. Um seinen Ansprüchen Nachdruck zu verleihen, entfesselte er den Hundertjährigen Krieg gegen Frankreich und quadrierte sein eigenes Wappen mit dem französischen *(unten)*.

Um 1407 änderte König Heinrich IV. (1399–1413) das auf Frankreich bezügliche Feld durch die modernere Fassung mit den drei Lilien. Grundsätzlich blieb die Anordnung bis in die Gegenwart die gleiche, aber mit anderen Seitenverhältnissen (1:2).

Zu den wichtigsten Entwicklungen in den britischen Flaggen gehört die Ausbildung von Göschen und Heckflaggen für Handels-, Kriegs-, unbewaffnete Regierungs- und Kaperschiffe. Die allgemeine Übereinstimmung zwischen Gösch und Heckflagge in allen offiziellen Varianten seit der Zeit des ersten Stuart-Königs Jakob I. (1603–25) wird in den beiden Abbildungsreihen *(rechts)* deutlich. Die eine Reihe stellt die Flaggen der Handelsschiffe und die andere *(Seiten 184/185)* die Flaggen der Kriegsschiffe dar.

chens eines Edelherrn berechtigt waren, führten oft ein rotes Kreuz auf einem weißen Armband, wenn sie in Diensten des Königs standen. Der erste sichere Bericht über einen wirklichen Schild datiert von 1249 und über eine wirkliche Fahne von 1277. Erst Eduard III. machte 1348 St. Georg zum Schutzpatron des Hosenbandordens. Die Stellung des Heiligen wurde 1415 erhöht, als die in seinem Namen von Truppen unter Heinrich V. geführte Schlacht bei Azincourt (1415) gewonnen wurde. Der gleiche Herrscher ordnete 1419 die Führung von St.-Georgs-Armbinden an.

Der Vorrang von St. Andreas in Schottland scheint früher erreicht worden zu sein. Der älteste Hinweis auf das Schrägkreuz aus dem 12. Jahrhundert deutet dessen noch älteren Ursprung an. 1385 wurde angeordnet, daß jeder Krieger eines gemischten französisch-schottischen Heeres »ein weißes St.-Andreas-Kreuz tragen soll, und wenn seine Jacke weiß ist oder sein Rock weiß, soll er das besagte weiße Kreuz auf einem runden oder viereckigen schwarzen Stoffstück tragen«. Nach und nach wurde Blau die normale Hintergrundfarbe für das Schrägkreuz.

Das dritte Kreuz im modernen britischen Union Jack steht für St. Patrick von Irland. Das irische Hauptwappenbild war seit langem die Harfe und Grün ihre Nationalfarbe. Von wissenschaftlicher Seite wird angenommen, daß das im Wappen der Geraldiner und anderer wichtiger anglo-irischer Familien stehende rote Schrägkreuz die Quelle des St.-Patrick-Kreuzes darstelle. Es erschien erstmals im späten 16. Jahrhundert, und am ersten Tag des Jahres 1801 wurde es in den Union Jack eingefügt.

Während das St.-Georgs- und das St.-Andreas-Kreuz jedem Engländer oder Schotten zustand, hing das tatsächliche Kommando über die Truppen auf dem Schlachtfeld meist von den Adeligen ab, die der König zur Hilfeleistung aufrufen konnte. Bis zur Einführung des stehenden Heeres waren es hauptsächlich die verschiedenen heraldischen Fahnen, durch die diese Heerführer symbolisiert waren.

Seit dem Bürgerkrieg (1642–49) veränderte sich die Bebilderung der Kavalleriestandarten, die nicht mehr aus heraldischen Bildern bestand, sondern aus allegorischen Szenen, die den politischen oder religiösen Glauben ihrer Träger zum Ausdruck brachten. So interessant und farbenprächtig diese Entwicklung ist, so sind doch nur zwei Aspekte für die britische Nationalflagge wirklich wichtig. Einerseits bildeten die heraldischen Regeln die Grundlage für den Entwurf und Gebrauch vieler britischer Flaggen. Sie üben noch heute einen beträchtlichen Einfluß auf alle Arten von Flaggen aus, gleichgültig ob sie heraldischer Natur oder Herkunft sind oder nicht. Das Recht zur Wappenführung war im Mittelalter ein Vorrecht der herrschenden Klassen. Die Institutionalisierung der Heraldik gestattete dem Adel, sichtbar Abstand von den nicht wappenführenden mittelständischen und niederen Klassen zu halten.

Vom 13. bis zum Beginn des 17. Jahrhunderts stellte das königliche Wappen vielleicht den einzigen wichtigen Anteil an der nationalen Symbolik Britanniens. Genaugenommen als persönliches Wappen des regierenden Herrschers betrachtet, stand dieses Wappen für das Ansehen des Staates in einer Zeit, in der der Souverän das Land personifizierte; somit konnte das königliche Wappen überall da erscheinen, wohin sich seine Autorität erstreckte. (Dies widerspricht ganz und gar der modernen Praxis, die Führung dieser Flagge auf Umstände zu beschränken, bei denen der Souverän persönlich anwesend ist.) Da sie unter königlichem Schutz fuhren, setzten sogar private Handelsschiffe das königliche Banner, wie aus den Siegeln verschiedener Häfen hervorgeht. Diese Praxis wurde 1270 durch einen zwischen König Eduard I. und Graf Guido von Flandern geschlossenen Vertrag bestätigt. An Land finden wir in den Bauernaufständen des späten 14. Jahrhunderts beide Seiten zwei Fahnen führend, das Kreuz von St. Georg und das königliche Banner. Im 16. Jahrhundert gibt es Beispiele wechselseitiger Anpassungen: Der Forschungsreisende Martin Frobisher hißte als Flagge das St.-Georgs-Kreuz mit dem königlichen Wappen in der Mitte; die Levante-Kompanie legte das gleiche Kreuz auf das königliche Banner. Mit dem 19. Jahrhundert wurde das königliche Banner stark auf den Gebrauch als eine Straßendekoration an Feiertagen und bei Paraden beschränkt, und auch diese Praxis endete unter Eduard VII.

Der Tod Königin Elisabeths I. 1603 und die Thronbesteigung Jakobs VI. von Schottland aus dem Hause Stuart als König Jakob I. von England leitete eine neue Ära britischer Flaggen ein, die wir nunmehr als Nationalflaggen betrachten können. Neben den Veränderungen

## BRITISCHE HANDELSFLAGGEN UND GÖSCHEN

Vor 1606

Der Union Jack war nur kurze Zeit für Handelsschiffe zugelassen, aber inoffiziell wurde er noch lange nach 1634 gebraucht, bis er mit einem weißen Rande 1801 wiederhergestellt wurde. Heute ist die Führung einer Handelsschiffgösch selten.

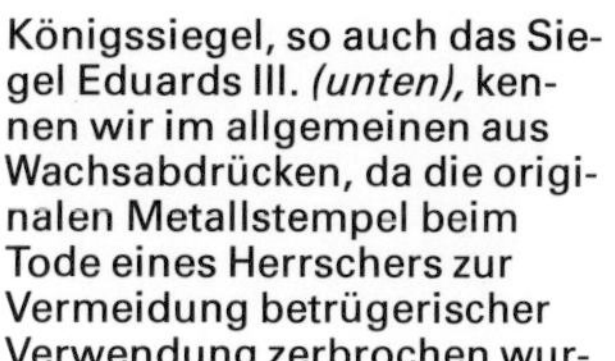

Königssiegel, so auch das Siegel Eduards III. *(unten)*, kennen wir im allgemeinen aus Wachsabdrücken, da die originalen Metallstempel beim Tode eines Herrschers zur Vermeidung betrügerischer Verwendung zerbrochen wurden. In Großbritannien hatten die Großsiegel auf beiden Seiten stets verschiedene Darstellungen, aber das Wappen des Königs war immer auf der einen oder der anderen Seite untergebracht.

Der Reichsapfel *(links)* ist eines der zahlreichen Herrschaftszeichen europäischer Monarchen. Dazu rechnen auch Banner, Krone, Szepter, Thron, Staatsschwert, Königssporen sowie der Mantel und andere Krönungsgewänder.

Unter dem Commonwealth (1649–60) und seinen beiden Lordprotektoren, Oliver Cromwell und seinem ihm nachfolgenden Sohn Richard, war eine große Zahl von Unterscheidungsflaggen in Gebrauch. Das Banner Oliver Cromwells verbindet die Farben und den Schild seiner Reiche, England und Schottland, vor einem Königszelt unter einer Königskrone mit den Initialen »OP« für *Oliverus Protector.* Der Spruch unten bedeutet: »Frieden wird durch Krieg erstrebt.«

Die Personalunion von Schottland mit England unter König Jakob I. führte zur Einfügung des schottischen Löwen in das königliche Wappen und das Banner. Zusammen mit der ebenfalls von Jakob I. erstmals aufgenommenen Harfe von Irland bildete das Wappen von Schottland seitdem einen Bestandteil der britischen Königsflagge *(oben).*

in der Bauweise der Schiffe und der Personalunion der Kronen von Schottland und England spielte Jakob in der britischen Flaggengeschichte eine entscheidende Rolle. Er erließ am 12. April 1606 eine Proklamation, die bestimmte: »Alldieweil gewisse Unstimmigkeit entstanden ist zwischen unseren Untertanen von Süd- und Nordbritannien, welche zur See fahren, über die Führung ihrer Flaggen, haben wir zur künftigen Vermeidung all solcher Streitigkeiten mit Zustimmung unseres Rates angeordnet, daß hinfort alle unsere Untertanen dieser Insel und Königreiches Großbritannien und die Mitglieder derselben im Großtop das rote Kreuz, gewöhnlich genannt St.-Georgs-Kreuz, führen werden und das weiße Kreuz, gewöhnlich genannt St.-Andreas-Kreuz, damit vereinigt gemäß einer von unseren Herolden ausgefertigten Gestalt.«

Der Graf von Nottingham bestätigte einen Entwurf, in dem die beiden Kreuze nebeneinander angeordnet waren. »Dieser wird hierfür der geeignetste sein wie Mann und Frau, ohne einander zu beeinträchtigen«, meinte er nach Durchsicht anderer Vorschläge, bei denen das eine oder das andere Kreuz zuoberst er-

Das Wappen von Nassau *(links)* wurde für König Wilhelm III. *(unten Mitte)* als Mittelschild hinzugefügt.

Die Harfe war jahrhundertelang ein Symbol Irlands. In einem grünen Schild dient sie als Wappen der Grafschaft Leinster; seit 1603 steht sie im blauen Feld des Wappenbanners für Irland.

Das Löwenwappen von Schottland wird seit König Alexander II. (1214–49) geführt. Der rote ›doppelte Lilienbord‹ wurde von seinem Nachfolger hinzugefügt.

1603–1649, 1660–1689, 1702–1707

1689–1694

1707–1714

BRITISCHE KRIEGSFLAGGEN

Die britischen Kriegsflaggen *(unten)* laufen mit den zivilen Heckflaggen der gleichen Zeit parallel, ohne ihnen aber gänzlich zu gleichen *(Seite 183).*

Die Lilien von Frankreich wurden von den britischen Königen zusammen mit dem Verzicht auf den französischen Thron am 1. Januar 1801 aufgegeben.

Die drei Löwen repräsentieren England; ihre Führung geht bis etwa 1195 zurück.

12. April 1606 bis 5. Mai 1634

5. Mai 1634 bis 23. Februar 1649, 5. Mai 1660 bis 5. Februar 1702 und 6. Mai 1702 bis 28. Juli 1707

23. Februar 1649 bis 5. März 1649

5. März 1649 bis 18. Mai 1658

Das Wappen von Wales erscheint nicht im Königsbanner *(unten)*, weil Wales ein Fürstentum und kein Königreich ist. Der Prince of Wales führt das Waliser Wappenbanner mit einem Herzschild, das seine Krone zeigt *(darüber)*.

Seit 1837

schien. Trotzdem setzte man in dem tatsächlich gewählten Entwurf das rote Kreuz des größeren Königreiches nach oben über das weiße Schrägkreuz des älteren Reiches. Viele Schotten mißbilligten das und zeichneten neue Union Jacks, in denen das Schrägkreuz voranging. Beiläufig sei interessehalber erwähnt, daß seit 1903 für den Gebrauch in Schottland besondere Fassungen des königlichen Wappens und Banners anerkannt sind, bei denen dem schottischen Löwen symbolischer Vorrang vor den Leoparden Englands eingeräumt ist.

Über den Ausdruck ›Jack‹ sind viele Theorien vorgebracht worden. Manche sehen ihn an als die anglisierte Fassung von ›Jacques‹ (d. h. ›Jakob‹ auf französisch, der Hofsprache), andere als eine Entartung der ›Jacke‹ oder des Überrocks, wie ihn die Krieger früher trugen und der die jeweiligen nationalen Kreuze gezeigt habe. Beides ist unwahrscheinlich, aber den wahren Ursprung des Wortes kennen wir nicht. Da ›Jack‹ heute noch eine kleine, am Bug eines Schiffes gesetzte Nationalitätsflagge bezeichnet, bestehen Pedanten darauf, daß der vertraute Union Jack, wenn er anderswo als am Bugspriet eines Schiffes gezeigt wird, als ›Unionsflagge‹ angesprochen werden müßte.

Die 1649 aufgelöste Union zwischen England und Schottland wurde vier Jahre danach wiederhergestellt; aber Änderungen an den britischen Flaggen waren auch durch die Abschaffung der Monarchie durch das Commonwealth-Regime unter Oliver Cromwell vorgenommen worden. Die Schiffsflaggen des Commonwealth, seine Göschen und Kommandoflaggen, sind nicht nur wegen ihrer Zeichnung interessant, besonders wichtig ist die Feststellung, wie stark sie sich auf die traditionellen Hoheitszeichen stützen. Cromwell war sich durchaus bewußt, daß seine Stellung ganz auf der Kraft seiner Persönlichkeit und seiner Waffen beruhte, während die beseitigte Monarchie – wie immer man auch über irgendeinen Souverän urteile – von vornherein dank ihrer Tradition einem großen Teil der Bevölkerung Treuegefühle einflößte. Cromwells Symbole verschwanden 1660 mit der Wiederherstellung der Monarchie durch Karl II. und wirken heute wie eine kurze Unregelmäßigkeit in dem Modell britischer Flaggenentwicklung.

Während die Ruhmreiche Revolution von 1688 und spätere Verfassungsänderungen der monarchischen Staatsform und der Rechte des Parlaments von Großbritannien nur geringen Einfluß auf die Grundzeichnungen der nationalen Symbole ausübte, haben zwei andere wichtige Entwicklungen wesentliche Veränderungen in den britischen Flaggen für die folgenden dreihundert Jahre bewirkt. Aus verschiedenen Gründen strebten private Handelsschiffe das

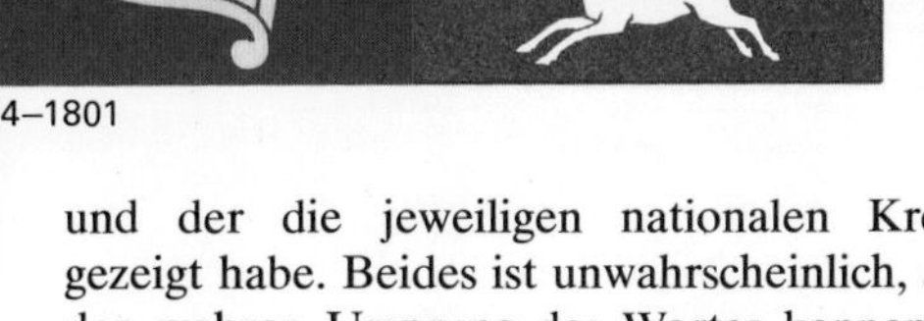

'14–1801

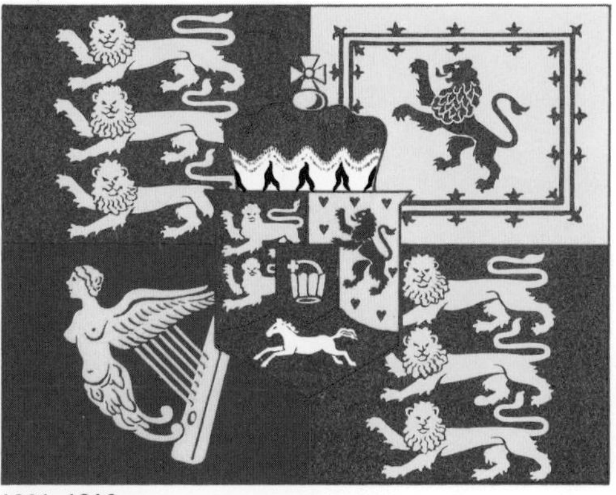

1801–1816

1816–1837

Eine der subtilen Änderungen in den britischen Königswappen und Bannern unter den Königen aus dem Hause Hannover betrifft die Krone ihrer deutschen Besitzungen. Hannover ist vom Wiener Kongreß 1814 als Königreich anerkannt worden. Vorher war es ein Kurfürstentum, dem nur ein Kurhut und keine Krone zustand. Der Mittelschild des hannoverschen Wappens enthält die angebliche Krone Karls des Großen.

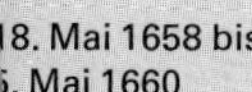

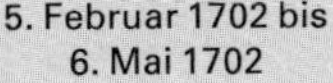

18. Mai 1658 bis
5. Mai 1660

5. Februar 1702 bis
6. Mai 1702

28. Juli 1707 bis
1. Januar 1801

1. Januar 1801 bis
9. Juli 1864

Seit 9. Juli 1864

Obwohl der Drache im Orient als ein gütiges Ungeheuer angesehen wird, ist er im Westen allgemein ein Symbol des Übels. Die Legende von St. Georg, der zur Rettung

einer Jungfrau einen Drachen niederwirft, muß daher als eine Anspielung angesehen werden: der Mut und die Stärke des christlichen Ritters vernichtet die Kräfte der Finsternis zur Errettung von Reinheit und Ehre. In diesem Sinne wurde die Szene in vielen Ländern von Äthiopien bis England und von Rußland bis Spanien als symbolisches Motiv beliebt. Diese St.-Georgs-Fahne *(oben)* ist ein Beispiel aus Stein am Rhein (Schweiz).
Obwohl St. Georg 700 Jahre lang ein Symbol für England war, scheint doch kein altes Banner mit seinem Bilde in diesem Lande die Zeiten überdauert zu haben.

Im Vertrauen auf seine kulturelle und moralische Führungsrolle und in allen Teilen der Welt am Ausbau seines Kolonialreiches tätig, nahm Großbritannien mit dem ausgehenden 19. Jahrhundert an wirtschaftlicher und militärischer Stärke zu. Der Verfasser einer Flaggenkarte *(rechts)* um die Jahrhundertwende scheute sich daher nicht, die Hälfte des für seine »Flaggen der Welt« vorgesehenen Platzes den roten und blauen Kolonialflaggen der britischen Überseegebiete einzuräumen.

Vorrecht an, gleiche Flaggen wie Kriegsschiffe führen zu dürfen, während es die königliche Flotte für wünschenswert hielt, zwischen beiden einen Unterschied aufrechtzuerhalten, wobei sie selbst den Korsaren (Kaperschiffen), d.h. Handelsschiffen mit gewissen Kriegsschiffsrechten, besondere Symbole zuerkannte.

Außerdem schuf das Ende der Ära, in der die Kriegführung zur See sich vor allem in einem Kampf zwischen zwei Schiffen abgespielt hatte, in der Marine selbst das Bedürfnis nach Signal- und Unterscheidungsflaggen, die einer großen Zahl von Schiffen gestattete, in koordinierter Formation zu operieren. Daher wurde während eines Zeitraums von zwei Jahrhunderten bis zur endgültigen Regelung der Frage im Jahre 1864 eine große Vielfalt von Flaggen, Göschen und Wimpeln für diese Zwecke erdacht. Obwohl sie alle im wesentlichen Abwandlungen des Union Jack und der bekannten britischen Farben waren, ermöglichten sie doch eine schnelle Identifizierung, um was für ein Schiff es sich im einzelnen handelte und welchen Rang sein Befehlshaber innehatte.
Rot war die ältere Marinefarbe, aber die Regelung von 1864 wies die Rote Flagge der Handelsmarine zu, und die königliche Marine hat seitdem, ausgenommen in Kriegszeiten, die Weiße Flagge gezeigt. Die Blaue Flagge kommt den unbewaffneten öffentlichen Fahrzeugen zu; sie werden gewöhnlich durch ein Amtsabzeichen im fliegenden Ende genauer gekennzeichnet. Die Blaue Flagge ist auch die Unterscheidungsflagge eines von einem Marinereserveoffizier geführten Handelsschiffes und das Grundmuster für die Kolonialflaggen der meisten britischen Territorien. Die letzteren entwickelten sich im letzten Jahrzehnt des 19. Jahrhunderts, und selbst heute, wo das Britische Empire größtenteils durch das Commonwealth unabhängiger Nationen ersetzt

ENGLAND
Mindestens seit dem 12. Jahrhundert wird St. Georg das rote Kreuz zugeschrieben. 1606 wurde es mit dem Schrägkreuz von St. Andreas zur Bildung des ersten Union Jack verbunden.

SCHOTTLAND
Die schräg liegende Gestalt des Kreuzes von St. Andreas wird auf die angebliche Art seiner Marterung gestützt, wie sie auf einem Siegel des 15. Jahrhunderts *(links)* dargestellt wird. Die Schotten bedauerten lange Zeit, daß ihr Kreuz teilweise durch das von St. Georg verdeckt wird.

IRLAND
Die historischen Überlieferungen zum Schrägkreuz von St. Patrick in Irland sind höchst zweifelhaft; bei der Erhebung Irlands zum gleichberechtigten Status eines Königreiches im Jahre 1800 wurde ein solches Kreuz in den Union Jack eingefügt (siehe Seite 182).

Vor der Annahme der offiziellen Fassung *(unten)* sind viele Varianten für eine kombinierte englisch-schottische Flagge entworfen worden. Später bevorzugte Cromwell eine quadrierte Anordnung, während die Schotten mit einer Unionsflagge flaggten, in der ihrem eigenen Symbol Vorrang gewährt wurde *(links)*.

Seine Ästhetik und Symbolik haben den Union Jack zu einem Vorbild für andere Flaggen werden lassen: Rußland und Schweden-Norwegen nahmen ähnliche Flaggen *(links)* an, und sichtlich auch die Flagge der Basken (siehe Seite 303) ist von ihr beeinflußt.

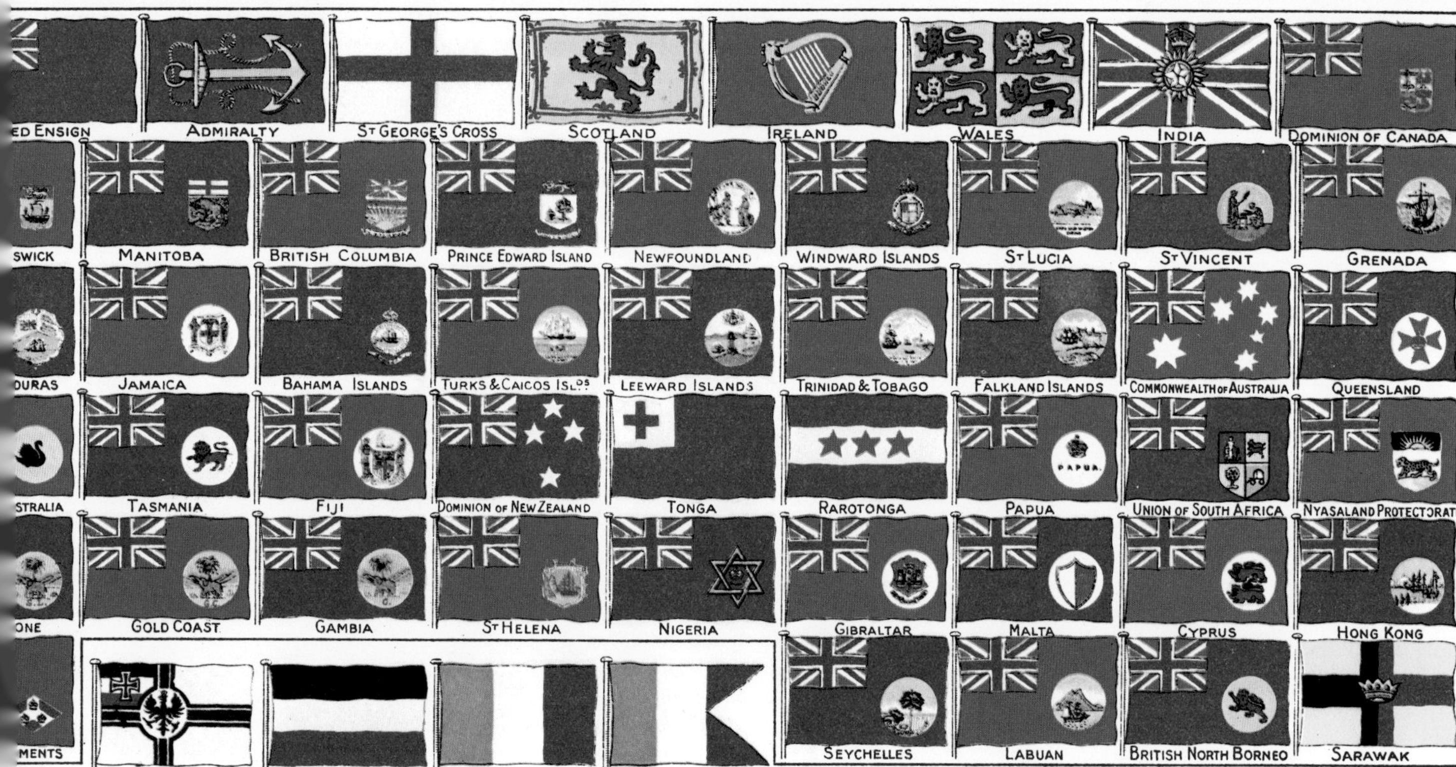

Beim Besuch von Königin Elisabeth II. und Prinz Philip in Paris 1957 weht das britische Königsbanner an der Ehrenstelle neben der persönlichen Standarte des französischen Präsidenten Coty am linken

Die Königin, das königliche Wappen, der Union Jack: diese drei wesentlichen britischen Symbole sind miteinander und mit der britischen Nation durch fast ein Jahrtausend eng verflochten.

Schutzblech. Prinz Philip besitzt wie die anderen Mitglieder der britischen Königsfamilie eine eigene persönliche Standarte. In vielen Fällen ändern sich diese Standarten mit dem Lebensalter und dem Status der Person, die sie führt. Die Königin hat beschlossen, bei Besuchen nichtmonarchischer Mitglieder des Commonwealth eine vom Königsbanner abweichende persönliche Standarte zu führen. Bei den Mitgliedsnationen, die sie weiterhin als Staatsoberhaupt anerkennen, gibt es im allgemeinen ein spezielles Banner, das aus dem dortigen Landeswappen mit ihrer in die Mitte aufgelegten Chiffre besteht.

Als Churchills Sarg zu seiner letzten Ruhe gefahren wurde *(unten)*, lag der Orden vom Hosenband – Großbritanniens höchste Auszeichnung – auf einem Kissen über einem Union Jack.

worden ist, haben noch einige Territorien rund um den Erdball eine eigene unterscheidende Blaue Flagge.

Die britische Tradition der drei verschiedenen Nationalitätsflaggen bei der Marine und einer vierten Flagge zum Gebrauch an Land ging in allen Teilen der Welt auf Länder über, die ihrerseits daraus eigene Abwandlungen entwickelt haben. Die meisten der kolonialen Flaggenabzeichen stützten sich bei ihrer Entstehung auf Siegel, die von Personen mit geringer oder keiner beruflichen heraldischen Fachkenntnis geschaffen worden waren. Beim Endstadium ihrer Umgestaltung in staatliche Heraldik unterlagen sie der Verantwortung von Beamten in verschiedenen Regierungsabteilungen und von Flaggenfabrikanten. Selbst die Admiralität entwickelte einen Stil, der von dem durch das College of Arms sanktionierten abwich. Diese Tatsachen, verbunden mit der enormen Anzahl betroffener Flaggen, ergab im Commonwealth die Existenz eines der vielleicht ergiebigsten Bestände an vexillologischem Material, der überhaupt in der Welt existiert: wirkliche Flaggen, Gebräuche und Gewohnheiten sowie Kommentare und Studien hierüber.

Unter allen diesen Entwicklungen kommt in der britischen Flaggengeschichte der vergangenen drei Jahrhunderte nichts der Bedeutung oder der Interessantheit des Union Jack gleich. Anfänglich eine Unterscheidungsflagge, ein Hilfszusatz zur Hauptflagge eines Schiffes, entwickelte er sich zur Staatsflagge von Großbritannien und seinem Empire, zu dem in Dutzende von anderen Flaggen eingefügten britischen Hauptsymbol und zum beliebten nationalen Emblem von Millionen britischer Abstammung und Herkunft in der ganzen Welt. Seine Volkstümlichkeit kann nicht ganz der Energie zugeschrieben werden, mit der Missionare, Soldaten und Kaufleute seinen Gebrauch verbreitet haben, eine Energie, deretwegen ein Franzose meinte: »Ein Engländer kann keine Insel sehen, ohne den Union Jack darauf zu pflanzen.«

Seine eindrucksvoll geometrische, geradezu abstrakte Gestalt hat den Union Jack zur modernen graphischen Interpretation ebenso geeignet gemacht wie zur Herstellung im üblichen Flaggentuch. Der Theorie ist es auch mit Hilfe heraldischer und verfassungsmäßiger Einwände selten gelungen, seine tatsächliche Anwendung zu stören. Seine Abwandlungen sind mannigfaltig – er erscheint als Grundmuster in Truppenfahnen des 18. Jahrhunderts; mit Losungen beschriftet, als eine Protestflagge der Reformbewegung im 19. Jahrhundert, wobei er zu einer echten Nationalflagge wurde, und im gegenwärtigen Jahrhundert auf Kleidern und Haushaltsgerät. Er ist somit das Hauptbeispiel für den Geist von Anpassung und Stetigkeit, der mehr oder minder die britischen Flaggen gekennzeichnet hat.

DIEU ET MON DROIT

# VEREINIGTE STAATEN

## EINE FAHNE, IN DER REVOLUTION GEBOREN

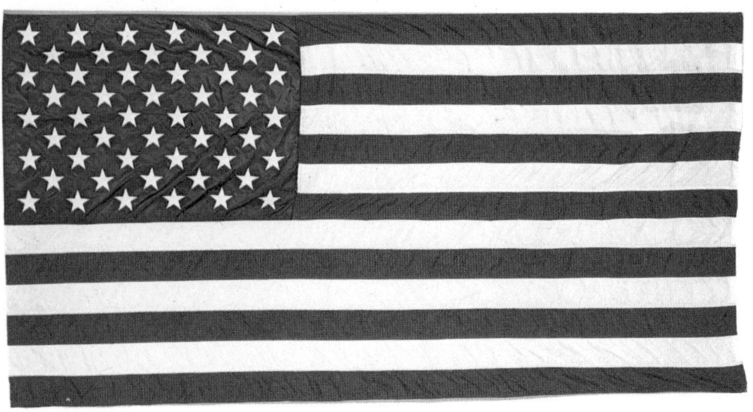

Ohne daß uns der Ursprung ganz klargeworden ist, haben sich die Sterne und Streifen der Flagge der Vereinigten Staaten zu einem der bekanntesten Symbole der ganzen Welt entwikkelt. Die Amerikaner verehren auch ihren Nationalvogel, den Weißkopfadler (*unten* mit den kriegerischen Pfeilen und einer indianischen Friedenspfeife).

Dem gelegentlichen Betrachter mag die historische Entwicklung der amerikanischen Nationalflagge eine einfach zu erzählende Geschichte erscheinen. Im Unabhängigkeitskrieg (1775 bis 1783) war eine Flagge aus dreizehn roten und weißen waagerechten Streifen mit dreizehn Sternen in einer blauen Oberecke gewählt worden, um die Kolonien zu symbolisieren, die für ihre Unabhängigkeit von Großbritannien kämpften. Später kam die Konvention auf, einen Stern zur Symbolisierung jedes neu in den Bund aufgenommenen Staates hinzuzufügen.

Eine kritischere Betrachtung offenbart jedoch, daß das Studium amerikanischer Fahnen einen unendlich lohnenden Gegenstand bietet. Die Quellen für den Entwurf von Sternen und Streifen, ihr ausgedehnter Einfluß auf Symbole innerhalb und außerhalb der Vereinigten Staaten, die zahlreichen Gefährdungen des Entwurfes und vor allem die Kundgebungen gefühlsmäßiger Bindungen an dieses Symbol, die zu einmaligen Sitten in der Entfaltung und dem Gebrauch der Flagge geführt haben: dies bildet einen fesselnden und wenig bekannten Hintergrund für ein Studium der historischen Entwicklung der US-Flagge.

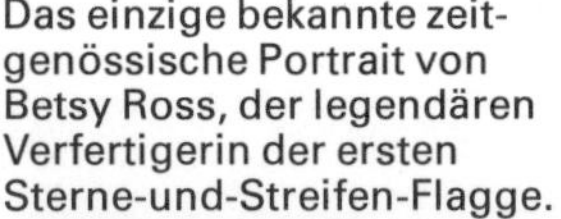

Das einzige bekannte zeitgenössische Portrait von Betsy Ross, der legendären Verfertigerin der ersten Sterne-und-Streifen-Flagge.

Obwohl frühe Entdecker und Siedler aus Spanien, Frankreich, Schweden und anderen europäischen Nationen ihre Flaggen nach Amerika brachten, müssen wir unseren Blick auf die englischen Kolonien und insbesondere auf Massachusetts als den Quell vieler noch in den Vereinigten Staaten gültigen Flaggenbräuche lenken. Die Puritaner, die England seit 1620 verlassen hatten, weil sie die königliche Religionspolitik nicht akzeptieren wollten, erhärteten sofort ihre eigene religiöse Unduldsamkeit in der Massachusetts Bay Colonie in den 30er Jahren jenes Jahrhunderts. Obwohl diese Kolonie in fast jeder Beziehung vom Mutterland abhängig war, leistete sie sich, kaum sieben Jahre alt, den Luxus einer Diskussion über Flaggen.

John Endicott, für mehrere Jahre Gouverneur und Vizegouverneur der Massachusetts Bay, war über das Vorkommen des St.-Georgs-Kreu-

Zu den Flaggen der Erforschung und Besiedlung Amerikas von 1492 an gehören *(von oben nach unten)* die Flaggen von Spanien, Frankreich, Großbritannien (Union Jack und Rote Flagge), der niederländischen Regulierten Westindienkompanie und von Schweden.

zes in der auf Forts aufgepflanzten und von Schiffen geführten Flagge und in den von den örtlichen Truppen geführten Fahnen arg bekümmert. Die Puritaner, die ihre Kirchen und ihre Geistlichkeit jeder Symbolik entkleidet hatten, betrachteten dieses Kreuz, das in England längst weltliche Funktion erhalten hatte, als einen papistischen Greuel, eine Bedrohung ihrer eigenen Erlösung. In der typischen amerikanischen Einstellung gegenüber Fahnen wird der Moral mehr Bedeutung zugemessen als der politischen Ideologie.

Dadurch, daß Endicott das Kreuz aus der Fahne der örtlichen Infanterie heraustrennen ließ, forderte er Predigten und Reden und schließlich eine Debatte in der örtlichen Gesetzgebenden Versammlung heraus. Zu einer Zeit, als nur wenige Europäer am Rande eines riesigen und feindlichen Kontinents lebten, wurde Endicott von jeder öffentlichen Amtsausübung wegen seiner übereilten, lieblosen und taktlosen Handlung (»rash, uncharitable, indiscreet act«) für ein ganzes Jahr ausgeschlossen. Die öffentliche Stimmung sammelte sich aber hinter Endicott, und bald wurde eine rote Flagge mit einer weißen Oberecke, in der das rote St.-Georgs-Kreuz auffällig fehlte, als erste einer langen Reihe von lokalen Flaggen geschaffen. Die Neuengländer waren indessen nüchtern denkende Leute; in dem Bewußtsein, daß ihre Lebenslinien nach England gefährdet sein könnten, wenn dorthin Berichte gingen, daß nicht die rechten Flaggen gezeigt würden, bewiesen sie bald einen anderen amerikanischen Wesenszug, nämlich das Vergnügen an ständiger Neuzeichnung von Flaggen.

1686 wurde Sir Edmund Andros als Gouverneur zur Durchsetzung der königlichen Hoheit über die Kolonien ausgesandt, und das englische Kreuz wurde in der Flagge wiederhergestellt. Inzwischen veranlaßten neue Differenzen mit dem Mutterland die Neuengländer zur Einschaltung eines lokalen Unterscheidungssymbols, der Fichte, in englische Flaggen. Auf diese Weise begann die amerikanische Sitte, Fahnen

Das St.-Georgs-Kreuz auf dieser angeblich von Israel Forster am ersten Tag der Amerikanischen Revolution eroberten Fahne ist durch Streifen ersetzt worden.

Von den Briten aufgebrachte französische Schiffe laufen 1757 unter zwei Flaggen in den Hafen von New York ein *(oben)*.

Die am Tage des Ausbruchs der Amerikanischen Revolution geführte Bedfordfahne *(oben)* ist auf Seite 73 näher beschrieben.

Die Rangflagge George Washingtons als Oberbefehlshaber der amerikanischen Armee während des Unabhängigkeitskrieges war blau mit dreizehn weißen Sternen.

zum politischen Ausdruck von Zustimmung oder Ablehnung zu benützen, solchen Gebrauch zu diskutieren und offizielle Fahnen für inoffizielle Anlässe herzurichten; und diese Praktiken sind heute noch kräftig am Leben.

Fahnen spielten in den 60er Jahren des folgenden Jahrhunderts bei der in der Revolution gipfelnden Agitation gegen die britische Willkürherrschaft eine bedeutende Rolle. Der britische Union Jack und die Rote Flagge, ebenso wie lokale Banner verschiedener Zeichnung, wurden mit Losungen wie »Don't Tread Upon Me« (Tritt nicht auf mich) oder »Liberty, Property and No Stamps« (Freiheit, Eigentum und keine Steuermarken) beschriftet. Die Hissung einer solchen Flagge an einem großen Freiheitsmast (»liberty pole«) im Zentrum einer Stadt stellte eine absichtliche Herausforderung der eingesetzten Behörde dar. Für jeden umgelegten Freiheitsmast entstanden einige neue. So wurde zunehmend mehr Amerikanern klar, daß der Union Jack und andere offizielle Symbole nicht mehr länger für die Rechte stünden, die das Volk in einem Zeitraum von über fünf Jahrhunderten der Krone abgetrotzt hatte.

Der tatsächliche Ausbruch des Unabhängigkeitskrieges am 19. April 1775 fand die Amerikaner nicht hinter einer nationalen Flagge vereinigt. In Wirklichkeit war die einzige erkennbar von den Amerikanern an jenem Tage (siehe Seite 73) geführte Fahne ungefähr ein Jahrhundert zuvor in England hergestellt worden. Da die Forster-Flagge, die am gleichen Tage durch die Amerikaner den nach Boston zurückweichenden regulären britischen Truppen abgenommen wurde, heute eine Oberecke aus dreizehn roten und weißen Streifen aufweist, muß

Die erste Nationalflagge der Vereinigten Staaten, die durch Einfügung von sechs weißen Streifen abgeänderte britische Rote Flagge, wurde »Continental Colors« genannt *(oben)*. Sie stand von 1775 bis 1777 in nichtamtlichem Gebrauch. Sterne traten 1777 *(rechts)* an die Stelle des Union Jack, aber es dauerte noch lange, bis in der Flaggenzeichnung Einheitlichkeit erreicht war.

Die in Flaggenbüchern ständig falsch dargestellte, in der Schlacht von Bunker Hill im Juni 1775 geführte Flagge *(rechts)* war rot mit der Fichte der Neuengländer in ihrer weißen Oberecke. Das in früheren Neuenglandflaggen stehende englische Georgskreuz *(oben)* wurde entfernt, als die Amerikaner die Waffen gegen die Briten erhoben.

diese Änderung des St.-Georgs-Kreuzes später, während der Revolution, vorgenommen worden sein. In Wahrheit waren die Fahnen der Amerikaner so verschieden wie ihre politischen Anschauungen – natürlich blieben auch Tausende den britischen Symbolen treu. Radikale aus Massachusetts dürften eine einfach rote Fahne entfaltet haben, als George Washington im Juli 1775 in der Kolonie eintraf, um den Oberbefehl über das neu aufzustellende Heer zu übernehmen. Aber in South Carolina proklamierte die Flagge von Fort Moultrie einfach »Liberty«, und in Philadelphia zeigte die elegante heraldische Standarte der Stadtkavallerie loyal den Union Jack in der Oberecke. (Dies ist besonders wichtig festzuhalten, denn im vorigen Jahrhundert sind die nachträglich über den Union Jack gemalten blauen und silbernen Streifen irrigerweise als mögliche Quelle für die Streifen in der amerikanischen Flagge angesehen worden.)

Als über die erste wirklich nationale amerikanische Flagge, offenbar im Dezember 1775,

Die Fahne der städtischen Kavallerie von Philadelphia besaß in der Oberecke einen noch heute unter den später darüber gemalten Streifen erkennbaren Union Jack.

das Gesetz vom 14. Juni 1777 als »Bündnis von 13 Sternen weiß in blauem Feld, eine neue Konstellation darstellend«, anführt.
Angesichts der später allgemeinen öffentlichen Anhimmelung dieser Flagge und der sie umgebende Personen und Ereignisse ist es eine Ironie, daß wir nur wenig mit Sicherheit über die Elemente des Entwurfs oder gar die Vorgänge ihrer Umwandlung aussagen können. Es ist keine Frage, daß Rot, Weiß und Blau britische Farben waren und daß die Zusammenstellung von Feld und Oberecke ebenfalls auf gleichzeitigen Vorbildern im Mutterland beruht. Doch mehr, als daß europäische und nordafrikanische Flaggen im 18. Jahrhundert häufig aus Streifen in den Nationalfarben bestanden und daß gestreifte Fahnen offenbar von den radikalen »Söhnen der Freiheit«, deren Bewegung die Revolution gefördert hat, geführt worden sind, kann schwerlich zur Erklärung dafür angegeben werden, warum die Vereinigten Staaten eine Streifenflagge gewählt haben. Noch rätselhafter

Klapperschlangenflaggen *(links)* waren bei den Einwohnern von Rhode Island, darunter auch ihrem Marineoberbefehlshaber Esek Hopkins *(oben)*, beliebt.

entschieden war, behinderte ihr Aussehen die Aussöhnung zwischen den streitenden Parteien nicht. Die Oberecke dieser Fahne, die sogenannten »Continental Colors«, zeigte den Union Jack. Die dreizehn Streifen seines Grundtuches versinnbildlichten die verbündeten Kolonien. Knapp ein Jahr nach der Unabhängigkeitserklärung ersetzten die Amerikaner die Oberecke mit dem Union Jack durch das, was

sind die Sterne. Plausible Vermutungen erwägen die Beeinflussung der Nationalflagge durch das Sternensiegel des Stadtrates von Portsmouth in Rhode Island oder durch die persönliche Kommandoflagge des Generals Washington. Man könnte auch andere Hypothesen verfolgen, wie die, daß die Sterne von John Winthrop, einem Professor der Astronomie an der Harvard-Universität, empfohlen worden seien. Aber im wesentlichen ist es nicht die historische Korrekt- oder Unkorrektheit solcher die Flagge betreffenden Details, was an der amerikanischen Vexillologie so fesselnd ist, als vielmehr die tiefgreifende gefühlsmäßige Anteilnahme des Volkes an dem Gegenstand. Ein sprechendes Beispiel ist die Legende von Betsy Ross, der angeblichen Näherin der Flagge. Trotz der Tatsache, daß sie außerhalb eines kleinen Kreises in ihrer Heimatstadt Philadelphia unbekannt war, ehe ein Jahrhundert später behauptet wurde, sie habe die ersten Sterne und Streifen für George Washington genäht, ist Betsy Ross wahrscheinlich die in der amerikanischen Ge-

Das Flaggengesetz vom 14. Juni 1777 bezeichnete die Sterne in der Flagge als »die neue Konstellation«, unterließ aber eine Angabe über ihre Anordnung. Die Hersteller richteten sich nach ihrer eigenen Eingebung.

Benjamin Franklin veröffentlichte 1754 das Bild einer zerhackten Schlange *(links)*, um die Siedler zur Einigkeit aufzurufen.

Während der ganzen amerikanischen Geschichte wurden für lokale Flaggen Motive aus der Nationalflagge entlehnt. So verband die Bärenflagge von Kalifornien 1846 das Tier, nach dem der Staat benannt worden ist, mit einem einzelnen Stern und einem einzelnen Streifen als Hinweis auf die amerikanische Nationalität der Siedler, die die Trennung Kaliforniens von Mexiko und seinen Anschluß an die Vereinigten Staaten anstrebten.

schichte bekannteste Frau. Die zur Stützung der herkömmlichen Geschichte angeführten Tatsachen sind äußerst schwach; die Belege beruhen fast ausschließlich auf Familienüberlieferungen. Trotzdem konnten die Zweifel der Historiker den Glauben einer breiteren Öffentlichkeit an diese Geschichte nicht erschüttern.

Nun glaube man aber nicht, daß über frühe amerikanische Fahnen nichts bekannt sei: tatsächlich ist der Gegenstand stärker durchforscht worden als die Flaggengeschichte der meisten anderen Länder. Außerdem kommen ständig neue Nachweise ans Tageslicht. Ein deutliches Beispiel hierfür ist das bisher unveröffentlichte Porträt von Betsy Ross auf Seite 190. Es ist das einzige zu ihren Lebzeiten gefertigte; seine Existenz erhöht etwas das Gewicht zu ihren Gunsten.

Was auch immer die Quellen gewesen sein mögen, die Flagge der Vereinigten Staaten erlangte in überaus kurzer Zeit eine erstaunliche Popularität. Nicht weniger populär wurden ihre zahlreichen Varianten in der Volkskunst. Von Anfang an hat man das Flaggenmuster in verschiedenster Weise verwendet, auf Zifferblättern, in Schnitzwerk, als Tätowierung, auf Grabsteinen, auf Absperrungen, auf Kleidern und Porzellan und in Innenarchitektur aller Art. Diese Anwendungen leiten sich zwar alle von einem einzigen Vorbild ab, unterscheiden sich aber wesentlich in zweifacher Hinsicht: jene, in denen die Flagge oder ein Teil von ihr als ein Motiv zur patriotischen Dekoration dient, und solche, in denen eine ihre ursprünglichen Funktionen noch erfüllende wirkliche Flagge zugrunde liegt. Seit dem späten 19. Jahrhundert hat sich starke Unruhe wegen Mißbrauchs der Flagge der Vereinigten Staaten erhoben, da die Unterschei-

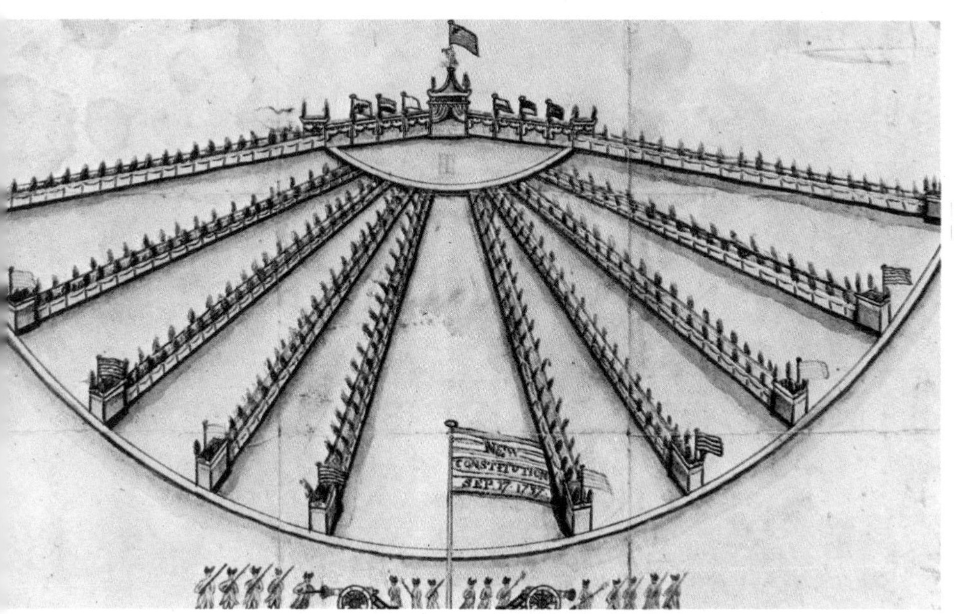


Unter allen gültigen geschriebenen Verfassungen in der Welt ist die amerikanische die zweitälteste; ihre Verkündung 1787 wird, wie dargestellt *(oben)*, gefeiert.
Die Verfassung von Massachusetts datiert von 1780.

Größe und Anordnung der Sterne, die Abmessungen der Oberecke, die Zahl der Sternzacken und die Anzahl der roten oder weißen Streifen boten während des ganzen 19. Jahrhunderts neben anderen Einzelheiten der amerikanischen Nationalflagge die größte Vielfalt.

Die Sterne und Streifen wurden vor allem in der Zeit von 1870 bis 1890 ständig für politische und geschäftliche Zwecke zurechtgemacht.

dung zwischen einem Flaggenmotiv und einer tatsächlichen Flagge verlorengegangen und die alte amerikanische Tradition von Protestfahnen vergessen ist. Einhundert Jahre lang aber blühte das Sterne-und-Streifen-Muster unbeschränkt. Die amerikanische Regierung hat diese Entwicklung indirekt ermutigt. Bald nach der Revolution wurden Vermont und Kentucky der vierzehnte und fünfzehnte Staat. Wie so vieles im politischen System Nordamerikas war Föderalismus ein im wesentlichen neuer Gedanke für die Welt, und in den 90er Jahren des 18. Jahrhunderts dürfte der Kongreß eine Symbolik zur Repräsentierung seiner Prinzipien gesucht ha-

Gegenstand von Kunstgewerbe und Volkskunst war die Flagge seit der ersten Annahme durch die Vereinigten Staaten.

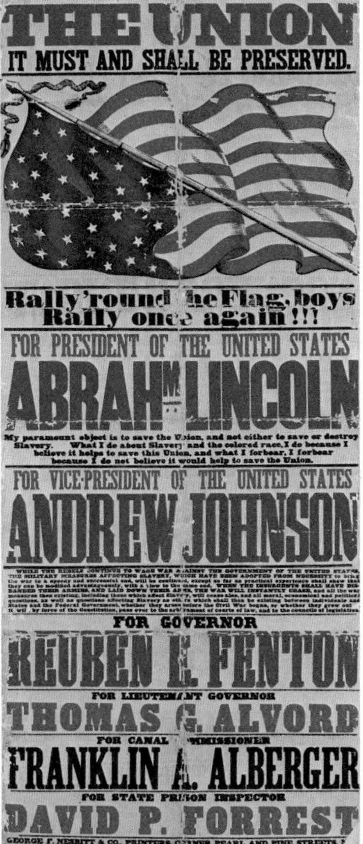
THE UNION
IT MUST AND SHALL BE PRESERVED.

Rally 'round the Flag, boys
Rally once again!!!

FOR PRESIDENT OF THE UNITED STATES
ABRAHM LINCOLN

My paramount object is to save the Union, and not either to save or destroy Slavery. What I do about Slavery and the colored race, I do because I believe it helps to save this Union, and what I forbear, I forbear because I do not believe it would help to save the Union.

FOR VICE-PRESIDENT OF THE UNITED STATES
ANDREW JOHNSON

FOR GOVERNOR
REUBEN E. FENTON
FOR LIEUTENANT GOVERNOR
THOMAS G. ALVORD
FOR CANAL COMMISSIONER
FRANKLIN A. ALBERGER
FOR STATE PRISON INSPECTOR
DAVID P. FORREST

GEORGE F. NESBITT & CO. PRINTERS, CORNER PEARL AND PINE STREETS.

Die einst weitverbreitete Freiheitsmütze *(links)* ist gegenwärtig in den Vereinigten Staaten selten zu sehen.

Die niemals offiziell angenommene erste Nationalflagge der Konföderierten hatte je einen Stern für jeden von der Konföderierten Regierung anerkannten Staat.

Der erste Schuß im amerikanischen Bürgerkrieg fiel auf Fort Sumter. Nach seinem Fall in die Hände der Konföderierten im April 1861 wurden die Sterne und Balken gehißt. Südstaatliche Flaggen wehten noch vier Jahre.

ben. Obwohl Sterne nicht in der ganzen Welt mit Föderalismus in Verbindung gebracht werden, ist doch der Stern eines der häufigsten Flaggenbilder; seine grundsätzlichen Verbindungen mit Einheit, Unabhängigkeit oder den konstituierenden Gliedern einer Nation, sie alle stützen sich auf das amerikanische Vorbild. 1795 war der Stern, besonders die fünfzackige Variante, die die Amerikaner bald zu ihrer Normalform gemacht haben, außerordentlich selten: Die Stadtflagge von Norden in Ostfriesland, die Kantonalfahne des Wallis in der Schweiz und einige militärische Fahnen waren wohl die einzigen früheren Beispiele.

Dennoch beschloß der Kongreß 1795, für jeden neuen Staat einen neuen Stern und einen neuen Streifen anzufügen, so daß bis 1818 korrekt hergestellte amerikanische Flaggen insgesamt fünfzehn Sterne und fünfzehn Streifen aufwiesen. Kosten, mangelnde Unterrichtung über den offiziellen Wechsel und Unlust, die Aufnahme neuer Staaten zu berücksichtigen, all das waren Gründe, warum viele Flaggen aus dieser Zeit dem neuen Gesetz nicht entsprechen. Wegen der Unklarheit des Gesetzes selbst in bezug auf die genaue Zeichnung der Flagge dauerte diese Lage viele Jahrzehnte bis 1912; denn erst damals wurden durch die Regierung offizielle Modelle, Farbmuster und Abmessungen festgesetzt und die beliebten, phantasiereichen Interpretationen ausgeschaltet.

Die Frage eines offiziellen Flaggenwechsels ist 1816 aufgetaucht, als es sich erwies, daß die Nation noch einige Zeit weiterwachsen würde. Der Voraussicht von Peter Wendover, dem Vertreter New Yorks im Kongreß, ist es zu verdanken, daß sowohl die ursprüngliche Harmonie der Flagge als auch die Absicht, neue Staaten zu berücksichtigen, beibehalten wurde. Statt zu den dreizehn Sternen und dreizehn Streifen zurückzukehren oder, im anderen Extrem, mit der Hinzufügung eines Sterns und eines Streifens für jeden Staat fortzufahren, schlug er die noch gültige Lösung vor. Die Grundzeichnung der Flagge sollte fortan dreizehn gleichbreite waagerechte rote und weiße Streifen zu Ehren der ursprünglich verbündeten Staaten sein; die Oberecke sollte blau sein und einen weißen Stern für jeden Staat enthalten. Jeder neue Staat sollte am 4. Juli, Amerikas Unabhängigkeitstag, nach der Aufnahme des Staats in die Union hinzugefügt werden.

Im Laufe der Jahre ergab das ohne die zahllosen Varianten von inoffiziellen und oft ganz unkorrekten Zeichnungen insgesamt 37 verschiedene amerikanische Flaggen.

Was man auch immer vom Standpunkt der Ästhetik oder Kosten über das System der Flaggenänderung sagen mag, so gibt es doch keinen Zweifel darüber, daß diese Methode im amerikanischen Volk voll anerkannt wird. Jeder Staat ist ausdrücklich geehrt, und die Flagge stellt in graphischer Gestalt eine Verkörperung der gesamten Geschichte des Landes dar. Kein abweichender Neuentwurf hat mehr Zustimmung gefunden. Der Einfluß der Sterne und der Streifen auf andere Flaggen – wie der des Adlers auf die staatliche Heraldik – ist enorm.

Von Anfang an haben die Amerikaner Flaggen

Während ihres kurzen Bestehens hatten die Konföderierten Staaten von Amerika eine Anzahl von Flaggen, alle in den rot-weiß-blauen Flaggenfarben der Vereinigten Staaten und alle unter Verwendung ihrer Sternsymbolik.

Die »Bonnie Blue«-Flagge wurde 1860 im ganzen Süden inoffiziell geführt.

Zur Vermeidung einer Verwechslung mit Bundestruppen schufen die Konföderierten die Schlachtfahne (Battle flag).

Die Marinegösch *(rechts)* und die erste offizielle Nationalflagge *(unten)* datieren von 1863.

Diese Flagge wehte nur einen Monat lang im Jahre 1865.

DIE STERNE

Die Jahre, in denen die Sterne zu der US-Flagge hinzugefügt worden sind:

| 13 – 1777 | 23 – 1820 | 27 – 1845 | 31 – 1851 | 35 – 1863 | 43 – 1890 | 48 – 1912 |
|---|---|---|---|---|---|---|
| 15 – 1795 | 24 – 1822 | 28 – 1846 | 32 – 1858 | 36 – 1865 | 44 – 1891 | 49 – 1959 |
| 20 – 1818 | 25 – 1836 | 29 – 1847 | 33 – 1859 | 37 – 1867 | 45 – 1896 | 50 – 1960 |
| 21 – 1819 | 26 – 1837 | 30 – 1848 | 34 – 1861 | 38 – 1877 | 46 – 1908 | |

Die gleiche Unionsflagge *(unten)*, die in Fort Sumter, South Carolina, 1861 eingeholt worden war, wurde vier Jahre später nach dem siegreichen Ende des amerikanischen Bürgerkrieges wieder gehißt.

Wie in jedem Krieg seit der Revolution schlossen sich die amerikanischen Schwarzen der Sache der Union im Bürgerkrieg an *(links)*. Man bemerke die »Konföderiertenfahne« mit einer Schlange, welche der Soldat niedertritt, und die Schulhausflagge, ein während des Bürgerkrieges entstandener Flaggenbrauch.

Die jetzige 50-Sterne-Flagge *(unten)* wird nach einem genauen Modell gefertigt, aber frühere Flaggen variierten nach dem Gutdünken des Herstellers.

Die auf Iwo Jima errichtete Flagge unterstreicht den Geist amerikanischer Anstrengungen im Zweiten Weltkrieg. In Alexandria, Virginia, steht ein Heldendenkmal.

In den 60er Jahren wurde die Flagge der Mittelpunkt heftiger politischer Auseinander-

setzungen: hier ist die Flagge auf dem State House von Massachusetts auf Verlangen einer Menge, die gegen die Tötung von Studenten der Staatsuniversität von Kent 1970 protestiert, halbstocks gesetzt.

entwickelt für ihre Staaten, Städte, Verwaltungsbezirke (Counties), für lokale Militäreinheiten, zivile Organisationen, Bruderschaften, Einrichtungen des Bildungswesens und für andere Institutionen und Interessengruppen mehr. Solche Flaggen enthalten oft einen Abglanz der Sterne und Streifen. Ein gutes Beispiel bieten die Entwürfe, die der als Konföderierte Staaten von Amerika (CSA) organisierten neuen Regierung unterbreitet worden sind, als die Südstaaten abfielen (1860–65). Die Mehrheit der Flaggenvorschläge hatte Elemente aus roten und weißen Streifen und weißen Sternen auf blauem Grund, die teils in die ursprüngliche Flagge mit Sternen und Balken (Stars and Bars), teils in die CSA-Schlachtfahne (Battle flag) Eingang fanden. Letztere diente als Grundlage für die beiden offiziellen Nationalflaggen der Konföderation und für die heute noch inoffiziell übliche Flagge der »Dixie« (Südstaaten).

Verständlicherweise folgten die Republik Texas, das Königreich Hawaii und die amerikanische Ansiedlung in Liberia dem amerikanischen Flaggenvorbild, aber ihr Einfluß ist ebenso in den Flaggen von Puerto Rico, Kuba, einigen brasilianischen Staaten, Uruguay, Chile, El Salvador (1865–1912) offenkundig und wahrscheinlich in weiteren Flaggen zu vermuten.

Interessant sind auch die in den Vereinigten Staaten entwickelten Flaggensitten. Amerikaner komponierten Flaggenlieder; eines, »The Star-Spangled Banner«, wurde 1931 zur Nationalhymne. Scherznamen wie »Old Glory« ergaben sich aus Geschichten und Zwischenfällen, besonders Kampfhandlungen unter Beteiligung der Fahne. Zur Zeit des Bürgerkrieges (Sezessionskrieges, 1861–65) wurde die Flagge das nationale Hauptsymbol: Nichtachtung der Flagge war Verrat, Flaggenschwenken war Beweis von Patriotismus, Bergung der Flagge im Gefecht oder die Erbeutung der Flagge des Feindes war Heldentum.

Damals entstand auch der Gebrauch, Flaggen auffällig in Schulen zu entfalten, wodurch ein festes Band zwischen Flagge und Erziehung geschaffen wurde. Ein Flaggengruß wurde entwickelt, Flaggentage und Flaggenwochen wurden ehrenvoll begangen, Flaggenmuster wurden herausgegeben, aus Hunderten von passend gekleideten und entsprechend angeordneten Schulkindern wurden lebende Flaggen gebildet.

# ZAIRE

## DIE SUCHE NACH NATIONALER IDENTITÄT

Im 15. Jahrhundert in dem von den Flüssen Kwango, Bengo und Zaire (später Kongo) begrenzten Gebiet gegründet, besaß das Kongoreich bei der Ankunft der ersten Portugiesen 1482 eine hochentwickelte Verwaltungsstruktur. Unter dem Mani-Kongo, dem König, der auch als religiöser Führer verehrt wurde, regierten sechs Provinzialgouverneure in Distrikten, die ihrerseits in Lehnsherrschaften unter erblichen Häuptlingen unterteilt waren. Als Symbole ihrer Autorität erhielten die Gouverneure vom Mani-Kongo ein Schwert, eine Mütze,

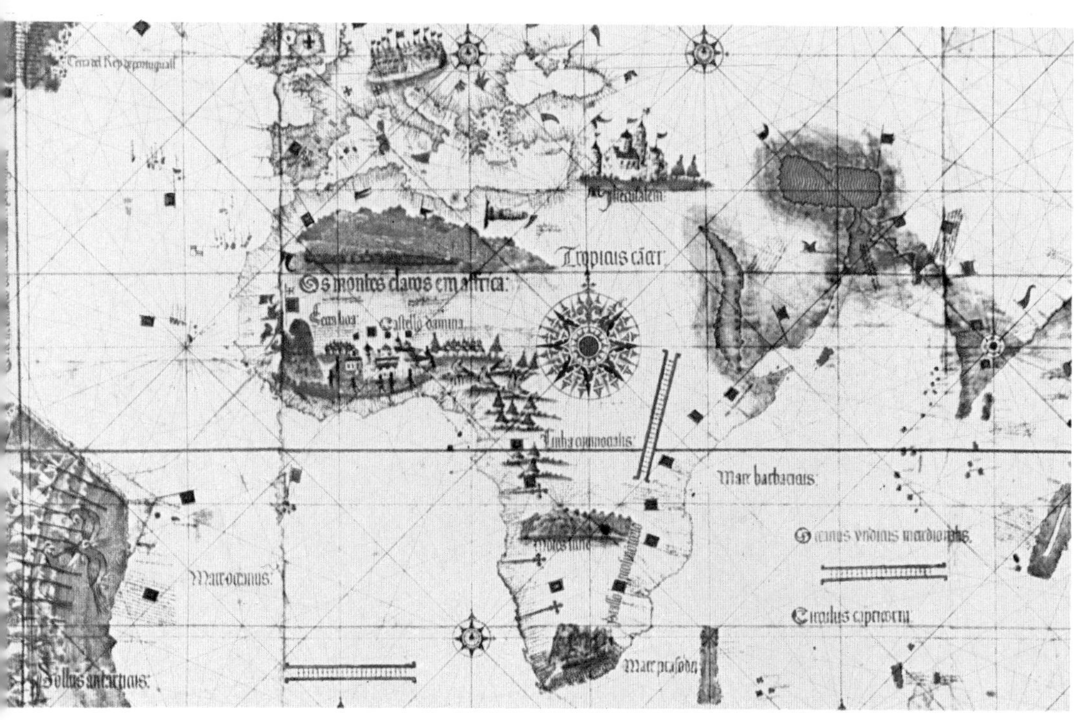

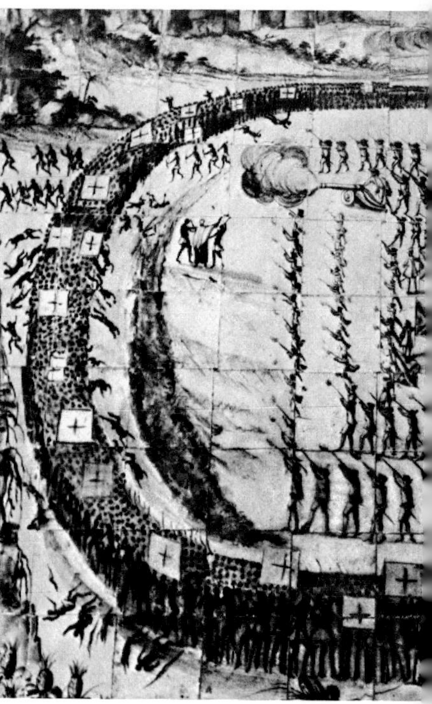

einen Teppich und eine Fahne. Die Aussichten für gegenseitig nützliche Handelsbeziehungen mit den Portugiesen stiegen durch die Bereitschaft der Kongolesen, europäische Gewohnheiten anzunehmen.

Mit seinem Übertritt zum Christentum nahm der Mani-Kongo Nzinga Mbemba (1506–42) den Namen Dom Affonso I. an. Seine Hauptstadt Mbanza wurde São Salvador, und er erhielt von seinem Bruderkönig in Portugal, Manuel I., ein Wappen. Doch die Einträglichkeit des Sklavenhandels führte bald zu einer Verschlechterung der Beziehungen und schließlich 1665 zu einem erfolgreichen Einfall der Portugiesen in den Kongo. Die Einholung der Kongofahne, die deutlich eine Umarbeitung der seinerzeitigen portugiesischen Fahne gewesen war, markierte das Ende jeder Hoffnung, daß der Kongo sich als ein afrikanischer Staat entwickeln würde, der frei übernehmen könnte, was er an der europäischen Zivilisation für nützlich erachten würde.

In den folgenden 300 Jahren, die durch Ausbeutung der Kongoregion durch Araber aus dem Osten und Europäer aus dem Westen gekennzeichnet sind, wurden bis zur Schaffung der Internationalen Afrikanischen Gesellschaft 1876 wenig Flaggen gebraucht. Theoretisch der Erforschung des Kongostroms gewidmet, legte die Internationale Kongogesellschaft, wie sie dann genannt wurde, den Grundstein für eine persönliche Kolonialherrschaft Leopolds II. von Belgien. Seine am 21. Juni 1877 angenommene Flagge bestand aus einem goldenen Stern in der Mitte eines blauen Feldes. Laut Henry M. Stanley symbolisierte er das in die Dunkelheit Afrikas geworfene Licht. In Wirklichkeit markierte die neue Flagge eine Ära der Grausamkeit und Ausbeutung, mit der sich der traurige Rekord imperialistischer Unterdrückung in anderen

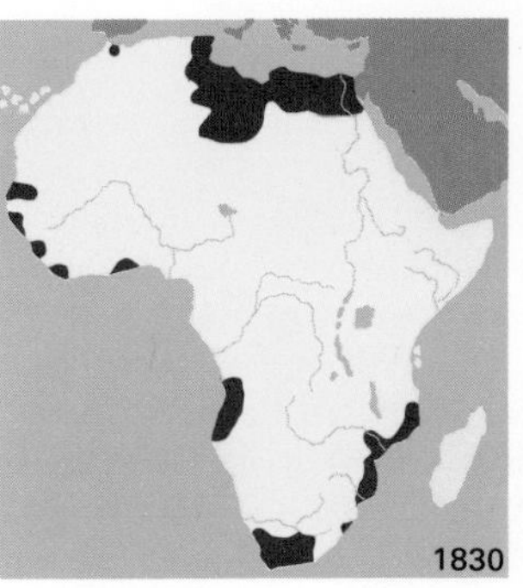

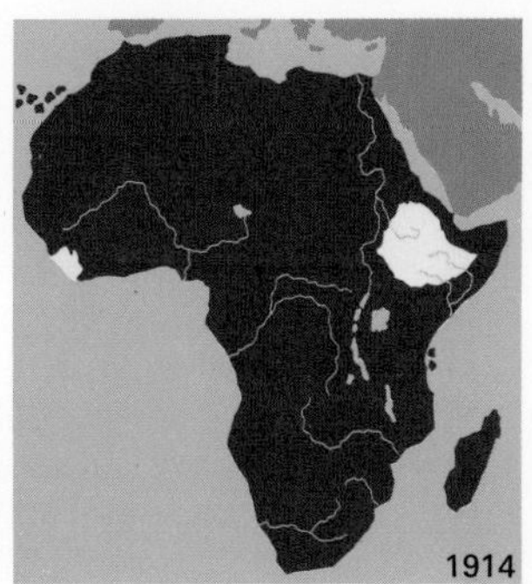

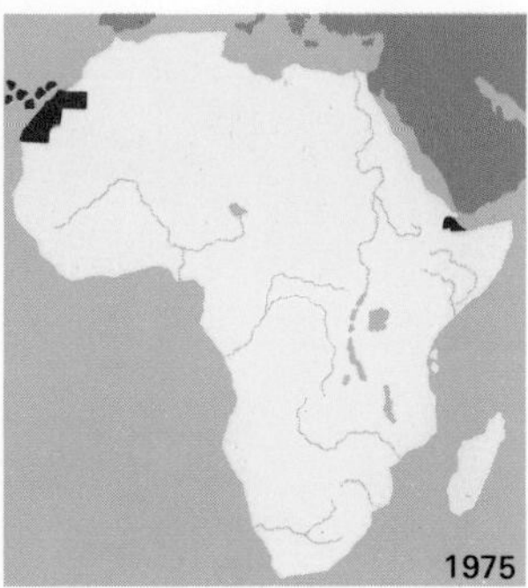


Teilen der Welt kaum messen kann, so daß Leopold 1908 schließlich gezwungen wurde, die Herrschaft über den Kongo dem belgischen Staat zu übertragen.
Die von Leopolds Privatarmee im ganzen Territorium eingeführte blau-goldene Fahne wurde das einzige anerkannte Autoritätssymbol in diesem Gebiet. Am 10. April 1884 ist es von den Vereinigten Staaten als die Flagge einer souveränen Macht anerkannt worden. Europäische Staaten folgten diesem Beispiel, und am 1. August 1885 proklamierte Leopold sich selbst zum Souverän des »Unabhängigen Kongostaates«. Der neue Staat verdankt seine Existenz im wesentlichen der Anerkennung durch andere Staaten, daß er die Hoheitsrechte der Staatlichkeit einschließlich der Führung einer Nationalflagge ausübe. Die neue belgische Kongokolonie setzte nach dem 15. November 1908 die Führung der Flagge des Unabhängigen Kongostaates unter Hinzufügung der schwarz-gelbroten belgischen Trikolore fort. Nach den Worten der neuen Kolonialcharta würde »die Unterdrückung der Flagge des Unabhängigen Kongostaates, der einzigen bei den Eingeborenen bekannten, nicht ohne ernste nachteilige Folgen« bleiben.
Die lange Tradition der blau-goldenen Flagge und das Fehlen einer vereinigten nationalen Befreiungsbewegung mußten die Wahl der bei Erlangung der Unabhängigkeit des Kongo angenommenen Flagge beeinflussen. Seine als Allgemeines Exekutivkollegium bekannte provisorische Regierung entschied am 21. Mai 1960, daß sechs goldene kleine Sterne, einer für jede Kongoprovinz, längs dem Liek der alten Flagge anzubringen seien. Der Stern in der Mitte wurde als ein Ausdruck für die Hoffnung auf Einigkeit angesehen, der blaue Hintergrund als ein Symbol des Wohlstandes gedeutet. Das neue Banner stieg am 30. Juni 1960 mit dem Ende der belgischen Kolonialherrschaft an den Flaggenmasten hoch. Seine kurze Laufbahn ging mit nationalen Tragödien einher, die in nicht geringem Maße durch Belgiens Versäumnis bei der Vorbereitung des Kongo auf die Unabhängigkeit und durch vielfache ausländische Unterstützung separatistischer Bewegungen verschuldet worden sind.
Schon weniger als zwei Wochen nach seiner Unabhängigkeitserklärung brach die Einheit des Kongo durch die Ausrufung des Katanga-Staates am 11. Juni 1960 auseinander. Die am

Schon im 15. Jahrhundert errichteten europäische Mächte längs den Küsten des afrikanischen Kontinents Vorposten, aber erst nach der Berliner Konferenz von 1884/1885 drangen sie ins Landesinnere. Zu irgendeiner Zeit hat jeder Teil Afrikas einmal unter Kolonialherrschaft gestanden. Die Grenzen der modernen afrikanischen Staaten (90 Prozent haben ihre Unabhängigkeit seit 1956 erlangt) sind größtenteils im 20. Jahrhundert durch die Kolonialmächte festgestellt worden.

Frühe Portolane *(ganz links)* zeigen für das Kongoreich keine Flaggen, obwohl dort tatsächlich Flaggen geführt worden sind. Diese zeigten Kreuze und waren nach dem portugiesischen Vorbild entworfen. Man sieht sie deutlich in der Schlacht von Ambuila 1665 *(links Mitte)*, wo portugiesische Kanonen den Kampf entschieden. Zwei Jahrhunderte später verlieh König Leopold II. von Belgien seinen Besitzungen im Kongo ein Wappen *(links)*, das den auch in seiner Flagge vorkommenden goldenen Stern auf Blau aufweist.

Die Anregung zur Nationalflagge von Zaire ergab sich aus dem Parteiemblem der Revolutionären Volksbewegung *(oben).*

Das gelbe V auf der grünroten Flagge von Süd-Kassai *(unten)* steht für Sieg, aber die Flagge und der Staat bestanden kaum zwei Jahre. Die Flagge eines anderen abtrünnigen Staates, Katanga, erscheint hier *(ganz unten),* übrigens ungenau, am Dienstgebäude einer der Vertretungen dieses Staates in Europa ausgesteckt.

1. August gehißte Katanga-Flagge wehte über diesem de facto unabhängigen Staat bis zum 24. Mai 1963, als Truppen der Vereinten Nationen eingriffen und die Wiedereingliederung Katangas erzwangen. Eine andere Provinz, Süd-Kassai, verkündete der Welt ihre Eigenstaatlichkeit am 9. August 1960 und bewahrte sie bis zum 2. Oktober 1962. Unter der Herrschaft des Präsidenten (später Königs) Albert Kalonji war dieser Staat wegen seines Reichtums an Diamanten und anderen wertvollen Mineralien offiziell als der Bergwerksstaat bekannt.

Katanga hatte eine Flagge, die seine Bodenschätze – der Hauptgrund für seine Unabhängigkeitserklärung von 1960 – andeutete. In Katanga wurde Kupfer ehedem lange Zeit in Kreuzform geschmolzen und als Geld benützt. Vor der Besetzung Katangas durch Truppen des Unabhängigen Kongostaats unter Leopold II. (1891) hatte König Msiri ein solches Kreuz als sein persönliches Emblem angenommen. Sein Enkel Godefroy Munongo sollte der mächtige Innenminister des neuen Katanga-Staates werden. Die Katanga-Flagge stellte drei rote Kreuze dar, weil deren Farbe die Tapferkeit seines Volkes und dessen Bereitschaft, sein Blut in der Verteidigung des Staates zu vergießen, ausdrücken würde. Neben einem Dreieck von gleicher Farbe wies die Flagge Weiß für Reinheit und Grün für Hoffnung auf.

Separatismus war nicht das einzige politische Problem, dem sich der Kongo gegenübersah. Als sein erster Premierminister Patrice Lumumba einige Monate nach seiner Entlassung durch Präsident Kasavubu ermordet wurde, errichteten seine Anhänger in der Ostprovinz Stanleyville (heute Kisangani) eine Gegenregierung. Obwohl Lumumba selbst die blaue Flagge mit den sieben goldenen Sternen als ein »Emblem des Kolonialismus« bezeichnet hatte, wurde sie wegen ihrer Verbindung mit Lumumba während seiner ersten Monate als Premierminister von den Aufständischen geführt. Die Zentralregierung in Léopoldville (heute Kinshasa) wollte die Nationalflagge selbst dann geändert wissen, wenn die Rebellen aus Stanleyville vertrieben werden könnten, vor allem wegen der Entscheidung, die Zahl der Provinzen von sechs auf zwanzig zu erhöhen. In der neuen Flagge mit dem in der Mitte hinzugefügten, gelbgesäumten roten Streifen bedeutet Rot das Blut der Streiter für die Unabhängigkeit, Gelb den Wohlstand. Ein einzelner Stern für Einheit erschien in der linken oberen Ecke.

Im Januar 1964 brach im Osten ein neuer Aufstand aus. Rebellen riefen nach der Einnahme von Stanleyville am 7. September 1964 die Volksrepublik Kongo aus und drohten, ihre Herrschaft auf die übrigen zwei Drittel des Landes auszudehnen. Dieses Regime pflanzte die blaue Fahne mit den sieben goldenen Sternen wieder auf wegen der günstigen Wirkung, die sie in vielen Gemütern als die Flagge des Patrice Lumumba hervorrief. Erst im Oktober 1965 fiel das letzte von der Volksrepublik kontrollierte Gebiet in die Hand der Regierungskräfte.

Nun folgte eine Periode nationalen Wiederaufbaus und staatlicher Reorganisation. Als Teil seines Programms der Zentralisation der politischen und wirtschaftlichen Struktur organisierte Präsident Joseph Mobutu 1967 die Revolutionäre Volksbewegung. Auf der Suche nach einer echten afrikanischen Vergangenheit strebt Mobutu an, die dreihundertjährige Abhängigkeit seines Volkes von europäischer Zivilisation zu überwinden. Christliche Namen wurden zu eingeborenen Formen verändert, der Präsident selbst wurde zu Mobutu Sese Seko. Städte wur-

ASSOCIATION INTERNATIONALE DU CONGO, 1877 bis 1885
UNABHÄNGIGER KONGOSTAAT, 1885 bis 1908
BELGISCH-KONGO, 1908 bis 1960

REPUBLIK KONGO, 1960 bis 1963
VOLKSREPUBLIK KONGO, 1964 bis 1965

DEMOKRATISCHE REPUBLIK KONGO, 1966 bis 1971

REPUBLIK ZAIRE, Seit 1971

den umbenannt; das Land selbst wurde nach dem ursprünglichen Namen seines größten Stromes Zaire genannt (1971).
Wie die gold-blaue Flagge bewahrte der alte Name »Demokratische Republik Kongo« eine Erinnerung an den Unabhängigen Kongostaat, die belgische Kolonie, und die Jahre der Zwietracht nach der Unabhängigkeit. Um die neue nationale Identität von Zaire auszudrücken, wurde ein neuer Flaggenentwurf gesucht. Die schließliche Wahl, von Präsident Mobutu noch abgeändert, weist auf die führende Rolle der Revolutionären Volksbewegung hin, deren offizielle Farbe (Hellgrün) als Hintergrund dient. Grün ist ein Symbol der Hoffnung, des Glaubens an die Zukunft und des Vertrauens in das Volk. Einheit ist durch die Kreisscheibe symbolisiert, deren gelbe Farbe für Zaires ausgedehnte Naturschätze steht. Die brennende Fackel in der Hand drückt den von der Nation angestrebten revolutionären Geist aus; ihre roten Flammen ehren die Märtyrer der Nation.

In den 60er Jahren scharten sich die Kongolesen unter einer mit ihrem ersten Premierminister, Patrice Lumumba, verknüpften Flagge.
Präsident Mobutu Sese Seko *(oben Mitte)* war für die Einführung des gültigen Namens und der gültigen Flagge von Zaire verantwortlich.

Der Verfasser dieser zu einem holländischen Atlas gehörigen Flaggenkarte aus der Mitte des 18. Jahrhunderts verspricht, sie sei von »allen früheren Irrtümern gereinigt«.

# FLAGGEN IN DER GANZEN WELT

Bereits vor 600 Jahren wurde der Versuch unternommen, eine perfekte Quelle für Flaggennachweisungen zu schaffen. Trotz der Behinderung durch große Entfernungen, Verschiedenheiten in Sprache und Fahnentraditionen und trotz des Mangels eines gebildeten Publikums für ihre Werke haben doch frühere Vexillologen eine bemerkenswerte Leistung vollbracht. Mögen wir auch über die Mißdeutung der Fahne von Dschingis-Khan (Seite 62) lächeln, die der Verfertiger der Tafel rechts zu zeigen versuchte (mit der Benennung »Flagge der Tartarei« im vierten Feld der unteren rechten Ecke), so ist doch alles in allem der Erfolg bemerkenswert.

Die folgenden hundert Seiten bieten das vollständigste, genaueste und auf den jüngsten Stand gebrachte Material, das über Flaggen und Staatswappen der modernen Welt zugänglich ist. Wenn es dabei Übereinstimmungen mit dieser Flaggenkarte gibt, so sind die Unterschiede doch noch auffälliger.

Farben, Abmessungen und Aussehen werden nunmehr in der Genauigkeit gezeigt, die moderne Gesetze verlangen. Der Gebrauch jedes Modells wird deutlich unter Vermeidung der Vielfältigkeit angegeben, die in früheren Quellen herrschte, wo drei und mehr Flaggen für das gleiche Land gezeigt werden konnten. Der Bedeutung der Nationalsprache eines jeden Landes, der Geschichte seiner Symbolik, der Geschichte auch seiner geographischen Lage ist die gehörige Aufmerksamkeit gewidmet. Schließlich halten wir fest, daß zwar viele europäische Nationen die Flaggen beibehalten haben, die sie vor mehr als zweihundert Jahren geführt hatten, daß aber europäische Flaggen heute nicht mehr fünf Sechstel aller gezeigten Flaggen ausmachen.

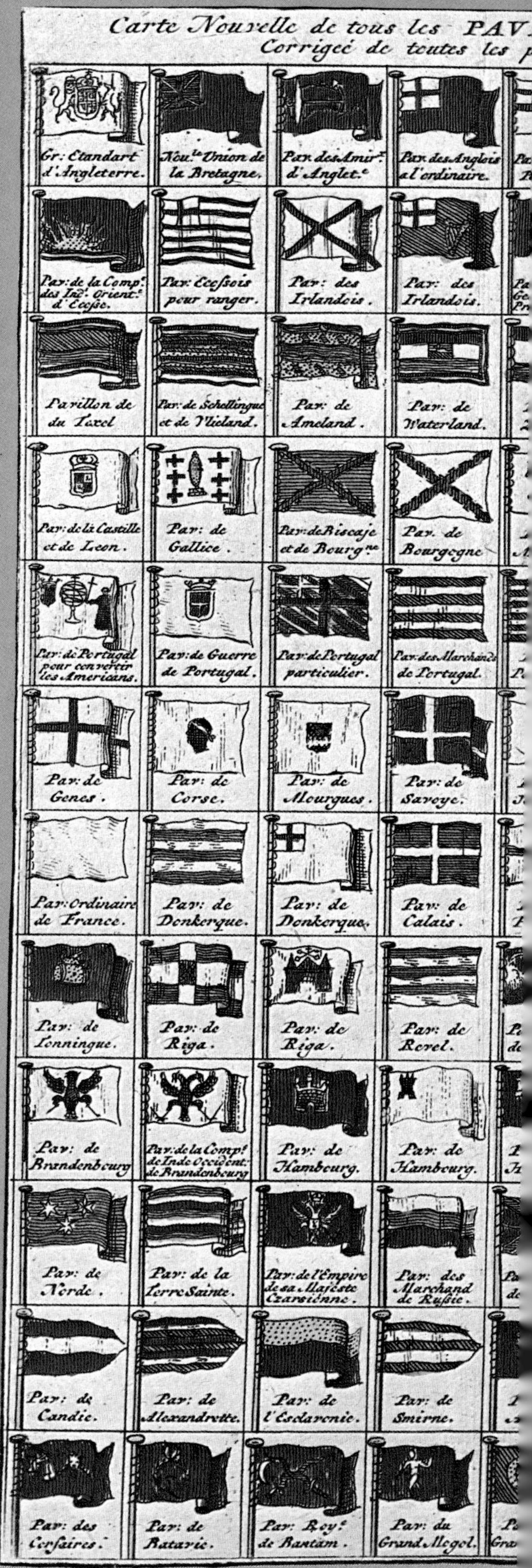

…ONS de Mer du Monde, …entes Fautes.

Nieuwe Tafel van alle de Zee-varende **VLAGGE** des Werelts, op nieuws van alle voorgaande Fouten gesuyvert.

…is
Par: des Anglois Particu.rs
la Nation d'Anglet.e
la Comp.e des Indes Ori.t. d'Anglet.e
Par: les Isle de Man
Par: de la Nou.e Anglet.re
Par: des Anglois pour ranger
Par: du Poupe du Iac des Anglet.s
Par: du Iac pour Guinee en Anglet.e
Par: des Ecossois
Par. des Ecossois
Nour Par: des Ecossois

Par: des Etats dit du Prince
le Double des Etats dit du Prince
Par: du Poupe des Etats Gener.x
Par: du Poupe de Prince
Par: des Comp.ies Generale des Indes Orientales
Par: de la Comp.e Octroyee de Inde Occidentt.e
Par: d'Amsterdam
Par: de Rotterdam
Par: des West frise
Par: de Horne
Par: de la Comp.e des Indes Orient: de Enchuse

Par: de Mildebourg
du Poupe de Mildebourg
Poupe de Ter Veer
Par: du Poupe de Flessingue
Par: de Leeuwaarde
Par: de Harlingue
Par: de Duynker
Par: de Staveren
Par: Royal d'Espagne
Par: des Galions d'Espagne
Par: de Barcelone

Par: de Naples
Par: de Sicile
Par: des Galleres Capit.e de Sicile
Par: de Messine
Par: de Sardaigne
Par: de Flandre
Par: du Poupe de Flandre
Par: d'Ostende
Par: de Braband
Par: du Roy.l de Portugal
Par: de Portugal touchant la decouverte de Nouv. Monde

Par: du Pape
Par: de Rome
Par: de Rome
Par: de Rome
Par: de Ancone
Par: de Venise
Par: de Venise
Par: de Venise particulier
Par: de Toscane
Par: de Livorne
Par: des Galer.s de Livorne

Par: de Malte
Par: de Malte
Par: de Modene
Par: de Mantoue
Par: de Raguse
Par: de Raguse
Par: de Rojal de France
Par: des Galeres de France
Par: Ordinaire de France
Etandart de France
Par: des March. de France

Par: de Marseille
Par: de Normandie
Par: de Picardie
Par: Rojal de Danemark
Par: Danois de Christian 5
Par: des Danois Ordinaire
Par: de Bergue en Norregue
Par: de Sleswik et Holsace
Par: de Ordin.e de Holsace
Par: des Rojal de Swede
Par: des Suedois Ordinaire

Par: de Koningsberg
Par: de Koninsberg
Par: de Dantzig
Par: de Elbingue
Par: de Heiligene
Par: de Curlande
Par: de Curlande
Par: Imperial
Par: de Brandenbourg
Par: de Brandenbourg
Par: de Brandenbourg

Par: de Breme
Par: de Embden
Par: de Embden
Par: de Lunenbourg
Par: de Lubec
Par: de Lubec
Par: de Rostock
Par: de Rostock
Par: de Wismar
Par: de Stettin
Par: de Stralsonde

Par: des Galleres de Russie
Par: Admiral de Russie
Par: du Grand Signeur
Par: du Grand Seigneur
Grand Etandart du Grand Turc
Par: des Turques
Par: des Turques
Par: des Galeres Turque
Par: des Galeres Turque
Par: de Constantinople
Par: de Greve

Par: d'Alger
Par: d'Alger au Combat
Par: de Tripolie
Par: de Tunis
Par: de Tunis
Par: de Salé
Par: de Salé
Par: de Tetuan
Par: de Sangrian
Par: de Mamelik
Par: de Pache Turque

Par: du Mogol des Perses
Par: des Perses
Par: des Chine
Par: des Chinois particulier
Par: Imper.r de Iapare
Par: de Bantam
Par: Imp.r du Tartario
Par: de Tartarie
Par: des Mores
Par: des Mores

Iaune
Blanc
Bleu
Rouge
Noir
Vert
Pourpre

# DIE FLAGGEN ALLER NATIONEN

DIE FLAGGEN ALLER NATIONEN bietet eine schnelle Unterrichtung und zugleich eine bequeme Übersicht über die 157 souveränen Staaten der Welt mit ihren Landesteilen und Nebenländern nach dem Stand vom 1. Mai 1975. In einigen besonders wichtigen Fällen sind während der Drucklegung eingetretene oder bekanntgewordene Änderungen (z. B. bei Griechenland, Kamerun, Mosambik) berücksichtigt. Erläuterungen zu den Abbildungen der hauptsächlichsten Flaggen und Wappen jedes Landes folgen unten und auf der nächsten Seite; ihre Geschichte und Anwendung werden im Begleittext geschildert.
Jeder Staat erscheint in alphabetischer Reihenfolge entsprechend dem offiziellen Namen in der Landessprache. Dieses Alphabet beruht aus technischen Gründen bei Sprachen mit eigener Schrift auf der englischen Transkription. Hingegen sind die weiteren Transkriptionen, vor allem die der Vollformen der Landesnamen, auf den deutschsprachigen Leser zugeschnitten. Um ein Land zu finden, muß man nur seinen Namen in der nebenstehenden alphabetischen Liste (auf deutsch) aufsuchen und nach der dort angegebenen Ziffer den Platz des Landes auf den folgenden Seiten ermitteln.

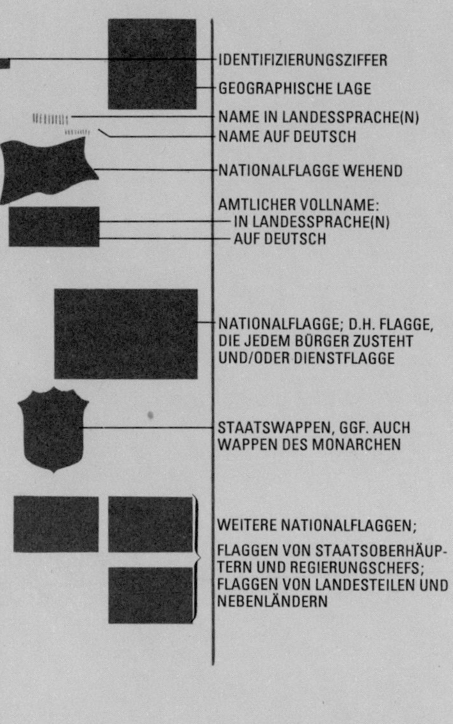


Der Begriff ›Nationalflagge‹ drückt sechs verschiedene mögliche Funktionen aus. Manche Länder haben eine Flagge, andere mehrere für diese Zwecke. Näheres findet der Leser im Abschnitt »Erklärungen zum Sprachgebrauch« auf den Seiten 12 bis 31.

| AFGHANISTAN | 1 | AFGHANISTAN | FRANKREICH | 45 | FRANCE |
|---|---|---|---|---|---|
| ÄGYPTEN | 90 | MISR | GABUN | 46 | GABON |
| ALBANIEN | 125 | SHQIPËRIA | GAMBIA | 47 | THE GAMBIA |
| ALGERIEN | 37 | AL-DSCHAZEHR | GHANA | 48 | GHANA |
| ANDORRA | 3 | ANDORRA | GRENADA | 49 | GRENADA |
| ANGOLA | 4 | ANGOLA | GRIECHENLAND | 57 | HELLÁS |
| ANGUILLA | 5 | ANGUILLA | GUATEMALA | 50 | GUATEMALA |
| ÄQUATORIAL-GUINEA | 51 | GUINEA ECUATORIAL | GUINEA | 53 | GUINÉE |
| ARGENTINIEN | 7 | ARGENTINA | GUINEA-BISSAU | 52 | GUINÉ-BISSAU |
| ÄTHIOPIEN | 43 | ETIOPIYA | GUYANA | 54 | GUYANA |
| AUSTRALIEN | 8 | AUSTRALIA | HAITI | 55 | HAÏTI |
| BAHAMAS | 9 | THE BAHAMAS | HONDURAS | 59 | HONDURAS |
| BAHRAIN | 10 | AL-BAHRAIN | INDIEN | 14 | BHARAT |
| BANGLADESCH | 11 | BANGLADESH | INDONESIEN | 60 | INDONESIA |
| BARBADOS | 12 | BARBADOS | IRAK | 62 | AL-IRAQ |
| BELGIEN | 13 | BELGIQUE/BELGIË | IRAN | 61 | IRÁN |
| BHUTAN | 38 | DRUK-YUL | IRLAND | 40 | ÉIRE/IRELAND |
| BOLIVIEN | 15 | BOLIVIA | ISLAND | 63 | ÍSLAND |
| BOTSWANA | 16 | BOTSWANA | ISRAEL | 64 | ISRAEL/ISRAIL |
| BRASILIEN | 17 | BRASIL | ITALIEN | 65 | ITALIA |
| BULGARIEN | 18 | B'LGARIJA | JAMAIKA | 66 | JAMAICA |
| BURMA | 96 | MYAN-MA | JAPAN | 105 | NIHON |
| BURUNDI | 19 | BURUNDI | JEMEN | 154,5 | AL-YAMAN |
| CHILE | 23 | CHILE | JORDANIEN | 148 | AL-URDUN |
| CHINA | 24,5 | CHUNG KUO | JUGOSLAWIEN | 67 | JUGOSLAVIJA |
| COSTA RICA | 29 | COSTA RICA | KAMBODSCHA | 68,9 | KAMPUCHEA |
| DAHOMEY | 32 | DAHOMEY | KAMERUN | 20 | CAMEROUN/ CAMEROON |
| DÄNEMARK | 33 | DANMARK | KANADA | 21 | CANADA |
| DEUTSCHLAND | 34,5 | DEUTSCHLAND | KENIA | 70 | KENYA |
| DOMINIKANISCHE REPUBLIK | 117 | REPÚBLICA DOMINICANA | KOLUMBIEN | 27 | COLUMBIA |
| ECUADOR | 39 | ECUADOR | KONGO | 28 | CONGO |
| ELFENBEINKÜSTE | 30 | CÔTE D'IVOIRE | KOREA | 71,2 | KORAI |
| FIDSCHI | 44 | FIJI | KUBA | 31 | CUBA |
| FINNLAND | 133 | SUOMI/FINLAND | KUWAIT | 74 | AL-KUWAIT |

| Land | Nr. | Landesname |
|---|---|---|
| LAOS | 75 | LAO |
| LESOTHO | 76 | LESOTHO |
| LIBANON | 80 | LUBNAN |
| LIBERIA | 77 | LIBERIA |
| LIBYEN | 78 | LIBIYA |
| LIECHTENSTEIN | 79 | LIECHTENSTEIN |
| LUXEMBURG | 81 | LUXEMBOURG/ LUXEMBURG |
| MADAGASKAR | 116 | RÉPUBLIQUE MALGACHE |
| MALAWI | 84 | MALAŴI |
| MALAYSIA | 85 | MALAYSIA |
| MALEDIVEN | 36 | DIVEHI |
| MALI | 86 | MALI |
| MALTA | 87 | MALTA |
| MAROKKO | 82 | AL-MAGHRIB |
| MAURETANIEN | 94 | MURITANIA |
| MAURITIUS | 88 | MAURITIUS |
| MEXIKO | 89 | MÉXICO |
| MONACO | 92 | MONACO |
| MONGOLEI | 93 | MONGOL SCHUUDAN |
| MOSAMBIK | 91 | MOÇAMBIQUE |
| NAMIBIA | 97 | NAMIBIA |
| NAURU | 98 | NAOERO/NAURU |
| NEPAL | 100 | NEPAL |
| NEUSEELAND | 101 | NEW ZEALAND |
| NICARAGUA | 102 | NICARAGUA |
| NIEDERLANDE | 99 | NEDERLAND |
| NIGER | 103 | NIGER |
| NIGERIA | 104 | NIGERIA |
| NORWEGEN | 106 | NORGE |
| OBERVOLTA | 56 | HAUTE-VOLTA |
| ÖSTERREICH | 107 | ÖSTERREICH |
| OMAN | 145 | UMAN |
| PAKISTAN | 108 | PAKISTAN |
| PANAMA | 109 | PANAMÁ |
| PARAGUAY | 110 | PARAGUAY |
| PERU | 111 | PERÚ |
| PHILIPPINEN | 112 | PILIPINAS |
| POLEN | 113 | POLSKA |
| PORTUGAL | 114 | PORTUGAL |
| QATAR | 115 | QATAR |
| RHODESIEN | 119 | RHODESIA |
| RUANDA | 121 | RWANDA |
| RUMÄNIEN | 120 | ROMÂNIA |
| EL SALVADOR | 41 | EL SALVADOR |
| SAMBIA | 157 | ZAMBIA |
| SAN MARINO | 123 | SAN MARINO |
| SAUDI-ARABIEN | 6 | AL-ARABIJE AS-SAUDIJE |
| SCHWEDEN | 135 | SVERIGE |
| SCHWEIZ | 58 | HELVETIA |
| SENEGAL | 124 | SÉNÉGAL |
| SIERRA LEONE | 126 | SIERRA LEONE |
| SINGAPUR | 127 | SINGAPURA |
| SOMALIA | 128 | SOOMALIA |
| SOWJETUNION | 130 | SOWJETSKII SOJUS |
| SPANIEN | 42 | ESPAÑA |
| SRI LANKA | 131 | SRI LANKA |
| SÜDAFRIKA | 129 | SUID-AFRIKA/ SOUTH AFRICA |
| SUDAN | 132 | AS-SUDAN |
| SWASILAND | 136 | SWAZILAND |
| SYRIEN | 134 | SURIYA |
| TANSANIA | 137 | TANZANIA |
| THAILAND | 95 | MUANG TAI |
| TOGO | 139 | TOGO |
| TONGA | 140 | TONGA |
| TRINIDAD UND TOBAGO | 141 | TRINIDAD AND TOBAGO |
| TSCHAD | 138 | TCHAD |
| TSCHECHO-SLOWAKEI | 22 | ČESKO-SLOVENSKO |
| TUNESIEN | 142 | AT-TUNISIYA |
| TÜRKEI | 143 | TÜRKIYE |
| UGANDA | 144 | UGANDA |
| UNGARN | 83 | MAGYARORSZÁG |
| URUGUAY | 149 | URUGUAY |
| VATIKANSTADT | 26 | CITTÀ DEL VATICANO |
| VENEZUELA | 150 | VENEZUELA |
| VEREINIGTE ARABISCHE EMIRATE | 2 | AL-AMIRET AL-ARABIJE AL-MUTAHIDE |
| VEREINIGTES KÖNIGREICH | 146 | UNITED KINGDOM |
| VEREINIGTE STAATEN VON AMERIKA | 147 | UNITED STATES |
| VIETNAM | 151-3 | VIỆT-NAM |
| WESTSAMOA | 122 | SAMOA I SISIFO |
| ZAIRE | 156 | ZAÏRE |
| ZENTRALAFRIKAN. REPUBLIK | 118 | RÉPUBLIQUE CENTRAFRICAINE |
| ZYPERN | 73 | KYPROS/KIBRIS |

### KENNZEICHNUNG DER NATIONALFLAGGEN

Die nachstehenden internationalen Normierungszeichen dienen zur Kennzeichnung der Funktionen einer bestimmten Flagge, ihrer Proportionen und anderer wichtigen Eigenschaften (NF=Nationalflagge).

| FÜHRUNG | PRIVAT | DIENSTLICH | MILITÄRISCH |
|---|---|---|---|
| an Land | BF bürgerliche Flagge | DF Dienstflagge | KF Kriegsflagge |
| zur See | HF Handelsflagge | DF Dienstflagge | KF Kriegsflagge |

- BF
- DF an Land
- KF an Land
- HF
- DF zur See
- KF zur See
- BF und DF an Land
- DF und KF an Land
- HF und DF zur See
- DF und KF zur See
- BF und HF
- DF an Land/zur See
- KF an Land/zur See
- NF an Land
- NF zur See
- DF an Land, KF an Land/zur See
- DF an Land, HF und KF zur See
- BF und DF an Land, HF und DF zur See
- DF und KF an Land/zur See
- NF an Land und DF zur See
- NF an Land, HF und DF zur See
- NF zur See, DF und KF an Land
- NF zur See, BF und DF an Land
- NF an Land/zur See

- VORSCHLAG (Niemals tatsächlich geführter Entwurf)
- REKONSTRUKTION (Abbildung nur nach schriftlichen Quellen)
- RÜCKSEITE (Die Abbildung zeigt die Rückseite der Fahne)
- SPIELART (Eine, zwei oder mehr Spielarten des gleichen Grundmusters)
- ZWEITFLAGGE (Eine von zwei gleichzeitig zu führenden Flaggen)
- 1:2 OFFZ. PROPORTIONEN
- 1:2≈ INOFFZ. PROPORTIONEN (Näherungsweise richtig)
- FAKTISCH (Üblicherweise so geführt)
- ZWEISEITIG (Die Rückseite sieht anders aus)
- LIEK RECHTS (Abgebildet ist die Rückseite oder die interessantere Seite)

1

# AFGHANISTAN

## AFGHANISTAN

DA AFGHANISTAN DSCHUMHURIJET

REPUBLIK AFGHANISTAN

Bis 1929 war das Grundtuch der afghanischen Nationalflagge schwarz, ein seltener Fall in der Flaggengeschichte der ganzen Welt. Bis zum Sturz der Monarchie im Jahre 1973 war die Königsfarbe rot.
Nach 1928 wurden diese beiden Farben mit Grün zur Bildung der Nationalflagge zusammengefügt, jedoch verliefen die Streifen während der Monarchie senkrecht.
Im Staatswappen sind Zeichen für Landwirtschaft und Religion (die stilisierte Moschee in der Mitte) enthalten. Der Adler ist der Wundervogel der Sage, der dem ersten afghanischen König, Yama, eine kranzförmige Krone auf das Haupt gesetzt hat. Das Band trägt den Staatsnamen und das Datum 26. Changash 1352 (17. Juli 1973), das ist der Tag, an dem die republikanische Revolution erfolgreich war.

Offiziell gehißt am 9. Mai 1974.

2:3

STAATSWAPPEN

Die aufgehende Sonne, als Symbol für die neue Morgenröte des Landes, stand einige Monate des Jahres 1928 in der afghanischen Nationalflagge. Damals hatte König Aman Ullah nach der Rückkehr von einer Europareise stürmische Reformen auf sozialem, wirtschaftlichem und politischem Gebiet eingeführt.
Die von Aman Ullah geschaffenen Flaggen verschwanden aber sehr bald in einer von Reaktionären geführten Gegenrevolution, beeinflußten aber dennoch spätere Entwürfe. (Zum Beispiel war dies die erste afghanische Flagge im Streifenmuster.)
Die Sonne könnte ursprünglich von der zoroastrischen Religion beeinflußt gewesen sein.

2

# AL-AMIRET AL-ARABIJE AL-MUTAHIDE

## VEREINIGTE ARABISCHE EMIRATE

Obwohl in den Flaggen der sieben Teilstaaten nur die Farben Rot und Weiß vorkamen, wählten die Vereinigten Arabischen Emirate die vier anerkannten pan-arabischen Farben für ihre Nationalflagge.
Die roten und weißen Flaggen der Teilstaaten bilden Abwandlungen der 1820 geschaffenen einzigen Flagge; vgl. Bahrain. Das Wappen der Vereinigten Arabischen Emirate enthält den Namen des Staates, den dort volkstümlichen Jagdfalken und die bekannte Dhau, eine Schiffsart, mit der die Araber seit Jahrhunderten den Indischen Ozean befahren haben.

Offiziell gehißt am 2. Dezember 1971.

1:2 ≈

STAATSWAPPEN

ABU DHABI 1:2 ≈

DUBAI 1:2 ≈

AJMAN 1:2 ≈

AL-FUJAIRAH 1:2 ≈

RAS AL-KHAIMAH 1:2 ≈

AL-SCHARDSCHA 1:2 ≈

UMM AL-QIWAIN 3:5 ≈

3

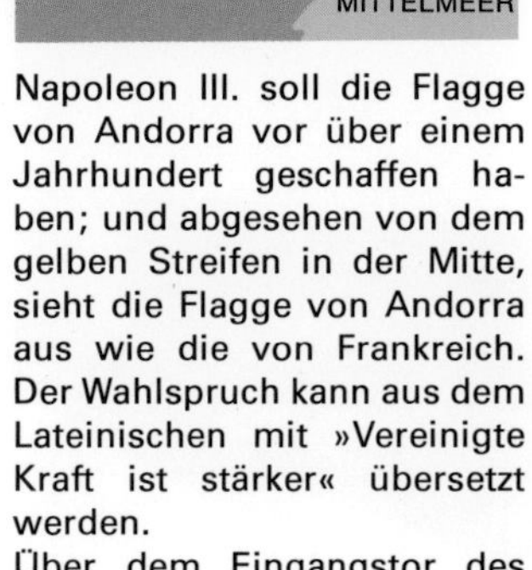


# ANDORRA
ANDORRA

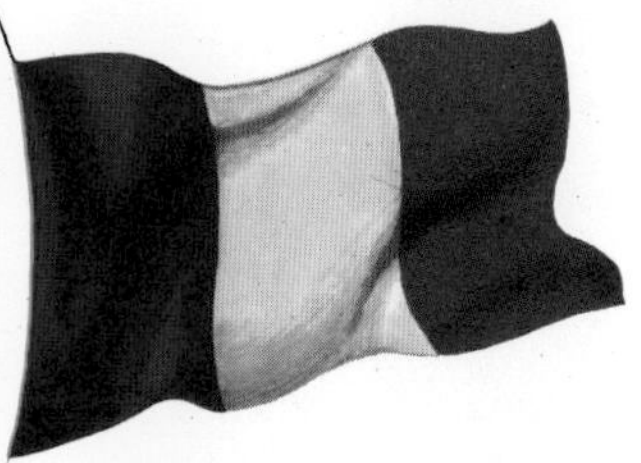

VALLS D'ANDORRA
VALLÉS D'ANDORRE

TALSCHAFT VON ANDORRA

Die Farben der Flagge von Andorra sind die seiner Nachbarn, Frankreich und Spanien.

Napoleon III. soll die Flagge von Andorra vor über einem Jahrhundert geschaffen haben; und abgesehen von dem gelben Streifen in der Mitte, sieht die Flagge von Andorra aus wie die von Frankreich. Der Wahlspruch kann aus dem Lateinischen mit »Vereinigte Kraft ist stärker« übersetzt werden.

Über dem Eingangstor des »Hauses der Täler« steht eine gemeißelte Darstellung des Wappens.

Die zum Schild von Andorra vereinigten Wappen drücken seine Geschichte und politische Situation gut aus. Das erste Viertel zeigt Krummstab und Mitra als Symbole der Bischöfe von Urgel.

Seit etwa 1866 in Gebrauch.

2:3

STAATSWAPPEN

Die Rechte der früheren weltlichen Oberherren, der Grafen von Foix, gingen schließlich auf die Könige von Frankreich über und werden heute durch den Präsidenten der Französischen Republik ausgeübt.

Die Wappen von Katalonien und von Béarn (1290 an die Grafen von Foix gekommen) erscheinen im dritten und vierten Feld des Wappens von Andorra. Zusätzlich zu den auf der Flagge und am Haus der Täler vorkommenden Formen wird gelegentlich eine Variante gebraucht, in welcher der Schild von Katalonien durch einen goldenen Krummstab auf rotem Grund ersetzt ist.

2:3

Andorra wird oft als eine Republik oder als ein Fürstentum bezeichnet. Im modernen Sinn dieser Worte ist keine Bezeichnung zutreffend. Andorra ist eher ein von Spanien und Frankreich gemeinsam beherrschtes Kondominium. Obwohl es keine souveräne Nation ist, erfreut es sich doch einer beträchtlichen Autonomie.

4

ATLANTISCHER OZEAN
ZAIRE
Luanda
SAMBIA
NAMIBIA

# ANGOLA
ANGOLA

Seit 1961 kämpfen drei verschiedene nationale Freiheitsbewegungen für ein unabhängiges Angola. Erst nach der Revolution in Portugal selbst, die ein neues politisches Klima schuf, waren sie erfolgreich, weil die Portugiesen nunmehr einsehen wollten, daß ihre Überseegebiete nicht länger den Status von Provinzen des Mutterlandes hinnehmen würden.

Das Wappen von Portugal ist durch das heraldische Symbol für Wasser mit einheimischer Fauna von Angola in dem während des Kolonialregimes benützten Provinzialwappen verbunden.

Bei Redaktionsschluß ist die Flagge von Portugal noch die offizielle Flagge dieses Gebietes. Die Unabhängigkeit von Angola ist für den 11. November 1975 vorgesehen.

WAPPEN DER KOLONIE

UNION DER VÖLKER ANGOLAS (PARTEIFLAGGE)

2:3

Die Freiheitsflaggen der drei angeblich die provisorische Regierung von Angola bildenden Parteien verkünden die Unabhängigkeit durch einen Stern oder eine aufgehende Sonne. Rot bedeutet das im Kampf für die Freiheit vergossene Blut. Die Einigung über eine Nationalflagge steht noch aus.

VOLKSBEWEGUNG FÜR DIE BEFREIUNG ANGOLAS (PARTEIFLAGGE)

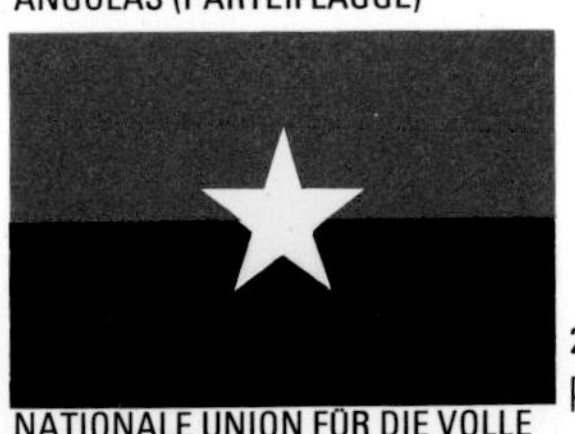

2:3

NATIONALE UNION FÜR DIE VOLLE UNABHÄNGIGKEIT ANGOLAS (PARTEIFLAGGE)

1:2

5

# ANGUILLA

## ANGUILLA

In Gebrauch seit September 1967.

Marvin Oberman, ein amerikanischer Berufsgraphiker und Mitschöpfer der Flagge von Anguilla, erklärt deren Symbole folgendermaßen: »Die Flagge hat einen weißen Grund für Frieden, ein blaugrünes Band am unteren Rand bedeutet die Anguilla umgebende See, Jugend und Hoffnung. Die drei zusammengruppierten, orangefarbenen Delphine im weißen Feld [von der roten Sonne auf weißem Grund in der japanischen Flagge inspiriert] stellen Kraft und Ausdauer dar [. . .] Der Gesamtentwurf soll einen leuchtenden, neuen, vorwärtsblickenden Eindruck in Verbindung mit Würde und

1:2≈

LANDESWAPPEN

Freiheit für ein neuentstandenes, unabhängiges Land darstellen.« Wegen des ungewöhnlichen gesetzlichen Status Anguillas ist die Flagge nicht international anerkannt. Ursprünglich Teil der britischen Kolonie von St. Christopher-Nevis-Anguilla, erklärte Anguilla 1967 seine Unabhängigkeit. Zwei Jahre später besetzten britische Streitkräfte die Insel, die sie seitdem verwalten. Ihrer Majestät Kommissar in Anguilla führt den Union Jack.

FLAGGE DES KOMMISSARS DER KÖNIGIN

1:2

Die Symbole des Wappens spiegeln Geschichte, die Karibische See, Wohlstand und die enge Verknüpfung Anguillas mit der See wider. Der Baum ist der durch seine Kraft bekannte einheimische Mahagoni. Der schildhaltende Delphin stellt Freundschaft und Intelligenz dar.

6

# AL-ARABIJE AS-SAUDIJE

## SAUDI-ARABIEN

AL-MAMLAKA AL-ARABIJE AS-SAUDIJE

KÖNIGREICH SAUDI-ARABIEN

Dies ist die einzige Nationalflagge mit einer Inschrift als Hauptmotivdarstellung.

Grün, seit langem symbolisch für den Islam als die Farbe der fatimidischen Dynastie, die von Fatima, der Tochter des Propheten, abstammt, ist schon von frühen Moslems als Flagge gebraucht worden. Ein grüner, dem Propheten gehöriger Turban soll die erste derartige Flagge gewesen sein. Der Führer der Wahhabiten, einer strengen mohammedanischen Sekte, Abd al-Asis III. (Ibn Saud), dehnte deren Herrschaft über ganz Innerarabien aus und gab dem Land 1932 nach sich selbst den neuen Namen Saudi-Arabien. Das überlieferte Banner der Wahhabiten ist jetzt die amtliche saudische Staatsflagge. Sie zeigt die Schahada, das Wort der Einheit des Islam: »Es ist kein Gott außer Allah, und Mohammed ist der Gesandte Allahs.«

Offiziell bestätigt ungefähr am 30. März 1938.

2:3

STAATSWAPPEN

1:1

KÖNIGSSTANDARTE

2:3≈

Das Schwert, das Symbol des wahhabitischen Kampfgeists, steht auch im Wappen zusammen mit der Dattelpalme.

7

PAZIFISCHER OZEAN
CHILE
BRASILIEN
Buenos Aires
ATLANTISCHER OZEAN

# ARGENTINA
## ARGENTINIEN

REPÚBLICA ARGENTINA

ARGENTINISCHE REPUBLIK

Der blaue Streifen hat eine besondere, als Celeste bekannte Schattierung.

Hellblaue und weiße Kokarden waren an die Menge verteilt worden, die am 25. Mai 1810 auf der Plaza von Buenos Aires zusammenkam und erfolgreich vom spanischen Vizekönig die Schaffung einer örtlichen Volksregierung verlangte.
Der Tag war wolkig gewesen, und das Volk sah es als ein günstiges Vorzeichen an, als die Wolken aufbrachen und die Sonne durch sie herabschien. Diese »Sonne des Mai« wurde als ein nationales Symbol angesehen; und in die hellblau-weiß-hellblaue bürgerliche Flagge von 1818 eingefügt, bildet sie noch heute die Staatsflagge.

Offiziell angenommen am 25. Juli 1816.

2:3 ≈

STAATSWAPPEN

Viele Jahre hindurch wurde über die genaue Farbtönung der argentinischen Flagge diskutiert. Ob sie celeste, azur, azure-celeste, himmelblau oder celeste-blau genannt werden solle, ist niemals bestimmt worden.

2:3

FLAGGE DES STAATSPRÄSIDENTEN

3:4

Eine von General Manuel Belgrano am 12. Februar 1812 in der Stadt Rosario aufgeworfene Truppenfahne wird von den Argentiniern als ihre erste Nationalflagge verehrt.
Die Vereinigten Provinzen des La-Plata-Stromes, wie das Land seinerzeit genannt wurde, hatten sofort mit dem Gebrauch von Himmelblau und Weiß als Nationalfarben begonnen. Die siegreiche Armee der Anden unter José de San Martín benützte blaue und weiße Flaggen, als sie zur Befreiung von Südamerika beitrug.

8

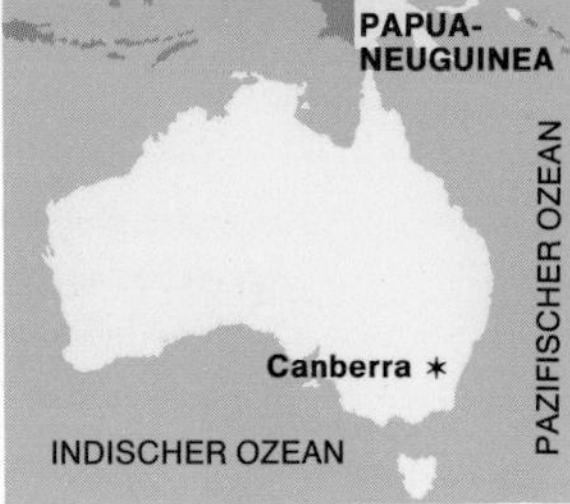


# AUSTRALIA
## AUSTRALIEN

Offiziell am 22. Mai 1909 angenommen, in der gegenwärtigen Form am 15. April 1954 bestätigt.

Die erste, den gesamten Kontinent repräsentierende offizielle Flagge ist vom Generalgouverneur, dem Grafen von Hopetoun, am 16. September 1901 in Townsville gehißt worden. Abgesehen davon, daß der große Stern von sechs auf sieben Zacken erweitert worden ist, um die sechs Staaten und die Territorien von Australien darzustellen, hat seitdem das gleiche Banner geweht.
Das Sternbild des Südlichen Kreuzes wird nicht nur von Australien, sondern auch von zwei seiner Staaten und von Neuseeland, Westsamoa, Papua-Neuguinea, den Falkland-Inseln, Brasilien und einigen seiner Staaten gebraucht. In Australien können die weißen Sterne und das blaue Feld bis auf die Eureka-Stockade-Flagge (siehe Seite 78) zurückgeführt werden.
Symbole der australischen Staaten erscheinen im Staatswappen und in der Flagge der Königin von Australien.

1:2

STAATSWAPPEN

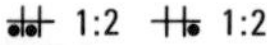

1:2 1:2

STANDARTE DER KÖNIGIN

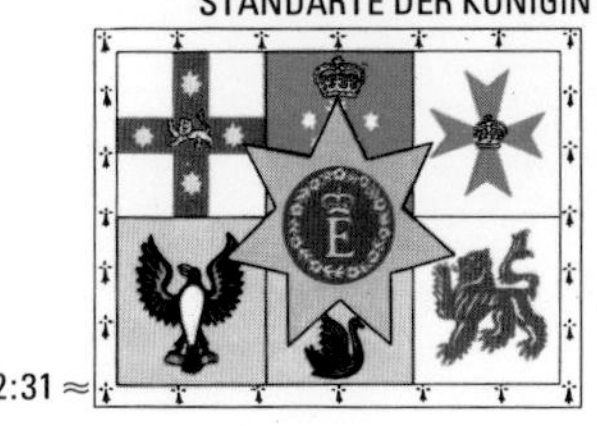

22:31 ≈

FLAGGE DES GENERALGOUVERNEURS

1:2

DIE TEILSTAATEN VON AUSTRALIEN

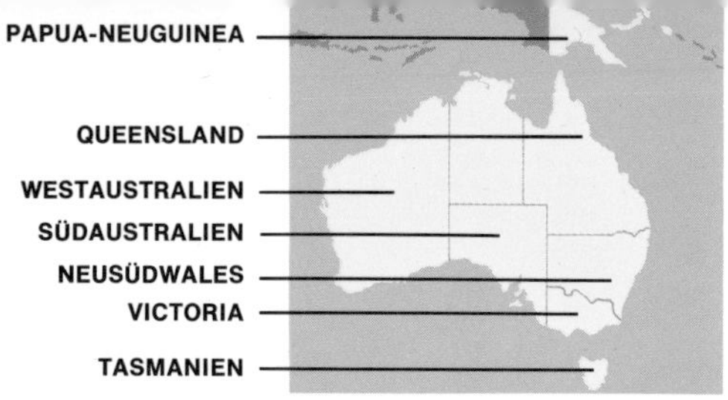

PAPUA-NEUGUINEA
QUEENSLAND
WESTAUSTRALIEN
SÜDAUSTRALIEN
NEUSÜDWALES
VICTORIA
TASMANIEN

Die traditionellen blauen Flaggen mit Abzeichen erinnern daran, daß diese Staaten britische Kolonien waren, als die Flaggen angenommen worden sind. Papua-Neuguinea hingegen ist ein australisches Außenterritorium, das unabhängig werden soll.

1:2

NEW SOUTH WALES
NEUSÜDWALES
Offiziell angenommen am 15. Februar 1876.

QUEENSLAND
Offiziell angenommen am 29. November 1876.
1:2

SOUTH AUSTRALIA
SÜDAUSTRALIEN
Offiziell angenommen am 13. Januar 1904.
1:2

TASMANIA
TASMANIEN
Offiziell angenommen am 25. September 1876.
1:2

VICTORIA
Offiziell angenommen am 30. November 1877.
1:2

WESTERN AUSTRALIA
WESTAUSTRALIEN
Offiziell angenommen am 27. November 1875.
1:2

PAPUA NEW GUINEA
PAPUA-NEUGUINEA
Offiziell gehißt am 1. Juli 1971; die Unabhängigkeit ist für die 70er Jahre vorgesehen.
3:4



9

# THE BAHAMAS
## BAHAMAS

THE COMMONWEALTH OF THE BAHAMAS

BUND DER BAHAMAS

Offiziell gehißt am 10. Juli 1973.

Die goldenen Strände der 700 Bahama-Inseln spiegeln sich im Mittelstreifen der Flagge wider, während die aquamarin-blauen Streifen an die verschiedenen Schattierungen der Ozeangewässer um diese Inseln erinnern. Das schwarze Dreieck bedeutet die Einigkeit des bahamischen Volkes in seiner Entschiedenheit, die Naturschätze von Land und See zu erschließen.
Die weiteren bahamischen Flaggen folgen dem allgemeinen britischen Muster und erinnern damit an zweieinhalb Jahrhunderte britischer Herrschaft. Das Szepter in der Flagge des Premierministers ist als Symbol der parlamentarischen Autorität ein Zeichen der friedlichen Entwicklung des Landes zur Unabhängigkeit.

1:2

STAATSWAPPEN

1:2

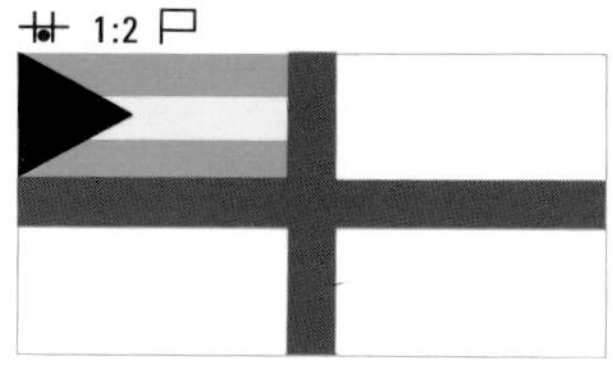

1:2

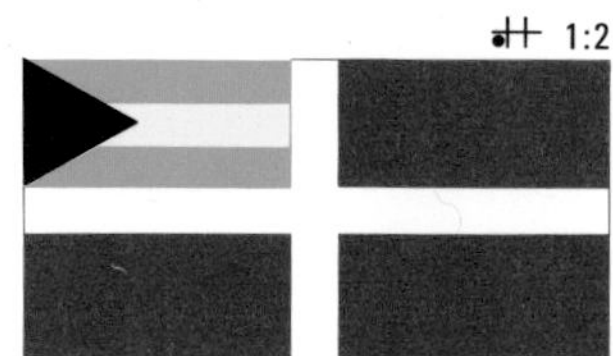

1:2

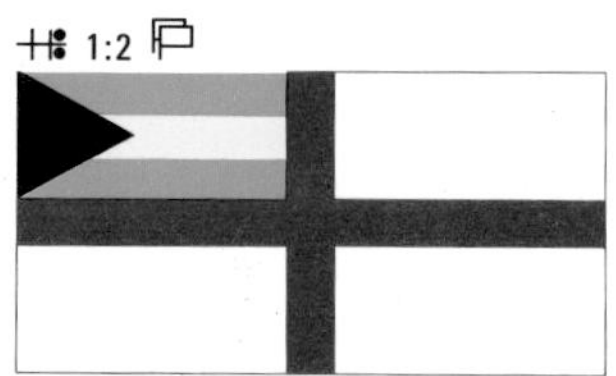

FLAGGE DES GENERALGOUVERNEURS

1:2

FLAGGE DES PREMIERMINISTERS

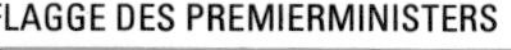

1:2

10

# AL-BAHRAIN

## BAHRAIN

### DAULAT AL-BAHRAIN

STAAT BAHRAIN

Der Name des Landes bedeutet ›Zwei Seen‹.

Artikel drei des Generalvertrages, den die Briten mit sieben arabischen Scheichtümern des Persischen Golfs 1820 geschlossen haben, schreibt vor, daß »freundliche Araber an Land und auf See eine rote Flagge mit oder ohne Buchstaben darauf nach Wunsch führen werden und daß dies innerhalb eines weißen Randes sein wird«.
Bahrain, einer der »Vertragsstaaten«, zeigt noch heute eine Abwandlung dieser Flagge. Wie die anderen Unterzeichner – heute die Staaten der Vereinigten Arabischen Emirate – hat Bahrain an der ursprünglichen Zeichnung Abänderungen vorgenommen. Der Rand, der noch drei Kanten in der Standarte des Herrschers einnimmt, erscheint in der Nationalflagge nur noch am Liek. Weiß und Rot können in dieser Flagge entweder, wie hier gezeigt, durch eine gezahnte oder eine gerade Linie getrennt sein.

Offiziell bestätigt 1933.

3:5

STAATSWAPPEN

Obwohl theoretisch unabhängig, haben die arabischen Scheichtümer, die den Generalvertrag unterzeichnet hatten, später den Briten die Führung ihrer auswärtigen Angelegenheiten überlassen; ihre Unabhängigkeit ist 1971/72 zurückgewonnen worden. Ein britischer Berater des Scheichs von Bahrain, Sir Charles Belgrave, hat in den 30er Jahren den Entwurf zum Wappen von Bahrain geliefert. Die über dem Schild ruhende Zackenkrone bedeutet königlichen Rang, wird aber im Lande selbst nicht gebraucht.

STANDARTE DES SCHEICHS

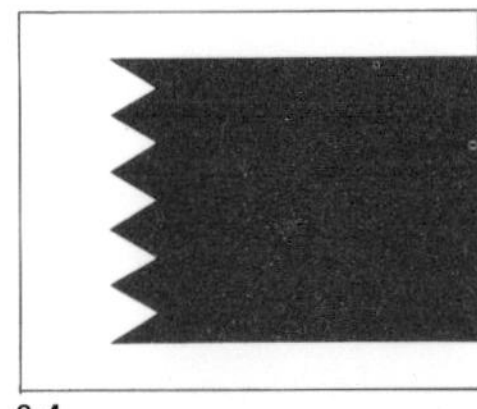

3:4

Den Varianten der ursprünglichen Flagge wird keine besondere Bedeutung beigemessen. Die rote Farbe des Feldes war ursprünglich das Symbol der charidschitischen Moslems dieser Gegend.

11

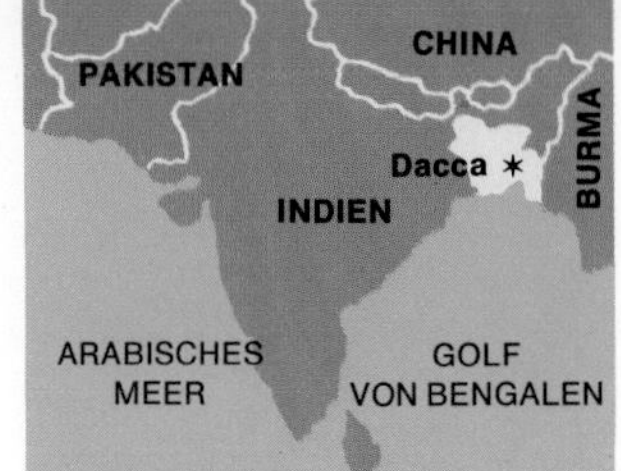


# BANGLADESH

## BANGLADESCH

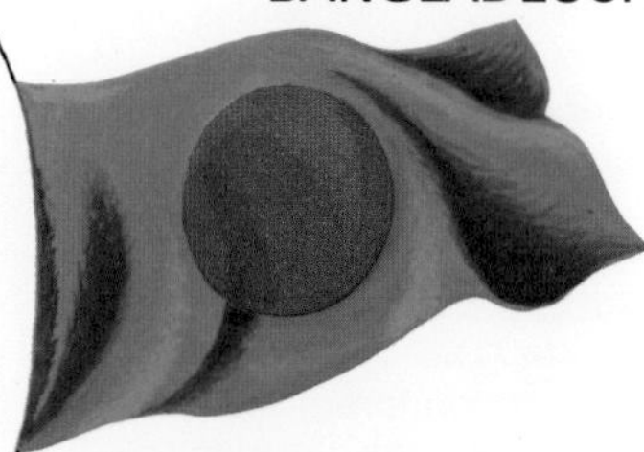

### GANA PRADSCHATANTRI BANGLADESH

VOLKSREPUBLIK BANGLADESCH

Für fast ein Vierteljahrhundert bestand Pakistan aus zwei durch indisches Territorium, aber auch durch Sprache, Wirtschaft und Kultur getrennte Teile. Schließlich verkündete Ost-Pakistan 1971 seine Unabhängigkeit als Bangladesch.
Das Grün der neuen Flagge dürfte auf seine Beziehungen zum Islam zurückgehen. Während des Kampfes um die Unabhängigkeit stand eine goldene Landkarte von Bangladesch auf der Kreisscheibe; sie wurde später wegen der Schwierigkeiten, sie korrekt auf beiden Seiten der Flagge darzustellen, entfernt.
Die Vegetation des Landes ist durch das Tuch der Flagge dargestellt; an das im Kampf um die Freiheit vergossene Blut erinnert die rote Scheibe. Die Flagge wird als Seradschul Alam bezeichnet, was ›Licht der Flagge‹ bedeutet. Die Scheibe ist ein wenig gegen das Liek gerückt, so daß sie, wenn die Flagge weht, als in der Mitte stehend wirkt.

Offiziell bestätigt am 25. Januar 1972.

3:5

STAATSWAPPEN

Das Wappen von Bangladesch zeigt eine Wasserlilie (Schapla-Blume) in der Mitte, umrahmt von Padi-Schößlingen. Ganz oben stehen Blätter der Jutepflanze, ein anderes wichtiges landwirtschaftliches Erzeugnis. Die Sterne weisen auf die gesellschaftlichen und wirtschaftlichen Ziele der nationalen Entwicklung hin. Die Wasserlinien erinnern an die bengalischen Flüsse, die das Verkehrsnetz des Landes bilden.

12

# BARBADOS

## BARBADOS

Während der britischen Kolonialherrschaft erschien im Abzeichen von Barbados ein Dreizack, das traditionelle Symbol des Meeresgottes Neptun. Der Dreizack in der Nationalflagge erinnert somit an die Vergangenheit der Nation und die Verbindung mit der See. Die Gabel des Dreizacks ist von ihrem Schaft abgebrochen, um anzudeuten, daß mit der kolonialen Vergangenheit gebrochen worden ist.
Die See und der die Insel überspannende Himmel sind durch die blauen Streifen, die Sandstrände durch den goldenen Streifen in der Flagge dargestellt.

Wie auch einige andere Länder hat Barbados keine amtliche Namensvollform.

Offiziell gehißt am 30. November 1966.

2:3

STAATSWAPPEN

Eine königliche Urkunde vom 21. Dezember 1965 verlieh das Wappen von Barbados. Der Schild enthält einen bebarteten Feigenbaum und zwei als »red pride of Barbados« bekannte Blumen. Der Arm auf dem Helm hält ein Zuckerrohr. Der Schildhalter auf der heraldisch rechten Seite ist ein stilisierter Delphin.

FLAGGE DES PREMIERMINISTERS

2:3≈

FLAGGE DES GENERALGOUVERNEURS

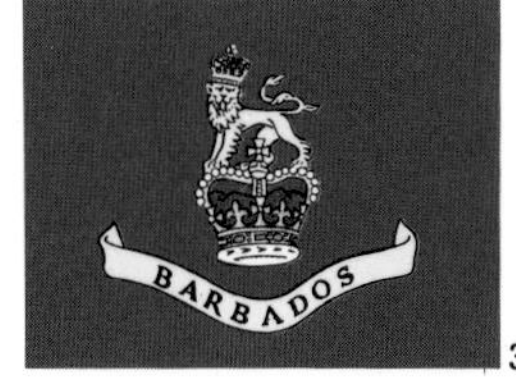


3:4≈

Gouverneure britischer Kolonien führen gewöhnlich auf dem Union Jack ein örtliches Abzeichen. Nach 1931 wurde eine neue Flagge für die Generalgouverneure als königliche Vertreter in noch mit Großbritannien verbundenen unabhängigen Ländern geschaffen.

Obwohl einige Abweichungen in gewissen Einzelheiten bestehen, wird die Flagge von 1931 von den Generalgouverneuren in Australien, den Bahamas, Fidschi, Jamaika, Kanada, Mauritius, Neuseeland, Trinidad und Tobago ebenso wie in Barbados geführt.



13

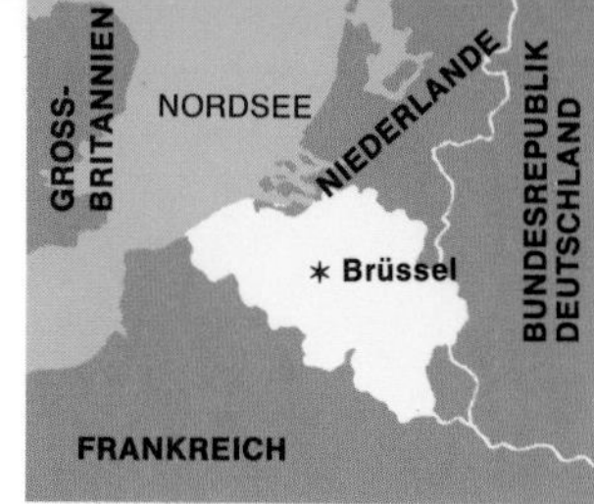


# BELGIQUE/BELGIË

## BELGIEN

ROYAUME DE BELGIQUE / KONINKRIJK BELGIË

KÖNIGREICH BELGIEN

Eine schwarz-gelb-rote Flagge ist von den Belgiern erstmals 1789, als sie erfolglos gegen die österreichische Herrschaft revoltiert haben, geführt worden. Die drei gleich breiten Streifen sind von der französischen Trikolore beeinflußt, während die Farben auf dem Wappen von Brabant beruhen. Die Revolution von 1830 gegen die holländische Herrschaft war erfolgreich, und die Farben von 1789 wurden für verschiedene belgische Flaggen angenommen. Die Heimatflagge der Wallonen datiert von 1913, während der flandrische Löwe auf das 12. Jahrhundert zurückgeht.

Offiziell angenommen am 23. Januar 1831.

13:15≈

GROSSES STAATSWAPPEN, KÖNIGSWAPPEN

2:3≈

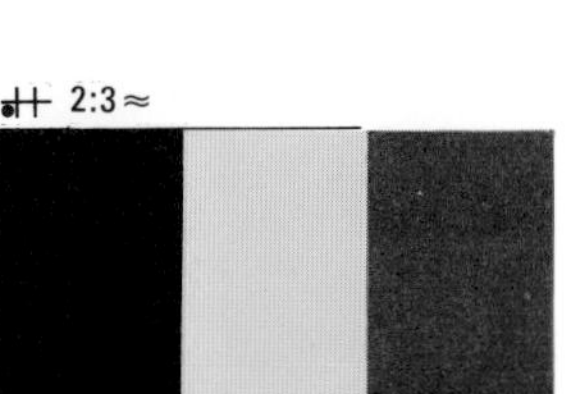

2:3

2:3

KÖNIGSSTANDARTE

1:1

DIE PROVINZEN VON BELGIEN

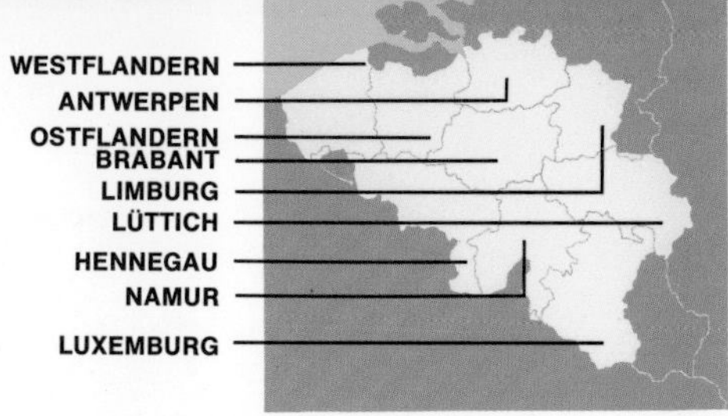

1:1≈
FLANDRE/VLAANDEREN
FLANDERN

1:1≈
WALLONIE
WALLONIEN

1:1≈
ANVERS/ANTWERPEN

1:1≈
BRABANT

1:1≈
HAINAUT/HENNEGOUW
HENNEGAU

1:1≈
LIÈGE/LUIK
LÜTTICH

1:1≈
LIMBOURG
LIMBURG

1:1≈
LUXEMBOURG
LUXEMBURG

1:1≈
NAMUR/NAMEN

1:1≈
FLANDRE ORIENTALE/ OOST-VLAANDEREN
OSTFLANDERN

1:1≈
FLANDRE OCCIDENTALE/ WEST-VLAANDEREN
◁WESTFLANDERN

14

# BHARAT
## INDIEN

BHARAT KA GANATANTRA
REPUBLIK INDIEN

Weiteres über die indischen Flaggen auf Seite 79.

Aus dem Kampf um die Unabhängigkeit hervorgegangen, verbindet die Flagge von Indien die Farben seiner hauptsächlichen religiösen Gruppen – das Orange der Hindus und das Grün der Moslems – mit einem alten buddhistischen Symbol, dem Rad.
Das Rad kommt auch im Staatswappen vor, das nach einem in Sarnath gefundenen Säulenkapitell ausgestaltet ist. Es gehört zu einem der zahlreichen, von Kaiser Asoka im 3. Jahrhundert v. Chr. errichteten Pfeiler. Darunter ist ein Zitat aus dem alten Mundaka-Upanischad, geschrieben in der nationalen Dewanagari-Schrift: »Wahrheit allein siegt.« Das Staatsemblem hat keine offiziellen Farben.

Offiziell angenommen am 22. Juli 1947.

2:3

STAATSWAPPEN

2:3
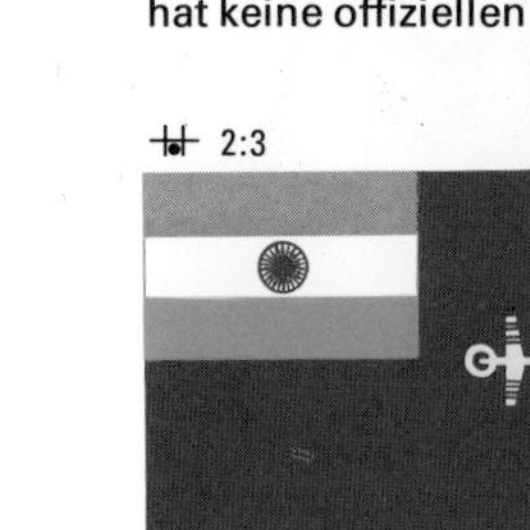

2:3
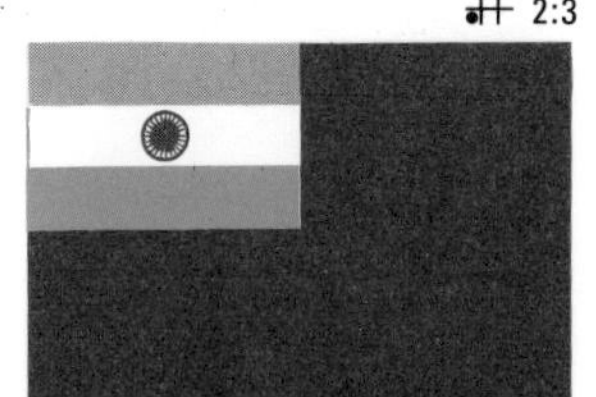

2:3≈

1:2

2:3
JAMMU AND KASHMIR
DSCHAMMU UND KASCHMIR

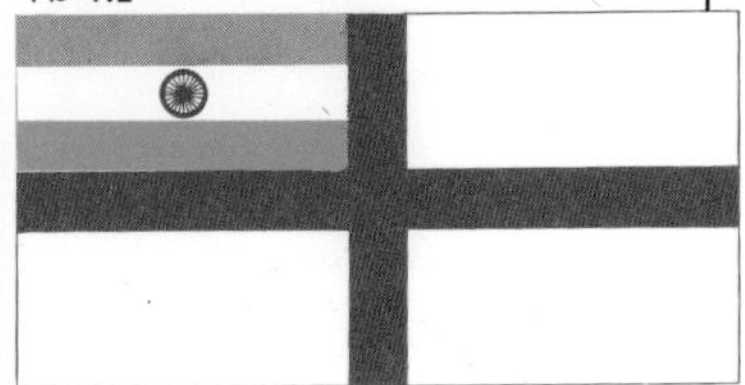

15

# BOLIVIA

## BOLIVIEN

REPÚBLICA DE BOLIVIA

REPUBLIK BOLIVIEN

Ober-Peru ist zu Ehren des Befreiers, Simón Bolívar, in Bolivien umbenannt worden.

Die Unabhängigkeit von Bolivien war ursprünglich 1825 durch die militärischen Siege der Führer aus dem Norden, Bolívar und Sucre, gewonnen worden. Die waagerechten Streifen und die Farben Gelb und Rot der Flagge sind zweifellos von den bereits bei Kolumbien bestehenden beeinflußt worden.

Der erste Präsident von Bolivien, Manuel Belzú, schuf 1851 die Flagge in genau der gleichen Form, wie sie heute gebraucht wird. Die Farben werden folgendermaßen erklärt: Rot bedeutet die Tapferkeit des bolivianischen Soldaten, Grün die Fruchtbarkeit des Landes und Gold den Reichtum an nationalen Bodenschätzen.

Landwirtschaftliche Erzeugnisse und Bodenschätze sind im Wappen durch die Weizengarbe, den Brotbaum und den silberführenden Potosí-Berg versinnbildlicht. Die einheimischen Tiere Kondor und Alpaka kommen ebenfalls vor. Die Sonne ist ein altes Inka-Symbol.

Offiziell angenommen am 14. Juli 1888.

2:3

STAATSWAPPEN

2:3

Nach der Erlangung der Unabhängigkeit hat Bolivien bedeutende Teile seines Gebietes an Nachbarstaaten verloren. Die Bolivianer sind besonders über die chilenische Eroberung der einzigen Provinzen verstimmt, die Bolivien einen Ausgang zum Pazifischen Ozean verschafft hatten.

3:4 ≈

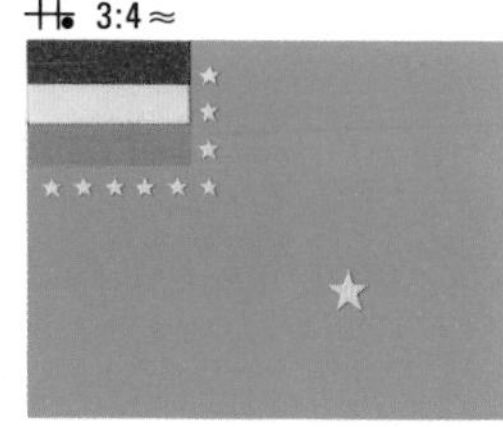

Obwohl Bolivien z. Z. auf Flüsse und Binnenseen beschränkt ist, enthält die 1966 angenommene Kriegsflagge einen Stern für das Küstengebiet des Landes zusammen mit kleineren Sternen (wie sie auch im Wappen vorkommen) für seine neun Departements.

16

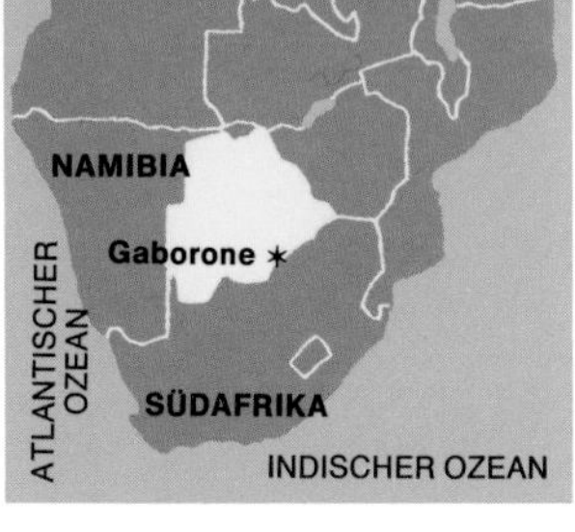


# BOTSWANA

## BOTSWANA

REPUBLIC OF BOTSWANA

REPUBLIK BOTSWANA

Das Volk des Landes wird Batswana, seine Sprache Tswana genannt.

Anläßlich der Vorlage des Entwurfs für die Flagge und das Wappen von Botswana zur gesetzlichen Regelung erklärte Premierminister Seretse Khama, daß »Regen unser Lebenselixier und ›Pula‹ ein wohlbekannter Ausdruck ist, der mehr als nur ›Regen‹ bedeutet. Er bedeutet eine Hoffnung und einen Glauben, daß wir schließlich obsiegen werden und daß ein gutes Geschick unser Gefährte in kommenden Jahren sein wird.«

Das blaue Feld der Flagge ist als Versinnbildlichung des Wassers und des Himmels gewählt worden. Das Wappen zeigt die traditionelle heraldische Wiedergabe von Wasser und weist das Tswana-Wort für ›Regen‹ auf.

Die schwarzen und weißen Streifen der Flagge und die Zebras spiegeln die Entschlossenheit wider, eine Gesellschaft von gleichen Möglichkeiten für Personen aller Rassen aufzubauen. Der Stierkopf ist ein Emblem der Schlachtviehindustrie. Die Zahnräder bedeuten den Wunsch nach Industrialisierung; der Sorghum-Halm erinnert daran, daß die Wirtschaft des Landes noch wesentlich vom Ackerbau bestimmt wird.

Offiziell gehißt am 30. September 1966.

2:3

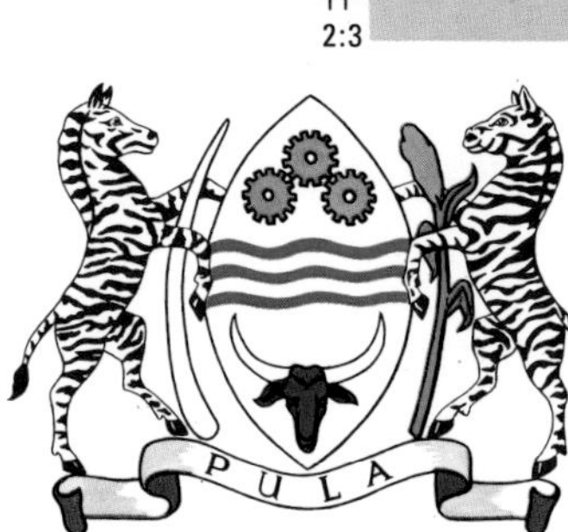


STAATSWAPPEN

FLAGGE DES STAATSPRÄSIDENTEN

15:23

Präsident Khama von Botswana hatte aufgrund seiner Erfahrungen unter britischer Kolonialherrschaft ein besonderes, persönliches Interesse an der Rassengleichheit. Als Student in Großbritannien lernte Khama eine Engländerin kennen, die er geheiratet hat. Britische Behörden verweigerten ihm fünf Jahre lang die Rückkehr in seine Heimat und gestatteten sie ihm erst, als er auf seine legitimen Ansprüche auf die Häuptlingschaft des Bamangwato-Stammes verzichtete.

VENE
PERU
BOLIVIEN
* Brasília
ATLANTISCHER OZEAN

TEILSTAATEN VON BRASILIEN

# BRASIL

## BRASILIEN

REPÚBLICA FEDERATIVA DO BRASIL

FÖDERATIVE REPUBLIK BRASILIEN

Die Inschrift soll auf beiden Seiten der Flagge richtig zu lesen sein.

Das Grün dieses riesigen Landes und seine goldenen Bodenschätze sind in der brasilianischen Flagge dargestellt, deren Rhombus-Muster an manche französischen Truppenfahnen erinnert. Eine ähnliche Flagge war von Brasilien 1822 nach Gewinnung der Unabhängigkeit von Portugal angenommen worden. Die Kugel enthält die Sternbilder, wie sie über Rio de Janeiro erscheinen, aber im Spiegelbild. Das Motto »Ordnung und Fortschritt« ist ein Positivisten-Wahlspruch.
Daß das Land nach den Vereinigten Staaten als Vorbild geschaut hat, kann aus seiner Flagge abgelesen werden.

Offiziell angenommen am 30. Mai 1968.

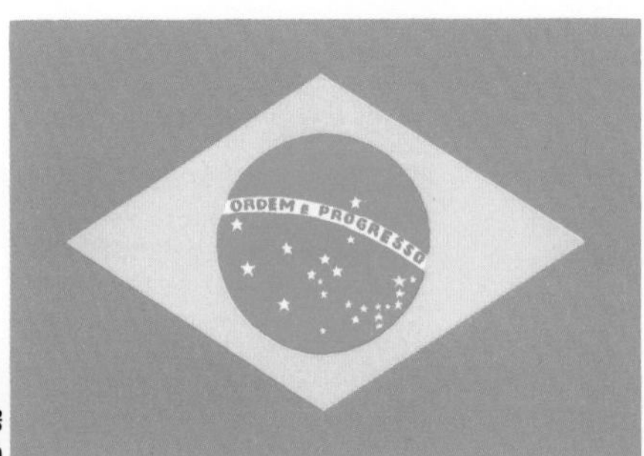


7:10

Deren Sterne vermehren sich so weit, daß sie der Zahl der Bundesstaaten plus einem Stern für die Territorien entsprechen.
Das Wappen enthält das Datum, an welchem das Kaiserreich Brasilien eine Republik wurde (15. November 1889).

STAATSWAPPEN

FLAGGE DES STAATSPRÄSIDENTEN

2:3≈

Abweichend von der geometrischen Anordnung in der Flagge der Vereinigten Staaten, entsprechen die Sterne von Brasilien tatsächlichen Sternbildern. Das Südliche Kreuz, Skorpion, das Südliche Dreieck und Teile einer Anzahl anderer Sternbilder sind zu erkennen. Jeder Stern entspricht einer bestimmten politischen Einheit, während in der amerikanischen Flagge die Sterne die Staaten insgesamt vertreten. Für die brasilianischen Sterne gibt es fünf verschiedene Abmessungen und nicht wie in den Vereinigten Staaten die gleiche Größe für alle.

◁ ACRE
Offiziell bestätigt am 1. März 1963.

11:20

AMAZONAS
In Gebrauch genommen um 1897.

7:10≈

CEARÁ
Offiziell angenommen um den 31. August 1967.

7:10

ESPÍRITO SANTO
Offiziell angenommen am 24. April 1947.

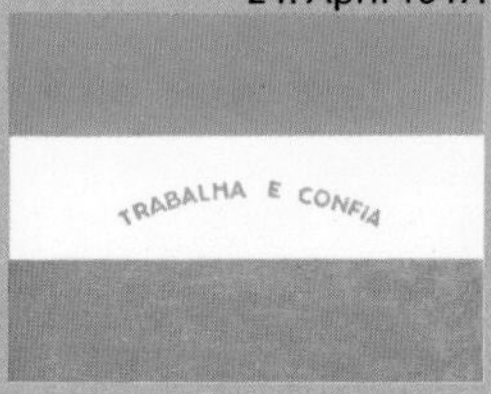

TRABALHA E CONFIA

7:10

MARANHÃO
Offiziell bestätigt am 1. Dezember 1971.

2:3

MINAS GERAIS
Offiziell angenommen am 27. November 1962.

LIBERTAS QUÆ SERA TAMEN

7:10≈

ALAGOAS
Offiziell angen. am 23. Sept. 1963.

4:7≈

BAHIA
In Gebrauch genommen am 26. Mai 1889.

7:10≈

DISTRITO FEDERAL
BUNDESDISTRIKT
Offiziell gehißt am 7. Sept. 1969.

13:18≈

GOIÁS
In Gebrauch genommen am 30. Juli 1919.

7:10≈

MATO GROSSO
Offiziell bestätigt am 11. Juli 1947.

7:10≈

TEILSTAATEN VON BRASILIEN

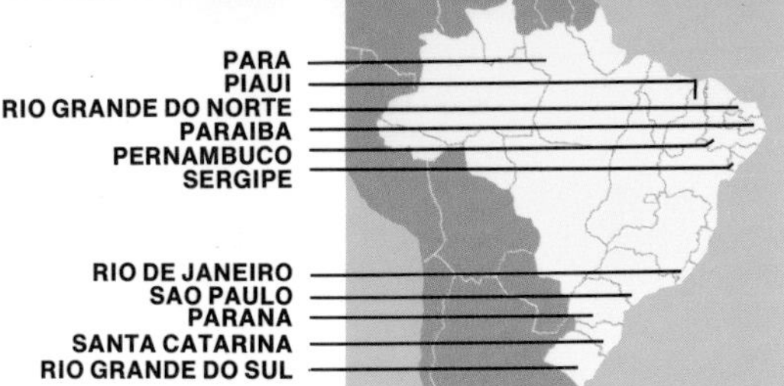


PARÁ
In Gebrauch genommen am 17. November 1889.

7:10 ≈

PARAÍBA
Offiziell gehißt am 27. Okt. 1965.

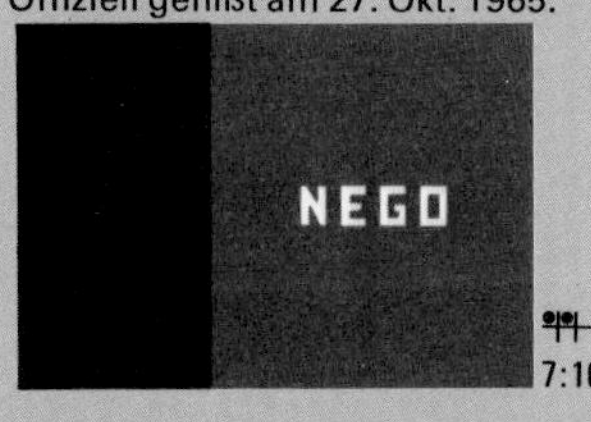

7:10

PARANÁ
Offiziell angenommen am 31. März 1947.

2:3

PERNAMBUCO
In Gebrauch genommen am 23. Februar 1917.

7:10 ≈

PIAUÍ
In Gebrauch genommen am 24. Juli 1922.

7:10 ≈

RIO DE JANEIRO
In Gebrauch genommen um 1947.

7:10 ≈

RIO GRANDE DO NORTE
Offiziell angenommen am 3. Dezember 1957.

2:3

RIO GRANDE DO SUL
Gebrauch bestätigt 1947.

7:10 ≈

SANTA CATARINA
Offiziell angenommen am 23. Oktober 1953.

3:4

SÃO PAULO
Offiziell angenommen am 3. September 1948.

7:10 ≈

SERGIPE
In Gebrauch genommen um 1947.

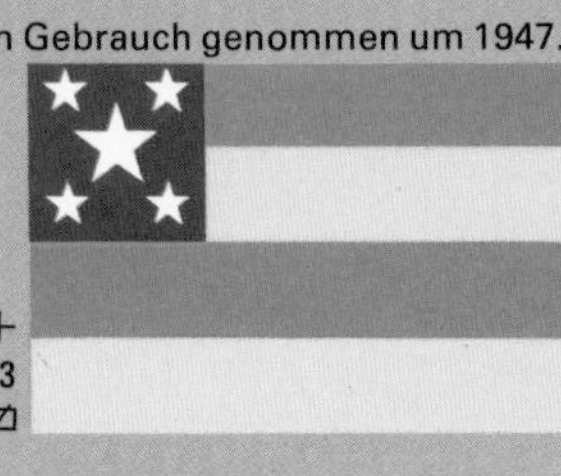
2:3



18

# BULGARIJA
## BULGARIEN

NARODNA REPUBLIKA B'LGARIJA

VOLKSREPUBLIK BULGARIEN

Im Jahre 681 besiedelten die Bulgaren das Gebiet, das sie jetzt bewohnen; daran erinnert das Datum im jetzigen Wappen von Bulgarien.
Die 1878 angenommene Nationalflagge beruht auf der damaligen weiß-blau-roten russischen Flagge (siehe Seite 175). Die Farben in der bulgarischen Flagge sollen für Frieden, Liebe und Freiheit, für Wohlstand aus dem Boden und für den Mut des bulgarischen Volkes stehen.
Der Kommunismus ist durch den roten Stern symbolisiert, während die Jahreszahl 1944 an die Befreiung Bulgariens vom Faschismus erinnert.

Offiziell gehißt am 21. Mai 1971.

3:5

STAATSWAPPEN

Offiziell hat der Löwe als Emblem von Bulgarien seit 1879 gedient. Er kommt aber auch in den Münzen des bulgarischen Zaren Iwan Schischman im späten 14. Jahrhundert vor.

3:5 ≈

FLAGGE DES VORSITZENDEN DES PRÄSIDIUMS

2:3 ≈

FLAGGE DES VORSITZENDEN DES MINISTERRATS

2:3 ≈

2:3 ≈

19

# BURUNDI

BURUNDI

REPUBLIKA Y'U BURUNDI / RÉPUBLIQUE DU BURUNDI

REPUBLIK BURUNDI

Die drei Sterne in der Flagge und die drei Speere im Wappen von Burundi werden als Symbolisierung der Worte im nationalen Wahlspruch »Einigkeit, Arbeit, Fortschritt« gedeutet. Sie können aber auch an die drei in dem Lande lebenden Stämme – die Tutsi, die Hutu und die Twa – erinnern.

Die Farben der Flagge von Burundi werden als Symbolisierung des Leidens und des Kampfes für die Unabhängigkeit (Rot), Frieden (Weiß) und Hoffnung (Grün) gedeutet.

Früher waren in der Mitte der Flagge eine Sorghumpflanze als Emblem des Wohlstandes und eine königliche Trommel dargestellt. Wegen ihrer engen Beziehungen zur herrschenden Dynastie wurden diese Symbole nach der republikanischen Revolution von 1966 entfernt. Der Schild des Staatswappens wurde aber beibehalten, obwohl das Löwensymbol während der Zeit der Monarchie und sogar vor der Unabhängigkeit unter der belgischen Kolonialverwaltung geführt worden war.

Offiziell angenommen im Frühjahr 1967.

2:3≈

STAATSWAPPEN

Der Vexillologe findet oft eine plausible oder sogar wahrscheinliche Erklärung für die Quelle eines Flaggenmodells in Fällen, wo er sie aufgrund fehlender Dokumentation nicht faktisch erhärten kann. Einen solchen Fall stellt das Schrägkreuz in der Flagge von Burundi dar, ein Modell, das von allen anderen Nationalflaggen außer der Jamaikas abweicht. Es scheint von der Flagge der Sabena, der belgischen Luftverkehrsgesellschaft, angeregt worden zu sein, aber es gibt keinen Beweis hierfür. Bestimmt war diese Hausflagge in Burundi besser bekannt als irgendeine andere Flagge, ausgenommen die belgische nationale Trikolore.
Die Sabena-Flagge ist ihrerseits vermutlich – wie die belgische Kriegsflagge – mit der weißen Flagge verwandt, die ein rotes Schrägkreuz enthält und die Belgien mehr als zwei Jahrhunderte in den ehemaligen Spanischen Niederlanden geführt hat.

20

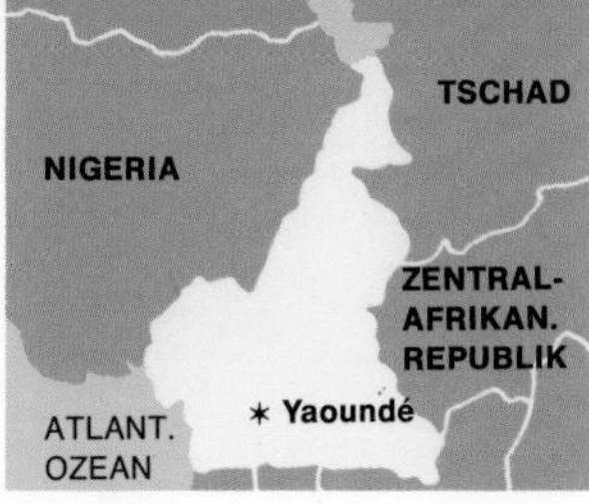


# CAMEROUN / CAMEROON

KAMERUN

RÉPUBLIQUE UNIE DE CAMEROUN / UNITED REPUBLIC OF CAMEROON

VEREIN. REP. KAMERUN

Im Rahmen eines Programms zur Förderung des Nationalbewußtseins wurde 1957 eine Nationalflagge angenommen, während Kamerun noch unter französischer Herrschaft stand. Ihre senkrechten Streifen verlaufen wie die der französischen Trikolore, aber ihre Farben wurden die pan-afrikanischen, Grün, Rot und Gelb. Kamerun war die zweite moderne afrikanische Nation (nach Ghana), die die später von manchem anderen französisch sprechenden afrikanischen Land nachgeahmten Farben angenommen hat.

Offiziell gehißt am 1. Oktober 1961.

2:3≈

STAATSWAPPEN (bis 9. Mai 1975)

Die Abstimmung im britischen Territorium Süd-Kamerun 1961 zugunsten des Anschlusses an Kamerun war der Anlaß, zwei goldene Sterne in die Kameruner Flagge aufzunehmen. Ungeachtet der Ersetzung des Bundessystems durch eine Einheitsregierung im Jahre 1972 ist die Flagge erst am 9. Mai 1975 geändert worden.

Der Name Kamerun stammt von dem portugiesischen Wort *camarões,* ›Krabben‹. Der Name war durch einen portugiesischen Forscher einem Fluß in dieser Gegend nach der Entdeckung von Krabben erteilt worden. In den 50er Jahren schlug eine auf die Beendigung der französischen Kolonialherrschaft ausgerichtete politische Organisation als Nationalflagge ein rotes Feld mit einer Krabbe darin vor.

Grün und Gelb bedeuten teils die Hoffnung auf eine glückliche Zukunft und die Sonne, aber auch die Wälder im Süden und die Savannen im Norden, während Rot die Einheit unter ihnen darstellt. Im Wappen bedeutet das die Landkarte tragende Dreieck den Mount Cameroon, den höchsten Punkt Westafrikas. Hinzu kommt der nationale Wahlspruch »Frieden, Arbeit, Vaterland«.

21

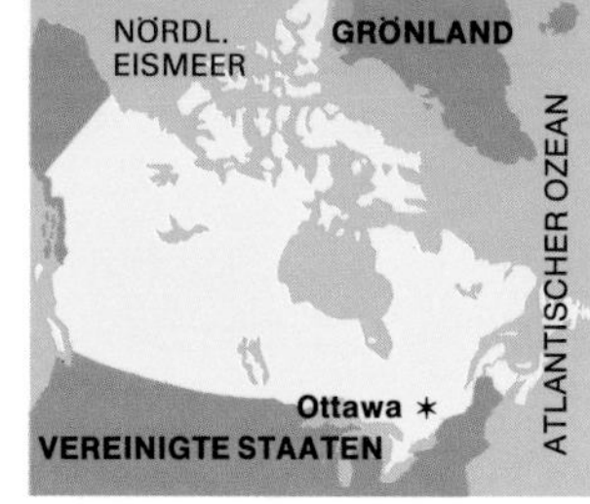


# CANADA

## KANADA

Offiziell gehißt am
15. Februar 1965.

Nach einer mit Unterbrechungen fast ein Jahrhundert dauernden Diskussion wurde ein endgültiger Flaggenvorschlag im Jahre 1964 durch den Premierminister Lester Pearson dem Parlament vorgelegt. Ob überhaupt eine Flagge angenommen werden solle und wie sie dann auszusehen habe, beschäftigte das Parlament für die folgenden sieben Monate.
Die schließlich gewählten Farben Rot und Weiß kommen im Wappen von Kanada seit 1921 vor. Das Ahornblatt war schon vor der Bildung der Konföderation von 1867 ein inoffizielles Emblem Kanadas.

1:2

STAATSWAPPEN

Trotz seines Stolzes als Heimat für viele Nationalitäten hat Kanada die engen symbolischen Verbindungen mit Großbritannien nicht aufgegeben. Daß die Königin von Großbritannien ebenfalls Königin von Kanada ist, wird durch die Standarte des Generalgouverneurs, die Flagge für der Königin persönlichen Gebrauch in Kanada und die kanadische Kriegsflagge (*rechts,* von unten nach oben) zum Ausdruck gebracht. Der Wahlspruch im kanadischen Staatswappen ist ein Bibelwort und bedeutet »Von Meer zu Meer«.

1:2

STANDARTE DER KÖNIGIN 8:13≈

FLAGGE DES GENERALGOUVERNEURS 1:2

### DIE PROVINZEN VON KANADA UND KANADISCHE TERRITORIEN

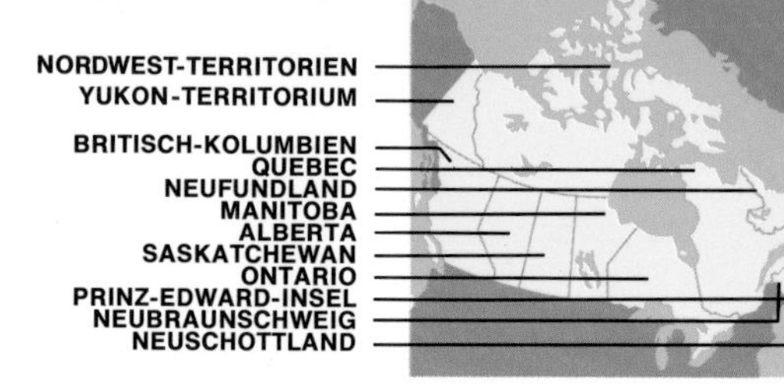


1:2

ALBERTA
Offiziell gehißt am 1. Juni 1968.

1:2

MANITOBA
Offiziell gehißt am 12. Mai 1966.

1:2

NEWFOUNDLAND/TERRE-NEUVE
NEUFUNDLAND
Offiziell angen. am 15. Mai 1931.

1:2

ONTARIO
Offiziell gehißt am 21. Mai 1965.

2:3

QUÉBEC/QUEBEC
Offiziell angen. am 21. Jan. 1948.

1:2

NORTHWEST TERRITORIES
NORDWEST-TERRITORIEN
Offiziell gehißt am 31. Januar 1969.

BRITISH COLUMBIA
BRITISCH-KOLUMBIEN
Offiziell angen. am 20. Juni 1960.

3:5≈

NEW BRUNSWICK/NOUVEAU BRUNSWICK
NEUBRAUNSCHWEIG
Offiziell gehißt am 25. März 1965.

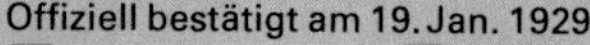

5:8

NOVA SCOTIA/NOUVELLE-ÉCOSSE
NEUSCHOTTLAND
Offiziell bestätigt am 19. Jan. 1929.

3:4≈

PRINCE EDWARD ISLAND
PRINZ-EDWARD-INSEL
Offiziell gehißt am 24. März 1964.

2:3

SASKATCHEWAN
Offiziell gehißt am 22. Sept. 1969.

1:2

THE YUKON
YUKON-TERRITORIUM
Offiziell angen. am 1. März 1968.

1:2

22

# ČESKOSLOVENSKO

## TSCHECHOSLOWAKEI

ČESKOSLOVENSKÁ SOCIALISTICKÁ REPUBLIKA

TSCHECHOSLOWAKISCHE SOZIALISTISCHE REPUBLIK

Als im späten 19. Jahrhundert Tschechen und Mährer eine Autonomie für Böhmen anstrebten, schufen sie auf der Basis der Farben des Löwenwappens von Böhmen eine weiß über rot gestreifte Flagge, die 1918 vorübergehend als Flagge der neuen Tschechoslowakischen Republik diente.
Die Slowakei stand lange unter ungarischer Herrschaft. Sie hatte zwar kein überliefertes Wappen, aber die Slowaken hißten in der Revolution von 1848 eine waagerecht gestreifte Trikolore in den weiß-blau-roten Farben, die allgemein als Symbol des pan-slawistischen Nationalismus anerkannt waren. Im Jahre 1920 wurde die blaue Farbe in die tschechoslowakische Flagge als Zeichen für die Slowakei eingefügt, ein besonders geeignetes Zeichen, da das nunmehrige, dem »neu-ungarischen« Wappen ähnliche slowakische Wappen die traditionellen Berge Tatra, Matra und Fatra in blauer Farbe aufweist.

Offiziell angenommen am 30. März 1920 und wiederhergestellt 1945.

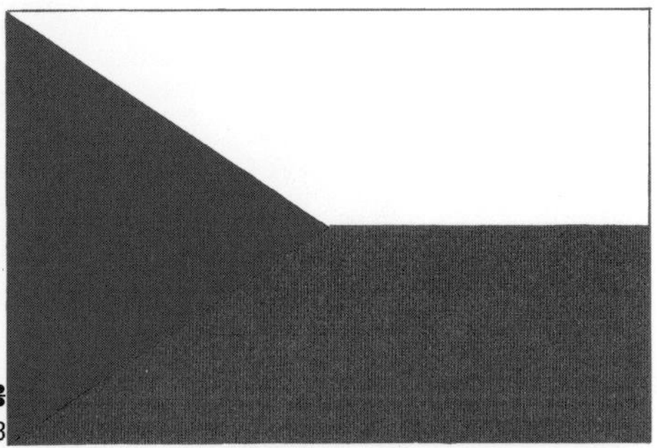

2:3

STAATSWAPPEN

Die ungewöhnliche Form des tschechoslowakischen Schildes ist 1960 als eine überlieferte, von den hussitischen Aufständischen im frühen 15. Jahrhundert gebrauchte Form gewählt worden. Hier ist der alte böhmische Löwe von dem roten Stern des Kommunismus überhöht und trägt auf der Schulter einen Schild für die Slowakei. Dieser trägt die Freiheitsflamme auf dem Hintergrund einer stilisierten Darstellung der Karpaten.
»Wahrheit siegt« ist der nationale Wahlspruch.

FLAGGE DES STAATSPRÄSIDENTEN

1:1

23

# CHILE

## CHILE

REPÚBLICA DE CHILE

REPUBLIK CHILE

Die Zeichnung der chilenischen Flagge ist von der Flagge der Vereinigten Staaten beeinflußt.

Wie viele andere Länder besaß Chile in den ersten Jahren des Kampfes um die Unabhängigkeit mehrere tatsächlich geführte Flaggen und Flaggenentwürfe. Die Verwirrung war so groß, daß der Gouverneur von Valparaiso, Oberst Francisco Lastra, sich zu dem Schreiben vom 3. Oktober 1817 an die Regierung veranlaßt sah: »In der Hauptstadt habe ich Trikoloren von verschiedener Art und Gestalt gesehen, die mich nicht mit der nötigen Kenntnis zu ihrer Einführung hier versehen haben. Weswegen Euer Exzellenz mich über diesen besonderen Gegenstand nach Ihrer Möglichkeit unterrichten mögen.« Die Antwort der Regierung war ein heute verlorenes Dekret, mit dem die gültige Flagge von Chile festgestellt worden ist.
Das Nationalepos von Chile, *La Araucana,* ist eine von Alonso de Ercilla verfaßte Sage aus dem 16. Jahrhundert über das vorkoloniale Leben. Diese Geschichte von araukanischen Indianern spricht von Kriegern, die weiße, blaue und rote Binden getragen haben sollen; es ist aber höchst unwahrscheinlich, daß diese Binden auf die Nationalflagge von Chile irgendeinen Einfluß gehabt haben.

Offiziell angenommen ungefähr am 18. Oktober 1817.

2:3

POR LA RAZON O LA FUERZA

STAATSWAPPEN

Das Staatswappen gibt in Schild und Oberwappen die Flagge wieder. Die Schildhalter sind einheimische Tiere und tragen beide eine Marinekrone. Der Kondor dient auch in den Wappen von Bolivien, Ecuador und Kolumbien als Symbol, während das Huemul, eine in den Wäldern und Hochplateaus der Anden lebende Hirschart, nur in der Heraldik von Chile vorkommt. Der nationale Wahlspruch »Mit Vernunft oder Macht« steht unterhalb des Wappens.

FLAGGE DES STAATSPRÄSIDENTEN

2:3

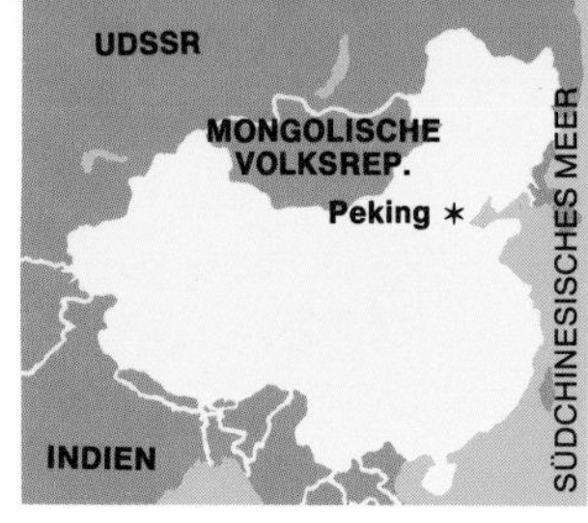


# CHUNG KUO

## CHINA

### CHUNG-HUA JEN-MIN KUNG-HO-KUO

VOLKSREPUBLIK CHINA

Weiteres über chinesische Flaggen auf den Seiten 108 bis 113.

In den fünf Sternen der Flagge ist der Führungsanspruch der Kommunistischen Partei über die in Chinas vereinigter Front verbundenen vier Klassen verkörpert. Rot ist die traditionelle Farbe für das eigentliche China wie auch ein Symbol des von der Nation seit 1949 eingeschlagenen Weges zum Kommunismus. Mehrere offizielle Flaggen tragen in China goldene oder weiße Inschriften; roten Grund haben sie alle. Sogar der Name »Rote Fahne« ist außerordentlich volkstümlich. Er dient u.a. als Name für die wichtigste ideologische Zeitung und für den größten chinesischen Kraftwagen.

Offiziell gehißt am 1. Oktober 1949.

2:3

STAATSWAPPEN

Die wichtigsten landwirtschaftlichen Erzeugnisse Chinas, Weizen und Reis, umrahmen das Staatswappen, das die Farben und die Symbolik der Flagge wiederholt. Das Gewerbe ist durch ein Zahnrad versinnbildlicht, während das Tor des Himmlischen Friedens, der Eingang zur früheren Verbotenen Stadt der Kaiserzeit, in Peking die Wiederherstellung der Macht in der traditionellen Hauptstadt Chinas verdeutlicht. Die vier kleinen Sterne vertreten die Arbeiter, Bauern, Kleinbürger und patriotischen Kapitalisten.

Der Stern in der Flagge der Volksbefreiungsarmee steht für deren Siege. Das Datum ihrer Gründung hält sie durch Hinzufügung der stilisierten Schriftzeichen für »8« und »1«, d.h. 1. August (1928), auf ihrer roten Fahne fest.

2:3≈

# CHUNG KUO

## CHINA

### CHUNG-HUA MIN-KUO

REPUBLIK CHINA

Die Nationalflagge ist unter dem Namen »Weiße Sonne im Blauen Himmel über Rotem Grund« bekannt.

Die Flagge der Kuomintang (Nationalistische Partei) dient als Grundlage für viele Flaggen, die von der Republik China 1928 nach Tschiang Kai-scheks siegreicher Nordexpedition angenommen worden sind. Die Weiße Sonne im Blauen Himmel dient noch heute als Parteiflagge und auch als Gösch der Marine. Ursprung, Entwicklung und Symbolik dieser und anderer chinesischer Flaggen sind an anderer Stelle in diesem Buch ausführlich behandelt, besonders auf den Seiten 108 bis 113. Es möge aber nochmals darauf hingewiesen werden, daß Rot lange als die Nationalfarbe der Han, eine die überwiegende Mehrheit der chinesischen Bevölkerung bildende Volksgruppe, angesehen worden ist. Das Blau der gegenwärtigen Flagge soll für Gleichheit und Gerechtigkeit stehen. Das Weiß ist ein Symbol von Brüderlichkeit und Freimut.

Offiziell angenommen am 28. Oktober 1928.

2:3

STAATSWAPPEN

2:3

8:11≈

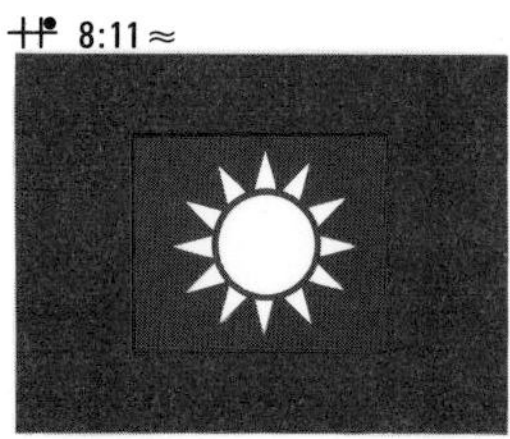

FLAGGE DES STAATSPRÄSIDENTEN

2:3

Während der Kaiserzeit vor 1912 war die Handelsflagge von China rot und gold, und die Standarte des Kaisers hatte ein goldenes Feld. Die Farben dieser Flaggen dürften die gegenwärtige Handelsflagge und die Präsidentenstandarte beeinflußt haben.

# CITTÀ DEL VATICANO

## VATIKANSTADT

STATO DELLA CITTÀ DEL VATICANO

STAAT VATIKANSTADT

Da der Apostel Petrus üblicherweise mit den bei Matthäus 16, 19 erwähnten Schlüsseln dargestellt wird, haben seine Nachfolger, die Päpste zu Rom, schon im 13. Jahrhundert Schlüssel als Symbol genommen. Die beiden Schlüssel auf einem roten Schild bedeuten den Anspruch des Papstes, über geistliche und weltliche Dinge zu herrschen.
Die Tiara ist mindestens seit dem 13. Jahrhundert ein weiteres Emblem der päpstlichen Autorität.

Offiziell gehißt am 8. Juni 1929.

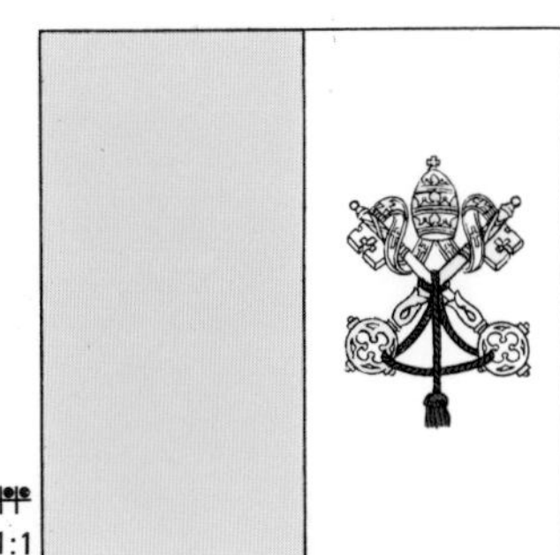

1:1

STAATSWAPPEN

WAPPEN DES PAPSTES

FLAGGE DES HEILIGEN STUHLES 1:2≈

Während des Mittelalters war Rot die Farbe der katholischen Kirche, in Gold wurden die gekreuzten päpstlichen Schlüssel dargestellt. Im Jahre 1808 gliederte Napoleon die päpstliche Armee in seine eigene ein, und Papst Pius VII. erkannte, daß neue Farben nötig seien. Er wählte Gelb und Weiß; 1825 wurden sie für mehrere Dienstflaggen des Kirchenstaats bestätigt. Dieser 1870 in das Königreich Italien einverleibte Staat wurde 1929 als Vatikanstadt wiederbelebt; dabei wurde seine Flagge erneuert.



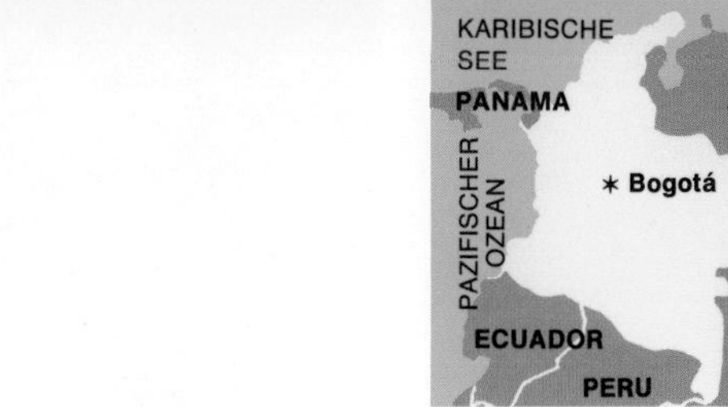


# COLOMBIA

## KOLUMBIEN

REPÚBLICA DE COLOMBIA

REPUBLIK KOLUMBIEN

Der Schild des Staatswappens zeigt oben einen Granatapfel (auf spanisch: *granada*), das heraldische Zeichen für Granada – bis 1861 kannte man Kolumbien unter dem Namen Neugranada.
Der untere Teil des Schildes zeigt die Landenge von Panama, das bis 1903 zu Kolumbien gehört hatte. Andere Embleme sind das Füllhorn als Sinnbild des Wohlstandes, eine Freiheitsmütze, ein Kondor und der Wahlspruch »Freiheit und Ordnung«.

Weiteres siehe Venezuela und Ecuador.

Offiziell angenommen am 26. November 1861.

2:3≈

STAATSWAPPEN

FLAGGE DES STAATSPRÄSIDENTEN 3:5≈

2:3

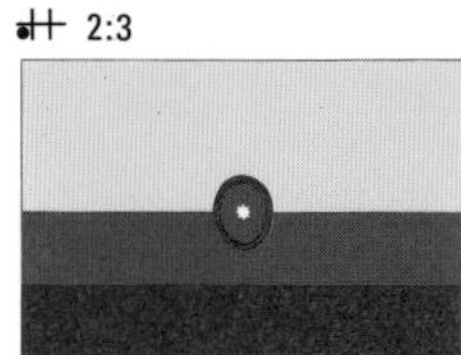

2:3

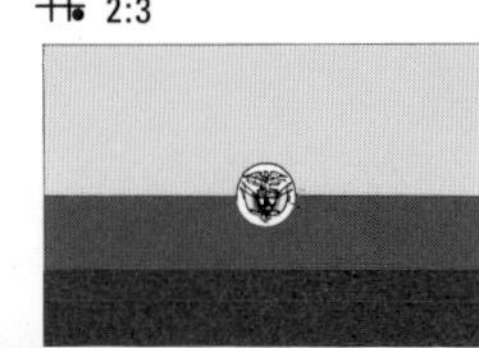

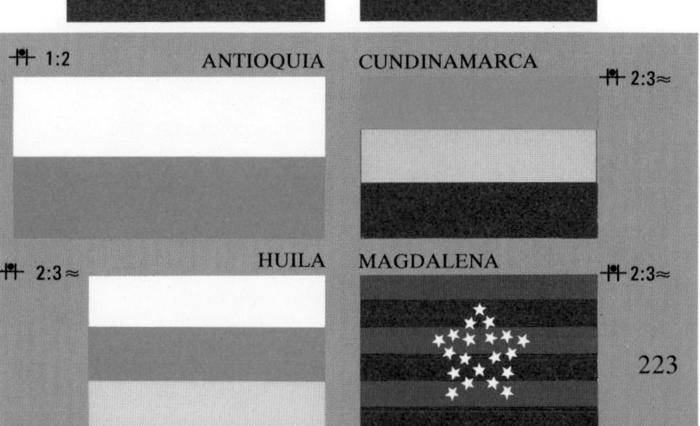

28

# CONGO

KONGO

## RÉPUBLIQUE POPULAIRE DU CONGO

VOLKSREPUBLIK KONGO

Die frühere belgische Kongo-Kolonie heißt jetzt Zaire (siehe dort).

Aufgrund eines zwischen dem französischen Forscher Pierre Savorgnan de Brazza und Makoko, dem König der Bateke, geschlossenen Vertrages wurde das Gebiet nördlich des Kongo-Stromes 1880 ein französisches Protektorat. Unter dem Namen Mittel-Kongo gab es dort bis 1958 keine andere offizielle Flagge außer der französischen Trikolore. In diesem Jahr wurde daraus die Republik Kongo mit einer eigenen Flagge, obwohl sie mit Frankreich durch die Communité verbunden blieb. Die 1958 angenommene Flagge hat Schrägstreifen in den pan-afrikanischen Farben Grün, Gelb und Rot.

Offiziell gehißt am 30. Dezember 1969.

2:3

Die Erlangung der Unabhängigkeit des Kongo am 15. August 1960 hatte keine Änderung zur Folge.
Im Jahre 1963 wurde eine sozialistische Regierung errichtet, und am letzten Tage des Jahres 1969 wurde die Volksrepublik proklamiert. Um die Solidarität mit anderen sozialistischen Ländern auszudrücken, wurde die Flagge geändert; in der jetzigen Zeichnung überwiegt Rot. Diese Farbe wird als Symbol des Kampfes des kongolesischen Volkes während der Kolonialzeit zur Gewinnung der nationalen Unabhängigkeit angesehen. Die grünen Palmzweige bedeuten Frieden und der goldene Stern darüber Hoffnung. Ein Hammer und eine Hacke zeigen die in dem Aufbau eines neuen Kongo vereinigten Klassen von Arbeitern und Bauern an. Die pan-afrikanischen Farben kommen weiterhin in der Kongo-Flagge vor.

Als die ursprüngliche Kongo-Flagge angenommen wurde, bemerkte der Präsident der Nationalversammlung hierzu: »Die wahre Identität der Republik Kongo wird nicht ihre Flagge sein und nicht ihre Hymne, sondern sie wird über alles von der Würde, dem Bürgersinn, der Arbeit und dem Patriotismus seiner Bürger abhängen [...] Die wahre Identität des Kongo wird mehr in als außerhalb von uns zu finden sein.«



29

# COSTA RICA

COSTA RICA

## REPÚBLICA DE COSTA RICA

REPUBLIK COSTA RICA

Das Wappen und die Flaggen stehen mit denen anderer mittelamerikanischer Nationen in Beziehung.

Als einziges der früheren Mitglieder der Vereinigten Provinzen von Mittelamerika verzichtete Costa Rica nach der Auflösung der Föderation auf die Führung von deren Flagge. Auf eine weiß-blau-weiße Flagge folgten im Jahre 1848 die fünf noch jetzt in der Nationalflagge vorkommenden Streifen.
Blau und Weiß in der Flagge erinnern an die ehemalige mittelamerikanische Föderation, ebenso wie die Vulkane im Wappen. Das Rot wurde zur Ehrung der französischen Revolution von 1848 hinzugefügt. Seitdem ist das Wappen von Costa Rica zweimal ein wenig geändert worden.

Offiziell angenommen am 21. Oktober 1964.

3:5

STAATSWAPPEN

Derzeit trägt das Wappen den Namen des Landes, darüber »Mittel-Amerika«, eine Erinnerung an die frühere Einigkeit und ein Ausdruck der Hoffnung, daß Costa Rica in der Zukunft wieder Teil eines größeren Staates werden möge. Die sieben Sterne entsprechen der Anzahl der Provinzen von Costa Rica.

2:3 ≈

Costa Rica ist eines der wenigen Länder, die ihren Bürgern privat die Führung der Nationalflagge an Land gesetzlich untersagen. Es gibt zwar eine bürgerliche Flagge für die Handelsschiffe; Häuser und Geschäftslokale dürfen aber nach dem Buchstaben des Gesetzes an Feiertagen nur mit Stoffstreifen in den Nationalfarben geschmückt werden; gegenwärtig wird aber diese Vorschrift nicht respektiert, sondern die Nationalflagge ohne Wappen als Flagge für jedermann gebraucht.

30

# CÔTE D'IVOIRE
## ELFENBEINKÜSTE

RÉPUBLIQUE
DE CÔTE D'IVOIRE

REPUBLIK ELFENBEINKÜSTE

Die drei Streifen der Nationalflagge werden als Versinnbildlichung des kraftvollen Fortschreitens des jugendlichen Landes in die Zukunft entsprechend dem Nationalwahlspruch »Einigkeit, Disziplin, Arbeit« gedeutet. Offenbar beruht die Gestalt der Streifen auf der senkrechten Einteilung der französischen Trikolore, die während mehrerer Jahrzehnte über der Elfenbeinküste wehte, ehe diese 1960 ihre Unabhängigkeit erlangte.

Die für die Nationalflagge gewählten Farben sind nicht die pan-afrikanischen Farben. Man findet Orange-Weiß-Grün auch in der Flagge von Niger, ebenfalls einer früheren französischen Kolonie. Die Savannen des Nordens werden durch den Orange-Streifen ausgedrückt, während das Grün die reichen, jungfräulichen Wälder der südlichen Regionen bedeutet. Weiß steht symbolisch für die Einigkeit zwischen Nord und Süd. Ursprünglich war der Schild des Staatswappens blau, aber 1964 wurde die Farbe in Grün geändert, um sie mehr der Flagge anzugleichen.

Der Elefant, der als Hauptbild auf dem Schild erscheint, ist nicht nur ein Tier der einheimischen Fauna, sondern auch das Parteiabzeichen der Demokratischen Partei der Elfenbeinküste, die das Land in die Unabhängigkeit geführt hat. Das »weiße Gold« des Elefanten, das einst europäische Handelsleute und Eroberer angezogen hat, gab der Nation ihren Namen.

Offiziell angenommen am 3. Dezember 1959.

2:3

STAATSWAPPEN

Für das ungeübte Auge erscheinen die Flaggen der Elfenbeinküste und von Irland ganz ähnlich, da sie beide aus gleich breiten, orange, weißen und grünen Streifen bestehen. Abgesehen von der umgekehrten Anordnung der Farben, besteht auch ein Unterschied in den amtlichen Abmessungen der beiden Flaggen; die irische Flagge ist entsprechend der britischen Überlieferung doppelt so lang wie breit, die Flagge der Elfenbeinküste entspricht hingegen der französischen Überlieferung, indem die Länge eineinhalb mal die Breite ausmacht. Noch wichtiger ist, daß die beiden Flaggen in Geschichte und Symbolik abweichen.

31

# CUBA
## KUBA

REPÚBLICA DE CUBA

REPUBLIK KUBA

Offiziell gehißt am 20. Mai 1902.

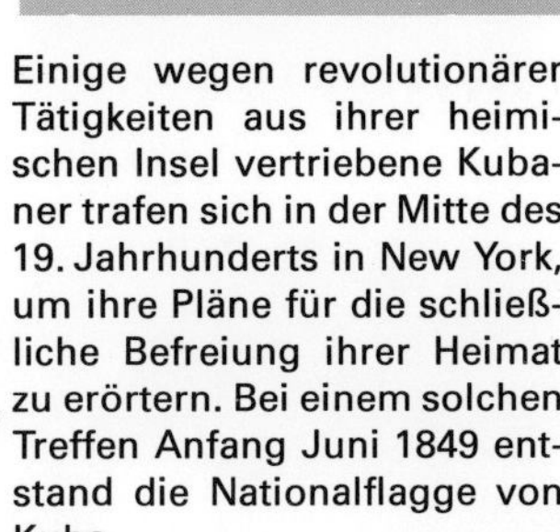

Einige wegen revolutionärer Tätigkeiten aus ihrer heimischen Insel vertriebene Kubaner trafen sich in der Mitte des 19. Jahrhunderts in New York, um ihre Pläne für die schließliche Befreiung ihrer Heimat zu erörtern. Bei einem solchen Treffen Anfang Juni 1849 entstand die Nationalflagge von Kuba.

Nach der Überlieferung soll Narciso López den Entwurf geliefert haben. Emilia Teurbe Tolón, die Frau eines Gastes von López an dem Abend, als die Flagge besprochen wurde, schuf das erste Exemplar. Die Originalflagge fand ihren Weg nach Kuba und wurde über ein halbes Jahrhundert später das Modell für die Flagge der nunmehr unabhängigen Republik.

Die weißen Streifen der kubanischen Flagge bedeuten die Reinheit der revolutionären Sache, die drei blauen Streifen entsprechen der damaligen territorialen Unterteilung Kubas. Der Stern der Unabhängigkeit erscheint auf einem freimaurerischen Dreieck, dessen rote Farbe die blutigen Kämpfe andeutet, denen die Nation in Erreichung und Bewahrung der Unabhängigkeit ausgesetzt war.

1:2

STAATSWAPPEN

Das Wappen von Kuba, ein Hauptmotiv in der Präsidentenstandarte, soll von dem Ehemann der Frau gezeichnet worden sein, die die kubanische Flagge genäht hat. Miguel Teurbe Tolón verband 1849 die traditionellen Symbole republikanischer Gesinnung, die Freiheitsmütze und das Liktorenbündel, mit besonderen kubanischen Emblemen. Die Lage Kubas als Schlüssel zum Golf von Mexiko ist graphisch im Schildhaupt dargestellt. Wie in der Flagge entsprechen die Streifen den damaligen Landesteilen Kubas. Ein Palmbaum auf der heraldisch linken Seite bezeugt die Kraft und Fruchtbarkeit des Bodens.

FLAGGE DES STAATSPRÄSIDENTEN

1:1

32

# DAHOMEY

## DAHOMEY

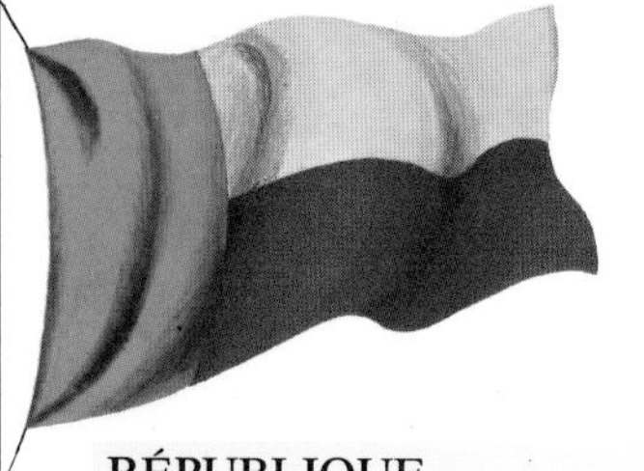

RÉPUBLIQUE
DU DAHOMEY

REPUBLIK DAHOMEY

Die pan-afrikanischen Farben der von Dahomey vor der Unabhängigkeit gewählten Nationalflagge sind die gleichen, die in den Flaggen vieler anderer ehemaliger Mitglieder des französischen Kolonialreiches vorkommen. Gelb und Grün deuten auf die Verteilung Dahomeys auf die Palmhaine des Südens und die Savannen des Nordens. Die durch das Rot ausgedrückte Verbindung zwischen beiden ist das von den Ahnen für die Verteidigung der Heimat vergossene Blut.

Die Flagge ist seit der von Frankreich am 1. August 1960 gewährten Unabhängigkeit nicht geändert worden, obwohl Präsident Mathieu Kerekou am 3. Dezember 1974 die Umgestaltung von Dahomey in einen marxistisch-leninistischen Staat angekündigt hat.

»Brüderlichkeit, Gerechtigkeit, Arbeit« ist der Wahlspruch des Wappens von Dahomey. Sein Schild enthält die Darstellung des Forts von Somba und den Stern des Ordens vom Schwarzen Stern, den König Toffa von Porto Novo 1892 gestiftet hatte. Auf das Palmöl, das einen bedeutenden Anteil am Nationaleinkommen ausmacht, deutet der Palmbaum hin, während das Schiff im letzten Feld an die Häfen erinnert, durch die einst europäische Forscher an Dahomeys Küsten gelockt worden sind. Landwirtschaftlicher Überschuß ist der Gegenstand des Oberwappens, wo zwei Füllhörner Maisähren ausschütten.

Offiziell angenommen am 16. November 1959.

2:3≈

STAATSWAPPEN

Dahomey besitzt eine Tradition von lebhaft gefärbten applizierten Vorhängen. In früheren Zeiten wurden diese gelegentlich als Flaggen benützt, aber heute wie früher wird oft die Flagge als graphisches Element verwendet. Offenbar war eine solche Flagge von dem letzten König von Dahomey, Behanzin (1889–94), geführt worden. Französische Soldaten, die seine Residenzstadt eingenommen hatten, fanden ein blaues Hängebanner, darauf ein Schild mit einem Hai und Ei zwischen einem Palmbaum, Elefantenstoßzähnen und Schlangen.

33

# DANMARK

## DÄNEMARK

KONGERIGET
DANMARK

KÖNIGREICH DÄNEMARK

Die Geschichte des Danebrog ist ausführlich auf den Seiten 64 und 65 geschildert.

Ursprünglich eine Kampffahne und später weithin zur See gebraucht, ist die bürgerliche Flagge von Dänemark heute fast jedermann zu eigen.

Die schwalbenschwanzförmige, als Splitflagge bekannte Ausführung der dänischen Flagge dient amtlichen Zwekken. Eine Anzahl von Institutionen und Beamten führen ein Unterscheidungszeichen im Grundmuster.

Grönland, das zum dänischen Königreich gehört, flaggt mit der bürgerlichen Flagge, aber der »Königlich-Grönländische Handel« führt die Staatsflagge mit gekreuzten weißen Harpunen in der Oberecke. Die Färöer besitzen das Recht auf eine eigene Flagge seit 1948.

Das Staatswappen *(unten rechts)* stammt aus dem 12. Jahrhundert. Die gleiche Darstellung steht als ein Hauptfeld im königlichen Wappen, dessen gegenwärtige Form 1972 festgestellt worden ist. Die Nationalflagge geht auf das 13. oder 14. Jahrhundert zurück.

28:37

KÖNIGSWAPPEN

STAATSWAPPEN

56:107

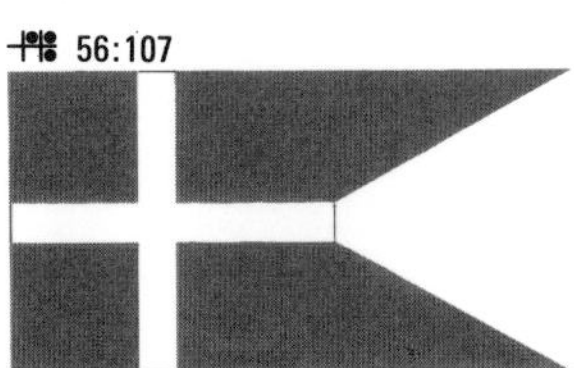

56:107

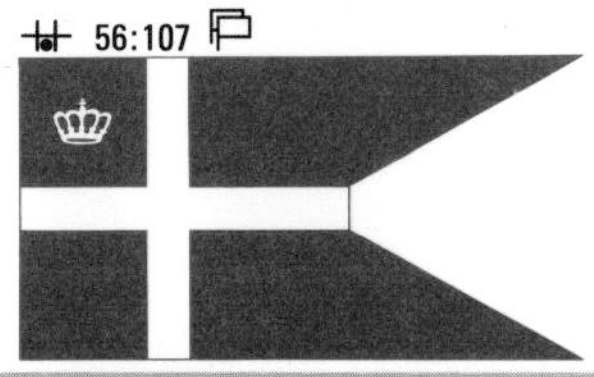

KÖNIGSSTANDARTE 56:107

FØROYAR / FÆRØERNE
FÄRÖER

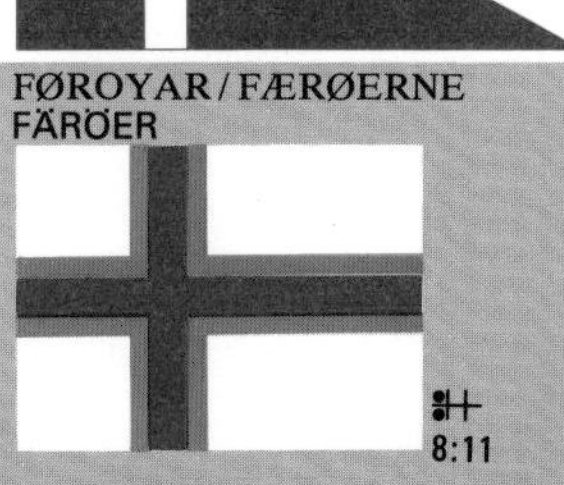

8:11

34

# DEUTSCHLAND (WEST)

## BUNDESREPUBLIK DEUTSCHLAND

Weiteres über die deutschen Flaggen auf den Seiten 114 bis 123.

Während der sogenannten Republik von Weimar (1918 bis 1933) war der Gebrauch der schwarz-rot-goldenen Nationalfarben durch Einfügung von Schwarz-Weiß-Rot in verschiedenen deutschen Flaggen beeinträchtigt. Gegenwärtig ist Schwarz-Rot-Gold allein amtlich, auch in den von der Bundeswehr geführten Truppenfahnen.
Nach der Wiederherstellung der vollen inneren und äußeren Souveränität am 5. Mai 1955 nahm die Bundesrepublik Deutschland eine »Dienstflagge der Bundesmarine« genannte Kriegsflagge an; in Übereinstimmung mit anderen Ostsee-Anrainern ist diese Flagge schwalbenschwanzförmig. In dieser Flagge besteht eine alte Gewohnheit weiter; wie in der Dienstflagge trägt sie nämlich ihr Wappen etwas gegen das Liek verschoben. Wenn die Flagge weht, wird das Flattern des fliegenden Endes im Wind hierdurch optisch ausgeglichen.

Offiziell angenommen am 9. Mai 1949.

3:5

STAATSWAPPEN

3:5

3:5

STANDARTE DES BUNDESPRÄSIDENTEN

1:1

Da metallische Tönungen in Textilien schwer zu erzielen sind, ist der Ton, den die deutschen Vorschriften »Gold« nennen, gewöhnlich durch ein tiefes Goldgelb wiedergegeben. In gemalten Einzelheiten von Wappen hingegen kann Gold (auch Silber) auf Flaggen vorkommen.

## DIE BUNDESLÄNDER

SCHLESWIG-HOLSTEIN
HAMBURG
BREMEN
NIEDERSACHSEN
BERLIN
NORDRHEIN-WESTFALEN
HESSEN
RHEINLAND-PFALZ
SAARLAND
BAYERN
BADEN-WÜRTTEMBERG

3:5

LAND BADEN-WÜRTTEMBERG
Offiziell angenommen am 29. September 1964.

FREISTAAT BAYERN
Offiziell angenommen am 14. Dezember 1953.

3:5

LAND BERLIN
Offiziell angenommen am 26. Mai 1954.

FREIE HANSESTADT BREMEN
Offiziell bestätigt am 21. November 1947.

15:23 ≈

2:3 ≈

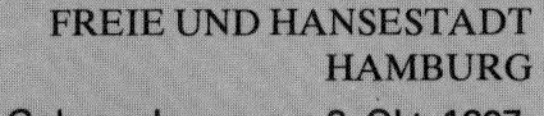

FREIE UND HANSESTADT HAMBURG
In Gebrauch gen. am 8. Okt. 1897.

LAND HESSEN
Offiziell angenommen am 31. Dezember 1949.

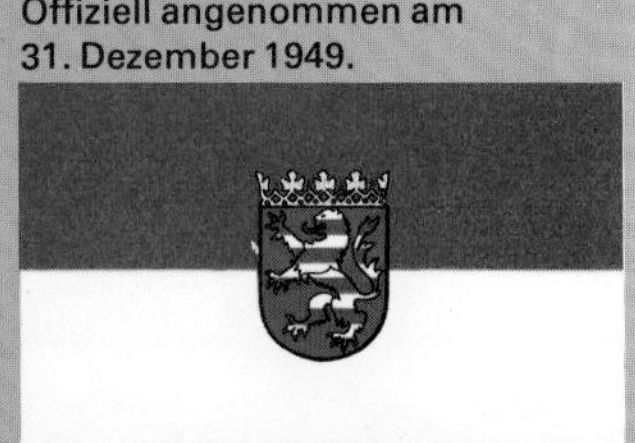

3:5

2:3

LAND NIEDERSACHSEN
Offiziell angenommen am 17. Oktober 1952.

LAND NORDRHEIN-WESTFALEN
Offiziell angenommen am 10. März 1953.

3:5

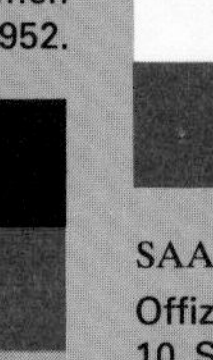

2:3

LAND RHEINLAND-PFALZ
Offiziell angenommen am 15. Mai 1948.

SAARLAND
Offiziell angenommen am 10. September 1956.

3:5

3:5

◁ LAND SCHLESWIG-HOLSTEIN
Offiziell angenommen am 18. Januar 1957.

35

NORDSEE OSTSEE
Berlin
POLEN
BUNDESREP. DEUTSCHL.
TSCHECHOSL.

# DEUTSCHLAND (OST)

## DEUTSCHE DEMOKRATISCHE REPUBLIK

Weiteres über deutsche Flaggen auf den Seiten 114 bis 123.

Während der ersten zehn Jahre ihres Bestehens flaggte die Deutsche Demokratische Republik (DDR) die überlieferten schwarz-rot-goldenen deutschen Farben. Zur Unterscheidung ihrer Flagge von der der Bundesrepublik Deutschland wurde das Staatswappen 1959 in verschiedene Flaggen der DDR eingefügt. Die Bestandteile dieses Wappens drücken die ideologische Ausrichtung des Staates aus. Rot zeigt die Bindung an den Kommunismus; das dreifarbige Band spiegelt den nationalen Charakter des Staates wider. Bauern, Werktätige und Intellektuelle sind durch den Weizen,

Offiziell gehißt am 1. Oktober 1959.

3:5

den Hammer und den Zirkel vertreten. Ein Lorbeerkranz erscheint in der Kriegsflagge (offiziell Dienstflagge der Nationalen Volksarmee) und in den Truppenfahnen wie auch in verschiedenen anderen Flaggen der DDR.

STAATSWAPPEN

3:5

3:5

Anders als bei den üblichen britischen Flaggenabmessungen 1:2 und denen der französischen Flaggen 2:3 haben deutsche Flaggen seit dem 19. Jahrhundert vielfach, anfänglich nur bei der Kriegsmarine, die offiziellen Abmessungen 3:5.

FLAGGE DES VORSITZENDEN DES STAATSRATES

1:1

36

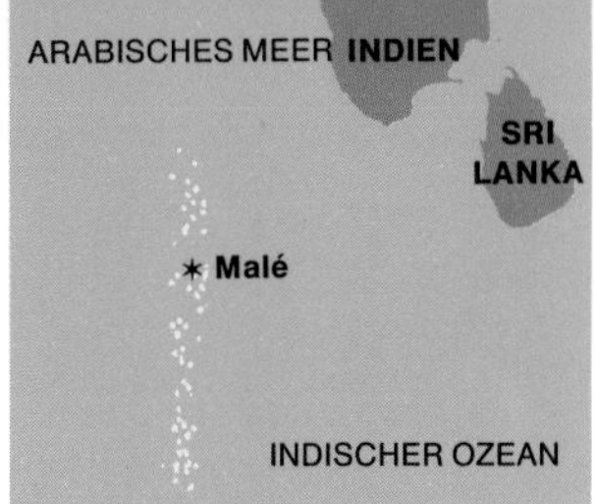


# DIVEHI

MALEDIVEN

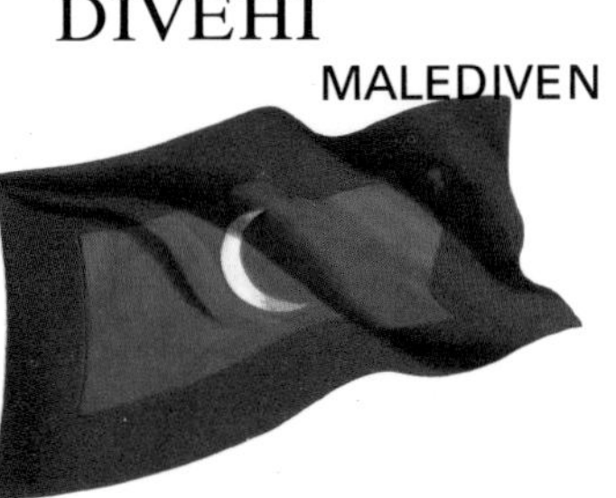

## DIVEHI RAAJJE

REPUBLIK MALEDIVEN

Der Name des Landes bedeutet ›Tausend Inseln‹.

Die von den arabischen Schiffen aus dem Persischen Golf besuchten Staaten im Indischen Ozean führten eine gemeinsame glatt rote Nationalflagge. Schrittweise haben diese Staaten – Kuwait, Oman, Tadschurah, Sansibar, die Komoren und andere – ihre Flaggen geändert. Der rote Rand der maledivischen Flagge ist somit eine Erinnerung an die glatt rote Flagge, die dort einst geweht hat. Das grüne Feld und der Halbmond, beides Symbole der islamischen Religion der Bevölkerung, wurden durch den Premierminister Amir Abdul Madschid Didi zu Beginn des 20. Jahrhunderts eingeführt.

Offiziell gehißt am 26. Juli 1965.

2:3

STAATSWAPPEN

Als das 1887 errichtete britische Protektorat 1965 endete, wurde die Flagge durch Entfernung des schwarz-weiß schräggestreiften Randes am Liek geändert. Die Ersetzung des Sultanats durch eine Republik, seine Wiederherstellung und die erneute Rückkehr zur Republik hatte keine Änderung der Flagge zur Folge. Das Wappen zeigt eine Dattelpalme, Nationalflaggen und einen Stern mit Halbmond, darunter den Staatsnamen auf einem Schriftband.

3:5≈

FLAGGE DES MINISTERPRÄSIDENTEN

3:5≈

Zusätzlich zu den gezeigten Flaggen gibt es auch noch Flaggen für die Kabinettsminister und andere Beamte wie Hafenmeister und den Zolldienst. Sonderflaggen werden bei feierlichen Anlässen gebraucht; auch gab es in der Vergangenheit weitere Flaggen.

37

SPANIEN MITTELMEER
ATLANTISCHER OZEAN
* Algier
MAROKKO
LIBYEN
MAURE-TANIEN
MALI
NIGER

# AL-DSCHAZEHR

## ALGERIEN

AL-DSCHUMHURIJE
AL-DSCHAZEHRIJE
AL-DIMUKRATIJE
ASCH-SCHABIJE

DEMOKRATISCHE VOLKSREPUBLIK ALGERIEN

Von 1832 bis 1847 führte Abd el-Kader Widerstandskräfte, um Algerien von einer Besetzung durch französische Truppen freizuhalten. Ihre schließliche Niederlage führte zu einer mehr als ein Jahrhundert dauernden französischen Kolonialherrschaft in Algerien. Heute wird Abd el-Kader von einem unabhängigen Algerien geehrt. Ihm wird in der Volksmeinung auch die Schaffung des Entwurfs der heutigen Nationalflagge zugeschrieben, obwohl dies nicht bewiesen werden konnte. Wahrscheinlich ist diese Flagge von Messali Hadsch im Jahre 1928 entworfen worden. Sein zwei Jahre zuvor gegründeter »Nordafrikastern« war die erste ernstliche Anstrengung, die algerischen Mohammedaner politisch zu organisieren.

Während die Nationale Befreiungsfront (FLN) Messali Hadschs Flagge 1954 annahm, gewannen sein radikales Programm und seine revolutionären Taktiken die Herrschaft im Unabhängigkeitskampf. Nach der Errichtung der Provisorischen Regierung der Algerischen Republik durch die FLN 1948 ist die Flagge in der ganzen Welt bekannt geworden.

Das Motiv von Halbmond und Stern war für Jahrhunderte ein gemeinsames Symbol der islamischen Kultur in Nordafrika, insbesondere unter der osmanischen Herrschaft, die der französischen Eroberung vorangegangen war. Grün ist ebenso als eine überlieferte mohammedanische Farbe anerkannt.

Offiziell gehißt am 3. Juli 1962.

2:3

STAATSWAPPEN

Der Sinn der nationalen Symbole und landwirtschaftlichen Erzeugnisse im Wappen von Algerien ist klar, aber das Symbol an der Spitze ist den meisten Nichtalgeriern nicht geläufig. Es ist ein in ganz Nordafrika volkstümliches Glücksemblem, die traditionelle Hand der Fatima (Fatima, die Tochter Mohammeds, war die Ahnherrin der fatimitischen Dynastie). Die Hand der Fatima kommt als Schmuckstück, als Flaggenmastspitze, auf den Spitzen der Minarette und als Motiv in dekorativen Künsten vor.

38

CHINA
* Thimphu
INDIEN

# DRUK-YUL

## BHUTAN

KÖNIGREICH BHUTAN

Im 19. Jahrhundert in Gebrauch genommen.

Die gelbe oder safranfarbige Hälfte der Flagge ist symbolisch für die Autorität des Königs und bedeutet seine aktive Rolle in der Leitung religiöser und weltlicher Angelegenheiten. Die untere Hälfte der Flagge symbolisiert die geistliche Macht des Buddhismus, die in Bhutan durch die Sekten der Kagyudpa und Nyingmapa repräsentiert wird. Diese Farbe war ursprünglich Braun, ist aber in den 60er Jahren zu einem Orange-Rot geändert worden. Weiß wird als ein Zeichen für Redlichkeit und Reinheit angesehen.

Der Drache in der Mitte hat verschiedene symbolische Funktionen. Er bezieht sich auf den Namen des Landes, der als ›Drachenland‹ zu übersetzen ist. Er bezieht sich auch auf den oft in den Tälern und Gebirgen Bhutans zu hörenden Donner, allgemein als die Stimme der Drachen bezeichnet. In der Vergangenheit hatte Bhutan enge Beziehungen zu den Kaisern von China, deren Flagge Gold mit einem Drachen war.

Bhutan ist eines der vielen Länder, deren überkommene Flaggen erst neuerdings Gegenstand der Festsetzung von Einzelheiten geworden sind. Früher wurden wesentliche Bestandteile des Entwurfs für wichtiger gehalten als Einzelheiten der Abmessungen und der Farbtönungen.

2:3

KÖNIGSWAPPEN

In der Mitte des königlichen Wappens befindet sich ein stilisierter Donnerkeil, der auf die Macht der Lamas bezogen wird. Das Haupt eines Klosters wird beispielsweise als Dordscheradscha, d.h. Donnerkeilschwinger, bezeichnet. Der Donnerkeil wird gegenwärtig als ein Zeichen für Macht und Autorität, aber auch der Harmonie zwischen geistlichem und weltlichem Recht angesehen. Oberhalb des königlichen Wappens steht der dreifache Edelstein der buddhistischen Philosophie, der auch in der Flagge Tibets von 1912 bis 1959 vorkam (siehe Seite 25).

GALAPAGOS-INSELN
Quito
KOLUM
PAZIFISCHER OZEAN
PERU

# ECUADOR

## ECUADOR

REPÚBLICA DEL ECUADOR

REPUBLIK ECUADOR

In Gebrauch seit 1860; offiziell angenommen am 7. November 1900.

In den ersten Jahren seiner Unabhängigkeit (seit 1822) war Ecuador Teil der »Republik Großkolumbien«, der auch Venezuela angehörte. Die von Ecuador nach der Auflösung der Union 1830 gehißte Flagge behielt die Grundzeichnung der Bundesflagge bei. Im modernen Ecuador hat die Flagge drei Formen. Wie in vielen anderen südamerikanischen Ländern führen private Bürger eine Flagge aus glatten Streifen, während die Regierungsgebäude und militärischen Einrichtungen das Staatswappen hinzufügen.
In einer Beziehung ist Ecuador aber einmalig, denn es besitzt eine besondere Flagge *(oben links)* zur Führung auf kommunalen Gebäuden: In der Mitte des blauen Streifens steht ein Kranz von Sternen, je einer für jede Provinz.
Das Wappen *(links)* enthält »jenen Teil des Tierkreises, der die den denkwürdigen Monaten März, April, Mai, Juni entsprechenden Zeichen trägt«, wodurch die in jenen Monaten 1845 dauernde Revolution angedeutet wird. Es zeigt auch den Berg Chimborazo und ein Schiff als Zeichen für Schiffahrt und Handel.

1:2

STAATSWAPPEN

Die Flagge von Guayas *(rechts)* wurde ursprünglich im Aufstand von Guayaquil 1820 gezeigt, aber die meisten übrigen Provinzialflaggen von Ecuador *(rechts außen)* stammen aus der Mitte des 20. Jahrhunderts.

1:2

TERRITORIO DE LOS GALAPAGOS

TERRITORIUM GALAPAGOS

DIE PROVINZEN VON ECUADOR

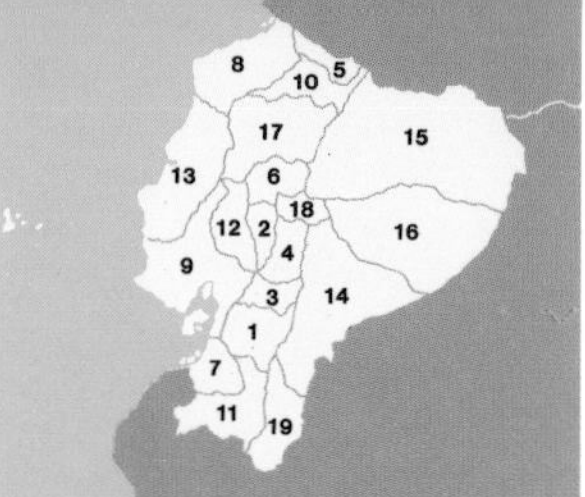

1 AZUAY

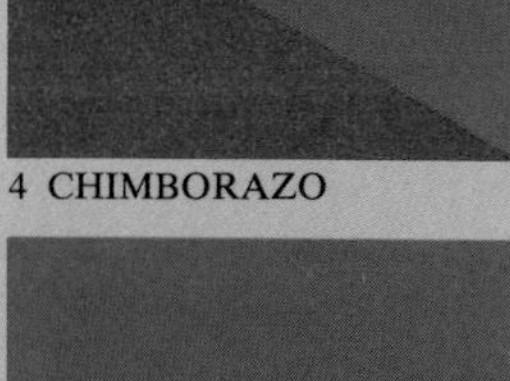

2 BOLÍVAR

3 CAÑAR

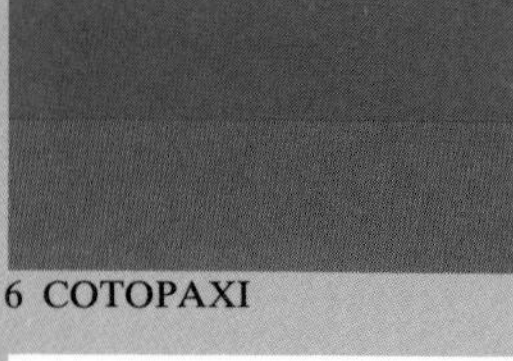

4 CHIMBORAZO

5 CARCHI

6 COTOPAXI

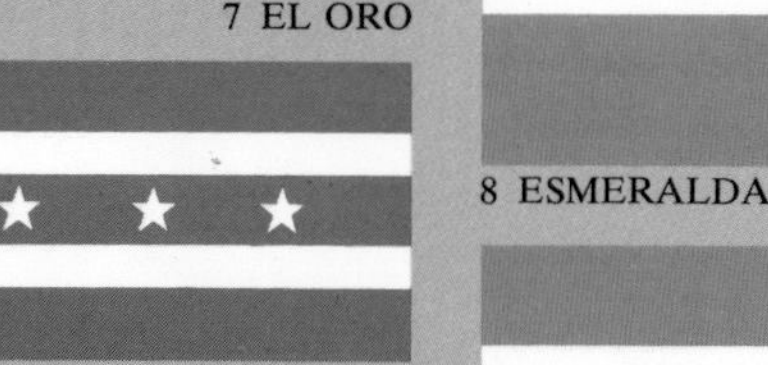

7 EL ORO

8 ESMERALDAS

9 GUAYAS

10 IMBABURA

11 LOJA

12 LOS RIOS

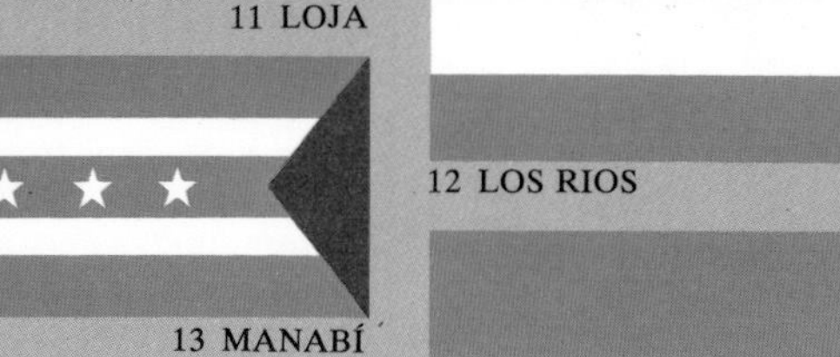

13 MANABÍ

14 MORONA SANTIAGO

15 NAPO

16 PASTAZA

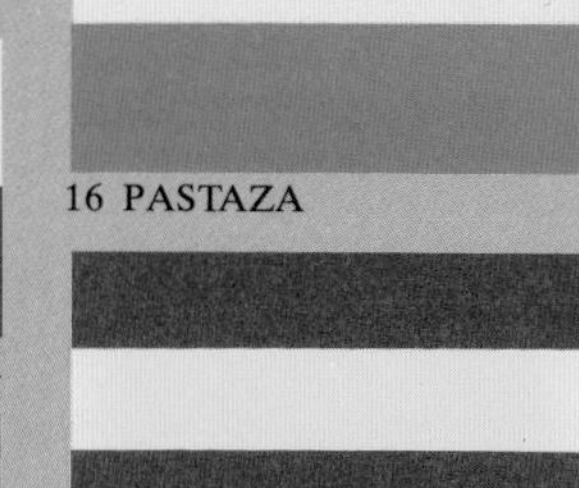

17 PICHINCHA

18 TUNGURAHUA

19 ZAMORA CHINCHIPE

40

# ÉIRE/IRELAND

## IRLAND

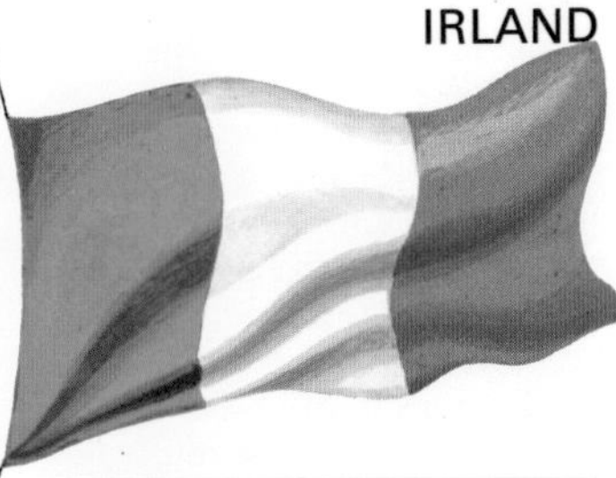

POBLACHT NA h'ÉIREANNA/ REPUBLIC OF IRELAND

REPUBLIK IRLAND

Offiziell bestätigt am 29. Dezember 1937.

Die Harfe war mindestens seit dem 15. Jahrhundert ein irisches Nationalsymbol. Die Brian-Boru-Harfe (jetzt im Trinity College in Dublin) ist das Vorbild für die heutige Darstellung im Wappen, aber in der Vergangenheit haben viele Varianten bestanden.
Grün erscheint in fast allen von der katholischen Mehrheit im Kampf zur Beendigung der englischen Herrschaft über Irland geführten Flaggen. Irische Protestanten gebrauchen in Erinnerung an den Sieg König Wilhelms III. in der Schlacht an der Boyne im Jahre 1690 seitdem seine Livreefarbe (Orange).
Im 19. Jahrhundert begann die irische revolutionäre Bewegung unter dem Einfluß von Frankreich eine Trikolore zu benützen, die einen weißen Streifen für Frieden enthielt. Sie wird in Irland seit der Verkündung der Unabhängigkeit am 21. Januar 1919 geführt.

1:2

STAATSWAPPEN

FLAGGE DES STAATSPRÄSIDENTEN 1:2

Die überlieferte grüne irische Flagge mit der goldenen Harfe geht auf das Wappen einer einzigen Grafschaft, Leinster, zurück. Sie hatte keine amtliche Gültigkeit als Flagge, wird aber heute als irische Gösch geführt.

1:2

CONNDAE CILL MANNTAIN
WICKLOW COUNTY

41

KARIBISCHE SEE
GUATEMALA
HONDURAS
∗ San Salvador
PAZIFISCHER OZEAN

# EL SALVADOR

## EL SALVADOR

REPÚBLICA DE EL SALVADOR

REPUBLIK EL SALVADOR

Weiteres siehe bei Guatemala, Honduras, Nicaragua und Costa Rica.

El Salvador führte viele Jahre lang eine Stern-und-Streifen-Flagge, ähnlich der der Vereinigten Staaten, aber im Jahre 1912 wurde die blau-weiß-blaue Flagge der frühen Unabhängigkeitstage wiederhergestellt.
Diese Flagge wird als ein Symbol der Solidarität mit den anderen mittelamerikanischen Nationen betrachtet.
Das gültige Flaggengesetz von El Salvador kennt drei offizielle Formen gleichen Grundmusters. Eines trägt den nationalen Wahlspruch »Gott, Einigkeit, Freiheit«. Ein anderes zeigt dieses Motto als Teil des Wappens.
Das freimaurerische Dreieck der Freiheit und Gleichheit im Wappen ist von einem Kranz umzogen, dessen 14 Blätter der Zahl der Departements von El Salvador entsprechen.
Das Dreieck enthält eine Freiheitsmütze, fünf Vulkane zwischen zwei Ozeanen, einen Regenbogen und das Datum der Unabhängigkeit, »15. September 1821«.

Offiziell gehißt am 27. September 1972.

3:5

STAATSWAPPEN

189:335

3:5

Als ein altes Symbol der Freiheit wurde die phrygische Mütze während der Französischen Revolution wiederbelebt. Häufig auf Plakaten und Drucksachen dargestellt, auch tatsächlich auf Masten gehißt, verbreitete sie sich von Frankreich bis in die Neue Welt. Sie kommt in den Wappen von El Salvador, Argentinien, Nicaragua, Kuba, Kolumbien, Bolivien, Honduras (1823–66), Haiti (1803 bis 1964), New York und New Jersey vor, auch in den Siegeln von Iowa, Paraguay (Finanzverw.) und auf den Rückseiten der Siegel von Pennsylvania und Virginia.

42

# ESPAÑA

## SPANIEN

### ESTADO ESPAÑOL

SPANISCHER STAAT

Weiteres über spanische Flaggen auf den Seiten 124 bis 129.

Seit 1785 sind die Farben Rot und Gold als offizielle spanische Farben anerkannt, obwohl ihr heraldischer Ursprung in den Wappen von León, Kastilien, Aragon, Navarra und Granada im 13. Jahrhundert zu suchen ist.

Der Schild von Spanien ist von den Bilddevisen der Katholischen Könige, Ferdinand und Isabella, dem Pfeilbündel und dem Joch, begleitet. Diese Embleme werden auch von der einzigen zugelassenen Partei, der Spanischen Falange, benützt.

Das Wappen erscheint auf der inoffiziellen Staatsflagge; diese hat die gleichen Abmessungen wie die Kriegsflagge, aber die Plazierung und die Ausmaße des Wappens entsprechen denen, die auf der Flagge des Premierministers vorkommen.

Offiziell angenommen am 29. August 1936.

2:3

STAATSWAPPEN

2:3

FLAGGE DES STAATSCHEFS

1:1

FLAGGE DES MINISTERPRÄSIDENTEN

1:1

Von der persönlichen Standarte des Generalissimus Francisco Franco gibt es zwei Ausführungen, eine quadratische Flagge und die als »bandera cabdal« (Abbildung Seite 129) bezeichnete Form. Der offiziell als purpurfarben beschriebene Hintergrund ist tatsächlich rot.

43

# ETIOPIYA

## ÄTHIOPIEN

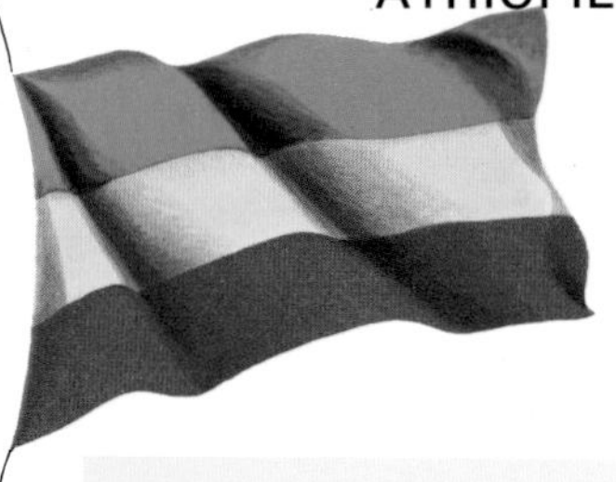

Abweichend von westeuropäischen heraldischen Regeln, schreitet der äthiopische Löwe nach links.

Wegen seiner angeblichen Abstammung von Salomo war der Kaiser von Äthiopien als der »Siegreiche Löwe von Juda« bekannt. Der Löwe als Sinnbild dieses alten jüdischen Stammes erscheint weiter als äthiopisches Staatsemblem, obwohl der Kaiser 1974 entthront worden ist. Der bisher von dem Löwen getragene Kreuzstab war mit Streifen in den Nationalfarben geschmückt. Seit dem 24. Januar 1975 trägt der Löwe keine Krone mehr, und an die Stelle des Kreuzstabes trat ein Speer.

Im späten 19. Jahrhundert waren drei Wimpel als Nationalflagge üblich. Diese wurden am 6. Oktober 1897 in rechteckige Gestalt zusammengezogen, und zwar mit dem roten Streifen oben. Das Bildnis von St. Georg, den Drachen niedertretend, ist ein Symbol für die ihre Feinde überwindende Nation – wie im Jahre 1941, als Äthiopien nach fünf Jahren italienischer Herrschaft befreit worden ist.

Wieder in Gebrauch seit ungefähr 5. Mai 1941.

2:3

STAATSWAPPEN

2:3

STAATS- UND KRIEGSFLAGGE (RÜCKSEITE)

2:3

2:3

Grün, Gelb und Rot können in der sakralen Kunst Äthiopiens viele Jahrhunderte zurückverfolgt werden. Ihre Symbolik unterliegt vielfachen Ausdeutungen.

44

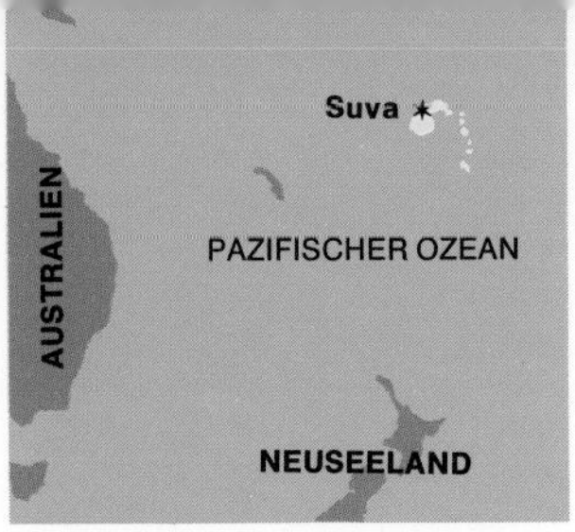

Suva
AUSTRALIEN
PAZIFISCHER OZEAN
NEUSEELAND

# FIJI

## FIDSCHI

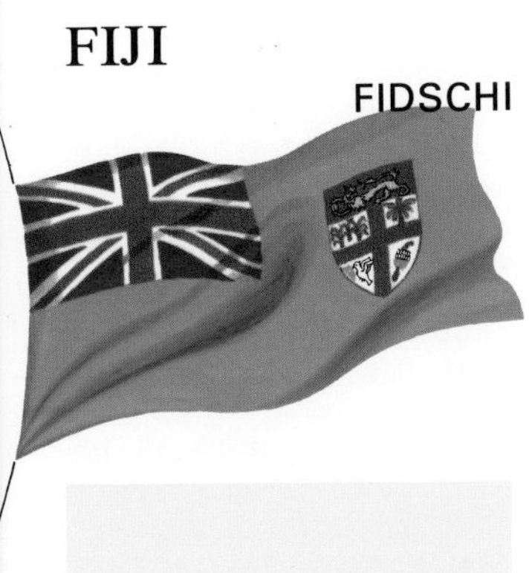

Großbritannien herrschte zwischen 1874 und 1970 über Fidschi; daran erinnert der Union Jack in verschiedenen Flaggen von Fidschi. Der Schild auf diesen Flaggen besteht seit einer britischen Verleihungsurkunde vom 4. Juli 1908. Zwei englische Symbole, der Löwe und das St.-Georgs-Kreuz, sind in dem Wappen mit einheimischen landwirtschaftlichen Erzeugnissen – Zuckerrohr, Kokosnüssen und Bananen – zusammengestellt. Die Taube mit ihrem Ölzweig und der Wahlspruch (übersetzt: »Fürchte Gott und ehre den König«) gehen auf das Jahr 1871 und das Königreich Fidschi zurück.

Offiziell gehißt am 10. Oktober 1970.

1:2

STAATSWAPPEN

1:2

1:2

Als einzige Flagge britischer Commonwealth-Generalgouverneure enthält die Flagge von Fidschi unten ein einheimisches Symbol, einen Walzahn.

1:2

FLAGGE DES GENERALGOUVERNEURS

11:15 ≈

45

# FRANCE

## FRANKREICH

Die Trikolore gilt als eine der berühmtesten und einflußreichsten Nationalflaggen in der Geschichte. Als Grundmuster für fast alle offiziellen französischen Dienst- und Militärflaggen sind ihre drei Streifen von Dutzenden von Ländern in der ganzen Welt nachgeahmt worden. Auf See haben die Streifen der Trikolore ein Breitenverhältnis von 30:33:37. Dies soll auf größere Entfernung den optischen Eindruck von gleicher Breite der verschiedenen Farben hervorrufen.
1974 wurde die Standarte des Präsidenten Giscard d'Estaing mit dem überlieferten republikanischen Symbol, dem Liktorenbündel, als Emblem in der Mitte versehen.
Weiteres über französische Flaggen siehe Seiten 130 bis 139.

### RÉPUBLIQUE FRANÇAISE

### FRANZÖSISCHE REPUBLIK

Eigentlich gibt es kein offizielles Wappen der Französischen Republik; jedoch wird im internationalen Gebrauch die abgebildete Zusammenstellung des Liktorenbündels mit Lorbeer- und Eichenzweigen benützt.

Offiziell gehißt am 20. Mai 1794; in der gültigen Form wiederhergestellt am 5. März 1848.

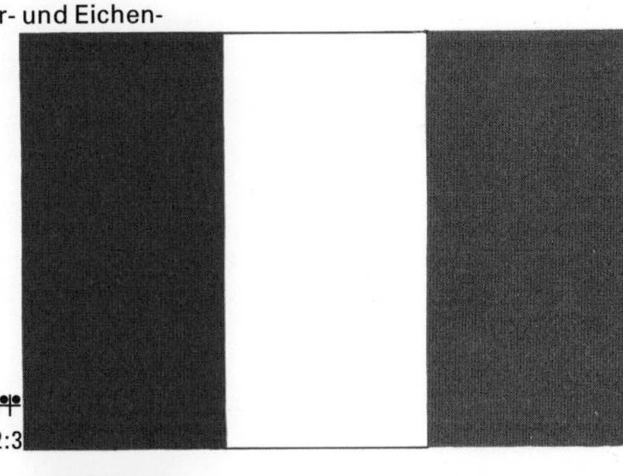

2:3

2:3

FLAGGE DES PRÄSIDENTEN DER REPUBLIK

27:38/7:9 ≈

FLAGGE DES PREMIERMINISTERS

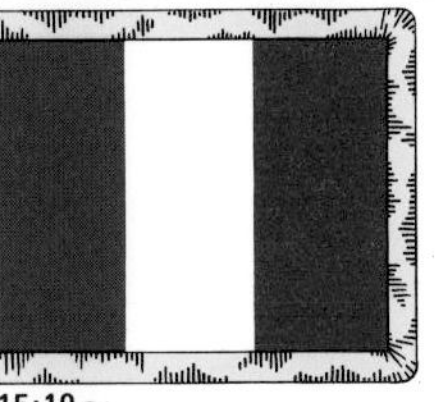

15:19 ≈

COMORES

5:7 ≈

Der mohammedanische Glaube der Bevölkerung und die vier Hauptinseln des Archipels waren in der bisherigen komorischen Flagge ausgedruckt. Durch die einseitig erklärte Unabhängigkeit der Komoren am 6. Juli 1975 kam die Aufstandsflagge (siehe Seite 340) in offizielle Geltung.

46

# GABON

## GABUN

RÉPUBLIQUE GABONAISE

GABUNISCHE REPUBLIK

Die Wälder, deren Holz einen bedeutenden Anteil an der Volkswirtschaft liefert, veranlaßten die Wahl eines grünen Streifens in der Flagge von Gabun. Ein Okumé-Baum breitet sich schützend über den Schild des Staatswappens.
Die blauen und goldenen Streifen betonen, daß Gabun eine vom Äquator durchquerte, seefahrende Nation ist. Vor der Unabhängigkeit (1960) war der goldene Streifen schmäler als die beiden anderen, und die Trikolore von Frankreich, dem Kolonialherrn Gabuns, erschien in der Oberecke.
Das Schiff in dem Wappen sagt aus, daß hier eine afrikanische Nation in eine strahlende Zukunft schreitet, die, wie es die goldenen Scheiben im Schildhaupt angeben, von seinen Bodenschätzen verheißen wird. In der Heraldik werden solche Scheiben in Erinnerung an die Goldmünzen des Byzantinischen Reiches Byzantiner genannt.

Offiziell angenommen am 9. August 1960.

3:4

STAATSWAPPEN

FLAGGE DES PRÄSIDENTEN DER REPUBLIK

1:1

Das heraldische Banner des Präsidenten von Gabun entspricht dem Staatswappen. Letzterem dienen zwei Schwarze Panther als Schildhalter, um die Wachsamkeit und den Mut des Präsidenten zu symbolisieren.

Zwei Wahlsprüche stehen im Wappen von Gabun: oben ein lateinischer, der lautet: »Vereint schreiten wir voran«; unten ein französischer, der »Einigkeit, Arbeit, Gerechtigkeit« verkündet.

47

# THE GAMBIA

## GAMBIA

REPUBLIC OF THE GAMBIA

REPUBLIK GAMBIA

Der blaue Streifen läuft durch die Mitte der Flagge, ebenso wie der von ihm dargestellte Gambiastrom durch die Mitte des Landes fließt. Die landwirtschaftlichen Hilfsquellen von Gambia und die Sonne sind durch die grünen und roten Streifen symbolisiert. Weiß steht für Einigkeit und Frieden.
Im Wappen unterliegen die Farben Blau, Weiß und Grün etwas abweichenden Ausdeutungen. Die erste Farbe soll für Liebe und Redlichkeit stehen, das Weiß für die friedliche Natur und die Freundlichkeit des gambischen Volkes. Zusätzlich zu den landwirtschaftlichen Hilfsquellen bedeutet Grün auch Hoffnung und Toleranz. Die landwirtschaftlichen Werkzeuge, eine Axt und eine Hacke, werden als Andeutungen dafür angesehen, daß der zukünftige Wohlstand von Gambia vom Einsatz seines Volkes in der Landwirtschaft abhängig ist. Die Löwen werden als Sinnbilder der Beständigkeit und Würde angesehen, können aber ebenso an die frühere britische Kolonialherrschaft erinnern.

Offiziell gehißt am 18. Februar 1965.

2:3

STAATSWAPPEN

Es ist eine britische Commonwealth-Überlieferung, daß der Souverän einer Kolonie, wie zum Beispiel Gambia, anläßlich ihrer Unabhängigkeit eine Flagge und ein Wappen verleiht. Eine amtliche gemalte Abbildung beider Objekte wird vom Heroldsamt (College of Arms) in London ausgearbeitet und vom britischen Monarchen unterzeichnet.

Die Verleihungsurkunde wird am Unabhängigkeitstag gültig; oft wird kein Gesetz verkündet, in dem genaue Einzelheiten für die Flaggenzeichnung gefunden werden könnten. In anderen Ländern ist die Nationalflagge üblicherweise durch ein Gesetz oder sogar durch die Verfassung näher bestimmt.

48



# GHANA

## GHANA

REPUBLIC OF GHANA

REPUBLIK GHANA

Mit der Unabhängigkeit von Ghana im Jahre 1957 begann die Entkolonialisierung von Afrika.

Die Kombination der grün-weiß-roten, waagerecht gestreiften Trikolore der herrschenden Convention People's Party mit der grün-gelb-roten von Afrikas ältester unabhängiger Nation (Äthiopien) ergab die Flagge von Ghana. Der schwarze Stern wird als der Leitstern der afrikanischen Freiheit betrachtet. Symbole örtlicher Autorität, der Volkswirtschaft und der ghanaischen Geschichte treten in einem Wappen traditionell westlichen Musters zusammen. Im Gegensatz hierzu ist das Emblem auf der Präsidentenflagge aus echten ghanaischen Symbolen zusammengesetzt, die Souveränität, Glück und Heiligkeit bedeuten.

Offiziell gehißt am 6. März 1957; wiederhergestellt am 28. Februar 1966.

2:3



STAATSWAPPEN

2:3

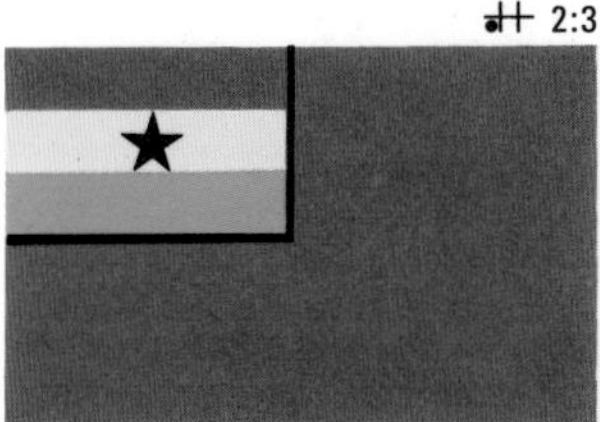

2:3

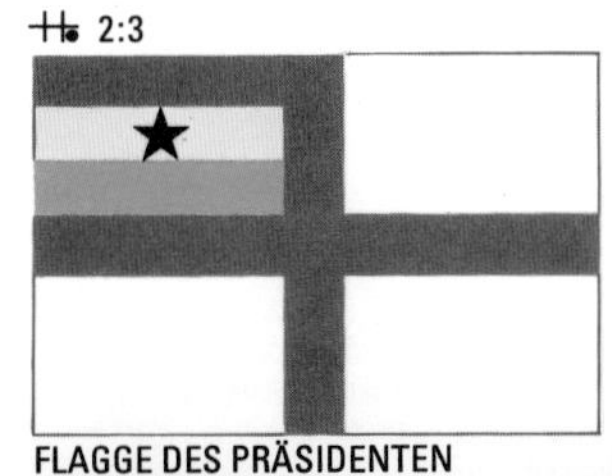

FLAGGE DES PRÄSIDENTEN DER REPUBLIK

7:12≈

1964 errichtete Präsident Kwame Nkrumah, der die Nation zur Unabhängigkeit geführt hatte, in Ghana einen Einparteienstaat. Der Mittelstreifen der Flagge wurde damals in einen weißen geändert; nach Nkrumahs Sturz wurde das zwei Jahre später wieder rückgängig gemacht.

49

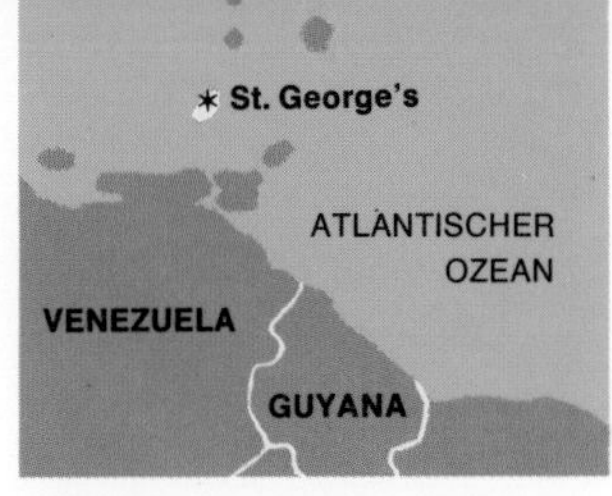



# GRENADA

## GRENADA

Die Zeichnung der Flagge von Grenada ist in der Welt einmalig.

Obwohl nur eine kleine Insel in der Karibischen See, ist Grenada der Welt zweitgrößter Produzent von Muskatnuß – daher die Darstellung einer Muskatnuß in dem liekseitigen Dreieck der Flagge.

Das Land ist in sieben Kirchspiele geteilt, von denen jedes durch einen Stern in der Flagge vertreten ist: St. George, St. John, St. Mark, St. Patrick, St. Andrew, St. David und die Grenadinen. Diese Kirchspiele sind ebenfalls durch die sieben Rosen in der Helmzier des Staatswappens vertreten.

Die in den Flaggen und dem Wappen vorkommenden Farben haben folgende Bedeutung: Gelb steht für die Sonne und die Freundlichkeit des grenadischen Volkes, Grün vertritt die landwirtschaftliche Basis der Volkswirtschaft von Grenada, während Rot für Harmonie, Einigkeit und Mut steht. Das Schiff und die Lilien im Wappen erinnern daran, daß Grenada von Kolumbus entdeckt worden ist (1498) und jahrhundertelang ein katholisches Land war.

Offiziell gehißt am 7. Februar 1974.

3:5

STAATSWAPPEN

1:2

In Beibehaltung britischer Commonwealth-Praxis gibt es zwei Ausführungen derselben Flagge; je nachdem, ob sie auf See oder an Land gebraucht werden, weisen sie verschiedene Abmessungen auf.

50

MEXIKO
BELIZE
KARIBISCHE SEE
Guatemala-Stadt *
HONDURAS
PAZIFISCHER OZEAN

# GUATEMALA

## GUATEMALA

REPÚBLICA DE GUATEMALA

REPUBLIK GUATEMALA

Vor Jahrhunderten verehrten die Zivilisationen der Azteken und der Maya-Quiché in Mittelamerika Götter in Formen gefiederter Schlangen (Quetzalcohuatl und Gugunatz). In der Kunst werden deren Federn durch die glänzenden grünen Federn des Quetzals vertreten.

Gegenwärtig wird der Nationalvogel von Guatemala, der Quetzal, als Symbol der Freiheit betrachtet, weil er angeblich in Gefangenschaft nicht überleben kann. General Justo Rufino Barrios führte ihn 1871 als Nationalemblem ein. Jahrzehnte zuvor ist der Quetzal in dem Wappen des separatistischen Staates Los Altos in Nordguatemala entstanden.

Offiziell angenommen am 15. September 1968.

5:8

STAATSWAPPEN

Das Wappen zeigt eine Pergamentrolle mit der Inschrift »Freiheit 15. September 1821«. Wie andere mittelamerikanische Republiken benützt Guatemala eine blau-weiß-blaue Flagge (vgl. El Salvador, Honduras, Nicaragua und Costa Rica).

5:8

Seit der Auflösung des ursprünglichen Bündnisses sind vielfache Versuche unternommen worden, Mittelamerika wieder zu vereinigen. Alle diese Unternehmungen, seien sie nun mit verfassungsmäßigen oder anderen Mitteln geführt worden, hatten ein eigenes Einigkeitssymbol. Es überrascht nicht, daß sie alle die traditionellen blau-weiß-blauen Streifen hervorgehoben haben. Als Präsident Justo Rufino Barrios von Guatemala 1885 einen solchen Bund zu schaffen versuchte, war die von ihm entworfene Flagge der Flagge von Guatemala mit dem Unterschied gleich, daß als Wappen »ein Quetzal auf einer Säule und auf letzterer das Motto ›Freiheit und Bund, 15. September 1821, 28. Februar 1885‹« sein sollte.



51

# GUINEA ECUATORIAL

## ÄQUATORIALGUINEA

REPÚBLICA DE GUINEA ECUATORIAL

REPUBLIK ÄQUATORIALGUINEA

Die sechs Sterne im Wappen von Äquatorialguinea vertreten die Inseln: Fernando Póo, Groß-Elobey, Klein-Elobey, Corisco und Annobón, sowie das Gebiet auf dem Kontinent, Río Muni.

Das Land wählte ein bedeutendes Datum für seine Unabhängigkeit von Spanien, den Kolumbus-Tag oder den Hispanischen Festtag, wie er dort genannt wird. In Erinnerung an die Entdeckung der Neuen Welt am 12. Oktober 1492 und die folgende Ausdehnung der spanischen Kultur wird dieser Tag in ganz Lateinamerika und auf den Philippinen festlich begangen, wobei eine besondere »Flagge der Rasse« gehißt wird. Diese zeigt auf weißem Grund drei purpurfarbene Kreuze und eine goldene, aufgehende Sonne (siehe Seite 301).

Der grüne Streifen in der Flagge stellt die Naturschätze dar; Blau ist das die Inseln mit dem Stammland verbindende Wasser. Weiß bedeutet den Frieden und Rot den Kampf um die Unabhängigkeit. Der Wahlspruch im Wappen lautet: »Einheit, Frieden, Gerechtigkeit«.

Offiziell gehißt am 12. Oktober 1968.

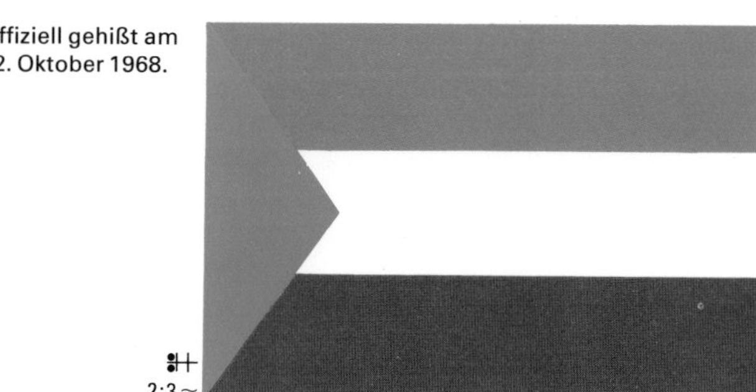

2:3≈

STAATSWAPPEN

Das Staatswappen geht auf das früher der Hauptstadt von Río Muni, Bata, verliehene Wappen zurück. Es zeigt den einheimischen Seidenbaum, der auch als Gottesbaum bekannt ist. Unter einem solchen Baum hat König Bonkoro den Vertrag unterzeichnet, der Río Muni unter spanische Herrschaft stellte.

Äquatorialguinea schließt sich der Tradition Spaniens und mancher lateinamerikanischer Länder an, indem es seine Staatsflagge von der bürgerlichen Flagge durch die Hinzufügung des Staatswappens unterscheidet.

2:3≈

52

# GUINÉ-BISSAU

## GUINEA-BISSAU

REPÚBLICA DA GUINÉ-BISSAU

REPUBLIK GUINEA-BISSAU

Offiziell gehißt am 24. September 1973.

Als die Afrikanische Partei für die Unabhängigkeit von Guinea-Bissau und die Kapverdischen Inseln (PAIGC) ihren Kampf um die Befreiung von der portugiesischen Kolonialherrschaft antrat, waren andere afrikanische Staaten gerade unter roten, gelben und grünen Flaggen unabhängig geworden. Diese pan-afrikanischen Farben wurden im August 1961 zusammen mit Schwarz von der PAIGC für ihre eigene Flagge gewählt.
Der schwarze Stern bedeutet die Führung der Partei in diesem schwarzafrikanischen Lande.
Gelb und Grün können auf die Savannen im Norden und die Wälder im Süden hinweisen. In anderen afrikanischen Ländern bedeuten sie Bodenschätze und Landwirtschaft.
Vor der Anerkennung der Unabhängigkeit der früheren Kolonie durch Portugal übte die PAIGC die Herrschaft über den größten Teil des Gebietes von Guinea-Bissau aus. Es war daher logisch, die Parteiflagge, welche zusätzlich unter dem Stern die schwarzen Buchstaben PAIGC aufwies, bei der einseitigen Ausrufung der Unabhängigkeit 1973 als Nationalflagge zu wählen.

1:2≈

STAATSWAPPEN

Guinea-Bissau darf nicht mit dem benachbarten Guinea, einer früheren französischen Kolonie, oder einem anderen afrikanischen Staat, der früheren spanischen Kolonie Äquatorialguinea, verwechselt werden.
Auf der Insel Neuguinea, nördlich von Australien, ist die Unabhängigkeit der Nation Papua-Neuguinea für die 70er Jahre geplant. In Südamerika ist Guyana von Großbritannien seit 1966 unabhängig, während Guyane ein französisches Übersee-Departement ist. Der gültige Name für das früher Niederländisch-Guyana genannte niederländische Überseegebiet ist Surinam.

53

# GUINÉE

## GUINEA

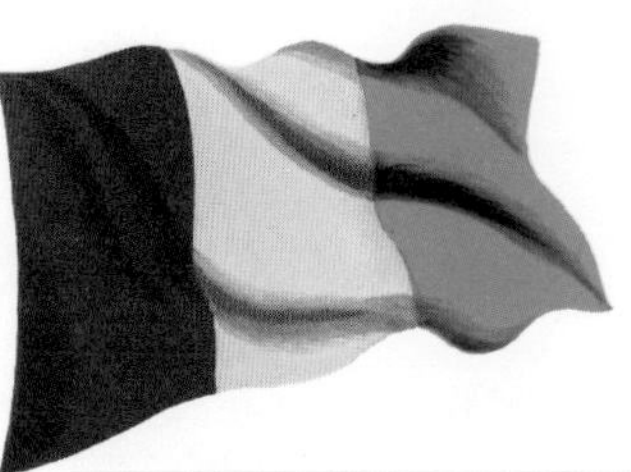

RÉPUBLIQUE DE GUINÉE

REPUBLIK GUINEA

Die anschließend an die Proklamation der Unabhängigkeit von Guinea im Jahre 1958 gewählte Flagge spiegelt durch ihre drei senkrechten Streifen die Jahre unter französischer Herrschaft wider. Die Farben der Flagge sind die Farben der Organisation, die den Kampf für die Unabhängigkeit geführt hatte, die Demokratische Partei von Guinea. Sie entsprechen auch den zuvor von Äthiopien, Ghana und Kamerun angenommenen panafrikanischen Farben.
Schließlich werden die Farben als eine Anspielung auf den nationalen Wahlspruch »Arbeit, Gerechtigkeit, Solidarität« angesehen. Rot bedeutet den über die schwarzen Körper der Männer und Frauen von Guinea rinnenden Schweiß, die für den Aufbau ihres Landes kämpfen, und das Blut der patriotischen Märtyrer. Die goldene Sonne, die gleichmäßig auf alle Menschen herabscheint, gestattet eine Gleichsetzung von Gelb mit Gerechtigkeit, obwohl sie auch ein Emblem für Bodenschätze ist. Das Grün der Vegetation von Guinea ruft einen Geist der Solidarität unter allen Bürgern zur Entwicklung der nationalen Wirtschaft hervor.
Die Verpflichtung von Guineas auswärtiger Friedenspolitik ist durch die Taube und den Ölzweig ausgedrückt; der Elefant ist ein von der Demokratischen Partei verwendetes Emblem der Stärke.

Offiziell angenommen am 10. November 1958.

2:3≈

STAATSWAPPEN

Die Flagge von Guinea spielt in der nationalen Kampagne gegen das Analphabetentum eine Rolle. Distrikt-Hauptquartiere der Demokratischen Partei, die es auf eine 50%ige Bildungsrate bringen, dürfen einen roten Wimpel führen. Gelbe und grüne Wimpel werden für 75%igen und 100%igen Bildungsstand verliehen. So wird ein Wettbewerb um die Ehre veranlaßt, das Recht, alle drei Wimpel zu führen, deren Farben die Nationalflagge ausmachen.

54

# GUYANA

GUYANA

REPUBLIK GUYANA

Der Autor dieses Buches hat die Nationalflagge von Guyana entworfen.

»Die Goldene Pfeilspitze«, wie sie in der Presse von Guyana genannt wird, strebt voran in die goldene Zukunft, die in der Hoffnung der Bürger dank der Bodenschätze Guyanas – angedeutet durch die gelbe Farbe – aufgebaut werden soll. Die ausgedehnten Wasserkräfte des Landes sind in dem Entwurf durch einen weißen Grenzstreifen zwischen der Pfeilspitze und dem grünen Grund ausgedrückt. Grün ist als eine geeignete Grundfarbe der Flagge gewählt worden, weil grüne Wälder und Felder mehr als 90% von Guyana bedecken. Rot gilt für Eifer und Opfer, Elemente des dynamischen Vorgangs einer Nationwerdung, den die Guyanesen durchmachen. Der schwarze Rand um das Dreieck deutet die Standhaftigkeit an, deren es zur Erzielung von Erfolg in diesem Vorhaben bedarf. Einheimische, in das Wappen eingebaute Attribute sind die Krone eines Kaziken, Diamanten, Jaguare, landwirtschaftliche Erzeugnisse (Zuckerrohr und Reis), ein Pickel und der Staatswahlspuch (»Ein Volk, eine Nation, ein Schicksal«).

Offiziell gehißt am 26. Mai 1966.

3:5

STAATSWAPPEN

1:2

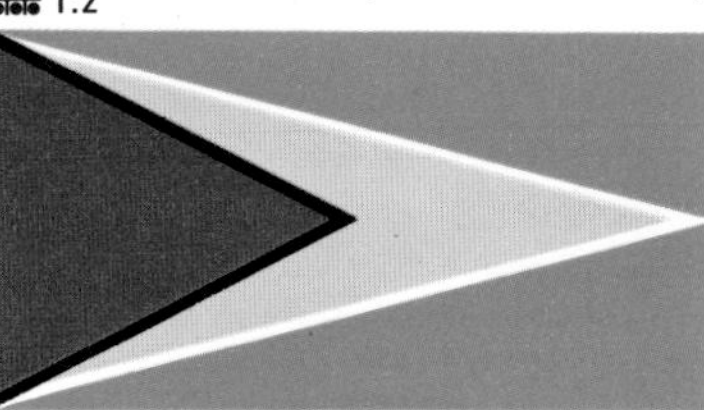

Als Guyana 1970 eine Republik wurde, hat man aus dem Staatswappen eine Präsidentenstandarte entwickelt. Um die Führungsautorität anzudeuten, wurde die amerindianische Federkrone einem dem Wappen von Guyana entsprechenden Banner eingefügt; ein Canjefasan und die Nationalblume (Victoria regia) begleiten den Schild, in dem diese Krone erscheint.

FLAGGE DES PRÄSIDENTEN DER REPUBLIK

1:1≈



55

# HAÏTI

HAITI

RÉPUBLIQUE D'HAÏTI

REPUBLIK HAITI

Offiziell gehißt am 21. Juni 1954.

Die von der Französischen Revolution gepredigten Auffassungen von Freiheit, Demokratie und den natürlichen Rechten des Menschen veranlaßten die französische Kolonie Saint Domingue, ihre Unabhängigkeit am 1. Januar 1804 als Republik Haiti zu verkünden.
Ihre erste Flagge bestand aus blauen und roten, die Schwarzen und die Mulatten symbolisierenden Streifen. Der Entwurf nahm aus der französischen Trikolore den Mittelstreifen heraus, den die Haitianer als Symbol weißer Sklavenhalter ansahen. Unter Jean-Jacques Dessalines und Henri Christophe wurde das Blau in Schwarz verändert, aber Präsident Jean-Paul Boyer schuf 1822 eine waagerecht gestreifte blau-rote Flagge, die bis 1954 gültig blieb. Damals holte Präsident François Duvalier das ursprüngliche senkrechte Schwarz-Rot wieder hervor, um die Verbindungen mit der afrikanischen Erbschaft Haitis zu betonen.

1:2≈

STAATSWAPPEN

1:2≈

Haitis Wahlspruch ist der gleiche wie der im Wappen von Belgien und bedeutet »Einigkeit macht stark«.
Die Palme im Wappen von Haiti wird als Freiheitssymbol angesehen. Der Patriot Toussaint l'Ouverture sagte bei seiner Deportierung nach Frankreich 1802: »Indem man mich niederriß, ist nur der Stamm des Freiheitsbaumes der Schwarzen in Saint Domingue geschlagen worden. Er wird wieder aus seinen Wurzeln sprießen, denn sie sind zahlreich und tief.«

56

# HAUTE-VOLTA
## OBERVOLTA

RÉPUBLIQUE DE HAUTE-VOLTE

REPUBLIK OBERVOLTA

Die oberen Strecken der drei großen Flüsse, die dieses Land bewässern, der Rote Volta, der Weiße Volta und der Schwarze Volta, verhalfen dem Land zu seinem Namen und lieferten die Anregung für seine Nationalflagge. Einfache, den Namen der drei Ströme entsprechende waagerechte Streifen wiederholen sich in der Nationalflagge, im Staatswappen und in der Präsidentenstandarte. Das 1961 angenommene Wappen hat zwei weitere, mittelbar mit diesen Flüssen in Beziehung stehende Motive. Das von ihnen gelieferte Wasser dient zum Anbau von Sorghum; diese Pflanze und die bei seiner Kultivierung gebrauchten Hacken erscheinen unten im Wappen. Als ein passendes Symbol für ein Landwirtschaft treibendes Volk kann man eine Hacke auch in der Flagge von Kongo und im Wappen von Sambia und Liberia finden.

Offiziell angenommen am 9. Dezember 1959.

2:3

STAATSWAPPEN

FLAGGE DES PRÄSIDENTEN DER REPUBLIK

1:1

Die Nationalflagge von Obervolta ist genau die gleiche wie die Nationalflagge des Deutschen Reiches zwischen 1867 und 1919. Andere, unbeabsichtigte Übereinstimmungen im Entwurf gibt bzw. gab es zwischen den Flaggen von Monaco und Indonesien, Italien und Mexiko, Haiti und Liechtenstein sowie Tschad, Rumänien und Andorra.
In Mitteleuropa gibt es zahlreiche übereinstimmende, auf Wappenfarben zurückgehende Dreifarbe und Zweifarbe, die von Bezirken, Städten und Dörfern angenommen worden sind. Für absichtliche Übereinstimmungen in der Flaggenzeichnung gibt es Beispiele in Mittelamerika und in der arabischen Welt.

57

# HELLÁS
## GRIECHENLAND

HELLINIKÍ DIMOKRATÍA

HELLENISCHE REPUBLIK

Die erste Griechische Republik bestand zwischen 1924 und 1935.

Als christliche Griechen sich im frühen 19. Jahrhundert gegen die mohammedanischen Türken, die ihr Land beherrschten, erhoben, stand das Blau ihrer Flagge in scharfem Gegensatz zum Rot der osmanischen Banner. Blau soll die See und den Himmel darstellen, aber es hat auch auf das Byzantinische Reich zurückgehende religiöse Nebenbedeutungen.
Die Grundform der griechischen Flagge ist 1822 von der ersten Regierung angenommen worden. Gegenwärtig ist ihre Gestalt etwas länger und im Blau dunkler getönt als ursprünglich. Das gültige Flaggengesetz entfernt außerdem verschiedene, einst für die Handelsflagge und die Nationalflagge und die Kriegsflagge vorgesehene Abzeichen. Das Kreuz in der Oberecke ist ein Hinweis auf den Glauben der Griechen. Die neun Streifen der Flagge sollen den neun Silben im Unabhängigkeits-Kriegsruf »Freiheit oder Tod« entsprechen.

Offiziell gehißt am 18. August 1970.

7:12

STAATSWAPPEN

FLAGGE DES PRÄSIDENTEN DER REPUBLIK

20:23

Als Griechenland 1973 eine Republik wurde, ist das königliche Wappen abgeschafft, aber die Nationalflagge nicht geändert worden. Statt dessen wurde ein traditionelles Symbol als Staatsemblem wiederbelebt. Der aus seiner Asche auferstehende Phönix war ursprünglich nicht nur von der Militärjunta, die die Monarchie 1973 beseitigt hat, gebraucht worden, sondern von der ersten Griechischen Republik, griechischen Bruderschaften und vielen, die im 19. Jahrhundert für die Unabhängigkeit gekämpft haben. Das im Frühjahr 1975 eingeführte Staatswappen ähnelt dem früheren königlichen Wappenschild, aber ohne Krone.

FRANKREICH
BUNDESREP. DEUTSCHL.
ÖSTERR.
∗ Bern
ITALIEN

DIE KANTONE DER SCHWEIZ

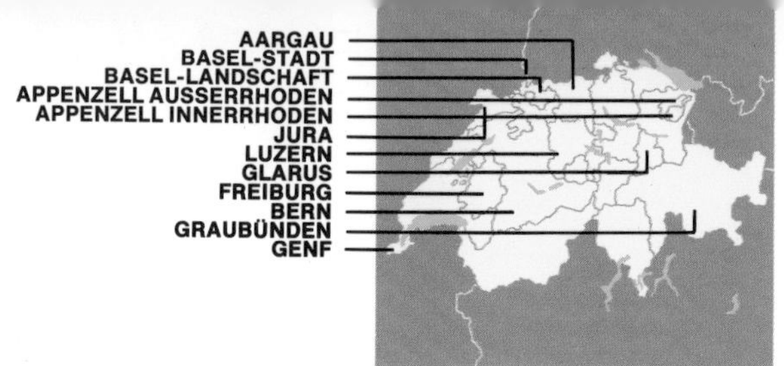


# HELVETIA / SCHWEIZ / SUISSE / SVIZZERA / SVIZZRA

SCHWEIZ

CONFOEDERATIO HELVETICA / SCHWEIZERISCHE EIDGENOSSENSCHAFT / CONFÉDÉRATION SUISSE / CONFEDERAZIONE SVIZZERA / CONFEDERAZIUN SVIZZRA

Jahrhundertelang hat die Schweiz Tausende der besten Soldaten in Europa gestellt, sowohl im Dienst fremder Nationen als auch zur eigenen Verteidigung. Diese Männer hatten ein Bundeszeichen, das Schweizerkreuz, auf ihren kantonalen Fahnen.
Während das Kreuzzeichen des Kantons Schwyz auf 1240 zurückgeht, ist unser erstes schriftliches Zeugnis für die Eidgenossenschaft jünger: Zur Schlacht von Laupen 1339 ausziehende Truppen »waren

1:1

mit dem Zeichen des Heiligen Reiches, einem weißen Kreuz auf rotem Grund«, gekennzeichnet.
Als 1848 die Eidgenossenschaft eine neue Verfassung erhielt, wurde die quadratische rote Flagge mit einem großen weißen Kreuz zur Fahne des Heeres. Die genaue Form der derzeitigen Nationalflagge datiert vom 12. Dezember 1889.

STAATSWAPPEN

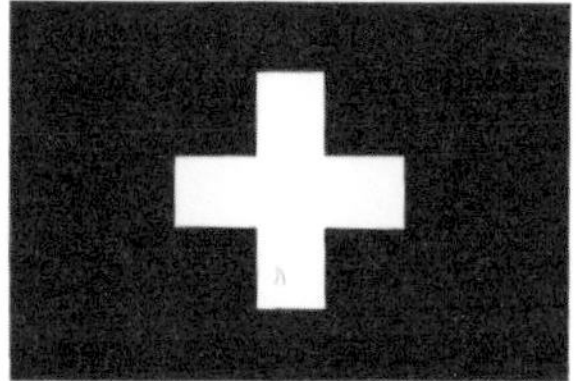
2:3

Auf Münzen und Briefmarken kommt der Landesname in der lateinischen Form »Helvetia« zu den vier amtlichen Sprachen Deutsch, Französisch, Italienisch, Rätoromanisch hinzu.
Die Bestrebungen, den Auslandsschweizern die Führung einer schweizerischen Flagge auf See zu gestatten, gehen auf das Jahr 1864 zurück. Erst durch den Bundesratsbeschluß vom 9. April 1941 ist die Frage der Schweizer Seeflagge entschieden worden. Sie hat die Abmessungen 2:3 und wird nur auf See geführt. Auf dem Rhein und den schweizerischen Seen wird weiterhin die quadratische Nationalflagge am Heck geführt.

Nachstehend werden die amtlichen Vollformen der Kantonsnamen angegeben; die Kurzformen erscheinen ohne Zusatz, falls die Vollform nur lautet »Kanton …«. Die Jahreszahlen geben den Eintritt des Kantons in die Eidgenossenschaft an.

AARGAU 1803

1:1

APPENZELL AUSSERRHODEN 1513

1:1

LAND APPENZELL DER INNERN RHODEN 1513

1:1

BASEL-LANDSCHAFT 1501
1:1

BASEL-STADT 1501

1:1

BERN/BERNE 1553

1:1

FRIBOURG/FREIBURG 1481

1:1

GENÈVE, RÉPUBLIQUE ET CANTON/GENF, REPUBLIK UND KANTON 1815
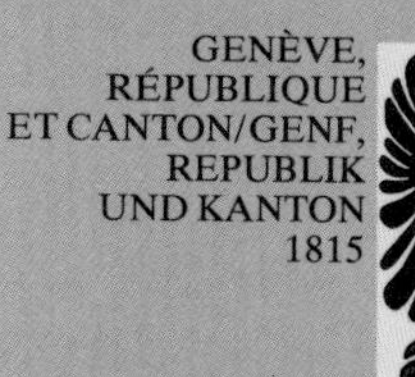
1:1

GLARUS 1352
1:1

GRAUBÜNDEN/GRIGIONI/GRISCHUN 1803

1:1

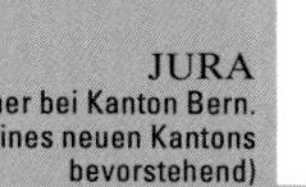

1:1
JURA
(Bisher bei Kanton Bern. Gründung eines neuen Kantons bevorstehend)

LUZERN 1332

1:1

NEUCHÂTEL, RÉPUBLIQUE ET CANTON/NEUENBURG, REPUBLIK UND KANTON 1815

1:1

DIE KANTONE DER SCHWEIZ

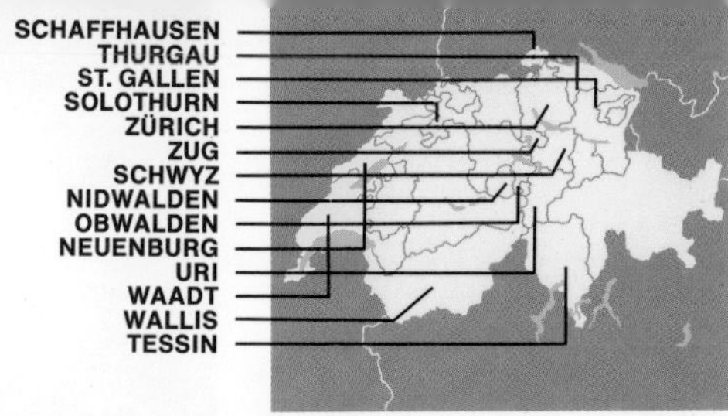


UNTERWALDEN NID DEM WALD 1291  — 1:1

UNTERWALDEN OB DEM WALD 1291 — 1:1

ST. GALLEN 1803 — 1:1

SCHAFFHAUSEN 1501 — 1:1

SCHWYZ 1291 — 1:1

SOLOTHURN 1481 — 1:1

THURGAU 1803 — 1:1

TICINO/TESSIN 1803 — 1:1

URI 1291 — 1:1

VALAIS/WALLIS 1815 — 1:1

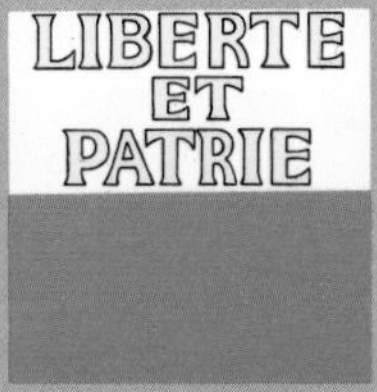

LIBERTE ET PATRIE

VAUD/WAADT 1803 — 1:1

ZUG 1352 — 1:1

ZÜRICH 1351 — 1:1

59

# HONDURAS

## HONDURAS

REPÚBLICA DE HONDURAS

REPUBLIK HONDURAS

Offiziell angenommen am 18. Januar 1949.

Die Flagge von Honduras erinnert an die frühere Verbindung mit Guatemala, Nicaragua, El Salvador und Costa Rica durch die fünf in die Mittelstreifen der Flagge von 1866 eingesetzten Sterne; die Überlieferung der Streifen reicht ebenfalls in diese Vergangenheit zurück.

Die blau-weiß-blau waagerecht gestreifte Flagge der Vereinigten Provinzen von Mittelamerika leitet sich von der argentinischen Flagge ab, die während des Freiheitskampfes gegen Spanien am 4. Juli 1818 erstmals gehißt worden ist, als der Commodore eines argentinischen Geschwaders, Louis Aury, den ersten unabhängigen mittelamerikanischen Staat auf dem Santa-Catalina-Archipel vor der Ostküste von Nicaragua proklamierte. Aurys Regierung dauerte bis zur Ausrufung der Unabhängigkeit von Mittelamerika im Jahre 1821. Mittelamerika wurde zunächst ein Teil des mexikanischen Kaiserreiches. Aber als 1823 die volle Unabhängigkeit erreicht wurde, stimmte die neue Nationalflagge mit der des ersten Freistaats in Santa Catalina überein.

1:2

STAATSWAPPEN

Zusätzlich zu dem Vulkan, dem Regenbogen, dem Dreieck und den beiden Ozeanen, die auch in den anderen mittelamerikanischen Wappen vorkommen, enthält das Staatswappen von Honduras verschiedene unterscheidende Bilder.

Einen Köcher für die ursprüngliche indianische Bevölkerung, Füllhörner für den landwirtschaftlichen Reichtum, Berge, Bergwerke und Bergmannswerkzeug für seine Bodenschätze und Bäume für seinen Waldreichtum, all dies erscheint in dem 1866 angenommenen und 1935 abgeänderten Wappen.

1:2≈

# INDONESIA
## INDONESIEN

REPUBLIK INDONESIA

REPUBLIK INDONESIEN

Abgesehen von ihren Abmessungen, ist die Flagge von Indonesien die gleiche wie die von Monaco.

Als 1293 Fürst Jayakatong mit einer Revolte dem Königtum von Singasari ein Ende bereitete, wurde durch das neue Reich Majapahit eine rot-weiße Flagge angenommen. Das moderne Indonesien betrachtet diesen Staat als seinen Vorläufer und als Ursprung seiner eigenen *merahputih* (rot-weißen) Flagge.
Ihre heutige Wiederbelebung geht auf das Jahr 1922 zurück. Damals nahm eine von Studenten gebildete indonesische Vereinigung in den Niederlanden die rot-weiße Flagge an. Von der Indonesischen Nationalistischen Partei aufgegriffen, wehte sie in Java erstmals 1928. Die schließlich am Ende des Zweiten Weltkrieges ausgerufene indonesische Unabhängigkeit benötigte weitere fünf Jahre des Kampfes, ehe die neue Nation von den Holländern anerkannt worden ist.
Das Unabhängigkeitsdatum wird durch die siebzehn Schwungfedern und die acht Schwanzfedern des Garuda im Staatswappen ausgedrückt. Der Stern, das Padi und die Baumwolle des Wappens werden auch in der Präsidentenstandarte wiederholt.

Offiziell gehißt am 17. August 1945.

2:3≈

STAATSWAPPEN

Der Wahlspruch »Einheit in der Verschiedenheit« bezieht sich auf die zahlreichen in Indonesien vereinigten Völker und Inseln. Der Schild der nationalen Verteidigung trägt Symbole der Staatsphilosophie, der Fünf Prinzipien. Der Stern weist auf den Glauben an Gott, der Büffelskopf auf die Volkssouveränität, der Banyanbaum auf das Nationalgefühl, das Padi und die Baumwolle (für Nahrung und Kleidung) auf soziale Gerechtigkeit. Die Kette, deren abwechselnd viereckige und runde Glieder Frauen und Männer vertreten, bedeutet Gleichheit.

FLAGGE DES PRÄSIDENTEN DER REPUBLIK

1:1/4:5

# IRÁN
## IRAN

KESCHWARÉ SCHAHANSCHAHIJÉ IRÁN

KAISERREICH IRAN

Iranische Flaggen sind auch auf den Seiten 34 und 100 behandelt.

Obwohl einzeln noch älter, gehen der Löwe und die Sonne als kombiniertes Motiv auf das 13. Jahrhundert zurück; auf einer Fahne ist es seit der Mitte des 15. Jahrhunderts bekannt.
Anfänglich verkörperte der Löwe mit der Sonne eine astrologische und religiöse Symbolik, gewann aber schrittweise einen königlichen und nationalen Sinn. Das Schwert Alis (vgl. Marokko) ist bedeutend jünger und erst durch die Safadiden im 16. Jahrhundert eingeführt worden.

4:7

STAATSWAPPEN

KAISERLICHES WAPPEN

4:7

4:7

KAISERLICHE FLAGGE

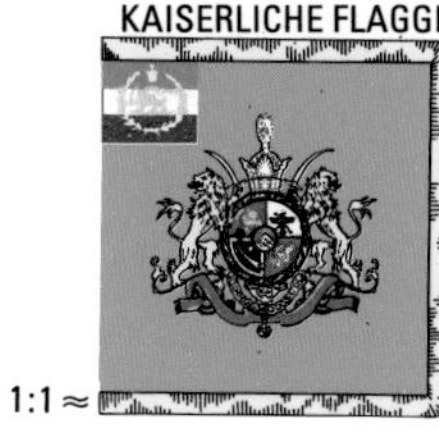

1:1≈

Das kaiserliche Wappen zeigt Embleme der früheren Dynastien. Die Inschrift unten bedeutet »Mir hat Er Gerechtigkeit geboten, und Er selbst ist der oberste Richter«.

62

TÜRKEI
SYRIEN
Bagdad *
IRAN
SAUDI-ARABIEN
PERS. GOLF

# AL-IRAQ

## IRAK

AL-DSCHUMHURIJE
AL-IRAKIJE
AL-DIMUKRATIJE
ASCH-SCHABIJE

DEMOKRATISCHE
VOLKSREPUBLIK IRAK

Zur Entwicklung der irakischen Flaggen siehe Seite 155.

Der 1916 von König Hussein von Hedschas entfesselte arabische Aufstand schuf eine in Irak bis 1924 gezeigte Flagge; 1958 wurde sie für kurze Zeit für die Arabische Föderation, die den Irak mit Jordanien verband, wiederbelebt. Husseins Sohn und Urenkel, Feisal I. und Feisal II., waren Könige des Irak unter einer Flagge, die auf dem Entwurf beruhte, der für den arabischen Aufstand geschaffen worden war. Im Jahre 1959 nahm die neue Republik Irak nach der Beseitigung der Monarchie eine die vier panarabischen Farben mit einer goldenen Sonne kombinierenden Flagge an; die Sonne

Offiziell gehißt am 31. Juli 1963.

2:3

STAATSWAPPEN

sollte die in Nordirak lebenden Kurden symbolisieren.
Im Jahre 1963 bemühten sich Irak, Ägypten und Syrien, die Vereinigte Arabische Republik wiederherzustellen. Im Vorgriff auf die Vereinigung änderten Syrien und Irak ihre Flaggen und griffen zu dem Grundmuster der Vereinigten Arabischen Republik: waagerechte rot-weiß-schwarze Streifen mit grünen Sternen in der Mitte. Die Union konnte nicht verwirklicht werden, aber die drei Sterne in der irakischen Flagge erinnern an das Bestreben, gemeinsame Lösungen der arabischen Probleme zu finden.
Das den Adler Saladins und den Staatsnamen aufweisende Wappen des Irak ist ebenfalls damals angenommen worden.

Die Föderation Arabischer Republiken führte in Syrien, Ägypten und Libyen 1972 neue Flaggen ein, so daß die Wappen und Flaggen von Irak und Jemen als die einzigen gültigen Embleme übrig blieben, die unmittelbar auf denen beruhen, durch die die arabische Einheitsbewegung in den späten 50er und frühen 60er Jahren gekennzeichnet war.

63

# ÍSLAND

## ISLAND

LÝÐVELDIÐ ÍSLAND

REPUBLIK ISLAND

Jahrhundertelang sind Blau und Weiß als die Nationalfarben von Island angesehen worden, als welche sie in der Nationaltracht und auch sonst erscheinen. In den ersten für Island vorgeschlagenen Flaggenentwürfen überwogen diese Farben; sie erscheinen auch in dem zwischen 1903 und 1919 gültigen Wappen, einem weißen Falken auf einem blauen Schild.
Um die Verbindungen mit den anderen skandinavischen Nationen anzudeuten, wurde eine skandinavische Kreuzflagge gewählt und die rote Farbe bei der endgültigen Wahl einer isländischen Flagge eingefügt. Anfänglich verweigerte der König von Dänemark die Anerkennung des Entwurfs. Als dieser schließlich amtlich wurde, ist der Gebrauch auf das Land und die Küstengewässer beschränkt worden. Die Flagge blieb unverändert, als Island 1919 unabhängig und 1944 eine Republik wurde.

Offiziell gehißt am 19. Juni 1915; Einschränkungen des Gebrauchs zur See am 1. Dezember 1918 aufgehoben.

18:25

STAATSWAPPEN

9:16

FLAGGE DES PRÄSIDENTEN DER REPUBLIK

9:16

Die von dem Isländer Snorri Sturluson aufgezeichneten Sagas der norwegischen Könige, die *Heimskringla*, berichten von einer Legende, die im isländischen Wappen graphisch ausgedrückt wird. Ein böser Geist in Gestalt eines Wales, der zum Angriff auf Island angesetzt worden ist, fand es an allen Seiten von furchterregenden Ungeheuern beschützt. Als der Dänenkönig, der den Wal ausgesandt hatte, erfuhr, daß ein Riese, ein Drache, ein Adler und ein Stier das Land bewachten, beschloß er, den von ihm geplanten Einfall auf die Insel zu unterlassen.

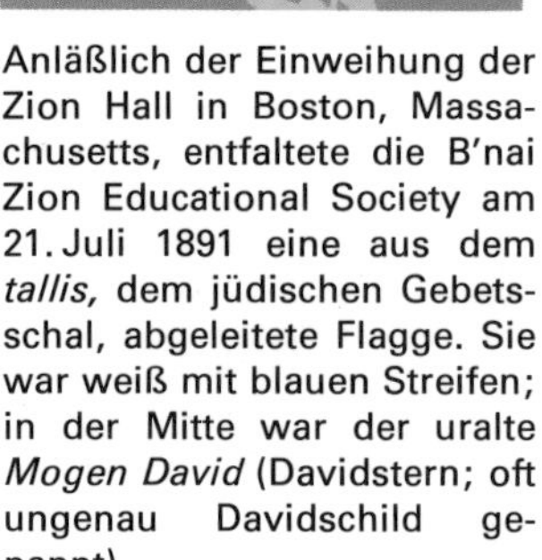


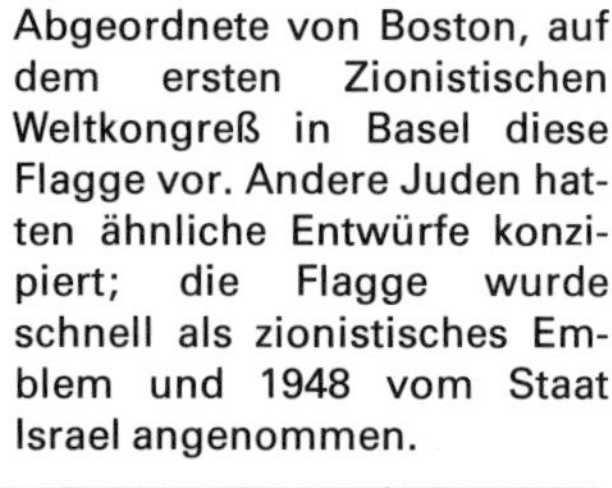

# ISRAEL/ISRAIL

## ISRAEL

Anläßlich der Einweihung der Zion Hall in Boston, Massachusetts, entfaltete die B'nai Zion Educational Society am 21. Juli 1891 eine aus dem *tallis,* dem jüdischen Gebetsschal, abgeleitete Flagge. Sie war weiß mit blauen Streifen; in der Mitte war der uralte *Mogen David* (Davidstern; oft ungenau Davidschild genannt).

1897 stellte Isaac Harris, der Abgeordnete von Boston, auf dem ersten Zionistischen Weltkongreß in Basel diese Flagge vor. Andere Juden hatten ähnliche Entwürfe konzipiert; die Flagge wurde schnell als zionistisches Emblem und 1948 vom Staat Israel angenommen.

### MEDINAT ISRAEL / DAULAT ISRAIL

STAAT ISRAEL

Hebräisch und Arabisch sind die israelischen Amtssprachen.

Offiziell bestätigt am 12. November 1948.

8:11

STAATSWAPPEN

Der Staatsname und Ölzweige umrahmen einen siebenarmigen Leuchter, wie ihn die Römer im Triumph nach der Zerstörung von Jerusalem 70 n. Chr. hinwegtrugen. Leuchter und Zweige sind in der Bibel bei Zacharias 4, 2f. erwähnt.

2:3

8:11

2:3

FLAGGE DES STAATSPRÄSIDENTEN

1:1

# ITALIA

## ITALIEN

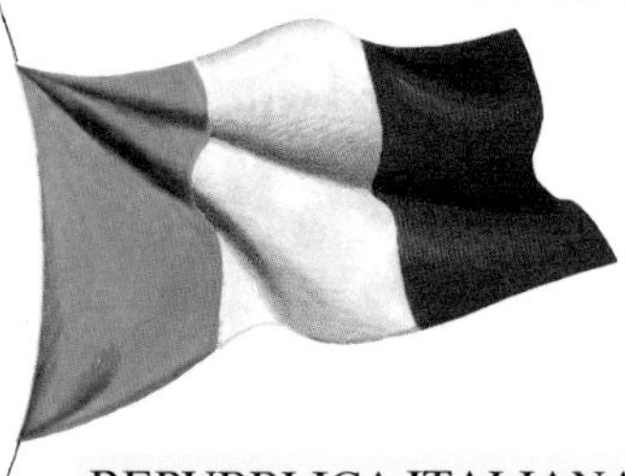

### REPUBBLICA ITALIANA

ITALIENISCHE REPUBLIK

Weiteres über italienische Flaggen siehe Seiten 150 bis 157.

Da Italien zu den ersten Nationen gehört, die die von Frankreich 1789 verwirklichten revolutionären Grundsätze aufgriffen, ist es nicht erstaunlich, daß es die französische Trikolore als Muster für seine eigene Nationalflagge gewählt hat. Die Ersetzung von Blau durch Grün in dem Streifen am Liek soll einer von Napoleon selbst getroffenen Entscheidung zu verdanken sein. Italiens Trikolore ging durch mancherlei politische und militärische Kämpfe, ehe sie schließlich allgemeine Anerkennung durch die Italiener als ihre Nationalflagge erlangte. Die gültige Form ist 1946 festgestellt worden, als die Monarchie abgeschafft und ihr Wappen aus der Flagge entfernt worden ist.

Offiziell angenommen am 19.Juni 1946.

2:3

Das Wappen der Italienischen Republik *(links)* besteht aus einem Stern als Emblem der Nation, der auf ein Zahnrad als ein Sinnbild der Arbeit gelegt ist. Es ist von Eichen- und Ölzweigen umrahmt, die Stärke und Frieden darstellen.

STAATSWAPPEN

2:3

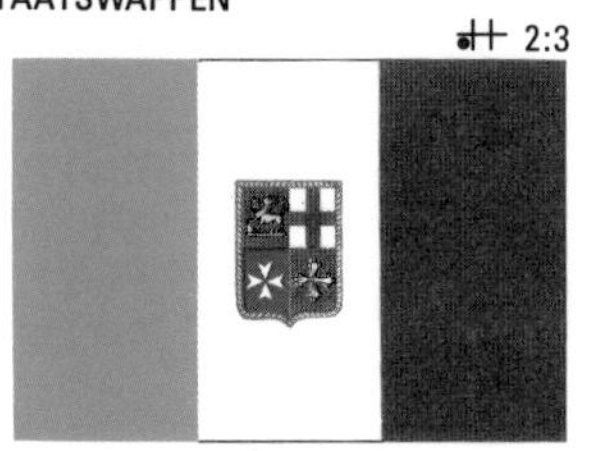

2:3

Die Kreuze von Genua, Amalfi und Pisa und der geflügelte Löwe von Venedig erinnern an Italiens glorreiches Erbe zur See. In der Kriegsflagge *(oben rechts)* hält der Löwe ein Schwert, in der Handelsflagge *(oben)* ein Buch.

FLAGGE DES STAATSPRÄSIDENTEN

1:1

66

KUBA

HAITI

Kingston ∗

KARIBISCHE SEE

# JAMAICA

## JAMAIKA

Offiziell gehißt am 6. August 1962.

Der ursprüngliche Flaggenvorschlag für Jamaika stellte sich als mit der Flagge von Tanganjika zu ähnlich heraus. Daher trat der gültige Entwurf an dessen Stelle.

Grün ist das Symbol für Hoffnung und Landwirtschaft, Gold für Naturschätze und die Schönheit des Sonnenlichts. Schwarz steht für die Vergangenheit und die gegenwärtigen Mühen, denen sich das Land gegenübersieht.

Das Wappen ist das ursprünglich 1661 verliehene; die Abänderung 1957 beschränkte sich auf den Wahlspruch und eine etwas andere künstlerische Ausgestaltung.

1:2

STAATSWAPPEN

3:5

4:9

STANDARTE DER KÖNIGIN

4:7 ≈

FLAGGE DES GENERALGOUVERNEURS

JAMAICA

1:2 ≈

FLAGGE DES PREMIERMINISTERS

1:2 ≈

67

# JUGOSLAVIJA

## JUGOSLAWIEN

SOCIJALISTIČKA FEDERATIVNA REPUBLIKA JUGOSLAVIJA

SOZIALISTISCHE FÖDERATIVE REPUBLIK JUGOSLAWIEN

Der Name des Landes bedeutet ›Land der südlichen Slawen‹, und Jugoslawien benützt in seiner Flagge die panslawistischen Farben.

Als das Königreich der Serben, Kroaten und Slowenen 1918 ausgerufen wurde, war die von ihm angenommene Flagge blau-weiß-rot. Bei der Umbenennung in Königreich Jugoslawien im Jahre 1931 blieb die Flagge unverändert. Das gleiche gilt für das damalige Staatswappen.

Im September 1941 setzten die von Josip Broz (Tito) geführten Partisanen in alle Flaggen ihren roten Stern, auch an die Stelle des königlichen Wappens in der Kriegsflagge. Nach der Befreiung ihres Landes vom Faschismus bestätigten die siegreichen Partisanen die neue Flagge offiziell am 31. Januar 1946. Der Partisanenstern ist als Symbol auch in andere jugoslawische Flaggen eingeführt worden.

1:2

STAATSWAPPEN

2:3

2:3

Das Wappen aus dem Jahre 1944 betont die nationale Einigkeit durch eine gemeinsame Flamme, die aus sechs Fackeln, je eine für die Teilrepubliken, schlägt; anfänglich waren es nur fünf, je eine für jede vertretene Nation.
Das Datum 29. November 1943 bedeutet den Neubeginn.

FLAGGE DES STAATSPRÄSIDENTEN

1:1

## DIE TEILREPUBLIKEN VON JUGOSLAWIEN

1:2

BOSNA I HERCEGOVINA

BOSNIEN UND HERZEGOWINA

Offiziell angenommen am 31. Dezember 1946. Das Rot bedeutet den Kommunismus.

CRNA GORA

MONTENEGRO

Offiziell angenommen am 31. Dezember 1946. Die montenegrinische Trikolore datiert von ungefähr 1880.

1:2

1:2

HRVATSKA

KROATIEN

Offiziell angenommen am 18. Januar 1947. Die kroatische Trikolore datiert von 1848.

MAKEDONIJA

MAKEDONIEN

Offiziell angenommen am 31. Dezember 1946. Das historische Wappen war angeblich rot mit einem goldenen Löwen.

1:2

1:2

SLOVENIJA

SLOWENIEN

Offiziell angenommen am 16. Januar 1947. Die slowenische Trikolore datiert von 1848.

Offiziell angenommen am 17. Januar 1947. Die serbische Trikolore datiert von 1835. Die autonome Provinz Wojwodina und der autonome Distrikt Kosowo und Mitohija haben keine eigenen Flaggen, sondern benützen die Flagge der Republik Serbien, zu der sie gehören.

SRBIJA

SERBIEN

1:2

Jugoslawien ist eines der zahlreichen Länder, in denen die Grundzeichnung der Nationalflagge durch Regierungen verschiedener Ideologien mit besonderen Symbolen verändert worden ist. Früher hatten monarchische Symbole auf den jugoslawischen Trikoloren da gestanden, wo heute der Stern des Kommunismus erscheint. Als Jugoslawien während des Zweiten Weltkrieges zerstückelt war, setzte die faschistische Ustascha ihr Parteiabzeichen und das Staatswappen in die Flagge des Unabhängigen Staates Kroatien.

# KAMPUCHEA

## KAMBODSCHA

PREACH REACH ANAR CHAK KRUNG KAMPUCHEA

KÖNIGREICH KAMBODSCHA

Die bis 1918 gebrauchte überlieferte kambodschanische Flagge und der gültige Entwurf weisen drei Bestandteile auf: die nationale Farbe (Rot wie im benachbarten Thailand und Laos), die königliche Farbe (Blau) und das nationale Symbol Angkor Wat.
Im Jahre 1970 wurde die Regierung des Prinzen Sihanouk abgesetzt und eine Republik ausgerufen. Gegen die neue Khmer-Republik opponierende Kräfte unterstützten weiterhin Sihanouk und seine Flagge.
Angkor Wat liegt in der Nähe der Großen Stadt (Angkor Thom), der Hauptstadt des Khmer-Reiches vom 12. bis 15. Jahrhundert. Die drei Türme werden als Kundgebungen des sexuellen Heroismus des Königs und eine Garantie für das Wohlergehen und die Langlebigkeit des Landes angesehen.
Der höchste dieser Türme reicht 20 Geschosse in die Höhe; die ganze Konstruktion gilt als eines der architektonischen Meisterwerke der Welt.

Offiziell angenommen am 29. Oktober 1948.

2:3

KÖNIGSWAPPEN

In der Mitte des Wappens stehen rituelle Pokale und das im späten 11. Jahrhundert dem König Dschaja Varman VI. überreichte göttliche Schwert. Darüber steht die ihr Licht über die Nation ausstrahlende königliche Krone. Die Sonnenschirme sind in ganz Südostasien königliche Symbole und erscheinen auch in den Flaggen von Laos und dem früheren Wappen von Thailand. Hier werden sie von Kuchea Sey, dem die Autorität symbolisierenden elefantenköpfigen Löwen, und Reachea Sey, dem die Stärke symbolisierenden königlichen Löwen, gehalten. Unten ist der Staatsname eingeschrieben.

69

# KAMPUCHEA
## KAMBODSCHA

SATHEARNAK ROATH KHMER

KHMER-REPUBLIK

Der Landesname stammt vom alten Khmer-Reich.

Die drei Sterne in der Khmer-Flagge sollen die Nation, ihre Religion und ihre republikanische Regierung symbolisieren; sodann Ober-, Mittel- und Nieder-Kambodscha, die drei Gewalten im Staate (gesetzgebende, vollziehende und richterliche Gewalt) und schließlich das dreifarbige Juwel der buddhistischen Religion (Buddha, Dharma, Sangha).
Die Darstellung von Angkor Wat, eine der mächtigsten Architekturruinen der Welt, symbolisiert das goldene Zeitalter des Khmer-Reiches. Blau soll Gerechtigkeit, Glück und Ehrbarkeit des Khmer-Volkes, Rot aber seine entschlossene und mutige Wesensart ausdrücken. Auf den Buddhismus bezieht sich in der Khmer-Flagge die weiße Farbe.
Die Sterne und die Sonnenstrahlen im Oberteil des Wappens sagen aus, daß die Khmer zur Verteidigung ihres Landes, ihrer Religion und der Republik aufstehen werden. Mit dem Band zuunterst, darauf der Staatsname, werden Reisgarben gebunden, die in Gestalt von Elefantenzähnen angeordnet sind, um die Solidarität in der Beschützung von Angkor Wat auszudrükken.
Die flammenartigen Drachen entstammen der Khmer-Kunst.

Offiziell gehißt am 9. Oktober 1970.

2:3

STAATSWAPPEN

Die Khmer-Republik und das Königreich Kambodscha beanspruchen die gesetzliche Souveränität über das gleiche Gebiet, das tatsächlich durch ihre militärischen Kräfte geteilt ist. Die Khmer-Republik ist derzeit (1975) von den Vereinten Nationen anerkannt und beherrscht die Hauptstadt. Das Königreich Kambodscha befindet sich im Besitz des auf beiden Flaggen vorkommenden nationalen Denkmals Angkor Wat und erkennt als sein Staatsoberhaupt Prinz Norodom Sihanouk an, der von den Kräften der später ausgerufenen Republik abgesetzt worden war.

70

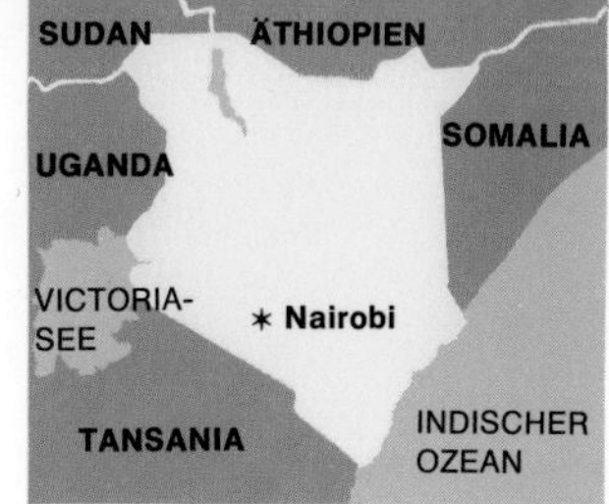


# KENYA
## KENIA

JAMHURI YA KENYA

REPUBLIK KENIA

Das Rot in den Flaggen von Kenia hat eine besondere, »Kenia-Rot« genannte Tönung.

Der Kampf für die Unabhängigkeit ist in Kenia von der Kenya African National Union (KANU) geführt worden, deren Flagge die Grundlage für die Nationalflagge abgegeben hat. In der Parteiflagge symbolisierten waagerechte Streifen die völkische Mehrheit von Kenia (schwarz), das Blut, das sie mit allen Völkern teilt (rot), die fruchtbaren Felder und Wälder des Landes (grün). In der Nationalflagge sollen die gleichen Farben das Volk von Kenia, seinen Kampf für die Unabhängigkeit und die landwirtschaftlichen und natürlichen Schätze bedeuten. Zur Trennung der drei Streifen in der KANU-Flagge wurden weiße Säume eingesetzt; diese bedeuten Frieden und Einigkeit. Der Schild – von überlieferter Gestalt des Masai-Stammes – und die Speere symbolisieren die Verteidigung der Freiheit. Sie erinnern an die ziemlich ähnliche Zeichnung in der Mitte der Parteiflagge.
Der Wahlspruch des Wappens in Suaheli *(links)* bedeutet »Laßt uns zusammenstehen«.

Offiziell gehißt am 12. Dezember 1963.

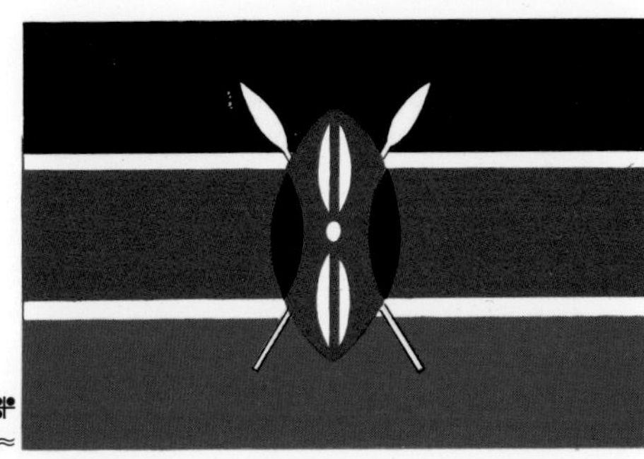

5:9≈

STAATSWAPPEN

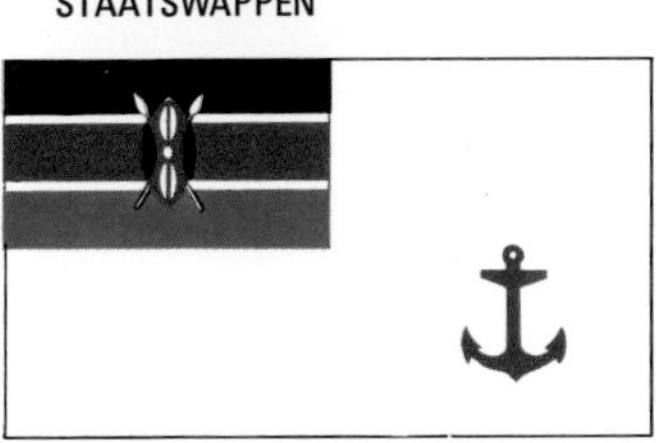

FLAGGE DES PRÄSIDENTEN DER REPUBLIK 2:3

In seiner Kriegsflagge *(oben links)* hat Kenia zwar ein britisches Muster zugrunde gelegt, aber seine Präsidentenstandarte *(oben rechts)* ist einmalig. Jomo Kenyatta, der Mann, der Kenia in die Unabhängigkeit geführt hat, wurde auch sein erster Präsident. Sein Hauptname bedeutet ›Brennender Speer‹, daher die Speere in seiner Präsidentenstandarte. Blau steht für den Himmel über Kenia. Der Hahn hier und im Staatswappen ist traditionell ein Verkünder eines neuen und gesegneten Lebens, ist den Kenianern aber auch als Emblem der KANU vertraut.

71

CHINA
JAPANISCHES MEER
* Pjöngjang
SÜD-KOREA
GELBES MEER
JAPAN

# KORAI
## KOREA (NORD)

CHOSON MINCHU-CHUI IN-MIN GONG-HWA-GUK

DEMOKRATISCHE VOLKSREPUBLIK KOREA

Offiziell angenommen am 8. September 1948.

Weiß war die traditionelle Farbe der koreanischen Nation und erscheint in der Flagge der Demokratischen Volksrepublik Korea als ein Sinnbild der Reinheit, Kraft und Würde des Landes. Die blauen Streifen verdeutlichen die Verpflichtung zum Frieden, während das Rot angibt, daß die Nation sich auf dem Pfad des Sozialismus befindet.
Der Stern ist ein Symbol der von der Koreanischen Arbeiterpartei gespielten führenden Rolle bei der Schaffung einer neuen ökonomischen, sozialen und politischen Struktur des Landes nach dem Zweiten Weltkrieg. Die weiße Scheibe, auf der der Stern in

1:2

STAATSWAPPEN

der Flagge erscheint, dürfte eine Erinnerung an das überlieferte koreanische *T'aeguk,* das Symbol des Weltalls, sein. Da Korea im Grunde eine landwirtschaftliche Nation ist, umrunden Reisbündel das 1948 von der Demokratischen Volksrepublik Korea angenommene Wappen. Sie sind mit einem den Staatsnamen tragenden roten Band zusammengebunden. Eine Hydroelektrostation und ein Stauwehr beherrschen das Bild mit einem Hochspannungsmast im Vordergrund und Gebirge im Hintergrund.

Der kommunistische Theoretiker und Führer der Russischen Revolution, Wladimir Lenin, war sich bewußt, daß der Erfolg der Revolution, die Errichtung des ersten kommunistischen Staates in der Welt, nicht vollständig sei, ehe nicht das tägliche Leben und die Hoffnungen der einzelnen Bürger befriedigt seien. Seine Feststellung, daß »Kommunismus die Sowjetmacht plus Elektrifizierung des ganzen Landes« sei, ist offenbar von der Demokratischen Volksrepublik Korea als Aufgabe erfaßt worden. Andere kommunistische Staaten benützen Traktoren und Ölbohrtürme als Symbole der Industrialisierung.



72

# KORAI
## KOREA (SÜD)

DAE-HAN MIN-GUK

REPUBLIK KOREA

Der Lanzenknopf ist in Form einer Lotosblume gestaltet.

Mit dem Ende der Ausschließungsdoktrin im Jahre 1876, durch die das Land für jeglichen Verkehr mit der Außenwelt geschlossen war, empfand Korea die Notwendigkeit, eine Nationalflagge zu besitzen. Die im August 1882 anläßlich der Entsendung der ersten Gesandten nach Japan gehißte Flagge wurde am 27. Januar 1883 offiziell.
Von 1910 bis 1945 stand Korea unter japanischer Besetzung, danach drei Jahre unter amerikanischer und sowjetischer Verwaltung. 1948 stellte die Republik Korea die *T'aeguk*-Flagge kaum verändert wieder her; zwei Jahre später erhielt sie ihre gegenwärtig

Offiziell angenommen am 25. Januar 1950.

2:3

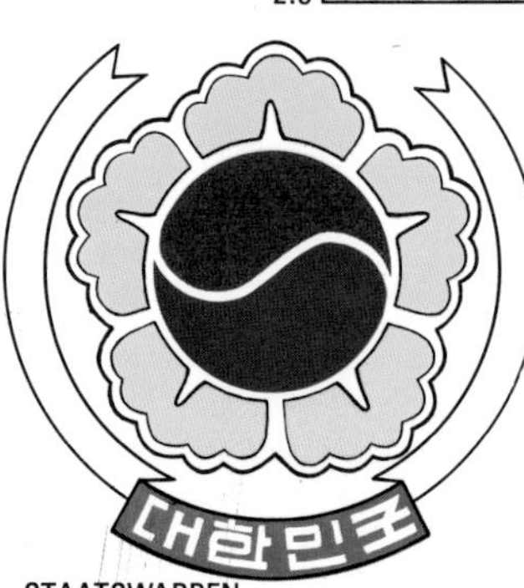


STAATSWAPPEN

gültige Form. Das weiße Feld bedeutet den Frieden und die traditionell von den Koreanern getragene weiße Kleidung. Das *T'aeguk* in der Mitte ähnelt dem *Yin Yang* der chinesischen Philosophie und drückt die Verschiedenheit der Kräfte im Weltall und ihre Wechselwirkungen aus.

2:3≈

FLAGGE DES PRÄSIDENTEN DER REPUBLIK

2:3

Im Staatswappen und in der Präsidentenstandarte nimmt die Scharonrose (Hibiskus) einen Hauptplatz ein. Sie wurde als Symbol gewählt, da sie in allen Teilen der koreanischen Halbinsel angetroffen wird und wegen ihrer Widerstandskraft bekannt ist. Der Staatsname ist auf einem Band unter der Blüte im Wappen eingetragen; in der Präsidentenstandarte ist sie von zwei Phönixen, einst Sinnbilder der Kaiser von Korea, begleitet.

PROVINZEN VON KOREA

KANGWON
NORDCHUNGCHONG
NORDJONLA
SÜDJONLA
CHEJU

9:16≈

CHE-DJU
CHEJU
Offiziell gehißt am 3. Mai 1966.

CHUNG-CHONG-PUK
NORDCHUNGCHONG
Offiziell gehißt am 1. Februar 1966.

2:3

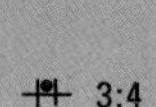

DJON-LA-NAM
SÜDJONLA
Offiziell gehißt am 31. Juli 1969.

DJON-LA-PUK
NORDJONLA
Offiziell gehißt am 1. Juli 1964.

2:3

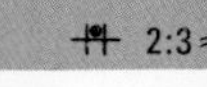

KANG-WON
KANGWON
Offiziell gehißt
am 20. Oktober 1962.

Wie in Japan, Kanada, der Sowjetunion und einer Anzahl anderer Länder in der ganzen Welt sind auch die Flaggen der Landesteile der Republik Korea innerhalb weniger Jahre nacheinander angenommen worden. Eine Ähnlichkeit im Aussehen der Provinzialflaggen war auch hier beabsichtigt. Die koreanischen Flaggen *(oben)* haben alle kreisförmige Embleme; die Länder der Bundesrepublik Deutschland bevorzugen dagegen gestreifte Flaggen mit heraldischen Emblemen, die Departements von Kolumbien ein fach Streifenflaggen.
In mancherlei Art ähneln die koreanischen Provinzialflaggen den Flaggen der japanischen Präfekturen: es sind moderne graphische Entwürfe, mehrfach erscheint der Staatsname auf der Flagge – eine auch in den Vereinigten Staaten anzutreffende Praxis –, und die seltenen Flaggenfarben Braun und Purpur kommen vor.

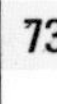
73

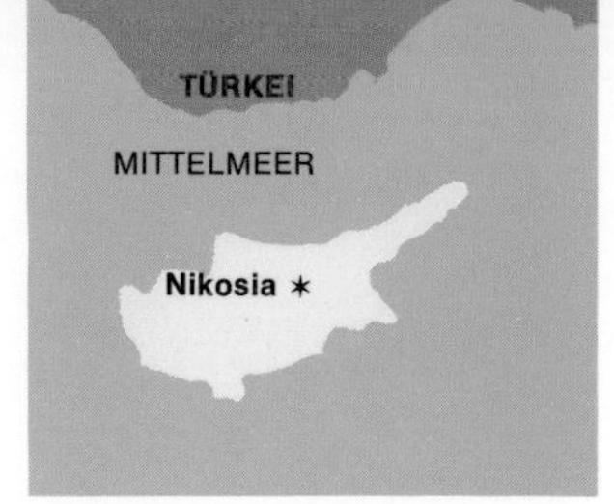


# KYPROS/ KIBRIS ZYPERN

KYPRIAKÍ DIMOKRATÍA / KIBRIS CUMHURİYETİ

REPUBLIK ZYPERN

Als Zypern unabhängig wurde (1960), wählte diese teils von Griechen, teils von Türken bewohnte Insel eine in Entwurf und Farben neutrale Flagge. Die gelbe Farbe der Insel soll das Kupfer darstellen, das dort seit römischer Zeit gewonnen wird und von dem Zypern seinen Namen erhalten hat. Die Ölzweige darunter bedeuten Frieden und Wohlstand; im wesentlichen die gleiche Symbolik erscheint im Wappen.
Die griechischen und türkischen Gemeinschaften ziehen es jedoch vor, nur die Flaggen von Griechenland und der Türkei zu zeigen. Seit 1974 ist die Insel faktisch in zwei Volksgruppen geteilt, und die zypriotische Flagge wird selten gezeigt.
Gewisse als Sovereign Base Areas bekannte Teile von Zypern sind unter der Herrschaft der früheren Kolonialmacht Großbritanniens verblieben und flaggen nur den Union Jack. Neutrales Gebiet zwischen den griechischen und türkischen Gemeinschaften ist durch Truppen der Vereinten Nationen besetzt, die nur deren blau-weiße Flagge zeigen.

Offiziell gehißt am 16. August 1960.

3:5

STAATSWAPPEN

Der ursprüngliche Entwurf einer zypriotischen Flagge hatte ein weißes Feld mit einem großen K (dem ersten Buchstaben des Namens Zypern auf türkisch und griechisch) in Rostbraun. Offenbar als zu gebrauchsgraphisch empfunden, wurde dieser Entwurf zugunsten einer Flagge verworfen, die der gegenwärtigen sehr ähnlich war. Die erste offizielle Ausgestaltung, die etwa ein Jahr in Gebrauch war, unterschied sich von der gültigen dadurch, daß die Insel weiß mit einem gelben Rand war anstatt der heutigen gelben Silhouette.

74

# AL-KUWAIT

KUWAIT

DAULAT AL-KUWAIT

STAAT KUWAIT

Offiziell gehißt
am 24. November 1961.

Als mit dem Ende der britischen Schutzherrschaft die Unabhängigkeit von Kuwait im Jahre 1961 erlangt worden war, wurden die pan-arabischen Farben für die neue Flagge gewählt. Die Farben werden folgendermaßen gedeutet: Schwarz meint die Niederlage von Feinden auf dem Schlachtfeld, wo ihr Blut die Schwerter der Araber rot färbt. Arabische Taten aber werden als weiß oder rein betrachtet, ihre Länder als grün und fruchtbar.
Der Entwurf der neuen Flagge dürfte von den Flaggen der Nachbarn Iran und Irak beeinflußt worden sein. Die iranische Flagge hatte damals und hat noch waagerechte grün-weiß-rote Streifen. Die irakische Flagge, die einzige Flagge der Welt mit einem Trapez am Liek, hatte auch damals drei waagerechte Streifen. Als eine Nation von Seefahrern und Schiffbauern wählte Kuwait als Hauptemblem seines Wappens die traditionelle Dhau. Falknerei ist der königliche Sport im Persischen Golf, und der Falke im Wappen wird als Symbol des kuwaitischen Heroismus angesehen. Der volle Name des Staates ist oben in das Emblem eingeschrieben.

1:2

STAATSWAPPEN

1:2

Das Flaggengesetz von Kuwait bestimmt im einzelnen, daß »jeder, der ertappt und überführt wird, die Nationalflagge auf privaten Gebäuden ständig wehen zu lassen [. . .], mit Gefängnis von höchstens drei Monaten und/ oder einer Buße von höchstens 20 Dinar bestraft [wird].« Ähnliche Regelungen gibt es in anderen Ländern, insbesondere im Britischen Commonwealth. Obwohl diese Länder den Gebrauch der Staatsflagge an näher bestimmten Feiertagen gestatten, machen sie klar, daß die Nationalflagge nicht jedermann gehöre.

75

# LAO

LAOS

PRAH RAJA
ANACHAK LAO

KÖNIGREICH LAOS

Laos hat einen Regierungssitz (Vientiane) und eine Hauptstadt (Luang Prabang).

Im 14. Jahrhundert war das Lao-Volk in einem mächtigen, als Huong Lan Xang Hom Khao (Land der Million Elefanten und des Weißen Sonnenschirms) bekannten Reich vereint. Khoun Borom, der legendäre Gründer von Lan Xang, soll auf einem weißen Elefanten angeritten sein und hierbei einen weißen Sonnenschirm getragen haben, der seitdem stets als Symbol des Königtums betrachtet worden ist. Rot ist als die Farbe der Sonne und daher als eine passende Farbe für ein Land im Fernen Osten anerkannt. Der dreiköpfige Elefant war seit 1947 besonders geeignet, da damals die drei Fürstentümer, in die Laos zerfiel, vor der Entlassung des Landes aus der französischen Kolonialherrschaft wiedervereinigt worden sind. Die anderen Symbole der nationalen und königlichen Flaggen stehen für die fünf Vorschriften des Buddhismus (die Stufen, auf denen der Elefant steht), die geistliche Erleuchtung des Buddhismus (die Urne und der Strahlenkranz), Wohlfahrt (die goldenen Becher) und die Institution der Monarchie (die Sonnenschirme).

Offiziell angenommen am 11. Mai 1947.

2:3

KÖNIGSWAPPEN

Eine wichtige Flagge in Laos, wenn auch ohne internationale Anerkennung, ist die der Patriotischen Front der Lao. Gewöhnlich die Pathet Lao genannt, übt diese kommunistisch orientierte politische Organisation und deren Volksbefreiungsarmee die tatsächliche Verwaltungsherrschaft im größten Teil des Territoriums und über einen großen Teil der Bevölkerung aus. Die Flagge der Pathet Lao besteht aus drei ungleich breiten, waagerechten Streifen (Rot, Blau, Rot) mit einer weißen Scheibe in der Mitte (Abbildung Seite 341).

KÖNIGSSTANDARTE

2:3≈

76

Maseru
SÜDAFRIKA
INDISCHER OZEAN
ATLANTISCHER OZEAN

# LESOTHO

LESOTHO

## MUSO OA LESOTHO

KÖNIGREICH LESOTHO

Lesotho hieß früher Basutoland.

Zur Nationaltracht von Lesotho gehört ein aus Stroh geflochtener, kegelförmiger Hut. Hiervon gibt es viele Varianten, aber der auf der Nationalflagge silhouettenartig dargestellte Hut ist typisch. Das blaue Feld bedeutet den Himmel und den Regen, Weiß versinnbildlicht den Frieden. Grün und Rot bedeuten Land und Glauben.
Diese Themen sind im Wahlspruch des Staatswappens angedeutet: »Frieden, Regen, Fülle«. Hinter dem traditionellen Schild der Sotho sind Waffen aus dem 19. Jahrhundert, ein Assegai (Speer) und ein Kerrie (Knopfstock) gekreuzt. Während andere schwarze Völker Südafrikas von den Briten oder den Buren erobert wurden, hat König Moshoeshoe (sprich: Mu'schwéi'-schwéi) 1868 Königin Victoria ersucht, daß er und sein Land »unter den weiten Falten Ihrer Flagge ruhen dürfen«. Fast genau ein Jahrhundert später (1966) wurde die Sotho-Unabhängigkeit unter König Moshoeshoe II. wiederhergestellt.

Offiziell gehißt am 4. Oktober 1966.

2:3≈

STAATSWAPPEN

Das vor der Unabhängigkeit entworfene ursprüngliche Wappen zeigte auf seinem Schild eine Darstellung des Königs Moshoeshoe I. Heraldische Sachverständige in Südafrika wiesen auf das Unpassende hin. Statt dessen wurde das persönliche Sinnbild des Königs und seiner Dynastie, ein Krokodil, eingefügt. Unmittelbar unter dem Schild ist eine Darstellung des Thaba Bosiu (Nachtgebirge), wo Moshoeshoe I. seine Nation erstmals in ihrer neuen Heimat vereinigt hat und wo er 1870 begraben worden ist.

KÖNIGSSTANDARTE

2:3≈

77

# LIBERIA

LIBERIA

## REPUBLIC OF LIBERIA

REPUBLIK LIBERIA

Offiziell angenommen am 26. Juli 1847.

Bis zum 20. Jahrhundert hatten Frauen zu Nationalflaggen fast keine Verbindung, sie durften sie nur nähen. So war es nicht in Liberia, wo die Flagge von einem aus sieben Frauen bestehenden Komitee entworfen und hergestellt worden ist. Als eine amerikanische Kolonie, gegründet zur Schaffung einer Heimat für befreite, aus den Vereinigten Staaten nach Afrika zurückkehrende Sklaven, hatte Liberia seit 1827 eine Flagge. Die amerikanische Flagge lieferte das Grundmuster mit dem Unterschied, daß ein weißes Kreuz an die Stelle der Sterne trat. Ein liberianisches Schiff, das diese Flagge führte, wurde 1845 von britischen Behörden mangels einer anerkannten Flagge beschlagnahmt; dies führte zu der Entscheidung, aus Liberia eine unabhängige Nation zu machen.
Die Grundgestalt der alten Flagge wurde beibehalten, aber die Zahl der Streifen wurde auf elf (Zahl der Männer, die die liberianische Unabhängigkeitserklärung unterzeichnet hatten) verringert. Der einzelne weiße Stern sagte aus, daß dies der einzige unabhängige Staat in Schwarzafrika sei.

10:19

STAATSWAPPEN

Der Pflug und der Spaten im Wappen von Liberia bedeuten die landwirtschaftliche Arbeit, auf die die nationale Wirtschaft gegründet wurde. Der Palmbaum ist eine Anspielung auf den Reichtum des Bodens. Die Gründung der Kolonie ist nicht nur ausgedrückt in dem Wahlspruch (»Die Freiheitsliebe brachte uns hierher«) und dem an der Küste ankommenden Schiff, sondern auch in der Sonne, die einen neuen Tag ankündigt. Die Taube mit ihrem Schriftblatt ist symbolisch für Liberias Botschaft vom guten Willen und Frieden an die Welt.

FLAGGE DES PRÄSIDENTEN DER REPUBLIK

1:1

# DIE GRAFSCHAFTEN VON LIBERIA

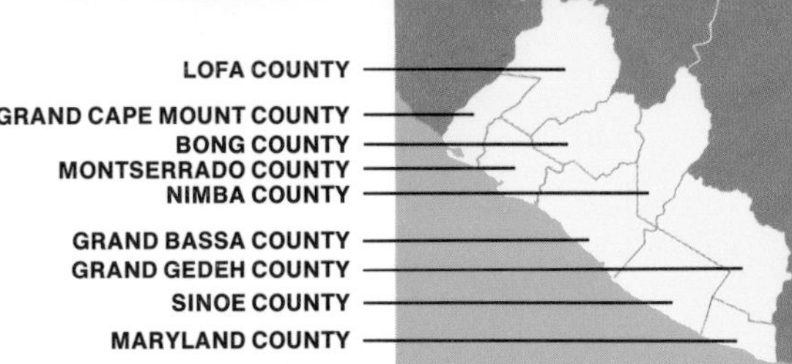


Diese Flaggen wurden den liberianischen Grafschaften durch Präsident William V. S. Tubman am 29. November 1965, dem Tag seines 70. Geburtstags, überreicht.

2:3≈

BONG COUNTY

Die Morgenröte einer neuen Grafschaft (Purpur und Orange), Reinheit (Weiß) und Eisengewinnung (Werkzeuge) sind versinnbildlicht.

2:3≈

GRAND BASSA COUNTY

Dunkelblau bedeutet Gesetzestreue, die Streifen vertreten die vier Männer aus Grand Bassa, die Liberias Unabhängigkeitserklärung unterzeichnet haben.

2:3≈

GRAND CAPE MOUNT COUNTY

Der Große Kap-Berg erscheint auf weißem Friedens- und Reinheitsfeld.

2:3≈

GRAND GEDEH COUNTY

Die neue Grafschaft erhebt sich wie ihr namensgleiches Gebirge; Weiß bedeutet die Reinheit des Herzens, Blau Frieden und Wohlstand.

2:3≈

LOFA COUNTY

Der Arm und das Reisigbündel versinnbildlichen die Einheit zwischen den Wäldern und dem Lofa-Strom.

2:3≈

MARYLAND COUNTY

Gelbe Streifen standen in der Flagge der Republik Maryland, ehe sie 1857 mit Liberia vereinigt wurde.

2:3≈

MONTSERRADO COUNTY

Alte und neue Kulturen (Blau und Rot) begegnen sich in dieser Grafschaft auf Providence Island.

2:3≈

NIMBA COUNTY

Tugend, Reinheit und Treue sind in den Streifen dieser Flagge ausgedrückt.

2:3≈

SINOE COUNTY

◁ Weiß und Grün entsprechen der Reinheit und den tropischen Wäldern.





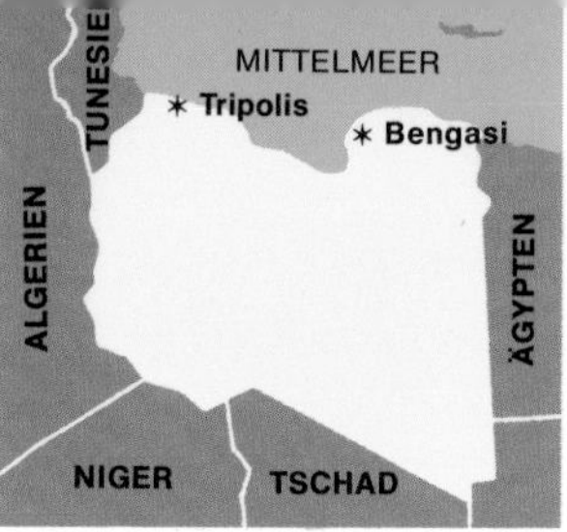


# LIBIYA

## LIBYEN

AL-DSCHUMHURIJE AL-ARABIJE AL-LIBIJE

ARABISCHE REPUBLIK LIBYEN

Weiteres über libysche Flaggen siehe Seite 155.

Während des frühen 20. Jahrhunderts stand Libyen unter fremder Besatzung, war also ohne eigene Flagge. Dennoch hat Libyen eine eigene Flaggentradition: die Senussi-Sekte der Cyrenaika benützte schwarze Flaggen, meist mit Inschriften aus dem Koran.
Als der Führer der Senussi 1947 durch die Briten als der Emir der Cyrenaika anerkannt worden ist, hißte diese Gegend eine schwarze Flagge mit einem weißen Stern und Halbmond. 1950 wurde das geändert, indem rote und grüne Streifen als Hinweise auf Fessan und Tripolitanien oben und unten angefügt wurden. Obwohl auf diese Weise die vier pan-arabischen Farben zusammengestellt waren, waren die Flagge und die von ihr vertretene Regierung konservativ. Infolge der Revolution vom 7. September 1969 wurde eine neue Nationalflagge auf der Grundlage der arabischen Befreiungsflagge des benachbarten Ägypten angenommen. Diese rot-weiß-schwarze Trikolore wurde zweieinhalb Jahre später in die heutige libysche Flagge umgestaltet. Das Wappen ist das der Föderation Arabischer Republiken, manchmal auch unter Hinzufügung des eigenen Namens von Libyen.

Offiziell gehißt am 1. Januar 1972.

2:3

STAATSWAPPEN

Am 17. April 1971 unterzeichneten die Präsidenten von Ägypten, Libyen und Syrien ein Übereinkommen, in dem sie eine Verbindung ihrer Nationen als einen ersten Schritt zur arabischen Einigkeit forderten. Die Föderation Arabischer Republiken trat nach Volksabstimmungen in den drei Ländern am 2. September jenes Jahres theoretisch in Kraft.
Die Verfassung der Föderation verlangt eine einzige Flagge für die Föderation und ihre drei Mitgliedsstaaten. Sie wurde am ersten Tage des Jahres 1972 gehißt. Trotzdem gibt es in der Praxis verschiedene Varianten.

79

# LIECHTENSTEIN

FÜRSTENTUM LIECHTENSTEIN

Die blauen und roten Farben von Liechtenstein kommen bereits im 18. Jahrhundert als Livreefarben der liechtensteinischen Dienerschaft vor. Immerhin stellte Joseph Hoop als Regierungschef 1937, als die Krone erstmals in die Flagge eingefügt wurde, fest: »Wir sehen in ihrem Blau das Blau des strahlenden Himmels, im Rot das Leuchten unserer abendlichen Firne, und das Gold der Fürstenkrone bringt uns zum Bewußtsein, daß Volk und Land und Fürstentum ein Herz und eine Seele sind.«
Die fürstliche Flagge beruht auf dem Mittelschild des Wappens, der gekrönt selbst als kleines Staatswappen dient. Die Quartiere beziehen sich auf die Genealogie des regierenden Hauses durch die Verbindung der Wappen von Schlesien, der Kuenringe, von Troppau und Ostfriesland-Rietberg, mit dem Horn von Jägerndorf in der eingepfropften Spitze.

Offiziell gehißt am 25. Juli 1957.

2:3≈

STAATSWAPPEN, GLEICHZEITIG FÜRSTLICHES WAPPEN

FÜRSTLICHE FLAGGE

2:3≈

Blau und Rot dienten während des 19. Jahrhunderts als Nationalfarben von Liechtenstein und sind 1921 durch die Verfassung offiziell bestätigt worden. Die Regierung von Liechtenstein bemerkte während der Olympischen Spiele in Berlin 1936, daß ihre Flagge genauso aussah wie die Bürger- und Handelsflagge von Haiti. Zur Vermeidung möglicher internationaler Verwechslung beschloß man, die liechtensteinische Flagge durch Hinzufügung des Fürstenhutes zu verändern.

80

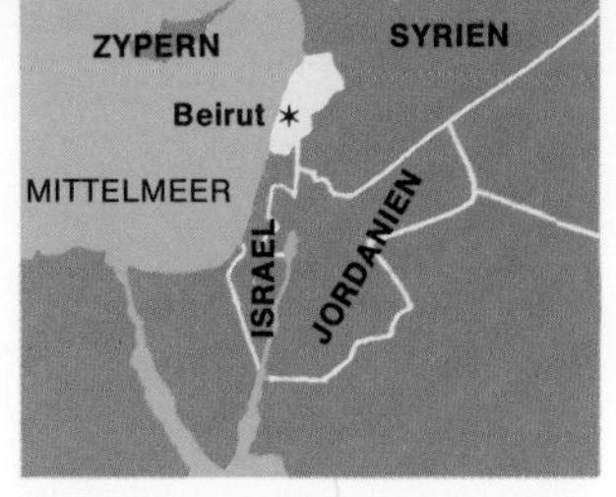


# LUBNAN

LIBANON

AL-DSCHUMHURIJE AL-LUBNANIJE

LIBANESISCHE REPUBLIK

Im 18. und 19. Jahrhundert führten maronitische Christen im Libanon eine weiße Flagge mit einer Zeder. Dieser Heiligkeit, Ewigkeit und Frieden symbolisierende Baum ist im Lande heimisch und wird in der Bibel mehrfach erwähnt. Psalm 92, 13 verheißt: »Der Gerechte wird [. . .] wachsen wie eine Zeder auf dem Libanon.« Die Farben Rot und Weiß beziehen sich auf die Kaissiten und Jemeniten, zwei sich bekämpfende Stämme, durch welche die libanesische Bevölkerung zwischen 634 und 1711 gespalten war.
Während des Ersten Weltkrieges führte die libanesische Legion im französischen Militärdienst ein rotes Schrägkreuz auf einer weißen Flagge, auf der zusätzlich eine Zeder in der Mitte dargestellt war. Als ein vom Völkerbund an Frankreich übertragenes Mandat führte der Libanon die französische Trikolore mit einer Zeder in der Mitte; nach Erlangung der vollen Unabhängigkeit im Jahre 1943 wurde die gegenwärtige Flagge angenommen. Ein Wappen wurde nicht geschaffen, aber der Zederbaum wird ständig als Staatsemblem inoffiziell gebraucht. Gelegentlich wird er in der Mitte eines rot-weiß-rot schräggeteilten Schildes gezeigt.

Offiziell angenommen am 7. Dezember 1943.

2:3≈

Der Libanon ist eines der zahlreichen Länder, wo die amtlichen Einzelheiten der Flagge ständig mißachtet werden. Das Gesetz sieht vor, daß die Zeder an die roten Streifen reichen und ein Drittel der Flaggenlänge ausmachen soll. Sie wird aber oft kleiner gezeigt. Nun hat sich gewohnheitsmäßig die Ansicht durchgesetzt, daß eine Flagge richtig ist, sofern sie ohne Rücksicht auf die künstlerische Wiedergabe wenigstens die wesentlichen Bestandteile des Entwurfs in bezug auf Farben und Symbole aufweist.

81

# LUXEMBOURG/LUXEMBURG

## LUXEMBURG

GRAND-DUCHÉ DE LUXEMBOURG / GROSSHERZOGTUM LUXEMBURG

Die Flagge dieses Landes unterscheidet sich nur wenig von der niederländischen.

Das Banner des Grafen Heinrich VI. aus dem Jahre 1288 ist der erste bestimmte Hinweis auf die heute geführte bürgerliche Flagge. Belege für einen roten Löwen auf einem weißblau gestreiften Feld beweisen über die Jahrhunderte hinweg die Beständigkeit dieser Überlieferung. Unter dem Einfluß der Französischen Revolution wurde eine Trikolore mit den heutigen Farben in verschiedenen Anordnungen waagerechter Streifen geschaffen. Am 12. Juni 1845 stellte die Regierung das heute gültige Modell fest.

Offiziell angenommen am 16. August 1972.

1:2/3:5

GROSSES STAATSWAPPEN

KLEINES STAATSWAPPEN

5:7

FLAGGE DES GROSSHERZOGS

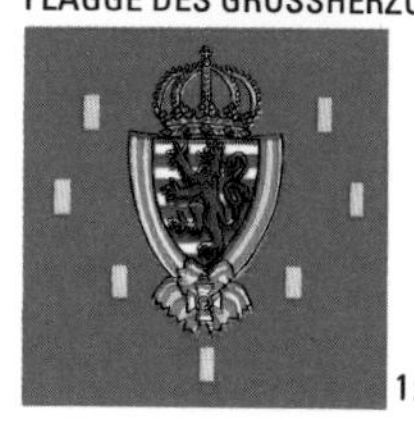

1:1

Die persönliche Standarte des Großherzogs zeigt das Wappen von Luxemburg, umschlungen vom Großen Bande des Ordens der Eichenkrone. Der Hintergrund hat Ähnlichkeit mit dem Schild der Niederlande. Hierin spiegelt sich die gemeinsame Abstammung des Großherzogs von Luxemburg und der Königin der Niederlande aus dem Hause Nassau wider.

82



# AL-MAGHRIB

## MAROKKO

AL-MAMLAKA AL-MAGHREBIJE

KÖNIGREICH MAROKKO

*Al-Maghrib* bedeutet ›Der Westen‹.

Verschiedene arabische Herrscherhäuser sind in der marokkanischen Geschichte durch besondere Farben gekennzeichnet, in denen die Grundtücher ihrer militärischen Fahnen gehalten waren. Vom 11. bis zum Beginn des 17. Jahrhunderts war die Hauptfarbe unter den Almoraviden, Meriniden und Sa'diten Weiß.

Die roten Fahnen der herrschenden Dynastie sind seit 300 Jahren in Gebrauch. Gelegentlich wurde ein Emblem eingefügt, aber erst 1915 ist das grüne Salomonssiegel offiziell festgestellt worden. Damals haben Frankreich und Spanien Marokko in fünf Teile geteilt; erst 1969 ist die letzte der verschiedenen kolonialen Flaggen niedergeholt worden und nur eine einzige Nationalflagge in allen Teilen Marokkos übriggeblieben.

Das Atlas-Gebirge in Nordmarokko erscheint in der Mitte des königlichen Wappens. Die Inschrift zuunterst lautet: »Wenn ihr Gott beisteht, wird auch Er euch beistehen.«

Offiziell angenommen am 17. November 1915.

2:3

KÖNIGSWAPPEN

2:3

Gewohnheitsmäßig haben Flaggenbücher eine im 19. Jahrhundert von der scherifischen Dynastie geführte Flagge falsch dargestellt. In ihrem roten Grundtuch und innerhalb eines Rahmens aus weißen Dreiecken stand das sagenhafte, als Dhulfikar bekannte Schwert. Dieses Schwert hat zwei Klingen, weil sein Besitzer, Mohammeds Schwiegersohn Ali, es beim Herausziehen aus der Scheide, in die es durch seine Feinde eingenagelt worden war, gespalten hat. Unkenntnis dieser Überlieferung verleitete europäische Künstler, das historische zweischneidige Schwert als eine Schere darzustellen.

# MAGYARORSZÁG

## UNGARN

MAGYAR NÉPKÖZTÁRSASÁG

UNGARISCHE VOLKSREPUBLIK

Fünf verschiedene offizielle ungarische Flaggen bestanden zwischen 1945 und 1957.

Die Überlieferung berichtet, daß Árpád, ein ungarischer Herrscher des 9. Jahrhunderts, dessen Dynastie 400 Jahre bestanden hat, eine einfach rote Fahne geführt habe. Die Ungarn glauben auch, daß ein doppelarmiges Kreuz vom Papst an Stephan I., den König des frühen 11. Jahrhunderts, verliehen worden sei, wodurch die weiße Farbe in das Wappen des Landes gekommen wäre.
Um das 15. Jahrhundert bestand das Wappen von Ungarn aus roten und weißen

Offiziell gehißt am 1. Oktober 1957.

2:3 ≈

STAATSWAPPEN

waagerechten Streifen in der rechten Schildhälfte und einem weißen Doppelkreuz auf grünen Hügeln in der roten, linken Seite. Das Grün der gegenwärtigen Nationalflagge stammt offenbar von der Farbe dieser Hügel im Wappen wie auch von Truppenfahnen der ungarischen Armee. Der Einfluß der Französischen Revolution veranlaßte die Zusammenstellung der Farben Rot, Weiß und Grün in drei gleichen Streifen. Die ungarische Trikolore war zur Zeit ihrer ersten offiziellen Annahme im Jahre 1848 bereits weithin in Gebrauch.
Im 20. Jahrhundert unterlag die Flagge vielfachen Abwandlungen in dem auf dem weißen Streifen eingesetzten Wappen. Zur Vermeidung ideologischer Aussage wurde die gegenwärtige einfache Trikolore 1957 gesetzlich eingeführt.

Im März 1919 hat Ungarn im Anschluß an Rußland und Bayern die dritte Sowjetrepublik der Welt ausgerufen. Der von jenem Staat als sein Emblem geführte Rote Stern dient heute als Oberwappen im Wappen der Volksrepublik. Nationale Traditionen Ungarns sind durch das rot-weiß-grüne Band und den Schild ausgedrückt. Weizen als Symbol der landwirtschaftlichen Basis der Volkswirtschaft ist in das Wappen von Ungarn erstmals 1949 bei Errichtung der Volksrepublik eingefügt worden.

# MALAŴI

## MALAWI

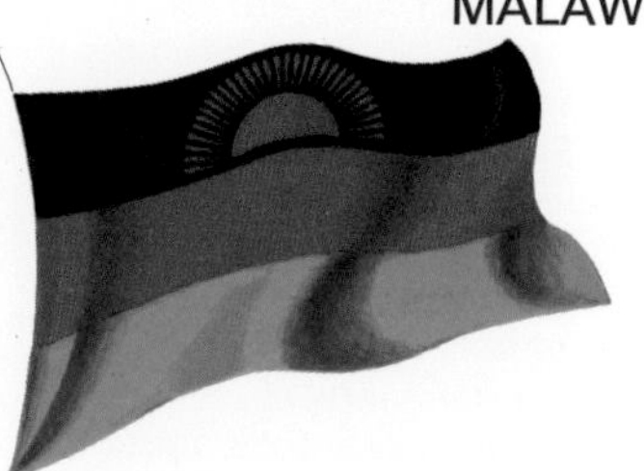

REPUBLIC OF MALAŴI

REPUBLIK MALAWI

Wie in vielen anderen afrikanischen und asiatischen Ländern geht die Nationalflagge in Malawi unmittelbar auf die Flagge der politischen Bewegung zurück, die das Land zur Unabhängigkeit geführt hat. Die 1953 von der Malawi Congress Party angenommene Flagge unterscheidet sich von der Flagge, die durch Malawi selbst geführt wird, nur durch das Fehlen der aufgehenden Sonne.
Als 1964 die Unabhängigkeit erreicht war, fügte Malawi die Sonne als Sinnbild der Morgenröte eines neuen Tages für Afrika hinzu. Der schwarze Streifen, in dem sie steht, bedeutet das Volk des Konti-

Offiziell gehißt am 6. Juli 1964.

2:3

STAATSWAPPEN

nents, das Rot erinnert an das von afrikanischen Märtyrern für die Freiheit vergossene Blut. Grün bezieht sich eigentlich auf Malawi selbst und seinen Reichtum an Feldern und Wäldern.
Das Wappen von Malawi ist durch Königin Elisabeth II. am 30. Juni 1964 verliehen worden. Das Mlanje-Massiv, die höchste Erhebung im Lande, erscheint als Postament, während der Njassasee durch die Wellenlinien im Schild und in der Helmzier symbolisiert wird. Der Fischadler, der Leopard und der Löwe erinnern an den Wildreichtum von Malawi.

Die Sonne kommt in Malawi seit 1914 als Emblem vor. Damals ist an das noch britische Protektorat »Njassaland« durch königliche Urkunde ein Wappen verliehen worden. Die Hereinnahme der Sonne ist vielleicht von dem lateinischen Wahlspruch Njassalands, der »Ein Licht in den Schatten« bedeutet, veranlaßt worden. Jedenfalls erscheint sie wieder in dem Wappen, das der kurzlebigen Föderation von Rhodesien und Njassaland (1953–64) verliehen wurde. Im gegenwärtigen Staatswappen erscheint die Sonne sowohl im Schild wie in der Helmzier.

PHILIPPINEN
THAILAND
SÜDCHINESISCHES MEER
* Kuala Lumpur
INDISCHER OZEAN
INDONESIEN

DIE TEILSTAATEN VON MALAYSIA

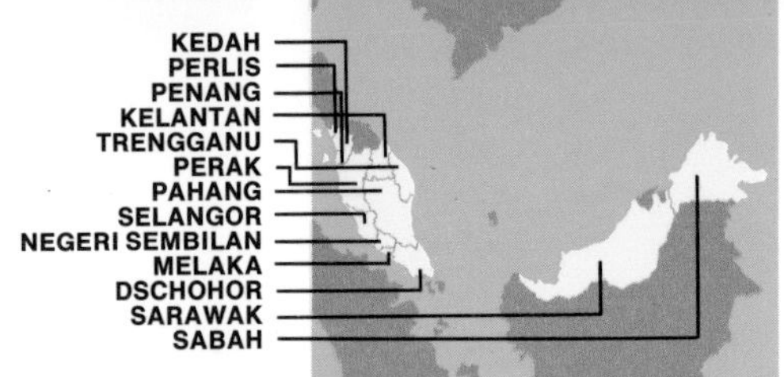


# MALAYSIA

MALAYSIA

PERSEKUTUAN TANAH MALAYSIA

MALAYSIA

Offiziell gehißt am 16. September 1963.

Als 1963 aus dem Malaiischen Bund mit seinen elf Gliedstaaten die Föderation von Malaysia durch die Eingliederung der Staaten Sabah, Sarawak und Singapur gebildet wurde, ist die Flagge mit elf Streifen und einem elfzackigen Stern verändert worden. Die neue Flagge hat die vierzehn Streifen und den vierzehnzackigen Stern aber nach 1965 beibehalten, als Singapur aus der Föderation ausschied. Seit der Bildung eines Bundeshauptstadt-Territoriums (Kuala Lumpur) hat Malaysia wieder vierzehn Landesteile.
Die monarchische Struktur kommt in der königlichen Farbe Gelb zum Ausdruck.

1:2

STAATSWAPPEN

1:2

1:2

1:2

Der Entwurf der bürgerlichen und der Kriegsflagge von Malaysia *(oben)* und auch die Verwendung von Blau erinnern an die Tatsache, daß Malaysia lange Zeit ein Teil des Britischen Empire war. Der traditionelle Kris (Dolch) des malaiischen Kriegers erscheint zweimal in der Kriegsflagge. Fünf solcher Dolche im Staatswappen *(oben)* stehen für Dschohor (Johore), Kedah, Perlis, Kelantan und Trengganu.
Die Königstiger dieses Wappens flankieren einen Schild, der außerdem Embleme für die anderen acht malaysischen Staaten enthält. Der unten in lateinischer und in Javi-Schrift aufgeführte Wahlspruch ist Malaiisch und bedeutet »Einigkeit ist Stärke«.

◁ JOHORE
DSCHOHOR

1:2

KEDAH

1:2

KELANTAN

1:2

MELAKA
MALAKKA

1:2

NEGERI SEMBILAN

1:2

PAHANG

1:2

PERAK

1:2

PERLIS

1:2

PULAU PINANG
PENANG

1:2

SABAH

1:2

SARAWAK

3:5

SELANGOR

1:2

TRENGGANU

1:2

86

# MALI

MALI

RÉPUBLIQUE DU MALI

REPUBLIK MALI

Die Anregung für den Entwurf der Nationalflagge von Mali ist klar. Die Bürger der künftigen Nation waren nach längerer französischer Kolonialherrschaft mit der Trikolore von Frankreich vertraut und haben ihre eigene Nationalflagge diesem Muster angeglichen. Sie ähnelt den Flaggen anderer, etwa gleichzeitig unabhängig gewordener Kolonien: Senegal, Guinea, Kamerun, Togo und Kongo.
Die Farben in den Flaggen aller dieser Länder sind die gleichen – Grün, Gelb und Rot. Die pan-afrikanischen Farben, als welche sie bekannt sind, wurden wahrscheinlich von den Flaggen Äthiopiens und Ghanas, die beide etwas früher unabhängig geworden waren, beeinflußt. Vermutlich wichtiger als ein solcher Einfluß war die Tatsache, daß Grün, Gelb und Rot die Parteiflagge der Rassemblement Démocratique Africain war, die Mali zur Unabhängigkeit geführt hat.
Mali hat niemals ein Wappen angenommen. Sein auf amtlichen Drucksachen stehendes Siegel enthält den Nationalwahlspruch »Ein Volk, ein Ziel, ein Glaube«.

Offiziell angenommen am 1. März 1961.

2:3

STAATSSIEGEL

Mali ist eines der zahlreichen Länder in Zentralafrika, welche die Araber im Norden als »Bilad as-Sudan« (Land der Schwarzen) zu bezeichnen pflegen. Daher ist es nicht verwunderlich, daß mit dem Namen »Sudan« nicht nur eine anglo-ägyptische Kolonie (jetzt die Demokratische Republik Sudan), sondern auch eine französische Kolonie 2400 Kilometer weiter westlich bezeichnet wurde. Nach Erlangung der Unabhängigkeit im Jahre 1960 nahm der französische Sudan den Namen Mali an, der Hunderte von Jahren zuvor von einem machtvollen Reich geführt worden war.

Auch ein anderes altes Symbol – eine als Kanaga bekannte stilisierte menschliche Figur – war angenommen worden. Schwarz, in die Mitte der ersten Mali-Flagge eingesetzt, erinnerte sie an den seit 2000 Jahren fortdauernden Gebrauch dieses Symbols von Mali. Mohammedanische Puritaner verwahrten sich gegen die Darstellung einer menschlichen Gestalt und kämpften erfolgreich für seine Entfernung.

87

# MALTA

MALTA

REPUBBLIKA DA'MALTA
REPUBLIC OF MALTA

REPUBLIK MALTA

Das von den Johanniterrittern geführte charakteristische Malteserkreuz erscheint in dem Wappen und der Handelsflagge des Landes. Da die Ritter aber die Insel nur von 1530 bis 1798 beherrscht hatten, beansprucht Malta legitimerweise andere historische Symbole. Seine ursprüngliche, einfach senkrecht geteilte zweifarbige Flagge soll auf den normannischen Grafen Roger von Sizilien zurückgehen, der Malta im Jahre 1090 der arabischen Herrschaft entrissen hat.
Wenn auch zweifellos sehr alt, ist doch nicht zu beweisen, daß sie aus dem 11. Jahrhundert stammt. Sie ist unter verschiedenen fremden Herrschern geführt worden, einschließlich der Briten, die die Insel zwischen 1814 und 1964 beherrschten. Als eine ehrenvolle Ergänzung für seinen tapferen Widerstand gegen feindlichen Angriff im Zweiten Weltkrieg erhielt Malta am 28. Dezember 1943 die königliche Genehmigung, das George Cross (Georgs-Kreuz) seinem Wappen und seiner Flagge, sowie seinem Namen den entsprechenden Titel »Malta, G.C.« beizufügen.

Offiziell gehißt am 21. September 1964.

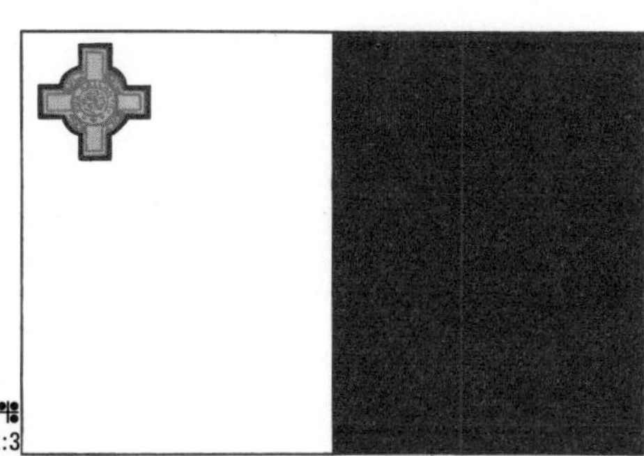

2:3

STAATSWAPPEN

Die maritime Natur des Staates ist im Wappen durch die stilisierten heraldischen Delphine wie auch das Wasser, aus dem sie aufsteigen, angedeutet.
Die ausgedehnten Befestigungen Maltas, von denen viele zur Zeit der Herrschaft des Johanniterordens gebaut wurden, sind durch die Helmzier, die sogenannte Mauerkrone, versinnbildlicht.
Der Wahlspruch zuunterst lautet: »Durch Tapferkeit und Beständigkeit«.

2:3

88

# MAURITIUS

## MAURITIUS

Wie eine Anzahl neuer Länder hat Mauritius keine amtliche Vollnamensform.

Die einfache Nationalflagge von Mauritius sticht gegen sein kompliziertes Staatswappen ab. Die Farben der Flagge sprechen das mauritische Volk unmittelbar über die ihm wichtigsten Dinge an: das Blau des Indischen Ozeans, der die Insel von allen Seiten umspült, das Grün seines Landes, das im Kampf um die Unabhängigkeit vergossene rote Blut und das goldene Licht der Unabhängigkeit, das nun über die Insel strahlt.
Im Gegensatz hierzu erinnert das Wappen an das britische Kolonialregime, unter dem die Insel mehrere Jahrzehnte lang gestanden hat. Das 1906 verliehene Wappen, dessen Vorstufen sehr viel älter sind, bezieht sich auf die Besiedlung von auswärts (ein Schiff), die tropische Vegetation (Palmbäume) und die strategische Lage der Insel (die Embleme, auf die sich das lateinische Motto bezieht: »Stern und Schlüssel des Indischen Ozeans«).

Offiziell gehißt am 12. März 1968.

2:3

STAATSWAPPEN

Die Farben der Nationalflagge sind alle aus dem Wappen entnommen. Dessen Grundfarben sind Blau und Gold, Grün kommt in den Palmen und Rot im Schlüssel vor. Schildhalter sind der 1639 aus Java eingeführte Sambur-Hirsch und die einheimische Dronte, ein im 16. Jahrhundert ausgerotteter Vogel.

1:2

1:2

1:2≈ FLAGGE DES GENERALGOUVERNEURS

89

# MÉXICO

## MEXIKO

### ESTADOS UNIDOS MEXICANOS

### VEREINIGTE MEXIKANISCHE STAATEN

Weiteres über mexikanische Flaggen auf den Seiten 148 bis 151 und 74.

Die Drei Garantien, auf die sich die Mexikaner im Kampf zur Beendigung der spanischen Kolonialherrschaft beriefen, waren Unabhängigkeit, Einheit und Religion. Zur Symbolisierung dieser Garantien wurde 1821 eine dreistreifige Flagge – vermutlich gestützt auf das französische republikanische Muster – angenommen.
Im Laufe der Jahre sind im Wappen viele Varianten entstanden, aber das Grün-Weiß-Rot dauerte fort. Die Hauptbestandteile des Wappens blieben immer der Adler auf dem Kaktus, der an die Legende von der Gründung Tenochtitláns (heute Mexico City) erinnert. Im frühen 14. Jahrhundert war den Azteken verheißen worden, daß ihr künftiges Heimatland da liegen werde, wo ein Kaktus auf Felsen wachsen würde. Somit verkündet das Emblem den aztekischen Ursprung des Staates. Die letzten Fassungen des Wappens und der Flagge datieren aus der Zeit der Olympischen Spiele in Mexico City. Für den Gebrauch in vielen amtlichen Drucksachen, Münzen und Medaillen sind alternative Fassungen des Staatswappens ausgearbeitet worden, wo die Bestandteile in Umriß oder in Flachrelief erscheinen. Von der Fassung des Wappens in der Flagge weichen diese Fassungen dadurch ab, daß über ihnen der Staatsname eingetragen ist.

Offiziell gehißt am 17. September 1968.

4:7

STAATSWAPPEN

Manche Nationen erlassen keine Vorschriften für die Einzelheiten des Entwurfs, die Abmessungen und die Farbtönungen in ihren Flaggen. Andere machen sie in einem amtlichen Gesetzblatt bekannt. Mexiko ist eines der wenigen Länder, das für die Darstellung der Flagge und des Wappens verbindliche Muster festgestellt hat. Diese werden im Generalstaatsarchiv, im Historischen Nationalmuseum und in der Münze verwahrt.

90

# MISR
## ÄGYPTEN

AL-DSCHUMHURIJE MISR AL-ARABIJE

ARABISCHE REPUBLIK ÄGYPTEN

Weiteres über ägyptische Flaggen auf den Seiten 152 bis 155.

Die Flagge der Föderation Arabischer Republiken, die von Ägypten ebenso wie von den beiden anderen Mitgliedsstaaten Libyen und Syrien geführt wird, ist fast genau die gleiche wie die erstmals nach dem Sturz der ägyptischen Monarchie im Jahre 1952 gezeigte arabische Befreiungsflagge. In dieser Flagge stand der Adler Saladins, der dann zum Wappen der Vereinigten Arabischen Republik gemacht worden ist. Heute ist der Adler durch den Falken der Koraisch (siehe Syrien) ersetzt.
Die Farben Rot, Weiß und Schwarz erinnern an die Revolution Ägyptens, seine strahlende Zukunft und die schwarzen Tage der Vergangenheit.

Offiziell gehißt am 1. Januar 1972.

2:3

STAATSWAPPEN

2:3

2:3

FLAGGE DES STAATSPRÄSIDENTEN

2:3 ≈

Wegen der absichtlichen Ähnlichkeit zwischen den Flaggen vieler arabischer Länder sei auf die Ausführungen unter Syrien, Libyen, Sudan, Jordan, Kuwait, Jemen (Nord) und Jemen (Süd) verwiesen, wo weitere Informationen zur Erklärung der Gestalt und Farben ägyptischer Flaggen zu finden sind.

91

# MOÇAMBIQUE
## MOSAMBIK

REPÚBLICA POPULAR DE MOÇAMBIQUE

VOLKSREPUBLIK MOSAMBIK

Als eine Überseeprovinz von Portugal hatte Mosambik keine eigene Flagge. Sein Wappen ähnelte dem der anderen Kolonien, indem es eine Armillarsphäre in Erinnerung an die portugiesischen Entdeckungen, das heraldische Symbol für Wasser und die portugiesischen »Quinas« enthält.
Auf der linken Seite erscheint ein einheimisches Emblem, im Falle Mosambik sind dies die Pfeile als Attribute des Märtyrers Sebastian – in Erinnerung daran, daß die Urkolonie auf der kleinen Insel São Sebastião de Moçambique errichtet worden war.
In den 60er Jahren hißte die nationale Befreiungsfront Frente de Libertação de Moçambique (FRELIMO) eine fünffarbige Flagge. Der von einer Revolution in Portugal selbst beschleunigte Erfolg der FRELIMO führte 1974 zur inoffiziellen Einführung ihrer Fahne als Nationalflagge. Sie ist mit der Unabhängigkeitserklärung von Mosambik am 25. Juni 1975 die offizielle Flagge geworden. Die Farben dieser Flagge sprechen vom Volk, dem Land, dem Wohlstand und dem Freiheitskampf.

In Gebrauch genommen am 5. September 1974.

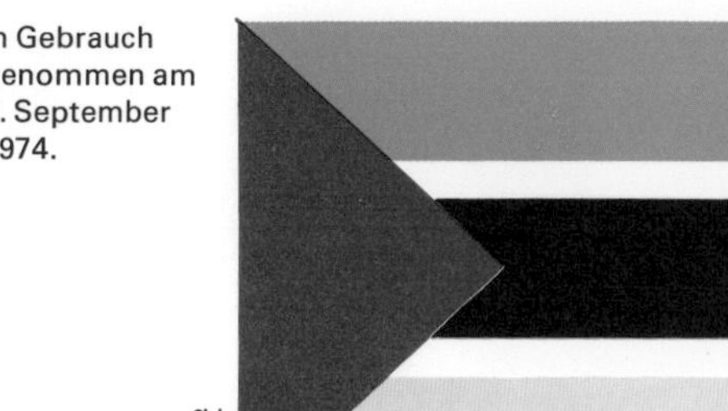

5:8 ≈

WAPPEN DER ÜBERSEEPROVINZ

Veränderungen in den politischen Verhältnissen vieler Nationen unseres Erdballs machen es faktisch unmöglich, ein Flaggenbuch zu verfassen, das vollkommen auf dem Stand des Erscheinungstages ist. So ist bei diesem Buch vorauszusehen, daß zwischen der Zeit der Niederschrift und der ersten Auslieferung des Buches neue offizielle Flaggen für Angola, Mosambik, Cap Verde sowie São Tomé und Príncipe (alles frühere portugiesische Kolonien) notwendig wurden.

92

ITALIEN
FRANKREICH
* Monaco
MITTELMEER

# MONACO
## MONACO

### PRINCIPAUTÉ DE MONACO
### FÜRSTENTUM MONACO

Abgesehen von den Abmessungen, ist die monegassische Flagge die gleiche wie die indonesische.

Es wird berichtet, daß es den Grimaldis, deren Nachfahren Monaco bis zum heutigen Tage regieren, einst gelungen sei, als Mönche verkleidet, die Schwerter unter ihren Gewändern versteckt, die Festung einzunehmen. So erklären sich die Schildhalter des Wappens und der Wahlspruch »Mit Gottes Hilfe«.
Die Flaggenfarben von Monaco sind bis 1339 bezeugt. Banner aus roten und weißen Rauten, dem Wappen entsprechend angeordnet, sind im 17. Jahrhundert zu finden. Seit dem letzten Jahrhundert wurde es an Land üblich, die Flaggenstange rot-weiß spiralförmig zu bemalen.

Offiziell angenommen am 4. April 1881.

4:5

Das Wappen von Monaco erhielt seine gegenwärtige Form um 1800, obwohl die Grundform Hunderte von Jahren älter ist. Der Schild ist von der Kette des St.-Karls-Ordens umzogen. Die Chiffre des Fürsten Rainier erscheint in seiner persönlichen Flagge.

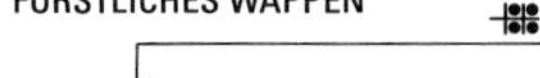

FÜRSTLICHES WAPPEN 4:5

FLAGGE DES FÜRSTEN 5:6 ≈

Unter Hinweis darauf, daß Monaco seine Flagge bereits 1881 angenommen habe, protestierte es bei Indonesien, als man von der 1945 gewählten indonesischen Nationalflagge erfuhr. Aufgrund historischer Vorgänge, die mindestens so alt seien wie die monegassische Flagge, verweigerte Indonesien die Änderung des Entwurfs. Praktisch entsteht durch die Ähnlichkeit beider Flaggen kaum eine Schwierigkeit, da die beiden Länder auf entgegengesetzten Seiten der Erde liegen und Monaco kein Mitglied der Vereinten Nationen ist. Rot über weiß gestreifte Flaggen kommen auch anderswo vor.

93

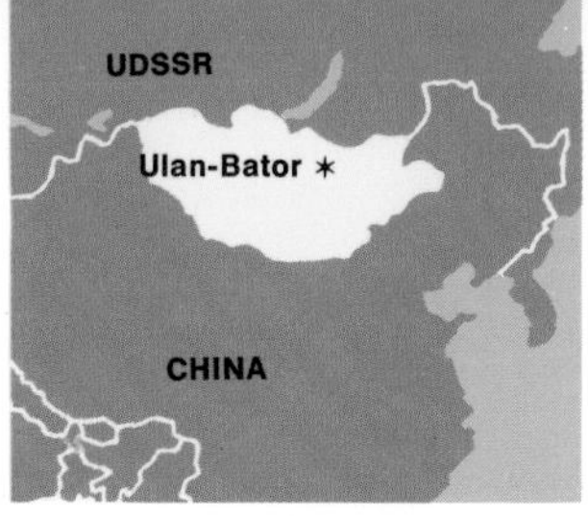


# MONGOL SCHUUDAN
## MONGOLEI

### BUGD NAYRAMDACH MONGOL ARD ULS
### MONGOLISCHE VOLKSREPUBLIK

Offiziell bestätigt am 23. Februar 1949.

Das auch heute noch im wesentlichen nomadische Volk der Mongolen hat jahrhundertelang zum blauen Himmel als einem Symbol aufgeschaut. Hellblau wird als die Nationalfarbe betrachtet und erscheint als solche in der Mitte der Nationalflagge. Der revolutionäre Weg und das sozialistische Programm der 1924 errichteten Mongolischen Volksrepublik ist bildlich in den roten Streifen und dem goldenen Stern der Flagge ausgedrückt. Rote Banner sind 1921 von den Truppen unter der Führung von Suche Bator und Tschoibalsan, den Gründern der Volksrepublik, geführt worden.

1:2

STAATSWAPPEN

Neben dem Liek in der Flagge und oben im Staatswappen erscheint das alte mongolische Symbol, das Soyombo. Der Weizen und das Zahnrad (Landwirtschaft und Gewerbe) sind im Wappen durch ein Band verbunden, darauf die Initialen des Staatsnamens. Die Landschaft verbindet in stilisierter Form die Wüste, die Steppe und die Waldregionen der Mongolei. Die goldenen Strahlen der Sonne bedeuten Wohlstand, der gegen die Sonne eilende Reiter versinnbildlicht den Fortschritt des Volkes auf seinem Weg hin zum Kommunismus.

In der mongolischen Geschichte sind dem Soyombo-Zeichen mystische Deutungen gegeben worden. Heute wird die Flamme über der Sonne als eine Verheißung von Wohlstand und Fortschritt angesehen. Die Sonne und der Mond versprechen (wie in der Flagge von Nepal) ewiges Leben für die Nation. Die Dreiecke sind die Feinde des Volkes, mit Tod bedrohende Pfeilspitzen. Die waagerechten Balken bedeuten Ehrbarkeit und Redlichkeit, die senkrechten Unabhängigkeit und Stärke. Das alte Yin-Yang-Symbol des Weltalls wird hier als zwei Fische gedeutet, ein Emblem der Wachsamkeit gegen den Staat durch Männer und Frauen.

ATLANTISCHER OZEAN
MAROKKO
ALGERIEN
MALI
Nouakchott

# MURITANIA/MAURITANIE

## MAURETANIEN

Die von dem amtlichen Namen des Staates unterstrichene Botschaft der Flagge und des Wappens von Mauretanien ist klar: Grün und der Stern mit dem Halbmomd symbolisieren den Islam, die Religion der Mehrheit der Bevölkerung. Die Farben Grün und Gold erinnern außerdem an die pan-afrikanischen rot-gelb-grünen Flaggen der Nationen im Süden und an die Tatsache, daß Mauretanien selbst außer seiner maurischen Mehrheit eine beträchtliche schwarze Bevölkerung hat.

AL-DSCHUMHURIJE AL-ISLAMIJE AL-MURITANIJE / RÉPUBLIQUE ISLAMIQUE DE MAURITANIE

ISLAMISCHE REPUBLIK MAURETANIEN

Offiziell angenommen am 1. April 1959.

2:3

STAATSSIEGEL

Nach der Gründung der Fünften Republik im Jahre 1958 hat Frankreich seine Politik geändert, die Schaffung einheimischer Symbole in den Provinzen seines Kolonialreiches zu verhindern. Die Flagge und das Wappen von Mauretanien sind schon vor der Unabhängigkeit, die das Land am 28. November 1960 erlangte, angenommen worden. Zusätzlich zum Staatsnamen in den beiden Amtssprachen trägt das Siegel einen Palmbaum und zwei Hirse-Stecklinge. Das Siegel hat eine Rückseite, darauf die Inschriften »Im Namen des mauretanischen Volkes« und »Ehre, Brüderlichkeit, Gerechtigkeit«, umrahmt von einem Kranz aus Palm- und Ölzweigen.

Die Heraldik kennt verschiedene Arten von Halbmonden, je nachdem, in welche Richtung die Hörner weisen. Der ›abnehmende‹ Mond hat seine Hörner gegen heraldisch links, der ›zunehmende‹ Mond schaut nach heraldisch rechts. In den mauretanischen Hoheitszeichen ist er ›liegend‹.

# MUANG TAI

## THAILAND

PRATET THAI

KÖNIGREICH THAILAND

*Tai* bedeutet ›frei‹ – Thailand ist eines der wenigen asiatischen Länder, das niemals unter Kolonialherrschaft gestanden hat.

Auf einer Rundfahrt durch das wasserdurchfurchte Gebiet seines Landes bemerkte der König von Thailand 1916 eine kopfstehend wehende Nationalflagge: die vier Beine des Weißen Elefanten auf rotem Grund waren himmelwärts gerichtet. Der König beschloß, die Nation solle eine neue Flagge haben, die niemals kopfstehend gehißt werden könnte.

Zunächst wurde eine rot-weiß-rot-weiß-rote Flagge angenommen, der Mittelstreifen ist aber dann in Blau geändert worden. Diese mit dem königlichen Geburtstag in Verbindung gebrachte königliche Farbe ergab, daß die neue Thai-Flagge, ein »Trairong« (Dreifarb), die gleichen drei Farben aufwies wie die Flaggen der Verbündeten Thailands im Ersten Weltkrieg, Großbritannien, Frankreich, die Vereinigten Staaten und Rußland.

Offiziell angenommen am 28. September 1917.

2:3

KÖNIGSWAPPEN

2:3

2:3

KÖNIGSSTANDARTE

1:1

Die mythische Gestalt des Garuda *(oben* im Wappen und *rechts)* ist als Träger des Gottes Wischnu der Feind aller verderblichen Dinge. Der Weiße Elefant, das Emblem Thailands im 19. Jahrhundert, blieb bis heute in der Kriegsflagge *(oben rechts)* erhalten.

96

# MYAN-MA

## BURMA

SOSIALIST PHAMADA PYI-DAUNG-SU MYAN-MA NAING-GAN DAW

SOZIALISTISCHE REPUBLIK BURMANISCHE UNION

Offiziell gehißt am 3. Januar 1974.

Seit Burma 1948 von Großbritannien unabhängig geworden ist, werden seine traditionelle Farbe (Orange) und das Bild des Pfauen nur noch wenig gebraucht. Der Stern der Unabhängigkeit kam während des Kampfes mit den Japanern auf, die das Land im Zweiten Weltkrieg besetzt hatten; die Flagge der Antifaschistischen Volksbefreiungsliga war rot mit einem weißen Stern in der Oberecke am Liek. Die erste Unabhängigkeitsflagge von Burma setzte auf einem dunkelblauen Obereck um diesen weißen fünf kleinere Sterne. Das Blau symbolisierte Frieden und Ruhe, das Weiß Reinheit, Ehrbarkeit und Treue. Das Rot wurde als ein Symbol für Mut, Solidarität und Zielstrebigkeit angesehen.

Die Umwandlung des Landes in eine sozialistische Republik im Jahre 1974 führte zu Änderungen der Flagge. Das Zahnrad und die Reispflanze sind Embleme des Gewerbes und der Landwirtschaft. Anstelle von fünf Sternen für die wichtigsten Bevölkerungsgruppen hat die Flagge nunmehr vierzehn Sterne, je einer für jeden Staat der Burmanischen Union. Vergleichbare Änderungen wurden auch im Wappen vorgenommen.

5:9

STAATSWAPPEN

Neben dem Mittelemblem des Wappens und als seine Beschützer erscheinen zwei als Chinthe bekannte mythische Löwen. Häufig vorkommende Gestalten in der burmanischen Architektur, verkörpern diese Löwen alte Weisheit, Tapferkeit und Stärke, auch Reinheit und Ausgewogenheit in der Machtausübung.

Das Band unter den Füßen der Löwen ist mit dem amtlichen Namen des Staates beschriftet; eine Landkarte von Burma erscheint in der Mitte.

97

# NAMIBIA

## NAMIBIA

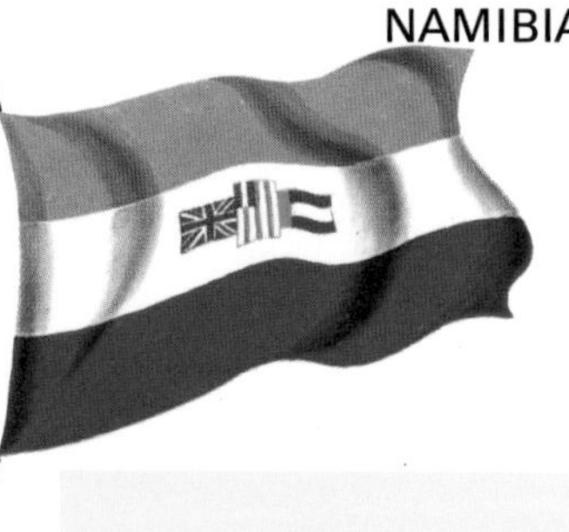

Eine offizielle Nationalflagge von Namibia gibt es nicht.

Nach dem Zweiten Weltkrieg weigerte sich Südafrika, das ihm vom Völkerbund übertragene Mandat über Südwestafrika in das Treuhandsystem der Vereinten Nationen zu überführen. Deshalb hat die Generalversammlung der Vereinten Nationen am 27. Oktober 1966 Südafrika das Mandat entzogen und die Unabhängigkeit Südwestafrikas unter dem Staatsnamen Namibia gefordert; aber Südafrika verwaltet das Gebiet de facto weiter als eine Provinz unter der südafrikanischen Flagge.

1961 ist durch südafrikanische Sachverständige ein Wappen für Südwestafrika geschaffen worden. Die Freiheitsbewegungen von Namibia, die South West Africa National Organization (SWANU) und die South West Africa People's Organization (SWAPO), haben eigene, einander ähnliche Flaggen. Außerdem hat die südafrikanische Regierung zwei »Homelands«, Kavango und Ovambo, errichtet.

LANDESWAPPEN

SWAPO 2:3≈

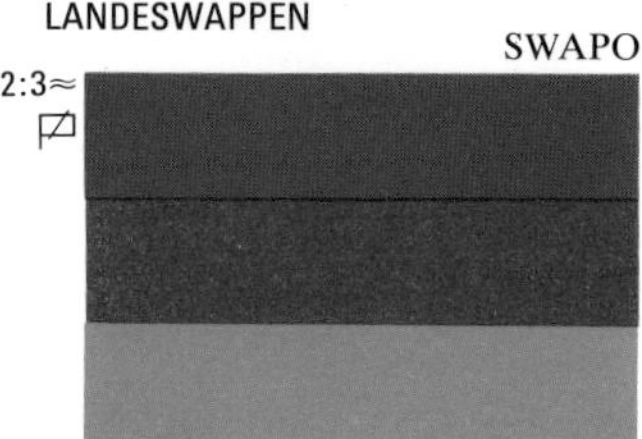

SWANU 2:3≈

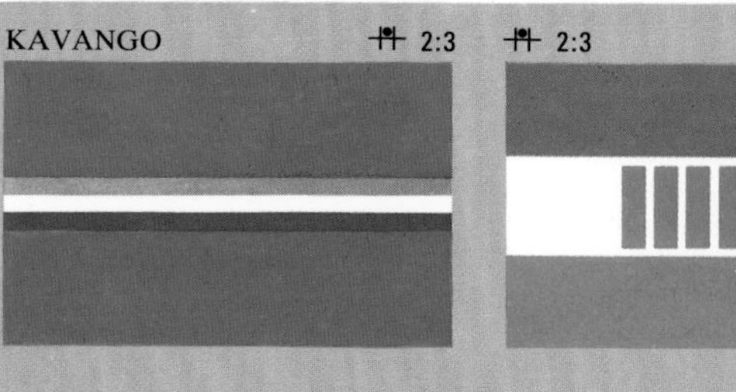

KAVANGO 2:3

OVAMBO 2:3

PAPUA-NEUGUINEA

PAZIFISCHER OZEAN

# NAOERO/ NAURU

## NAURU

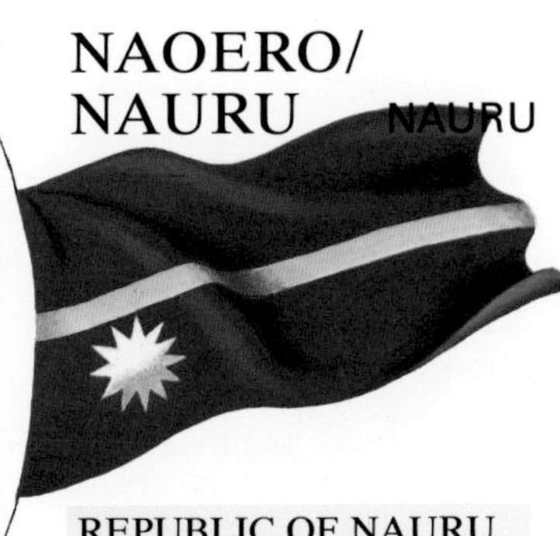

### REPUBLIC OF NAURU

### REPUBLIK NAURU

Die nur 21 Quadratkilometer große Inselrepublik Nauru hat keine Hauptstadt.
Offz. gehißt am 31. Januar 1968.

Die geographische Lage und das Volk von Nauru finden in der Symbolik seiner Flagge, die neuerdings auch von Schiffen in die ganze Welt getragen wird, ihren bildlichen Ausdruck.
Die Insel liegt genau ein Grad südlich des Äquators im Stillen Ozean, östlich der internationalen Datumslinie. Daher der gelbe waagerechte Strich in blauem Grunde und der aus der Mitte herausgerückte Stern genau unter dem Strich.
Die zwölf Zacken des Sterns bedeuten die zwölf Stämme von Nauru, die Eamwit, Eamwidamit, Emea, Eano, Emangum, Eoaru, Eamwidara, Deiboe, Ranibok, Iruwa, Irutsi und Iwi.
Die wirtschaftliche Grundlage des Landes sind die Guanolager, die zur Phosphatgewinnung abgebaut werden. Sinnreicherweise erscheint das chemische Symbol für Phosphor im Schildhaupt des Wappens oberhalb eines Fregattvogels und eines Zweiges von Tomanoblüten. Kokospalmwedel umrahmen den Schild, hinzu kommen Teile der zeremoniellen Abzeichen des Nauruhäuptlings, die aus Schnüren, einheimischem Samen, Haifischzähnen und Federn des Fregattvogels bestehen.

1:2

STAATSWAPPEN

Da die Umstände des Entwurfs einer Nationalflagge normalerweise nicht öffentlich bekannt werden, müssen sich die Vexillologen in vielen Fällen mit Vermutungen darüber begnügen, was die Absichten des oder der Entwerfer gewesen sind. Offizielle Erläuterungen der Farben und der Symbolik eines Entwurfs lassen diese Absichten oft nicht erkennen, ja sie entsprechen ihnen oft noch nicht einmal. Zu den möglichen Einflüssen auf die Nauru-Flagge könnte ein Modell gehören, das der Verfasser dieses Buches der Regierung vorgelegt hat, aber auch die Nationalflagge von Australien, die mehrere Jahrzehnte während der Treuhandverwaltung über der Insel geweht hat. Beide Flaggen enthielten vielzakkige weiße Sterne auf dunkelblauem Grund.

# NEDERLAND

## NIEDERLANDE

### KONINKRIJK DER NEDERLANDEN

### KÖNIGREICH DER NIEDERLANDE

Weiteres über die niederländischen Symbole auf den Seiten 156 bis 163.

Entstanden während des 80-jährigen Unabhängigkeitskrieges gegen Spanien, erlangte die rot-weiß-blaue Flagge der Niederlande auf den Ozeanen der Welt als die Flagge zahlloser Schiffe Ruhm und Ehre.
Im Lauf der vielen Jahre haben sich Varianten herausgebildet – sechs oder neun Streifen waren anstelle der drei üblich, Wappen sind hinzugesetzt worden, und Orange kommt statt Rot vor. Die heutige glatte Trikolore ist durch ein königliches Dekret vom 21. September 1806 sanktioniert worden.
Außer den elf Provinzen der Niederlande selbst gehören zum Königreich der Niederlande noch zwei autonome Territorien mit eigenen Flaggen: die Niederländischen Antillen und Surinam.
Der Wahlspruch »Ich werde aufrechterhalten« im königlichen Wappen (links) erinnert an den Schwur des Prinzen Wilhelm von Oranien. Der Löwe, der ein Schwert und ein Pfeilbündel hält, symbolisiert den Schutz der Rechte der holländischen Provinzen durch ihre Einigkeit und verfassungsmäßige Regierung.

In Gebrauch seit dem 16. Jahrhundert; durch königliches Dekret vom 19. Februar 1937 bestätigt.

2:3

STAATSWAPPEN, ZUGLEICH KÖNIGLICHES WAPPEN

1:1 KÖNIGSSTANDARTE

Auf einem Feld in den dynastischen Farben Orange (Oranien) und Blau (Nassau) erscheint das Staatswappen mit der Krone in der Königsstandarte *(oben rechts)*. Das Große Band des Militär-Wilhelms-Ordens umrahmt den Schild. Das Wappenzeichen von Oranien, ein Jagdhorn, erinnert an den legendären Wilhelm mit dem Horn, der im 8. Jahrhundert die Mauren in Spanien bekämpft haben soll. Der Löwe war das Wappenzeichen der holländischen Provinzen, aber auch des Hauses Nassau, lange bevor es die herrschende Dynastie wurde.

DIE PROVINZEN DER NIEDERLANDE

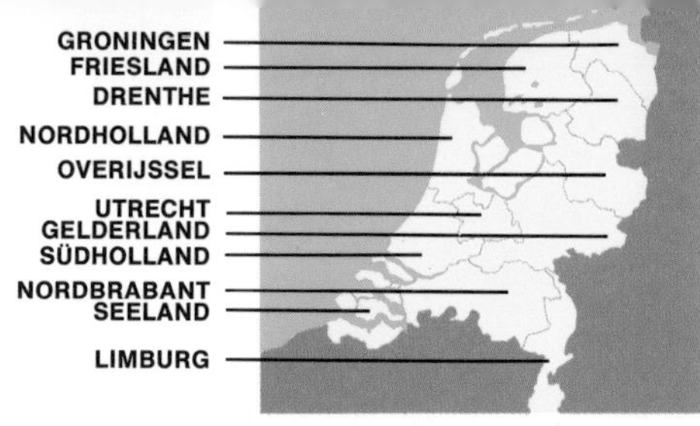


DRENTHE

9:13

GELDERLAND

9:13≈

LIMBURG

1:2≈

NOORD-HOLLAND / NORDHOLLAND

2:3

UTRECHT

9:13≈

ZUID-HOLLAND / SÜDHOLLAND

2:3

FRIESLAND

9:13

GRONINGEN

2:3

NOORD-BRABANT / NORDBRABANT

2:3

OVERIJSSEL

10:17

ZEELAND / SEELAND

2:3

NEDERLANDSE ANTILLEN
NIEDERLÄNDISCHE ANTILLEN

2:3

SURINAME
SURINAM

2:3





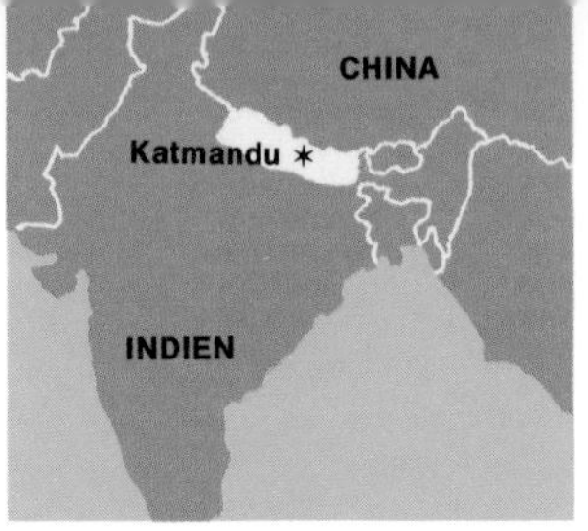


# NEPAL

NEPAL

## NEPAL ADIRADSCHA

KÖNIGREICH NEPAL

Amtliche Vorschriften, 1962 herausgegeben, entfernten die Gesichtszüge aus der Sonne und dem Mond und gaben äußerst detaillierte Maßangaben für alle Abmessungen der Flagge. Nepal blieb weiter das einzige Land in der Welt, dessen Nationalflagge nicht rechteckig ist.

Die zwei Zipfel stellen angeblich die Spitzen des Himalaya-Gebirges dar, aber die Grundform der Flagge erinnert an Flaggen anderer, früherer Hindu-Königreiche südlich von Nepal, die heute zu Indien gehören.

Karmin ist die Nationalfarbe von Nepal, und Dunkelblau und Rot erscheinen vielfach in der religiösen und profanen Kunst dieses Landes. Die Sonne und der Mond drücken die Hoffnung aus, daß die Nation so lange leben möge wie diese Himmelskörper.

Offiziell angenommen am 16. Dezember 1962.

4:3≈

STAATSWAPPEN

EMBLEM DES KÖNIGS

2:3≈

KÖNIGSSTANDARTE

In den Wappen des Staates und des Königs sind verschiedene religiöse Symbole vereinigt: die Fußabdrücke Wischnus, der Dreizack von Schiwa, die Schläfe des Herren Pasupadineth, des Vernichters des Übels. Die gekreuzten Schwerter sind Khukari, wie sie die weltberühmten Gurkhasoldaten im Kampf verwenden. Andere Bilder sind die heilige Kuh, der Fasan, das Rhododendron und der Spruch »Mutter- und Heimatland sind mehr wert als das Himmelreich«. Die Landschaft im Hintergrund stellt das Land von den Niederungen im Süden bis zum Himalaya-Gebirge im Norden dar.

101

SÜDPAZIFISCHER OZEAN

Wellington

# NEW ZEALAND
## NEUSEELAND

Offiziell angenommen am 12. Juni 1902.

Vor der Errichtung des britischen Protektorats im Jahre 1840 gehörte zu den Flaggen, die von den Maori geführt wurden, die 1834 angenommene Nationalflagge der Vereinigten Stämme von Neuseeland. Hierin kamen Sterne und die Farben Rot, Weiß und Blau vor. Während des späten 19. Jahrhunderts wurden in Neuseeland britische Flaggen mit Unterscheidungszeichen im fliegenden Ende geführt. Um die Jahrhundertwende wurden sie durch Vorschriften erfaßt. Die gültigen Flaggen schließen sich dem britischen Vorbild von roter, blauer und weißer Flagge in Zeichnung und Führungsweise an.

1:2

STAATSWAPPEN

1:2

1:2

17:19 ≈

STANDARTE DER KÖNIGIN

1:2

FLAGGE DES GENERALGOUVERNEURS

COOK ISLANDS

COOK-INSELN

1:2

102

# NICARAGUA
## NICARAGUA

REPÚBLICA DE NICARAGUA

REPUBLIK NICARAGUA

Die Flagge steht mit den Flaggen von El Salvador, Guatemala, Honduras und Costa Rica in enger Beziehung.

Die Flagge und das Wappen von Nicaragua sind fast genau die gleichen, die 1823 von den Vereinigten Provinzen von Mittelamerika angenommen worden waren. Die Unabhängigkeit dieses Staates war am 15. September 1821 ausgerufen worden, aber im Januar 1822 annektierte Kaiser Itúrbide von Mexiko dieses Gebiet, dessen Freiheit erst im Juli 1823 wiederhergestellt werden konnte. Nach kurzer Zeit, während der es eine gelb-weiß-perlmutterfarbene Flagge geführt hatte, kehrte Nicaragua zur blau-weiß-blauen Flagge zurück.
Die fünf Vulkane entsprechen den fünf Nationen auf der von den Wassern der Karibischen See und des Stillen Ozeans bespülten Landenge. Die sich über das Land ausbreitenden Strahlen der Freiheit werden von der Freiheitsmütze ausgesandt. Der Regenbogen bedeutet Frieden und das Dreieck, auf dem dies alles dargestellt ist, Gleichheit. Zwei miteinander verwandte Kräfte beeinflußten die Wahl dieser Symbole: die Französische Revolution und die Freimaurerei.

Offiziell gehißt am 27. August 1971.

3:5

STAATSWAPPEN

3:5

In Südafrika und in vielen lateinamerikanischen Ländern besteht die Gewohnheit, daß der Präsident bei offiziellen Anlässen eine Schärpe als Zeichen seines Amtes anlegt. In Nicaragua gleicht die Präsidentenschärpe der Staatsflagge. Sie ist der Länge nach in den Nationalfarben gestreift und trägt in der Mitte das Staatswappen. Die offizielle Übergabe dieser Schärpe entspricht, grob gesprochen, den für monarchische Länder charakteristischen Krönungszeremonien.

103

# NIGER

NIGER

RÉPUBLIQUE DU NIGER

REPUBLIK NIGER

Weite Flächen im Norden und Osten von Niger gehören zur Wüste Sahara, symbolisiert durch den Orange-Streifen in der Flagge. Die grasreichen Ebenen im Süden und Westen – im Westen bewässert von dem Strom, dem das Land seinen Namen verdankt – begründen den grünen Streifen. Die Sonne in der Mitte wird beschrieben als Symbol der Bereitschaft des nigrischen Volkes, sich in der Verteidigung seiner Rechte aufzuopfern. Weiß ist das gute Gewissen derer, die ihre Pflicht getan haben, und ein Zeichen von Reinheit und Unschuld. Grün steht auch für Brüderlichkeit und Hoffnung.

Offiziell angenommen am 23. November 1959.

6:7 ≈

STAATSWAPPEN

Die Sonne wird im Wappen wiederholt, wo sie von Emblemen der Hausviehhaltung und der Bauernwirtschaft – einem Stierkopf und Hirseblättern – begleitet wird. Die militärische Tüchtigkeit des Volkes in den großen Reichen der Vergangenheit, den Ahnherren der modernen Nigrer, wird durch die gekreuzten Schwerter und den Speer der Tuareg angedeutet.

Obwohl Orange eine seltene Flaggenfarbe ist, ist es erstaunlich, daß vier diese Farbe aufweisende Flaggen in der Zeichnung sehr ähnlich sind. Indien zeigt ein Rad anstelle der Sonne, die in der Flagge von Niger steht, und die Elfenbeinküste und Irland haben senkrechte Streifen ohne jedes Emblem im Weiß; aber alle vier Flaggen sind im Grunde orange-weiß-grüne Trikoloren. Die historischen Quellen und die Symbolik dieser vier Flaggen ist dennoch sehr verschieden, sie sind ja auch ganz unabhängig voneinander angenommen worden.

104

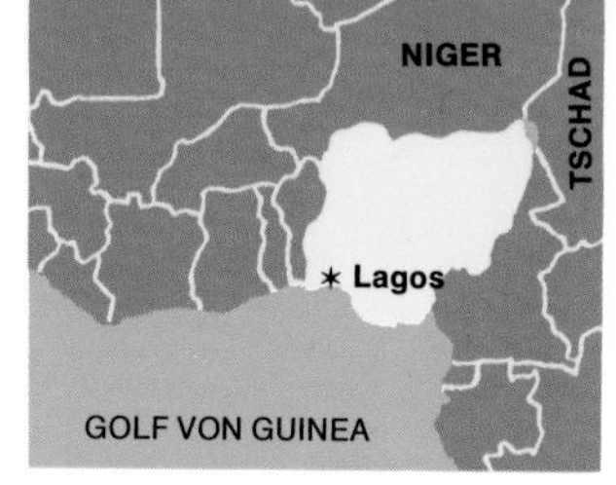


# NIGERIA

NIGERIA

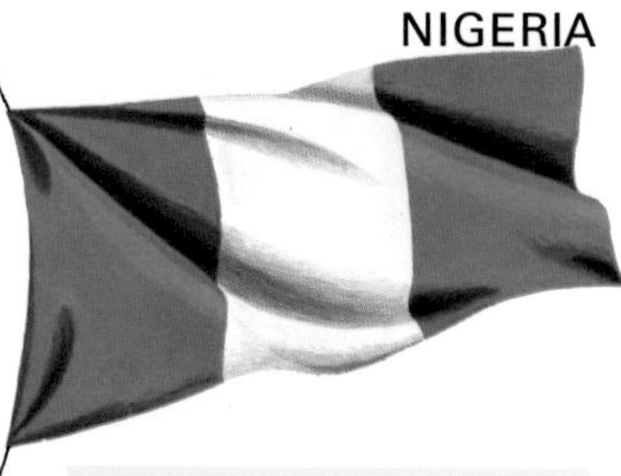

REPUBLIC OF NIGERIA

REPUBLIK NIGERIA

Offiziell gehißt am 1. Oktober 1960.

Auf dem Flug von der Heimat zum Antritt seines Universitätsaufenthalts in London war M. T. S. Akinkunmi von dem frischen Grün des Landes unter ihm beeindruckt. Er wählte diese Farbe als Hauptsymbol für Nigeria in der von ihm entworfenen Flagge.

Der weiße Streifen in der Mitte bedeutet Frieden. Die rote Sonne, die Akinkunmi in den weißen Streifen eingesetzt hatte, ist von der Prüfkommission herausgenommen worden.

Beim volkreichsten schwarzafrikanischen Staat ist die Ableitung des Namens aus dem lateinischen *niger* (schwarz) sinnreich. Im Wappen soll diese Farbe auf den reichen Boden des Landes hinweisen, der von den Strömen Niger und Benuë bewässert wird. Deren Zusammenfluß ist heraldisch durch die Y-förmige ›silberne Wellendeichsel‹ ausgedrückt.

1:2

STAATSWAPPEN

1:2

LAGOS STATE / LAGOS-STAAT

# NIHON

## JAPAN

Trotz mehrfacher Veränderungen in Gestalt und künstlerischer Ausführung war die japanische Flagge während vieler Jahrhunderte eine rote Sonne auf weißem Grund. Die Zeichnung drückt den Sinn des Landesnamens aus: ›Ursprung der Sonne‹. Der gleiche Entwurf ist in verschiedener Weise für die militärischen Flaggen Japans maßgebend gewesen.
Die stilisierte Chrysanthemumblüte stellt das *mon*, das heraldische Symbol des Kaisers, dar.

Weiteres über japanische Fahnen auf den Seiten 164 bis 173.

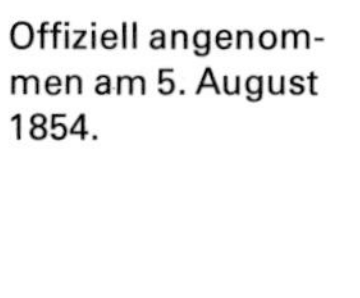

Offiziell angenommen am 5. August 1854.

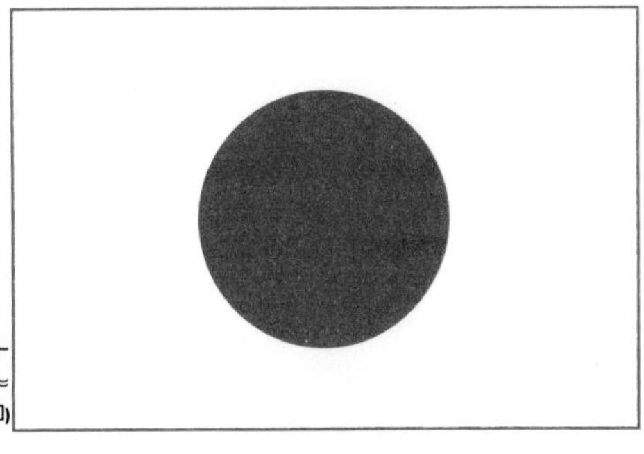

2:3 ≈

KAISERLICHES WAPPEN

Der Sinn der Japaner für Schönheit und Proportion in ihren Flaggen geht eindrucksvoll aus den Entwürfen hervor, die von ihnen für die Präfekturen seit 1945 angenommen wurden. Viele beruhen auf dem Namen der Präfektur oder dem ersten Schriftzeichen des Namens; andere bringen ein Gebirge, eine Blüte oder ein anderes örtliches Symbol unter. Manche verwenden Farben, die sonst in Flaggen kaum vorkommen.

9:11 ≈

2:3

KAISERSTANDARTE

FLAGGE DES PREMIERMINISTERS

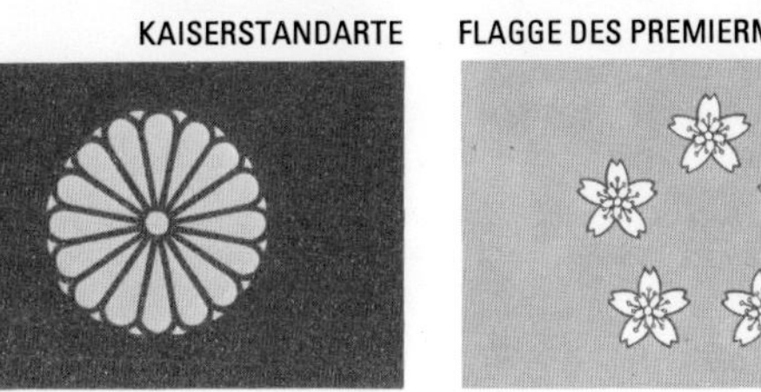

2:3

2:3 ≈

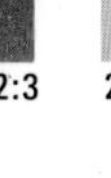

## DIE PRÄFEKTUREN VON JAPAN

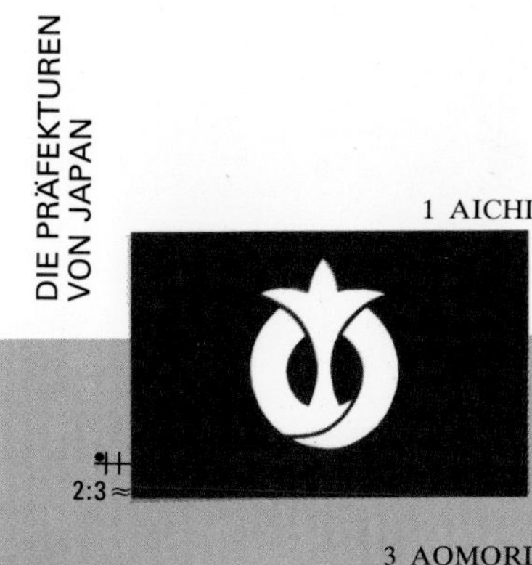

1 AICHI

2:3 ≈

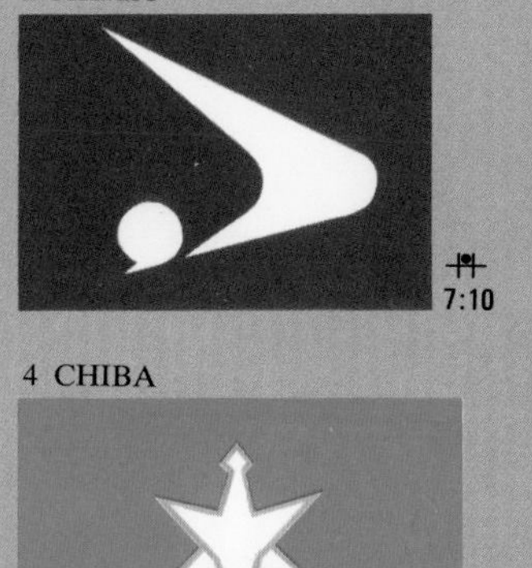

2 AKITA

7:10

3 AOMORI

7:10

4 CHIBA

2:3

5 EHIME

2:3

6 FUKUI

2:3 ≈

7 FUKUOKA

2:3 ≈

8 FUKUSHIMA

2:3

9 GIFU

2:3 ≈

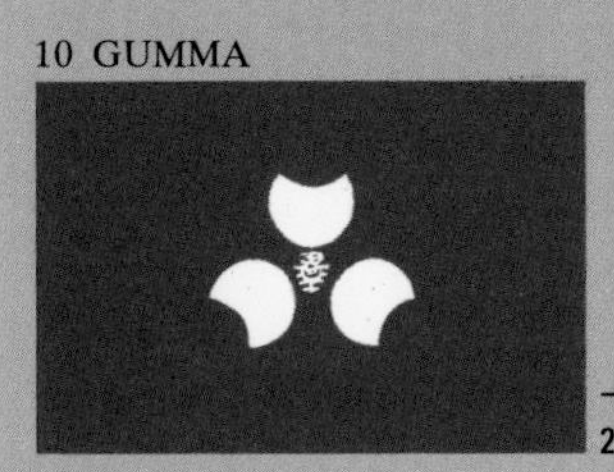

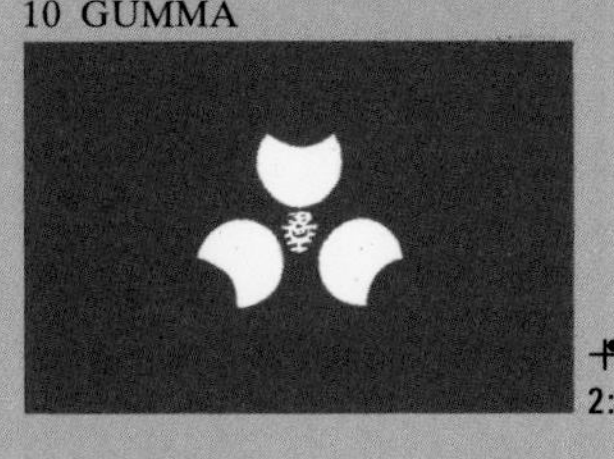

10 GUMMA

2:3

11 HIROSHIMA

7:10

12 HOKKAIDO

2:3

13 HYOGO

2:3 ≈

14 IBARAKI

2:3

15 ISHIKAWA

31:44

DIE PRÄFEKTUREN VON JAPAN

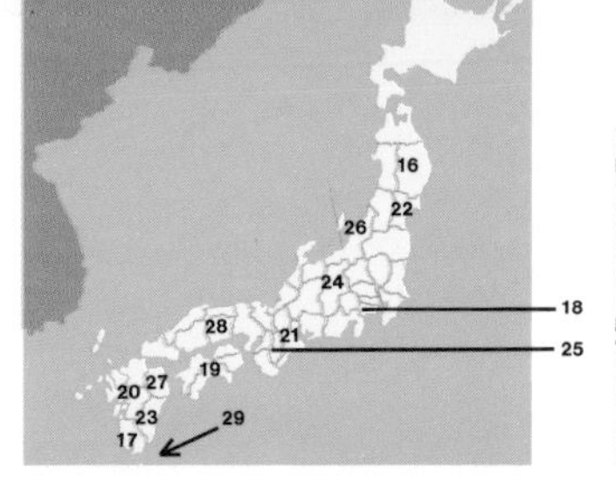

DIE PRÄFEKTUREN VON JAPAN

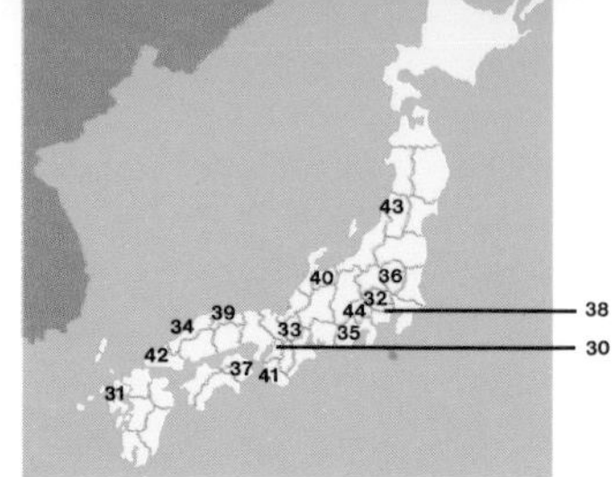

2:3≈ 16 IWATE

17 KAGOSHIMA 2:3

7:10 18 KANAGAWA

19 KOCHI 2:3≈

2:3 20 KUMAMOTO

21 MIE 515:728

7:10 22 MIYAGI

23 MIYAZAKI 5:7

2:3 24 NAGANO

25 NARA 2:3

18:25 26 NIIGATA

27 OITA 7:10

2:3 28 OKAYAMA

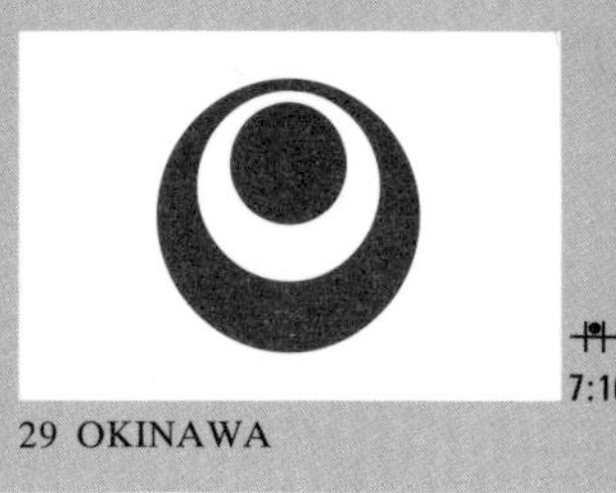
29 OKINAWA 7:10≈

2:3 30 OSAKA

31 SAGA 2:3

2:3 32 SAITAMA

33 SHIGA 2:3

2:3≈ 34 SHIMANE

35 SHIZUOKA 2:3

2:3≈ 36 TOCHIGI

37 TOKUSHIMA 7:10

2:3 38 TOKYO

39 TOTTORI 2:3

2:3 40 TOYAMA

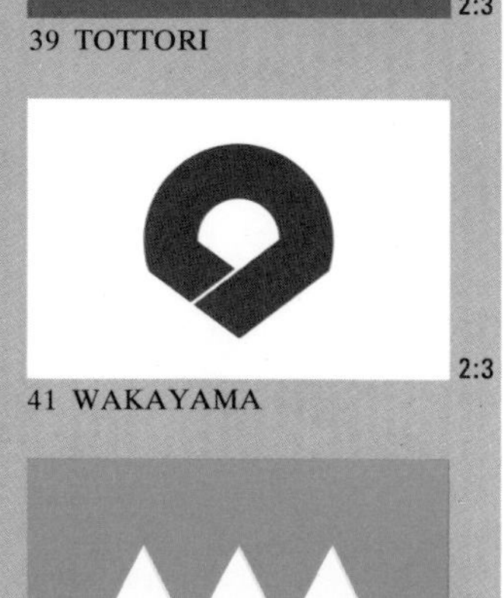
41 WAKAYAMA 2:3

2:3 42 YAMAGATA

43 YAMAGUCHI 2:3

7:10 44 YAMANASHI

EUROPÄISCHES NORDMEER

SCHWEDEN

FINNLAND

Oslo *

DIE PROVINZEN (FYLKER) VON NORWEGEN

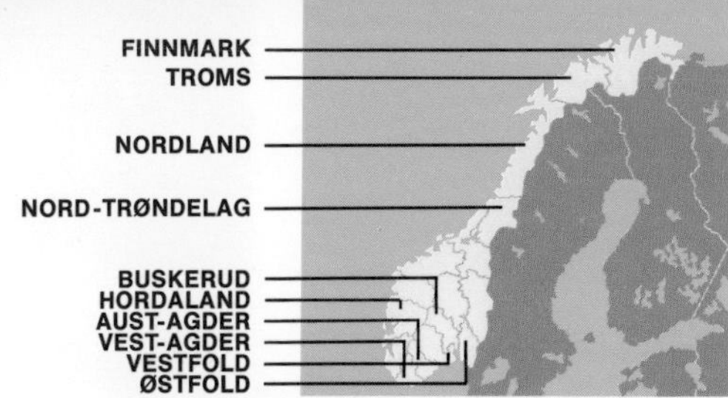


# NORGE

## NORWEGEN

### KONGERIKET NORGE

### KÖNIGREICH NORWEGEN

Norwegens Flagge wird auf mehreren Inseln, die zum Königreich Norwegen gehören, gezeigt.

Mehrhundertjährige dänische Herrschaft spiegelt sich in der Flagge wider, dem Danebrog mit einem zusätzlichen blauen Kreuz. Die Wahl von Blau wurde seinerzeit von der rot-weiß-blauen Freiheitsfarbe in den Flaggen der Vereinigten Staaten, von Frankreich und der Batavischen Republik beeinflußt. Die Führung der norwegischen Flagge zur See ist mühevoll erstritten worden. Von 1814 bis 1905 war Norwegen mit Schweden in einer Personalunion verbunden, die erst sechs Jahre nach dem Erfolg im Kampf um die ›reine Fahne‹ (1899) aufgelöst wurde.

Offiziell gebilligt am 17. Juli 1821; Beschränkungen in der Führung zur See am 10. Dezember 1899 aufgehoben.

8:11

KÖNIGSWAPPEN

STAATSWAPPEN

Das Wappen des Königs *(oben)* steht unter einem Wappenmantel und ist von der Kette des St.-Olaf-Ordens umzogen. Die Axt, das persönliche Abzeichen des hl. Olaf, eines Königs aus dem 11. Jahrhundert, ist um 1280 dem Staatswappen *(oben rechts)* hinzugefügt worden. Dem entspricht die Königsstandarte *(rechts)*. Verschiedene Amtsträger und Dienstzweige der Regierung, zum Beispiel das Postamt, sind berechtigt, in die Splitflagge *(links)* ihre eigenen besonderen Embleme einzusetzen.

KÖNIGSSTANDARTE 5:7

6:27

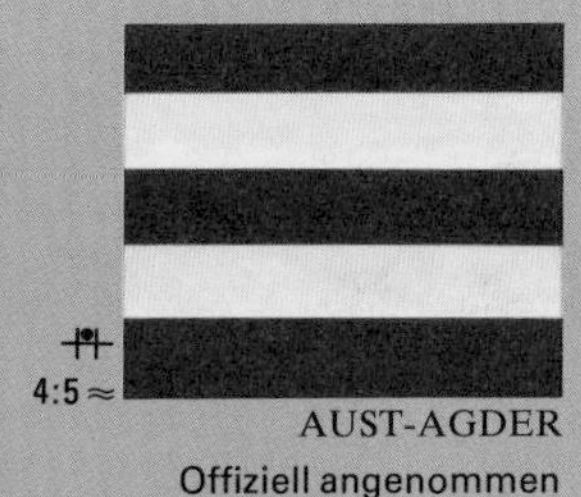

4:5 ≈

AUST-AGDER

Offiziell angenommen am 12. Dezember 1958.

BUSKERUD

Offiziell angenommen am 1. April 1966.

1:1

1:1

FINNMARK

Offiziell angenommen am 6. Januar 1967.

HORDALAND

Offiziell angenommen am 1. Dezember 1961.

7:9

1:1

NORD-TRØNDELAG

Offiziell angenommen am 8. März 1957.

NORDLAND

Offiziell angenommen am 15. Januar 1965.

1:1

1:1

ØSTFOLD

Offiziell angenommen am 26. September 1958.

TROMS

Offiziell angenommen am 15. Januar 1960.

1:1 ≈

11:18 ≈

VEST-AGDER

Offiziell angenommen am 12. Dezember 1958.

VESTFOLD

Offiziell angenommen am 30. Januar 1970.

18:25 ≈

107

DIE ÖSTERREICHISCHEN BUNDESLÄNDER

WIEN
NIEDERÖSTERREICH
OBERÖSTERREICH
SALZBURG
VORARLBERG
TIROL
KÄRNTEN
STEIERMARK
BURGENLAND

# ÖSTERREICH

## ÖSTERREICH

REPUBLIK ÖSTERREICH

Der rot-weiß-rote Schild von Österreich geht auf das frühe 13. Jahrhundert oder noch weiter zurück. Er war aber jahrhundertelang durch andere Symbole überstrahlt, solange Österreich ein Teil der habsburgischen Besitzungen im österreich-ungarischen Reich war. Als Flagge wurden die rot-weiß-roten Streifen erstmals in der Kriegsflagge von 1786 eingeführt. Verschiedene königliche Namenszüge oder Wappen enthaltende Ausführungen sind 1921 durch die nach dem Zweiten Weltkrieg wiederhergestellte Form ersetzt worden. Die Symbole Österreichs verschwanden unter der Naziherrschaft von 1938 bis 1945. Nach der Befreiung wurde eine gesprengte Kette als Symbol für die wiedergewonnene Freiheit an die Fänge des Adlers gelegt.

Offiziell angenommen am 1. Mai 1945.

2:3

STAATSWAPPEN

2:3

Der historische österreichische Adler, in der Vergangenheit oft mit zwei Köpfen dargestellt, ist ursprünglich mehr ein kaiserliches als ein nationales Symbol. Seine Herkunft kann bis auf das Römische Reich zurückgeführt werden. Seit Beginn des vorigen Jahrhunderts waren die Flügel des Adlers mit Schildchen belegt, die den unter dem Kaiser vereinigten Ländern entsprachen. Seine beiden von der Kaiserkrone überhöhten Häupter trugen königliche Kronen, und Ritterorden hingen um seinen Hals.

Sichel, Hammer und Mauerkrone, mit denen der Adler ausgestattet ist, repräsentieren die Bauern, die Arbeiter und den Mittelstand des modernen, republikanischen Österreich.

2:3≈

BURGENLAND

Offz. angenommen am 25. Juni 1971.

NIEDERÖSTERREICH

Offiziell angenommen am 9. August 1954.

2:3≈

SALZBURG

In Gebrauch genommen am 16. Februar 1921.

2:3≈

TIROL

In Gebrauch genommen um den 25. November 1945.

2:3≈

WIEN

In Gebrauch genommen um 1946.

2:3≈

KÄRNTEN

Offiziell angenommen am 18. Juni 1946.

2:3≈

OBERÖSTERREICH

Offiziell angenommen am 25. April 1949.

2:3≈

STEIERMARK

Offiziell angenommen 1960.

2:3≈

VORARLBERG

In Gebrauch genommen um 1946.

2:3≈

108

# PAKISTAN

PAKISTAN

## DSCHAMHURIJET-E-PAKISTAN

REPUBLIK PAKISTAN

Die Nationalfarbe von Pakistan wird als Tartan-Grün bezeichnet.

Auf einem Treffen von Mohammedanern aus allen Teilen Britisch-Indiens wurde am 30. Dezember 1906 in Dacca (heute die Hauptstadt von Bangladesch, dem früheren Ost-Pakistan) erstmals eine Flagge gezeigt. Als Ergebnis wurde eine all-indische Muslim-Liga gebildet mit dem Ziel, einen unabhängigen islamischen Staat zu schaffen. Dieses Ziel ist mit der Unabhängigkeit von Pakistan 1947 erreicht worden.
Die Flagge der Muslim-Liga war grün – seit langem schon die Hauptfarbe des Islam. Der mohammedanische Stern mit dem Halbmond stand in der Mitte der Flagge.

Offiziell gehißt am 14. August 1947.

2:3

STAATSWAPPEN

Diese Parteiflagge ist von der Nation nicht unverändert angenommen worden; am Liek wurde ein weißer Streifen zur Vertretung der im Staate lebenden Minderheiten hinzugefügt.
In britischer Art ist die Präsidentenstandarte dunkelblau, der Landesname ist dort unter dem Halbmond eingefügt.

2:3

FLAGGE DES PRÄSIDENTEN DER REPUBLIK

1:2

2:3≈

Über dem Wahlspruch »Glaube, Einheit, Disziplin« erscheinen die Haupterzeugnisse der Volkswirtschaft: Baumwolle, Tee, Weizen und Jute. Die Blumen in dem Kranz sind Narzissen.

109

# PANAMÁ

PANAMA

## REPÚBLICA DE PANAMÁ

REPUBLIK PANAMA

In der Kanalzone wird die Flagge von Panama zusammen mit der der Vereinigten Staaten geführt.

Während des ganzen 19. Jahrhunderts versuchten Aufstände in Panama das Land von Kolumbien zu lösen, zu dem es damals gehörte. Die am 3. November 1903 ausgebrochene, erfolgreiche Revolution schuf die Flagge, die Panama seitdem führt.
Sie wurde am 20. Dezember dieses Jahres geweiht und von Zivil- und Militärbehörden offiziell begrüßt. Der Entwurf stammt von Manuel E. Amador, Sohn des ersten Präsidenten von Panama, Manuel Amador Guerrero. Das erste Exemplar der Flagge ist von der Frau des Präsidenten, María Ossa de Amador, angefertigt worden.

Offiziell bestätigt am 4. Juni 1904.

2:3≈

STAATSWAPPEN

Der Wahlspruch von Panama verkündet »Für die Wohlfahrt der Welt« und bezieht sich dabei auf den Kanal, der zwar das Land in zwei Teile trennt, aber ihm einen wichtigen Anteil am Volkseinkommen verschafft. Das Wappen enthält auch noch andere Symbole: Die weggehängten Waffen, ein Säbel und ein Gewehr, erinnern an die früheren Bürgerkriege; sie sind den Werkzeugen friedlicher Arbeit gewichen, die durch Füllhorn und Flügelrad Wohlstand und Fortschritt versprechen. Sonne und Mond erscheinen beide im Mittelstreifen des Schildes, weil die Unabhängigkeit zur Zeit der Abenddämmerung erlangt wurde.

Die für die Flagge gewählten Farben entsprechen denen, welche die beiden traditionellen politischen Parteien Panamas, die Liberalen (Rot) und die Konservativen (Blau), zu führen pflegten. Weiß sollte den Frieden zwischen ihnen andeuten, während die regelmäßige Einteilung des Feldes auf den Wechsel der Parteien in der Regierungsführung anspielt. Blau und Rot werden auch auf die beiden Ozeane bezogen, zwischen denen Panama liegt, den Atlantischen und den Stillen Ozean, sowie auf das Blut der Patrioten.
Nach den Auffassungen des Flaggenentwerfers bedeutet der blaue Stern die bürgerlichen Tugenden Reinheit und Anstand; der rote Stern repräsentiert Autorität und Gesetz, die zur Annahme und Bewahrung der erwähnten Tugenden nötig sind. Im Wappen stehen neun Sterne für die heutige Zahl der Provinzen.

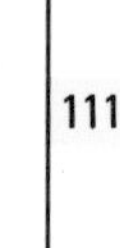


# PARAGUAY

PARAGUAY

REPÚBLICA DEL PARAGUAY

REPUBLIK PARAGUAY

Offiziell angenommen am 27. November 1842.

Als paraguayische Truppen 1806 während der britischen Invasion zur Verteidigung von Buenos Aires eilten, führten sie weiße, blaue und rote Fahnen. Die früheste Erwähnung einer rot-weiß-blauen Trikolore scheint in Paraguay vom 15. August 1812 zu datieren. Diese trug auf der einen Seite das Wappen der Hauptstadt Asunción und auf der anderen das des Königs von Spanien. Der Stern des Mai im Staatswappen erinnert an das Datum der Unabhängigkeit, den 14. Mai 1811. Die Verteidigung der nationalen Freiheit wird durch den Löwen symbolisiert, der im Siegel der Finanzverwaltung steht. Dort bewacht er unter dem Motto »Friede und Gerechtigkeit« die Freiheitsmütze.

1:2 ≈ ≠

STAATSWAPPEN

SIEGEL DER FINANZVERWALTUNG

NATIONALFLAGGE

1:2 ≈

1:2 ≈

FLAGGE DES PRÄSIDENTEN DER REPUBLIK

# PERÚ

PERU

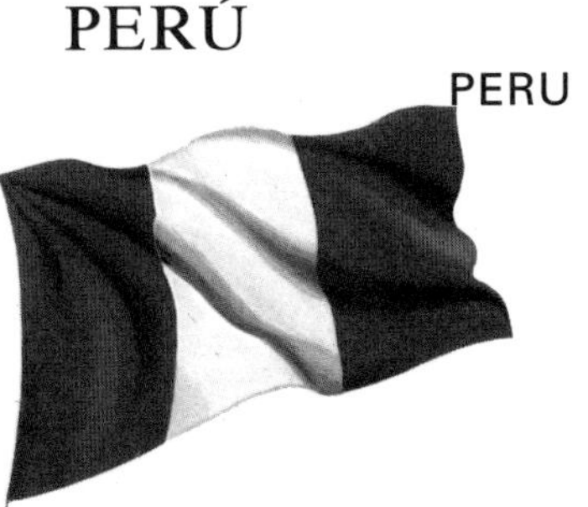

REPÚBLICA DEL PERÚ

REPUBLIK PERU

Die Flaggen von Peru sind länger unverändert geblieben als die meisten anderen Nationalflaggen in der Welt. Die Wahl der Farben Rot und Weiß soll von einem Ereignis im Jahre 1820 herrühren, als der argentinische Generalkapitän José de San Martín zur Befreiung Perus von der spanischen Herrschaft eintraf. Er soll den Flug einiger Flamingos bei seinem Eintreffen als ein gutes Vorzeichen angesehen haben, woraufhin die Farben dieser Vögel für die Flagge der von ihm aufgestellten Peruanischen Legion gedient haben. Bis zur Schaffung der gegenwärtig gültigen Form im Jahre 1825 hat die Flagge in den fünf vorausgehenden Jahren mehrere Veränderungen erfahren.

Die Sonne der Inkas, die San Martín als heraldisches Emblem für die neue Republik gewählt hat, erscheint heute in der Präsidentenstandarte.

Offiziell angenommen am 25. Februar 1825.

2:3

STAATSWAPPEN

2:3

FLAGGE DES PRÄSIDENTEN DER REPUBLIK

2:3 ≈

Der Wappenschild ist in drei Teile geteilt, jeder eines der Reiche darstellend, über das die Inka-Indianer zu herrschen glaubten: das Tier-, das Pflanzen- und das Mineralreich. Diese werden durch charakteristische einheimische Arten und Förderungsprodukte symbolisiert: das Vicuña (eine höckerlose Kamelart), den Chinarindenbaum und aus einem Füllhorn quellende Gold- und Silbermünzen. In der Flagge wird der Schild von Palm- und Lorbeerzweigen umrahmt, während der als Oberwappen dienende Kranz aus Steineichenblättern besteht.

# PILIPINAS

## PHILIPPINEN

REPUBLIKA NG PILIPINAS REPUBLIC OF THE PHILIPPINES

REPUBLIK DER PHILIPPINEN

Offiziell gehißt am 12. Juni 1898; zuletzt wiederhergestellt am 14. Oktober 1943.

Die revolutionäre Organisation Katipunan, die den Freiheitskampf gegen die spanische Herrschaft im späten 19. Jahrhundert begonnen hatte, ist durch das weiße Dreieck in der Flagge symbolisiert. Die drei Sterne stehen für die geographisch wichtigsten Gebiete der Philippinen: Luzon, die Visayas und Mindanao. Die acht Provinzen, in denen die Revolution zuerst ausgebrochen ist, werden durch die acht Strahlen der Sonne geehrt.
Wenn die Philippinen sich in einem Krieg befinden, wird der rote Streifen zuoberst geführt, also umgekehrt wie die normale Position. Diese

1:2

STAATSWAPPEN

Farbe steht für Mut und Tapferkeit, während Blau für edle Ideale, Weiß für Frieden und Reinheit steht.
Die Amerikaner und die Japaner, die die Inseln besetzt hatten, achteten die Flagge offiziell. Beide sahen sich aber später gezwungen, ihren Gebrauch durch die Filipinos anzuerkennen.

FLAGGE DES PRÄSIDENTEN DER REPUBLIK

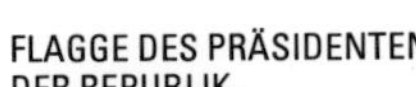

26:33

ANTIQUE

3:5≈

BENGUET

9:17

# POLSKA

## POLEN

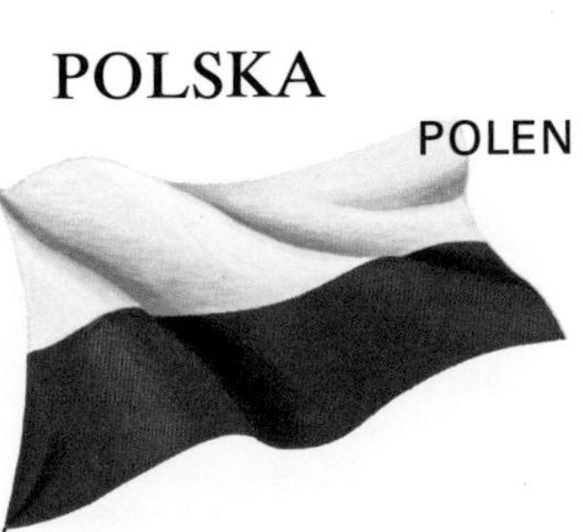

POLSKA RZECZPOSPOLITA LUDOWA

VOLKSREPUBLIK POLEN

Seit Beginn des 13. Jahrhunderts war das wichtigste polnische Emblem der Weiße Adler. Auf seine Farbe und die des roten Schildes, auf dem er erscheint, stützen sich die meisten polnischen Flaggen. Im Lauf der Zeit wurden viele Varianten des Wappens und der Flagge geführt. Als Polen während des 19. Jahrhunderts darum kämpfte, sich von fremder Herrschaft zu befreien und das Land zu einen, waren der Weiße Adler und Varianten des auf ihm beruhenden Zweifarbs Symbole des Zusammenschlusses für polnische Patrioten.
Obwohl Polen seit dem Ende des Zweiten Weltkriegs eine

Offiziell angenommen am 1. August 1919; zuletzt bestätigt am 20. März 1956.

5:8

STAATSWAPPEN

kommunistische Regierung erhalten hat, sind seine Symbole nur wenig gegenüber denen geändert, die die heutige polnische Nation bei ihrem Wiedererstehen nach dem Ersten Weltkrieg festgestellt hatte. Allerdings wurde die Krone auf dem Haupt des Adlers entfernt.

5:8

10:21

FLAGGE DES VORSITZENDEN DES STAATSRATS

5:6≈

114

SPANIEN
* Lissabon
ATLANTISCHER OZEAN
MITTELMEER

# PORTUGAL

## PORTUGAL

REPÚBLICA PORTUGUESA

PORTUGIESISCHE REPUBLIK

Siehe auch Angola, Brasilien und Mosambik.

Die Armillarsphäre, ein für das Zeitalter der Entdeckungen symbolisches Navigationsinstrument, wurde offiziell erst 1815 bei der Ausrufung des Vereinigten Königreichs von Portugal, Brasilien und Algarve hinter den Schild im Staatswappen gestellt. Es erinnert daran, daß portugiesische Seeleute ferne Weltgegenden der Kultur und dem Handel Europas eröffnet haben.
Die Armillarsphäre war die persönliche Bilddevise König Manuels I. (1495–1521), der die portugiesischen Entdekkungen angespornt hat. Seitdem erschien sie auch vor 1815 in vielen Flaggen.

Am 30. Juni 1911 gebilligt.

2:3

Die Farben Rot und Grün der Flagge leiten sich von einer ähnlichen Standarte ab, die vom Schlachtschiff »Adamastor« anläßlich des Ausbruchs der republikanischen Revolution (1910) gehißt worden war. Unter den Lorbeerzweigen in der Truppenfahne steht der Spruch »Dies ist mein glückliches und geliebtes Vaterland«.

STAATSWAPPEN

12:13

FLAGGE DES STAATSPRÄSIDENTEN

2:3

Alfons I. Henriquez (1112–85) bereitete den Kastilianern eine Niederlage und errichtete Portugal als ein unabhängiges Königreich. Das portugiesische Nationalepos, die *Lusiaden*, berichtet außerdem, daß jener Fürst im Jahre 1139 auch fünf maurische Könige besiegt habe, nachdem sie ihm in der Schlacht von Ourique nacheinander fünf Schilde aus der Hand geschlagen hatten. Der göttliche Beistand, der zu diesem Sieg beigetragen hat, ist ausgedrückt durch die fünf blauen Schildchen – die »Quinas« – mit den je fünf Münzen entsprechend der Zahl der Wunden Christi.

115

# QATAR

## QATAR

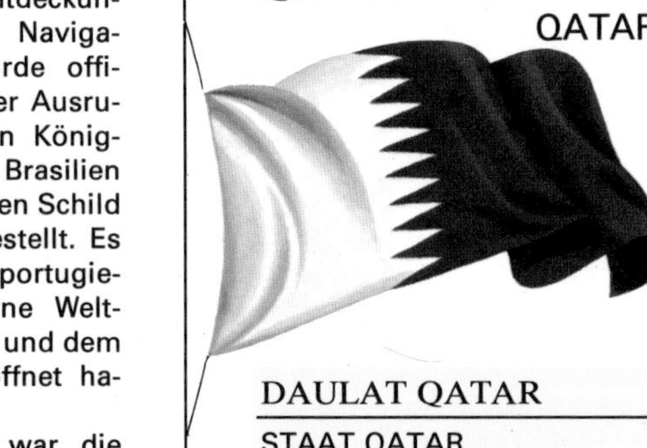

DAULAT QATAR

STAAT QATAR

Etwa 1949 in Gebrauch genommen.

Die typisch karminrote oder kastanienbraune Farbe, welche die Hoheitszeichen von Qatar charakterisiert, geht auf den Umstand zurück, daß die Sonneneinwirkung die zur Flaggenherstellung verwendeten roten Naturfarbstoffe entsprechend verändert. Wegen der Ähnlichkeit der Flagge von Qatar mit denen der Nachbarstaaten (siehe Bahrain und Vereinigte Arabische Emirate) wurde diese typische Erscheinung amtlich sanktioniert.
Die Flagge wurde wahrscheinlich erstmals unter Scheich Dschasim bin Muhammad al-Thani um 1855 gebraucht. Früher gab es verschiedene Abweichungen, zum Beispiel eine, bei der der Landesname weiß auf dem karminroten Hintergrund eingefügt war. Im Wappen erscheint dieser Name unter einer Muschel, die ein Hinweis ist auf die seefahrerischen Tätigkeiten vieler Qatarer.
Rot ist die überlieferte Farbe der charidschitischen Mohammedaner des östlichen Arabien. Im frühen 19. Jahrhundert trug Großbritannien dazu bei, daß weiße Ränder oder Streifen zu den ehedem ganz roten Flaggen hinzugefügt worden sind. Die zahnförmige Trennlinie zwischen den beiden Farben in der Flagge Qatars ist rein dekorativ.

11:28

STAATSWAPPEN

Die überwiegende Mehrheit der Flaggen beruht auf sechs Grundfarben: Rot, Gelb, Grün, Blau, Schwarz und Weiß. Aus symbolischen oder historischen Gründen kommen auch Orange, Karmin, Braun und andere besondere Tönungen in einer zunehmenden Zahl von Flaggen von Ländern und besonders von Landesteilen (siehe etwa die japanischen Präfekturen) zur Anwendung. Die unrichtige Wiedergabe einer solchen Farbe ist vorkommendenfalls ein technischer Mangel bei der Abbildung.

116

# REPOBLIKA MALAGASY/ RÉPUBLIQUE MALGACHE

## REPUBLIK MADAGASKAR

Viele Madagassen stammen von ursprünglich aus Südostasien kommenden Siedlern; vielleicht hatten diese ähnliche rot-weiße Flaggen (siehe Indonesien), wie sie vom Merina-Reich im Madagaskar des 19. Jahrhunderts gezeigt wurden. Von diesen Merina-Flaggen ging die Trikolore aus, die kurz nach der Umwandlung Madagaskars in eine unabhängige Republik (1960) angenommen worden ist. Grün wurde zu den alten Flaggenfarben hinzugefügt, um die Küstenbewohner des Landes zu repräsentieren.
Historisch wird Rot mit den Volamena und Weiß mit den Volafotsi, den vom König Andriandahifotsi (1610–85) gegründeten fürstlichen Familien, verknüpft. Dessen Emblem war ein roter Stier.

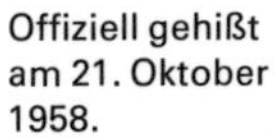
Offiziell gehißt am 21. Oktober 1958.

2:3 ≈

STAATSSIEGEL

FLAGGE DES PRÄSIDENTEN DER REPUBLIK

2:3

FLAGGE DES PRÄSIDENTEN (RÜCKSEITE)

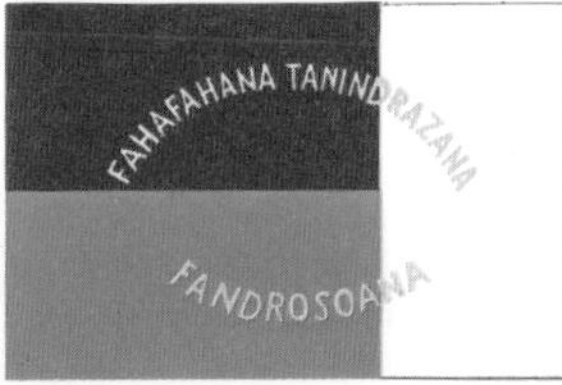

2:3

Die Initialen des Landesnamens und des Namens des Präsidenten erscheinen auf der Präsidentenstandarte zusammen mit dem Hauptemblem des Siegels (ein Ochsenkopf, zwei Reisähren und eine Palme). Der auf dem Siegel den Rand einnehmende Wahlspruch »Freiheit, Vaterland, Fortschritt« ist auf der Rückseite des Tuchs eingetragen. Gewöhnlich ist diese Flagge mit einer weiß-rot-grün längsgestreiften Bandschleife geschmückt, die das Siegelbild in Gold trägt.

117

# REPÚBLICA DOMINICANA

## DOMINIKANISCHE REPUBLIK

Das frühe 19. Jahrhundert sah das dominikanische Volk im Kampf für die Unabhängigkeit nicht nur gegen Spanien und Frankreich, sondern auch gegen die Haitianer, mit denen sie die Insel Hispaniola teilen. Nach mehreren erfolglosen Versuchen ist die Unabhängigkeit schließlich am 27. Februar 1844 unter dem heute noch gültigen Banner erlangt worden.
Der Führer der Unabhängigkeitsbewegung war Juan Pablo Duarte, der am 16. Juli 1838 eine geheime revolutionäre Gesellschaft, die Trinitarier, gegründet hat. Dieser Name erinnert an die Gefängniszellen dreier Personen, die diese Gruppe gebildet hatten, und auch an ihren religiösen Glauben. Der Glaube wird durch das weiße Kreuz verkündet, das die Dominikaner der damals über der Insel wehenden haitischen Flagge (waagerecht blau über rot gestreift) hinzufügten. Später wurde die dominikanische Flagge insoweit geändert, als die Stellung der blauen und roten Viertel im fliegenden Ende der Flagge umgedreht worden ist.

Spanien herrschte über dieses Land 1494 bis 1801, 1810 bis 1821 und 1861 bis 1863.

Offiziell bestätigt am 6. November 1844; wiederhergestellt am 14. September 1863.

2:3 ≈

STAATSWAPPEN

2:3 ≈

Der Name des Landes und der Wahlspruch »Gott, Vaterland, Freiheit« erscheinen im Staatswappen. Lorbeer und Palme flankieren den Schild, der eine offene Bibel neben anderen religiösen Symbolen enthält. Blau soll für Freiheit stehen und Rot für das Feuer und das Blut des Unabhängigkeitskampfes. Das weiße Kreuz ist ein Symbol des Opfers.

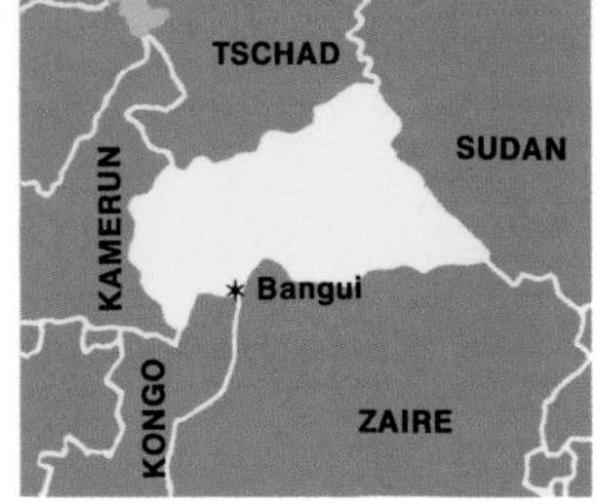


# RÉPUBLIQUE CENTRAFRICAINE

## ZENTRALAFRIKANISCHE REPUBLIK

»Mensch ist gleich Mensch« – dieser Spruch oben im Staatswappen versichert den Glauben an die Gleichheit aller Menschen, die graphisch durch die Nationalflagge zum Ausdruck kommt. Das Blau, Weiß und Rot der französischen Flagge, die während der Kolonialzeit geweht hatte, und das Grün, Gelb und Rot der pan-afrikanischen Farben wurde verbunden, um zu zeigen, daß Europäer und Afrikaner gegenseitig Achtung und Freundschaft bezeugen müssen. Ihr gemeinsames Band, das rote Blut des Menschseins, bildet den senkrechten Streifen in der zentralafrikanischen Flagge.

Der grünen und der roten Farbe ist besondere Bedeutung beigelegt worden. Grün vertritt die in der Waldregion lebende Bevölkerung und Rot die der Savannen. Der goldene Stern der Unabhängigkeit ist ein Führer in die Fortschritt verheißende Zukunft.

Offiziell gehißt am 1. Dezember 1958.

3:5≈

STAATSWAPPEN

22:31≈

FLAGGE DES PRÄSIDENTEN DER REPUBLIK

Die schwarze Hand mit dem ausgestreckten Finger im vierten Feld des Wappens war vor der Unabhängigkeit das Parteiabzeichen der »Bewegung zur sozialen Entwicklung Schwarzafrikas«. Die geographische Lage des Landes ist durch den Stern und die Landkarte im Mittelpunkt des Wappens ausgedrückt.

Unter dem Schild befindet sich der Zentralafrikanische Verdienstorden zusammen mit dem nationalen Wahlspruch »Einigkeit, Würde, Arbeit«.

# RHODESIA

## RHODESIEN

Offiziell gehißt am 11. November 1968.

Der Architekt des britischen Empire des 19. Jahrhunderts, Cecil Rhodes, dessen Flagge auf Seite 77 behandelt ist, hinterließ in den Symbolen Zentralafrikas seine Spuren. Südrhodesien (jetzt Rhodesien) und Nordrhodesien (jetzt Sambia) sind ihm zu Ehren benannt worden. Der Löwe und die Disteln des Wappens der Familie Rhodes stehen über dem Pickel als Symbol des Bergbaus.

Die Säbelantilopen als Schildhalter des Wappens erinnern an die Tierwelt Rhodesiens, während die alte Zivilisation des Landes durch den Simbabwe-Vogel ausgedrückt wird – das in Speckstein ausgemeißelte Original ist in den Ruinen von Simbabwe gefunden worden. Der lateinische Spruch im Wappen bezieht sich auf die Namenswahl des Landes und bedeutet: »Es [Rhodesien] sei dieses Namens würdig«.

1:2

STAATSWAPPEN

1:1

FLAGGE DES PRÄSIDENTEN DER REPUBLIK

Rhodesien war bis zum 11. November 1965 eine autonome britische Kolonie; die damals einseitig verkündete Unabhängigkeit ist ein von anderen Ländern nicht anerkannter Status geblieben. Obwohl die Schwarzen in der Bevölkerung die Mehrheit bilden, sind sie durch die rhodesische Verfassung in der Regierung auf eine Minderheitsstellung beschränkt.

Die Führer der schwarzen Gemeinschaft streben für das Land, das sie Simbabwe nennen, eine Verfassung an, die ihnen eine parlamentarische Mehrheit sichert.

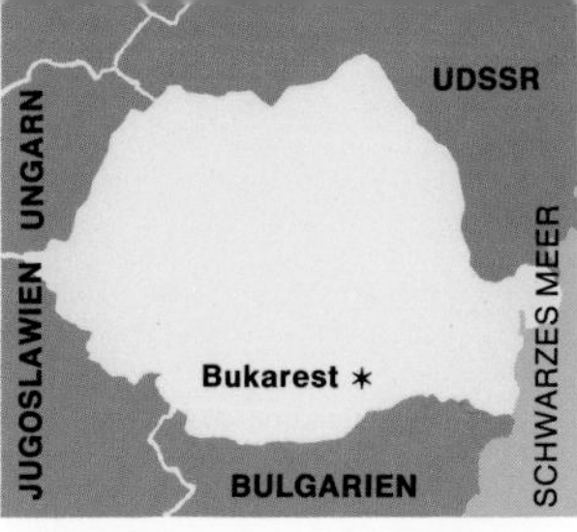

# ROMÂNIA

## RUMÄNIEN

REPUBLICA SOCIALISTĂ ROMÂNIA

SOZIALISTISCHE REPUBLIK RUMÄNIEN

Die Flaggenfarben von Rumänien sind heraldisch; ihr Ursprung kann in alten Bannern von der Moldau, der Walachei und Siebenbürgen gefunden werden. Eine der ältesten Zusammenstellungen dieser drei Farben ist 1834 mit Genehmigung des türkischen Sultans auf Antrag des Fürsten der Walachei geschaffen worden.
Als ein dauerhaftes nationales Symbol ist die blau-gelb-rote Trikolore während der revolutionären Ereignisse von 1848 entstanden; amtliche Anerkennung erlangte sie aber erst mit der Vereinigung der Walachei mit der Moldau im Jahre 1859. In den folgenden Jahren veränderten verschiedene Regierungen das Wappen in dem Mittelstreifen, um die unterschiedlichen ideologischen Ausrichtungen anzuzeigen.
Nach der Proklamation der Volksrepublik im Jahre 1947 ist ein vollständig neues Wappen – darin ein Traktor und drei Hochöfen, von einem Weizenkranz umzogen – bekannt gemacht worden; aber einige Monate später trat an dessen Stelle die gegenwärtig gültige Fassung.

Offiziell angenommen am 21. August 1965.

2:3

STAATSWAPPEN

Abgesehen von der Hinzufügung des Staatsnamens »Sozialistische Republik Rumänien« (seit 1965) und des Roten Sterns des Kommunismus (seit 1952), zeigt das Wappen grundsätzlich die 1948 festgestellte Gestalt.
Der Fluß, die Wälder, der Ölbohrturm, der Ährenkranz und das Gebirge, sie spielen auf wichtige natürliche Quellen der rumänischen Volkswirtschaft an. Die aufgehende Sonne drückt die Verheißung eines neuen Tages aus.

FLAGGE DES VORSITZENDEN DES STAATSRATS UND DES MINISTERRATS

1:1





# RWANDA

## RUANDA

REPUBLIKA Y'U RWANDA/ REPUBLIQUE RWANDAISE

REPUBLIK RUANDA

Für das R auf der Flagge ist keine genaue amtliche Form festgestellt worden.

Das R auf der Flagge steht offenkundig für den Namen des Landes, über dem diese Flagge weht. Historisch gesehen, weckt es Gedankenverbindungen – Revolution, Referendum (Volksabstimmung) und Republik.
Ruandas innere Machtstrukturen vor der Unabhängigkeit im Jahre 1962 gründeten ungeachtet der nominellen Treuhandschaft Belgiens unter der Aufsicht der Vereinten Nationen auf einem alten Kastensystem und der Erbmonarchie, die eine Minderheitsherrschaft durch den Tutsi-Clan aufrechterhielt. Um sich von diesem feudalen und autoritären Regime zu befreien, revoltierte die Hutu-Mehrheit im November 1959. Der Tutsi-König flüchtete, und die Republik wurde im Januar 1961 ausgerufen; die neue, demokratisch verfaßte politische Struktur ist im folgenden September durch eine Volksabstimmung (Referendum) bestätigt worden. Die im Januar gehißte Flagge hat gleich breite, senkrechte rot-gelb-grüne Streifen, aber wegen der völligen Gleichheit mit der Flagge von Guinea wurde nach der Septemberabstimmung das R hinzugefügt. Das in der Revolution vergossene Blut gibt dem roten Streifen seinen Sinn; Gelb bedeutet den Frieden, Ruhe und Freiheit von der Tyrannei der Vergangenheit. Grün versinnbildlicht die Hoffnung in die Zukunft und die landwirtschaftlichen Reichtümer des Landes.

Offiziell gehißt ungefähr September 1961.

2:3≈

STAATSWAPPEN

Während der Tutsi-Monarchie war Ruandas höchstes Staatssymbol, das Kalinga, die königliche Trommel, von welcher der König selbst angeblich seine Autorität ableitete. Das von der Republik angenommene Wappen weist die Flagge auf, die als Symbol an die Stelle des Kalinga getreten ist. Es enthält auch den Namen des Staates und seinen Wahlspruch »Freiheit, Zusammenarbeit, Fortschritt«. Eine Friedenstaube steht über Pfeil und Bogen (für die Verteidigung der demokratischen Rechte) und den Werkzeugen eines Bauernvolkes, einer Hacke und einer Heppe.

122

PAPUA-NEUGUINEA
* Apia
AUSTRALIEN
PAZIFISCHER OZEAN
NEUSEELAND

# SAMOA I SISIFO

## WESTSAMOA

MALOTUTO'ATASI
O SAMOA I SISIFO

UNABHÄNGIGER STAAT
WESTSAMOA

Offiziell angenommen
am 24. Februar 1949.

Das im 19. Jahrhundert unabhängige Königreich Samoa besaß mehrere Flaggen, in denen Rot und Weiß vorherrschten. Obwohl sie nach 1899, als die Vereinigten Staaten und Deutschland ihre Kolonialherrschaft errichtet hatten, nicht mehr in Gebrauch waren, scheinen diese Farben nicht in Vergessenheit geraten zu sein. Sie erschienen offiziell in der 1948 gehißten Flagge von Westsamoa. Deren Entwurf, welchem im folgenden Jahr ein weiterer Stern hinzugefügt wurde, ist durch Ihre Hoheiten Tupua Tamasese Mea'ole und Malietoa Tanumafili II. geschaffen worden.

1:2

STAATSWAPPEN

Überlieferungsgemäß ist Weiß die Farbe des Friedens; seit Bildung der Vereinten Nationen begann Hellblau an dessen Stelle zu treten, z.B. in den Flaggen der Republik Südvietnam, einiger Grafschaften von Liberia und der früheren Flagge von Eritrea. Ölzweige, ursprünglich ein Emblem des Gedeihens, sind als Friedenssymbol hinzugekommen (wie z.B. in der Flagge von Zypern).
Westsamoa, das früher ein Treuhandgebiet der Vereinten Nationen war, ist das einzige Land, in dessen eigenem Wappen das Siegel der Vereinten Nationen eingearbeitet ist.

Bevor Westsamoa 1962 die Unabhängigkeit unter Treuhandschaft der Vereinten Nationen erlangte, führte es zur See die Flagge von Neuseeland und an Land zusammen mit der neuseeländischen seine eigene Flagge. Gegenwärtig wird Westsamoas alleinige offizielle Flagge in der Nationalhymne, dem »Banner der Freiheit«, verherrlicht. Ihre Farben werden im allgemeinen mit Mut (Rot), Reinheit (Weiß) und Freiheit (Blau) in Verbindung gebracht.
Das Sternbild des Südlichen Kreuzes in der Flagge und im Wappen von Westsamoa verbindet die Nation mit anderen Flaggen unterhalb des Äquators – von Brasilien, Australien, Neuseeland, den Falkland-Inseln, Papua-Neuguinea und verschiedenen brasilianischen und australischen Bundesstaaten. Der Spruch im Wappen bedeutet: »Gott sei die Grundlage von Samoa«.

123

ADRIATISCHES MEER
San Marino *
ITALIEN
MITTELMEER

# SAN MARINO

## SAN MARINO

REPUBBLICA
DI SAN MARINO

REPUBLIK SAN MARINO

Obwohl San Marino seit Jahrhunderten eine Republik ist, führt es in seinem Wappen und in der Flagge eine Krone.

Diese kleine Republik, angeblich im 4. Jahrhundert durch den hl. Marinus als eine Zuflucht gegründet, wird von einem einzigen Gebirgsrükken mit etwas umgebender Landschaft durchzogen. Flagge und Wappen des Landes drücken diese topographische Lage gut aus. Der Himmel ist im Blau der Flagge und des Schildes versinnbildlicht; das Weiß steht für die Wolken und den Schnee, der den Monte Titano im Winter bedeckt.
Das Emblem der drei mit Straußenfedern besteckten Türme geht mindestens bis ins 14. Jahrhundert zurück. Die Türme sind keine heraldische Spielerei, sondern entsprechen den drei Türmen der ummauerten Hauptstadt, die sie überragen. Diese Türme – Guaita, Cesta und Montvale – tragen metallene Wetterfähnchen, die den Straußenfedern im Staatswappen entsprechen. Die Federn (auf italienisch *penne*) können sich auch auf die Apenninen beziehen, zu denen der Monte Titano gehört.

3:4 ≈

STAATSWAPPEN

Die überlieferten weißen und blauen Farben des sanmarinesischen Wappens wurden für die 1797 angenommene Kokarde gewählt. Die Flagge ist wahrscheinlich zur gleichen Zeit geschaffen worden, obwohl es bis zur Stunde kein Gesetz gibt, das ihre Zeichnung oder ihren Gebrauch regelt. Die gültige Form des Wappens datiert vom 6. April 1862.

3:4 ≈

Die Krone ist ein Symbol der Souveränität, nicht der Monarchie. Der lateinische Wahlspruch »Freiheit« ist die Devise italienischer Stadtrepubliken.

124

# SÉNÉGAL
## SENEGAL

RÉPUBLIQUE
DU SÉNÉGAL

REPUBLIK SENEGAL

Die im Senegal während der französischen Kolonialherrschaft entwickelten politischen Grundsätze wie nationale Einheit, Demokratie und Gleichheit sind durch die gleich breiten senkrechten Streifen, die die senegalesische Flagge ähnlich wie die französische aufweist, symbolisiert. Die Flaggenfarben kommen auch in den Fahnen der politischen Parteien von Senegal vor und werden zugleich als die pan-afrikanischen Farben angesehen.
Als Frankreich Ende der 50er Jahre von sich aus auf seine Kolonien verzichtete, riefen deren Führer zur afrikanischen Einheit auf – unter ihnen Léopold Sédar Senghor im Senegal, dessen Initialen heute auf der von ihm als Präsidenten der Nation geführten Flagge erscheinen. Senegal und der französische Sudan bildeten Anfang 1959 die Mali-Föderation und erlangten die Unabhängigkeit am 20. Juni 1960. Ihre Flagge enthielt in dem Mittelstreifen eine schwarze menschliche Figur. Zwei Monate später trat Senegal aus der Föderation aus und wurde wenig später unabhängig (5. September 1960). Das Menschenbild wurde durch einen grünen Stern ersetzt.

Offiziell angenommen im September 1960.

2:3≈

STAATSWAPPEN

Außer diesen drei Nationalfarben enthält das Wappen von Senegal auch noch die Darstellung seines Nationalordens und – auf einem zwei Palmzweige verbindenden Band – den Staatswahlspruch »Ein Volk, ein Ziel, ein Glaube«. Der Schild trägt Symbole für die Stärke (ein Löwe) und den die nördliche Landesgrenze bildenden Senegalstrom. Der Baum in der linken Schildhälfte ist der überall in Senegal anzutreffende Affenbrotbaum.

3:4≈

L S S

FLAGGE DES PRÄSIDENTEN DER REPUBLIK

125

# SHQIPËRIA
## ALBANIEN

REPUBLIKA
POPULLORE
E SHQIPËRISË

VOLKSREPUBLIK ALBANIEN

*Albanien* bedeutet ›Weißes Land‹, *Shqipëria* ›Land des Adlers‹.

Die Führung des byzantinischen Doppeladlers durch den albanischen Nationalhelden Gjergj Kastriota, bekannt als Iskander Beg oder Skanderbeg, war niemals ganz in Vergessenheit geraten. Als das moderne Albanien 1912 unabhängig wurde, richtete die Nation Skanderbegs Adlerfahne wieder auf.
Seitdem haben mancherlei Symbole den Adler auf der Fahne begleitet, so der Unabhängigkeitsstern, eine königliche Krone, die Liktorenbündel der italienischen Herrschaft und der golden gesäumte Rote Stern des Kommunismus. Die albanische Kriegsflagge ist der der Sowjetunion nachgebildet, ein Streifen säumt die untere Kante des weißen, mit den nationalen Symbolen belegten Feldes. Der Stern und das rote Band bekunden die kommunistische Staatsform. Das Datum erinnert an den in Permet abgehaltenen Nationalen Antifaschistischen Befreiungskongreß.

Offiziell bestätigt am 15. März 1946.

5:7

STAATSWAPPEN

2:3≈

2:3

In seinen *Tales of a Wayside Inn* schrieb Henry Longfellow: »Das Halbmondbanner stürzt, / Aber die Menge erblickt statt dessen, / Einem Wunder gleich, wie am Himmel / Iskanders Banner weht, / Der schwarze Adler mit dem doppelten Haupt [. . .]« Bis zu seinem Tode (1468) vermochte Skanderbeg das Gebiet um seine Festung Krujë von den Türken freizuhalten, die bereits Konstantinopel erobert hatten. Nach seinem Tode wurde auch dieses Land türkisch.

126

# SIERRA LEONE

## SIERRA LEONE

Die portugiesischen Entdecker nannten dieses Land nach dem Löwen, weil es ihnen wild und rauh erschien.

Als eines der wenigen hügeligen Gebiete an der westafrikanischen Küste hat Sierra Leone in sein Wappen grüne Berge aufgenommen. Der grüne Streifen in seiner Flagge symbolisiert die Landwirtschaft und die Naturschätze ebenso wie die Berge. Das Blau im Wappen und in der Flagge erinnert daran, daß die Hauptstadt, Freetown, einer der besten Naturhäfen an der afrikanischen Küste ist. Die Farbe drückt die Hoffnung aus, daß die Nation durch die Entwicklung des Handels dank seines Hafens einen Beitrag zum Weltfrieden leisten könne.

Der weiße Streifen, der das Kobaltblau und das Blattgrün in der Landesflagge trennt, ist ein Emblem für Einheit und Gerechtigkeit. Der Löwe im Wappen spielt auf den Landesnamen an, verbindet Sierra Leone aber auch mit seinem früheren Kolonialherrn Großbritannien.

Der Stolz auf die durch seine Universität im westlichen Afrika gebotene Ausbildungsmöglichkeit wird im Staatswappen durch die brennenden Fackeln der Aufklärung veranschaulicht.

Offiziell gehißt am 27. April 1961.

2:3

STAATSWAPPEN

Die fachgerechte heraldische Beschreibung des Wappens von Sierra Leone lautet: Unter einem mit drei Spitzen gezahnten silbernen Schildhaupt, darin drei naturfarben brennende schwarze Fackeln, in Grün über einem dreimal silbern-blau wellengeteilten Schildfuß ein schreitender, goldener Löwe. Schildhalter: Beiderseits je ein goldener Löwe, der zwischen den Vorderpranken eine naturfarbene Ölpalme hält. Dazu der Wahlspruch »Einheit, Freiheit, Gerechtigkeit«.

127

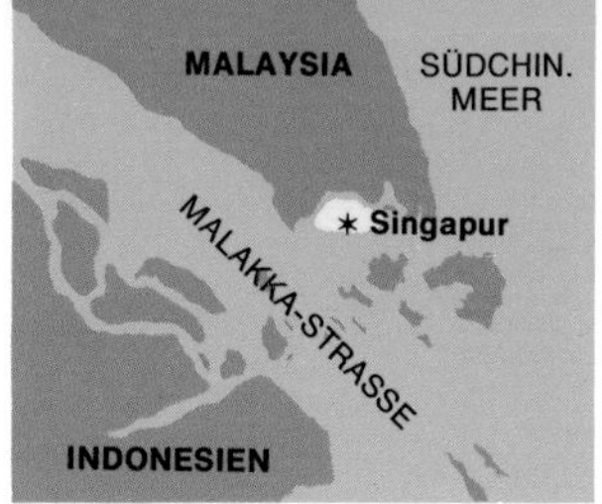


# SINGAPUR/SINGAPORE/ HSIN-CHIA-P'O

## SINGAPUR

REPUBLIK SINGAPURA/ KUDIYARASU/ HSIN-CHIA-P'O KUNG-HO-KUO

REPUBLIK SINGAPUR

Die offizielle Deutung der Embleme besagt: Der Halbmond repräsentiert ein junges Land im Aufstieg zu seinen durch die fünf Sterne angedeuteten, zu verwirklichenden Ideale »Demokratie, Frieden, Fortschritt, Gerechtigkeit und Gleichheit«.

Außerdem gibt es amtliche Erläuterungen für die Symbolik der Farben Rot und Weiß. Rot steht für weltumspannende Brüderlichkeit und Weiß für Reinheit und Tugend.

Der nationale Wahlspruch »Vorwärts, Singapur« ist auch der Titel der Nationalhymne; der (malaiische) Tiger im Wappen erinnert an frühere Verbindungen mit Malaysia, der andere Schildhalter weist auf den Sinn des Namens Singapur, ›Löwenstadt‹. Als ein bedeutender Hafen besitzt Singapur mehrere Marineflaggen.

Offiziell gehißt am 3. Dezember 1959.

2:3

STAATSWAPPEN

 1:2

1:2

1:2

1:2 FLAGGE DES PRÄSIDENTEN DER REPUBLIK

GOLF VON ADEN
ÄTHIOPIEN
KENIA
✶ Mogadischu
INDISCHER OZEAN

# SOOMALIA/SUMALIYA

## SOMALIA

**JAMHURIYADDA DIMOQRADIGA SOOMALIYA/ AL-DSCHUMHURIJE AS-SUMALIJE AL-DIMUKRATIJE**

DEMOKRATISCHE REPUBLIK SOMALIA

Trotz ihrer Verbindung durch Religion, Stammesbande, Sprache und Geschichte sind die Somal im 19. Jahrhundert unter den Briten, den Franzosen und den Italienern aufgeteilt worden. Die moderne Flagge von Somalia enthält eine Erinnerung an die Teilung des Landes. Jeder der fünf Zacken des Sterns bedeutet ein Gebiet, wo Somal leben: die Ogaden-Region in Äthiopien, der Nordgrenzdistrikt von Kenia, das französische Territorium der Afars und Issas, das frühere Britisch-Somaliland und das frühere Italienisch-Somalia. Die beiden letzten, am 26. und 30. Juni 1960 unabhängig gewordenen, sind am 1. Juli 1960 zur souveränen Demokratischen Republik Somali vereinigt worden. Das blaue Feld erinnert an die blaue Flagge der Vereinten Nationen, unter deren Obhut Somalia seine Unabhängigkeit erlangt hat. So erklärt sich, warum Somalia mit Ausnahme von Botswana der einzige der 49 unabhängigen afrikanischen Staaten ist, der eine hellblaue Flagge hat.

Offiziell gehißt am 12. Oktober 1954.

2:3 ≈

STAATSWAPPEN

Das Wappen von Somalia spiegelt zwar die Nationalflagge wider, aber seine Entstehung reicht in die italienische Kolonialzeit zurück. Nach der Eroberung Äthiopiens im Jahre 1936 wurde Somalia eine der fünf Provinzen von Italienisch-Ostafrika. Als solche brachte sie ein waagerecht in drei Teile geteiltes, am 3. April 1919 verliehenes Wappen mit. Der Mittelstreifen war blau und zeigte einen Leoparden mit einem weißen Stern über dem Kopf.

# SOUTH AFRICA/SUID-AFRIKA

## SÜDAFRIKA

**REPUBLIC OF SOUTH AFRICA / REPUBLIEK VAN SUID-AFRIKA**

REPUBLIK SÜDAFRIKA

Die südafrikanische Flagge ist aus vier Flaggen zusammengesetzt.

Zwei britische Kolonien (Natal und Kapland) und zwei früher unabhängige Burenstaaten (der Oranje-Freistaat und Transvaal) wurden zur Bildung von Südafrika vereinigt. Der ursprünglich von holländischen Siedlern im 17. Jahrhundert nach Südafrika gebrachten orange-weiß-blauen Flagge wurden nach heftiger Diskussion drei traditionelle Flaggen beigefügt.
Anfänglich und bis 1951 wurde diese Flagge nur an Land und bis 1957 auf öffentlichen Gebäuden amtlich nur zusammen mit dem Union Jack geführt, seit 1961 (Proklamation der Republik) allein.
Das Wappen verbindet Symbole der Provinzen mit dem Spruch »Einigkeit macht stark«. Der Schildhalter rechts, ein Springbock, dient auch in der Kriegsflagge und anderen Symbolen als ein Emblem Südafrikas.

Offiziell gehißt am 31. Mai 1928.

2:3

STAATSWAPPEN

2:3

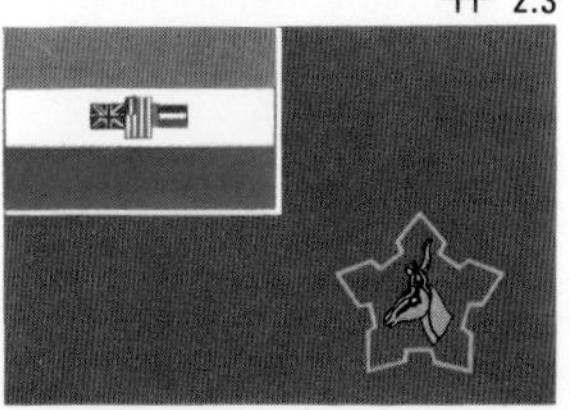

1:2

FLAGGE DES STAATSPRÄSIDENTEN

2:3

FLAGGE DES PREMIERMINISTERS

1:2

SÜDAFRIKANISCHE PROVINZEN UND BANTU-HOMELANDS

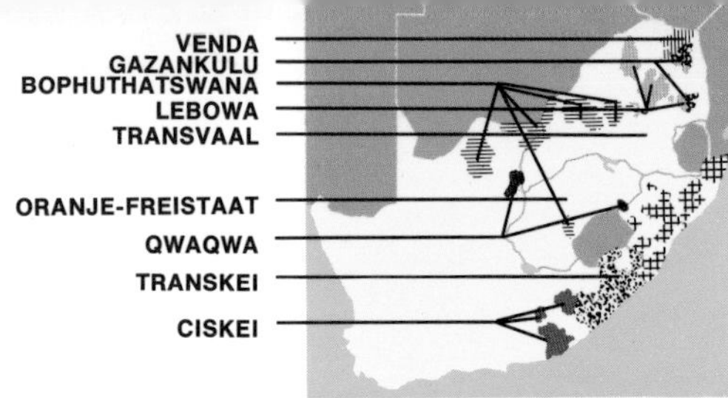


2:3≈

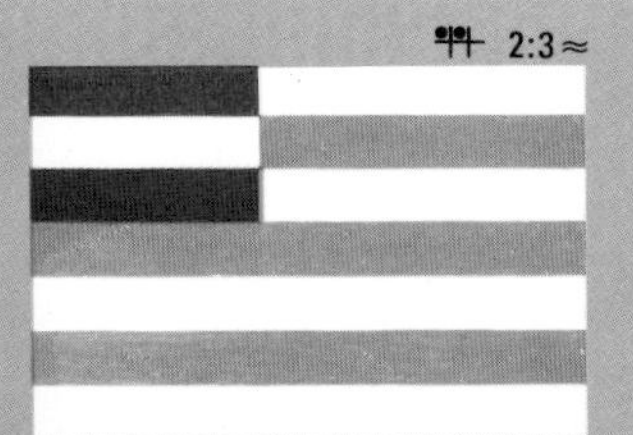

ORANJE-VRYSTAAT
ORANJE-FREISTAAT
Offiziell angenommen am 28. Februar 1856; inoffiziell seit 31. Mai 1902.

2:3≈

TRANSVAAL
In Gebrauch genommen am 6. Januar 1857; inoffiziell seit 31. Mai 1902.

2:3

BOPHUTHATSWANA
Offiziell gebilligt am 19. April 1973.

2:3

CISKEI
Offiziell gebilligt am 22. Juni 1973.

2:3

GAZANKULU
Offiziell gebilligt 1973.

2:3

LEBOWA
Offiziell gebilligt am 5. Juli 1974.

2:3

QWAQWA
Offiziell gebilligt 1974.

2:3

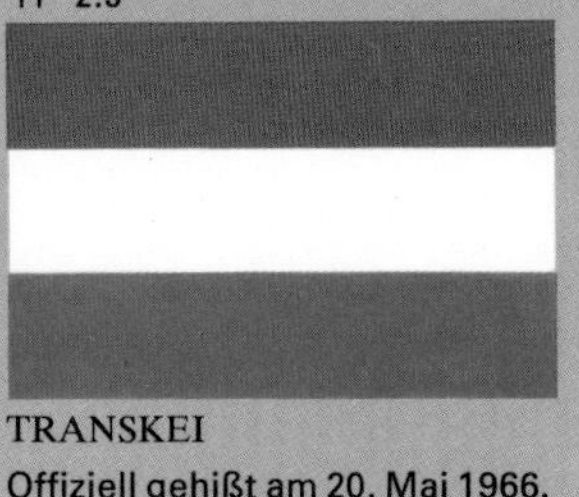

TRANSKEI
Offiziell gehißt am 20. Mai 1966.

2:3

VENDA
Offiziell gebilligt 1973.





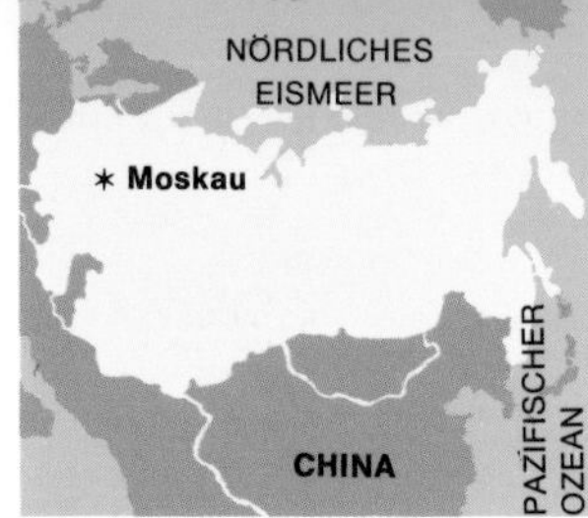


# SOVJETSKII SOJUS

## SOWJETUNION

SOJUS SOWJETSKICH SOTSIALISTITSCHESKICH RESPUBLIK

UNION DER SOZIALISTISCHEN SOWJETREPUBLIKEN

Weiteres über sowjetische Symbole auf den Seiten 174 bis 179.

Vier Symbole sind den meisten Sowjetflaggen gemeinsam: der Hammer, die Sichel, der fünfzackige Stern und die rote Farbe. Alle spiegeln den Weg zum Kommunismus wider, den das Land seit der Oktoberrevolution von 1917 betreten hat. Hammer und Sichel stehen für Proletariat und Bauernschaft, die durch das rote Revolutionsbanner der Kommunistischen Partei geführt werden. Die fünf Zacken des Sterns bedeuten die Einigkeit der Völker in allen fünf Kontinenten.

1:2

STAATSWAPPEN

Die jetzige Gestaltung der Sowjetflagge datiert vom 19. August 1955.
Der in den fünfzehn Landessprachen der UdSSR wiederholte Wahlspruch des Wappens lautet: »Proletarier aller Länder, vereinigt euch!« Die jetzige Form des Wappens datiert vom 1. April 1958.

3:5

2:3

Die Soldaten der Roten Armee, die in seinen ersten Jahren so viel zur Sicherung der Stabilität und des Wachstums des Sowjetstaates getan haben, identifizieren sich durch die an ihrer Kopfbedeckung angebrachten großen, roten Sterne. Viele Soldaten trugen auch einen rot emaillierten Stern, darauf ein goldener Hammer mit Pflug, ein Vorläufer des jetzigen Hammer-und-Sichel-Bildes. Dieser Tradition entspricht die jetzige Fahne der Sowjetarmee *(oben links)*; die Kriegsflagge *(oben rechts)* erinnert in ihren Farben an die Andreasflagge der kaiserlich-russischen Marine: ein blaues Schrägkreuz auf weißem Feld.

RUSS. SOZ. FÖDERATIVE SOWJETREP.
KASACHISCHE SSR
ESTNISCHE SSR
LETTISCHE SSR
LITAUISCHE SSR
WEISSRUSSISCHE SSR
MOLDAUISCHE SSR
UKRAINISCHE SSR
GEORGISCHE SSR
ARMENISCHE SSR
ASERBAIDSCHANISCHE SSR
TURKMENISCHE SSR
USBEKISCHE SSR
TADSCHIKISCHE SSR
KIRGISISCHE SSR

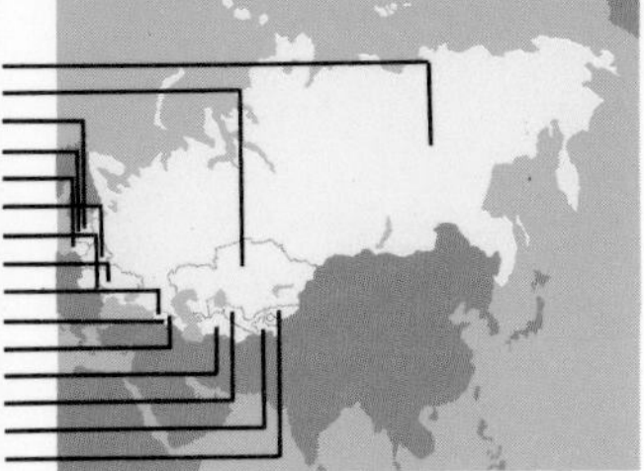

1:2

AZERBAIDJAN S.S.R.
ASERBAIDSCHANISCHE SSR

1:2

BELARUSKAJA S.S.R.
WEISSRUSSISCHE SSR

1:2

EESTI N.S.V.
ESTNISCHE SSR

1:2

HAYKAKAN S.S.R
ARMENISCHE SSR

1:2

KHAZACH S.S.R.
KASACHISCHE SSR

1:2

KIRGIZ S.S.R.
KIRGISISCHE SSR

1:2

LATVIJAS P.S.R.
LETTISCHE SSR

1:2

LIETUVOS T.S.R.
LITAUISCHE SSR

1:2

R.S.S. MOLDOVENESCHT
MOLDAUISCHE SSR

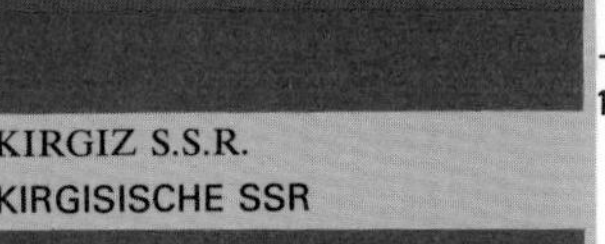

1:2

R.S.S. TODSCHIKISTON
TADSCHIKISCHE SSR

1:2

ROSSIISKAJA S.F.S.R.
RUSS. SOZ. FÖD. SOWJETREP.

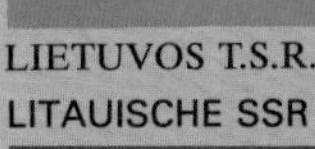

1:2

SAKHARTVELOS S.S.R.
GEORGISCHE SSR

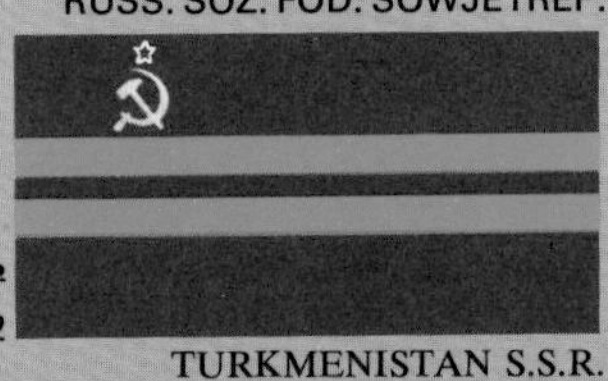

1:2

TURKMENISTAN S.S.R.
TURKMENISCHE SSR

1:2

UKRAINS'KA R.S.R.
UKRAINISCHE SSR

1:2

ZBEKISTAN S.S.R. USBEKISCHE SSR

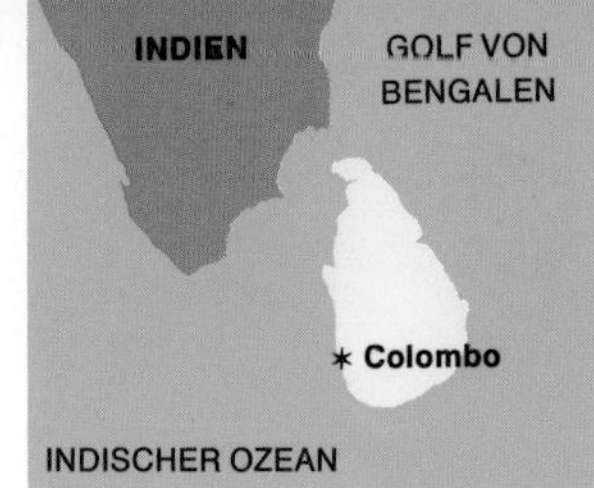


# SRI LANKA

## SRI LANKA

SRI LANKA JANARAJAYA

REPUBLIK SRI LANKA

*Sri* ist ein singhalesisches Wort für ›verehrungswürdig‹ oder ›strahlend‹.
Offiziell gehißt am 22. Mai 1972.

Die Legende schreibt dem Prinzen Widschaya, dem arischen Eroberer von Ceylon im 6. Jahrhundert v. Chr., die Abstammung von einem Löwen zu. Die Fahne des letzten Königs von Kandy (später Ceylon und noch später Sri Lanka) ist 1815 als Kriegsbeute nach Großbritannien verbracht worden. Nach der Wiederherstellung der Unabhängigkeit Ceylons im Jahre 1948 wurde eine Kopie dieses Banners als Nationalflagge gehißt, aber drei Jahre später wurden die orange und grünen Streifen hinzugefügt. Diese repräsentieren die Tamilen und die ›Mohren‹, hinduistische und islamische Minoritäten.

5:9≈

STAATSWAPPEN

Die Bo-Blätter des geheiligten Pipulbaumes in den Ecken sind ein Symbol für die Religion der Mehrheit: Gautama soll nach Meditationen unter einem Pipulbaum die Erleuchtung empfangen haben und somit zum Buddha geworden sein.

3:5≈

FLAGGE DES PRÄSIDENTEN DER REPUBLIK

1:2

Im Wappen von Sri Lanka ist der Reistopf ein Symbol der Wohlfahrt; Sonne und Mond bedeuten Langlebigkeit, wie in der Flagge von Nepal. Oben erscheint eine Darstellung des buddhistischen Rades des Gesetzes, das auch in der Flagge von Sikkim vorkommt.

Ein anderes buddhistisches Symbol, die Lotosblüte, umrahmt den nationalen Wappenlöwen mit dem Schwert in der Mitte. Dieses Wappen erscheint in der Präsidentenstandarte über dem Landesnamen.

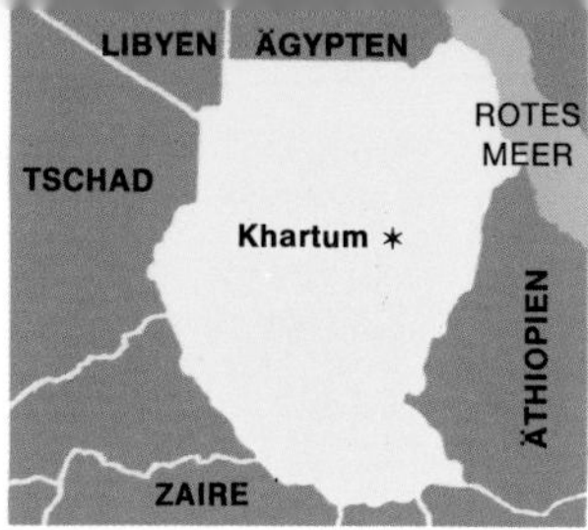


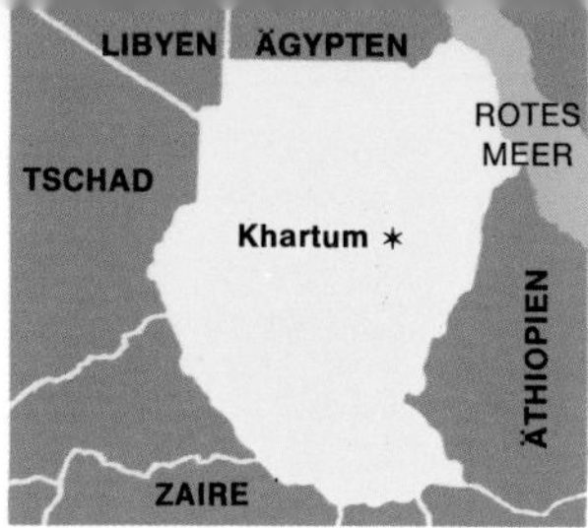

# SUDAN

SUDAN

AL-DSCHUMHURIJE
AS-SUDAN
AL-DIMUKRATIJE

DEMOKRATISCHE REPUBLIK SUDAN

Offiziell gehißt am 20. Mai 1970.

Nach der Revolution von 1969 wurde ein Wettbewerb zur Schaffung einer neuen Flagge ausgeschrieben, die besser als bisher die Politik des Landes, besonders deren Unterstützung der pan-arabischen Einheitsbewegung ausdrükken würde. Das ausgewählte Muster, das die alte Flagge ersetzen sollte, ist von einem Graduierten des Kunstinstituts von Khartum, Abdul Rahman Ahmad Aldschali, entworfen worden. Den Farben der Flagge – offenkundig der arabischen Befreiungsflagge von Ägypten nachgebildet – werden zahlreiche Erklärungen beigelegt. Rot wird als Farbe von Revolution, Fortschritt, Sozialismus und nationalen Märtyrern angesehen. Weiß gilt für Frieden, Optimismus und Licht, erinnert aber auch an die weiße, in der Revolution von 1924 geführte Flagge.
*Sudan* ist ein arabisches Wort und bedeutet ›schwarz‹. Grün ist die Farbe des Islam.

1:2

STAATSWAPPEN

Der einheimische Sekretärvogel (Kranichgeier) bildet zusammen mit dem Staatsnamen und dem Spruch »Der Sieg ist unser« den Hauptbestandteil des Staatswappens.

FLAGGE DES STAATSPRÄSIDENTEN 1:2≈

BAHR EL GHAZAL NORDKORDOFAN

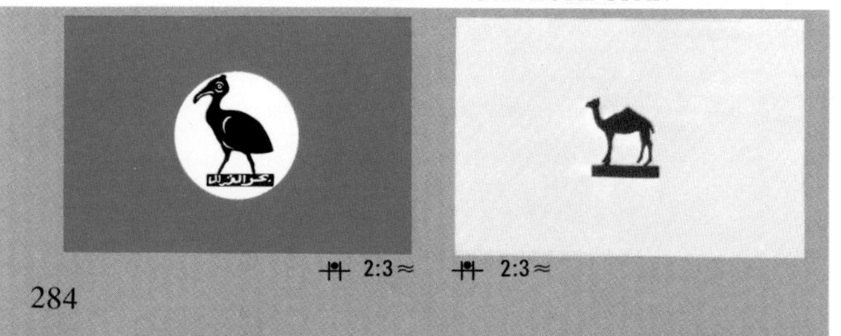

2:3≈ 2:3≈





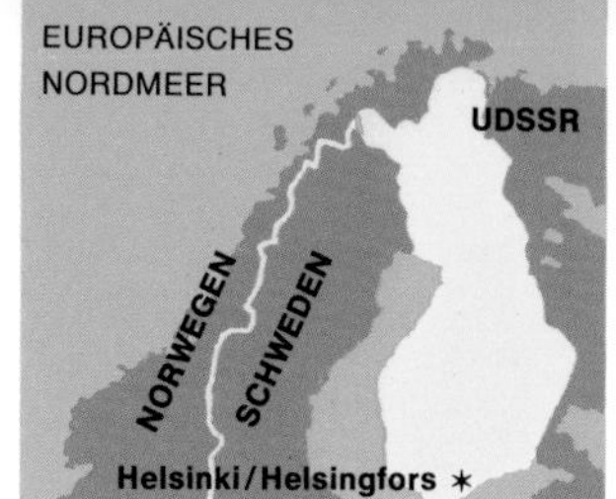


# SUOMI/FINLAND

FINNLAND

SUOMEN TASAVALTA/
REPUBLIKEN FINLAND

REPUBLIK FINNLAND

Der Orden vom Freiheitskreuz erscheint in der Oberecke der Präsidentenstandarte.

Im 19. Jahrhundert war Finnland ein Teil Rußlands mit beschränkter Autonomie. Bei der Suche nach einer eigenen Flagge bezogen die Finnländer Anregungen aus ihrem Landeswappen. Der rote Schild mit dem goldenen Löwen, der heute noch das Staatswappen von Finnland bildet, lieferte die Grundfarben. Den Varianten von Rot und Gelb traten Entwürfe entgegen, in denen die Farben Weiß und Blau überwogen. Die Anregung, Weiß für den Schnee und Blau für die Seen als die angemessenen finnischen Farben zu betrachten, wird auf den Dichter Zacharias Topelius zurückgeführt. Der Kampf um eine finnische Unabhängigkeit und der folgende Bürgerkrieg brachten 1917/18 neue rot-gelbe und weiß-blaue Flaggenentwürfe hervor.

Offiziell angenommen am 12. Februar 1920.

11:18

STAATSWAPPEN

11:18 11:19

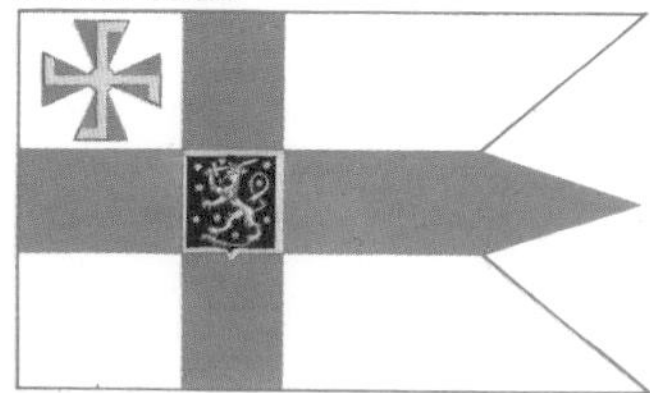

AHVEN AN MAA / ÅLAND / ÅLAND-INSELN

17:26

FLAGGE DES PRÄSIDENTEN DER REPUBLIK

11:19

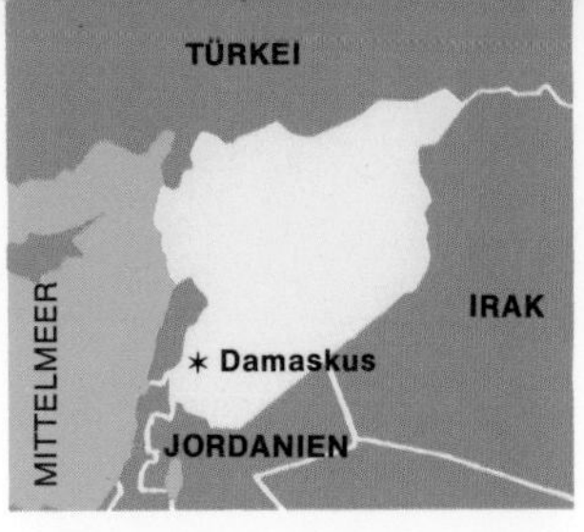


# SURIYA

## SYRIEN

### AL-DSCHUMHURIJE AL-ARABIJE AS-SURIJE

ARABISCHE REPUBLIK SYRIEN

Die Entwicklung syrischer Flaggen ist auf Seite 155 dargestellt.

Während die meisten unabhängigen arabischen Staaten nach dem Zweiten Weltkrieg Monarchien waren, bekam Syrien bereits damals eine republikanische Regierungsform. Das seinerzeit von Syrien angenommene Wappen hat sichtlich den Entwurf späterer arabischer republikanischer Wappen beeinflußt.
Das Hauptbild des syrischen Wappens wurde das Adler-Zeichen des Generals Chalid ibn al-Walid, des islamischen Eroberers von Damaskus im 7. Jahrhundert. Der Brustschild trug die Sterne und Farben der syrischen Flagge; darunter ein Kranz und ein Schriftband mit dem Staatsnamen.

Offiziell gehißt am 1. Januar 1972.

2:3

STAATSWAPPEN

Im September 1971 verband sich Syrien mit Libyen und Ägypten zur Föderation Arabischer Republiken, deren neue Flagge, ebenso wie das Wappen, am ersten Tage des folgenden Jahres in Kraft trat. Von 1963 bis 1972 hatte Syrien eine Flagge in den gleichen Farben geführt, aber mit drei grünen Sternen im weißen Streifen. Die von Syrien von 1932 bis 1958 und von 1961 bis 1963 geführte Flagge sah ähnlich aus. Von 1958 bis 1961 war Syrien mit Ägypten in der Vereinigten Arabischen Republik verbunden, unter einer rot-weiß-schwarzen Trikolore mit zwei grünen Sternen.

Das Ende 1971 für die Föderation Arabischer Republiken geschaffene Wappen zeigt einen Falken als Emblem des Koraisch-Stammes, zu dem Mohammed gehörte, aber die künstlerische Wiedergabe ist dem ursprünglichen syrischen Adler ganz ähnlich. Der Schild ist jetzt leer, und das Band trägt die Inschrift »Föderation Arabischer Republiken«. Die angeblichen Mitglieder dieser Föderation sollen laut der Vorschriften, die sie darüber erlassen haben, ihren Landesnamen in den Siegeln beifügen, tun es aber manchmal – am meisten in Ägypten, gelegentlich in Libyen – auch bei der Wappenabbildung auf einem zusätzlichen Schrifttäfelchen.

# SVERIGE

## SCHWEDEN

### KONUNGARIKET SVERIGE

KÖNIGREICH SCHWEDEN

Die Farben Blau und Gold der schwedischen Flagge dürften vom überlieferten Landeswappen – den goldenen Kronen auf Blau, die bereits 1364 geführt wurden – oder vom Wappen der Folkunger-Dynastie herrühren. Letzteres erscheint heute im zweiten und dritten Feld des königlichen Wappens und enthält einen goldenen Löwen auf blauem, von weißen Wellenschrägbalken durchzogenem Grund.
Das Kreuz erscheint in dem 1449 vom König gebrauchten Siegel und ist in den erwähnten Farben heute ein nationales Emblem. König Johann III. ordnete 1569 an, das gelbe Kreuz habe in allen schwedischen Fahnen zu erscheinen, und 1663 stellte ein besonderes königliches Dekret die noch heute üblichen zwei Grundformen der Flagge fest. Schweden feiert jährlich den 6. Juni als Flaggentag.

Offiziell angenommen am 22. Juni 1906.

5:8

GROSSES STAATSWAPPEN

KLEINES STAATSWAPPEN

1:2

KOMMANDOFLAGGE DES KÖNIGS

KÖNIGSSTANDARTE

1:2

1:1

# SWAZILAND
## SWASILAND

UMBUSO WE SWATINI

KÖNIGREICH SWASILAND

Das während des Zweiten Weltkriegs auf britischer Seite dienende Swazi Pioneer Corps erhielt seine Fahne von König Sobhuza II. im Jahre 1941 in Erinnerung an die militärischen Traditionen der Swasi. Als über ein Vierteljahrhundert später die Unabhängigkeit von Swasiland bevorstand, lieferte die Fahne des Corps die Grundlage für den Entwurf der Nationalflagge. Die Unabhängigkeit innerhalb des Commonwealth wurde am 6. September 1967 erlangt. Im nächsten Jahr wurde für den König selbst – damals im 47. Jahr seiner Regierung – durch Hinzufügung seines persönlichen Emblems, eines Löwen, zur Nationalflagge eine Königsstandarte geschaffen.

Der Schild ist mit einem Ochsenfell in natürlichen Farben bespannt; die Lanzen und der Stock tragen Federn des Witwenvogels und des Loripapageis.

Offiziell gehißt am 30. Oktober 1967.

2:3

STAATSWAPPEN

KÖNIGSSTANDARTE

2:3

Die Schildhalter des Wappens von Swasiland sind nicht nur einheimische Fauna – der Löwe steht für den König, der Elefant für die Königinmutter. Gemeinsam verkünden sie das auf dem Spruchband unten stehende Motto »Wir sind die Festung«. Der königliche Kopfschmuck mit seinen Witwenvogelfedern ruht auf einem Schild, der ungefähr dieselben Symbole erkennen läßt, die in der Nationalflagge vorkommen. Die Waffen sind einst von dem Emasotsha-Regiment geführt worden.



# TANZANIA
## TANSANIA

JAMHURI YA MUUNGANO WA TANZANIA

VEREINIGTE REPUBLIK TANSANIA

Die Flagge der Tanganyika African National Union (TANU) verkündete den fruchtbaren Boden des Landes durch zwei grüne waagerechte Streifen, die zur Andeutung der ethnischen Mehrheit der Bevölkerung durch einen schwarzen Streifen getrennt waren.

Als Tanganjika am 3. Dezember 1961 unabhängig wurde, hißte man eine Nationalflagge: Goldene Säume sind zwischen dem Schwarz und dem Grün in der TANU-Flagge hinzugefügt worden.

Der Zusammenschluß mit dem benachbarten Sansibar im Jahre 1964 führte zu dem neuen Namen. Die Grundelemente der Flagge von Tanganjika sind in Tansania beibehalten worden. Die Einfügung von Blau erinnert an die blau-schwarz-grüne Flagge von Sansibar. Der Suaheli-Wahlspruch »Freiheit und Einigkeit« umschlingt den Kilimandscharo.

Offiziell bestätigt ungefähr am 30. Juni 1964.

2:3

STAATSWAPPEN

In der Zeit zwischen der Erteilung der Unabhängigkeit am 10. Dezember 1963 und dem Zusammenschluß mit dem benachbarten Tanganjika am 25. April 1964 hatte Sansibar vier Nationalflaggen. Die vierte Flagge *(unten rechts)* weht seit April 1964 weiterhin in Sansibar als eine regionale Flagge innerhalb Tansanias. Die von der Fahne der herrschenden Afro-Shirazi Party abgeleitete Flagge symbolisiert in ihren Streifen die See, das Volk und das Land. Ein ganz schmaler weißer Streifen am Liek steht für Frieden.

2:3≈

ZANZIBAR / SANSIBAR

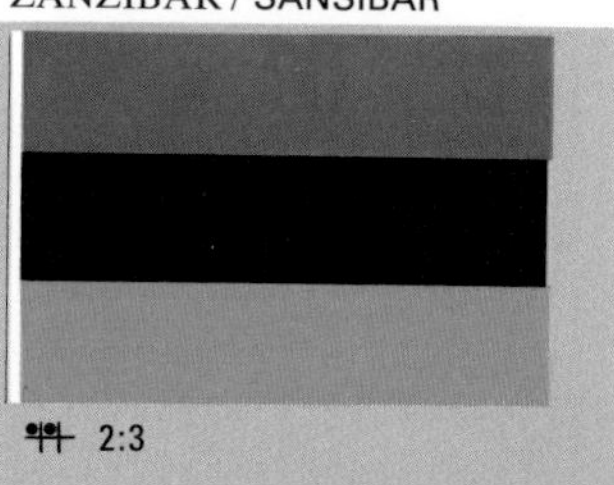

2:3

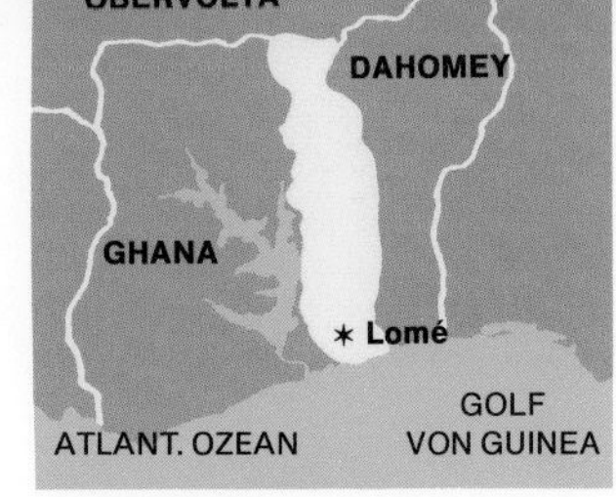

# TCHAD

## TSCHAD

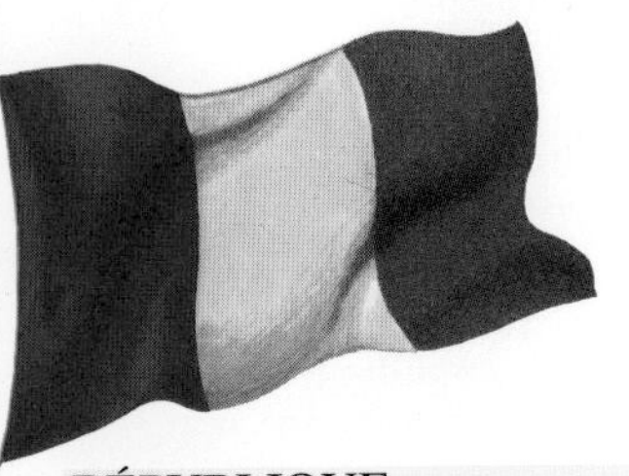

RÉPUBLIQUE DU TCHAD

REPUBLIK TSCHAD

Wie andere früher französische Kolonien hat Tschad bei der Schaffung seiner eigenen Nationalflagge die Trikolore zum Muster genommen. Hier sind aber die pan-afrikanischen Farben Grün, Gelb und Rot etwas abgeändert, damit die Flagge mit denen der Nachbarstaaten nicht kollidiert. Der blaue Streifen wird offiziell als ein Symbol für den Himmel, für Hoffnung und Landwirtschaft sowie für den südlichen Landesteil beschrieben. Gelb wird als Symbol für die nördliche Hälfte des Landes, die fast nur Wüste ist, und als Symbol für die Sonne angesehen. Rot steht für Fortschritt, Einigkeit und die Bereitschaft der Bürger, sich für das Land zu opfern.

Offiziell angenommen am 6. November 1959.

2:3

STAATSWAPPEN

Es ist nicht verwunderlich, daß das 1970 entstandene Staatswappen europäischen Stil aufweist; es ist von zwei Franzosen entworfen worden. Der nationale Wahlspruch »Einigkeit, Arbeit, Fortschritt« erscheint unten auf einem Bande unterhalb der Darstellung des Nationalordens mit seinem Band.

In der Frühzeit der Heraldik gehörte das Wappen zum persönlichsten Eigentum eines Menschen. Da ein König und das von ihm beherrschte Land aufs engste verbunden waren, wurde sein persönliches Wappen auch als Staatsemblem angesehen – wie es in einigen Ländern noch heute der Fall ist. Hierzu steht der Gebrauch von Wappen heute in scharfem Gegensatz, wofür das Wappen von Tschad ein Beispiel liefert. Von Ausländern gezeichnet und ausgiebig dargestellt auf Briefmarken und Medaillen, die für den Verkauf an Ausländer bestimmt sind, ist das Wappen in Tschad selbst kaum einmal zu sehen. Daß der Gebrauch eines solchen Emblems den Traditionen des Landes deutlich zuwiderläuft, geht klar aus der Tatsache hervor, daß es gerade zu dem Zeitpunkt offiziell wurde, als im ganzen Land ein Programm der Afrikanisation eingeleitet wurde. Die Wichtigkeit eines Wappens wird in den früheren französischen Kolonien geringgeschätzt, da Frankreich selbst lange eines Staatswappens ermangelt hat.



# TOGO

## TOGO

RÉPUBLIQUE TOGOLAISE

REPUBLIK TOGO

Die grünen Streifen in der Flagge bedeuten die Hoffnung auf die Zukunft und die Landarbeit des Volkes. Die gelben Streifen zeigen das Vertrauen in die Arbeit an als die Grundlage sittlichen und materiellen Wohlbefindens der Nation.

Der weiße Stern soll alle Bürger mahnen, sich der Unabhängigkeit würdig zu erweisen. Das Rot in der Oberecke wird offiziell beschrieben als »die Farbe der Nächstenliebe, der Treue, der Liebe, also der Kardinaltugenden, die die Liebe unter den Mitmenschen und notfalls zur Opferung des eigenen Lebens für den Sieg der Grundsätze der Menschlichkeit und für die Eindämmung der Grenzen des menschlichen Elends anspornen«.

Offiziell gehißt am 27. April 1960.

3:5≈

STAATSWAPPEN

Die Löwen im Wappen von Togo spiegeln den Mut des Volkes wider. Die Pfeile und Bogen rufen alle Bürger auf, in der Verteidigung der Freiheiten des Landes aktiv zu sein. Der oben in das Wappen eingesetzte nationale Wahlspruch lautet: »Arbeit, Freiheit, Vaterland«.

Im Bestreben, die überlieferten Privilegien und Vorrechte feudaler Klassen abzuschaffen, verfolgten französische Revolutionäre im späten 18. Jahrhundert in allen Bereichen der Regierung einen Uniformismus. Obwohl diese Politik im Laufe der Jahre viele Modifikationen erlebte, hat dies doch eine dauernde Wirkung ausgeübt auf die nicht nur in Frankreich, sondern auch auf die einst in seinen Herrschafts- oder Einflußgebieten geführten Flaggen. So gibt es in Togo, Dahomey, Mali, der Elfenbeinküste und anderswo nur eine für alle Zwecke benützte Flagge – zur privaten, öffentlichen und militärischen Führung an Land wie auf See. Der Gebrauch einer einzigen Flagge anstelle von vielen stärkt offenbar das Bewußtsein nationaler Einigkeit und Verantwortung der Zentralregierung für die Ordnung der Gesellschaft.

AUSTRALIEN
Nukualofa
PAZIFISCHER OZEAN
NEUSEELAND

# TONGA

PULE'ANGA TONGA

KÖNIGREICH TONGA

Offiziell bestätigt am 4. November 1875.

Die Bedeutung des in Tonga im frühen 19. Jahrhundert eingeführten Christentums wird durch die nationalen und königlichen Flaggen und das königliche Wappen unterstrichen.

Im ersten, 1862 zusammengetretenen Parlament dieses Landes rief König Georg Tupou I. dazu auf, für den Entwurf einer Nationalflagge Vorschläge zu unterbreiten. Nach längerer Diskussion legte er seine eigene Auffassung mit den überlieferten Worten dar: »Es ist mein Wunsch, daß unsere Flagge das Kreuz von Jesus enthalte [...] und daß die Flagge von roter Farbe sei, um das am Kreuz für unsere

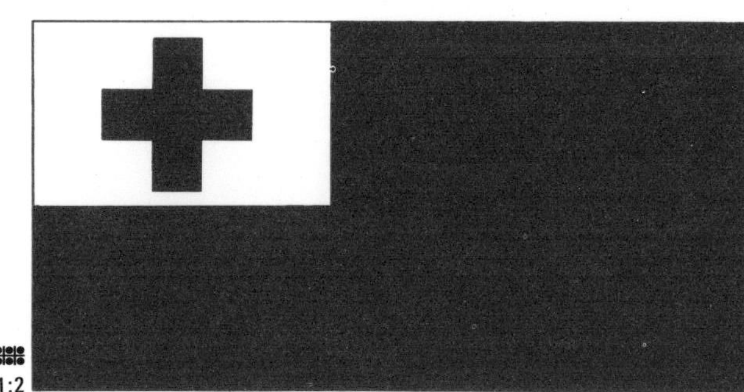

1:2

Erlösung vergossene Blut zum Ausdruck zu bringen.« Die jetzige Form von Wappen und Flagge wird dem Prinzen Uelingatoni Ngu Tupoumalohi und dem Shirley Baker, einem methodistischen Priester, zugeschrieben.

KÖNIGSWAPPEN

KÖNIGSSTANDARTE

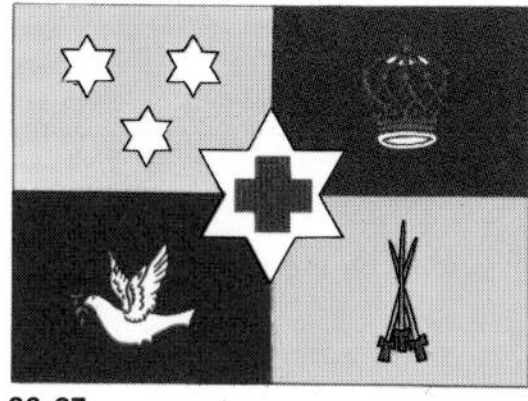

26:37

Die Sterne in der Königsstandarte stehen für die zu Tonga vereinigten Hauptinselgruppen: Tongatapu, Ha'pai und Vava'u. Der von König Georg Tupou I. 1862 gewählte Wahlspruch lautet: »Gott und Tonga sind meine Erbschaft.« Die jetzige Königsfamilie stammt von drei Königsgeschlechtern ab, daher die drei Schwerter. Die um die Krone gelegten Blätter des Kastanienbaumes wurden früher von den Häuptlingen bei Entscheidungen über Leben und Tod getragen; jetzt bedeuten sie, daß das Schicksal des Souveräns in Gottes Hand liegt.





TOBAGO
Port-of-Spain
ATLANTISCHER OZEAN
VENEZUELA

# TRINIDAD UND TOBAGO

Die Farben werden verschieden gedeutet. Rot soll die Vitalität des Landes und seiner Bevölkerung ausdrükken, die Wärme und Energie der Sonne, auch Mut und Freundlichkeit.

Weiß ist ein Symbol für die See, die Reinheit der nationalen Bestrebungen und die Gleichheit unter allen Menschen. Schwarz gilt als Emblem von Stärke, Einigkeit und Entschlossenheit, auch des Reichtums des Landes.

Im Wappen kommen ein Scharlach-Ibis, ein Cocrico und zwei Kolibris, außerdem drei Schiffe des Christoph Kolumbus vor.

Offiziell gehißt am 31. August 1962.

3:5

STAATSWAPPEN

1:2

1:2

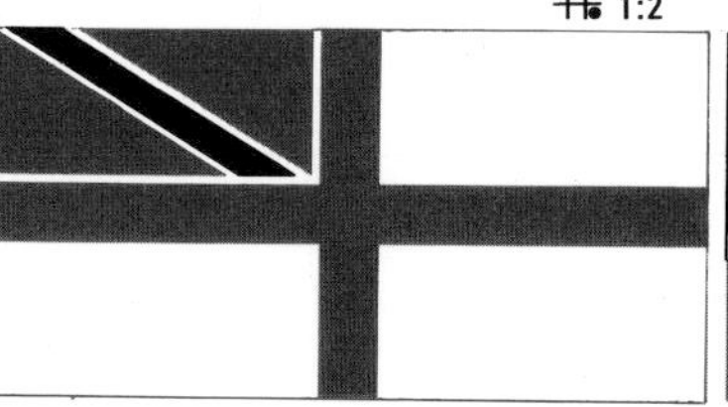

STANDARTE DER KÖNIGIN

3:5≈

FLAGGE DES GENERALGOUVERNEURS

1:2≈

FLAGGE DES PREMIERMINISTERS

3:5≈

142

# AT-TUNISIYA

## TUNESIEN

AL-DSCHUMHURIJE AT-TUNISIJE

TUNESISCHE REPUBLIK

Trotz der seit dem 16. Jahrhundert nominell bestehenden türkischen Herrschaft erfreute sich Tunesien im frühen 19. Jahrhundert einer beachtlichen Autonomie. Dies kam auch dadurch zum Ausdruck, daß Hussein II., Bei von Tunis, eine von der türkischen etwas abweichende Flagge annahm. Diese Abweichung genügte freilich, um seitens des Sultans in Konstantinopel amtliche Nachforschungen zu veranlassen. Auf sie hat der Bei niemals geantwortet, und Tunesiens Flagge wurde nicht geändert. Sogar später unter französischer Herrschaft und auch nach der Absetzung des letzten Bei von Tunis (1957) blieb die Flagge unverändert. Im Staatswappen und in der Präsidentenstandarte erscheint der islamische Stern mit dem Halbmond. Im Wappen steht auch der Nationalwahlspruch »Ordnung, Freiheit, Gerechtigkeit« sowie ein Schiff, weil die ersten Siedler über See aus Phönikien gekommen sind.

Ungefähr 1835 in Gebrauch genommen.

2:3

STAATSWAPPEN

FLAGGE DES PRÄSIDENTEN DER REPUBLIK

1:1≈

Obwohl schon früher durch den Islam gelegentlich geführt, kam die Verbindung von Halbmond und Stern erst durch das Osmanische Reich vom 15. bis 19. Jahrhundert in ständigen Gebrauch. Heute ist dies Symbol am geläufigsten in Ländern wie Tunesien, die einst unter türkischer Herrschaft standen, oder in mohammedanischen Ländern, die nicht an der pan-arabischen Einheitsbewegung teilhaben – diese haben ja andere Symbole angenommen.

143

# TÜRKİYE

## TÜRKEI

TÜRKİYE CUMHURİYETİ

REPUBLIK TÜRKEI

Siebenhundert Jahre war Rot die hervorstechende Farbe in den türkischen Fahnen. Halbmond und Stern sind mohammedanische Symbole, haben aber in Kleinasien eine lange vorislamische Vergangenheit. Die als Byzanz bekannte heidnische Stadt der Antike stand unter dem Schutz von Diana, der Göttin der Jagd, deren Symbol ein Halbmond war. Im Jahre 330 n. Chr. weihte Kaiser Konstantin die Stadt unter dem Namen Konstantinopel der Jungfrau Maria, zu deren Sternsymbol der frühere Halbmond hinzugefügt worden ist. Mit dem Fall von Konstantinopel im Jahre 1453 endete auch das Byzantinische Reich, aber das alte Emblem blieb bestehen. Schließlich wurde es das Hoheitszeichen der neuen osmanischen Herrscher. Obwohl diese Darstellung nach dem Sturz des osmanischen Sultanats und seiner religiösen Entsprechung, des Kalifats, normiert worden ist, wird es weiter von der Republik Türkei benützt.

Offiziell bestätigt am 5. Juni 1936.

2:3

STAATSWAPPEN

FLAGGE DES PRÄSIDENTEN DER REPUBLIK

1:1

Nach einer Legende hat die Spiegelung des Mondes in einer Blutlache nach der Schlacht von Kossovo (1448) in einem Augenblick, da er einen Stern verdeckte, Sultan Murad II. zur Annahme der türkischen Flagge veranlaßt. Andere berichten von einem Traum, den der erste osmanische Kaiser Orchan hatte und in dem ein Halbmond mit Stern auf seiner Brust erschien, sich ausdehnte und so die Eroberung von Konstantinopel durch seine Dynastie voraussagte. Zur Erklärung der Flagge gibt es aber wenigstens noch drei weitere Legenden.

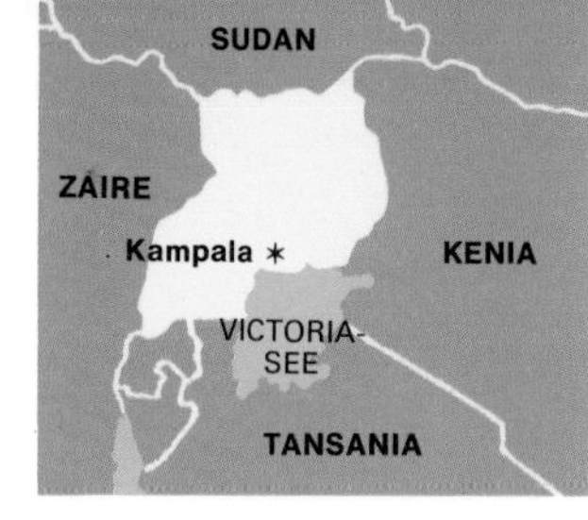


# UGANDA

UGANDA

REPUBLIC OF UGANDA

REPUBLIK UGANDA

Buganda war früher ein Königreich im Gebiet des heutigen Ugandastaates.

Der Kronenkranich konnte, da er von keinem der früheren Königreiche oder Stämme Ugandas gebraucht worden war, als ein neutrales nationales Symbol in Anspruch genommen werden. Er kam zuerst im ›Badge‹ von Uganda unter der britischen Kolonialherrschaft vor.
Die Nationalflagge ist im Mai 1962 nach einem Entwurf eingeführt worden, der auf der schwarz-gelb-roten Fahne des Uganda People's Congress gründete, einer Partei, die gerade eine Nationalwahl gewonnen hatte. Die drei Farben sollen das afrikanische Volk, Sonnenschein und Brüderlichkeit symbolisieren.

Offiziell gehißt am 9. Oktober 1962.

2:3≈

STAATSWAPPEN

Vor der Abschaffung der Königreiche und ihrer Flaggen im Jahre 1966 war die Trommel ein wichtiges politisches Symbol in den Fahnen der drei ugandischen Königreiche.

FLAGGE DES PRÄSIDENTEN DER REPUBLIK

1:2≈

Stilisierte heraldische Wasserlinien im oberen Feld des Staatswappens beziehen sich auf die Seen und Ströme Ugandas, die Wasserlinien unten bezeichnen den Victoriasee, den Ursprung des Weißen Nils. Die Lage des Landes auf dem Äquator ist durch die Sonne, seine vor allem auf der Landwirtschaft gründende Volkswirtschaft durch Baumwolle und Kaffee angedeutet.

# UMAN

OMAN

SULTANEH UMAN

SULTANAT OMAN

Bis 1970 war der amtliche Name *Sultanat Maskat und Oman.*

Die charidschitischen (›abtrünnigen‹) Mohammedaner des östlichen Arabien nahmen vor Jahrhunderten die rote Farbe an. Selbst noch im 20. Jahrhundert flaggten omanische Schiffe, wenn sie im Indischen Ozean fuhren, eine glatt rote Flagge.
Um diese Flagge zu modernisieren, wurde das Staatswappen – vermutlich aus der Mitte des 18. Jahrhunderts stammend – in der Oberecke am Liek eingesetzt. Die gekreuzten Schwerter und der Dolch im Wappen sind überlieferte Waffen der Omaner.
Die breiten weißen und grünen Streifen sind zur Symbolisierung von Frieden und Fruchtbarkeit hinzugefügt worden. Historisch gesehen, kann sich Weiß auf den Imam beziehen, den religiösen Führer von Oman und zeitweilig politischen Rivalen des herrschenden Sultans. Grün wird traditionell mit den *Hadschi,* den Heimkehrern von einer Pilgerfahrt nach Mekka, aber auch mit dem Dschebel al-Achdar (dem ›grünen Berg‹) in Verbindung gebracht.
Das Modernisierungsprogramm von Oman hat auch zur Annahme einer Kriegsflagge geführt.

Offiziell angenommen am 17. Dezember 1970.

2:3

STAATSWAPPEN

2:3≈

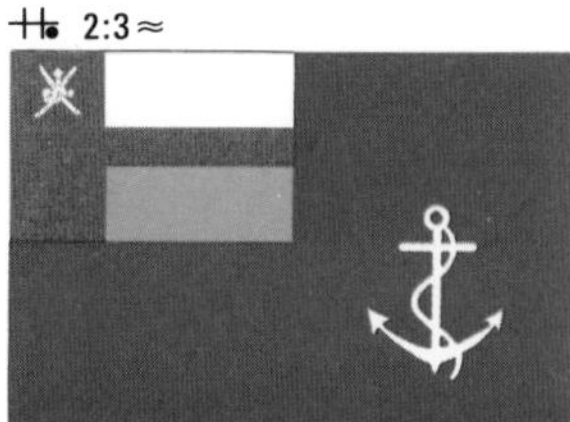

Als 1903 omanische Schiffe die französische Flagge führten, um ihre Einfuhr von Sklaven aus Afrika zu tarnen, riefen sie einen internationalen Zwischenfall hervor. Britische und französische Kriegsschiffe wurden in das Gebiet entsandt, aber schließlich wurde der Internationale Gerichtshof in Den Haag angerufen. Nach seiner Verurteilung des Flaggenmißbrauchs ist eine erneute Verletzung der Flaggenführung durch omanische Schiffe unterblieben.

CHINA
SÜDCHIN. MEER
KARIBISCHE SEE
PAZIFISCHER OZEAN
PAZIF. OZEAN
ATLANT. OZEAN

# UNITED KINGDOM
## VEREINIGTES KÖNIGREICH

UNITED KINGDOM OF GREAT BRITAIN AND NORTHERN IRELAND

VEREINIGTES KÖNIGREICH GROSSBRITANNIEN UND NORDIRLAND

Offiziell gehißt am 1. Januar 1801.

Selbst das besondere Kapitel über britische Flaggen (siehe Seiten 140 bis 149) kann die reiche vexillologische Geschichte, von der Großbritannien übervoll ist, nur andeuten. Hier sind einige der zahlreichen Flaggen abgebildet, die derzeit in Großbritannien und den ihm im Commonwealth of Nations verbundenen Ländern geführt werden. Viele britische und Commonwealth-Flaggen enthalten den berühmten Union Jack mit seinen vereinigten Kreuzen des hl. Georg (für England), des hl. Andreas (für Schottland) und des hl. Patrick (für Irland). Andere führen ihren Ursprung auf die drei historischen Marineflaggen Großbritanniens zurück, die Rote Flagge, die Weiße Flagge und die Blaue Flagge. Schließlich sind viele solche Flaggen direkt oder indirekt mit dem Staatswappen des Vereinigten Königreichs verwandt. Da das Wappen von Regierungsbeamten geführt wird, um zu zeigen, daß sie Krondiener sind, darf das Wappen nicht unbefugt von Privatpersonen oder zivilen Einrichtungen geführt werden.

1:2

1:2

1:2

1:2

2:3 ≈

KÖNIGSWAPPEN

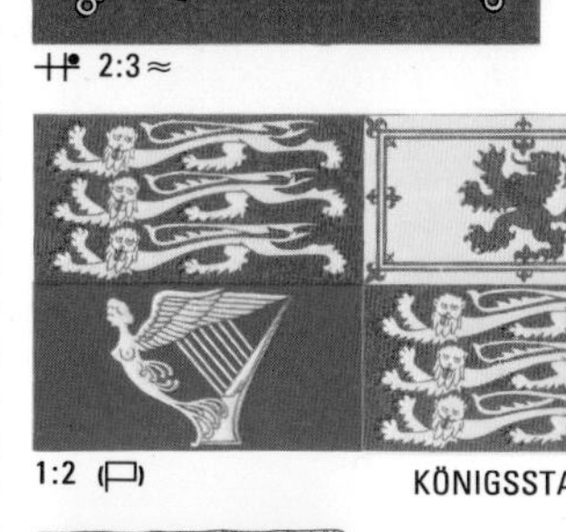
1:2
KÖNIGSSTANDARTE

1:1

Die Königin des Vereinigten Königreichs ist zur Führung einer Anzahl von Flaggen berechtigt. Zusätzlich zu der Königsstandarte *(rechts oben)* wird ihre Anwesenheit auf einem Schiff durch eine Flagge mit goldenem Anker auf rotem Grund angezeigt und somit ihre Stellung als Lord High Admiral ausgedrückt. Eine neue Entwicklung stellt seit 1950 der Gebrauch der »persönlichen« Flagge *(rechts)* dar, um ihre Stellung als Haupt des Commonwealth, besonders in Ländern mit republikanischer Regierungsform, zu symbolisieren. Die Königin hat außerdem besondere Königsstandarten für den Gebrauch in Kanada, Jamaika, Trinidad und Tobago, Australien und Neuseeland (abgebildet in dem jeweiligen Abschnitt über diese Länder).

2:3 ≈
1 BELIZE

1:2
2 BERMUDA

1:2
3 BRITISH SOLOMON ISLANDS
BRITISCHE SALOMON-INSELN

1:2
4 BRUNEI

1:2
5 CAYMAN ISLANDS
KAIMAN-INSELN

1:2
6 FALKLAND ISLANDS
FALKLANDINSELN

1:2
7 GILBERT AND ELLICE ISLANDS
GILBERT-UND-ELLICE-INSELN

1:2
8 HONG KONG / HONGKONG

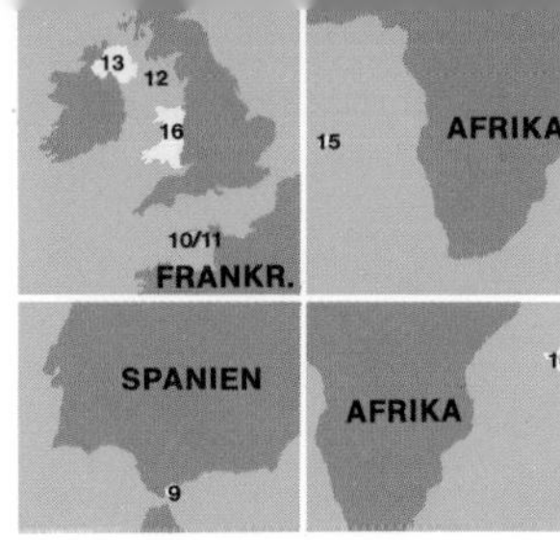


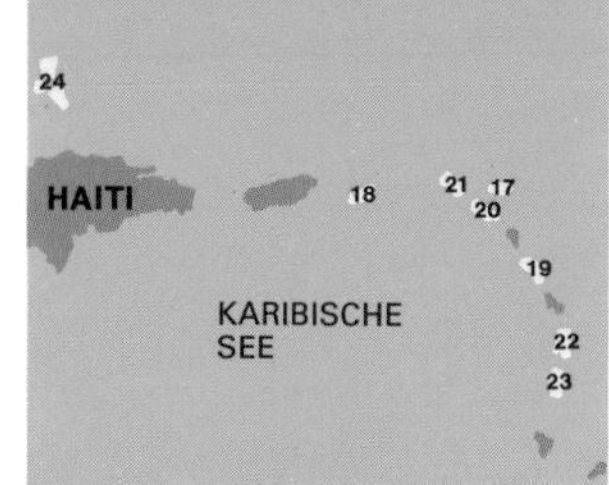


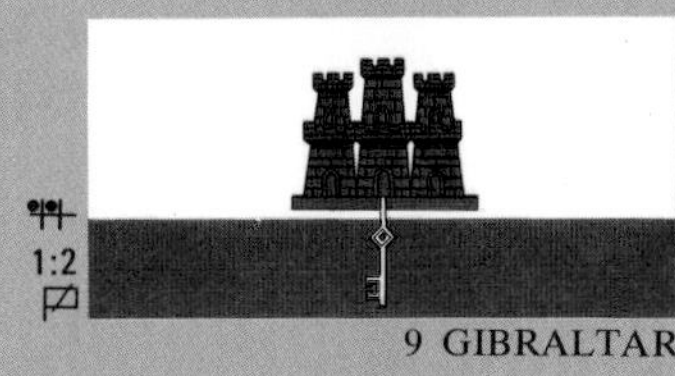

1:2

9 GIBRALTAR

2:3≈

17 ANTIGUA

1:2≈

10 GUERNSEY

1:2

18 BRITISH VIRGIN ISLANDS
BRITISCHE JUNGFERNINSELN

1:2≈

11 JERSEY

1:2

19 DOMINICA

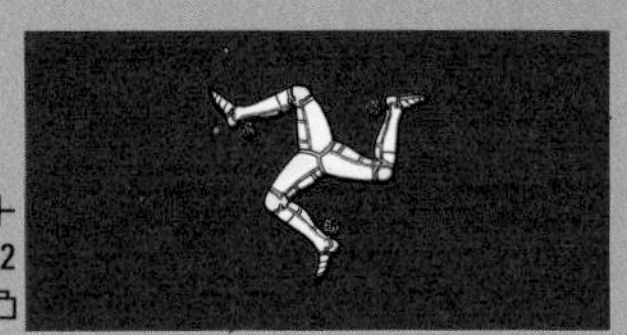

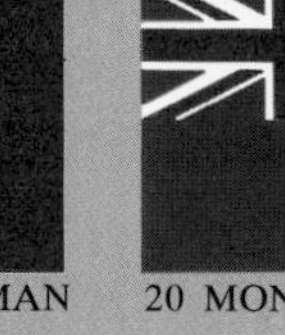

1:2

12 ISLE OF MAN
INSEL MAN

1:2

20 MONTSERRAT

1:2≈

13 NORTHERN IRELAND
NORDIRLAND

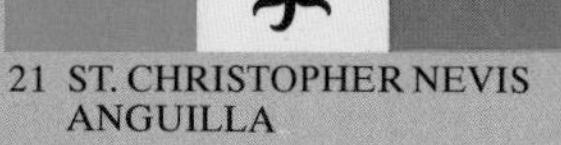

1:2

21 ST. CHRISTOPHER NEVIS ANGUILLA

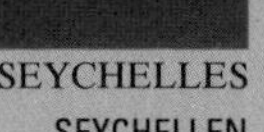

1:2

14 SEYCHELLES
SEYCHELLEN

5:8≈

22 ST. LUCIA

1:2

15 ST. HELENA

1:2

23 ST. VINCENT

2:3≈

16 WALES

1:2

24 TURKS AND CAICOS ISLANDS

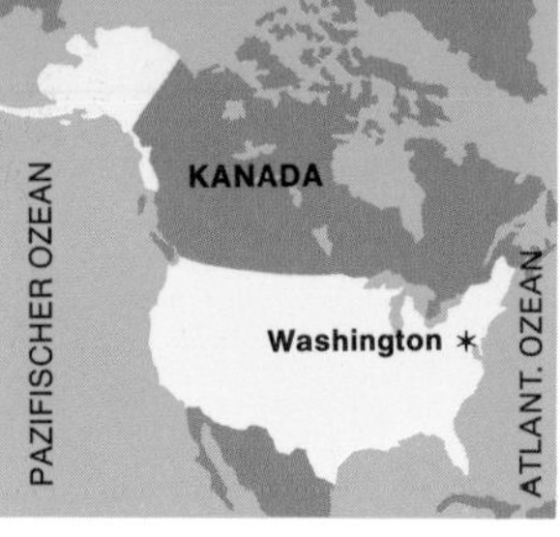


# UNITED STATES
## VEREINIGTE STAATEN

UNITED STATES OF AMERICA

VEREINIGTE STAATEN VON AMERIKA

Offiziell gehißt am 4. Juli 1960.

Seit ihrer Unabhängigkeitserklärung vom 4. Juli 1776 haben sich die Staaten von 13 auf 50 vermehrt, und das im ersten Flaggengesetz (14. Juni 1777) erwähnte »neue Sternbild« hat sich entsprechend erweitert.
Die ursprünglichen Staaten sind durch die Zahl der Flaggenstreifen ausgedrückt worden, im Wappen sind sie durch die Sterne, Pfeile und Streifen im Schild symbolisiert. Der Wahlspruch im Wappen: »Eines aus vielen«, deutet das föderalistische Regierungssystem an. Weiteres über die Entwicklung der amerikanischen Flagge siehe Seiten 190 bis 199.

10:19

STAATSWAPPEN

Das Blau im Schild steht für den Kongreß, die oberste Regierungsautorität gemäß den Bundesartikeln, die durch die gegenwärtige Verfassung von 1787 ersetzt worden sind. Der Ölzweig und die Pfeile bezeichnen die Macht des Kongresses, über Frieden und Krieg zu entscheiden.

FLAGGE DES PRÄSIDENTEN

26:33

Obwohl im Lauf der Geschichte viele kaiserliche Adler in Fahnen und Wappen vorgekommen sind – so etwa in Rom, Byzanz, Österreich, Deutschland, Rußland –, so ist dies doch nicht die einzige Symbolik des Adlers.
Der neoklassische Geist im Amerika des ausgehenden 18. Jahrhunderts kopierte für viele Symbole die alte Römische Republik. In Rom trat der Adler zuerst als ein republikanisches Symbol auf; deswegen wählten die Amerikaner 1782 ihren einheimischen Weißkopfadler zu ihrem Staatswappen.

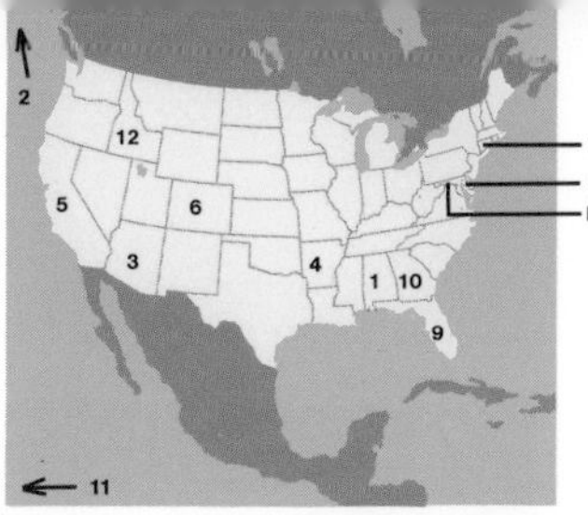

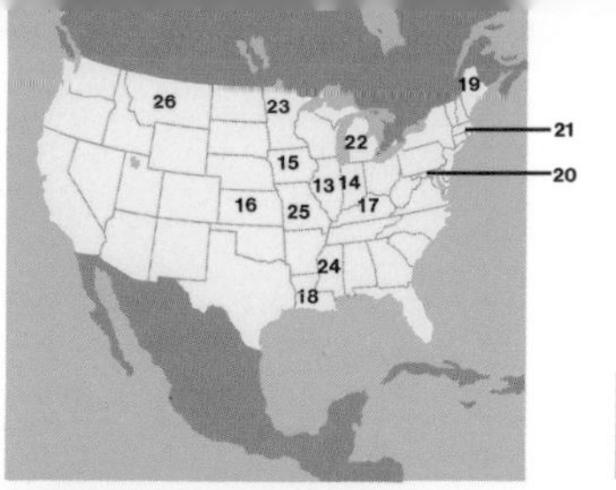

Die Staaten sind alphabetisch geordnet. Die Zahlen nach den Namen bedeuten 1. das Jahr des Eintritts in die Union oder der Ratifizierung der Verfassung (*), 2. die Eintrittsfolge und 3. das Jahr der Annahme der Flagge.

2 ALASKA 1959 49 1927

125:177

4 ARKANSAS 1836 25 1924

2:3 ≈

6 COLORADO 1876 38 1964

2:3

8 DELAWARE 1787* 1 1913

3:4 ≈

9 FLORIDA 1845 27 1900

2:3 ≈

11 HAWAII 1959 50 1845

1:2

1 ALABAMA 1819 22 1895

1:1 ≈

3 ARIZONA 1912 48 1917

2:3

5 CALIFORNIA 1850 31 1911

2:3

7 CONNECTICUT 1788* 5 1897

26:33

DISTRICT OF COLUMBIA

5:9

10 GEORGIA 1788* 4 1956

2:3

12 IDAHO 1890 43 1927

26:33



13 ILLINOIS 1818 21 1970

3:5 ≈

15 IOWA 1846 29 1921

3:4 ≈

17 KENTUCKY, COMMONWEALTH OF 1792 15 1963

10:19

19 MAINE 1820 23 1909

26:33

21 MASSACHUSETTS, COMMONWEALTH OF 1788* 6 1971

3:5

23 MINNESOTA 1858 32 1957

3:5

25 MISSOURI 1821 24 1913

7:12

14 INDIANA 1816 19 1917

26:33

16 KANSAS 1861 34 1963

3:5

18 LOUISIANA 1812 18 1912

2:3 ≈

20 MARYLAND 1788* 7 1904

2:3 ≈

22 MICHIGAN 1837 26 1911

2:3 ≈

24 MISSISSIPPI 1817 20 1894

2:3

26 MONTANA 1889 41 1905

5:6 ≈

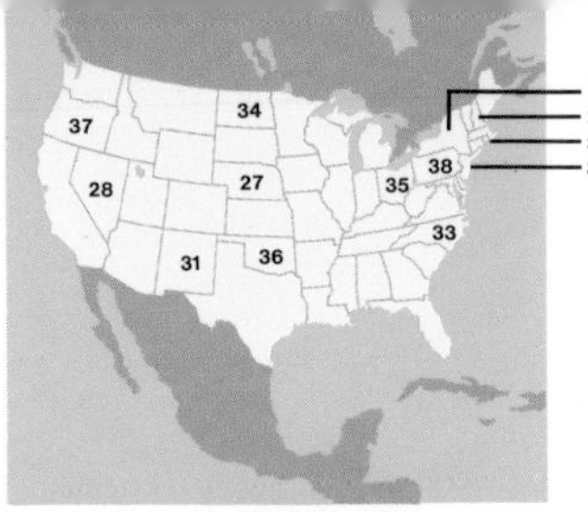

DIE STAATEN DER USA

27 NEBRASKA 1867 37 1925

3:5 ≈

29 NEW HAMPSHIRE 1788* 9 1932

2:3 ≈

31 NEW MEXICO 1912 47 1925

2:3 ≈

33 NORTH CAROLINA 1789* 12 1885

3:4

35 OHIO 1803 17 1902

8:13

37 OREGON 1859 33 1925

500:833 ≠

38 PENNSYLVANIA, COMMONWEALTH OF 1787* 2 1907

27:37

2:3 ≈

28 NEVADA 1864 36 1929

30 NEW JERSEY 1787* 3 1896

2:3 ≈

32 NEW YORK 1788* 11 1901

10:19

34 NORTH DAKOTA 1889 39 1911

26:33

36 OKLAHOMA 1907 46 1941

2:3 ≈

37 OREGON

500:833

39 RHODE ISLAND AND PROVIDENCE PLANTATIONS, STATE OF 1790* 13 1897

29:33

DIE STAATEN DER USA

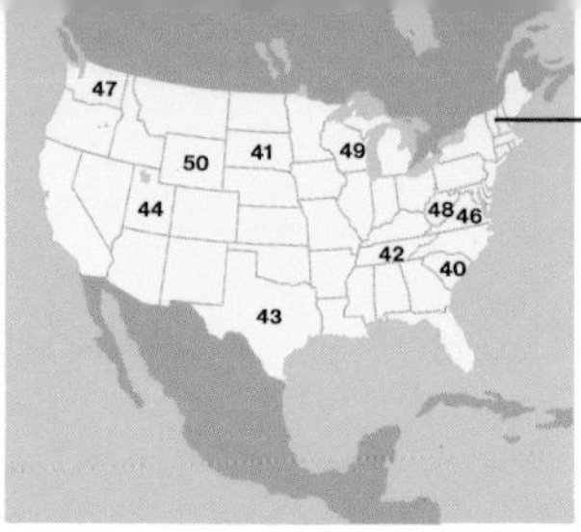

40 SOUTH CAROLINA

2:3 ≈

42 TENNESSEE 1796 16 1905

3:5

44 UTAH 1896 45 1913

2:3 ≈

46 VIRGINIA, COMMONWEALTH OF 1788* 10 1861

2:3 ≈

48 WEST VIRGINIA 1863 35 1929

10:19

50 WYOMING 1890 44 1917

7:10

3:5

41 SOUTH DAKOTA 1889 40 1963

43 TEXAS 1845 28 1839

2:3

45 VERMONT 1791 14 1923

2:3 ≈

47 WASHINGTON 1889 42 1923

2:3

49 WISCONSIN 1848 30 1913

26:33

*ÜBERSEEISCHE GEBIETE:*
*Erste Reihe:* Amerikanisch-Samoa, Flagge, angenommen 1960. Guam, 1917.
*Zweite Reihe:* Puerto Rico, 1952. Treuhandgebiet der Pazifikinseln, 1962. Amerikanische Jungferninseln, 1921.

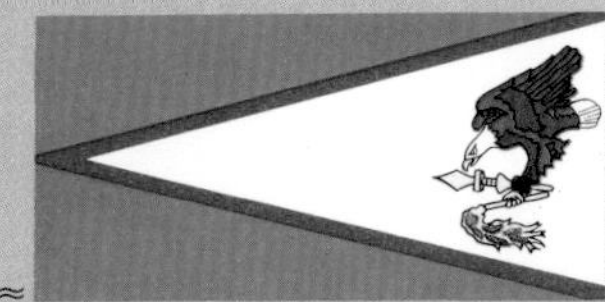

1:2 ≈

21:40

2:3 ≈

10:19

2:3 ≈

48

# AL-URDUN

## JORDANIEN

AL-MAMLAKA
AL-URDUNIJA
AL-HASCHEMIJA

HASCHEMITISCHES KÖNIGREICH JORDANIEN

König Hussein I. des Hidschas (jetzt Teil von Saudi-Arabien) führte im Ersten Weltkrieg den arabischen Aufstand gegen das Osmanische Reich unter der ersten Flagge an, in der die Farben zusammengestellt waren, die später als die panarabischen bekannt wurden (siehe auch Seite 155).

In nur geringfügig geänderter Form besteht die Flagge gegenwärtig noch in Jordanien unter der von Hussein gegründeten Dynastie; sie hat auch den Entwurf vieler anderer arabischer Flaggen beeinflußt.

1:2

KÖNIGSWAPPEN

1:2≈

1:2≈

KÖNIGSSTANDARTE 1:2

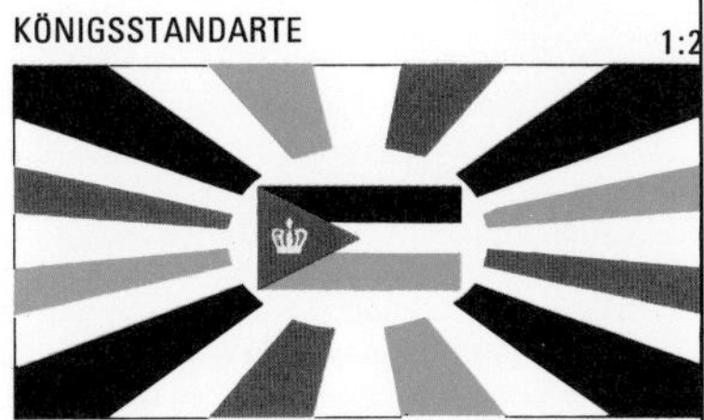

Das jordanische Staatswappen ist ähnlich dem früher von König Hussein I. geführten. Der Schild, Waffen und der Adler Saladins bilden die Hauptfiguren. Die Inschrift lautet: »Der König des Haschemitischen Königreichs Jordanien, al-Hussein bin-Talal bin-Abdallah, fleht den Allmächtigen um Hilfe und Erfolg an.«

149

# URUGUAY

## URUGUAY

REPÚBLICA ORIENTAL DEL URUGUAY

REPUBLIK ÖSTLICH DES URUGUAY

Ursprünglich hieß Uruguay *Banda Oriental,* d.h. ›Ostufer‹ (des Uruguay).

Als Teil der Vereinigten Provinzen des La-Plata-Stromes, die sich 1812 gegen die spanische Herrschaft erhoben, benützte Uruguay die gleiche Flagge wie Argentinien. Trotzdem begann Uruguay unter der Führung des Generals José Artigas recht früh, die Unabhängigkeit auch von Argentinien anzustreben. Eine Nachbildung der Flagge des Artigas (blau-weiß-blaue waagerechte Streifen, von einem roten Diagonalstreifen überdeckt) gilt noch heute als Gösch von Uruguay. Ein anderes, mit den uruguayischen Patrioten in Verbindung stehendes Banner ist die Flagge der Dreiunddreißig, eine blau-weiß-rote Trikolore mit der Inschrift »Freiheit oder Tod«. Diese 1825 aufgerichtete Fahne wird zwar heute noch als offizielles Symbol angesehen, ist aber nicht Nationalflagge geworden. Statt dessen wurde eine neue Flagge gewählt, als Uruguay 1828 seine endgültige Unabhängigkeit erreicht hatte. Die neun blauen Streifen in dieser Flagge und die neun blau-weißen Streifen der jetzigen Flagge erinnern an die neun Departements, in die Artigas Uruguay eingeteilt hat.

Offiziell angenommen am 11. Juli 1830.

2:3

STAATSWAPPEN

FLAGGE DES PRÄSIDENTEN DER REPUBLIK

3:5≈

Die in den Flaggen und im Wappen von Uruguay erscheinende Sonne ist ein Symbol der Unabhängigkeit. Im Wappen steht außerdem eine Waage als Emblem der Gleichheit und Gerechtigkeit. Der Hügel von Montevideo dient zur Symbolisierung der Stärke. Freiheit und Reichtum werden durch das Pferd und den Stier im dritten und vierten Feld veranschaulicht. Mit einem Band in den Nationalfarben verbundene Öl- und Lorbeerzweige vervollständigen die Darstellung.

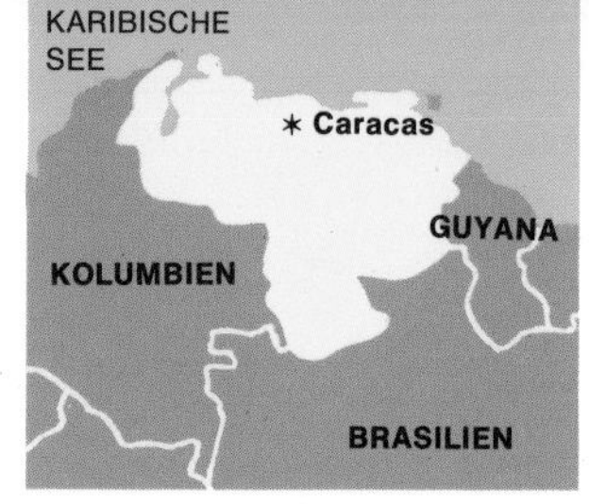


# VENEZUELA

## VENEZUELA

REPÚBLICA
DE VENEZUELA

REPUBLIK VENEZUELA

Die Flagge von Venezuela ist mit der von Ecuador und Kolumbien verwandt.

Die Flagge Venezuelas ist auf dem Boden von Amerika erstmals am 12. März 1806 durch den Vorboten der Unabhängigkeit, Francisco de Miranda, gehißt worden. Nach der Überlieferung sind die waagerechten blauen und roten Streifen aus der Flagge von Haiti entlehnt, von wo aus Miranda zur Landung in Venezuela aufgebrochen war. Wahrscheinlicher aber ist, daß die Farben von der Flagge stammen, welche die Führer der erfolglosen venezolanischen Revolution von 1797, Manuel Gual und José María España, vorgeschlagen haben. Deren Streifen waren weiß, blau, rot und gelb und standen für die Weißen, die Schwarzen, die Mulatten und die Indianer. Die Sterne – je einer für die ursprünglichen Provinzen – wurden erstmals 1817 gebraucht; ein fester Bestandteil der Flagge sind sie 19 Jahre nach der 1830 erlangten Unabhängigkeit geworden.

Offiziell angenommen am 19. Februar 1954.

2:3

STAATSWAPPEN

2:3

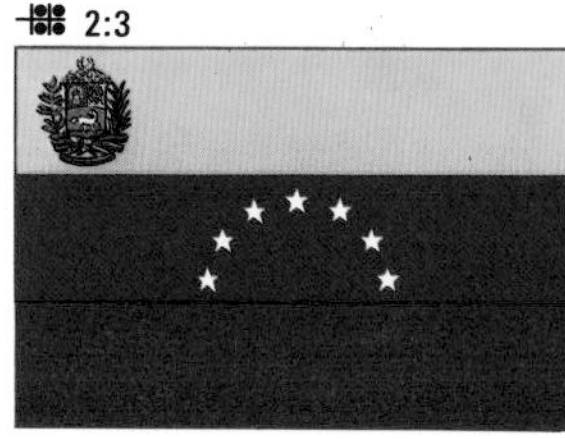

SUCRE

296 3:4≈

Seit 1836 zeigt das Wappen von Venezuela ein Pferd in freiem Lauf für die Freiheit, Füllhörner für den Reichtum, eine Weizengarbe für die Einheit der Provinzen und eine Waffengruppe zur Ehrung der Unabhängigkeit.



# VIỆT-NAM

## VIETNAM (VIETKONG)

CỘNG HÒA MIÊN NAM
VIỆT-NAM

REPUBLIK SÜDVIETNAM

Die Republik hatte bis zur Eroberung von Saigon keine eigene Hauptstadt.

1960 war von den Kommunisten und ihren Verbündeten in der Republik Vietnam die Nationale Befreiungsfront (NLF) aufgebaut worden. Die von der Front gewählte Fahne lehnt sich an die der Demokratischen Republik Vietnam im Norden an. Gold ist die überlieferte vietnamesische Farbe, und der Stern ist ein kommunistisches Symbol für Dauerhaftigkeit. Die fünf Zacken des Sterns in der NLF-Fahne stehen für Einigkeit der Intellektuellen, Bauern, Arbeiter, Geschäftsleute und Soldaten. Rot ist die Farbe des revolutionären Kampfes. Das Himmelblau wird als Sinnbild des Friedens erklärt, obwohl es auch gewählt worden sein kann, weil diese Farbe in den Symbolen der Montagnards und anderer Bevölkerungsgruppen Südvietnams vorkam.

Soweit bekannt, hat die Republik Südvietnam kein Wappen angenommen. Ihre Flagge wird weiterhin von der NLF benützt, unter deren Herrschaft die Provisorische Revolutionsregierung des Landes steht.

Offiziell angenommen am 8. Juni 1969.

2:3

Im Januar 1973 sind in Paris Abkommen mit dem Ziel geschlossen worden, die direkte Verstrikkung der Vereinigten Staaten in den vietnamesischen Bürgerkrieg zu beenden. Durch ihre Beteiligung an den Verhandlungen und ihre Unterschrift unter die Verträge hat die Republik Südvietnam völkerrechtlich einen Status erlangt wie 19 Jahre zuvor die Demokratische Republik Vietnam in einer anderen Pariser Vietnam-Konferenz. Kuba war das erste Land gewesen, das die Republik Südvietnam diplomatisch anerkannte (März 1969).

152

NORD-VIETNAM
LAOS
GOLF VON SIAM
* Saigon
SÜDCHINESISCHES MEER

# VIỆT-NAM
## VIETNAM (SÜD)

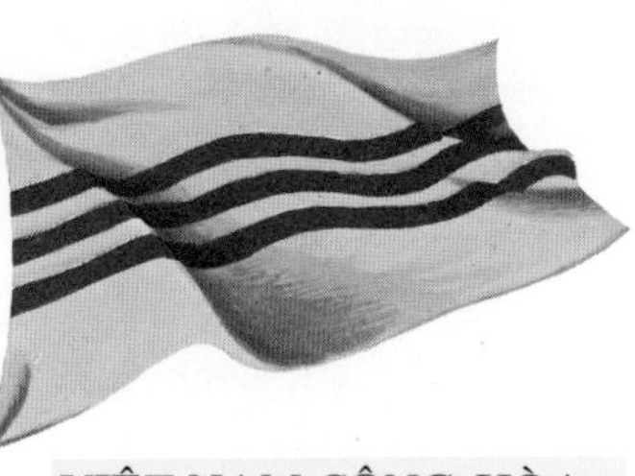

VIỆT-NAM CỘNG-HÒA

REPUBLIK VIETNAM

Gelb war die traditionelle kaiserliche Farbe von Vietnam, selbst während der Zeit des französischen Protektorats. Kaiserliche Flaggen zeigten den Drachen, während die Nationalflaggen dem gelben Hintergrund einen oder mehrere rote Streifen als Sinnbild für Erfolg und Glück hinzufügten.

Die älteste gelb-rot gestreifte Flagge scheint zu Beginn des 19. Jahrhunderts von Kaiser Gia-Long gehißt worden zu sein, als er sein Land vor der französischen Eroberung zu bewahren trachtete. Unter dem 1945 errichteten japanischen Marionettenregime standen im gelben Grund der

Offiziell angenommen am 14. Juni 1948.

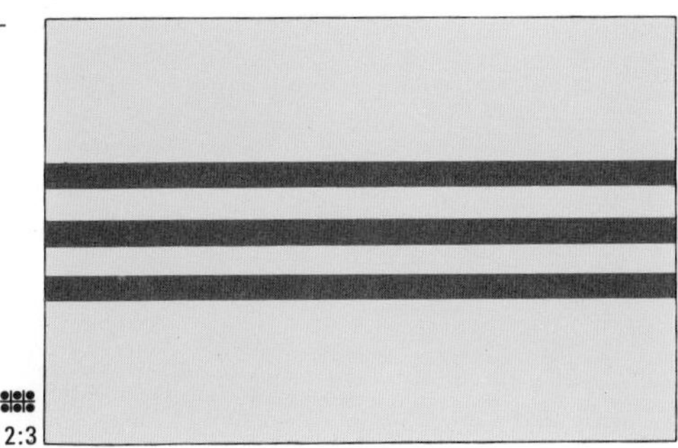

2:3

Flagge drei waagerechte rote Streifen, der mittlere in der Mitte unterbrochen. Dieses Symbol war die überlieferte Hieroglyphe für ›Land des Südens‹.

Als 1948 mit den Franzosen Unabhängigkeitsverhandlungen geführt wurden, ist die bis 1974 gültige Flagge geschaffen worden. In ihr repräsentieren drei rote Streifen die Hauptregionen des Landes: Tongking, Annam und Kotschinchina.

Als Staatswappen sind von der Republik Vietnam offiziell und inoffiziell verschiedene Symbole gebraucht worden. Hierzu gehören ein Dreieck, darin eine Feder und ein Pinsel, ein Schriftband und Bambusstämme, auch ein Schild mit der Zeichnung der Nationalflagge und eine Kreisscheibe ähnlicher Zeichnung zwischen zwei Drachen. Nach letzten Informationen, die zu erhalten waren, ist offiziell kein Wappen schriftlich festgestellt worden.

153

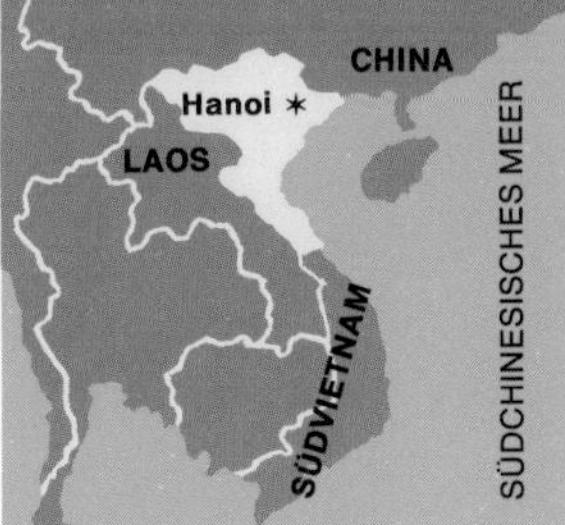

# VIỆT-NAM
## VIETNAM (NORD)

VIỆT-NAM DÂN CHỦ CỘNG HÒA

DEMOKRATISCHE REPUBLIK VIETNAM

Die Unabhängigkeit von Vietnam schien Ende August 1945 verwirklicht zu sein. Die Japaner, die 1940 ganz Indochina besetzt hatten, zogen ihre Truppen zurück, und Kaiser Bao Dai übertrug offiziell seinen »Auftrag vom Himmel« auf die von Ho Tschi Minh geführten Kräfte. Am 29. September 1945 wurde ein mindestens seit 1940 vorliegender Entwurf zur offiziellen Flagge der Demokratischen Republik Vietnam. Diese Flagge unterschied sich nur ganz wenig von der, durch die sie 1955 nach zehn Jahren Kampf zur Wahrung der nationalen Unabhängigkeit und Einheit ersetzt worden ist. Anstelle des nunmehr offiziellen regelmäßigen fünfzackigen Sterns hatte die ursprüngliche Flagge einen Stern mit stumpfen Winkeln, d.h., der innere Durchmesser war halb so lang wie der äußere. Der stumpfwinklige Stern kommt auch in den Symbolen anderer kommunistischer Länder vor, z.B. im gegenwärtigen Wappen von Rumänien und Litauen.

In der Nationalhymne der Demokratischen Republik, »Auf dem Marsch an die Front«, heißt es: »Unsere Flagge, rot mit dem Blut des Sieges, trägt den Geist unseres Landes [...] Soldaten von Vietnam, wir schreiten voran, der goldene Stern unserer Flagge im Wind, unser Volk, unser Heimatland aus Elend und Leiden führend.«

Offiziell angenommen am 30. November 1955.

2:3

STAATSWAPPEN

Im Staatswappen der Demokratischen Republik Vietnam, 1956 eingeführt, wiederholt das Mittelstück das Hauptmotiv der Staatsflagge. Es wird von einem Kranz aus Reis, dem wichtigsten Gewächs dieses noch vorwiegend agrarwirtschaftlichen Landes, umrahmt. Der Wille zur Industrialisierung wird durch das Zahnrad unten angedeutet. Anstelle eines Wahlspruchs ist der Name des Staates auf das Band geschrieben, mit dem die Reisgarben zusammengehalten werden.

154

# AL-YAMAN
## JEMEN (NORD)

AL-DSCHUMHURIJE
AL-ARABIJE
AL-JEMENIJE

ARABISCHE REPUBLIK JEMEN

Jemen erlebte 1962 eine Revolution, die seine Hoheitszeichen vollständig verändert hat. Der rote Streifen in der neuen Flagge bezeichnet den revolutionären Geist, der das jemenitische Volk fast ein Jahrzehnt lang während des Bürgerkrieges beseelt hat. Schwarz deutet die dunklen Tage der Vergangenheit und Weiß die Hoffnung auf eine bessere Zukunft an. Der einzelne Stern symbolisiert Einheit und Unabhängigkeit.
Der die Kraft des jemenitischen Volkes ausdrückende Adler breitet seine Schwingen über ein Spruchband mit dem Landesnamen. Die Kaffeepflanze im Schild ist typisch, denn der Mokkakaffee ist nach der jemenitischen Stadt Al Mucha benannt. Unter dem Kaffeestrauch erscheint die Darstellung des Marib-Dammes, eines wichtigen Bauwerks im nationalen Bewässerungssystem von seiner Erstellung im 7. Jahrhundert v. Chr. bis zu seinem Zusammenbruch im 6. Jahrhundert n. Chr.

Weiteres über jemenitische Flaggen auf Seite 155.

Offiziell gehißt ungefähr am 1. November 1962.

2:3

STAATSWAPPEN

Die Präsidentenstandarte ist abgebildet auf Seite 47.

Als 1958 Ägypten und Syrien die Vereinigte Arabische Republik und der Irak und Jordanien die Arabische Föderation gründeten, erhielten beide Staatsformen verschiedene eigene Flaggen. Im gleichen Jahr schlossen sich Jemen und die Vereinigte Arabische Republik unter dem Namen Vereinigte Arabische Staaten zusammen. Da aber die Bindungen zwischen den beiden Gliedstaaten nur locker waren, haben es die Vereinigten Arabischen Staaten nicht zu einer eigenen Flagge gebracht.

155

# AL-YAMAN
## JEMEN (SÜD)

AL-DSCHUMHURIJE
AL-JEMEN
AL-DIMOKRATIJE
ASCH-SCHABIJE

DEMOKRATISCHE VOLKSREPUBLIK JEMEN

Koloniale und feudale Unterdrückungsregime in Jemens Vergangenheit werden durch den schwarzen Streifen in der Flagge ausgedrückt. Weiß steht für den Frieden und Rot für die Revolution; das hellblaue Dreieck repräsentiert die Bevölkerung des Staates unter der Führung der durch den roten Stern symbolisierten Nationalen Befreiungsfront (NLF).
Die Flagge gründet sich auf das rot-weiß-schwarze Banner der NLF. Diese Organisation kämpfte jahrelang um die Absetzung von fast zwei Dutzend Herrschern der Sultanate, die das Land unter britischer Oberherrschaft zersplitterten. Ihr Erfolg 1967 war derart durchschlagend, daß die Briten, statt – wie sie es sonst in anderen Kolonien auf der ganzen Welt getan hatten – Unabhängigkeit zu gewähren, gezwungen waren, ein Land anzuerkennen, das sich bereits selbst befreit hatte. Durch Hinzufügung des Dreiecks im Stern wurde die Flagge der NLF die Nationalflagge. Das jemenitische Wappen lehnt sich an das Modell an, das die Vereinigte Arabische Republik zum Zeitpunkt der Erlangung der jemenitischen Unabhängigkeit in Gebrauch hatte. Der goldene Adler Saladins ergreift eine Tafel mit dem Staatsnamen.

Ungefähr am 30. November 1967 in Gebrauch genommen.

2:3

STAATSWAPPEN

Das Land heißt seit der Verfassung von 1970 Demokratische Volksrepublik Jemen – zum Unterschied von seinem nordwestlichen Nachbarn, der Arabischen Republik Jemen. Das Gebiet der Demokratischen Volksrepublik Jemen hatte in der Vergangenheit verschiedene Staatsnamen: Volksrepublik Südjemen, Südarabische Föderation, Föderation der Arabischen Emirate des Südens sowie Protektorat Aden.

156

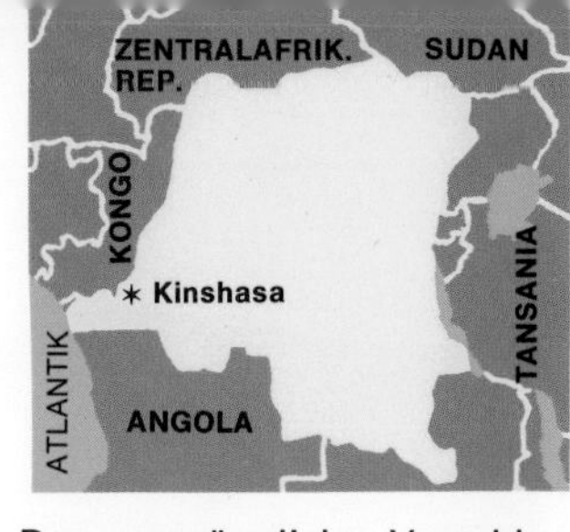


# ZAÏRE

ZAIRE

## RÉPUBLIQUE DU ZAÏRE

REPUBLIK ZAIRE

Weiteres über Fahnen von Zaire auf den Seiten 200 bis 203.

Der ursprüngliche Vorschlag für eine neue Flagge von Zaire enthielt 1971 oberhalb der gelben Scheibe in der Mitte zur Erinnerung an das Blut der nationalen Märtyrer noch einen schmalen roten Streifen. Ein entsprechender Streifen unterhalb der Scheibe sollte blau sein, um die Flüsse und Seen des Landes zu symbolisieren.
In dem endgültigen Entwurf – einer Abwandlung des Emblems der Revolutionären Volksbewegung – sind diese Streifen herausgenommen worden. Die Flagge enthält die pan-afrikanischen Farben Rot, Gelb und Grün.
Die vom Staatsoberhaupt in seiner Eigenschaft als Generalkapitän der zairischen Streitkräfte geführte Präsidentenstandarte zeigt zusätzlich zu modernen Waffen eine Lanze und einen Pfeil zwischen einem Palmzweig und einem Elefantenzahn. Der nationale Wahlspruch »Gerechtigkeit, Friede, Arbeit« erscheint unterhalb eines Felsens.

Offiziell gehißt ungefähr am 20. November 1971.

2:3 ≈

JUSTICE PAIX TRAVAIL

STAATSWAPPEN

FLAGGE DES PRÄSIDENTEN DER REPUBLIK

3:4 ≈

Als die unter dem Namen Mittel-Kongo bekannte französische Kolonie und sein südlicher Nachbar, Belgisch-Kongo, unabhängig wurden (1960), nahmen beide den Namen Republik Kongo an. Meist wurden inoffiziell die Namen ihrer Hauptstädte hinzugefügt: Kongo (Brazzaville) und Kongo (Léopoldville). Teilweise zur Vermeidung dieser Verwirrung hat das frühere Belgisch-Kongo seinen Namen zuerst in Demokratische Republik Kongo und später in Republik Zaire geändert.

157

# ZAMBIA

SAMBIA

## REPUBLIC OF ZAMBIA

REPUBLIK SAMBIA

Die sambische Flagge setzt ihre Figuren außergewöhnlicherweise in die fliegende Hälfte.

Vor der Unabhängigkeit von Sambia (1964) benützte die United National Independence Party (UNIP), die den Kampf um die Freiheit von Großbritannien angeführt hatte, eine vierfarbige Flagge. Das grüne Feld der UNIP-Fahne und ihre schwarzen und roten Farben wurden in die Staatsflagge von Sambia übernommen. Nur die gelbe Farbe ist in Orange geändert worden.
Die Symbolik der Farben ist ein wenig abgewandelt worden. Grün und Orange sollen für die natürlichen Hilfsquellen und die Bodenschätze stehen, Schwarz für das sambische Volk und Rot für den Kampf um die Freiheit. Der Fischadler symbolisiert die Fähigkeit der Nation, ihre Probleme zu lösen.
Im Wappen von Sambia schwebt dieser Adler über einer heraldischen Darstellung der Victoriafälle, der über schwarze Felsen strömenden weißen Wasser. Dieser Schild entstand bereits 1927, als er in etwas abweichender Gestalt der Kolonie Nordrhodesien (wie das Land unter britischer Herrschaft hieß) zugeteilt worden war.

Offiziell gehißt am 24. Oktober 1964.

2:3

STAATSWAPPEN

Die Männer und Frauen von Sambia, die als Schildhalter des Wappens dienen, stützen sich auf das Land, dessen Mineralreichtümer, Tierwelt und landwirtschaftlichen Erzeugnisse durch den Bergwerkförderturm, das Zebra und die Maisähre unter dem Schild ausgedrückt werden. Der die schwarze Bevölkerung andeutende schwarze Schild ist mit dem Sambesistrom verknüpft worden, von dem der Name Sambia abgeleitet ist. Der Wahlspruch zuunterst betont die nationale Einheit, während der Adler der Freiheit das gemeinsame Bestreben ausdrückt, zu höheren Dingen aufzusteigen.

FLAGGE DES PRÄSIDENTEN DER REPUBLIK

2:3

# INTERNATIONALE FLAGGEN

Im Jahre 1463 schlug König Georg von Böhmen den christlichen Herrschern Europas einen Fürstenbund zur Erhaltung des Friedens vor: Artikel 16 des Vertrages, auf den der Bund gegründet werden sollte, sah ein eigenes Wappen und Siegel vor. Zwar ist keine bestimmte Gestaltung erwähnt, auch war keine Fahne vorgesehen, aber vielleicht sind dies die ältesten Vorschläge für übernationale Symbole.
Seitdem haben immer wieder Menschen – besonders im 20. Jahrhundert – Flaggen und andere übernationale, ja weltumspannende Symbole erdacht. Weiß und Blau sind in solchen Fahnen sehr beliebte Farben: beide bedeuten Frieden. Ölzweige, ebenfalls als Friedenszeichen, Ketten als Ausdruck der Verbindung von Völkern oder Nationen und Sterne der Unabhängigkeit und Einheit gehören zu den wichtigsten Emblemen, ob sie nun politische Einigung, wirtschaftliche Koordination oder militärische Verteidigung betreffen. Der Einfluß der Flagge der Vereinten Nationen tritt deutlich in dem Aussehen vieler anderer internationaler Flaggen zutage.
Die sechs Flaggen in der untersten Abbildungsreihe sind nur repräsentative Beispiele aus einer großen Zahl internationaler Flaggen, die von nichtstaatlichen Organisationen und Bewegungen geführt werden.
Der im Mittelalter gegründete souveräne Malteser-Ritterorden betreibt heute Hospitäler und Ambulanzen. Die Konsumvereinsbewegung zeigt auf ihrer Flagge die Farben des Regenbogens. Die »Flagge der Rasse« wird in allen spanischsprechenden Ländern der Welt zur Bestätigung ihrer gemeinsamen kulturellen und sprachlichen Bindungen gezeigt. Viele Religionen und Kirchen haben eigene Flaggen angenommen, aber wenige werden so ausgedehnt gebraucht wie die buddhistische Flagge. Während lokale Organisationen der Pfadfinderbewegung in jedem Land der Welt eigene Fahnen führen, haben die Männlichen und die Weiblichen Pfadfinder auch international offiziell anerkannte Flaggen. Andere Organisationen mit sozialer, kollegialer, bruderschaftlicher, wissenschaftlicher, technischer und anderer Zielsetzung haben die Wichtigkeit eines gemeinsamen Symbols erkannt. Die Leinen, an denen echte Flaggen gesetzt werden, haben zum Entwurf der von der Fédération Internationale des Associations Vexillologiques angenommenen Flagge angeregt. Schließlich gibt es international offiziell anerkannte Flaggen von nur einer einfachen Farbe (Seite 15), deren Gebrauch mehr auf Gewohnheit beruht als auf einem Gesetz oder einem anderen formellen Annahmeverfahren.

INTERNATIONALE INSTITUTIONEN

VEREINTE NATIONEN (UN) 2:3

OLYMPISCHE SPIELE

REGIONALE ORGANISATIONEN

EUROPARAT 2:3

LIGA DER ARABISCHEN STAATEN

ORGANISATION FÜR AFRIKANISCHE EINHEIT (OAU) 2:3

OSTAFRIKANISCHE GEMEINSCHAFT

WEITERE INTERNATIONALE FLAGGEN

MALTESERORDEN 2:3

KONSUMVEREINSBEWEGUNG

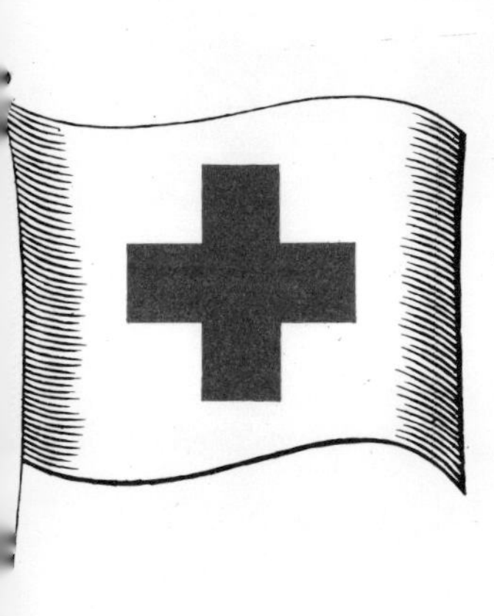

ROTES KREUZ 1:1

ROTER HALBMOND 1:1

ROTER LÖWE UND SONNE 1:1

COMMONWEALTH OF NATIONS 1:2

ORGANISATION AMERIKANISCHER STAATEN (OAS) 2:3

SÜD-PAZIFIK-KOMMISSION 2:3

COLOMBO-PLAN 10:17

ORGANISATION DER MITTELAMERIKANISCHEN STAATEN (OCAS) 2:3

ORGANISATION DES SÜDOSTASIEN-PAKTES (SEATO) 2:3

ORGANISATION DES NORDATLANTIK-PAKTES (NATO) 2:3

ZENTRALKOMMISSION FÜR DIE RHEINSCHIFFAHRT 2:3

VEREINTE VIERMÄCHTE-MILITÄRKOMMISSION (VIETNAM 1973) 1:1

FLAGGE DER [HISPANISCHEN] RASSE 5:9

FLAGGE DES BUDDHISMUS 2:3

INTERNATIONALE VEREINIGUNG DER VEXILLOLOGISCHEN GESELLSCHAFTEN (FIAV) 2:3

WELT-PFADFINDER-FLAGGE 2:3

# FLAGGEN KULTURELLER UND ETHNISCHER MINDERHEITEN

Unter den Völkern der Welt, selbst solchen, die keine eigenen Nationalstaaten bilden, besteht ein lebhaftes Bestreben, eine Flagge zu schaffen und zu führen. Einige der hier abgebildeten Flaggen sind offiziell anerkannt, während andere illegal geführt und in diesem Fall als ein Angriff gegen das bestehende politische System betrachtet werden. Trotz oder gerade wegen ihrer Illegalität werden nicht alle diese Flaggen von denen, die sie führen, gutgeheißen; auch ihr Aussehen ist nicht so genau bestimmt wie bei den meisten Nationalflaggen. Zu den größten kulturellen und ethnischen Minderheiten der Welt ohne eigene Fahnen gehören die Eskimos, die Maori, die Farbigen im Kapland, die Amerindianer und die Lappen.

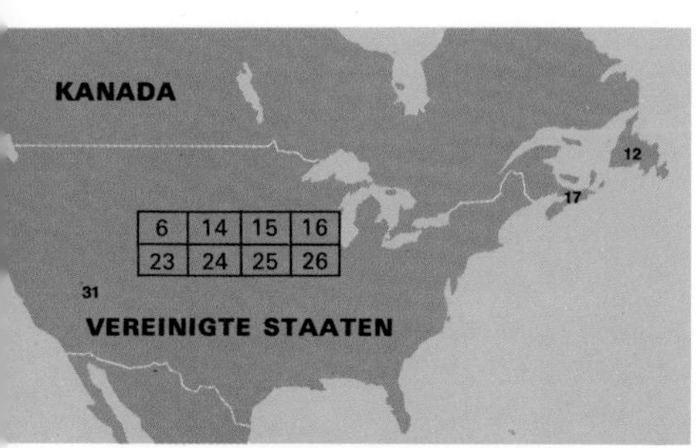


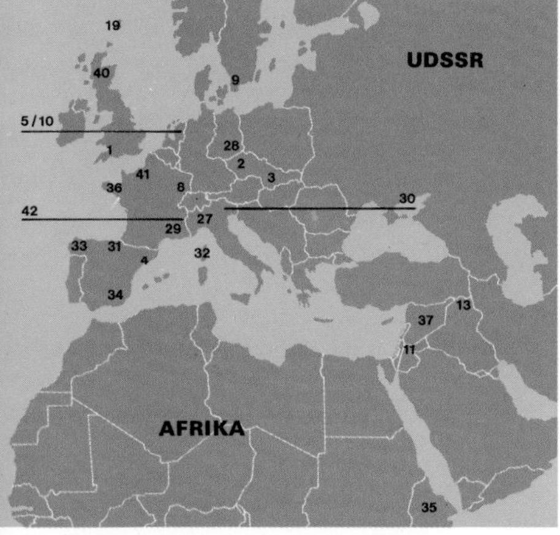


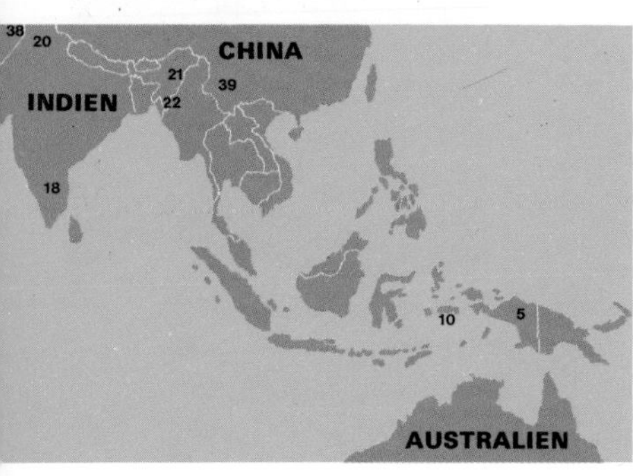


1 Einwohner von Cornwall
2 Tschechen
3 Slowaken
4 Katalanen
5 West-Papuas
6 Afro-Amerikaner
7 Tahitianer
8 Elsässer
9 Einwohner von Schonen
10 Ambonesen
11 Palästinenser
12 Newfies
13 Kurden
14 Letten in Amerika
15 Larrakianer
16 Armenier in Amerika
17 Acadianer
18 Tamilen
19 Shetland-Insulaner
20 Sikhs
21 Nagas
22 Mizos
23 Iren in Amerika
24 Ukrainer in Amerika
25 Litauer in Amerika
26 Esten in Amerika
27 Piemontesen
28 Sorben
29 Provençalen
30 Ladiner
31 Basken
32 Korsen
33 Galicier
34 Valencianer
35 Eritreer
36 Bretonen
37 Assyrer
38 Einwohner von Sindh
39 Einwohner von Kachin
40 Schotten
41 Einwohner der Normandie
42 Occitanier

1 EINWOHNER VON CORNWALL

2 TSCHECHEN

3 SLOWAKEN

4 KATALANEN

5 WEST-PAPUAS

6 AFRO-AMERIKANER

7 TAHITIANER

8 ELSÄSSER

9 EINWOHNER VON SCHONEN

10 AMBONESEN

11 PALÄSTINENSER

12 NEWFIES

13 KURDEN

14 LETTEN IN AMERIKA

5 LARRAKIANER

6 ARMENIER IN AMERIKA

7 ACADIANER

8 TAMILEN

9 SHETLAND-INSULANER

SIKHS

NAGAS

22 MIZOS

23 IREN IN AMERIKA

24 UKRAINER IN AMERIKA

25 LITAUER IN AMERIKA

26 ESTEN IN AMERIKA

27 PIEMONTESEN

28 SORBEN

29 PROVENÇALEN

30 LADINER

31 BASKEN

32 KORSEN

33 GALICIER

34 VALENCIANER

35 ERITREER

36 BRETONEN

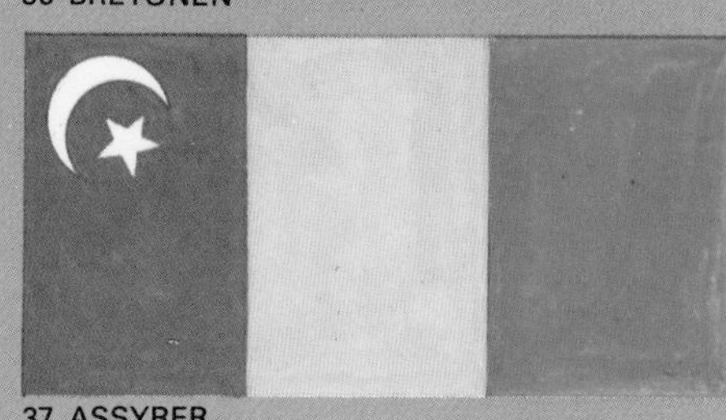

37 ASSYRER

38 EINWOHNER VON SINDH

39 EINWOHNER VON KACHIN

40 SCHOTTEN

41 EINWOHNER DER NORMANDIE

42 OCCITANIER

»SYMBOLE SIND ES, IN WELCHEN UND DURCH WELCHE DER MENSCH, SEI ES NUN BEWUSST ODER UNBEWUSST, LEBT, WEBT UND IST.«

Thomas Carlyle, *Sartor Resartus*

# SYMBOLE

Die Gestaltung der unzähligen Flaggen in der Welt – wie die von Schweizer Gemeinden *(rechts)* – beruht auf verschiedenen Symbolen. Jedes Symbol hat zwar einen Sinn und eine Geschichte, aber Symbole wie die Dolche und die Sonne in der Standarte der Königin von Nepal *(oben)* können schon allein wegen ihrer Schönheit gefallen.

Was ist die eigentliche Natur des Menschen? Ist er ein politisches Wesen? Ein Werkzeugmacher? Oder doch der Homo sapiens? Jeder Name enthält gewiß eine Teilwahrheit, aber keine davon wäre möglich, gäbe es nicht den Menschen als Symbol-Benützer. Symbole sind vielleicht die wichtigsten Werkzeuge, die wir erfunden haben; sie ermöglichen uns zu denken, indem sie die Myriaden ständig von uns empfangener Sinneseindrücke in verwertbare und geordnete Kategorien lenken. Da diese Symbole außerdem durch Gruppen und nicht durch Einzelpersonen geschaffen worden sind, liefern sie uns ein Verständigungsmittel, das die Grundvoraussetzung jeder sozialen Interaktion ist, sei sie politisch, wirtschaftlich, künstlerisch, religiös oder anders bestimmt. Symbole sind das Bindeglied, das Menschen zwischen ihrem inneren Wesen einerseits und äußeren Bedingungen und Ereignissen andererseits schmieden. Wenn Symbole auch nicht immer genau zum Ausdruck bringen, was erlebt und gedacht wird, was der Fall ist oder sich ereignet hat, so ermöglichen sie den Menschen wenigstens, die Welt nach ihrem Geschmack einzurichten.

Fahnen bilden natürlich nur einen kleinen Teil der großen Menge jemals erfundener Symbole. Abgesehen von einigen sich überschneidenden Einflüssen, befaßt sich dieses Buch nicht mit den Symbolen der Kunst, Religion, Philosophie,

Das Banner von Florenz aus dem 14. Jahrhundert *(unten)* zeigt ein charakteristisches Symbol: die heraldische Lilie, am bekanntesten als königliches Emblem von Frankreich. Das gleiche Bild erscheint im Wappen von Norddakota und Grenada und in der Flagge

von Quebec. Es ist ein traditionelles Symbol der Jungfrau Maria.
Während wir seine Verwendung in der Gegenwart katalogisieren können, ist der Ursprung der Lilie dunkel. Im Mittelalter behaupteten die Franzosen, Engel hätten im 5. Jahrhundert die Krieger König Chlodwigs mit Lilien gekrönt, aber wir wissen, daß Lilien von den alten Ägyptern und Persern gebraucht worden sind. Als mögliche Quellen für die Herkunft dieses Musters ist die natürliche Lilienblüte, das griechische Christusmonogramm, das Kopfende eines Szepters, eine Hellebarde oder ähnliche Waffe, eine Biene und sogar eine Kröte vorgeschlagen worden. Eine plausible Hypothese behauptet, daß die Lilie nach dem männlichen Geschlechtsglied in einer mittels künstlerischer und heraldischer Stilisierung nur schwach verschleierten Form modelliert worden sei.

Mathematik, Psychologie, Logik, Sprachwissenschaft oder Literatur. Viele Bereiche selbst der politischen Symbolik, von der die Fahnen einen besonders großen Teil ausmachen, müssen ebenfalls außer Betracht bleiben. Zudem wirken sich viele der gleichen allgemeinen Grundsätze der Fahnensymbolik ebenso in anderen Symbolen aus. In jedem Lebensbereich werden von Menschen Symbole geschaffen und benützt: Ihre Anschauungen, Deutungen, graphischen und anderen Ausdrucksweisen sind in den Gegenständen und Vorgängen der Natur nicht vorgezeichnet. Symbole erhalten ihren Wert durch die Deutungen und Gebräuche, die ihnen von Menschen in bestimmten Situationen gegeben werden.

Mächtige Kräfte in der Natur und Beständigkeiten des Gebrauchs fördern die Ähnlichkeiten zwischen Symbolen, selbst wenn die betreffenden Gruppen untereinander wenig Kontakt haben. Die Verbindung der Farbe Grün mit Landwirtschaft ist naheliegend, da die meisten Pflanzen nach menschlicher Erkenntnis Chlorophyll enthalten und somit grün sind. Andere Figuren und Farben scheinen selbstverständliche Symbole zu sein, aber logische Verbindungen und langer Gebrauch sind nicht dasselbe wie innewohnender Sinn. Die menschliche Gesellschaft kann willkürlich den Wert eines Symbols ändern – und tut das auch.

Die Frage nach der Bedeutung einer Fahne oder einem anderen Symbol ist schwierig, gerade weil sie weder eine definierbare Konstante noch eine gesetzliche Norm umfaßt. Der Staat kann die korrekte künstlerische Wiedergabe einer Fahne, ihre Abmessungen, die genauen Farbtönungen, Ort und Zeit ihres Gebrauchs gesetzlich vorschreiben; aber er kann niemals seine eigene Sinndeutung erzwingen. Die Regierung in Indien hat behauptet, daß der safran-farbige Streifen ihrer Fahne für Mut und Opfer stehe, der grüne Streifen für Glauben und Ritterlichkeit. Es scheint aber klar, daß in Wirklichkeit diese beiden Farben für die Mehrheit der Bevölkerung genau das meinen, was sie meinten, als die Fahne erstmals geschaffen wurde: Indiens Hindu- und Moslem-Gemeinschaften. Ähnlich leitete angeblich die Flagge des Saarlandes von 1948 bis 1956 ihre Farben Blau, Weiß und Rot aus den einzelnen Bezirken des saarländischen Gebietes ab, aber die Befürworter der Vereinigung der Saar mit Deutschland sahen darin ein Symbol der französischen Herrschaft.

Bei der Analyse von Symbolen müssen wir daher die historischen Quellen ihrer Gestaltung und der Farben und ihre heutigen Deutungen ebenso in Betracht ziehen wie die im allgemeinen von politischen Erwägungen bestimmten offiziellen Feststellungen. Gewisse Elemente in einer Flagge oder einem Wappen können der künstlerischen Wirkung wegen oder nach Gutdünken des Zeichners aufgenommen sein und folglich keine ideologischen oder historischen Aussagen enthalten. Doch ebenso kann etwa die Einstellung, eine Gestaltung im ganzen für ein geheiligtes Erbe der Vergangenheit zu

Eine spanische Galeone, die »San Mateo«, führte diese Flagge bis zu ihrer Eroberung 1588 durch ein holländisches Schiff. Ursprünglich 3 mal 12 Meter groß, hat diese Flagge den größten Teil ihrer Länge an Andenkenjäger und durch Zerfall seit dem 16. Jahrhundert verloren. Indessen hat sie ihr Hauptmotiv, den Gekreuzigten, bewahren können.
In einer Zeit gefertigt, als die Kunst des Lesens auf einen

kleinen Teil der Bevölkerung beschränkt war, erfüllte diese Flagge gut ihre Aufgabe. Die Heiligkeit des Unternehmens, für das sie in die Schlacht zog, war für sie in diesem Banner konzentriert. Es schuf Gewißheit, daß jedes Opfer belohnt würde.
Während moderne Flaggen selten so deutlich in ihrer religiösen Symbolik sind, werden Soldaten und Bürger in gleicher Weise in dem Glauben geschult, daß Farben und Symbole ihrer Nationalflagge für all das stehen, was heilig und richtig sei, und daß kein Opfer zu groß sei, wenn es in der Verteidigung einer solchen Flagge gebracht wird.

halten, zur Überbetonung gewisser symbolischer Elemente führen: zum Beispiel ist in der 1957 angenommenen, revidierten Version der Staatsflagge von Minnesota das Datum 1893 beibehalten worden, obwohl es nur das Jahr der ursprünglichen Annahme der Flagge bedeutet. Die allereinfachste Funktion, die ein Symbol erfüllen kann, ist eine hinweisende Funktion. Die Wahrnehmung eines solchen Symbols, dessen Sinn wir zuvor erfahren hatten, erinnert

Der Adler *links* ist einer österreichischen Truppenfahne des 18. Jahrhunderts entnommen. Während sein Nimbus scheinbar St. Johannes repräsentiert, bezieht er sich aber auf die Heiligkeit der Kaiser des Heiligen Römischen Reichs Deutscher Nation.

Der als Wappenbild so häufige Löwe ist mit Flügeln und Heiligenschein *(links)* eine St. Markus, den Schutzpatron von Venedig, bezeichnende besondere Figur. Diese von den Schweizern eroberte und in einem Beutefahnenbuch verzeichnete Standarte aus dem 14. Jahrhundert zeigt das traditionelle Buch in den Pranken des Löwen mit der Inschrift »SANCTUS MARCUS EVANGELISTA« (St. Markus, der Evangelist).

In der kirchlichen Symbolik vertritt der Stier St. Lukas wie in dieser Fahne aus dem 17. Jahrhundert *(unten)*, die aus der St.-Lukas-Abtei in Freiburg (Schweiz) stammt.

Entgegen den jüdischen und mohammedanischen Vorschriften gegen eine Abbildung von Lebendigem war eine derartige Symbolik in der religiösen Tradition des Westens stark vertreten, wo sie puritanische Einwände verhältnismäßig mühelos überlebte. Die enge und lang andauernde Beziehung zwischen Kirche und Staat hinterließ unvermeidlich einen starken Einfluß religiöser Themen auf weltlichen Fahnen. Kirchen wie die schwedische, deren Kreuzigung mit den Attributen der vier Evangelisten verziert ist *(links oben)*, waren eine bedeutende Quelle für die Kunst des Mittelalters. So überrascht es nicht, daß Militärfahnen sakrale Motive widerspiegeln.

St. Matthäus wird in der traditionellen Ikonographie durch das Bild eines Cherub, eines geflügelten Menschen, repräsentiert, ähnlich wie in dieser Fahne des Klosters Engelberg *(links)*, wo er aber ein redendes Wappenbild (Engel) ist.

an bestimmte Situationen oder Ereignisse und ermöglicht uns, Informationen schnell und genau festzuhalten oder zu ordnen. In diese Kategorie fallen Signalflaggen aller Art und gelegentlich auch Flaggen, die normalerweise andere Funktionen haben. Die gedächtnisstützende Funktion ist bei Fahnen selten; sie rufen vielmehr fast immer ein bestimmtes Verhalten oder Gefühl, eine bestimmte Vorstellung oder Einstellung hervor oder verstärken eine bestehende Gefühlslage und Einstellung. Ein durch ständigen Gebrauch vertraut gewordenes Hinweissymbol gewinnt oft diese evokative Funktion. Ein schlagendes Beispiel ist der mit blauen Streifen geränderte Tallis, der jüdische rituelle Gebetsschal, von dem es im vierten Buch Mose, 15. Kapitel, Vers 39 heißt: »daß ihr sie ansehet und gedenket aller Gebote des Herrn«. Als gegen Ende des 19. Jahrhunderts die jüdische Nationalbewegung aufkam, da war es dieses

Massimiliano Sforza, Graf von Pavia, führte dieses schöne Banner in den ersten Jahren des 16. Jahrhunderts. Es ist übervoll mit Symbolen, nicht nur aus Schmuckbedürfnis, sondern um dem Betrachter Eindruck von der Hoheit, Macht und alten Erbschaft des Grafen und seines Geschlechtes zu vermitteln.
Die Embleme in der Mitte stellen das Wappen des Heiligen Römischen Reiches, einen schwarzen Adler in Goldgrund, hier zur Raumausnützung dreimal wiederholt, und das Wappen von Mailand zusammen. Letzteres ist eine kinderverschlingende Schlange.

vertraute Vorbild, aus dem die Zionisten eine Anregung für ihre Nationalfahne bezogen.
Ein derartiges Symbol kann auch eine Person zu irgendeiner Handlung bewegen oder gar zwingen. Symbole, denen mehr als nur eine hinweisende Funktion zukommt, kündigen oder drohen dem, der sie wahrnimmt, ohne weiteres Belohnung oder Bestrafung an. Welche Tugenden verbergen sich nicht in dem Siegel auf einem amtlichen Dokument, dem Wappen auf einem Regierungsgebäude oder der Flagge auf einem Schiff! Es ist schwierig, diesen Symbolen gegenüber neutral zu bleiben, weil jedes die Bekräftigung oder Ablehnung eines politischen Wertes darstellt.
Schließlich gibt es etwas, was das interpretierende Symbol genannt werden kann, eines, das nicht einfach nur von früher her bekannte Situationen oder Ereignisse mit der Aufforderung in Erinnerung ruft, aufgrund dieser Kenntnis zu handeln, sondern eines, das unser Verständnis für jene Situationen oder Ereignisse erweitert. Die Brüchigkeit der zypriotischen Regierung und die Möglichkeit der Teilung der Insel, die tatsächlich 1974 eingetreten ist, konnten aus der gründlichen Neutralität des Wappens und der Flagge, die Zypern 1960 angenommen hat, klar abgelesen werden. Irredenta-Gesinnung trat in den Flaggen von Hatay und der Riukiu-Inseln deutlich zutage, und deren nachfolgende Assimilation an die Türkei bzw. Japan war schon durch die Symbole, die angeblich ihre Existenz als getrennte politische Einheiten markierten, vorgezeichnet. In Ländern, die erst in jüngster Zeit unabhängig wurden und wo der Prozeß der Nationwerdung ein modernes Phänomen ist, sind solche interpretierenden Symbole ein Mittel, ein neues Bewußtsein zu schaffen, das die ausschließliche Zugehörigkeit zu einem Stamm oder die alleinige Bindung an eine lokale Autorität überwindet und die Bildung größerer sozialer Gruppierungen unter der Bevölkerung ermöglicht.
Dieser Vorgang ist allerdings nicht auf ›neue‹ Länder beschränkt: In Kanada drückte die bis 1965 gültige Flagge die nationale Herkunft vieler kanadischer Bürger durch die Zusammenstellung der Wappen von England, Schottland, Irland und Frankreich aus, aber die Art und Weise, wie sie präsentiert wurden, eignete sich mehr zur Betonung der Verschiedenheiten als der Einheit dieser ethnischen Gruppen, mehr ihrer unterschiedlichen Vergangenheit als ihrer gemeinsamen Zukunft. Die Flagge mit dem Ahornblatt ist andererseits ein abstraktes, geradezu willkürliches Symbol, das in der Tat die Notwendigkeit voraussetzt, daß alle Einzelpersonen – die Ukrainer, Amerikaner, Indianer, Italiener, Eskimos und andere, die in der früheren Flagge fehlten – zusammenwirken, um das zu schaffen, was die Kanadier vorhaben.
Die Art, wie Symbole geschaffen und zur Schau gestellt werden, ist eine bezeichnende Determinante ihrer gesellschaftlichen Wirksamkeit. Die Ablehnung eines eigenen Symbols bedeutet die Leugnung einer eigenen Individualität. Die Flaggen der Unionsrepubliken der UdSSR (Seite 283) verleugnen letztlich ihr verfassungsmäßiges Recht auf Austritt aus der Union, indem sie den Symbolen des Kommunismus Vorrang vor denen des Nationalgefühles einräumen. Hingegen geht der Pluralismus der brasilianischen und amerikanischen Gesellschaft aus den Flaggen ihrer Teilstaaten deutlich hervor.

# MOSAIK DER SYMBOLE

| | | | | | | | |
|---|---|---|---|---|---|---|---|
| AFGHANISTAN | 1 | GRENADA | 49 | MALAWI | 84 | SAUDI-ARABIEN | 6 |
| ÄGYPTEN | 90 | GRIECHENLAND | 57 | MALAYSIA | 85 | SCHWEDEN | 135 |
| ALBANIEN | 125 | GUATEMALA | 50 | MALEDIVEN | 36 | SCHWEIZ | 58 |
| ALGERIEN | 37 | GUINEA | 53 | MALI | 86 | SENEGAL | 124 |
| ANDORRA | 3 | GUINEA-BISSAU | 52 | MALTA | 87 | SIERRA LEONE | 126 |
| ANGOLA | 4 | GUYANA | 54 | MAROKKO | 82 | SINGAPUR | 127 |
| ANGUILLA | 5 | HAITI | 55 | MAURETANIEN | 94 | SOMALIA | 128 |
| ÄQUATORIAL-GUINEA | 51 | HONDURAS | 59 | MAURITIUS | 88 | SOWJETUNION | 130 |
| ARGENTINIEN | 7 | INDIEN | 14 | MEXIKO | 89 | SPANIEN | 42 |
| AUSTRALIEN | 8 | INDONESIEN | 60 | MONACO | 92 | SRI LANKA | 131 |
| ÄTHIOPIEN | 43 | IRAK | 62 | MONGOLEI | 93 | SÜDAFRIKA | 129 |
| BAHAMAS | 9 | IRAN | 61 | MOSAMBIK | 91 | SUDAN | 132 |
| BAHRAIN | 10 | IRLAND | 40 | NAMIBIA | 97 | SWASILAND | 136 |
| BANGLADESCH | 11 | ISLAND | 63 | NAURU | 98 | SYRIEN | 134 |
| BARBADOS | 12 | ISRAEL | 64 | NEPAL | 100 | TANSANIA | 137 |
| BELGIEN | 13 | ITALIEN | 65 | NEUSEELAND | 101 | THAILAND | 95 |
| BHUTAN | 38 | JAMAIKA | 66 | NICARAGUA | 102 | TOGO | 139 |
| BOLIVIEN | 15 | JAPAN | 105 | NIEDERLANDE | 99 | TONGA | 140 |
| BOTSWANA | 16 | JEMEN | 154 | NIGER | 103 | TRINIDAD UND TOBAGO | 141 |
| BRASILIEN | 17 | JORDANIEN | 148 | NIGERIA | 104 | TSCHAD | 138 |
| BULGARIEN | 18 | JUGOSLAWIEN | 67 | NORWEGEN | 106 | TSCHECHO-SLOWAKEI | 22 |
| BURMA | 96 | KAMBODSCHA | 68/69 | OBERVOLTA | 56 | TUNESIEN | 142 |
| BURUNDI | 19 | KAMERUN | 20 | ÖSTERREICH | 107 | TÜRKEI | 143 |
| CHILE | 23 | KANADA | 21 | OMAN | 145 | UGANDA | 144 |
| CHINA | 24/25 | KENIA | 70 | PAKISTAN | 108 | UNGARN | 83 |
| COSTA RICA | 29 | KOLUMBIEN | 27 | PANAMA | 109 | URUGUAY | 149 |
| DAHOMEY | 32 | KONGO | 28 | PARAGUAY | 110 | VATIKANSTADT | 26 |
| DÄNEMARK | 33 | KOREA | 71/72 | PERU | 111 | VENEZUELA | 150 |
| DEUTSCHLAND | 34/35 | KUBA | 31 | PHILIPPINEN | 112 | VEREINIGTE ARABISCHE EMIRATE | 2 |
| DOMINIKANISCHE REPUBLIK | 117 | KUWAIT | 74 | POLEN | 113 | VEREINIGTES KÖNIGREICH | 146 |
| ECUADOR | 39 | LAOS | 75 | PORTUGAL | 114 | VEREINIGTE STAATEN VON AMERIKA | 147 |
| ELFENBEINKÜSTE | 30 | LESOTHO | 76 | QATAR | 115 | VIETNAM | 151–153 |
| FIDSCHI | 44 | LIBANON | 80 | RHODESIEN | 119 | WESTSAMOA | 122 |
| FINNLAND | 133 | LIBERIA | 77 | RUANDA | 121 | ZAIRE | 156 |
| FRANKREICH | 45 | LIBYEN | 78 | RUMÄNIEN | 120 | ZENTRALAFRIKAN. REPUBLIK | 118 |
| GABUN | 46 | LIECHTENSTEIN | 79 | EL SALVADOR | 41 | ZYPERN | 73 |
| GAMBIA | 47 | LUXEMBURG | 81 | SAMBIA | 157 | | |
| GHANA | 48 | MADAGASKAR | 116 | SAN MARINO | 123 | | |

Die auf den folgenden vier Seiten verzeichneten Nationen sind entsprechend ihrem Landesnamen in ihrer eigenen Sprache alphabetisch geordnet und beziffert. *Links* stehen die Landesnamen auf deutsch mit der entsprechenden Ordnungszahl.

Die folgenden Seiten bieten eine Synopsis der wesentlichsten Symbole, die auf Nationalflaggen und in Staatswappen in der ganzen Welt vorkommen. Die Symbole sind in acht Gruppen eingeteilt, die sodann im einzelnen im Begleittext dieses Kapitels erläutert werden oder bereits im vorigen Kapitel behandelt worden sind.

Es muß hier auf die Unmöglichkeit hingewiesen werden, in allen Fällen das vollständige Symbol mit all seinen Einzelheiten abzubilden: manche Symbole können nur ganze Gruppen vertreten, beispielsweise der Turm für alle Bauwerke (etwa für die Moschee von Afghanistan, 1). Andere Zeichen erscheinen kombiniert, wie Schiff und Helm (bei Bahamas, 9) oder Zebra und Elefant (bei Angola, 41). Wo eine Kombination wegen Raummangels sich nicht ermöglichen ließ, bedeutet das Zeichen ⁘ zusammen mit genauem Hinweis, daß das vollständige Staatswappen oder die Nationalflagge an anderer Stelle zu finden ist.

| | AFGHANISTAN 1 | AL-AMIRET AL-ARABIJE AL-MUTAHIDE (Verein. Arab. Emirate) 2 | ANDORRA 3 | ANGOLA 4 | ANGUILLA 5 | AL-ARABIJE AS-SAUDIJE (Saudi-Arabien) 6 | ARGENTINA 7 | AUSTRALIA 8 | THE BAHAMAS 9 | AL-BAHRAIN 10 | BANGLADESH 11 | BARBADOS 12 | BELGIQUE/BELGIË 13 | BHARAT (Indien) 14 | BOLIVIA 15 | BOTSWANA 16 | BRASIL 17 | 18 |
|---|---|---|---|---|---|---|---|---|---|---|---|---|---|---|---|---|---|---|
| HIMMELSKÖRPER | 208 | | | | 210 | | 314 | 211 | 314 | | | | | | 314 | | 315 | |
| ERDE UND LANDSCHAFT | | | | 336 | | | | | 212 | | 336 | | | | 336 | 336 | | |
| PFLANZENWELT | 208 | | | | 332/334 335 | 332 | 335 | 320 | 212 | | 213/334 | 332/334 | | | 216/336 | 216 | 217 | 2 |
| TIERWELT | 318 | 208 | 325 | 209 | 325 | | | 211/320 | 320/325 | | | 320/325 | 214/322 | 215/323 | 320/336 | 324/325 | | 3 |
| MENSCHEN | | | | | | | 211 | | | | | | | | | | | |
| GEGENSTÄNDE | 318 | 208/336 | 209 | 209 | 330 | 330 | 211 | | 212/337 | 328 | | 214/331 | 328 | 331 | 216 | 331 | 217 | 2 |
| ABSTRAKTE FORMEN | | | 338 | 209 | | | | 211/316 | | 338 | 338 | | | | 317 | | 217/316 | 3 |
| INSCHRIFTEN | 208 | 339 | 209 | 209 | 210 | 339 | | 211 | 212 | | | 214 | 339 | 215 | 216 | 216 | 339 | 3 |

| | EL SALVADOR 41 | ESPAÑA (Spanien) 42 | ETIOPIYA (Äthiopien) 43 | FIJI (Fidschi) 44 | FRANCE 45 | GABON 46 | THE GAMBIA 47 | GHANA 48 | GRENADA 49 | GUATEMALA 50 | GUINEA ECUATORIAL (Äquatorialguinea) 51 | GUINÉ-BISSAU 52 | GUINÉE 53 | GUYANA 54 | HAÏTI 55 | HAUTE-VOLTA (Obervolta) 56 | HELLÁS (Griechenland) 57 | HELVETIA/SCHWEIZ/ 5 |
|---|---|---|---|---|---|---|---|---|---|---|---|---|---|---|---|---|---|---|
| HIMMELSKÖRPER | 231 | | | | | | | | | | | | | | | | | |
| ERDE UND LANDSCHAFT | 337 | | | | | | | | | | | | | 238 | | | | |
| PFLANZENWELT | 231 | 232 | | 332/335 233 | | 332 | 234 | 332 | 235 | 236 | 332 | | 320 | 238/334 | 332 | 239 | | |
| TIERWELT | | 318/323 | 322 | 320/322 | | 325 | 323 | 235/318 | 235/320 | 236 | | | 324/320 | 320/324 | | 324 | | |
| MENSCHEN | | | | 326 | | | | | | | | | | | | | | |
| GEGENSTÄNDE | 231 | 232/329 | 322 | 326/337 | | 337 | 234/331 | 235/329 | 235 | 330 | | | | 238/329 | 238/330 | 239 | | |
| ABSTRAKTE FORMEN | 337 | 232 | | 233/316 | | 234 | | 235/316 | 235 | | 236 | 237 | | | | 239 | 317 | |
| INSCHRIFTEN | 231 | 232 | | 233 | | 234 | 234 | 235 | 339 | 236 | 236 | 237 | 237 | 238 | 238 | 239 | | |

| BURUNDI 19 | CAMEROUN/CAMEROON 20 | CANADA 21 | ČESKOSLOVENSKO (Tschechoslowakei) 22 | CHILE 23 | CHUNG KUO (Volksrep. China) 24 | CHUNG KUO (Rep. China) 25 | CITTÀ DEL VATICANO 26 | COLOMBIA 27 | CONGO 28 | COSTA RICA 29 | CÔTE D'IVOIRE (Elfenbeinküste) 30 | CUBA 31 | DAHOMEY 32 | DANMARK 33 | DEUTSCHLAND (BRD) 34 | DEUTSCHLAND (DDR) 35 | DIVEHI (Malediven) 36 | AL-DSCHAZEHR (Algerien) 37 | DRUK-YUL (Bhutan) 38 | ECUADOR 39 | EIRE/IRELAND 40 |
|---|---|---|---|---|---|---|---|---|---|---|---|---|---|---|---|---|---|---|---|---|---|
| | | | | | | 314 | | | | 337 | 314 | 314 | | | | | | | | 336 | |
| | 331 | | 322 | | | | | 336 | | 337 | | 336 | | | | | | | | 336 | |
| | | 334 | | | 222 | | | 223/335 | 224 | 224 | 332 | 225/336 | 332/335 | | | 228 | 332 | 229 | | 230 | |
| 323 | | 322/323 321 | 322 | 221/320 324 | | | | 320 | | | 324 | | 324 | 226/322 | 318 | | | | 229/321 | 320 | |
| | | | | | | | | | | | | | | 326 | | | | 229 | | | |
| 330 | 219/331 | 220/331 | | | 222/329 | | 328/331 | 223/336 | 224 | 337 | | 225/336 | 226/329 337 | 328 | | 331 | 228 | 229 | | 230/336 | 331 |
| 316 | 219 | 220 | 221 | 221/316 | 222/316 | | | 335 | 224 | 337 | | 316/338 | 335 | 226/316 | | | 228/316 | 316 | 229 | | |
| 219 | 219 | 220 | | 221 | | | | 223 | | 224 | 225 | | 226 | | | | 228 | | 229 | 230 | |

| HONDURAS 59 | INDONESIA 60 | IRÁN 61 | AL-IRAQ 62 | ÍSLAND 63 | ISRAEL/ISRAIL 64 | ITALIA 65 | JAMAICA 66 | JUGOSLAVIJA 67 | KAMPUCHEA (Königreich Kambodscha) 68 | KAMPUCHEA (Khmer-Rep.) 69 | KENYA 70 | KORAI (Dem. Volksrep. Korea) 71 | KORAI (Rep. Korea) 72 | KYPROS/KIBRIS (Zypern) 73 | AL-KUWAIT 74 | LAO 75 | LESOTHO 76 | LIBERIA 77 | LIBIYA 78 | LIECHTENSTEIN 79 | LUBNAN (Libanon) 80 |
|---|---|---|---|---|---|---|---|---|---|---|---|---|---|---|---|---|---|---|---|---|---|
| 41 | | 314 | | | | | | | | | | | | | | | | 336 | | | |
| 41 | | | | | | | | | | | | 337 | | 249 | 336 | | 251 | 336 | | | |
| 41 | 242/332 | | | | 244 | 335 | 335 | 245 | | 247 | 247 | 248 | 334 | 334 | | | | 336 | 252 | | 332 |
| | 318/325 | 322 | 318 | 243 | | | 245 | | 246 | | 320/323 | | | 320 | 250 | 324 | 251/324 | 336 | 252 | 318 | |
| | | | | 326 | | | 326 | | | | | | | | | | | | | | |
| 329 | 318 | 322/328 | | | 331 | 331 | 245 | 245 | 246/329 | 329 | 247 | 337 | | | 336 | 250 | 251 | 336 | | 328 | |
| 41 | 317 | | 243 | 316 | 317 | 317 | 317 | 317 | 246 | 247/316 | | 248/317 | 328 | | | | | 317 | 252 | 253 | |
| 41 | 242 | 242 | 243 | | 339 | 244 | 245 | 245 | 246 | 247 | 247 | 248 | 248 | 249 | 250 | | 251 | 251 | 252 | | |

| | 81 LUXEMBOURG/LUXEMBURG | 82 AL-MAGHRIB (Marokko) | 83 MAGYARORSZÁG (Ungarn) | 84 MALAŴI | 85 MALAYSIA | 86 MALI | 87 MALTA | 88 MAURITIUS | 89 MÉXICO | 90 MISR (Ägypten) | 91 MOÇAMBIQUE | 92 MONACO | 93 MONGOL SCHUUDAN (Mongolei) | 94 MURITANIA/MAURITANIEN | 95 MUANG TAI (Thailand) | 96 MYAN-MA (Burma) | 97 NAMIBIA | 98 |
|---|---|---|---|---|---|---|---|---|---|---|---|---|---|---|---|---|---|---|
| HIMMELSKÖRPER | | 314 | | 314 | | 314 | | | | | | | 324 | | | | | |
| ERDE UND LANDSCHAFT | | 254 | | 255 | 336 | | 257 | | 258 | | 336 | | 324 | | | 330 | 331 | 2 |
| PFLANZENWELT | | | 255 | | 332/335 | | 257 | 258/332 | 258 | 259 | | | 260 | 261/332 | | 330 | 262 | 33 |
| TIERWELT | 322 | 322 | | 322/323 324 | 256/324 | 320 | 325 | 321/324 | 318 | 259 | | | 324 | | 318 | 330 | 262/325 | 32 |
| MENSCHEN | | | | | 256 | | | | | | | 326 | 324 | | | | | |
| GEGENSTÄNDE | 328 | 328 | | 255 | 256/330 | 257/329 | 329/317 | 331/336 | | | 259 | 328/326 | 260 | | | 330 | 262/331 | 3 |
| ABSTRAKTE FORMEN | 322 | 317 | 255 | | 316 | | | 316 | | 259 | 259 | 338 | 260/338 | 316 | | 316/330 | | 315/ |
| INSCHRIFTEN | | 339 | | 255 | 339 | 257 | 257 | 258 | | 259 | 259 | 260 | 260 | 261 | | 339 | 339 | 3 |

| | 121 RWANDA (Ruanda) | 122 SAMOA I SISIFO (Westsamoa) | 123 SAN MARINO | 124 SÉNÉGAL | 125 SHQIPËRIA (Albanien) | 126 SIERRA LEONE | 127 SINGAPUR/SINGAPORE/HSIN-CHIA-P'O | 128 SOOMALIA/SUMALIYA | 129 SOUTH AFRICA/SUID-AFRIKA | 130 SOVJETSKII SOJUS (Sowjetunion) | 131 SRI LANKA | 132 SUDAN | 133 SUOMI/FINLAND | 134 SURIYA (Syrien) | 135 SVERIGE (Schweden) | 136 SWAZILAND | 137 TANZANIA | 13 |
|---|---|---|---|---|---|---|---|---|---|---|---|---|---|---|---|---|---|---|
| HIMMELSKÖRPER | | 278 | | | | | | | | 314 | 314/283 | | | | | | | 3 |
| ERDE UND LANDSCHAFT | | 278/336 | 337 | 279 | | 280 | | | | 282 | | | | | | | 336/286 | |
| PFLANZENWELT | 277 | 332/278 | | 332/335 | 279 | 332 | | 281 | 281/332 | 282 | 283/334 | | | 285 | | | 282 | |
| TIERWELT | 277 | | 377 | 323 | 318 | 322/323 | 323/324 | 325 | 322/325 | | 322 | 320 | 322 | 285 | 285/322 | 322/324 | 286 | 32 |
| MENSCHEN | | | | | | | | | 281 | | | | 322 | | | | 326 | |
| GEGENSTÄNDE | 277/331 | | 328/329 | | | 280 | | 281 | 281 | 331 | 283 | | 322 | | 285/328 | 328/330 | 286/331 | |
| ABSTRAKTE FORMEN | | 298/317 | | 316 | 316 | 322 | 280 | 316 | | 317 | 283 | 284 | 316/322 | 285 | 285/317 | | | 28 |
| INSCHRIFTEN | 339 | 278 | 278 | 279 | 279 | 280 | 280 | | 281 | 282 | | 284 | | 285 | | 286 | 286 | |

| | 99 NEDERLAND | 100 NEPAL | 101 NEW ZEALAND (Neuseeland) | 102 NICARAGUA | 103 NIGER | 104 NIGERIA | 105 NIHON (Japan) | 106 NORGE (Norwegen) | 107 ÖSTERREICH | 108 PAKISTAN | 109 PANAMÁ | 110 PARAGUAY | 111 PERÚ | 112 PILIPINAS (Philippinen) | 113 POLSKA (Polen) | 114 PORTUGAL | 115 QATAR | 116 REPOBLIKA MALAGASY/ RÉPUBLIQUE MALGACHE (Madagaskar) | 117 REPÚBLICA DOMINICANA | 118 RÉPUBLIQUE CENTRAFRICAINE | 119 RHODESIA | 120 ROMÂNIA (Rumänien) |
|---|---|---|---|---|---|---|---|---|---|---|---|---|---|---|---|---|---|---|---|---|---|---|
| 1 | | 337 | 315 | 315 | 314 | | 314 | | | | 314 | | | 314 | | | | | | 314 | | 337 |
| 2 | | 337 | | 315 | | 336 | | | | | 314 | | | | | | | | | 276 | | 337 |
| 3 | | 264 | 265/335 | | 335 | 266 | 334 | | | 334/335 | | 272 | 272/332 | 273 | | 334 | 274 | 275 | 275 | 332 | 276 | 277 |
| 4 | 22 | 264 | 325 | 325 | | 318/324 | | 322 | 318 | | 271 | 272 | 325 | 318/323 | 318 | | 274 | 325 | | 324 | 276/325 | |
| 5 | | 326 | 326 | | | | | | | | | | | | | | | | | 276 | | |
| 6 | | 264/328 | 331/336 328 | 315 | 266 | | | 322/328 | 270/331 | | 271 | | 331 | 318 | | 274 | 330 | | 275 | 276 | 276/331 | 337 |
| 7 | […]2 | 264 | 315 | 315 | | | | 317 | | 316 | 271 | 316 | 272 | 273/316 | | 274 | 274 | | 316 | 276/316 | | 317 |
| 8 | […]3 | 264 | 265 | 265 | 266 | 266 | | | | 339 | 271 | 272 | | 273 | | | 274 | 275 | 275 | 276 | 276 | 277 |

| | 139 | 140 TONGA | 141 TRINIDAD UND TOBAGO | 142 AL-TUNISIYA (Tunesien) | 143 TÜRKIYE (Türkei) | 144 UGANDA | 145 UMAN (Oman) | 146 UNITED KINGDOM (Verein. Königreich) | 147 UNITED STATES | 148 AL-URDUN (Jordanien) | 149 URUGUAY | 150 VENEZUELA | 151 VIÊT-NAM (Rep. Südvietnam) | 152 VIÊT-NAM (Rep. Vietnam) | 153 VIÊT-NAM (Dem. Rep. Vietnam) | 154 AL-YAMAN (Arab. Rep. Jemen) | 155 AL-YAMAN (Dem. Rep. Jemen) | 156 ZAÏRE | 157 ZAMBIA (Sambia) |
|---|---|---|---|---|---|---|---|---|---|---|---|---|---|---|---|---|---|---|---|
| 1 | | | | | | 314 | | | 314 | | 314 | | | | | | | | |
| 2 | | | 288 | | | 290 | | | | | 329 | | | | | 298 | | | 336 |
| 3 | | 288 | 288 | | | 290 | | 291 | 292 | 295 | 295 | 296/335 | | | 297 | 298 | | 299 | 299 |
| 4 | […]2 | 320 | 320 | 323 | | 320/325 | | 321/322 323 | 318 | 328 | 324/325 | 324 | | | | 298 | 298 | 299/325 | 299/318 |
| 5 | | | | | | | | | | | | | | | | | | 299 | 326 |
| 6 | 322 | 288/328 330 | 288/331 337 | 331/337 | | 290 | 330 | 291/328 | 292 | | 329 | 296 | | | 331 | 298 | | 299/330 | 299 |
| 7 | […]6 | 288/317 | 337 | 316 | 316 | 290 | | 316 | 317 | 292/317 | 295 | 316/335 | 317 | 297 | 297 | 298 | 292/317 | 299 | |
| 8 | […]7 | 288 | 288 | 289 | | 290 | | 291 | 292 | 339 | | 296 | | | 297 | 298 | 298 | 299 | 299 |

# DIE SONNE

1 Iran (242)*
2 Malawi, Flagge (255)
3 Elfenbeinküste (225)
4 Zentralafrikanische Republik (276)
5 Panama (271)
6 Marokko (254)
7 Malawi, Staatswappen (255)

1

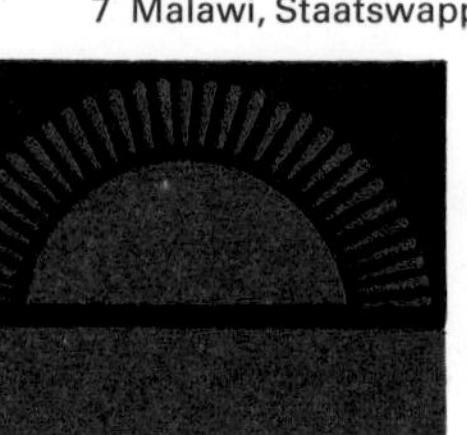
2

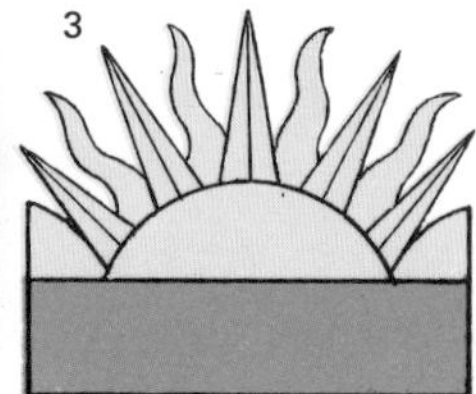
3

4

5

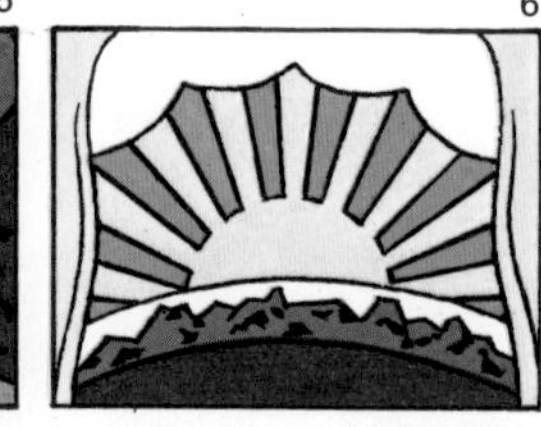
6

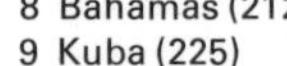

8 Bahamas (212)
9 Kuba (225)
10 Sowjetunion (282)
11 Mali (257)
12 Uruguay (295)
13 Sri Lanka (283)
14 Philippinen (273)
15 China (Rep.) (222)
16 Malaysia (256)
17 Japan (267)
18 Uganda (290)
19 Argentinien (211)
20 Niger (266)
21 Vereinigte Staaten (292)
22 Tschad (287)
23 Bolivien (216)

7

8

9

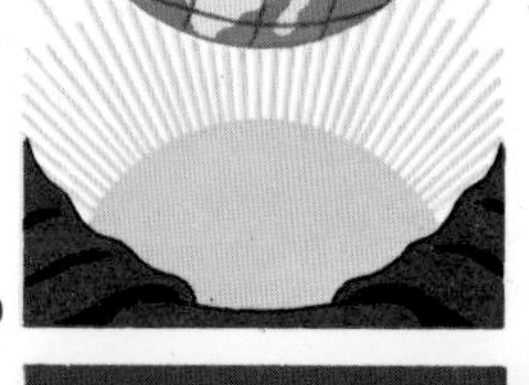
10

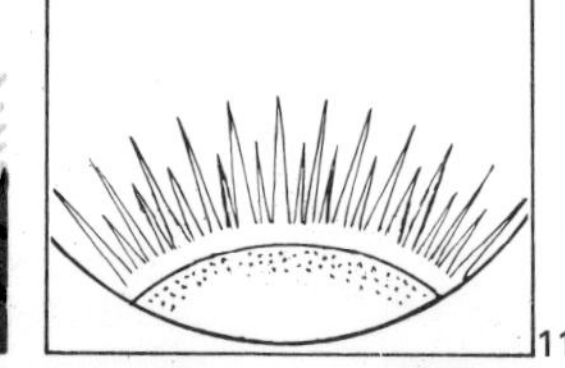
11

12

13

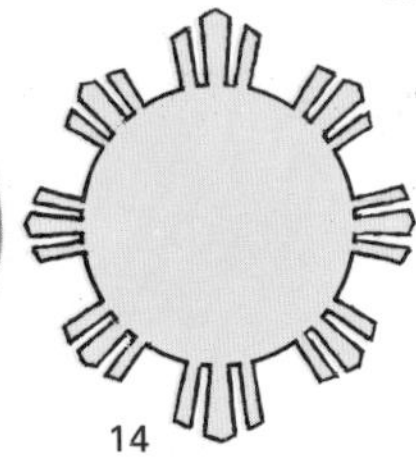
14

15

16

17

18

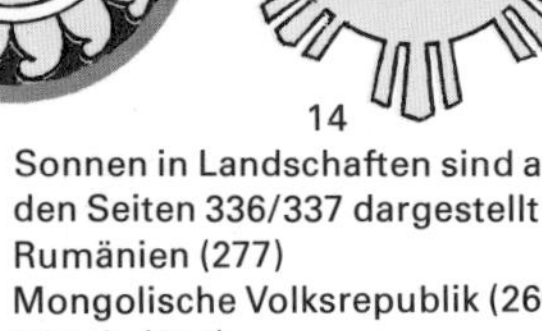

Sonnen in Landschaften sind auf den Seiten 336/337 dargestellt:
Rumänien (277)
Mongolische Volksrepublik (260)
Liberia (251)
Costa Rica (224)
Ecuador (230)

19

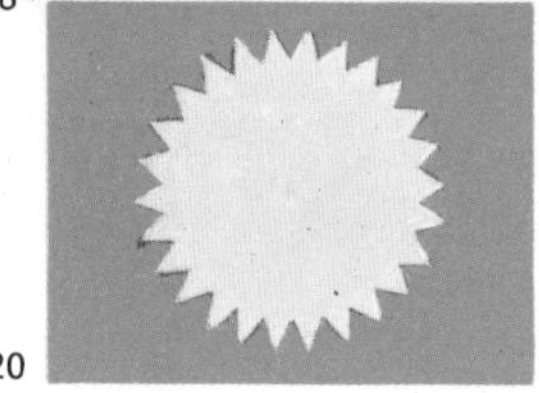
20

21

* Die Ziffern in Klammern geben die Seiten an, auf denen das Wappen oder die Flagge vollständig abgebildet sind.

22

23

Manche Nationen haben dem Sonnensymbol in ihren Wappen und Fahnen einen engumschriebenen Sinn vielleicht deshalb gegeben, weil der Sonne in der Erlebnis- und Erfahrungswelt des Menschen eine so umfassende Bedeutung zukommt.

In Argentinien wurde die Sonne zum Emblem dieses Landes, weil sie am Unabhängigkeitstage aus den Wolken hervorbrach; das gilt auch für Uruguay (19, 12), hier auch in Zusammenhang mit dem Freiheitsbegriff. Die Buddhisten von Sri Lanka (13), die alten Zarathustra-Anhänger im Iran (1) und die Inkas im vorkolonialen Peru sahen in der Sonne ein religiöses Symbol; später wurde sie durch die jetzt in die Staatswappen aufgenommenen Formen verweltlicht. Auf einen ganz anderen Sinn stößt man bei der philippinischen Sonne (14), deren acht Strahlen der Zahl der Provinzen entsprechen, die von Anfang an die Revolution für die Unabhängigkeit von Spanien geführt hatten. Sonne und Mond zusammen erinnern im Wappen von Panama (5) an die Dämmerstunde, in der die Revolution für die Freiheit dieses Landes gelang.

In einer großen Zahl anderer Länder wird die Sonne nicht sosehr auf die Unabhängigkeit, sondern auf die Verheißungen der »Morgenröte eines neuen Tages« bezogen. So verschiedenartige Länder wie Afghanistan, die Sowjetunion, Mali und die Vereinigten Staaten von Amerika (S. 208, 10, 11, 21) haben diese Deutung gewählt: Der Strahlenkranz bei Afghanistan und den Vereinigten Staaten erinnert beispielsweise an den Nimbus, der die Häupter von

Im späten 15. Jahrhundert erbeuteten Schweizer Soldaten viele von den burgundischen Truppen geführte Fahnen, dabei die unten gezeigte, deren Gestalt geradezu für den darauf dargestellten Strahlenschein entworfen zu sein scheint. Von der Originalfahne hat man zum letzten Mal 1822 gehört, aber glücklicherweise ist uns die Zeichnung durch eine vor Jahrhunderten illuminierte Handschrift bewahrt worden.

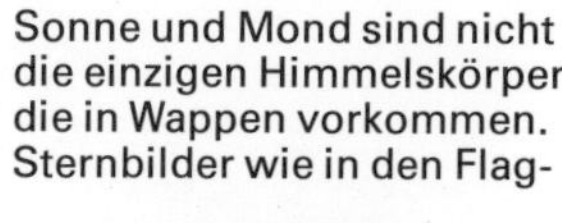

Sonne und Mond sind nicht die einzigen Himmelskörper, die in Wappen vorkommen. Sternbilder wie in den Flag-

gen von Brasilien *(oben)* und Neuseeland *(unten)* und sogar der Regenbogen wie im Wappen von Nicaragua *(unten)* sind dann und wann zu sehen. Außerdem ist die künstlerische Wiedergabe solcher Gegenstände oft sehr stilisert, auch so sehr, daß sie mit ihrem Vorbild keine Verwandt-

schaft mehr aufweisen. Der ›Stern‹ in der Flagge von Nauru *(unten links)* unterscheidet sich wenig von der nepalesischen Sonne (S. 264), während der Stern in der Flagge von Mauretanien *(unten)* etwas astronomisch Unmögliches schafft, indem er in der Mitte eines Halbmondes erscheint.

Heiligen in der christlichen Ikonographie umrahmt.

In anderen Fällen verhalf die geographische Lage in der Nähe des Äquators oder im Fernen Osten oder Äußersten Westen der Sonne zu ihrer Symbolfunktion, wie in Uganda (18), Japan (17) und Marokko (6).

Die kreisförmige Bewegung der Sonne am Himmelszelt läßt leicht an unaufhörlichen Fortschritt denken, so in der Sonne der Republik China (15). Schließlich können Sonne und Mond ein Flehen um langes Leben für die Nation ausdrücken, wie das in den Emblemen von Nepal (Seite 264) geschieht.

# MOND, STERNE UND KREUZE

1

Es ist eine Hauptregel der Symbolik: Je größer und vielfältiger eine Einheit ist, um so schlichter pflegen ihre Symbole zu sein. Städte und Gemeinden haben meist kompliziertere Fahnen und Wappen als Staaten. Die Embleme obskurer religiöser Sekten erreichen selten die knappe graphische Form des christlichen Kreuzes, des buddhistischen Lotus oder des islamischen Halbmondes mit dem Stern. Der Grund hierfür ist vielleicht, daß einfache abstrakte geometrische Formen die Symbolisierung einer großen Anzahl von Grundsätzen, Eigenschaften oder Ereignissen ermöglichen, während kompliziertere Embleme einen enger umgrenzten oder eindeutigen Sinn ausdrücken.

Daher haben zwei der einfachsten Symbole, der Stern und das Kreuz, im 20. Jahrhundert eine enorme Popularität erlangt. Zwar bedeutet der Stern im allgemeinen Unabhängigkeit oder Einheit, doch in Gestalt und Zweckbestimmung ist

2

3

4

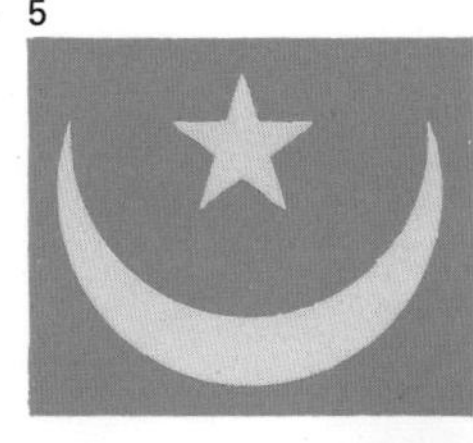
5

6

7

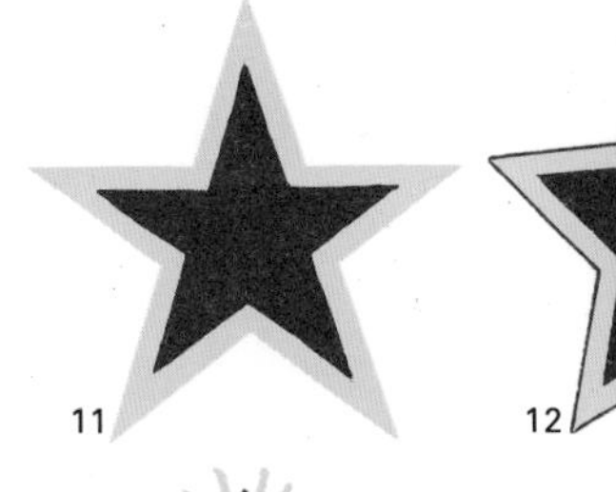
11

12

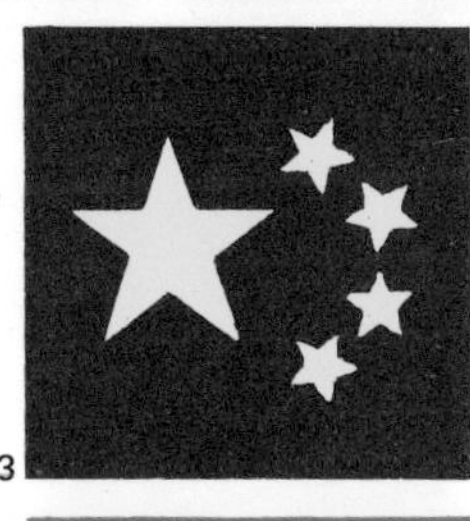
13

14

21

22

23

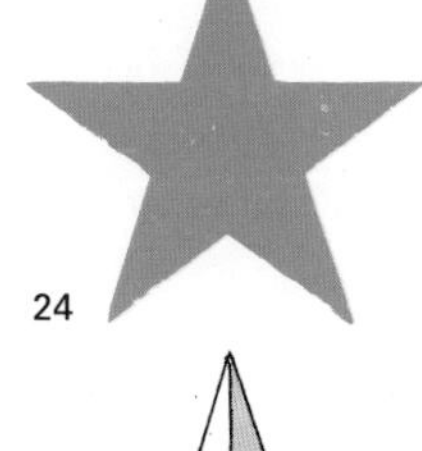
24

30

31

32

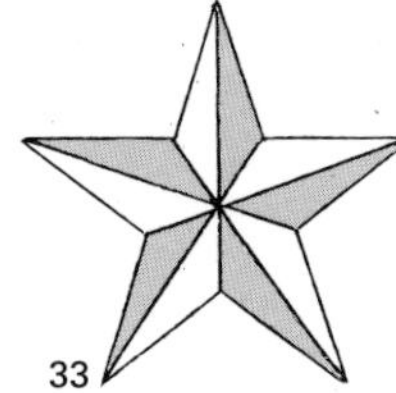
33

38

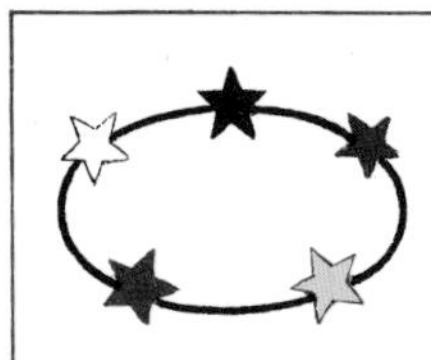
39

40

41

1 Malaysia, *Staatswappen* (256)*
2 Algerien, *Flagge* (229)
3 Malaysia, *Flagge* (256)
4 Malediven, *Staatsemblem* (228)
5 Mauretanien, *Flagge* (261)
6 Pakistan, *Flagge* (271)
7 Tunesien, *Flagge* (289)
8 Türkei, *Flagge* (289)
9 Sowjetunion, *Wappen* (282)
10 Republik Südvietnam, *Flagge* (296)
11 Albanien, *Staatswappen* (279)
12 Bulgarien, *Staatswappen* (218)
13 Volksrepublik China, *Flagge* (222)
14 Ghana, *Flagge* (235)
15 Jugoslawien, *Staatswappen* (245)
16 Demokratische Volksrepublik Korea (Nordkorea), *Staatswappen* (248)
17 Kuba, *Flagge* (225)
18 Liberia, *Flagge* (251)
19 Marokko, *Flagge und Staatswappen* (254)
20 Rumänien, *Flagge* (277)
21 Paraguay, *Staatswappen* (272)
22 Zentralafrikanische Republik, *Flagge* (276)
23 Somalia, *Flagge und Staatswappen* (281)
24 Senegal, *Flagge und Staatswappen* (279)
25 Togo, *Flagge* (287)
26 Demokratische Volksrepublik Jemen, *Flagge* (298)
27 Indonesien, *Staatswappen* (242)
28 Israel, *Flagge* (244)
29 Jordanien, *Flagge* (295)
30 Burma, *Flagge* (262)
31 Brasilien, *Staatswappen* (217)
32 Burundi, *Flagge* (219)
33 Chile, *Staatswappen* (221)
34 Italien, *Staatswappen* (244)
35 Bolivien, *Staatswappen* (216)

42

43 44

45

46

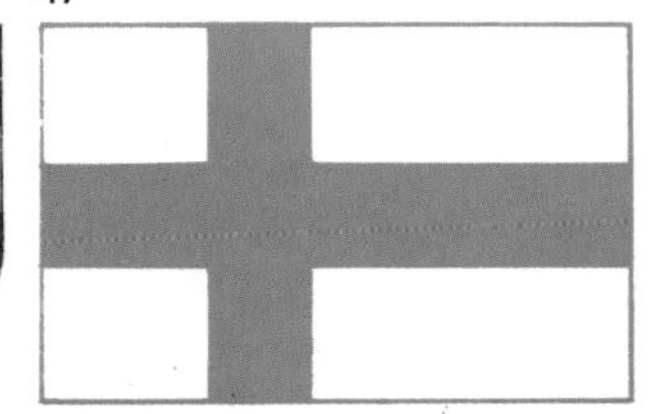
47

48

58

59

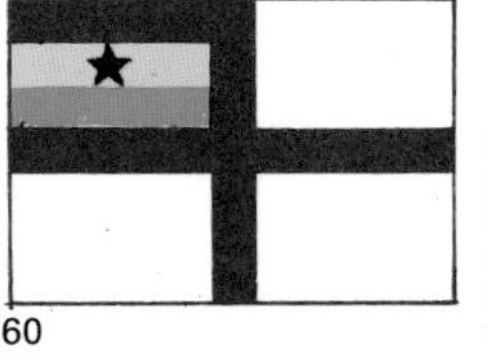
60

61

36 Venezuela, *Flagge* (296)
37 Vereinigte Staaten, *Flagge* (292)
38 Philippinen, *Staatswappen* (273)
39 Surinam, *Flagge* (264)

er sehr variabel und anpassungsfähig. Im Vorderen Orient und in Afrika bedeutet der Umriß eines fünf- oder sechszackigen Sterns Glück; in der amerikanischen Tradition zeigen Sterne die Anzahl von Bundesstaaten oder Provinzen an, die konstituierende Teile eines Landes sind; und

8 9  10

15  16  17  18  19  20

25 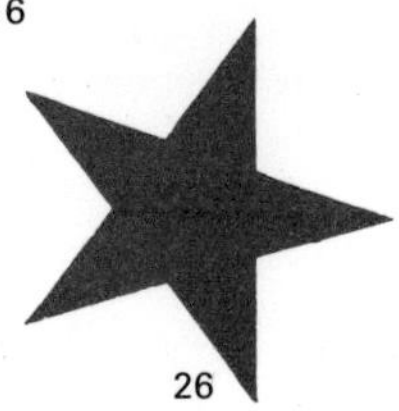 26  27  28  29

34  35  36  37

in kommunistischen Ländern beziehen sich die fünf Zacken eines Sterns auf die fünf Kontinente der Erde und somit auf die Menschheit als ganzes.

Das Kreuz ist natürlich aufs engste mit christlicher Auffassung von Opfer und Erlösung verknüpft. Einst bedeuteten Kreuzfahnen in Europa eine Bestätigung der Heiligkeit einer Unternehmung, und in vielen Fällen sind Fahnen und Kreuze von Päpsten an Fürsten, die zu einem Kriegs- oder Kreuzzug aufbrachen, verliehen worden. Das Kreuz wurde auch vielfach in Kriegsauszeichnungen oder einfach als eine gefällige geometrische Figur verwendet. In dieser Weise stellt es neben Streifen eine weitere Möglichkeit der Grundzeichnung eines einfachen Fahnenentwurfes dar.

52

53

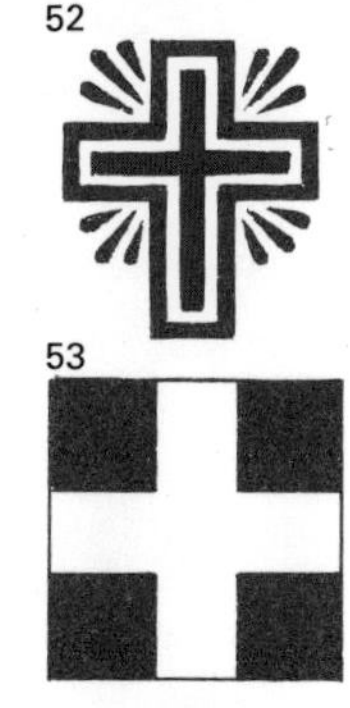

49

50

51

54

56

57

55

40 Kambodscha (Khmer-Republik), *Flagge* (247)
41 Mauritius, *Staatswappen* (258)
42 Malaysia, *Staatswappen* (256)
43 Australien, *Staatswappen* (211)
44 Australien, *Staatswappen* (211)
45 Dänemark, *Flagge* (226)

46 Fidschi, *Staatswappen* (233)
47 Finnland, *Flagge* (284)
48 Island, *Flagge* (243)
49 Griechenland, *Flagge* (239)
50 Jamaika, *Staatswappen* (245)
51 Jamaika, *Flagge* (245)
52 Westsamoa, *Staatswappen* (278)
53 Schweiz, *Flagge und Staatswappen* (240)
54 Malta, *Flagge und Staatswappen* (257)
55 Tonga, *Staatswappen und Flagge* (288)
56 Norwegen, *Flagge* (269)
57 Schweden, *Flagge* (285)
58 Vereinigtes Königreich, *Flagge* (291)
59 Dominikanische Republik, *Flagge* (275)
60 Ghana, *Flagge* (235)
61 Burundi, *Flagge* (219)

* Die Ziffern in Klammern geben die Seiten an, auf denen das Wappen oder die Flagge vollständig abgebildet sind.

# DER ADLER

1 Afghanistan (208)*
2 Albanien (279)
3 Polen (273)
4 Spanien (232)
5 Philippinen (273)
6 Bundesrepublik Deutschland (227)

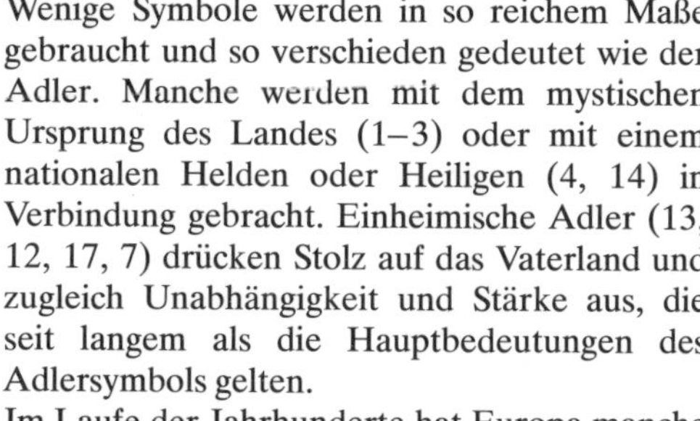

Wenige Symbole werden in so reichem Maße gebraucht und so verschieden gedeutet wie der Adler. Manche werden mit dem mystischen Ursprung des Landes (1–3) oder mit einem nationalen Helden oder Heiligen (4, 14) in Verbindung gebracht. Einheimische Adler (13, 12, 17, 7) drücken Stolz auf das Vaterland und zugleich Unabhängigkeit und Stärke aus, die seit langem als die Hauptbedeutungen des Adlersymbols gelten.

Im Laufe der Jahrhunderte hat Europa manche ungewöhnlichen Abwandlungen des Adlers hervorgebracht: mit Kronen, zwei Häuptern oder sogar teilweise mit menschlichen Körpern vermischt (2, 9, 10). Europa steht aber nicht allein mit seiner Fähigkeit, künstlerische Wirkung in anatomischen Unmöglichkeiten zu finden. Der Garuda war in Südostasien nach der Hindu-Mythologie ein in einen Vogel verwandelter Mensch, der einem der Götter, Wischnu, als Reittier dienen sollte. Im Wappen von Indonesien (15) ist die Gestaltveränderung des mythischen Vogels vollständig, im königlichen Wappen von Thailand (16) sind beide Naturen des Garuda verschmolzen dargestellt.

7 Vereinigte Staaten (292)
8 Nigeria (266)
9 Liechtenstein (253)
10 Liechtenstein (253)
11 Österreich (270)
12 Mexiko (258)
13 Sambia (299)
14 Irak (243)
15 Indonesien (242)
16 Thailand (261)
17 Ghana (235)

* Die Ziffern in Klammern geben die Seiten an, auf denen das Wappen oder die Flagge vollständig abgebildet sind.

Das Banner des Heiligen Römischen Reiches *(rechts)* zeigt den traditionellen Adler auf goldenem Grund. Die Darstellung stammt aus einem Holzschnitt »Der Triumphzug Kaiser Maximilians I.« (Anfang des 16. Jahrhunderts).

Schenckh

# VÖGEL UND FABELTIERE

1 Kenia, *Hahn* (247)*
2 Zypern, *Taube* (249)
3 Tonga, *Taube* (288)
4 Guinea, *Taube* (237)
5 Mali *(Art nicht näher bestimmt)* (257)
6 Bahamas, *Flamingo* (212)
7 Uganda, *Kronenkranich* (290)
8 Trinidad und Tobago, *Scharlach-Ibis* (288)
9 Trinidad und Tobago, *Rotschwänziger Guan* (288)
10 Barbados, *Pelikan* (214)
11 Grenada, *Wildtaube* (235)
12 Chile, *Kondor* (221)
13 Mauritius, *Dronte* (258)
14 Nauru, *Fregattvogel* (263)
15 Guyana, *Canje-Fasan* (238)

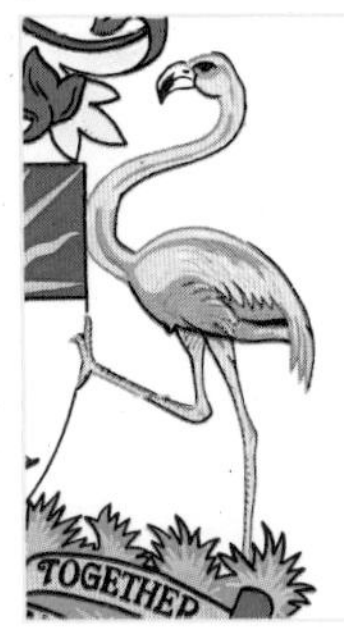

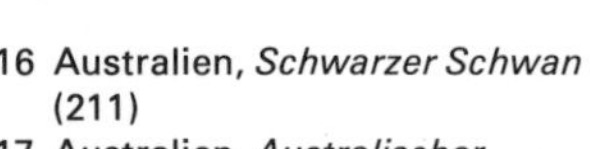

16 Australien, *Schwarzer Schwan* (211)
17 Australien, *Australischer Singwürger* (211)
18 Fidschi, *Taube* (233)
19 Trinidad und Tobago, *Kolibris* (288)
20 Bolivien, *Kondor* (216)
21 Kolumbien, *Kondor* (223)
22 Ecuador, *Kondor* (230)

23 Sudan, *Sekretär oder Kranichgeier* (284)
24 Australien, *Emu* (211)

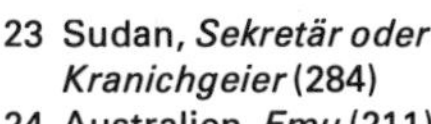

* Die Ziffern in Klammern geben die Seiten an, auf denen das Wappen oder die Flagge vollständig abgebildet sind.

Zusätzlich zu Fahnen oder Wappen haben sich viele Pflanzen und Tiere als nationale Embleme durchgesetzt. So besteht in den japanischen Präfekturen und den Staaten der Vereinigten Staaten von Amerika, auch in den Provinzen Kanadas, die allgemeine Praxis, einen besonderen Vogel, ein Tier, eine Blume, einen Baum und manchmal sogar ein Insekt als offizielles Symbol gelten zu lassen, ganz unabhängig davon, ob sie etwa im Siegel, im Wappen oder in der Flagge des Gebietes vorkommen. Besonders bei den Nationen des Commonwealth sind charakteristische Vögel auch als Wappenbilder oder als Schildhalter des Staatswappens gewählt worden. In einer Anzahl lateinamerikanischer Länder bildet ein Kondor das Oberwappen – ein gewaltiger Vogel, der passend an die Stelle der in anderen Ländern der Welt typischen Adler tritt.

In den meisten Fällen wird mit einem Vogel keine andere besondere Symbolik verbunden, als daß er eine einheimische Art und den Bürgern vertraut ist. Der Kronenkranich von Uganda zum Beispiel ist in einer Anzahl von Abwandlungen nicht nur seit der Unabhängigkeit, sondern schon in der Kolonialzeit ge-

13

Der erzbischöfliche Krummstab von Basel erscheint auf dem Schild dieser Kavalleriefahne des 18. Jahrhunderts. Als Schildhalter dienen Basilisken, eine Kreuzung zwischen Hahn und Eidechse.

Zu den bekanntesten Fabeltieren in der staatlichen Symbolik gehören der Drache von

braucht worden; heute erscheint er in der Mitte der Nationalflagge. Die Silhouette eines Paradiesvogels erscheint als Hauptfigur in der Flagge von Papua-Neuguinea, wo mehrere Arten dieses glänzend gefiederten Vogels leben. Andere Länder begnügten sich nicht mit dem, was die Natur bietet. Drachen, Einhörner, Greifen und ähnliche Fabeltiere entstehen durch Zusammenfügung von Teilen bekannter Tiere in unwahrscheinlichen Kombinationen oder überhaupt unter Vernachlässigung der Biologie durch Neuschöpfung phantastischer Ungeheuer (wie im Wappen von Island).

Bhutan *(oben)* und das Einhorn von Schottland im britischen Wappen *(rechts).*

# DER LÖWE

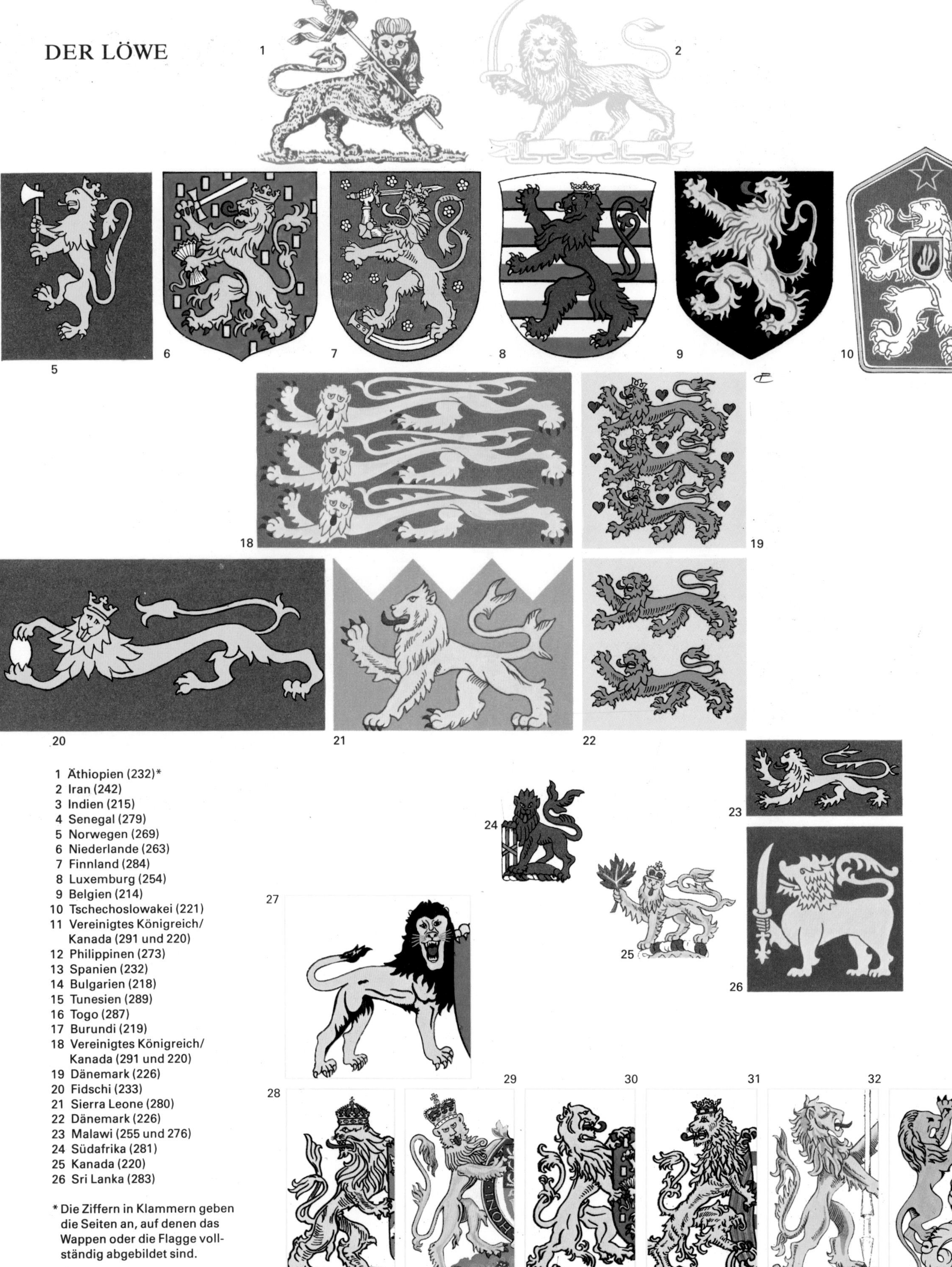


1 Äthiopien (232)*
2 Iran (242)
3 Indien (215)
4 Senegal (279)
5 Norwegen (269)
6 Niederlande (263)
7 Finnland (284)
8 Luxemburg (254)
9 Belgien (214)
10 Tschechoslowakei (221)
11 Vereinigtes Königreich/ Kanada (291 und 220)
12 Philippinen (273)
13 Spanien (232)
14 Bulgarien (218)
15 Tunesien (289)
16 Togo (287)
17 Burundi (219)
18 Vereinigtes Königreich/ Kanada (291 und 220)
19 Dänemark (226)
20 Fidschi (233)
21 Sierra Leone (280)
22 Dänemark (226)
23 Malawi (255 und 276)
24 Südafrika (281)
25 Kanada (220)
26 Sri Lanka (283)

* Die Ziffern in Klammern geben die Seiten an, auf denen das Wappen oder die Flagge vollständig abgebildet sind.

3

4

12

13

14

15

16

17

LÖWEN ALS SCHILDHALTER

27 Swasiland (286)*
28 Schweden (285)
29 Vereinigtes Königreich (291)
30 Niederlande (263)
31 Luxemburg (254)
32 Kanada (220)
33 Marokko (254)
34 Marokko (254)
35 Gambia (234)
36 Iran (242)
37 Sierra Leone (280)
38 Singapur (280)
39 Kenia (247)
40 Malawi (255)
41 Tschad (287)

* Die Ziffern in Klammern geben die Seiten an, auf denen das Wappen oder die Flagge vollständig abgebildet sind.

Auch Belgien hat Löwen als Schildhalter im Wappen (214)

Paraguay hat einen Löwen im Siegel der Finanzverwaltung, das auf der Rückseite der Flagge steht (272)

Stärke, Mut und andere wirkliche oder angebliche Eigenschaften des Löwen machen ihn zu einem idealen Gegenstand als Staatsemblem. Doch ist seine weite Verbreitung in Ländern verblüffend, die niemals seit vorhistorischen Zeiten den Löwen in der Natur kennengelernt hatten. Das Übergewicht dieses Tieres in Skandinavien, Großbritannien oder anderen Ländern Europas dürfte von verschiedenen Quellen aus der Zeit der Kreuzzüge oder früher herrühren. Das wird unterstützt durch den hohen Grad der Stilisierung dieser Löwen, den ständigen Gebrauch des Ausdrucks ›Leopard‹ für ihre Bezeichnung und die vielen Sinnbilder (besonders Kronen und Schwerter), mit denen sie als Beizeichen ausgestattet werden.

Die Löwen von England (18) beeinflußten direkt die Symbole einer Anzahl von früher zum Britischen Empire gehörigen Ländern. Zu diesen ›Verwandten‹ gehören der Löwe von Südafrika (24), die kanadischen Löwen (25, 32) und die Löwen mehrerer afrikanischer Länder (35, 37, 39, 40).

Anderswo hat der Löwe eine hiervon unabhängige, uralte symbolische Tradition. Das Wort *singha* (Löwe) ist die Quelle sowohl für das singhalesische Volk von Sri Lanka (26) als auch den Inselstaat Singapur (38). Der asiatische Löwe kommt auch vor im Wappen von Indien (3) und in der modernisierten Abwandlung eines sehr alten iranischen Emblems (2).

Obwohl die militärischen Führer in Äthiopien (1) 1975 das Kreuz von dem Stab und die Krone vom Haupt des Löwen entfernt haben, sind seine Ursprünge noch klar. Die frühere kaiserliche Dynastie beanspruchte, unmittelbar von der Königin von Saba und König Salomo abzustammen; mit Bezug auf Salomo wurde von seinen äthiopischen Nachkommen der Titel »Siegreicher Löwe von Juda« geführt. Da der äthiopische Löwe weit älter ist als die heraldische Stilisierung des Löwen, schreitet er nach heraldisch links, was in der Heraldik als die weniger ehrenvolle Richtung betrachtet wird. Diese seine Richtung wurde 1930 wiederhergestellt, nachdem der Löwe jahrzehntelang in westeuropäischer Art nach heraldisch rechts geschritten war.

34 35 36 37 38 39 40 41

# WAPPENTIERE

PFERDE UND ZEBRAS

1 Mongolische Volksrepublik, *Pferd und Reiter* (260)*
2 Nigeria, *Pferd* (266)
3 Lesotho, *Pferd* (251)
4 Obervolta, *Pferd* (239)
5 Botswana, *Zebra* (216)
6 Venezuela, *Pferd* (296)
7 Uruguay, *Pferd* (295)

ELEFANTEN

8 Elfenbeinküste, *Elefantenkopf* (225)
9 Laos, *Dreiköpfiger Elefant* (250)
10 Zentralafrikanische Republik, *Elefantenkopf* (276)
11 Guinea, *Elefant* (237)
12 Swasiland, *Elefant* (286)

1

2

3

4

5

6

7

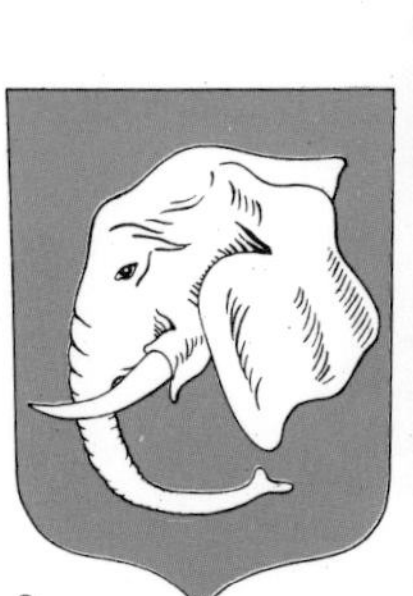

8

9

10

11

12

PANTHER, TIGER UND LEOPARDEN

13 Malawi, *Leopard* (255)
14 Singapur, *Tiger* (280)
15 Malaysia, *Tiger* (256)
16 Guyana, *Jaguar* (238)
17 Dahomey, *Panther* (226)
18 Somalia, *Gepard* (281)
19 Gabun, *Schwarzer Panther* (234)
20 Zaire, *Leopardenkopf* (299)

RINDER, LAMAS UND SCHAFE

21 Niger, *Büffelkopf* (266)
22 Andorra, *Kühe* (209)
23 Madagaskar, *Ochsenkopf* (275)
24 Indonesien, *Ochsenkopf* (242)
25 Botswana, *Ochsenkopf* (216)
26 Peru, *Vicuña* (272)
27 Südafrika, *Gnus* (281)
28 Neuseeland, *Schaffell* (265)
29 Uruguay, *Ochse* (295)

WASSERTIERE

30 Anguilla, *Fisch (Art nicht bestimmt)* (210)
31 Anguilla, *Delphine* (210)
32 Barbados, *Delphin* (214)
33 Malta, *Delphin* (257)
34 Bahamas, *Marlin* (121)

13

14

15

16

17

Wenn auch der Löwe und der Adler als nationale Embleme überwiegen, so sind bestimmte andere Tiere in der Liste dcr Wappentiere nicht vergessen worden. Die Antilope, der Elefant, das Zebra und der Panther darf man bei afrikanischen Ländern erwarten, wo solche Tierwelt reichlich vorkommt; da aber der Stier und das Pferd für die Volkswirtschaft von größerer Bedeutung sind, erscheinen sie in einer Anzahl afrikanischer Wappen als Hauptfiguren.
Andere charakteristische einheimische Tiere

35 36

wie der Jaguar (Guyana), das Schaf (Neuseeland), das Vicuña (Peru) und selbst der Marlin (Bahamas) und Delphine kommen vor. Der Delphin wird meist entsprechend den heraldischen Traditionen stilisiert und erscheint als allgemeines Symbol für das Meer bei den Inseln (Anguilla, Barbados, Malta), die ihn führen. Jedenfalls bemerken wir eine tiefe gefühlsmäßige Bindung zu historisch merkwürdigen Gestalten des Tierlebens, besonders als Schildhalter des Staatswappens. Solche Symbole sind in Flaggen ziemlich selten, vor allem in den von modernen Nationen geführten (sie können hingegen in Fahnen von Organisationen oder militärischen Einheiten vorkommen). Der Grund hierfür liegt teilweise in der Schwierigkeit, die zufriedenstellende Wiedergabe eines lebenden Gegenstandes durch Aufnähen von Stoffstücken zu erzielen, eine Herstellung, die weithin Stickerei und Malerei verdrängt hat.

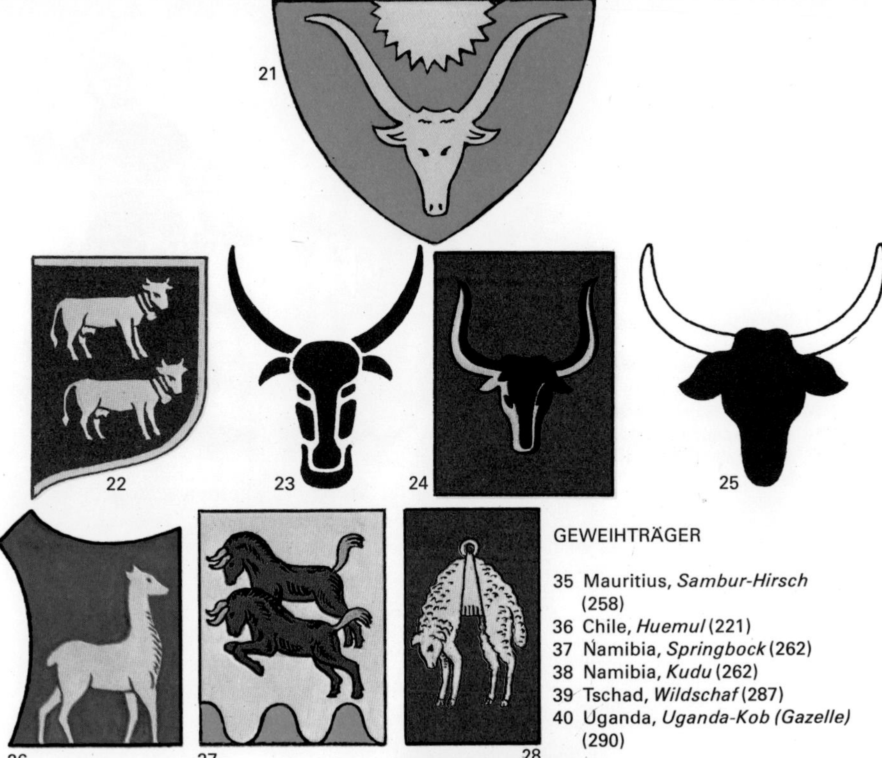
21 22 23 24 25 26 27 28

GEWEIHTRÄGER

35 Mauritius, *Sambur-Hirsch* (258)
36 Chile, *Huemul* (221)
37 Namibia, *Springbock* (262)
38 Namibia, *Kudu* (262)
39 Tschad, *Wildschaf* (287)
40 Uganda, *Uganda-Kob (Gazelle)* (290)

29

41 Südafrika, *Springbock* (281)
42 Südafrika, *Antilope* (281)
43 Rhodesien, *Säbelantilope* (276)

* Die Ziffern in Klammern geben die Seiten an, auf denen das Wappen oder die Flagge vollständig abgebildet sind.

20

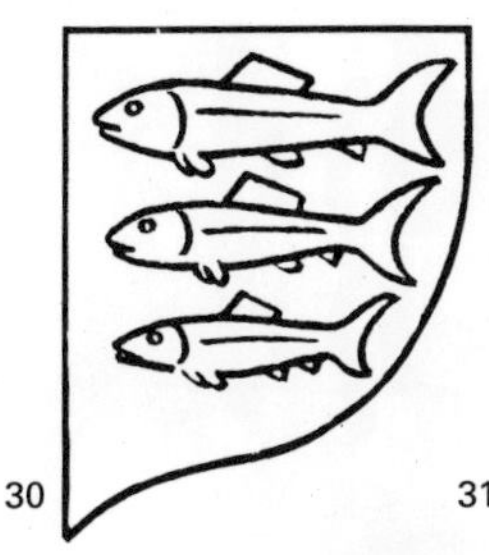
30

31

19

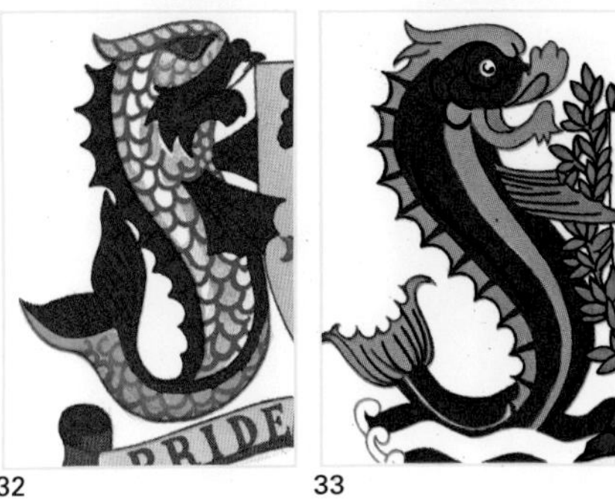

32

33 34

38 39 40 41 42 43

# MENSCHEN

1/ 2 Monaco, *Mönche* (260)*
3/ 4 Jamaika, *Eingeborene* (245)
5/ 6 Tansania, *Einwohner* (286)
7/ 8 Dänemark, *Wilde Männer* (226)
9/10 Sambia, *Einwohner* (299)
11/12 Nepal, *Krieger* (264)
13/14 Fidschi, *Eingeborene* (233)
15/16 Neuseeland, *Europäerin und Maori* (265)
17 Island, *Legendärer Riese* (243)

Teile von Menschen kommen auch in den Wappen oder Flaggen weiterer Länder vor:

Argentinien, *›Treue Hände‹* (211)
Algerien, *Hand der Fatima* (229)
Zentralafrikanische Republik, *Hand mit ausgestrecktem Zeigefinger* (276)
Finnland, *Schwertarm* (284)
Malaysia, *Arme mit Flagge* (256)
Mongolische Volksrepublik, *Reiter* (260)

1/2

Menschliche Wesen erscheinen selten in Fahnen, öfter aber in Wappen, besonders als Schildhalter. Hierzu gehören die Schildhalter in den Wappen von Monaco (1), Jamaika (3), Tansania (5), Dänemark (7), Sambia (9), Nepal (11), Fidschi (13), Neuseeland (15) und Island (17). Ein Reiter erscheint im Wappen der Mongolischen Volksrepublik (Seite 260).
Hände oder Arme kommen in Wappen vor, so bei Argentinien (Seite 211), Algerien (Seite 229), der Zentralafrikanischen Republik (Seite 276) und Finnland (Seite 284).
Früher sind Menschengestalten vielfach auf Fahnen gezeigt worden; siehe etwa die Seiten 34, 54, 60, 65, 66, 67 und 70 bis 75.
Beim Dogon-Stamm in Mali gibt es ein sehr altes Symbol, Kanaga geheißen, das einem Menschen ähnelt. Als sich 1959 Sudan (die

3/4

spätere Republik Mali) und Senegal zur Mali-Föderation zusammenschlossen, wurde ein Kanaga in den Mittelstreifen der Flagge gesetzt, um auszudrücken, daß die schwarzen Männer und Frauen mit fest auf der Erde stehenden Füßen ihre Arme mit der Bitte um einen neuen

5/6 7/8 9/10 11/12

Südafrika, *Frau mit Anker (Sinnbild der Hoffnung)* (281)
Zaire, *Arm mit Fackel* (299)

* Die Ziffern in Klammern geben die Seiten an, auf denen das Wappen oder die Flagge vollständig abgebildet sind.

13 14

Lebensweg gen Himmel erheben. Als im folgenden Jahr die Föderation aufgelöst und die Republik Mali proklamiert wurde, ersetzte Senegal den Kanaga durch einen Stern, und Mali entfernte ihn gänzlich unter dem Einfluß der Mohammedaner, die sich der Darstellung eines Lebewesens widersetzten.
Seitdem sind Menschen fast ganz aus den Nationalflaggen der Welt verschwunden. Ausgenommen sind nur noch die Mönche in der Staatsflagge von Monaco, die menschlichen Arme in den Staatsflaggen von Zaire und Finnland und das Menschengesicht der Sonne von Uruguay. Immerhin erscheinen Männer und Frauen auf mehreren britischen Kolonial- und amerikanischen Staatsflaggen (siehe Seiten 291 bis 294). In Wappen kommen hauptsächlich zwei Arten von Menschenwesen vor: Figuren, die die ursprünglichen Einwohner eines Landes darstellen, und solche, die seine typischen modernen Bürger repräsentieren. Die Soldaten im Wappen von Nepal sind zum Beispiel in typischer Eingeborenen- und britischer Gewandung gekleidet, um die jeweiligen Heere anzudeuten, in denen sie Dienst leisten.

Die Standarte des Kaisers des Heiligen Römischen Reiches, Karl V. *(Seite 327)*, zeigt ihn inmitten von Schrägkreuzchen und Flämmchen (seinem fürstlichen Emblem). Göttlichen Beifall erhält er für die Niederwerfung eines Türken; das kaiserliche Wappen, der Spruch »Immer weiter« und die Darstellung eines Heiligen (St. Jakobus) vervollständigen das Bild.

15 16

17

# KRONEN UND WAPPENMÄNTEL, BURGEN UND ANDERE BAUWERKE

Nach britischer heraldischer Überlieferung, der sich einige Nationen des Commonwealth angeschlossen haben, zeigt der über dem Schild stehende Helm, auf welchem der Wulst und eine Krone (oder eine Helmzier) ruhen, den Rang des Wappeninhabers an. Hier weist der Helm im Wappen von Malta auf den Status dieser Insel als souveräne Nation hin.

1 Norwegen (im persönlichen Wappen des Königs) (269)*
2 Norwegen (im Staatswappen) (269)

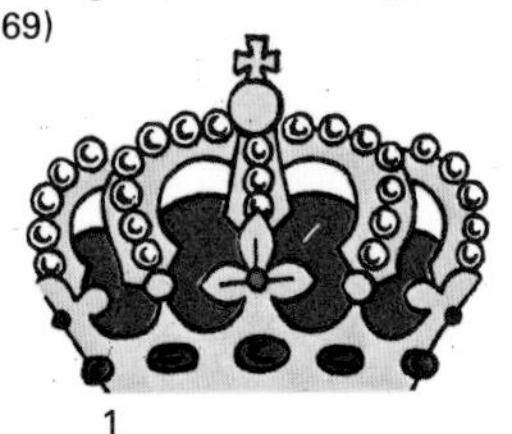

1

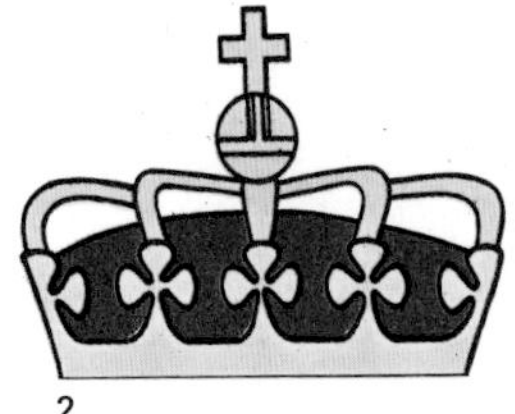

2

3

4

5

6

7

8

9

10

11

3 Schweden (285)
4 Belgien (214)
5 Dänemark (226)
6 Luxemburg (254)
7 Vereinigtes Königreich (291)
8 San Marino (278)
9 Kanada (220)
10 Neuseeland (265)
11 Tonga (288)

12

13

14

15

16

12 Liechtenstein (Fürstenhut und Wappenmantel (253)
13 Niederlande (Krone und Wappenzelt) (253)
14 Belgien (Krone und Wappenmantel) (214)
15 Monaco (Krone und Wappenmantel) (260)
16 Jordanien (Krone und Wappenmantel) (295)
17 Kambodscha (Krone und Wappenmantel) (246)
18 Norwegen (Krone und Wappenmantel) (269)
19 Luxemburg (Wappen des großherzoglichen Hauses) (254)
20 Bahrain (213)
21 Guyana (238)
22 Vatikanstadt (223)
23 Marokko (254)
24 Nepal (264)
25 Dänemark (Krone und Wappenmantel) (226)
26 Iran (242)
27 Swasiland (286)
28 Malta (257)

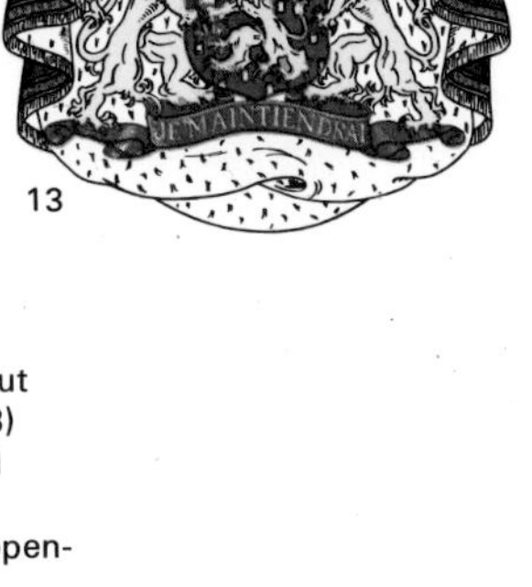

22

18

19

23

24

25

26

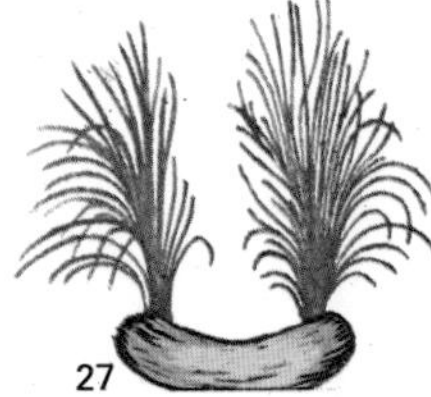

27

* Die Ziffern in Klammern geben die Seiten an, auf denen das Wappen oder die Flagge vollständig abgebildet sind.

28

## KRONEN

Die ältesten Kronen waren im allgemeinen sehr einfach: Ein Pelzstreifen oder die Feder eines seltenen Vogels genügten zur Unterscheidung des Anführers gegen die ihm Unterstellten. Heute werden solche Kronen nur noch in wenigen Ländern gebraucht, vor allem in Afrika und Asien (24, 26, 27), und Hermelinpelz als Unterlage für einige europäische Kronen (7, 9, 12). Die Goldbänder, Edelsteine und das Samtfutter der typischen Königs- und Kaiserkronen gehen auf den materiellen Aufwand und die pompösen Zeremonien zurück, mit denen einst die Monarchen ausgezeichnet werden sollten. Der göttliche Ursprung ihrer Autorität ist durch die von der Krone von Kambodscha (17) ausgehenden goldenen Strahlen und in dem Reichsapfel angedeutet, der auf fast allen westlichen Kronen ruht. Die Kugel des Reichsapfels ist ein Symbol der Erde, während das Kreuz die Herrschaft Christi über die Welt und ihre Monarchen ausdrückt.

17

Das elegante Zelt oder der Pavillon des mittelalterlichen Königtums wurde zum dekorativen Hintergrund stilisiert, der in vielen Königswappen erscheint. Er heißt dort Wappenmantel und ist anderen Ursprungs als die Helmdecken. Seit die Zahl der Monarchien so stark zurückgegangen ist, sind Wappenmäntel und Helmdecken in Flaggen zu Seltenheiten geworden.

21

## BAUWERKE

Verhältnismäßig wenige Gebäude von Menschenhand konnten den erhabenen Abstand vom Alltäglichen gewinnen, den die typischen Symbole besitzen. Immerhin ist der alte Tempel von Angkor von Royalisten und Republikanern in Kambodscha (1, 3) gewürdigt worden, und andere eindrucksvolle Bauwerke früherer Zivilisationen erscheinen in den Wappen mancher anderen Länder (2, 4, 5, 9).

Das im Wappen von Spanien erscheinende Kastell von Kastilien (6) erinnert an den Namen dieses Gebietes; die Hauptstadt von Uruguay ist mit einem Feld des Wappens dieses Landes gemeint (8). Die Straußenfedern auf den Dächern der drei Türme (7) erscheinen im Wappen von San Marino in Gestalt metallener Wetterfahnen.

1 Kambodscha (Khmer-Republik): Angkor Wat (247)
2 Volksrepublik China: Tien An Men (Tor des Himmlischen Friedens), Peking (222)
3 Kambodscha (Königreich): Angkor Wat (246)

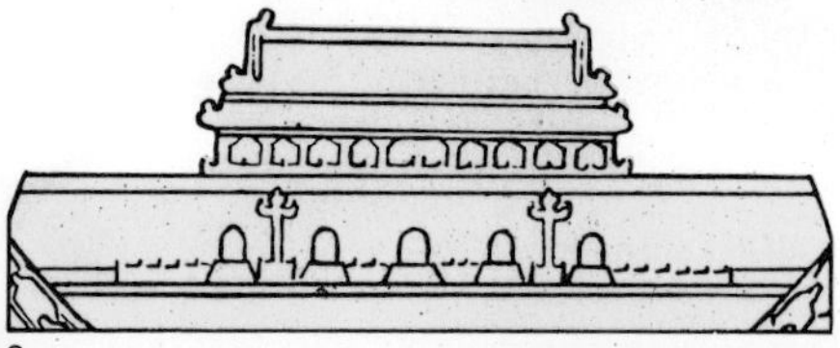

4 Mali: Stadtmauer von Timbuktu (257)
5 Ghana: Unbestimmtes Schloß (235)
6 Spanien: Unbestimmtes Kastell (232)
7 San Marino: Türme von Guaita, Cesta und Montvale (278)
8 Uruguay: Stadt Montevideo (295)
9 Dahomey: Siedlung des Somba-Volkes (226)
10 Honduras: Unbestimmte Kastelle (241)

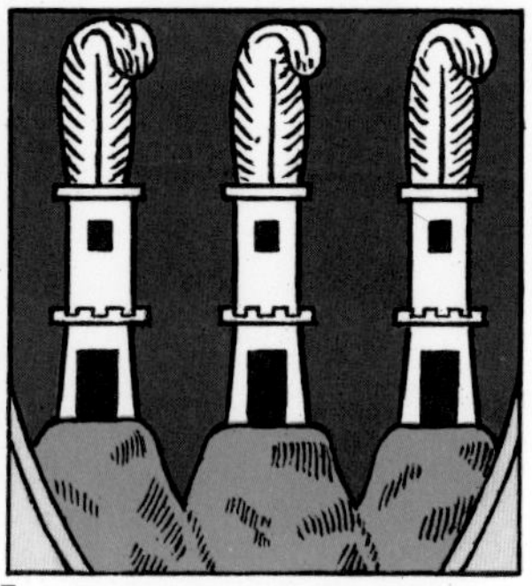

* Die Ziffern in Klammern geben die Seiten an, auf denen das Wappen oder die Flagge vollständig abgebildet sind.

1 Qatar, *Krummschwerter* (274)*
2 Anguilla, *Kanonenrohre* (210)
3 Saudi-Arabien, *Krummschwerter* (210)
4 Burundi, *Speere* (219)
5 Zaire, *Pfeil und Speer* (299)
6 Swasiland, *Speere und Stock* (286)
7 Haiti, *Kanonen und Kanonenkugeln* (238)
8 Oman, *Schwerter und Dolch* (290)
9 Malaysia, *Dolche (Kris)* (256)
10 Tonga, *Schwerter* (288)
11 Guatemala, *Flinten und Degen* (236)

Weitere, hier aber nicht vertretene Länder haben Waffen in ihrer Flagge oder ihren Wappen:

Bolivien, *Gewehre, Kanonenrohre und Beil* (216)*
Brasilien, *Schwert* (217)
Dänemark, *Keulen* (226)
Spanien, *Pfeilbündel* (232)
Äthiopien, *Speer* (232)
Fidschi, *Speer und Keule* (233)
Ghana, *Zeremonialschwert* (235)
Obervolta, *Speere* (239)
Honduras, *Pfeile* (241)
Iran, *Krummschwert* (242)
Kenia, *Speere* (247)
Lesotho, *Knopfstab, Lanze (Assegai)* (251)
Mali, *Flitzbögen mit Pfeil* (257)
Mosambik, *Pfeilbündel* (259)
Monaco, *Schwerter* (260)
Nepal, *Gewehr, Pfeil und Bogen* (264)
Niederlande, *Schwert, Pfeilbündel* (263)
Neuseeland, *Speer* (265)
Niger, *Schwerter und Speer* (266)
Norwegen, *Axt* (269)
Panama, *Gewehr und Säbel* (271)
Philippinen, *Pfeile* (273)
Ruanda, *Flitzbogen und Pfeil* (277)
Somalia, *Speere* (281)
Sri Lanka, *Schwert* (283)
Finnland, *Schwerter* (284)
Togo, *Flitzbögen und Pfeile* (287)
Tunesien, *Schwert* (289)
Uganda, *Speere* (290)
Vereinigte Staaten, *Pfeile* (292)
Jordanien, *Schwerter, Speere, Flitzbogen und Pfeile* (295)
Venezuela, *Lanze und Säbel* (296)

* Die Ziffern in Klammern geben die Seiten an, auf denen das Wappen oder die Flagge vollständig abgebildet sind.

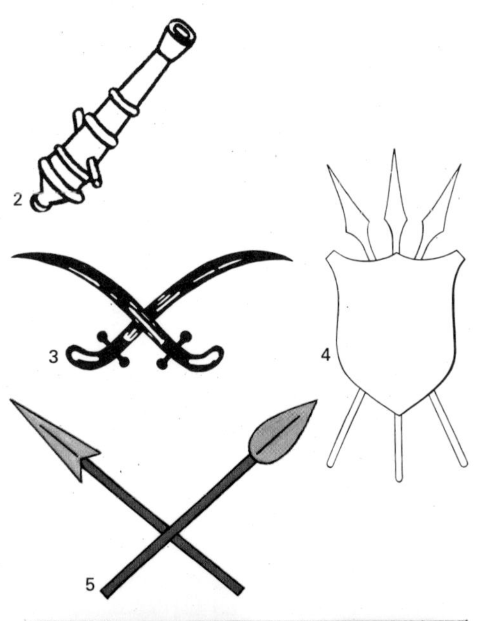

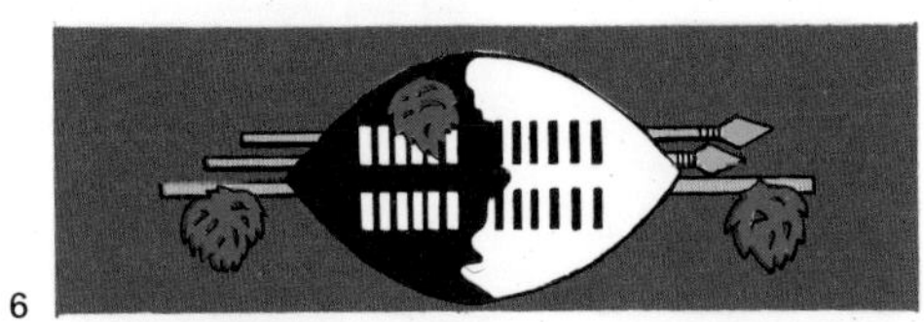

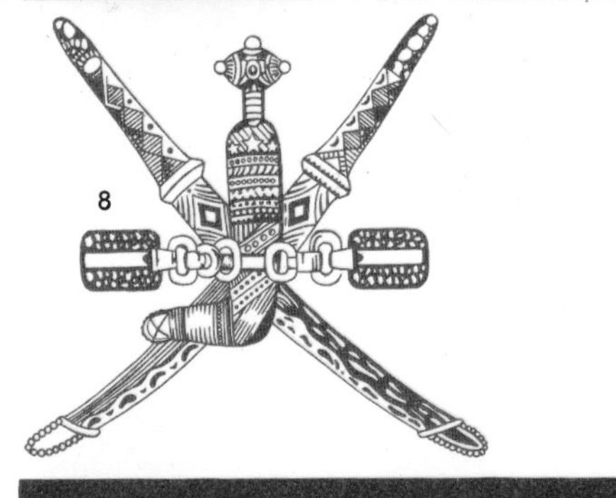

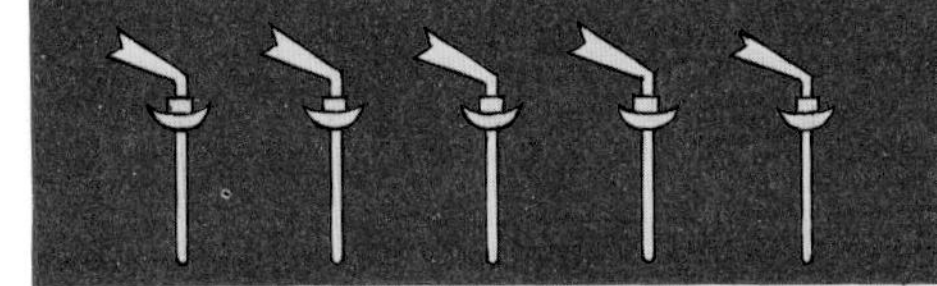

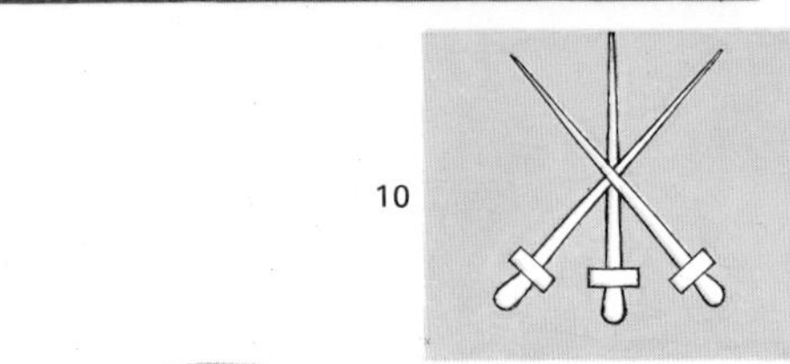

# WAFFEN UND GEGENSTÄNDE

In einer wichtigen Beziehung sind Wappen und Flagge einer Nation auch Waffen für ihre Verteidigung. Für die im Lande Lebenden stellen sie einen knappen Ausdruck einstigen Ruhmes, zukünftiger Wünsche und der Grundsätze dar, nach denen die Bürger zu handeln aufgerufen sind. Für den Außenstehenden sind diese Symbole eine Warnung, daß die Nation zur Verteidigung gegen alle bereit ist, die ihr Gebiet oder ihre Rechte bedrohen könnten. Manche Länder drücken ihre Bereitschaft, sich mit Gewalt zu verteidigen, symbolisch deutlicher als andere aus. Unter den auf Schilden oder als ihre Nebenfiguren vorkommenden Waffen fand man früher mehr als heute Gewehre, Schwerter, Dolche, Speere und Pfeile. In dem zweihundert Jahre alten Wappen der Vereinigten Staaten kommen zum Beispiel ein Pfeilbündel und ein Ölzweig vor, um die Gewalt des Kongresses anzuzeigen, über Krieg und Frieden zu entscheiden. Die Schwerter und Dolche in arabischen Wappen beziehen sich auf die ritterlichen Traditionen in jenen Ländern, aufgrund deren erwachsene Männer ständig zu ihrem Gebrauch bereit sind, wenn ihre Ehre herausgefordert wird.

Modern ist die Einführung von Handwerks-

16

zeug und Maschinenteilen, um anzuzeigen, daß wahre nationale Stärke ebenso in einer leistungsfähigen Wirtschaft wie in einer schlagkräftigen Wehrmacht beruht. Die bekannten Hämmer und Sicheln des Kommunismus sind in manchen kommunistischen Staaten durch einheimische Varianten ersetzt worden, zum Beispiel eine Querhacke und eine Reitgerte (Ostmongolei), eine Sichel und einen Rechen (Tuwa) oder einen Anker und einen Pickel (Fernöstliche Republik).

Auch andere Gegenstände wie Schlüssel und Waagen sind traditionell heraldische Embleme. Die Waage stammt als Symbol der Gerechtigkeit aus dem Neoklassizismus des 18. Jahrhunderts und war als allegorische Figur (z.B. der Freiheit, der Landwirtschaft) beliebt.

# WERKZEUGE

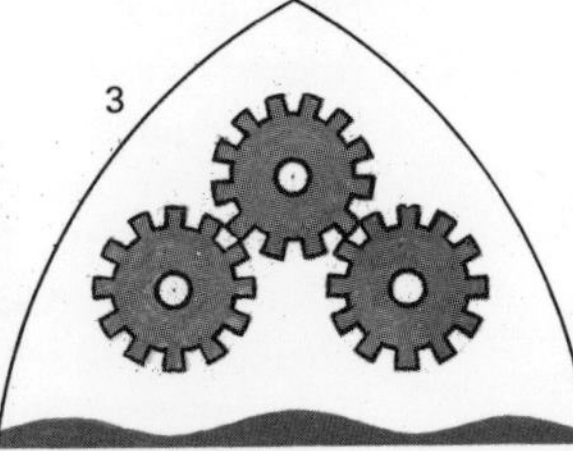

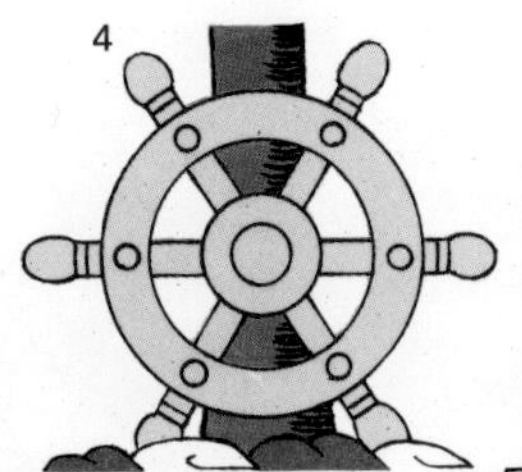

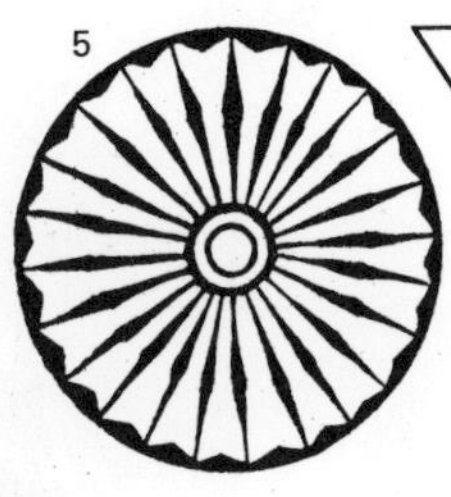

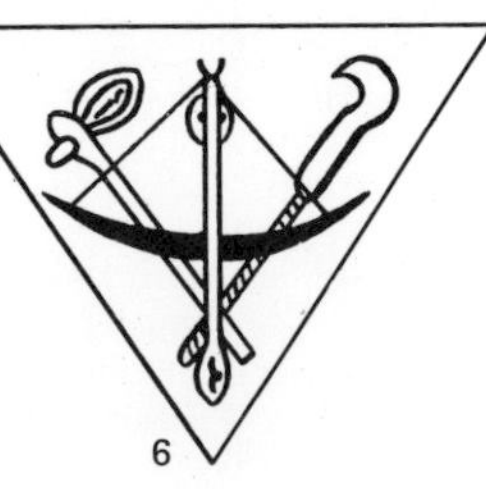

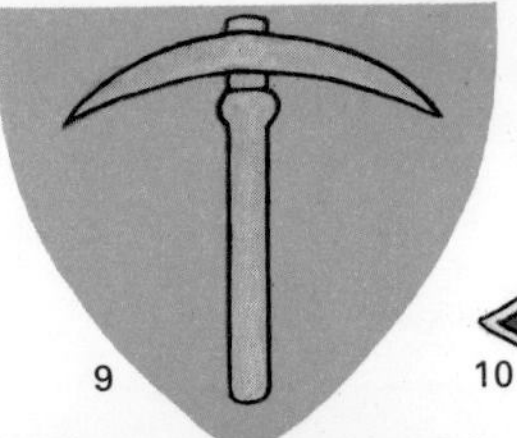

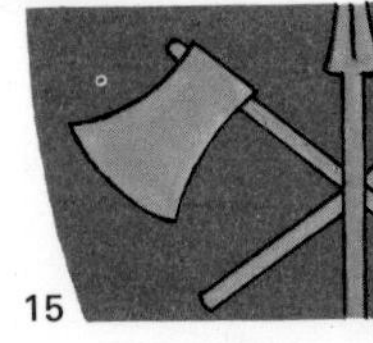

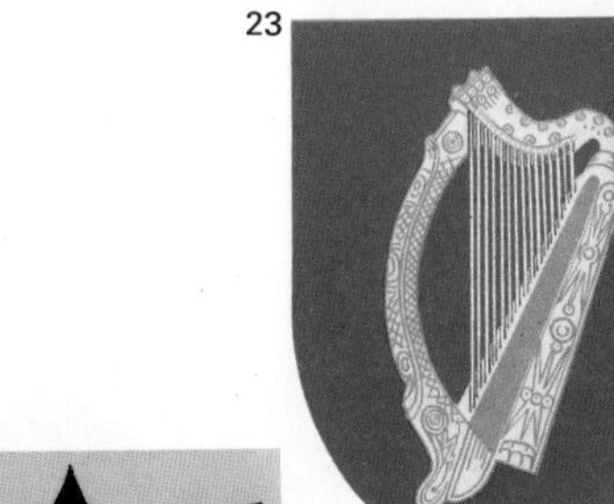

1 Italien, *Zahnrad* (244)*
2 Vietnam, *Zahnrad* (297)
3 Botswana, *Zahnräder* (216)
4 Trinidad und Tobago, *Schiffssteuerrad* (288)
5 Indien, *Rad* (215)
6 Ruanda, *Hacke, Heppe, Pfeil und Bogen* (277)
7 Sowjetunion (Wappen), *Hammer und Sichel* (282)
8 Gambia, *Axt und Hacke* (234)
9 Rhodesien, *Pickel* (276)
10 Namibia, *Bergwerkshämmer* (262)
11 Sowjetunion (Flagge), *Hammer und Sichel* (282)
12 Neuseeland, *Bergwerkshämmer* (265)
13 Österreich, *Sichel, Hammer und Ketten* (270)
14 Deutsche Demokratische Republik, *Hammer und Zirkel* (228)
15 Tansania, *Axt und Hacke* (286)
16 Burma, *Zahnrad* (262)
17 Israel, *Siebenarmiger Leuchter (Menorah)* (244)
18 Uruguay, *Waage* (295)
19 Kamerun, *Waage* (219)
20 Tunesien, *Waage* (289)
21 Mauritius, *Schlüssel* (258)
22 Vatikanstadt, *Schlüsselpaar* (223)
23 Irland, *Harfe* (231)
24 Peru, *Füllhorn* (272)
25 Barbados, *Dreizack* (214)

* Die Ziffern in Klammern geben die Seiten an, auf denen das Wappen oder die Flagge vollständig abgebildet sind.

# DER BAUM

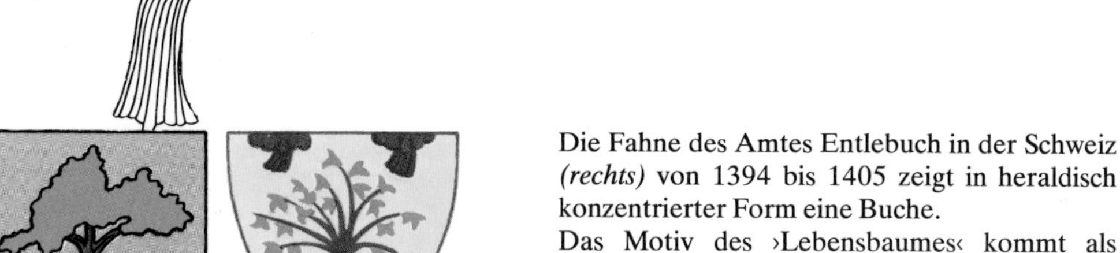

1 Anguilla, *Mahagoni* (210)*
2 Äquatorialguinea, *Wollbaum* (236)
3 Barbados, *Gebarteter Feigenbaum* (214)
4 Mauritius, *Palme* (258)
5 Dahomey, *Ölpalme* (226)
6 Mauretanien, *Palme* (261)
7 Libanon, *Zeder* (253)
8 Zentralafrikanische Republik, *Unbestimmter Laubbaum* (276)
9 Sierra Leone, *Ölpalme* (280)
10 Westsamoa, *Kokospalme* (278)
11 Haiti, *Palmetto* (238)
12 Peru, *Chinarindenbaum* (272)
13 Fidschi, *Kokospalme* (233)
14 Saudi-Arabien, *Dattelpalme* (210)
15 Malaysia, *Betelnußpalme* (256)
16 Elfenbeinküste, *Palmen* (225)
17 Indonesien, *Waringinbaum* (242)
18 Ghana, *Kakaostrauch* (235)
19 Südafrika, *Orangenbaum* (281)
20 Senegal, *Johannisbeerbaum (Baobab)* (279)
21 Gabun, *Okume-Baum* (234)
22 Malediven, *Palme* (228)

Die Fahne des Amtes Entlebuch in der Schweiz *(rechts)* von 1394 bis 1405 zeigt in heraldisch konzentrierter Form eine Buche.
Das Motiv des ›Lebensbaumes‹ kommt als religiöses Symbol seit dem Altertum im Vorderen Orient vor. Gegenwärtig führt nur eine einzige Nationalflagge diese Tradition fort, der Libanon zeigt die Zeder als ein Sinnbild von Unsterblichkeit und Heiligkeit.
Staatswappen in der ganzen Welt enthalten verschiedene Arten von Bäumen, aber der häufigste Baum ist die Palme. Dies ist vielleicht auf die Tatsache zurückzuführen, daß er in den Ländern Schatten spendet, wo dieser höchst willkommen ist, während seine Frucht sowohl Speise wie Trank liefert.

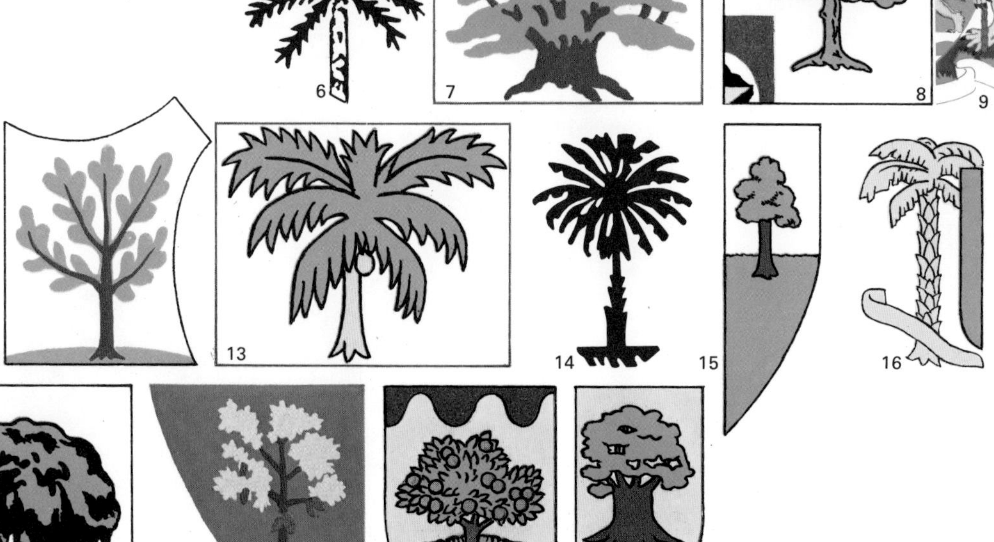

Weitere, hier nicht verzeichnete Länder mit Bäumen in ihrem Wappen oder ihrer Flagge:

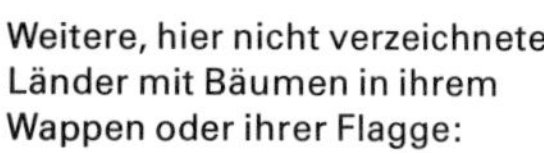

Bolivien, *Brotbaum* (216)
Kuba, *Palme* (225)
Honduras, *Eiche und Tanne* (241, 318)
Liberia, *Palme* (251, 320)
Nepal, *Unbestimmter Laubbaum* (264, 330)
Madagaskar, *Ranivala* (275)
Rumänien, *Tannen* (277)

* Die Ziffern in Klammern geben die Seiten an, auf denen das Wappen oder die Flagge vollständig abgebildet sind.

Bäume sind Hauptfiguren in den Fahnen der Vergangenheit und in gegenwärtigen Fahnen amerikanischer Staaten (Seiten 293/294): Der Palmetto von South Carolina, die Magnolie von Mississippi und die Fichten von Vermont, Maine und Massachusetts. Letzteres Emblem ist seit 1628 in Gebrauch, und von 1686 bis 1776 bildete ein in der oberen inneren Ecke eingefügtes Fichtenbaumbild den einzigen Unterschied zwischen den Flaggen von Neu-England und denen seines Mutterlandes, England.

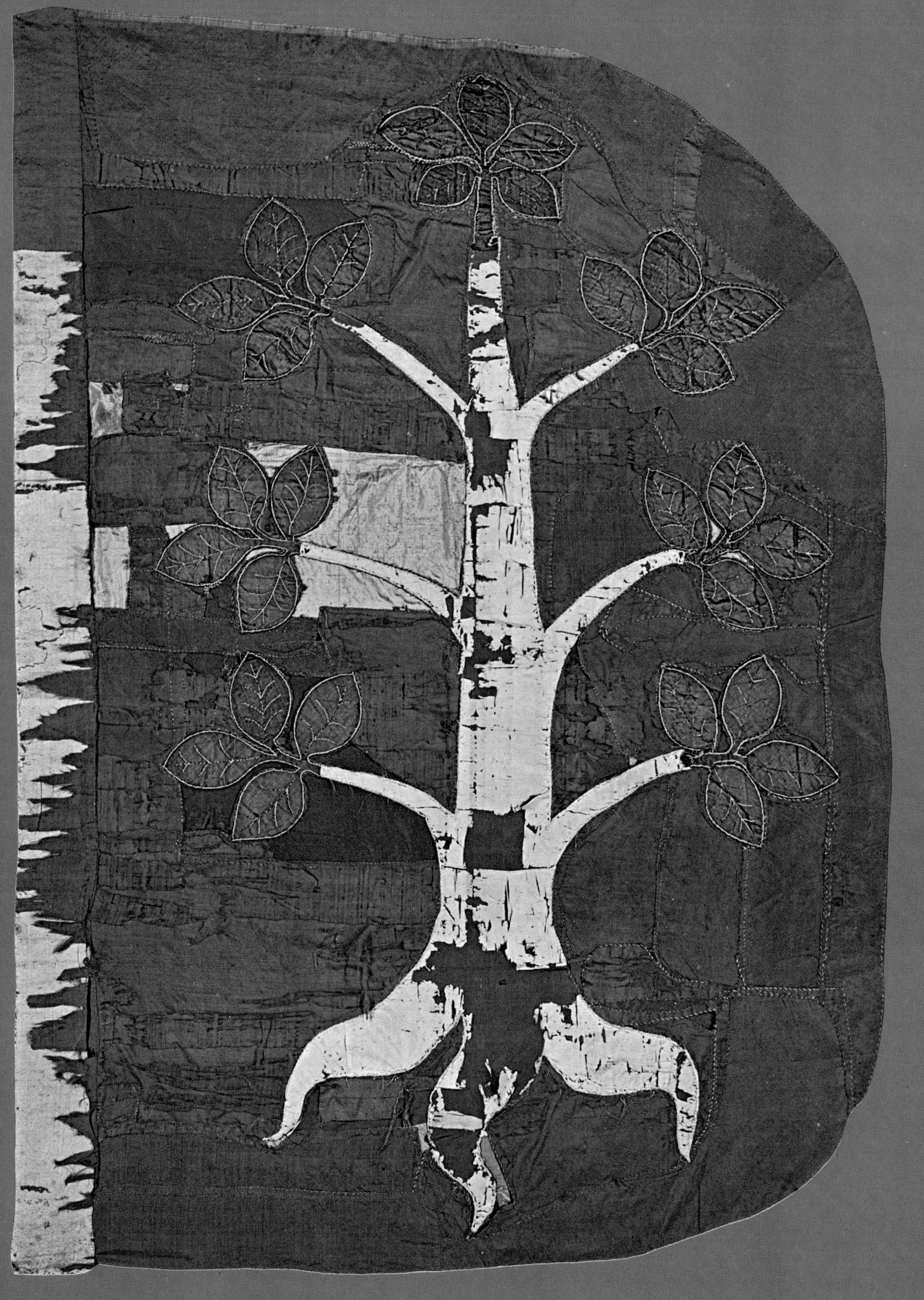

# PFLANZEN UND FRÜCHTE

1 Japan, *Chrysanthemum* (267)*
2 Nauru, *Tomano* (263)
3 Barbados, *Red Pride of Barbados (Orchidee)* (214)
4 Republik Korea, *Hibiskus (Rose von Scharon)* (248)
5 Sri Lanka, *Lotos* (283)
6 Anguilla, *Unbestimmte Blüten* (210)
7 Pakistan, *Tee* (271)
8 Bangladesch, *Wasserlilie* (213)
9 Guyana, *Victoria regia* (238)
10 Kanada, *Ahornblatt* (220)
11 Kanada, *Ahornblätter* (220)
12 San Marino, *Lorbeer und Eiche* (278)
13 Pakistan, *Narzisse* (271)
14 Zypern, *Ölzweige* (249)
15 Portugal, *Lorbeer* (274)
16 Argentinien, *Lorbeer* (211)
17 Demokratische Republik Vietnam, *Reis* (297)
18 Senegal, *Palmzweige* (279)
19 Italien, *Ölbaum und Eiche* (244)
20 Dahomey, *Mais* (226)
21 Kolumbien, *Granatapfel* (223)
22 Venezuela, *Früchte und Blüten* (296)
23 Fidschi, *Bananen* (233)
24 Niger, *Hirse* (266)
25 Venezuela, *Weizen* (296)
26 Pakistan, *Weizen* (271)
27 Anguilla, *Obst* (210)
28 Pakistan, *Jute* (271)
29 Neuseeland, *Weizen* (265)
30 Malaysia, *Hibiskus (Eibisch)* (256)
31 Pakistan, *Baumwolle* (271)
32 Jamaika, *Ananas* (245)

* Die Ziffern in Klammern geben die Seiten an, auf denen das Wappen oder die Flagge vollständig abgebildet sind.

Eine alte, griechische Sage erzählt, daß die Göttin Athene mit dem Gott Poseidon um die geistige Führung Athens wetteiferte. Wie auf dem Westgiebel des Parthenons dargestellt, bestanden die Gaben, die sie dem Volk anboten, entweder in einem Ölbaum oder einem Pferd, als Symbole für Wohlstand und Kraft. Die Athener wählten den Ölbaum und machten somit den Ölzweig zu einem in der Menschheit ältesten pflanzlichen Symbole mit politischer Bedeutung. Da die Ölbäume in Friedenszeiten gediehen, wurden sie zum Sinnbild des Friedens wie im modernen Wappen von Zypern und in der Flagge der Vereinten Nationen.

Auch andere Blätter und Getreidearten haben symbolische Bedeutung, so die Eiche für Stärke, Lorbeer für Sieg und Weizen (auch Reis oder Mais) für Wohlstand. Einheimische landwirtschaftliche Produkte oder typische Blumen kommen in einzelnen Staatswappen vor wie die Bananen bei Fidschi, die Teeblätter von Bangladesch und die Tomanoblüten von Nauru. Der Granatapfel (auf spanisch *granada*) wurde als Wortspiel zum Emblem von Granada gewählt; Kolumbien, einst Neu-Granada geheißen, setzt die Tradition fort. Landwirtschaftliche Produkte quellen aus dem Füllhorn, einem klassischen Emblem des Wohlstandes.

In einigen Fällen kann ein pflanzliches Emblem eine tiefe religiöse und geschichtliche Bedeutung haben. Dies ist der Fall beim Chrysanthemum-Emblem der Kaiser von Japan, dem Lotos im Wappen von Sri Lanka, dem früheren Wappen der Mongolei und sogar im Ahornblatt

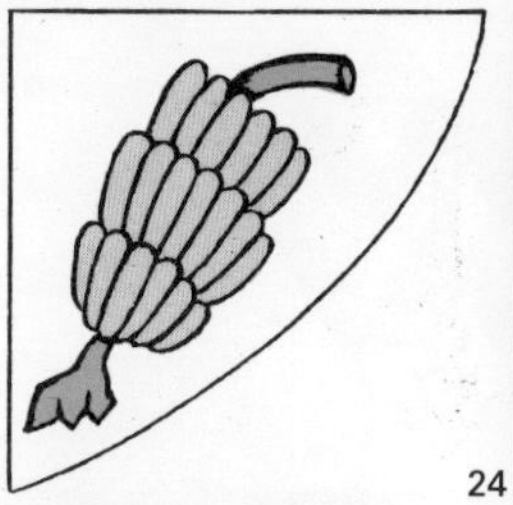
23

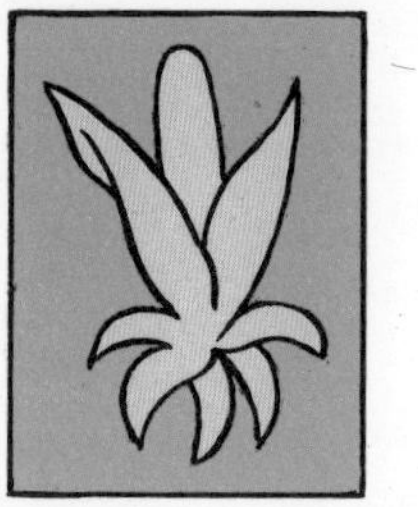
24

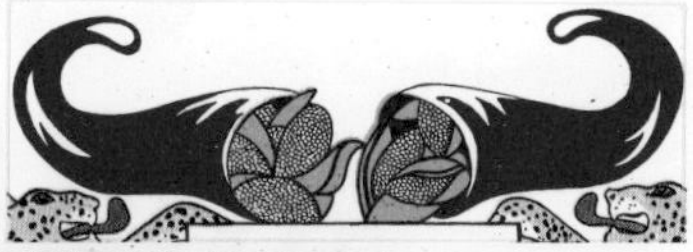
20

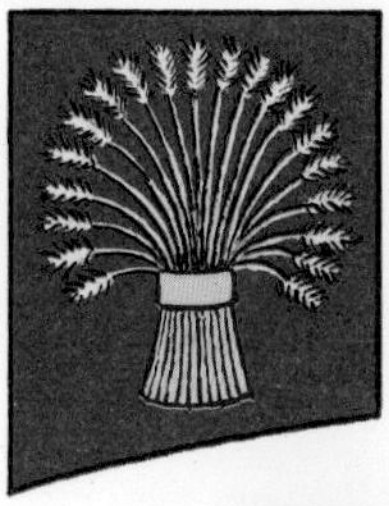
25

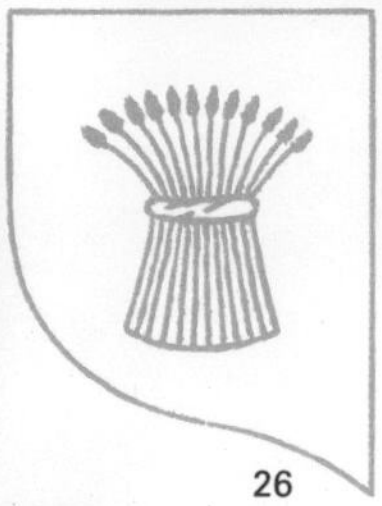
26

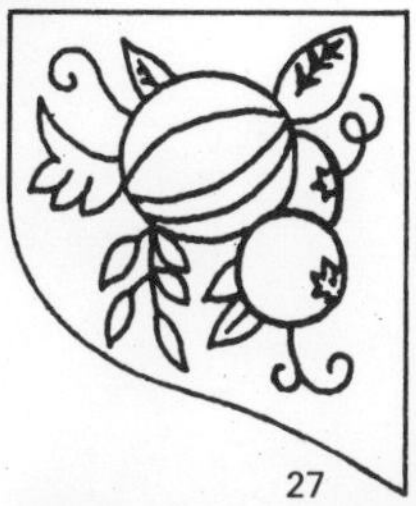
27

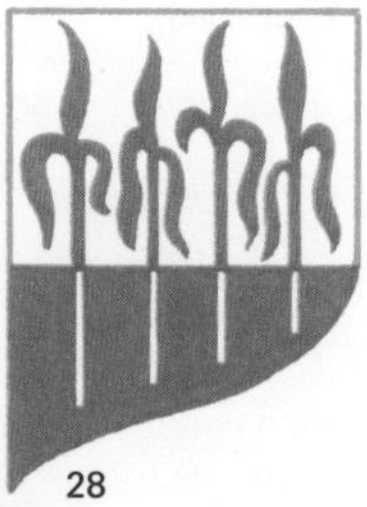
28

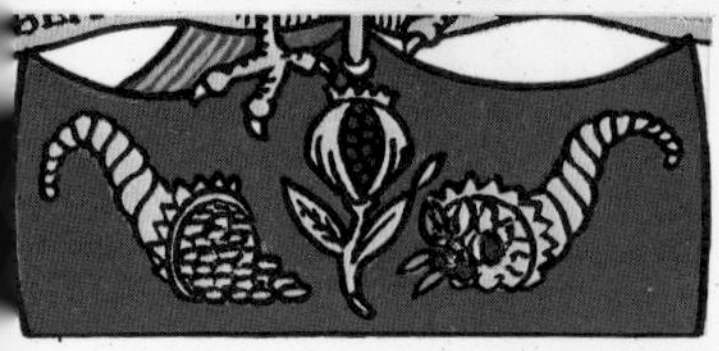
21

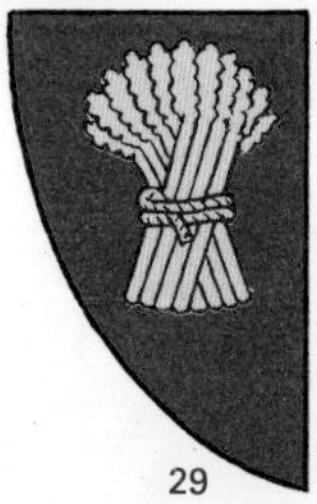
29

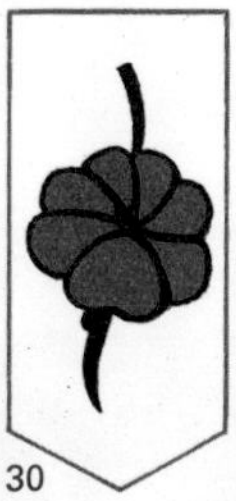
30

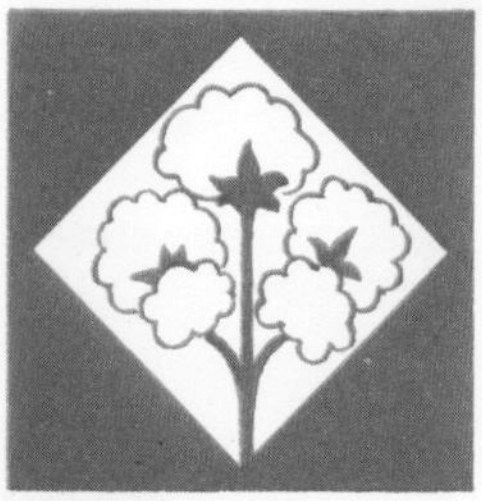
31

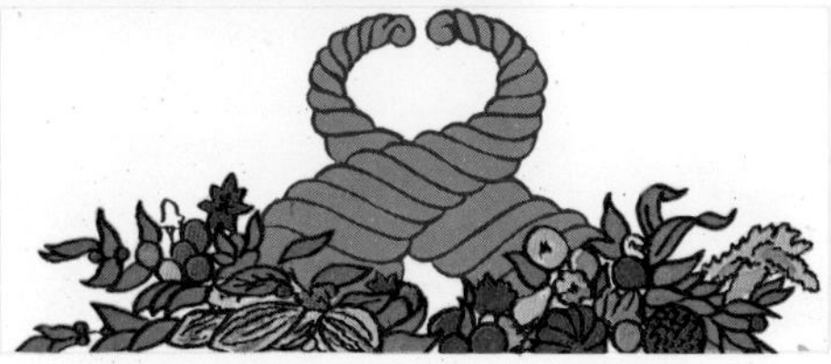
22

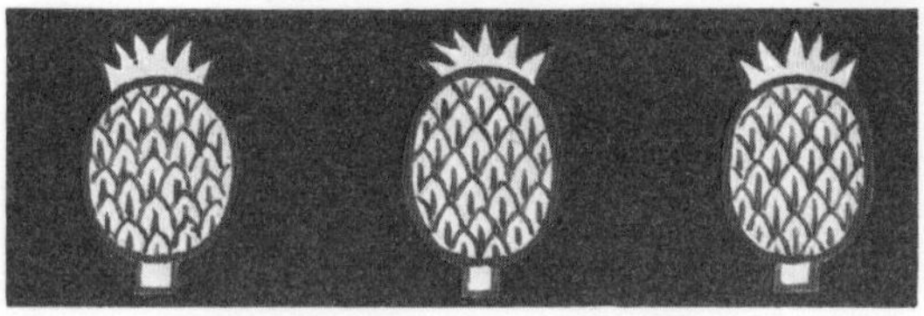
32

von Kanada. Die Krone von Tonga (Seite 288) ist von Kastanienblättern umrahmt, weil solche Blätter einst von den Häuptlingen getragen wurden, wenn sie Entscheidungen über Leben oder Tod fällten. Das Blatt des heiligen Bo-Baumes, unter dem Buddha die Erleuchtung fand, ist in der Flagge von Sri Lanka dargestellt. Viele Staatswappen sind symmetrisch aufgebaut und stellen in graphischer Gestalt ein ›geschlossenes Universum‹ dar: sie drücken aus, daß die Nation alle Dinge umschließt, die der Bürger für ein gutes und erfolgreiches Leben benötigt. Aus diesem Grunde können die Wappen charakteristische Pflanzen, Tiere oder Naturerscheinungen aufweisen; sie können von Waffen starren; oder sie können Embleme enthalten, die die religiöse und politische Geschichte des Landes zusammenfassen. In Übereinstimmung mit dieser Deutung kann der um viele Wappen herumlaufende Kranz als eine schützende Abdeckung, als eine Schranke vor fremder Einmischung angesehen werden. Er entspricht den menschlichen oder tierischen Schildhaltern in anderen Wappen, die den Schild in der Mitte grimmig bewachen. Das spiegelt die moderne Erkenntnis wider, daß zur Verteidigung der nationalen Souveränität letztlich eine starke landwirtschaftliche Grundlage mindestens so wichtig ist wie eine Armee.

16

17

18

19

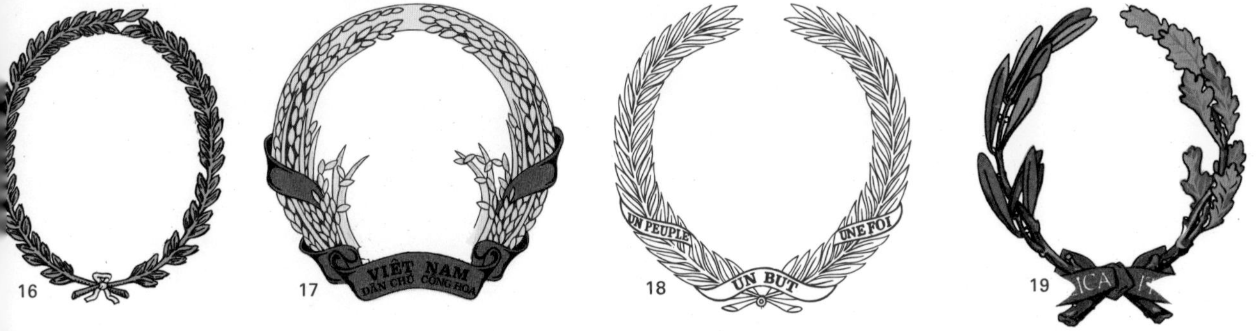

# WASSER, LANDSCHAFTEN, SCHIFFE

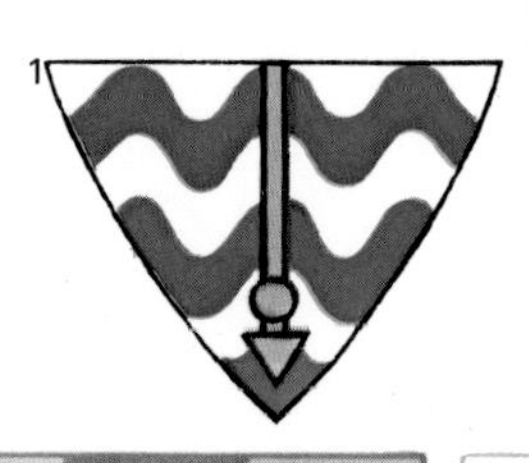

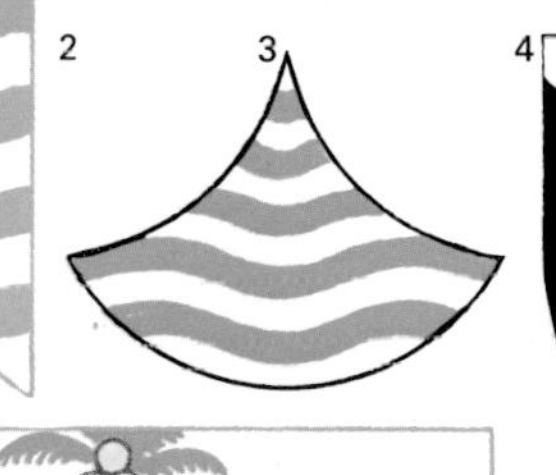

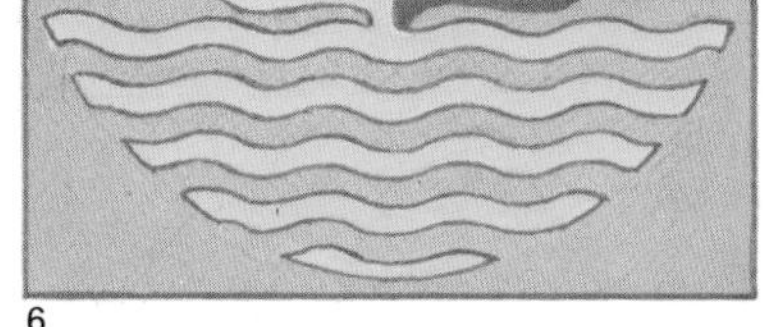

WASSER

1 Tansania (286)*
2 Malaysia (256)
3 Angola und Mosambik (209, 259)
4 Nigeria: Zusammenfluß zweier Ströme (266)

5 Botswana (216)
6 Bangladesch (213)
7 Westsamoa (278)
8 Sambia (299)

Andere Länder mit diesem Symbol in ihren Flaggen oder Wappen sind:

Spanien (232)
Ghana (235)
Honduras (241)
Demokratische Volksrepublik Korea (248)
Kuwait (250)
Malta (257)
Mexiko (258)
Trinidad und Tobago (288)
Jemen (298)
Guyana (238)

LANDSCHAFTEN

9 El Salvador (231)
10 Bolivien (216)
11 Kuba (225)
12 Ecuador (230)
13 Liberia (251)
14 Costa Rica (224)
15 San Marino (278)
16 Rumänien (277)
17 Demokratische Volksrepublik Korea (248)
18 Kuba (225)
19 Kolumbien (223)
30 Nepal (264)

Jede Nation könnte spezielle einheimische geographische Motive zur Darstellung auf ihren Wappen oder zum Gebrauch auf ihren Flaggen wählen. Bemerkenswert wenige Länder haben das tatsächlich getan, vielleicht weil die überlieferten heraldischen Regeln in Westeuropa die Darstellung naturalistischer Motive verboten; solche Motive haben auch, wenn sie stilisiert werden, eine Neigung, gerade diejenigen unterscheidenden Eigenschaften zu verlieren, deretwegen sie als Symbole in Betracht kämen.

Immerhin hat die moderne Symbolik eine Anzahl von Beispielen entwickelt, wo ein Fluß oder ein Gebirge oder eine Küstenlinie dazu dient, ein bestimmtes Land oder einen Teil davon anzudeuten. Die einfachste Darstellungsart ist ein Farbstreifen, etwa Grün für Wälder und Dschungel, Braun oder Orange für weniger fruchtbares Land und Blau für Wasser. Solche und ähnliche Streifen kommen in einer großen Zahl von Flaggen vor, obwohl ihr Zusammenhang mit einem besonderen Wesenszug der

9

Natur nicht immer unmittelbar ins Auge springt.
Der Klarheit dieser Farbensymbolik steht ganz nahe der symbolische Ausdruck für einen See oder Fluß oder Ozean durch eine abwechselnde, gewöhnlich blaue und weiße Wellenlinie. Nigeria und Ecuador sind in ihren Wappen bis zur künstlerischen Darstellung bestimmter Flüsse gegangen, während der Schild von Sambia heraldisch die Victoriafälle wiedergibt.
Länder in der Neuen Welt und Kolonialgebiete haben häufig Seestücke mit Schiffen, weil ihre Schiffe sind in bezug auf Bauart und sogar Zeitalter nicht näher bestimmt. Ausnahmen bilden der Ausleger von Fidschi und die Dhau verschiedener arabischer Staaten. In der Heraldik gelten die Galeere wie im Wappen von Neubraunschweig und Neuseeland traditionell als eine ideal stilisierte Form für ein Schiff. Die Schiffe des Kolumbus wurden für die Wappen von Bahamas sowie von Trinidad und Tobago eigens gewählt, weil die Entdeckung dieser Inseln durch Schiffe dieser Bauart (Karavellen) geschah.

Andere Länder mit Landschaften in ihren Flaggen oder Wappen sind:

Honduras (241)
Lesotho (251)
Mongolische Volksrepublik (260)
Panama (271)
Sambia (299)
Nicaragua (265)

SCHIFFE

20 Kuwait (250)
21 Vereinigte Arabische Emirate (208)

14 15 16 17

24 25 26 27 28 29

22 Neuseeland (265)
23 Mauritius (258)
24 Trinidad und Tobago (288)
25 Dahomey (226)
26 Bahamas (212)
27 Gabun (234)
28 Fidschi (233)
29 Tunesien (289)

SCHIFFE und LANDSCHAFTEN

12 Ecuador (230)
13 Liberia (251)
14 Costa Rica (224)
19 Kolumbien (223)

* Die Ziffern in Klammern geben die Seiten an, auf denen das Wappen oder die Flagge vollständig abgebildet sind.

einstigen Entdecker und ersten Siedler zu Schiff aus dem Mutterland gekommen waren. Die Länder Mittelamerikas drücken mit Stolz die Tatsache aus, daß sie von dem Atlantischen und dem Pazifischen Ozean bespült werden.
Landschaften mit Wäldern, Gebirgen und sogar technischen Schöpfungen wie Eisenbahnen und Dämmen kommen ständig in den Wappen kommunistischer Länder und denen der Staaten Brasiliens und der Vereinigten Staaten vor.
Die meisten der in Staatswappen dargestellten

30

# ABSTRAKTE FORMEN UND INSCHRIFTEN

Das Soyombo der Mongolischen Volksrepublik *(links)* besitzt die abstrakte Formenklarheit vieler moderner Handelszeichen, aber seine Geschichte reicht Hunderte von Jahren zurück. Jedes Element enthält einen symbolischen Sinn (siehe Seite 260).

Die Scheibe ist oft ein Symbol der Sonne, aber gelegentlich auch von Weltall und Harmonie. Sie ist besonders im Fernen Osten beliebt, so in den Flaggen *(rechts)* der Republik Korea, von Bangladesch und Japan.

Mehrfarbige Streifen kommen in der Heraldik vor – hier die Schilde von Andorra und Kuba – und in zahlreichen Flaggen.

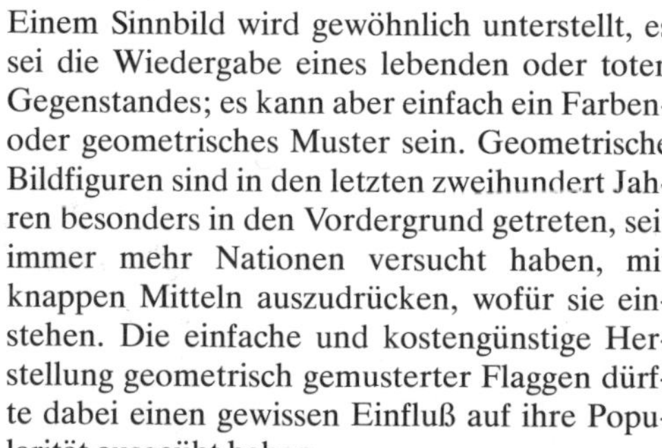

Einem Sinnbild wird gewöhnlich unterstellt, es sei die Wiedergabe eines lebenden oder toten Gegenstandes; es kann aber einfach ein Farben- oder geometrisches Muster sein. Geometrische Bildfiguren sind in den letzten zweihundert Jahren besonders in den Vordergrund getreten, seit immer mehr Nationen versucht haben, mit knappen Mitteln auszudrücken, wofür sie einstehen. Die einfache und kostengünstige Herstellung geometrisch gemusterter Flaggen dürfte dabei einen gewissen Einfluß auf ihre Popularität ausgeübt haben.

Anders als komplizierte Symbole haben Streifen, Bänder, Kreise und ähnliche Bilder wenig feststehende Bedeutungen. Nur auf ihre Phantasie gestützt, entwickeln Männer und Frauen ständig neue Deutungen und Modelle für die auf den Wappen und Flaggen der Nationen, Provinzen und Städte abgebildeten Symbole.

Heroldsbilder wie die Rauten von Monaco und die Zickzackstreifen von Tschad erscheinen in Nationalflaggen selten, es sei denn, die Wappen, in denen sie stehen, werden auf solchen Flaggen dargestellt.

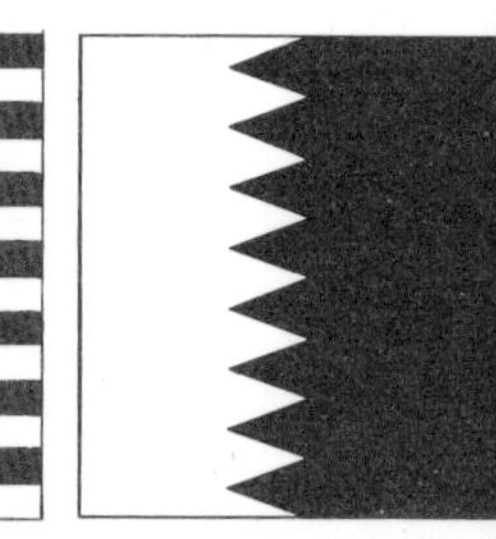

Besonders seit der Annahme der Flagge der Vereinigten Staaten im Jahre 1777 sind Streifen zu einem der verbreitetsten abstrakten Flaggenmotive geworden. Die Möglichkeiten ihrer Verwendung sind unbegrenzt.

Der symbolisch stilisierte, ›damaszierte‹ Hintergrund mittelalterlicher Heraldik hat im Schildhaupt des Wappens von Nauru *(rechts)* eine moderne Anwendung gefunden. Eine Matte aus Kokosbast bildet den Hintergrund für das chemische Symbol des Phosphors, einen Hinweis auf die ausgedehnten Guanolager auf der Insel.

Die Heraldik wendet sich von alters her gegen den Gebrauch von Wörtern oder sogar von Buchstaben auf Wappen und Flaggen. Wörter sind verbale Symbole, in der Bedeutung meist engumgrenzt, dagegen sind Flaggen wesentlich visuelle Symbole, überall anwendbar. Wörter sind außerdem auf Entfernung kaum zu lesen, wenn sie auf einem Band unten auf einem großen Wappen zusammengedrängt sind oder wenn sie spiegelverkehrt auf der Rückseite einer im Wind flatternden Fahne erscheinen.

1

2

3

1 Saudi-Arabien (210)*
2 Nauru (263)
3 Malaysia (256)
4 Belgien (214)
5 Jordanien (295)
6 Pakistan (271)
7 Grenada (235)
8 Burma (262)
9 Bulgarien (218)
10 Marokko (254)
11 Israel (244)
12 Ruanda (277)
13 Brasilien (217)
14 Vereinigte Arabische Emirate (208)
15 Namibia (262)
16 Rumänische Regimentsfahne nach 1965

* Die Ziffern in Klammern geben die Seiten an, auf denen das Wappen oder die Flagge vollständig abgebildet sind.

Dennoch haben Fahnen seit ältester Zeit Inschriften und Wörter getragen, und die zunehmende Bildung unter allen Völkern der Welt fördert eine derartige Neigung. Ein einfacher Buchstabe oder ein Schriftzeichen kann als Symbol sehr wirkungsvoll sein, wie mehrere japanische Präfektur-Flaggen (Seiten 267/268) zeigen. Auf den Fahnen von Organisationen oder kleiner politischer Einheiten sind Inschriften oft zur Identifizierung nötig. Es ist eine allgemeine Regel, daß die kompliziertesten Fahnen den kleinsten Institutionen und politischen Einheiten zugehören.

Die islamische Ablehnung der Darstellung lebender Dinge hat stets die Entwicklung der Kalligraphie auch auf Fahnen gefördert.

L'UNION FAIT LA FORCE

4

5

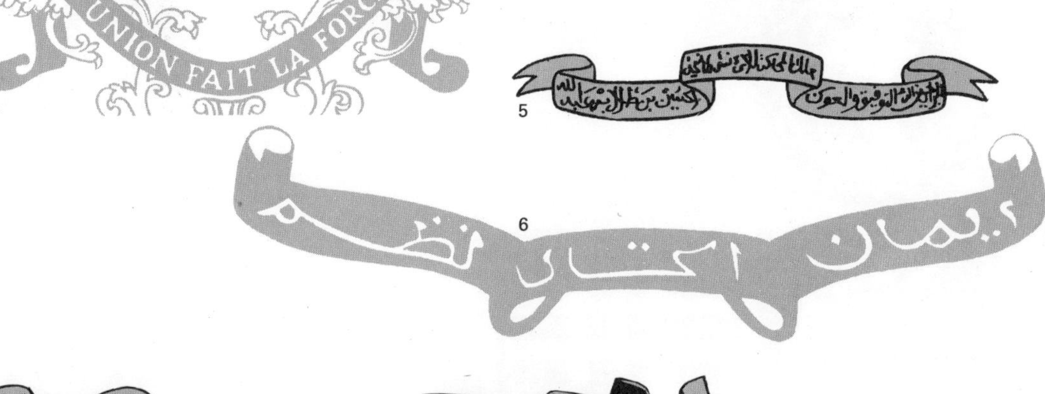

6

Wenn auch viele Inschriften in Staatswappen in der Landessprache gehalten sind, zum Beispiel in Burmanisch (8) oder Hebräisch (11), so beruht doch eine überraschende Anzahl noch immer auf Lateinisch, so im Wappen von Namibia (15). Die arabische kalligraphische Tradition hat eine Anzahl von Inschriften verfaßt, dabei die von Jordanien (5), die allerlängste überhaupt. Die einzige, hauptsächlich aus einer Inschrift gebildete Nationalflagge, die von Saudi-Arabien (1), weht über dem Herzland des Islam. Auf Nationalflaggen kommen Inschriften und Buchstaben selten vor, die Ausnahmen Ruanda (12) und Brasilien (13) bestätigen die Regel; auf Militärfahnen sind sie aber das übliche, denn dort bilden die Benennung der Einheit oder ihre Schlachtennamen einen Bestandteil des Entwurfes selbst, wie etwa auf der Fahne des Rumänischen 15. Infanterie-Regiments.

EVER CONSCIOUS OF GOD WE ASPIRE, BUILD AND ADVANCE AS ONE PEOPLE

7

8

9

10

11

VIRIBUS UNITIS

15

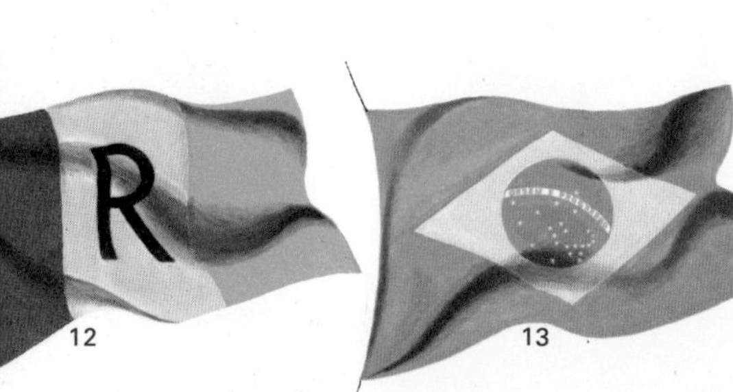


12

13

14

REGIMENTUL 15 INFANTERIE

16

# FLAGGEN POLITISCHER PARTEIEN

Politische Parteien und Bewegungen in allen Teilen der Welt bringen mit Fahnen und Symbolen ihre Politik zum Ausdruck und versammeln Anhänger unter ihnen. Die hier gebotene Auswahl verschafft einen allgemeinen Eindruck, wie solche Fahnen beschaffen sind – Streifen, Initialen und leicht erinnerliche Symbole. Wenn auch nicht alle zur Zeit noch gültig sind, so mögen doch einige einmal eine Änderung in einer Nationalflagge bewirken.

1

4

5

6

7

8

1 *Nationalpartei* (Türkei)
In rotem Grund (2:3) über den weißen Worten MİLLET PARTİSİ
2 *Tupamaros* (Uruguay) (2:3)
3 *Nationalistische Fortschrittsbewegung* (Südvietnam) (2:3)
4 *Convention People's Party* (Ghana) (2:3)
5 *Uganda People's Congress* (2:3)
6 *Sierra Leone Independence Party*, Jugendsektion (2:3)
7 *Swaziland Progressive Party* (2:3)
8 *Alianza Popular Nacional* (Kolumbien) (2:3)
9 *Bechuanaland People's Party* (Botswana) (2:3)
10 *Northern Elements Progressive Union* (Nigeria) (2:3)
11 *Mouvement pour la Libération des Iles Comores* (2:3)
12 *Kongreßpartei* (Nepal) (2:3)
13 *Kenya African National Union* (Kenia) (2:3)
14 *Demokratisch-Republikanische Partei* (Südkorea)
In der Mitte einer weißen Flagge (2:3) mit einem grünen Dreieck an jeder Schmalseite
15 *Koreanische Arbeiterpartei* (Nordkorea)
Oben am Liek in Rot (2:3)
16 *Partito Liberale Italiano* (2:3)
17 *Partido Nacionalista* (Panama) (2:3)
18 *Bulgarische Kommunistische Partei* (2:3)
19 *Albanische Arbeitspartei* (2:3)
20 *New England State Movement* (Australien)
Gelb in Blau (2:3)
21 *Sozialistischer Jugendbund* (Tschechoslowakei)
22 *Kuomintang* (Republik China)
In der Mitte der Flagge (2:3)
23 *Frei-Soziale Union* (Bundesrepublik Deutschland) (nur 1963) Emblem in der Mitte der Flagge (1:2)
24 *Landespartei* (Finnland) (1:1)
25 *Front for the Liberation of South Yemen*
In der Mitte der rot-weiß-schwarz längsgestreiften Flagge (2:3)
26 *Norwegische Arbeitspartei*
Oben am Liek der Flagge (2:3)
27 *Organización Auténtica* (Kuba)
In der Mitte der Flagge (2:3)
28 *Unabhängigkeitspartei* (Sudan)
In der Mitte der Flagge (2:3)
29 *Afro-Shirazi Party* (Tansania)
In der Mitte der Flagge (2:3)
30 *Partido Integralisto* (Brasilien)
In der Mitte einer grünen Flagge (2:3)
31 *Vanguard Movement* (Nordirland)
Im fliegenden Ende einer

14

15

16

22

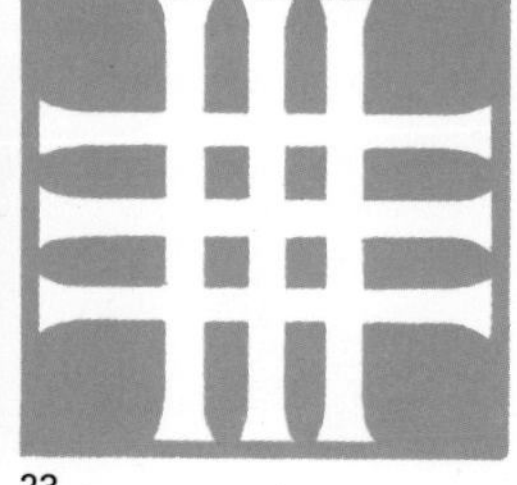
23

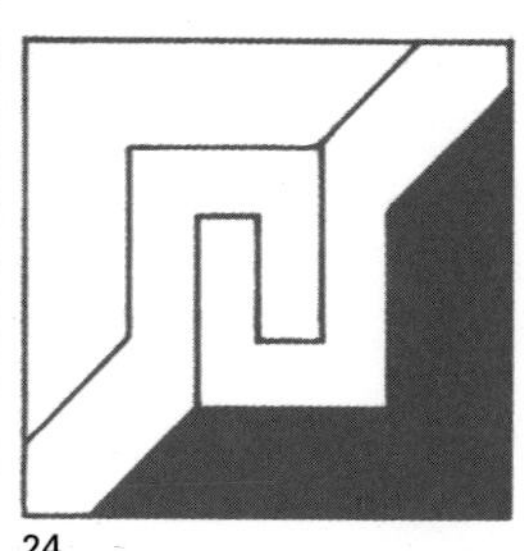
24

25

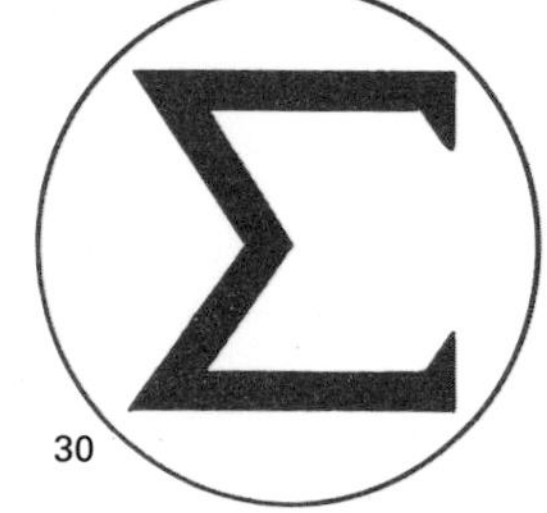
30

31

33

34

35

32

40

44

41

45

2

3

9

10

11

12

13

ЗРN
17

БКП
18

P.P.SH.
19

20

SSM
21

26

27

28

29

36

38

37

39

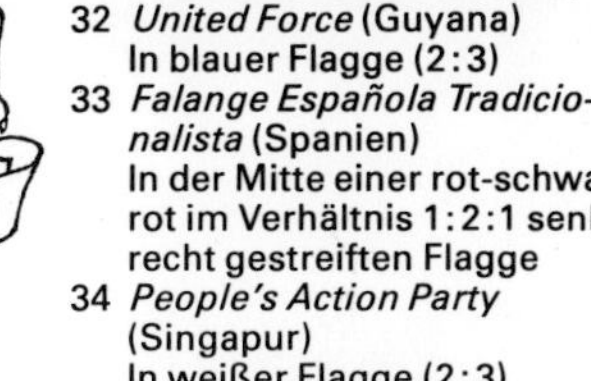

weißen Flagge mit dem Union Jack in der Oberecke (2:3)
32 *United Force* (Guyana)
In blauer Flagge (2:3)
33 *Falange Española Tradicionalista* (Spanien)
In der Mitte einer rot-schwarz-rot im Verhältnis 1:2:1 senkrecht gestreiften Flagge
34 *People's Action Party* (Singapur)
In weißer Flagge (2:3)
35 *Burmanischer Weg zum Sozialismus* (Burma)
Oben neben dem Liek (2:3)
36 *Partei der Radikalen Linken* (Chile)
In der Mitte der Flagge (2:3)
37 *Swatantra Party* (Indien)
In der Mitte der Flagge (2:3)
38 *Lao Patriotische Front (Pathet Lao)* (Laos)
In der Mitte der Flagge (2:3)
39 *Nationalist Party* (Südafrika)
Neben dem Liek in dreieckiger orangefarbiger Flagge
40 *Bewegung des 14. Juli* (Dominikanische Republik) (2:3)
41 *People's Development Movement* (Belize)
42 *Khmer Rouge* (Radikaler Flügel) (Kambodscha) (2:3)
43 *United Malays National Organization* (Malaysia) (2:3)
44 *Lesotho National Party* (2:3)
45 *Sozialistische Arbeitsaktionspartei* (Costa Rica) (2:3)
46 *Independence Party* (Puerto Rico) (2:3)

42

43

48

49

46

47

Die Symbole mancher politischer Parteien erhalten, wenn sie auf Fahnen vorkommen, andere Farben, als wenn sie allein stehen. Auf diesen Seiten wird manchmal nur die flaggengemäße Fassung eines Symbols gezeigt unter Angabe der Plazierung des Symbols auf der Flagge zusammen mit deren Farbe und Abmessungen.

47 *Phalange* (Libanon)
In der Mitte einer weißen Flagge (2:3)
48 *Demokratische Sozialistische Partei* (Japan) (2:3)
49 *National States Rights Party* (USA) (1:2)

# FLAGGEN IN DER LUFTFAHRT

GROSSBRITANNIEN
FRANKREICH
BELGIEN
SPANIEN
GRIECHENLAND
NIGERIA
KANADA
SCHWEDEN
KAMBODSCHA
POLEN
TÜRKEI
HONDURAS
NIEDERLANDE
IRLAND
URUGUAY
SOWJETUNION
VEREINIGTE STAATEN
JUGOSLAWIEN
GUATEMALA
ISRAEL
BUNDESREPUBLIK DEUTSCHLAND
CHILE
NEPAL


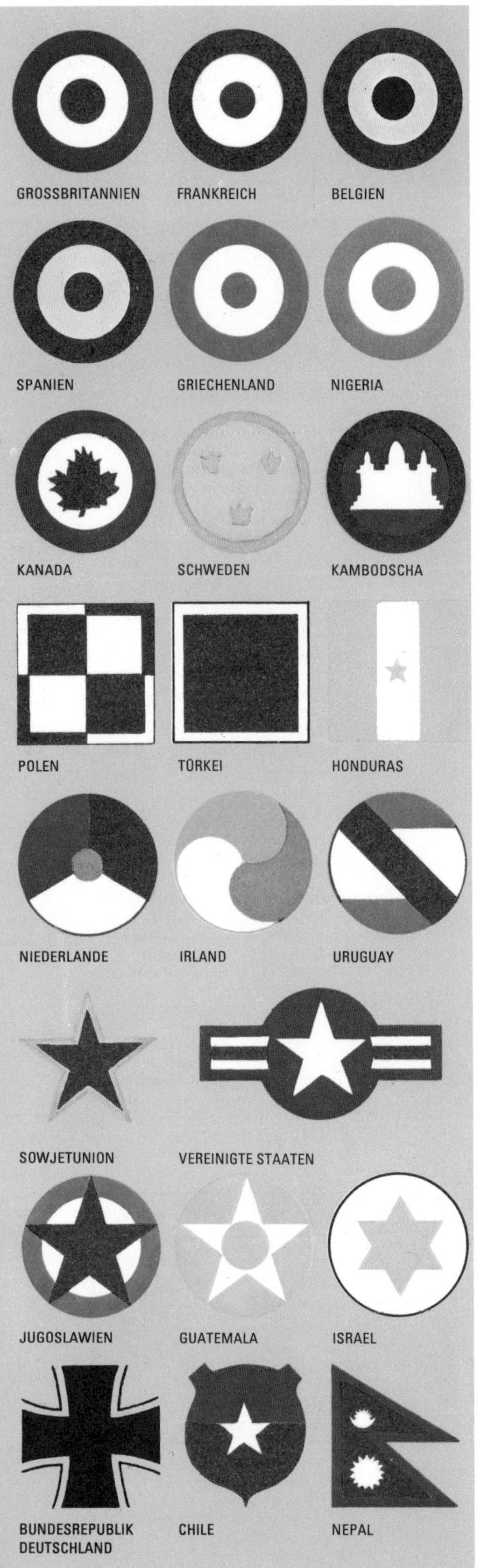

In the Frühzeit der Ballonfahrt sind oft echte Flaggen zur Angabe der Nationalität des neuartigen Fahrzeugs wie auf Schiffen gesetzt worden. Jedoch hat die Geschwindigkeit des Flugzeuges es sehr früh notwendig gemacht, echte Flaggen durch gemalte oder durch flaggenverwandte Embleme zu ersetzen.

Zwei Haupttypen entwickelten sich: die von Militärflugzeugen benützten Kreisscheiben und Leitwerkmarkierungen *(links)* sowie die Seitenruderbemalung der zivilen Luftfahrt *(rechts)*.

Mehrere Hauptkategorien können in den Methoden der Seitenruderbemalung unterschieden werden. Viele haben einfach die Nationalflagge oder das Wappen oder ein Hauptelement aus diesen genommen, wobei sie es in die charakteristische Form und Oberfläche des neuen Mediums übersetzt haben. Die Seitenruderbemalung der Swissair wäre im Mittelalter sofort erkannt worden, auch wenn das sie zeigende Luftfahrzeug selbst unverständlich geblieben wäre.

Eine zweite Gruppe hat das Thema des Fluges aufgegriffen, das gewöhnlich in Form eines Vogels oder stilisierter Flügel ausgedrückt wird. Durch nationale Farben und Schriften werden die Unterscheidungen geschaffen, die zur Erkennung nötig sind.

Der volle oder der abgekürzte Name der Fluglinie allein oder in Verbindung mit dem Firmenzeichen wird von einer dritten Gruppe von Fluglinien ausgiebig gebraucht, während eine vierte Gruppe höchst abstrakte Linien, Kurven und Farbflächen gewählt hat.

Schließlich haben einige Luftverkehrsgesellschaften das Bild einer Blüte, eines Tieres oder sogar eines menschlichen Gesichtes als Mittel zur Erzielung öffentlicher Bekanntheit gewählt.

Alle Entwurfstypen sind häufigem Wechsel unterworfen, und unser Raum erlaubt nicht einmal, mehr als nur ein paar Prozent der derzeit gebräuchlichen Symbole zu zeigen.

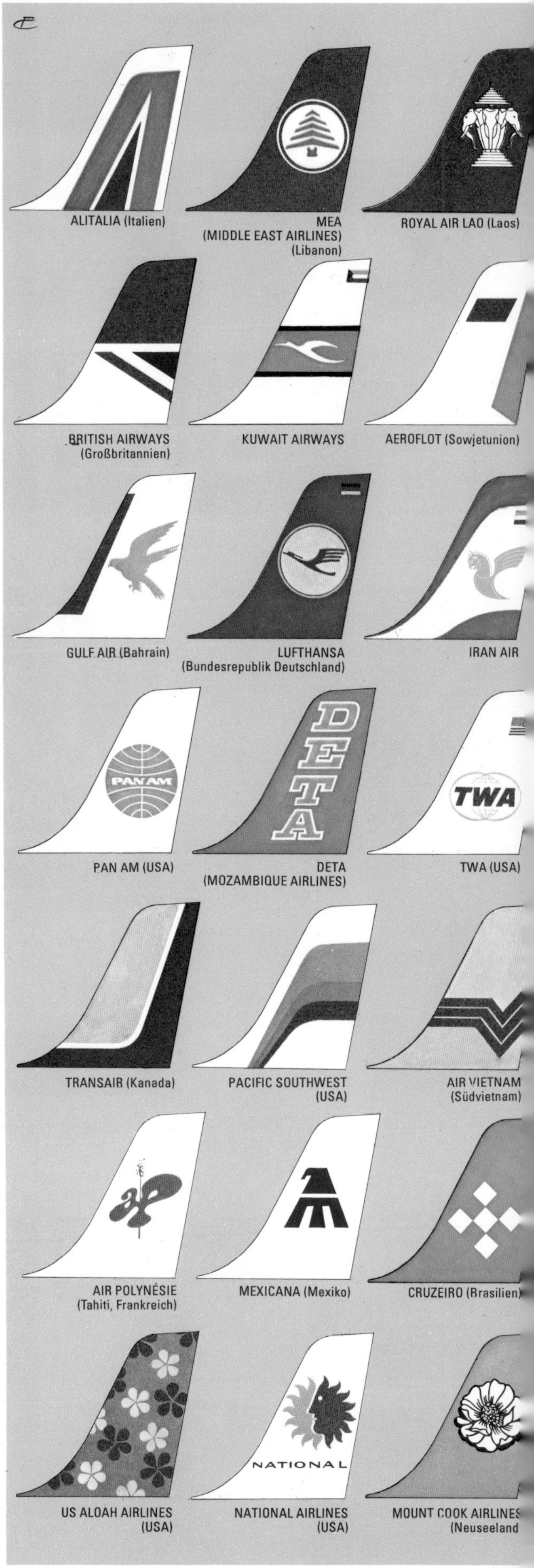

ALITALIA (Italien)
MEA (MIDDLE EAST AIRLINES) (Libanon)
ROYAL AIR LAO (Laos)
BRITISH AIRWAYS (Großbritannien)
KUWAIT AIRWAYS
AEROFLOT (Sowjetunion)
GULF AIR (Bahrain)
LUFTHANSA (Bundesrepublik Deutschland)
IRAN AIR
PAN AM
PAN AM (USA)
DETA
DETA (MOZAMBIQUE AIRLINES)
TWA
TWA (USA)
TRANSAIR (Kanada)
PACIFIC SOUTHWEST (USA)
AIR VIETNAM (Südvietnam)
AIR POLYNÉSIE (Tahiti, Frankreich)
MEXICANA (Mexiko)
CRUZEIRO (Brasilien)
NATIONAL
US ALOAH AIRLINES (USA)
NATIONAL AIRLINES (USA)
MOUNT COOK AIRLINES (Neuseeland)

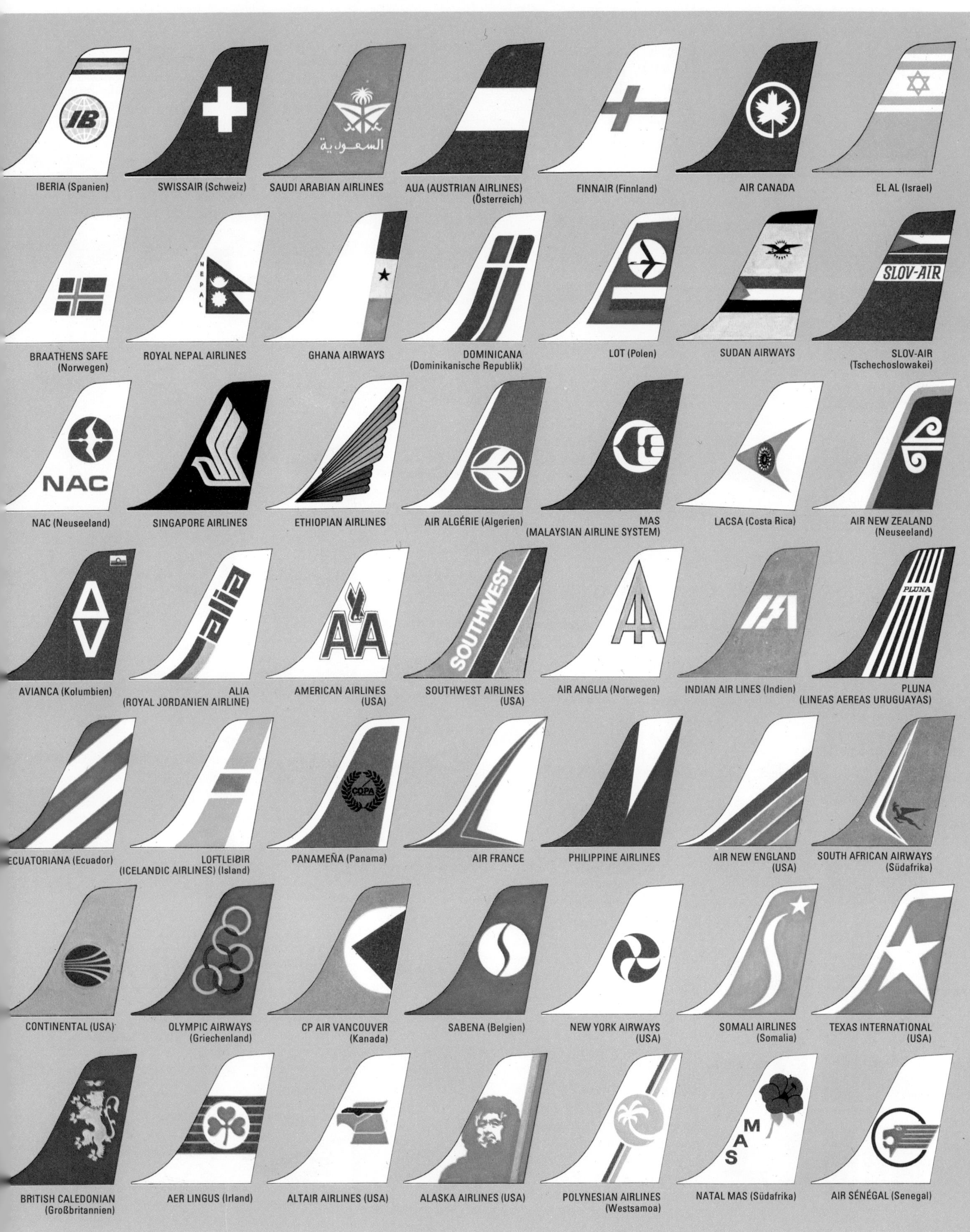
IBERIA (Spanien)
SWISSAIR (Schweiz)
SAUDI ARABIAN AIRLINES
AUA (AUSTRIAN AIRLINES) (Österreich)
FINNAIR (Finnland)
AIR CANADA
EL AL (Israel)
BRAATHENS SAFE (Norwegen)
ROYAL NEPAL AIRLINES
GHANA AIRWAYS
DOMINICANA (Dominikanische Republik)
LOT (Polen)
SUDAN AIRWAYS
SLOV-AIR (Tschechoslowakei)
NAC (Neuseeland)
SINGAPORE AIRLINES
ETHIOPIAN AIRLINES
AIR ALGÉRIE (Algerien)
MAS (MALAYSIAN AIRLINE SYSTEM)
LACSA (Costa Rica)
AIR NEW ZEALAND (Neuseeland)
AVIANCA (Kolumbien)
ALIA (ROYAL JORDANIEN AIRLINE)
AMERICAN AIRLINES (USA)
SOUTHWEST AIRLINES (USA)
AIR ANGLIA (Norwegen)
INDIAN AIR LINES (Indien)
PLUNA (LINEAS AEREAS URUGUAYAS)
ECUATORIANA (Ecuador)
LOFTLEIÐIR (ICELANDIC AIRLINES) (Island)
PANAMEÑA (Panama)
AIR FRANCE
PHILIPPINE AIRLINES
AIR NEW ENGLAND (USA)
SOUTH AFRICAN AIRWAYS (Südafrika)
CONTINENTAL (USA)
OLYMPIC AIRWAYS (Griechenland)
CP AIR VANCOUVER (Kanada)
SABENA (Belgien)
NEW YORK AIRWAYS (USA)
SOMALI AIRLINES (Somalia)
TEXAS INTERNATIONAL (USA)
BRITISH CALEDONIAN (Großbritannien)
AER LINGUS (Irland)
ALTAIR AIRLINES (USA)
ALASKA AIRLINES (USA)
POLYNESIAN AIRLINES (Westsamoa)
NATAL MAS (Südafrika)
AIR SÉNÉGAL (Senegal)

# FLAGGEN IN DER SEEFAHRT

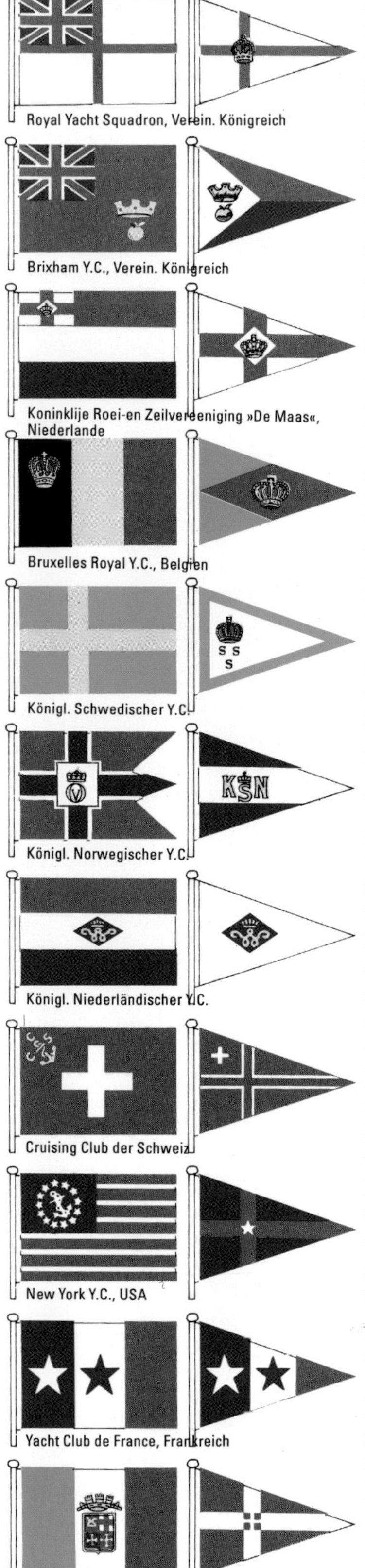


Royal Yacht Squadron, Verein. Königreich

Brixham Y.C., Verein. Königreich

Koninklije Roei-en Zeilvereeniging »De Maas«, Niederlande

Bruxelles Royal Y.C., Belgien

Königl. Schwedischer Y.C.

Königl. Norwegischer Y.C.

Königl. Niederländischer Y.C.

Cruising Club der Schweiz

New York Y.C., USA

Yacht Club de France, Frankreich

Yacht Club Italiano, Italien

Namen und Nummern zur Identifizierung und die Führung der Handelsflagge erfüllen zwar gesetzliche Erfordernisse, aber die charakteristischsten Symbole bei der Marine sind die von den Schiffahrtslinien, Jachtklubs und privaten Bootseigner erdachten und geführten. Der Gebrauch solcher Embleme begann im 19. Jahrhundert; derzeit gibt es vielleicht tausend verschiedene Schornsteinmarken und Hausflaggen für Passagier- und Frachtschiffahrtslinien und ungezählte Tausende von Wimpeln, Standern und Flaggen zur Repräsentierung von Klubs und Einzelpersonen. Vor allem wegen der Schwankungen im Geschäft der Handelsschiffahrt ändern sich diese Embleme ständig, und es ist fast unmöglich, eine Liste auf dem laufenden zu halten. Die hier gezeigten Flaggen und Schornsteinmarken sind den neuesten erreichbaren Unterlagen entnommen. Die große Anzahl dieser »Symbole zur See« hatte viele Ähnlichkeiten im Aussehen zur Folge. Quellenwerke, die diesen Flaggentyp verzeichnen, ordnen sie gewöhnlich nach den Hauptfarben, so daß ihre Identifizierung leicht vorgenommen werden kann.

Es gibt noch andere auf Schiffen und Booten erscheinende Spezialflaggen- und wimpel, darunter die für die Wettfahrten und für offizielle Positionen, zum Beispiel Schatzmeister innerhalb eines Jachtklubs. In den Vereinigten Staaten sind auch Scherzflaggen beliebt, die etwa angeben, daß der Eigentümer eines Schiffes an Bord ist, aber schläft. Seerettungs- und Leuchtturm-Dienste, gar nicht zu reden von anderen nichtmilitärischen Regierungseinrichtungen, haben Flaggen und Wimpel, die sie zu Kennzeichnungszwecken zusätzlich zur staatlichen Heckflagge führen.

Viele Jachtklubs, besonders in Großbritannien und dem Commonwealth, besitzen eine besondere Erlaubnis, eine Abwandlung der staatlichen Heckflagge als Klubflagge zu führen *(links);* doch für diese Klubs ist der Wimpel immer noch das Hauptidentifizierungsmittel *(Mitte).* Private Signale – die Flaggen von Einzelpersonen, denen eine Jacht oder ein anderes Fahrzeug gehört *(rechts)* – sind am Hauptmast oder am obersten Flaggenknopf zu setzen.

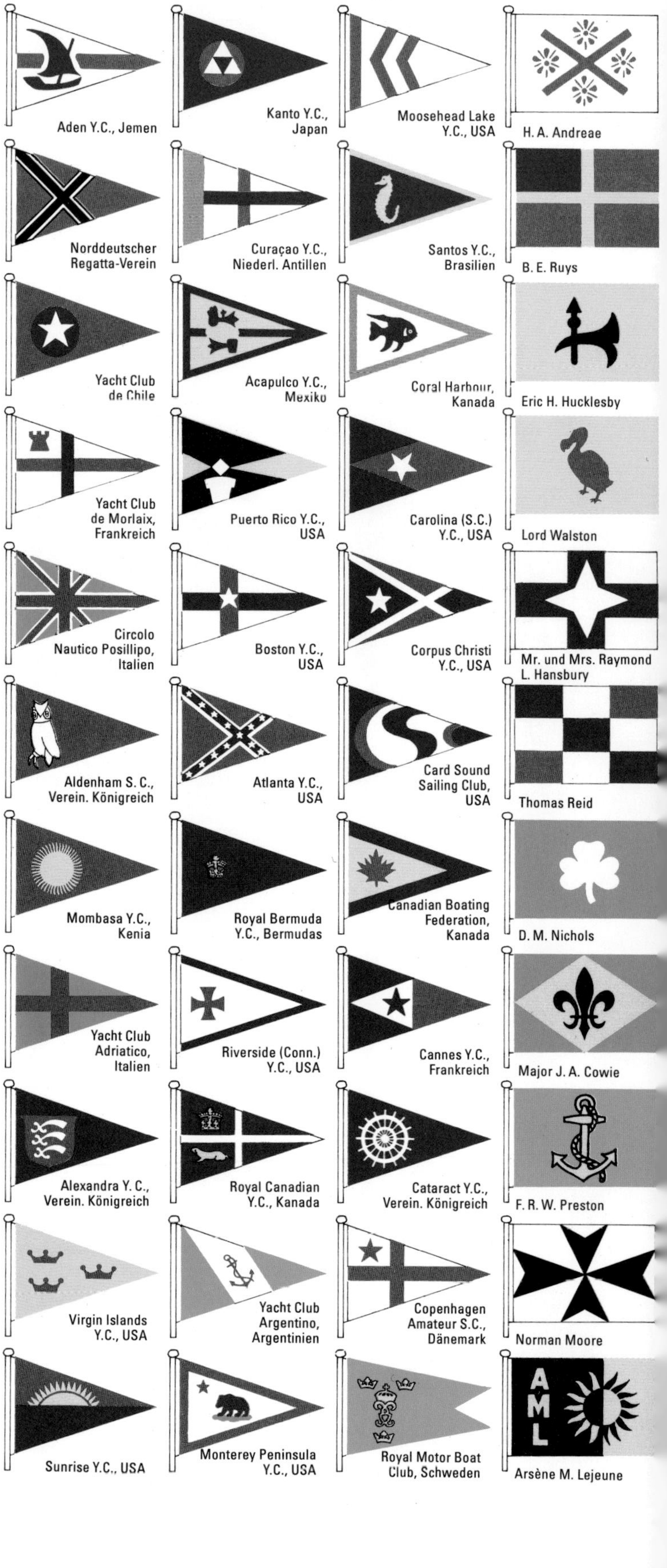

Aden Y.C., Jemen

Norddeutscher Regatta-Verein

Yacht Club de Chile

Yacht Club de Morlaix, Frankreich

Circolo Nautico Posillipo, Italien

Aldenham S.C., Verein. Königreich

Mombasa Y.C., Kenia

Yacht Club Adriatico, Italien

Alexandra Y.C., Verein. Königreich

Virgin Islands Y.C., USA

Sunrise Y.C., USA

Kanto Y.C., Japan

Curaçao Y.C., Niederl. Antillen

Acapulco Y.C., Mexiko

Puerto Rico Y.C., USA

Boston Y.C., USA

Atlanta Y.C., USA

Royal Bermuda Y.C., Bermudas

Riverside (Conn.) Y.C., USA

Royal Canadian Y.C., Kanada

Yacht Club Argentino, Argentinien

Monterey Peninsula Y.C., USA

Moosehead Lake Y.C., USA

Santos Y.C., Brasilien

Coral Harbour, Kanada

Carolina (S.C.) Y.C., USA

Corpus Christi Y.C., USA

Card Sound Sailing Club, USA

Canadian Boating Federation, Kanada

Cannes Y.C., Frankreich

Cataract Y.C., Verein. Königreich

Copenhagen Amateur S.C., Dänemark

Royal Motor Boat Club, Schweden

H. A. Andreae

B. E. Ruys

Eric H. Hucklesby

Lord Walston

Mr. und Mrs. Raymond L. Hansbury

Thomas Reid

D. M. Nichols

Major J. A. Cowie

F. R. W. Preston

Norman Moore

AML

Arsène M. Lejeune

Im 19. Jahrhundert ließ eine große, am Hauptmast wehende Flagge ein Schiff auf große Entfernung erkennen. Heute werden solche Flaggen noch gebraucht, aber die Schornsteinmarke ist ein wichtigeres Identifizierungsmittel geworden, weil sie größer, auffälliger und bei wechselnden Wetterbedingungen leichter zu sehen ist. Tatsächlich gleichen sich die Schornsteinmarke und die Flagge einer einzelnen Gesellschaft oft. Die Auswahl *unten* zeigt die Neigung der Schifffahrtslinien der Welt für die Verwendung von Streifen und Buchstaben, aber auch eine neuerliche Begeisterung für werbewirksame Handelsmarken.

Villain & Fassio, Genua

Petterson, Soren, Göteborg

British Rail, London

British & Irish Steam Packet Co. Ltd., Dublin

El Yam Bulk Carriers (1967) Ltd., Haifa

Henry Nielsen, A/B O/Y, Helsinki

South African Marine Corporation Ltd., Kapstadt

Otto A. Müller, Hamburg

Lorentzens Rederi Co., Oslo

Union of Burma Five Star Line Corp., Rangun

Tor Line Rederi A/B, Stockholm

Epirotiki Stship. Nav. Co., Piräus

C.P. Ships-Canadian Pacific, Liverpool

Dahl, A/S Thor, Sandefjord

Nederlandse Erts-Tankers Maats N.V., Rotterdam

China, Regierung der Volksrepublik (Staatsreederei), Peking

Cunard Line Ltd., Liverpool

Atid Cargo Lines Ltd., Haifa

Sealord Shipping Co. Ltd., London

Park Steamships Ltd., London

Fearnley & Eger, Oslo

Hunting & Son Ltd., Newcastle-upon-Tyne

Black Star Line Ltd., Accra

Shell Tankers (U.K.) Ltd., London

Cia. Nav. del Vapor Carmen, Madrid

Commodore Shipping Co., Ltd., Guernsey

Iraqi Maritime Transport Co. Ltd., Bagdad

de Vries – Tankreederei & Co., Hamburg

.A. Zachariassen & Co., sikaupunki

Soc. di Nav. Adriatica, Venedig

Denholm Line Steamers Ltd., Glasgow

Arthur Hashagen, Rodenkirchen

Normandy Ferries, Southampton

Oregon Steamship Co. Ltd., London

Maranave S.A., Panama

nited Sea Carriers Ltd., Monrovia

Vergottis Ltd., London

Eastmount Shipping Corp., New York

Helmsing & Grimm, Bremen

Manila Interocean Lines Ltd., Manila

Albright & Wilson Ltd., Barrow-in-Furness

Kawasaki Kisen Kaisha, Kobe

orea Shipping orporation Ltd., Seoul

d'Amico Fratelli, Rom

New Zealand Shipping Co. Ltd., London

Efthymiadis Lines, Piräus

American President Lines, San Francisco

Nigerian National Line Ltd., Lagos

Hansen-Tangen, H. E., Kristiansand

# FLAGGEN IM SPORT

Bei einem Turnier im mittelalterlichen Europa *(rechts)* waren die Richter und Teilnehmer durch Wappenröcke gekennzeichnet, die ihnen ein uniformähnliches Aussehen verschafften. Richter trugen

Tapperte, einen Rock, dessen Vorderseite, Ärmel und Rückseite den Schild des Fürstenhauses zeigten, dem der Herold diente. Seine Aufgabe bestand in der Fähigkeit, ähnliche Wappen auseinanderzuhalten, die den einzelnen am Kampf teilnehmenden Rittern gehörten, wie dem Herrn von Gruthuyse *(rechts*, nach einer Abbildung aus dem 15. Jahrhundert).

Die Abbildung auf der Seitenmitte zeigt eine moderne Anwendungsform dieser alten Tradition, die Stallfarben von 190 Rennställen aus der ganzen Welt. Wenn die Jockeys ihre Pferde zum Gewinnen anspornen, dann sind es oft allein die leuchtenden Farbflecken und deren kräftige Zeichnung, die gestatten, die Gruppe zu identifizieren, die vorne liegt, und die, die nach hinten abgefallen ist.

Nicht nur der Stier in der Arena wird beim Anblick des roten Tuches des Matadors durch lebhafte Farbe und Bewegung in Erregung versetzt: die Gleichtrachten heutiger Sportmannschaften lie-

In der Welt des organisierten Sports werden Flaggen gelegentlich aus praktischen Bedürfnissen der Signalgebung und zur Identifikation benützt, aber auf solche Anlässe beschränkt sich die Anregung zur Symbolik nicht. Mannschaften, die urspünglich solche unterscheidenden Farben und Muster für ihre Uniformen und Helme gewählt hatten, um leicht auf dem Spielfeld erkannt zu werden, entdeckten bald, daß diese Farben ein enges Band mit den Anhängern schufen, deren Begeisterung ihnen half, den Sieg des Tages gegen ihre Konkurrenten davonzutragen. In gleicher Weise wurde aus der einfachen, schwarz-weiß geschachten Flagge, die ursprünglich das Ende des Rennens anzeigte, schnell ein als Preis betrachteter Gegenstand, der vom Sieger triumphierend herumgezeigt wird.

Von allen derartigen Symbolen und Flaggen ist noch niemals ein Katalog aufgestellt worden, obwohl in manchen Sportarten, wie dem Segeln, Auswahllisten bestehen, die einige Hundert der Tausende gebräuchlichen bieten. Sowohl der Flaggenkundler als der Flaggensammler findet beim Sport eine ganze Welt von Symbolik, die zwar verwandt ist mit jener, die Geschäft, internationale Politik und andere Lebensbereiche kennzeichnet, aber hiervon doch sehr verschieden ist.

*Unten* und auf *Seite 348* sind die Personen oder Rennställe angegeben, deren Farben von den Jockeys auf den Seiten 346 und 347 gezeigt werden.

fern den Zuschauern mehr als nur Information über den Lauf des Wettkampfes. Sie reizen die Emotionen bis zur höchsten Spitze und treiben die Spieler selbst an, ihr Bestes zu geben.

GROSSBRITANNIEN

1 H. M. Queen Elizabeth II of England
2 H. M. The Queen Mother
3 Anne, Duchess of Westminster
4 Lord Allendale
5 The Hon. J. J. Astor
6 Lord Carnarvon
7 Mrs. D. Thompson
8 Mr. E. R. Courage
9 Lord Derby
10 Mr. W. H. Gollings
11 Mrs. K. Hennessy
12 Mr. William Hill
13 Mr. L. B. Holliday
14 Mrs. V. Hue-Williams
15 Mr. H. J. Joel
16 Mr. Stanhope Joel
17 Lord Leverhulme
18 Mr. J. A. C. Lilley
19 Sir Reginald Macdonald-Buchanan
20 Lady Macdonald-Buchanan
21 The Duke of Norfolk
22 Mr. G. A. Oldham
23 The Hon. J. P. Philipps
24 Mr. F. W. Pontin

*(Fortsetzung)*

25 Mr. David Robinson
26 Mr. John Rogerson
27 Lord Rosebery
28 Lady Sassoon
29 Mr. Michael Sobell
30 Sir Humphrey de Trafford
31 Mrs. F. T. Walwyn
32 Lady Weir
33 Lady Zia Wernher
34 Mr. W. H. Whitbread
35 Mr. H. D. H. Wills

BELGIEN
36 Mme F. Beauduin
37 Le Baron de Crawhez
38 M. M. Janssens
39 Le Baron Lunden
40 Haras de la Rochette
41 M. Jacques du Roy de Blicquy

AUSTRALIEN
42 Mr. T. L. Baillieu
43 Mr. Brian H. Crowley
44 Mrs. André Ozoux
45 Sir Frank Packer und Mr. L. K. Martin
46 Messrs. P. G., A. J. und K. Stiles
47 Messrs. D. G. und P. G. Tait

POLEN
48 Golejewko
49 Kozienice
50 Iwno
51 Janów Podlaski

USA
52 Mrs. Edith W. Bancroft
53 Mr. James Cox Brady
54 Mr. C. T. Chenery (Meadow Stable)
55 Mr. Winifred S. Cheston (Brookmeade Stable)
56 Mr. Jack J. Dreyfus (Hobeau Farm)
57 Mr. John E. du Pont (Foxcatcher Farms)
58 Mrs. Richard C. du Pont (Bohemia Stable)
59 Mr. Rex C. Ellsworth
60 Mr. Michael Ford (Ford Stable)
61 Mr. John R. Gaines
62 Mr. John W. Galbreath (Darby Dan Farm)
63 Mrs. Frances A. Genter
64 Mr. Harry F. Guggenheim (Cain Hoy Stable)
65 Mr. Antony Imbesi
66 Mrs. Ethel D. Jacobs
67 Mrs. Ewart Johnston
68 Mr. Robert J. Kleberg, Jr. (King Ranch)
69 Mr. Lehmann
70 Mr. Charles E. Mather, II (Avonwood Stable)
71 Mrs. Lucille P. Markey (Calumet Farm)
72 Mr. Frank M. McMahon
73 Mr. Paul Mellon (Rokeby Stables)
74 Mr. John A. Morris
75 Mr. John M. Olin
76 Mr. William Haggin Perry
77 Mr. Ogden Phipps
78 Mrs. Gladys Phipps (Wheatley Stable)
79 Mr. John M. Schiff
80 Mrs. Gerard Smith
81 Mrs. Mary E. Tippett (Llangollen Farm)
82 Mr. Alfred G. Vanderbilt
83 Mr. R. N. Webster
84 Mr. Cortright Wetherill (Happy Hill Farm)
85 Mr. C. V. Whitney
86 Mr. John Hay Whitney (Greentree Stable)
87 Mr. George D. Widener
88 Mr. Louis E. Wolfson (Harbor View Farm)

IRLAND
89 The President of Ireland
90 Mrs. D. B. Brewster
91 Lord Donoughmore
92 Mr. C. W. Engelhard
93 Mr. Raymond Guest
94 Mr. B. Kerr
95 Major Dermot McCalmont
96 Mr. S. McGrath
97 Mr. John McShain
98 Mr. A. Willis

FRANKREICH
99 S. A. Aga Khan
100 M. Marcel Boussac
101 Comte de Chambure
102 M. Georges Courtois
103 M. Jean Couturié
104 M. Julien Decrion
105 M. Paul Duboscq
106 Mme Cino del Duca
107 M. François Dupré
108 Comte François de Ganay
109 M. M. Goudechaux
110 Lady Granard
111 M. Maurice Hennessy
112 Comte L. de Kérouara
113 Baron Louis de la Rochette
114 Baron S. de Lopez Tarragoya
115 Baron de Lustrac
116 Mme A. Mariotti
117 M. Martinez de Hoz
118 M. Ernest Masurel
119 M. Fabiani
120 Comte de Rivaud
121 Baron Guy de Rothschild
122 M. Jean Stern
123 Mme R. B. Strassburger
124 Comte de Talhouet-Roy
125 M. Jean Ternynck
126 Comtesse de la Valdène
127 Mme la Vicomtesse Vigier
128 Mme Léon Volterra
129 Baron G. de Waldner
130 M. A. Weisweiller
131 Mme P. Wertheimer
132 Mme P. A. B. Widener
133 M. G. Wildenstein

JAPAN
134 Mr. Kazuo Fujii
135 Mr. Kokichi Hashimoto
136 Mr. Yuzaku Kato
137 Mr. Yuji Kuribayashi
138 Mr. Mazaichi Nagata

BUNDESREPUBLIK DEUTSCHLAND
139 Asta
140 Atlas
141 Gräfin Batthyany
142 Bona
143 Buschhof
144 Charlottenhof
145 Ebbesloh
146 W. Eichholz
147 Fährhof
148 Fohlenhof
149 Harzburg
150 Mydlinghoven
151 Niederrhein
152 H. Pferdmenges
153 Ravensberg
154 Röttgen
155 Schlenderhan
156 Waldfried
157 Werne
158 Zoppenbroich

KANADA
159 Mr. Bill Beasley
160 Max Bell of Calgary (Golden West Farm)
161 Mr. George Gardiner
162 Mr. Frowde Seagram
163 Mmes W. J. Seitz und V. P. Reid
164 Mr. John Smallman
165 Mr. E. P. Taylor (Windfields Farm)
166 Mr. Saul Wagman

ITALIEN
167 Allevamento Alpe Ravetta
168 Scuderia Castelverde
169 Razza Dormello-Olgiata
170 Scuderia Fert
171 Scuderia Mantova
172 Comm. Guido Ramazzotti
173 Razza di Rozzano
174 Razza del Soldo
175 Ettore Tagliabue
176 Razza Ticino

ARGENTINIEN
177 Félix de Alzaga Unzué
178 Fernando de Alzaga Unzué
179 Coronel Jorge Castro Madero
180 Ignacio Correas
181 Manuel José Gambin
182 C. y J. Monditegui

SÜDAFRIKA
183 Mr. P. Dolt
184 Messrs. A. R. und G. A. Ellis
185 Mr. S. C. Laird
186 Mr. und Mrs. H. F. Oppenheimer

SOWJETUNION
Es gibt keine Stallfarben in der Sowjetunion. Jedes Jahr verteilt der Staat, in dessen Besitz sich die Pferde befinden, Farben unter die Jockeys. Es sind also die Farben der Reiter. Und sie wechseln jedes Jahr.

# BILDNACHWEIS

Agence Belga, Brüssel: 202, 203
Alabama Department of Archives and History: 195
Albany Institute of History and Art: 73
Altonaer Museum, Hamburg: 83
American Heritage, New York: 148
Archiv C. J. Bucher AG, Luzern: 58, 104, 106
Archiv für Kunst und Geschichte, Berlin: 69
Archives Nationales, Paris: 66
Associated Press: 106, 123, 199
Atlas van Stolk, Rotterdam: 16 (Foto Hachette), 55, 159

Bayerische Staatsbibliothek, München: 116 (3), 117
Stadt Bayeux: 181
Bedford Public Library: 73 (Foto William Ryerson), 191 (Foto William Ryerson)
Benaki-Museum, Athen: 87
Bettman Archives, New York: 62, 68
Biblioteca Apostolica Vaticana, Rom 36, 60 (Foto Scala)
Biblioteca Nacional, Madrid: 124 (Foto Oronoz)
Bibliothèque Nationale, Paris 33, 40, 43, 44, 49, 52, 53, 61, 67, 75 (Archives Estampes), 80, 132, 140, 141, 346
Bibliothèque Royale Albert I., Brüssel: 26, 64, 157
Nicolas Bouvier, Genf: 50 (3), 170
The British Library Board: 44, 99, 183
British Museum: 46, 83, 156
The John Carter Brown Library, Brown University, Rhode Island: 192, 193
Bunte Illustrierte: 96, 98, 100
Burgerbibliothek, Bern: 7, 21, 181

Calvin Bullock Collection: 135
Camera Press, London: 98 (Foto Tony Delano)
Century Photo Service, New York: 150 (Instituto National de Bellas Artes, Mexico City)
Chinese News Service: 112
Comet Photo, Zürich: 346, 347
Companie Financière de Suez, Paris: 153
Cosmopress, Genf: 31
Culver Pictures, New York: 76

Dänisches Marinemuseum, Schloß Kronborg: 64
Dukas, Zürich: 105, 188

E. C. Armées, Fort d'Ivry: 138
Editions Cercle d'Art, Paris: 72, 174
Edito Service, Genf: 16, 18, 161
Escorial, Madrid: 41, 125 (Fotos Stierlin)

Flag Research Center: 14, 15, 20, 25, 27, 34, 37, 48, 55, 58 (5), 61, 63, 74, 75, 76, 79, 109, 110, 111, 117, 119, 121, 128, 129, 134, 136, 137, 143, 144, 146, 148, 149, 152, 159, 160, 161, 162, 163, 164, 165, 166, 167, 168, 169, 175, 176, 177, 180, 187, 190, 191, 193, 197, 198, 205, 304, 339

Giraudon, Paris: 46 (Condé, Chantilly), 66, 68, 75 (Louvre), 83, 88 (Lauros), 125 (Condé, Chantilly), 131

Hachette, Paris: 46, 82
Sven Eric Hedin: 107
Hispanic Society, New York: 125
Historia Photo: 44
Historiograph. Institut, Universität Tokio: 169
Historisches Museum, Basel: 49, 70
Historisches Museum, Bern: 67, 116, 133
Historisches Museum, Frankfurt: 119
Historisches Museum, Schloß Heidegg: 333 (Foto Perret)
Historische Sammlung der Stadt Stein a. Rhein: 186

Walter Imber, Laufen: 81, 106
Indiana Historical Society: 195

Japan Times: 106, 173
Japan Uni Literary: 172

Kantonsmuseum Baselland, Liestal: 321
Gottfried-Keller-Stiftung, Bern: 20
Kennedy-Galerie, New York: 17
Keystone: 107, 110, 147
Kloster-Archiv, Engelberg: 307 (Foto Perret)
Kunsthistorisches Museum, Wien: 114

Lakenhal-Museum, Leiden: 163, 306
L.E.A., London: 102
Library of Congress: 177

Magnum: 58 (Foto Eve Arnold), 102 (Foto Bruno Barbey), 104 (Foto René Burri), 105 (Foto Cornell Capa), 107 (Foto Burt Glinn), 106 (Foto René Burri), 107 (Foto Bruno Barbey), 111 (Foto Cartier-Bresson), 139 (Foto Bruno Barbey), 151 (Foto René Burri), 153, 154 (Foto Azzi), 155 (Foto René Burri)
Mansell Collection, London: 42, 68, 72, 79
Leonard von Matt, Buochs: 37, 51, 70, 96, 142
Archiv McGraw-Hill, Co-Publishing Office, Luzern: 8, 16, 17, 34, 45, 54, 63, 64, 65, 70, 71, 77, 82, 91, 92, 93, 96, 97, 101, 107, 108, 114, 124, 130, 140, 148, 150, 156, 164, 171, 174, 190, 193, 195, 200, 201
Metropolitan Museum of Art, New York: 108 (Dillon Fund), 180 (Cloisters Collection, Munsey Fund, 1932)
Minneapolis Institute of Art: 109
Mondadori Press: 103
Monkmeyer Press Photo Service: 74
Bernhard Moosbrugger, Zürich: 100
Mount Vernon's Ladies Association: 192
Musée de l'Armée, Paris: 135
Musée des Monuments Français: 42, 43
Musées Nationaux, Paris: 134 (Musée de Versailles)
Museo Correr, Venedig: 141
Museo del Ejército, Madrid: 68
Museo Episcopal, Vich: 131
Museo Naval, Madrid: 84
Museo del Risorgimento, Mailand: 56 (Foto Saporetti), 143 (Foto Saporetti)
Museo de Santa Cruz, Toledo: 126 (Catedral Primada de Toledo)
Museum of Fine Arts, Boston: 38, 39
Museum Kairo: 35 (Foto Rolf Ammon)
Museum für Kunst und Geschichte, Fribourg: 54 (Foto Rast), 306 (Foto Rast), 307, 308, 315

NASA: 11
Nationaal Scheepvaartmuseum, Antwerpen: 9
National Archives Washington: 196 (Public Building Service)
National Army Museum, London: 76
National Geographic Society: 197 (Foto Dick Burbage)
National Maritime Museum, Greenwich: 17, 86, 127
Nationalmuseum, Stockholm: 100
National Palace Museum, Taipei: 109
Navy Department, Washington: 84
Werner Neumeister: 305
New York Historical Society: 93, 191, 194, 195
New York Public Library, Slawische Abteilung: 177
New York Times: 203
Niedersächsisches Hauptstaatsarchiv, Hannover: 117
Novosti: 97, 179

Old Print Shop, NYC, Kenneth M. Newman: 90
B.C. Olshak, Zürich: 101 (aus »Mystic Art of Ancient Tibet«, London und New York, 1973)

Paris Match: 30, 59 (Foto Vital), 96 (Foto Habans), 97, 101, 103, 107, 136, 137, 188, 189
Photopress, Zürich: 93, 97, 98, 122
Photothèque Laffont, Paris: 68, 158 (Musée Royaux des Beaux-Arts, Brüssel), 181 (Bibliothèque Nationale)
Presse-Photo Baumann: 98

Rapho, Paris: 106
Rhodes House Library, Oxford: 77
Roger Viollet, Paris: 66, 109
Royal Malta Library: 82
Ryksmuseum, Amsterdam: 159

Sammlung Frank Cayley: 78
Sammlung Familie Date: 165, 172
Sammlung Familie Goso: 165
Sammlung Familie Hayashi: 164
Sammlung Familie Hosokawa: 172
Sammlung Familie Ii: 164
Sammlung Familie Uesugy: 168
Sammlung Vezio Melegari: 96, 144
Sammlung Neubecker: 114, 118 (3), 120, 130, 175
Sammlung Sturgis, New York: 85
Sammlung Sven Tito, Aachen: 64
SCALA: 69 (Uffizien, Florenz), 100 (Museo San Sepolcro), 142 (Museo di San Martino, Neapel), 145, 146, 147 (Museo Correr), 186
Bernard G. Silverstein: 130
Sipa Press, Paris: 113
Len Sirman Press, Genf: 176
Skira, Genf: 41
Smithsonian Institution, Freer Gallery of Art: 36
Southwest Museum, Los Angeles: 190
Sphere: 110, 202

Staatsarchiv Koblenz: 114
Staatsbibliothek Berlin: 69, 118, 120
Staatsbibliothek Preußischer Kulturbesitz, Berlin: 56
Stadtbibliothek Trier: 116
Stadtbibliothek (Vadiana), St. Gallen: 80
Stern, Hamburg: 122
Stiftsbibliothek, St. Gallen: 61

Schweizerische Fremdenverkehrszentrale, Zürich: 101
Schweizerisches Landesmuseum, Zürich, Abteilung für Fahnen und Uniformen: 19, 307

Tass: 178
Teikoku Kanko Treasury: 169
Télévision Rencontre, Lausanne: 92, 319
Three Lions, New York: 96
T'ien-kung K'ai Wu: 38
Time: 154 (Foto Eddie Adams)
Topkapi-Saray, Bibliothek, Istanbul: 92 (Foto Henri Stierlin)

Ullstein Bilderdienst: 115, 119, 120
Unpoji: 168
UPI: 106, 121, 129 (Foto S.O.F.), 154
USIS: 93, 103

Victoria and Albert Museum, London: 83

Wehrgeschichtliches Museum, Rastatt: 19, 21

Yale University Art Gallery: 192

Zenpukuji: 168
Zentralbibliothek, Zürich: 92
Zodiaque: 307

## ZEICHNUNGEN

FRANZ CORAY
Historische Fahnen, Flaggen der UNO-Länder, »wehende« Flaggen im Kapitel »Flaggen in der ganzen Welt«

ALFRED ZNAMIEROWSKI
Flaggen und Wappen im Kapitel »Flaggen in der ganzen Welt«

WERNER LUZI
»Mosaik der Symbole« und Flaggen für verschiedene Kapitel

# LITERATURHINWEISE

Die folgenden Bücher und Artikel zur Fahnen- und Flaggenkunde sind vom Verfasser aus Tausenden von Arbeiten als wertvollste und am leichtesten zugängliche Literatur ausgewählt worden. Grundlegend für jede Beschäftigung mit Fahnen und Flaggen ist *The Flag Bulletin*, das von der Internationalen Vereinigung der Vexillologischen Gesellschaften offiziell anerkannte Fachorgan. Diese von 1961 bis 1973 vierteljährlich und seitdem zweimonatlich erscheinende Zeitschrift, herausgegeben vom Flag Research Center in Winchester, Mass., USA, wird im folgenden als *FB* unter Angabe von Band und Nummer zitiert (z.B. *FB* XIII,2). Nationale vexillologische Zeitschriften werden in einigen Ländern herausgegeben:

*Flagmaster* (Chester, Großbritannien)
*Liehuvat Varit* (Korso, Finnland)
*Nava News* (Oaks, Penns., USA)
*Vexilla Helvetica* (Zollikon, Schweiz)
*Vexilla Italica* (Turin, Italien)
*Vexilla Nostra* (Muiderberg, Niederlande)
*Vexillologia* (Paris, Frankreich)
*Vexilologie* (Prag, Tschechoslowakei)

Weiteres vorzügliches Material findet man in den zweijährlich erscheinenden Berichten der Internationalen Kongresse für Vexillologie und in heraldischen Zeitschriften, die in der Schweiz, in Großbritannien, Deutschland, Südafrika, Kanada, Dänemark und Belgien erscheinen.

## ALLGEMEIN


Barraclough, E.M.C.: *Flags of the World*. New York u. London 1971.

Iwanow, K.A.: *Flagi Gosudarstw Mira*. Moskau 1971.

Pedersen, Christian F.: *The International Flag Book in Color*. New York 1970. Deutsche Ausgabe: C.F.P.: *Internationales Wappen- und Flaggenlexikon in Farben*. Berlin 1970.

Rabbow, Arnold: *dtv-Lexikon politischer Symbole*. München 1970.

Smith, Whitney: *The Bibliography of Flags of Foreign Nations*. Boston 1965.

Smith, Whitney: *Flags of All Nations*. Glasgow 1975. [Wandkarte.]

Tanino, Atsuo: *Sekai no kokki*. Osaka 1964.


## TERMINOLOGIE


Heraldry Society Flag Section: *Dictionary of Flag Terminology*. London 1969.

Sierksma, Klaes: *Vlaggekundig Woordenboekje*. Muiderberg 1971.


## GESCHICHTE


Adam, Paul: Les enseignes militaires du Moyen Age et leur influence sur l'héraldique. In: *Recueil du V[e] Congrès International des Sciences Généalogique et Héraldique à Stockholm 1960*. Stockholm 1961.

Artin, Yacoub: *Contribution à l'étude du blason en orient*. London 1902.

Gayre of Gayre und Robert Nigg: *Heraldic standards and other ensigns*. Edinburgh u. London 1959.

Horstmann, Hans: *Vor- und Frühgeschichte des europäischen Flaggenwesens*. Bremen 1971.

Neubecker, Ottfried: *Fahnen und Flaggen*. Leipzig 1939.

Neubecker, Ottfried: *Historische Fahnen*. Hamburg 1932.

Neubecker, Ottfried: Fahne. In: *Reallexikon zur deutschen Kunstgeschichte*. München 1972.

Rabbow, Arnold: *Visuelle Symbole als Erscheinung der nicht-verbalen Publizistik*. Münster 1968.

Renel, Charles: *Cultes militaires de Rome; les enseignes*. Paris 1903.

Siegel, Rudolf: *Die Flagge*. Berlin 1912.

Smith, Whitney: *Prolegomena to the Study of Political Symbolism*. Boston 1968.

Walker, Rodney C.: The Earliest Flags. In: *FB* IV,2.

Wescher, H.: Flags. In: *Ciba Review* (Dezember 1949).


## FAHNEN, DIE GESCHICHTE MACHTEN


Desroches, M.J.P.: *Le labarum*. Paris 1894.

Egger, Rudolf: *Das Labarum, die Kaiserstandarte der Spätantike*. Wien 1960.

Carr, H.G.: Y ddraig goch [Der rote Drache; engl.]. In: *FB* XII,2.

Smith, Whitney: Činggis Qan's Flags. In: *FB* III,1.

Desjardins, Gustave: Oriflamme de Charlemagne. In: *Recherches sur les drapeaux français*. Paris 1874.

Achen, Sven Tito: Dannebrog. In: *FB* VIII,4.

Szala, John R.B.: Joan of Arc's Standard. In: *FB* XI,4.

Harmand, Adrien: *Jeanne d'Arc, ses costumes, son armure [...]*. Paris 1929.

Lux-Wurm, Pierre C.: Columbus. What Was His Flag? In: *FB* VIII,2.

Steinmann, Ulrich: Die Bundschuh-Fahnen des Joß Fritz. In: *Deutsches Jahrbuch für Volkskunde* (1960).

Mäder, Peter: The Julius Banners. In: *FB* X,2.3.

Zwegintsow, V.V.: *Znamena i schtandarty russkoi armii*. Paris 1964.

Smith, Whitney: The Bedford Flag. In: *FB* X,2.3.

Smith, Whitney: La Virgin de Guadalupe. In: *FB* IX,4.

Béguin, Antoine: Le Comte de Chambord et le drapeau blanc. In: *Miroir de l'histoire* (September 1962).

Holt, P.M.: Correspondence [über die Fahne des Mahdi]. In: *Sudan Notes and Records* (1955).

Fox, Len: *The Strange Story of the Eureka Flag*. Darlinghurst, N.S.W., 1963.

Agrawala, Vasudeva: *The Wheel Flag of India*. Benares 1964.


## SITTEN UND GEBRÄUCHE


Barraclough, E.M.C.: *Yacht Flags and Ensigns*. London 1951.

Chapman, Charles F.: Flag Etiquette. In: *Piloting, Seamanship, and Small Boat Handling*. New York 1970.

Edwards, T.J.: *Standards, Guidons, and Colours of the Commonwealth Forces*. Aldershot 1953.

Irving, John: *The Manual of Flag Etiquette*. London 1938.

Lovette, Leland P.: *Naval Customs, Traditions, and Usage*. Annapolis, Mar., 1939.

Mittlebeeler, Emmet: Flag Profanation and the Law. In: *Kentucky Law Journal* (1972).

Sierksma, Klaes: Bannistique et esthétique. In: *Recueil du II[e] Congrès International de Vexillologie à Zurich 1967*. Zürich 1968.

Stenzel, Al: *Your Flag*. North Brunswick, N.J., 1973.


## FLAGGEN ALLER NATIONEN

Die folgenden Ordnungsziffern entsprechen den Landesnummern im Abschnitt »Die Flaggen aller Nationen« (Seiten 206–299); die angeführte Literatur bezieht sich auch auf die Länder im Abschnitt »Die Entwicklung der Nationalflagge« (Seiten 106–203).


1. Republic of Afghanistan. In: *FB* XIII,2.
2. The United Arab Emirates. In: *FB* XI,2.
5. Anguilla. In: *FB* VIII,1.
7. Cánepa, Luis: *Historia de los símbolos nacionales argentinos*. Buenos Aires 1953.
8. Cayley, Frank: *Flag of Stars*. Adelaide 1966.
9. Commonwealth of the Bahamas. In: *FB* XIII,4.
11. Bangladesh. In: *FB* X,4.
12. Barbados. In: *FB* VI,1.2.
13. Harmignies, Roger: Les emblèmes nationaux de la Belgique. In: *Recueil du V[e] Congrès International des Sciences Généalogique et Héraldique à Stockholm 1960*. Stockholm 1961.
14. Ministry of Information and Broadcasting, Publications Division: *Our Flag: Origin, Adoption, Description, Use*. Neu-Delhi 1952.
15. Ocampo Moscoso, Eduardo: *Historia de la bandera nacional*. Cochabamba 1954.
16. Botswana. In: *FB* V,4.
17. Coimbra, Raimundo Olavo: *A bandeira do Brasil*. Rio de Janeiro 1972.
18. Stamatow, C.: *B'lgarskite d'rshavni simvoli i rituali*. Sofia 1970.
19. Burundi. In: *FB* V,4.
20. Federal Republic of Cameroun. In: *FB* I,2.
21. Stanley, George F.G.: *The Story of Canada's Flag*. Toronto 1972.
22. Česak, Josef: The 50th Anniversary of the Flag of Czechoslovakia. In: *FB* IX,2.
23. Valencia Avaria, Luis: Las banderas de Chile. In: *Memorial del ejército de Chile* (März–Juni 1963).
25. *Wo mên ti tang ch'i ho kuo ch'i*. Taipeh 1955.
26. Galbreath, Donald L.: *Papal heraldry*. London 1972.
27. Ortega Ricaurte, Enrique: *Heráldica nacional*. Bogotá 1954.
28. The Congo. In: *FB* IX,2.
29. Solera Rodríguez, Guillermo: *Símbolos nacionales: el himno, la bandera, el escudo*. San José 1955.
31. Gay-Calbó, Enrique: *Los símbolos de la nación cubana*. Havanna 1958.
33. Henningsen, Henning: *Dannebrog og flagføring til søs*. Helsingør 1969.
    Bruhn, Helge: *Dannebrog og danske Faner gennem Tiderne*. Kopenhagen 1949.
34. Davis, Brian L.: *Flags and Standards of the Third Reich*. London 1975.
    Friedel, Alois: *Deutsche Staatssymbole*. Frankfurt 1968.
    Valentin, Veit, und Ottfried Neubecker: *Die deutschen Farben*. Leipzig 1928.
    Wentzcke, Paul: *Die deutschen Farben*. Heidelberg 1955.
35. German Democratic Republic. In: *FB* XIII,1.
    *Gesetzblatt der Deutschen Demokratischen Republik*. Sonderdruck Nr. 751. Berlin 1973.
36. Didi, Hassan Ali: The Flag. [Über die Flagge der Malediven.] In: *The Maldives Islands Today*. Colombo o.J. [um 1960].
37. Barbour, Neill: The Flags of Algeria, Past and Present. In: *FB* I,1.
38. The Symbolism of the National Flag of the Kingdom of Bhutan. In: *The Kingdom of Bhutan*. Kalkutta o.J. [um 1972].
39. Dirección de Estudios (Guayas). In: *La bandera, el escudo, el himno patrios*. Guayaquil 1917.
40. Flags of Ireland. In: *Heraldry Society Flag Section Newsletter*. Winter 1970.
41. *Historia y símbolos patrios*. San Salvador o.J. [um 1970].
42. Puelles y Puelles, Antonio: *Símbolos nacionales de España*. Cadiz 1941.
43. Chojnacki, Stanisław: Some notes on the history of the Ethiopian national flag. In: *Journal of Ethiopian studies* (1963).
44. Fiji [Fidschi]. In: *FB* IX,3.
45. Bouillé du Chariol, Louis A.M.L. de: *Les drapeaux français de 507 à 1872*. Paris 1872.
    Rey, Jean: *Histoire du drapeau*. Paris 1837.
    Sepet, Marius: *Le drapeau de la France*. Paris 1873.
47. The Gambia. In: *FB* IV,3.
48. Ghana. In: *FB* V,3.
49. Grenada. In: *FB* XIII,1.
50. Gálvez, G., und María Albertina: *Emblemas nacionales*. Guatemala 1958.
51. Equitorial Guinea. In: *FB* VII,4.
52. Guinea-Bissau. In: *FB* XII,4.
53. Touré, Sékou: L'emblème. In: *Expérience guinéenne et l'unité africaine*. Paris 1961.
54. Guyana. In: *FB* V,3.
55. Aubourg, Michel: *Le drapeau dessalinien*. Port-au-Prince 1964.
57. Hellenic Republic. In: *FB* XII,4.
58. Bruckner, Albert Theophil, und

Berty Bruckner: *Schweizer Fahnenbuch.* St. Gallen 1942.
Mader, Robert: *Die Fahnen und Farben der Schweizerischen Eidgenossenschaft und der Kantone.* St. Gallen 1942.
59. Fonseca Flores, Abel: *Folleto Cívico.* Tegucigalpa 1965.
60. Yamin, Muhammad: *6000 tahun sang mérah-putih.* Djakarta 1954.
61. Ackerman, Phyllis: Standards, banners, and badges. In: *A Survey of Persian Art.* London 1939.
Kasravi Tabrizi, Ahmad: *Tarikhče šir va khoršid.* Teheran 1958.
62. Iraq. In: *FB* VI,3.
63. Thorlacius, Birgir: *Fáni Íslands og Skjaldarmerki.* Reykjavik 1964.
64. Hom, Ze'ev: *Ha-degelim.* Haifa 1953.
65. Gerbaix di Sonnaz, Albert: *Bandiere, stendardi e vessilli.* Turin 1896.
Ghisi, Enrico: *Il tricolore italiano (1796–1870).* Mailand 1931.
Ziggioto, Aldo: Le bandiere degli Stati italiani. In: *Armi Antiche* (1967 ff.). Teilweise wiederabgedruckt unter dem Titel »Flags of Italy« in: *FB* VI,4 ff.
Mattern, Günter: Das Flaggenwesen Italiens zur Zeit der Französischen Revolution und der Napoleonischen Ära. In: *Archivum Heraldicum* (1970).
Galuppini, Gino: *La bandiera tricolore nella Marina sarda.* Rom 1971.
66. Bustamante, Alexander: *Jamaican National Flag.* Kingston 1962.
67. *Flags and State Emblems of the Federal People's Republic of Yugoslavia and Its Component People's Republics.* Belgrad 1960.
68, 69. Cambodia. In: *FB* IX,1.
70. Kenya. In: *FB* III,2.
71. Smith, Whitney: Symbols of the KDPR. In: *FB* XIII,5.
72. Kim Il-su: T'aeguk. The History of the Korean National Flag. In: *FB* XII,3.
Sin Ui-sop: *Uri Kukki.* Seoul 1954.
74. Kuwait. In: *FB* I,2.
75. Smith, Whitney: The Flag of Laos. In: *Nava News* (Juni 1974).
76. Lesotho. In: *FB* VI,1.2.
77. de Graaf, G.: Flags Over Liberia. In: *FB* XII,1.
78. Libya. In: *FB* IX,1.
79. Neubecker, Ottfried: Die Flagge von Liechtenstein. In: *Archivum Heraldicum* (1960).
80. Philippe, Lucien: Vlaggen in Libanon. In: *Vexilla Nostra* (1969).
81. Wirion, Louis: *Origine et historique du drapeau luxembourgeois.* Luxemburg 1955.
Grand-Duché de Luxembourg, Ministère d'État, Service Information et Presse: *Les emblèmes nationaux du Grand-Duché de Luxembourg.* Luxemburg 1972.
82. Dubreuil, B.: *Les pavillons des états musulmans.* Rabat 1962.
83. Várkonyi, Endre: *A magyar címer útja.* Budapest 1957.
84. Malawi. In: *FB* III,4.
85. Department of Information: *Bendera dan lambang negara dan negeri[2] Malaysia / National and state flags and crests of Malaysia.* Kuala Lumpur 1963.
86. Smith, Whitney: The Political Milieu. In: *Prolegomena to the Study of Political Symbolism.* Boston 1968.
87. Malta. In: *FB* IV,2.
88. Mauritius. In: *FB* XI,4.
89. Carrera Stampa, Manuel: *El escudo nacional.* Mexico 1960.
Romero Flores, Jesús: *Banderas históricas mexicanas.* Mexico 1973.
90. Zaky, 'Abd-el Rahman: *Al-a'lam wa scharat al-mulk fi wadi al-nil* [Fahnen und Wappen im Königreich des Niltals]. Kairo 1948.
91. Mozambique. In: *FB* XIII,5.
92. Pasch, G.: Symbols of Monaco. In: *FB* V,4.
93. Mongolia. In: *Liehuvat Värit* (September/Oktober 1972).
95. Suradej Sri-ithayakorn: ... the National Flag. In: *Bangkok World* (15. März 1964).
96. Socialist Republic of the Union of Burma. In: *FB* XIII,3.
97. Namibia. In: *FB* XIII,5.
98. Nauru. In: *FB* VII,2.
99. Sierksma, Klaes: *Nederlands vlaggenboek.* Utrecht 1962.
Sierksma, Klaes: *Vlaggen: symbool, traditie, protocol.* Bussum 1963.
100. Landon, Perceval: Armorial Bearings and Flags. In: *Nepal.* London 1928.
101. Glue, W.A.: *The New Zealand Ensign.* Wellington 1965.
102. *Escudos de armas coloniales de Nicaragua.* Managua 1961.
104. Smith, Whitney: A Tribute to Nigeria. In: *The Coat of Arms* (Oktober 1960).
105. Takahashi, Kenichi: *Buke no Kamon to Hatajirushi.* Tokio 1973.
Wedemeyer, A.: Über die Sonnenflagge Japans. In: *Asia major* (1932).
106. Grahl-Madsen, Atle: *Forslag til Lov om Flagg og Flaggbruk.* Bergen 1972.
107. Mell, Alfred: *Die Fahnen des österreichischen Soldaten im Wandel der Zeiten.* Wien 1962.
108. Department of Films and Publications: *The Pakistan Flag.* Karatschi 1964.
109. Castillero Reyes, Ernesto: *Historia de los símbolos de la patria panameña.* Panama 1959.
110. Vargas Peña, Benjamín: *La bandera del Paraguay.* Buenos Aires 1946.
111. Fernandez Stoll, Jorge: *La bandera.* Lima 1957.
112. Gagelonia, Pedro A.: *The Philippine National Flag.* Manila 1963.
113. Russocki, Stanisław, Stefan K. Kuczyński und Juliusz Willaume: *Godło, barwy i hymn Rzeczypospolitej.* Warschau 1970.
114. Mattos, José: *As gloriosas bandeiras de Portugal.* Porto 1961.
117. Fuentes, G.J.: República Dominicana. In: *Billiken* (4. August 1947).
118. Épron, J.-G.-M.: *Drapeau et devise de le République Centrafricaine.* Bangui 1963.
119. Rhodesia. In: *FB* VII,4.
120. Benson, Gary S.: Two Early National Flags of Walachia & Moldavia. In: *FB* IX,2.
Moisil, Constantin: Steagurile României [Die Fahnen Rumäniens]. In: *Enciclopedia României.* Bd. 1. Bukarest 1938.
121. Smith, Whitney: *Political Symbolism in Rwanda.* New York 1963.
123. Morganti, Luigi: La bandiera. In: *La Serenissima Repubblica di San Marino, guida ufficiale.* Hrsg. von Giuseppi Rossi. San Marino 1963.
127. Singapore. In: *FB* VI,1.2.
128. Mancini, Marcello: Una bandiera azzurra [Eine blaue Flagge]. In: *Corriere della Somalia* (12. Oktober 1954).
129. Pama, Cornelius: *Lions and Virgins.* Kapstadt 1965.
130. Iwanow, K.A.: *Flagi Gosudarstw Mira.* Moskau 1971.
Semjonowitsch, N.N.: *Istorija russkogo woenno-morskogo flaga* [Geschichte der russischen Marinekriegsflagge]. Leningrad 1946.
Soviet State Symbolism. In: *FB* XI,1.
Zwerew, B.I.: *Zowuschtschii k podele* [Zum Siege Aufgerufene]. Moskau 1966.
131. House of Representatives: *Report of the National Flag Committee.* Colombo 1951.
132. Brožek, A.: Vlajky Sudanu [Fahnen des Sudan]. In: *Vexilologie* (1974).
133. Hulkko, Jouko: *Siniristilippumme* [Unsere Blaukreuzflagge]. Helsinki 1963.
134. Syria. In: *FB* III,3.
135. Åberg, Alf: The National Flags of Sweden. In: *The American Scandinavian Review* (März 1974).
Rasmusson, Nils Ludvig, Svante Svärdström und Evald Gustafsson: *Rikets vapen och flagga.* Kungl. Livrustkammaren Statens Historiska Museum. Stockholm 1960.
Justitiedepartementet: *Rikets vapen och flagga.* Stockholm 1966.
136. Swaziland. In: *FB* VII,2.
137. Tanganyika and Zanzibar. In: *FB* IV,1.
141. *Our Flag and Other National Emblems.* Port-of-Spain 1962.
142. Hugon, Henri: *Les emblèmes des Beys de Tunis.* Paris 1913.
143. Kurtoglu, Fevzi: *Türk bayrağı ve ay yıldız* [Türkische Fahnen mit Mond und Stern]. Ankara 1938.
144. Uganda. In: *FB* II,1.
145. Oman. In: *FB* X,4.
146. Cumberland, Barlow: *History of the Union Jack.* Toronto 1900.
Milne, Samuel M.: *The Standards and Colours of the Army.* Leeds 1893.
Perrin, W.G.: *British Flags.* Cambridge 1922.
147. Mastai, Boleslaw, und Marie-Louise d'Otrange Mastai: *The Stars and the Stripes.* New York 1973.
148. Smith, Whitney: *The Flag Book of the United States.* New York 1975.
149. Aparicio, Juan F.: Uruguay. The History of its Flags. In: *FB* VI,1.2.
150. Vargas, Francisco A.: *Estudio histórico sobre la bandera* [Historische Studie über die Flagge]. Caracas 1973.
151. Notes from the News. In: *FB* V,2.
152. *Quô'c-kỳ Việt-Nam / The National Flag of Viet-Nam.* Saigon 1969.
153. Dumoutier, G.: *Les symboles.* Paris 1891.
154. Avendaño, José L. de: The New Republic of Yemen. In: *FB* II,3.
155. South Yemen. In: *FB* VII,1.
156. Harmignies, Roger: Histoire du drapeau du Congo. In: *Recueil du II^e Congrès International de Vexillologie à Zurich 1967.* Zürich 1968.
157. Zambia. In: *FB* IV,1.

Die Wappen der hier verzeichneten Länder findet man, sofern sie in den angeführten Quellen nicht behandelt sind, in der Serie von Ottfried Neubecker: Neue und veränderte Staatswappen seit 1945. In: *Heraldische Mitteilungen des Heraldischen Vereins »Zum Kleeblatt« von 1888 zu Hannover e.V.* Jb. N.F. Bd. 3 ff. (1965 ff.).

SONDERFLAGGEN

Perreira, Harold B.: *Aircraft Badges & Markings.* London 1955.
Harding, Brooks: *World Flag Encyclopedia.* Washington 1948.
Styring, John S.: *Brown's Flags and Funnels.* Glasgow 1971.
Stewart, John: *Yacht Club Burgees.* Southampton 1957.
*Flags, Club Burgees, and Private Signals.* New York 1973.
Europese Volksgroepen en hun Vlaggen. In: *Vexilla Nostra* (1973).

# PERSONEN- UND SACHREGISTER

Von wenigen Ausnahmen abgesehen, sind Stichwörter des vexillologischen Glossars auf den Seiten 12 bis 31 im folgenden Register nicht aufgeführt. Seitenzahlen von Stichwörtern, die in einem eigenen Abschnitt oder an der entsprechenden Stelle eingehender behandelt sind, erscheinen *kursiv*.

Abkürzungen

| | |
|---|---|
| Bev. | Bevölkerung |
| Dep. | Departement |
| d. Gr. | der Große |
| Dist. | Distrikt |
| dt. | deutsch(er) |
| Dyn. | Dynastie |
| ehem. | ehemalig(e, er, es) |
| Ehzg. | Erzherzog |
| Einw. | Einwohner |
| Fl. | Flagge |
| fr. | früher |
| Geb. | Gebirge |
| Gen. | General |
| Ges. | Gesellschaft |
| Gf. | Graf |
| Gfsch. | Grafschaft |
| Ghzgt. | Großherzogtum |
| Gouv. | Gouvernement, Gouverneur |
| Hzg. | Herzog |
| Hzgt. | Herzogtum |
| Kg. | König |
| Kge. | Könige |
| Kgin. | Königin |
| Kgr. | Königreich |
| Kgt. | Königtum |
| Ks. | Kaiser |
| Ksr. | Kaiserreich |
| Kt. | Kanton |
| Ldsch. | Landschaft |
| Mass. | Massachusetts |
| Mgfsch. | Markgrafschaft |
| Min. | Minister |
| Präf. | Präfektur |
| Präs. | Präsident |
| Prem.-Min. | Premierminister |
| Prof. | Professor |
| Prov. | Provinz |
| Reg. | Regierung(s) |
| Rep. | Republik |
| SFSR | Sozialistische Föderative Sowjetrepublik |
| SSR | Sozialistische Sowjetrepublik |
| u. | und |
| v. | von |
| Verein. | Vereinigte |

# SCHLUSSWORT

Bisher gab es für eine Person eigentlich nur *eine* echte Möglichkeit, mit Fahnen zu tun zu bekommen. Abgesehen von den wirklich wenigen, die die Entwürfe schaffen, durch die Millionen begeistert werden, und von denen, die sie in Stoff ausführen, gab es nur die Gefolgsleute von Fahnen – jene Patrioten, die große und kleine Vorhaben unterstützten, und die Soldaten, die bereit standen, ihr eigenes und das Blut der Feinde im Kampf um die Vorherrschaft der einen oder anderen Fahne zu vergießen.
Heute aber kann eine Person jeden Geschlechtes und jeden Alters, jeden Berufes und jeder Nationalität auf ganz andere Weise direkt mit der Welt der Fahnen zu tun bekommen: durch das Studium ihrer Formen, ihrer Symbolik und ihrer Gebräuche. Groß ist die Zahl solcher Personen nicht, aber in gewisser Weise gelangt dadurch jedermann zu einem besseren Verständnis der menschlichen Gesellschaft, da die Vexillologie Einblicke verschafft in die von den Falten jeder Fahne umhüllten Hoffnungen, Erfolge und Lieblingsvorstellungen.
In einem Buch wie diesem ist die Nennung der vexillologischen Gesellschaften, die sich in der ganzen Welt gebildet haben, besonders am Platze. Diese Fachverbände bringen Einzelpersonen zusammen und konzentrieren die Aufmerksamkeit auf nationale Probleme der Flaggenforschung und -entwicklung, auch publizieren sie oft ihre Ergebnisse in einem Mitteilungsblatt oder in Einzelschriften. Diese Gesellschaften sind in der Internationalen Vereinigung der Vexillologischen Gesellschaften zusammengeschlossen, die 1967 beim Zweiten Internationalen Kongreß für Vexillologie in Zürich gegründet worden ist. Die Vereinigung veranstaltet diese alle zwei Jahre stattfindenden Kongresse und hat die Zweimonatsschrift *Flag Bulletin* zu ihrem offiziellen Publikationsorgan für Artikel über alle Fragen der Vexillologie bestimmt.
Teilnahme an Tätigkeiten, die Fahnen gewidmet sind, kann aber beträchtlich mehr sein, als nur einer vexillologischen Gesellschaft anzugehören und ihre Zeitschrift zu abonnieren. Einc solche Tätigkeit kann bestehen im Sammeln von wirklichen Fahnen; in der Veranstaltung von Ausstellungen über Fahnen, mit oder ohne Vorträge; im Entwerfen und Fahnenherstellen; im Anlegen von Sammlungen, etwa von Briefmarken und Münzen, auf denen Flaggen vorkommen; in der Veranstaltung von Unterrichtsvorhaben vor jungen Leuten über fahnenbezügliche Themen; oder einfach im Sammeln von Notizen und in der Anfertigung von Fahnenabbildungen zum eigenen Vergnügen. Viele haben Freude daran gefunden, sich innerhalb der Vexillologie weiter zu spezialisieren, so auf Flaggen von Geschäftsfirmen oder Städten in einem bestimmten Gebiet, auf Kriegsfahnen in einem besonderen Krieg, auf die Entwicklung einer bestimmten Fahnenart oder auf Erwähnung von Fahnen in der historischen Literatur.
Wer an einem Fahnenthema besonderes Interesse gewonnen hat, kann Verbindung mit anderen Vexillologen und auch mit weiteren einschlägigen Beschäftigungen und Publikationen bekommen, wenn er an das Flag Research Center schreibt. In meiner Eigenschaft als Direktor dieses Zentrums seit 1962 ist es meine Aufgabe, die Welt der Fahnen weiter und tiefer durch Bücher und Artikel, Vorträge und Ausstellungen und besonders durch *The Flag Bulletin,* welches das Zentrum herausgibt, bekannt zu machen. Auch dieses Buch bildet das Ergebnis eines fortwährenden Lernprozesses und Erfahrungsaustausches; seine Seiten stützen sich auf Hunderte von Kollegen, Regierungsbeamten, Bibliothekaren, Akademikern und zahllosen anderen, die mich im Laufe der Jahre unterstützt haben. Der Raummangel gestattet zwar nicht, ihre Namen hier aufzuführen, verringert aber keineswegs meine Dankbarkeit ihnen allen gegenüber.
Hat nun der Leser in diesem Buch genügend Anregungen gefunden, so wird er oder sie gewiß der von Henri Châtelaine 1720 geäußerten Meinung beipflichten, die Vexillologie sei »ein fesselndes und faszinierendes Studium nicht nur für die, die zur See fahren oder in Seestädten leben, sondern ebenso für alle, die wissensdurstig sind«.

Dr. Whitney Smith
Flag Research Center
Winchester, Mass., USA

POLEN
PORTUGAL
QATAR
RUMÄNIEN
RUANDA
SAUDI-ARABIEN
SENEGAL

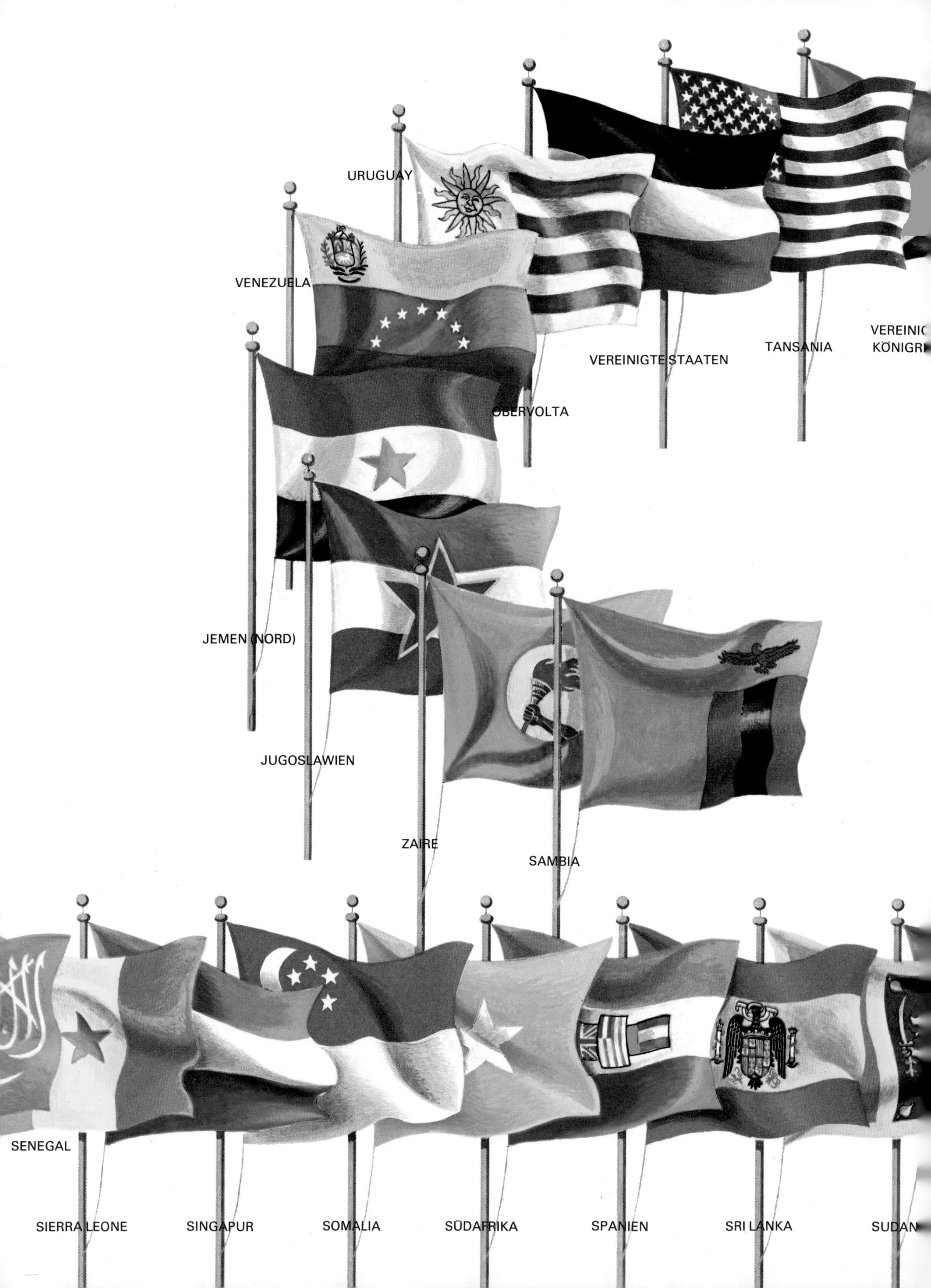
URUGUAY
VENEZUELA
VEREINIGTE STAATEN
TANSANIA
VEREINIG
KÖNIGR
OBERVOLTA
JEMEN (NORD)
JUGOSLAWIEN
ZAIRE
SAMBIA
SENEGAL
SIERRA LEONE
SINGAPUR
SOMALIA
SÜDAFRIKA
SPANIEN
SRI LANKA
SUDAN

VEREINIGTE
ARABISCHE EMIRATE
UDSSR
UKRAINISCHE SSR
UGANDA
TÜRKEI
TUNESIEN
TRINIDAD
UND
TOBAGO
TOGO
THAILAND
SYRIEN
SCHWEDEN
SWASILAND